Wolfgang Sander (Hrsg.)

# Handbuch politische Bildung

Bundeszentrale für politische Bildung

Schriftenreihe Band 476

2. Auflage

Bonn 2007
Lizenzausgabe für die
Bundeszentrale für politische Bildung

Umschlaggestaltung: Michael Rechl, Kassel
Umschlagfoto: Marcus Gloger/JOKER
Druck und Bindung: Bercker Graphischer Betrieb GmbH & Co. KG, Kevelaer
ISBN 3-89331-589-6

# Inhalt

## IV. Inhaltsbezogene Aufgabenfelder politischer Bildung

## V. Methoden und Medien politischer Bildung

## VI. Politische Bildung im internationalen Vergleich



## Anhang

# Zur Einführung

Als vor rund 40 Jahren in der Bundesrepublik die ersten Professuren für Politikdidaktik eingerichtet wurden, war dies der entscheidende Schritt zu einer wissenschaftlichen Grundlegung politischer Bildung in Deutschland: Fragen des Lernens von Politik und des professionellen Handelns von Lehrenden in diesem Bereich wurden damit zum Gegenstand einer eigenen wissenschaftlichen Disziplin. Seitdem hat die Politikdidaktik eine Fülle an wissenschaftlichem Wissen über politische Bildung erarbeitet. Dieses Handbuch möchte alle an der politischen Bildung Interessierte mit dem Stand der Fachdiskussion in der Politikdidaktik vertraut machen und ihnen Hilfen für ihre Arbeit bieten:

- Politiklehrerinnen und -lehrern sowie Pädagoginnen und Pädagogen in der außerschulischen politischen Bildung neue Anregungen für ihre alltägliche pädagogische Arbeit;
- Studierenden sowie Referendarinnen und Referendaren einen komprimierten Zugang zum Stand der wissenschaftlichen Diskussion zur politischen Bildung;
- bildungspolitisch Interessierten eine kompakte Informationsmöglichkeit zur Lage der politischen Bildung in der Bundesrepublik Deutschland.

In der Regel wurden Professuren für Politikdidaktik im Rahmen der Lehramtsstudiengänge für den Fachunterricht in der politischen Bildung an Schulen eingerichtet. Aber da politische Bildung zu denjenigen pädagogischen Praxisfeldern gehört, die sowohl in der Schule als auch in der außerschulischen Bildung vertreten sind, kann eine Wissenschaft vom politischen Lernen sich letztlich nicht auf nur *ein* Praxisfeld beschränken. Die Konzeption dieses Handbuchs geht daher von einem weit gefassten Verständnis von „politischer Bildung“ aus, das alle Formen absichtsvoller pädagogischer Einwirkung auf Prozesse der politischen Sozialisation umfasst – beginnend in Familie und Kindergarten über den Fachunterricht in den verschiedenen Schulformen und Schulstufen, die politischen Implikationen anderer Schulfächer und die politische Sozialisationswirkung der institutionellen Kultur der Schule bis zu den vielfältigen Trägern und Angeboten der außerschulischen politischen Jugend- und Erwachsenenbildung (vgl. die Beiträge in Kapitel III).

Für die vorliegende dritte Auflage wurde das Handbuch komplett überarbeitet. Alle in den früheren Auflagen bereits enthaltenen Beiträge wurden durchgesehen und aktualisiert, die meisten davon wurden völlig neu geschrieben. Auch die Gliederung des Handbuchs ist den Entwicklungen der Fachdiskussion der letzten Jahre angepasst worden; so sind mehrere Beiträge neu hinzugekommen, besonders in den Kapiteln I und V, gleichzeitig gab es an der einen oder anderen Stelle eine gewisse Straffung und Konzentration auf besonders wesentliche Aspekte. Neu aufgenommen wurde in Kapitel VI ein Blick auf die internationale Diskussion zur politischen Bildung.

Es gehört zu den angenehmen Pflichten der Herausgebers, an dieser Stelle Dank zu sagen: den Autorinnen und Autoren für ihre engagierte und durchweg auch für Nachfragen und Hinweise offene Mitarbeit; dem Wochenschau Verlag für die nun schon langjährige engagierte verlegerische Betreuung des Handbuch; schließlich Herrn Gerrit Mambour für die Mitarbeit an der Endredaktion und die Erstellung der Register.

*Gießen, im Herbst 2004*

*Wolfgang Sander*

# I.
# Grundlagen

*Wolfgang Sander*

# Theorie der politischen Bildung: Geschichte – didaktische Konzeptionen – aktuelle Tendenzen und Probleme

## 1. Wozu politische Bildung? Historische Antwortmuster für ein altes Problem

„Politische Bildung ist so alt wie das Menschengeschlecht", so Kurt Gerhard Fischer zu Beginn seiner „Einführung in die Politische Bildung" (Fischer 1973, 9). Tatsächlich stand und steht jede menschliche Gesellschaft vor dem Problem, eine Struktur für die Regelung ihrer gemeinsamen Angelegenheiten zu entwickeln, also *Politik* zu organisieren – und diese politische Struktur den Gesellschaftsmitgliedern, insbesondere der jungen Generation, in Lernprozessen zu vermitteln. Seit jeher gehört zum Prozess der Sozialisation, der Einführung von Kindern in die kulturellen Selbstverständlichkeiten einer bestimmten Gesellschaft, die *politische Sozialisation*, also der Erwerb jener Werthaltungen, Einstellungen, Überzeugungen, Wissensbestände und Handlungsdispositionen, die für die Stabilität der politischen Ordnung einer Gesellschaft als erforderlich betrachtet werden. Dieser Prozess beginnt mit dem Tag der Geburt, und schon im frühen Kindesalter wird – in diesem weiten Sinne von politischer Sozialisation – Politik in Lernprozessen vermittelt (vgl. Claußen/Geißler 1996). Nicht in allen Gesellschaften gab und gibt es dafür eigene institutionalisierte Orte, und längst nicht immer ist den Erziehenden bewusst, dass ihr erzieherischer Umgang mit Kindern und Jugendlichen politische Implikationen hat. In diesem weiten und eher formalen Verständnis ist „politische Bildung" in der Tat „so alt wie das Menschengeschlecht"; allerdings wissen wir wenig Genaueres über die politische Erziehung in vormodernen Gesellschaften.

Politische Sozialisation

In der Neuzeit begleitet das Problem der politischen Bildung den Prozess der Institutionalisierung von Erziehungs- und Bildungsprozessen von Anfang an. Im Bereich der *Schule* lässt sich schon in den ersten Anfängen des modernen Schulwesens zeigen, dass die politische Integration der jungen Generation als eine zentrale Aufgabe schulischen Lernens angesehen wurde. Dies kann hier nicht im Einzelnen nachgezeichnet werden (vgl. einführend Kuhn/Massing/Skuhr 1993, Sander 2004). Man wird aber für den allergrößten Teil der Geschichte des modernen Schulwesens Fischers Fazit zustimmen müssen: „Abgesehen von Ausnahmen fand Politische Bildung regelmäßig in der Geschichte ihr Selbstverständnis und ihre Funktion in der Anpassung an bestehende Verhältnisse, sei es durch Wissensvermittlung, durch Verhaltenslehre oder durch Gesinnungsbildung" (Fischer 1973, 10). Beispiele für diese Zweckbestimmung politischer Bildung seien immerhin genannt. In dem Erlass, mit dem Wilhelm II. am 1. Mai 1889 einen entscheidenden Anstoß für die Debatte um die Einführung einer eigenständigen staatsbürgerlichen Erziehung in den Schulen gab, hieß es über deren Zweck:

Kaiserreich

„Schon längere Zeit hat mich der Gedanke beschäftigt, die Schule in ihren einzelnen Abstufungen nutzbar zu machen, um der Ausbreitung sozialistischer und kommunistischer Ideen entgegenzuwirken. ( ... ) Sie muß bestrebt sein, schon der Jugend die Überzeugung zu verschaffen, daß die Lehren der Sozialdemokratie nicht nur den göttlichen Geboten und der christlichen Sittenlehre widersprechen, sondern in Wirklichkeit unausführbar und in ihren Konsequenzen dem Einzelnen und dem Ganzen gleich verderblich sind. Sie muß die neue und neueste Zeitgeschichte mehr als bisher in den Kreis der Unterrichtsgegenstände ziehen und nachweisen, daß die Staatsgewalt allein dem Einzelnen seine Familie, seine Freiheit, seine Rechte schützen kann, und der Jugend zum Bewußtsein bringen, wie Preußens Könige bemüht gewesen sind, in fortschreitender Entwicklung die Lebensbedingungen der Arbeiter zu heben ..." (zit. nach Sander 2004, 39 f.).

Nationalsozialismus

Der NS-Erziehungstheoretiker Franz Huber schrieb 1944 über politische Erziehung in der Schule: „Die Jugend muß – kurz gesagt – politisiert werden. Wir wollen in unserer Schule keine theoretischen, sondern politische Menschen bilden ... Geschichte nationalsozialistisch gesehen; Märchen nationalsozialistisch verstanden; Erdkunde nationalsozialistisch betrieben; Lebenskunde nationalsozialistisch gedacht usw. ( ... ) Der Unterricht soll den Schülern ein Weltbild vermitteln und in ihnen, soweit dies durch Unterricht in der Volksschule überhaupt möglich ist, eine einheitliche Weltanschauung vermitteln" (zit. nach Sander 2004, 80).

Im „Gesetz über das einheitliche sozialistische Bildungswesen der DDR" von 1965 hieß es u.a.: DDR

„§ 5 (2): Die Schüler, Lehrlinge und Studenten sind zur Liebe zur Deutschen Demokratischen Republik und zum Stolz auf die Errungenschaften des Sozialismus zu erziehen, um bereit zu sein, alle Kräfte der Gesellschaft zur Verfügung zu stellen, den sozialistischen Staat zu stärken und zu verteidigen. ( ... )

§ 16 (2): ( ... ) Die Schüler sind zur Erkenntnis der historischen Rolle und nationalen Aufgabe der Deutschen Demokratischen Republik zu führen. Sie sollen die Überzeugung gewinnen, daß dem Sozialismus in ganz Deutschland die Zukunft gehört ..." (zit. nach Schneider 1995, 31 f.)

Das gemeinsame Muster dieser Aufgabenbestimmungen für politische Bildung ließe sich abkürzend als „Herrschaftslegitimation" bezeichnen: Ein bestehender gesellschaftlich-politischer Zustand soll im Interesse der von ihm profitierenden Machtgruppen durch politische Erziehung legitimiert und vor Kritik geschützt werden. Diffamierung oppositioneller politischer Positionen, Verzerrung und Verfälschung historischer Prozesse und manipulative Festlegung der Lernenden auf vorgegebene weltanschauliche Sichtweisen sind wichtige „Stilmittel" einer solchen herrschaftslegitimierenden politischen Bildung. Ihre Grundfrage lässt sich treffend in der Aufgabenbeschreibung eines Preisausschreibens der „Erfurter Gesellschaft oder Akademie gemeinnütziger Wissenschaften" von 1793 erkennen: „Auf wievielerlei Arten kann man die Untertanen eines deutschen Staates überzeugen, dass sie unter einer weisen, gerechten und milden Regierung leben? ..." (zit. nach Sander 2004, 22). Herrschaftslegitimation

Ein anderes historisches Grundmuster für die Aufgabenbestimmung politischer Bildung wird beispielsweise im Umfeld der

Neu-humanismus

neuhumanistischen Bildungsreformen in einer Königsberger Vorlesung von Johann Wilhelm Süvern im Winter 1807/1808 erkennbar: „Eine bedächtige und planmäßige Befreiung der Menschheit von den moralischen und politischen Übeln, die sie so sehr drücken, beruht aber auf einer totalen Reformation zweyer Künste, in welcher die Wiedergeburt der Volcksmassen und der Staaten ganz enthalten ist, der *Politik* und der *Pädagogik*, der Staats- und der Erziehungskunst. ( ... ) Ihn wollen sie bilden, die Erziehungskunst den Einzelnen zu einer sich selbst immer vollkommener entwickelnden lebendigen Darstellung der Idee des Menschen, die Staatskunst Vereine von Menschen zu einer Darstellung der Vernunftidee von einer vollkommen organisierten Gesellschaft“ (zit. nach Sander 2004, 24).

Re-education

In einer weniger pathetischen und weltanschaulich aufgeladenen Form findet sich dieses Grundmuster auch in Konzepten der „Re-education“, mit der die westlichen Alliierten nach 1945 eine demokratische Neuorientierung des Erziehungswesens in Deutschland durchsetzen wollten. So heißt es in einem Dokument der amerikanischen Erziehungskommission vom 20.09.1946 u.a.:

„Schon die Erhaltung einer Demokratie fordert von jedem einzelnen Bürger Wissen und klares soziales Zielbewußtsein. Wieviel mehr gilt dies für ihren Aufbau von Grund aus! Diese Vorbedingung im Geist und Herz des deutschen Volkes, der Alten wie der Jungen, zu schaffen wird Geduld und viel Klugheit erfordern. Das einzige und beste Werkzeug, um noch im gegenwärtigen Geschlecht in Deutschland eine Demokratie zu errichten, ist die Erziehung“ (zit. nach Sander 2004, 89 f.).

Mission

Dieses Grundmuster ließe sich abkürzend vielleicht als „Mission“ bezeichnen: Politische Bildung soll als Instrument zur *Besserung* gesellschaftlich-politischer Zustände dienen, oftmals im Sinne eines vorgegebenen politischen Programms, sei es regierungsamtlich „von oben“ oder sei es, wie etwa in der Bildungsarbeit der Arbeiterbewegung im 19. und frühen 20. Jahrhundert, aus einer oppositionellen politischen Position heraus. Aber auch in vielen neueren Dokumenten lässt sich eine solche Erwartungshaltung nachweisen, etwa wenn politische Bildung als „Feuerwehr“ zur

Bekämpfung von allerlei moralischen Übeln – vom vorgeblichen „Werteverlust" bis zur Gewalt unter Jugendlichen – dienen soll.

Die Grenzen zwischen beiden Denkmustern sind durchaus fließend. Gemeinsam ist ihnen eine implizite Vorstellung von Lernenden als Objekten der Belehrung – vorgeblich befinden sich die Lehrenden (oder die Bildungsinstitutionen oder die Lehrmaterialien ...) im Besitz einer gültigen Wahrheit, die die Lernenden lediglich nachzuvollziehen haben.

Anders ein drittes Denkmuster – hier dient politische Bildung einer eigenständigen Auseinandersetzung der Lernenden mit dem Wirklichkeitsbereich Politik, ohne die Ergebnisse dieser Auseinandersetzung, die politischen Meinungen, Urteile und Überzeugungen, zu denen die Lernenden im Einzelnen kommen können, vorwegnehmen zu wollen. Dieses Denkmuster ließe sich abkürzend mit dem Stichwort „Mündigkeit" kennzeichnen; es ist das für eine *demokratische* politische Bildung einzig mögliche – aber auch nur in demokratischen Gesellschaften durchsetzbare – Grundmuster, weil es die Anerkennung der Freiheitsrechte für alle Bürgerinnen und Bürger voraussetzt. Hier schließt politische Bildung ausdrücklich die Möglichkeit ein, dass die Lernenden in der Beurteilung politischer Streifragen zu anderen Ergebnissen kommen als die Lehrenden und dass dies ein wünschenswertes Ergebnis von Lernprozessen sein kann.

Mündigkeit

Damit ist dieses Grundmuster zugleich eine Voraussetzung für die *Professionalisierung* der politischen Bildung, für ihre Entwicklung zu einer modernen Profession. Professionen stützen sich im Wesentlichen auf wissenschaftliches Wissen und nicht auf politische oder weltanschauliche Überzeugungen. Erst die Unterscheidung zwischen den politischen Privatmeinungen der Anbieter politischer Bildung – sei es des pädagogischen Personals, sei es von Trägern oder von Landesregierungen – auf der einen und den fachlichen Aufgaben politischer Bildung auf der anderen Seite, zwischen der Bürgerrolle der Lehrenden und ihrer Professionsrolle, schafft die Basis dafür, dass in einer pluralen Gesellschaft eine breite Verständigung über professionelle Standards politischer Bildung möglich ist.

Professionalisierung

Beutelsbacher Konsens

Historisch hat sich dieses dritte Grundmuster in Deutschland erst nach 1945 im Westen des Landes und nach 1989 im Osten durchsetzen können. Dieses Denkmuster kommt besonders deutlich im „Beutelsbacher Konsens" zum Ausdruck, der als Ergebnis einer Fachtagung der Landeszentrale für politische Bildung Baden-Württemberg 1976 in der Politikdidaktik allgemeine Zustimmung gefunden hat:

„1. *Überwältigungsverbot.* Es ist nicht erlaubt, den Schüler – mit welchen Mitteln auch immer – im Sinne erwünschter Meinungen zu überrumpeln und damit an der ‚Gewinnung eines selbständigen Urteils' (Minssen, W.S.) zu hindern. Hier genau verläuft nämlich die Grenze zwischen Politischer Bildung und *Indoktrination.* Indoktrination aber ist unvereinbar mit der Rolle des Lehrers in einer demokratischen Gesellschaft und der – rundum akzeptierten – Zielvorstellung von der Mündigkeit des Schülers.

2. Was in Wissenschaft und Politik *kontrovers* ist, muß auch im Unterricht kontrovers erscheinen. ( ... )

3. Der Schüler muß in die Lage versetzt werden, eine *politische Situation* und seine *eigene Interessenlage* zu *analysieren*, sowie nach Mitteln und Wegen zu suchen, die vorgefundene Lage im Sinne seiner Interessen *zu beeinflussen.* ( ... )" (Hans-Georg Wehling in Schiele/Schneider 1977, 179 f.)

In der schulbezogenen Diskussion um die politische Bildung beendete der Beutelsbacher Konsens eine Phase politischer Polarisierung, in die die Fachdiskussion im Zuge einer harten bildungspolitischen Konfrontation zwischen CDU- und SPD-regierten Bundesländern Ende der 1960er-/Anfang der 1970er-Jahre geraten war (vgl. u.a. Sander 2004, 137 ff.). Verbunden mit der Etablierung der Politikdidaktik als Wissenschaft (vgl. Abschnitt 2) hat dieser Basiskonsens die Professionalisierung des Faches und seiner Wissenschaft wesentlich befördert. In der Politikdidaktik ist es heute nicht mehr möglich, wissenschaftliche Positionen nach den politischen Präferenzen ihrer Vertreterinnen und Vertreter zu sortieren, und es besteht Einvernehmen darüber, dass es nicht das Ziel politischer Bildung sein kann, politisches Einvernehmen unter den Lernenden und zwischen Lehrenden und Lernenden herzustellen.

Professionalisierung der außerschulischen politischen Bildung

Der Beutelsbacher Konsens wurde zwar in erster Linie mit Blick auf die Schule formuliert, er kann aber aus politikdidaktischer Sicht auch für die *außerschulische politische Bildung* Gültigkeit beanspruchen. Auch hier lässt sich, wenngleich mit Verzögerung und hier und da bis heute anhaltenden Widerständen, eine Entwicklung „von der Volksbelehrung zur modernen Profession" beobachten (vgl. Sander 2002). Die außerschulische politische Bildung tut sich mit dieser Entwicklung insofern schwerer als die schulische, als sie vielfach über ihre Träger (wie z.B. Gewerkschaften, Kirchen, parteinahe Stiftungen) von ihrer Herkunft her an bestimmte politisch-kulturelle Milieus gebunden ist und von dort immer wieder mit der Erwartung konfrontiert wird, Beiträge zur Verbreitung bestimmter politisch-programmatischer Positionen zu leisten. Schwerer hat es die außerschulische Bildung in diesem Professionalisierungsprozess auch deshalb, weil ihr lange eine eindeutige wissenschaftliche Anbindung fehlte – die Erziehungswissenschaft hat sich bezüglich der außerschulischen Bildung eher auf allgemeine als auch fachbezogene Fragen konzentriert, während die Politikdidaktik, bedingt durch ihre wissenschaftsorganisatorische Verankerung in der Lehrerausbildung, sich lange fast ausschließlich auf den schulischen Politikunterricht konzentrierte. Erst seit den 1990er-Jahren ist eine stärkere Öffnung der Politikdidaktik für die außerschulischen Praxisfelder politischer Bildung zu verzeichnen. So wendet sich die 1997 gegründete Fachzeitschrift „kursiv – Journal für politische Bildung" dezidiert an alle Praxisfelder des Faches und die 1999 gegründete wissenschaftliche „Gesellschaft für Politikdidaktik und politische Jugend- und Erwachsenenbildung" (GPJE) unterstreicht bereits in ihrem Namen den Zusammenhang der Politikdidaktik mit den außerschulischen Praxisfeldern politischer Bildung. Tatsächlich gibt es seit Gründung der GPJE eine Intensivierung der Forschungen auch zur außerschulischen politischen Bildung; so verzeichnet eine Übersicht zu 17 aktuellen Promotionsvorhaben aus dem Jahr 2003 vier, die sich ganz auf Probleme der außerschulischen

Praxisfelder konzentrieren, und mehrere weitere, deren Themen für alle Praxisfelder bedeutsam sind (vgl. GPJE 2003, 101 ff.). Es bleibt abzuwarten, ob sich diese Öffnung der Politikdidaktik mittelfristig auch wissenschaftsorganisatorisch in einer professionelleren Struktur der außerschulischen politischen Bildung – etwa durch neue, berufsvorbereitende Studiengänge für dieses Praxisfeld – niederschlagen wird.

Grundmuster sind idealtypisch

Es versteht sich, dass die Unterscheidung der drei Grundmuster „Herrschaftslegitimation", „Mission" und „Mündigkeit" in der politischen Bildung als eine idealtypische zu sehen ist. Sie ist kein Raster, in dem sich jedes Dokument zur politischen Bildung eindeutig zuordnen lässt, und auch in theoretischen Konzepten oder offiziellen Dokumenten zur demokratischen politischen Bildung können sich Züge und Argumentationsweisen finden, die einem der beiden anderen hier genannten Grundmuster zugeordnet werden können. Dennoch repräsentieren diese drei Denkmuster grundsätzlich unterschiedliche Antwortrichtungen auf die Frage, wozu politische Bildung im Sinne einer absichtsvollen Intervention in politische Sozialisationsprozesse gut sein kann.

In der theoretischen Grundlegung politischen Bildung gelang somit in Deutschland erst nach 1945 und zunächst nur im Westen die Durchsetzung eines demokratischen Mainstream – anders als in der Weimarer Republik, in der erste Ansätze zu einer demokratischen politischen Bildung in einer stark anti-demokratischen geprägten pädagogischen und politischen Kultur versanken (vgl. u.a. Fischer 1970, Kuhn/Massing/Skuhr 1993, Sander 2004), und anders als in der DDR, in der die politische Erziehung unter marxistisch-leninistischem Vorzeichen zu einer neuen Variante in der langen Tradition von herrschaftsstabilisierender, autoritärer Gesinnungserziehung wurde (vgl. u.a. Schmitt 1980, Schneider 1995, Sander 2004). Dies blieb sie in der DDR bis zur „Wende" 1989, und als die DDR und mit ihr die Infrastruktur der sozialistischen politischen Erziehung zusammenbrach, zeigte sich, dass sich innerhalb dieser Infrastruktur keine informellen, gewissermaßen „subversiven" Denkansätze und Diskurse zur politischen Bildung entwickelt hatten, von denen aus nach der Befreiung von der Vorherrschaft der SED *originäre* Beiträge der DDR-Wissenschaft zur wissenschaftlichen Diskussion um die demokratische politische Bildung im vereinigten Deutschland hätten geleistet werden können (vgl. Biskupek 2002). So gab es nach dem Ende der DDR tatsächlich keine Alternative zur „Verwestlichung" der politischen Bildung in den neuen Bundesländern, sprich zur Adaption der westdeutschen politikdidaktischen Theorietradition (vgl. auch Gagel 1991).

## 2. Wozu politikdidaktische Theorie? Zur wissenschaftlichen Grundlegung politischer Bildung

### 2.1 Didaktische Entscheidungen als Problem wissenschaftlicher Theoriebildung: politikdidaktische Konzeptionen

Das theoretische Nachdenken über politische Bildung ist zwar spätestens seit der Aufklärung ein immer wiederkehrendes und seit dem späten 19. Jahrhundert sich intensivierendes Thema der Pädagogik gewesen. Lange war dieses Nachdenken, soweit es nicht bloß um eine oberflächliche Legitimation von politischen Interessen an der politischen Bildung ging, eher erziehungsphilosophischer Natur, ohne dass sich konsistente wissenschaftliche Theorien politischer Bildung entwickelt hätten. Das galt auch noch für die Frühphase der Bundesrepublik (vgl. zur Geschichte der politischen Bildung in der Bundesrepublik neben Kuhn/Massing/Skuhr und Sander 2004 ausführlicher auch Gagel 1995). Zwar war die *Politikwissenschaft* nach 1945 als neue wissenschaftliche Disziplin an den westdeutschen Universitäten ausdrücklich auch mit der Perspektive einer fachlichen Fundierung demokratischer politischer Bildung etabliert worden; aber als deren Forschungsgegenstand erwies sich bald „Politik" und nicht „politische Bildung", was sich zwar überschneidet, aber nicht identisch ist. Heute ist die Politikwissenschaft zwar unerlässlich für die fachliche Fundierung der Lerngegenstände in der politischen Bildung,

Rolle der Politikwissenschaft

aber sie befasst sich nicht selbst wissenschaftlich mit Fragen des professionellen Handelns in der politischen Bildung und mit deren Zielen und Aufgaben.

Didaktische Wende

Erst mit der „didaktischen Wende" (K.G. Fischer) Ende der 1950er-Jahre begann die Entwicklung einer systematischen wissenschaftlichen Theoriebildung zur politischen Bildung. Diese „didaktische Wende" war kein Spezifikum der politischen Bildung. Auch in der Allgemeinen Didaktik und in anderen Fächern wurde in dieser Zeit die Frage aufgeworfen, wie das, was das Bildungswesen in einer modernen Gesellschaft leisten soll, auf eine wissenschaftliche vertretbare Weise definiert und begründet werden kann. Mit dieser didaktischen Wende setzte sich die Einsicht durch, dass diese Frage nicht mehr mit einem feststehenden Katalog von „Stoffen" aus der kulturellen Tradition einer Gesellschaft, die von Generation zu Generation weitergegeben wird, beantwortet werden kann, denn:

- Anders als traditionale Gesellschaften sind moderne Gesellschaften schnellen Wandlungsprozessen unterworfen, und es ist vielfach mehr als fraglich, ob das, was die Elterngeneration in der Schule gelernt hat, auch für die Kinder zu lernen wichtig ist; Wissen veraltet immer schneller.
- Schneller Wissenszuwachs, aber auch eine zunehmende Differenzierung und Spezialisierung in den Wissenschaften lassen es nicht zu, das für Lernprozesse bedeutsame Wissen einfach aus der Struktur der Wissenschaft „abzuleiten"; was etwa „das Wichtigste" aus der Soziologie sein soll, wird sich u.U. aus der Perspektive eines Parteiensoziologen, eines Sozialpsychologen, eines Betriebssoziologen oder eines Sozialphilosophen völlig anders darstellen.
- In pluralen Gesellschaften wird die Frage nach dem, was zu lernen wichtig ist, von unterschiedlichen sozialen Gruppen unterschiedlich beantwortet werden; die Dritte-Welt-Gruppe wird anderes für wichtig halten als ein Verein zur Erforschung der Heimatgeschichte, eine Gewerkschaft anderes als ein Arbeitgeberverband (und evtl. auch die Gewerkschaft Verdi anderes als die IG Metall, und ein Handwerksbetrieb anderes als ein

Softwareunternehmen), die katholische Bischofskonferenz anderes als Pro Familia usw. Es gibt in pluralen Gesellschaften kein gemeinsames Weltbild, kein geschlossenes Sinnkonzept, von dem aus Lerninhalte zu begründen wären, die Gegenstand des Bildungswesens sein sollen.

Auswahl von Lerngegenständen als Frage wissenschaftlicher Theoriebildung

Wo aber elementare Fragen sozialer Praxis nicht mehr durch den Rückgriff auf selbstverständliche kulturelle Traditionen oder auf gemeinsam geteilte weltanschauliche Überzeugungen beantwortet werden können, bleibt in der modernen Gesellschaft als Quelle für begründbare Antworten auf solche Fragen nur die Wissenschaft. Das gilt bei weitem nicht nur, aber auch für die pädagogische Praxis. Zunächst vor allem für die Schule, die wegen der Schulpflicht in besonderem Maße unter öffentlichem Legitimationsdruck steht, prinzipiell aber auch für andere Bildungseinrichtungen stellte sich damit die Frage nach Kriterien für die Auswahl von Lerngegenständen, dafür also, nach welchen begründeten Maßstäben entschieden werden kann, was gelernt werden soll (und was nicht), ab den 1960er-Jahren als eine Problem wissenschaftlicher Theoriebildung. Es war in erster Linie diese Frage nach der Auswahl und Begründung dessen, was gelernt werden soll, die nun zum Ausgangspunkt der Politikdidaktik (wie auch anderer Fachdidaktiken) als neuer, eigenständiger Wissenschaftsdisziplinen wurde. Didaktik wurde damit von einer Art Hilfsdisziplin zur „Umsetzung" vorgegebener Lehrgegenstände zu einer „Theorie der Bildungsinhalte" (Gagel 1995, 132).

Didaktik als Wissenschaft ist damit mehı als Methodik. Rückblickend auf die Gründungssituation des in der Frühphase der wissenschaftlichen Politikdidaktik in Deutschland führenden „Instituts für Didaktik der Gesellschaftswissenschaften" an der Justus-Liebig-Universität Gießen benennen Wolfgang Hilligen, Kurt Gerhard Fischer und Siegfried George als Hintergrund für die Entstehung der wissenschaftlichen Fachdidaktik,

„daß für die Auswahl der Inhalte und die Zielsetzungen des Schulunterrichts angesichts des sich ständig vermehrenden Wissens sowie von Ergebnissen der Lernpsychologie und der geisteswissenschaftlichen wie empirischen pädagogischen Forschung eine Methodenlehre, die sich nur auf die Frage der Vermittlung von vorgegebenen Inhalten erstreckte, nicht mehr ausreichte, um Lehrer für die Planung und Organisation von Unterricht zu befähigen. Es war als notwendig erkannt worden, Ziele, Inhaltsauswahl, Methoden und Medien des Unterrichts miteinander zu verknüpfen und Hypothesen über das Zusammenwirken dieser Elemente des Unterrichts zu formulieren und zu erproben" (Gießener Universitätsblätter 1982, 37).

Begriff der didaktischen Konzeption

Damit ist auch der Fragehorizont umrissen, auf den *politikdidaktische Konzeptionen* als Theoriezusammenhänge sich konzentrieren. Hilligen hat den Begriff der didaktischen Konzeption so definiert:

„Unter Konzeptionen wird ein plausibler Gesamtzusammenhang von hypothetischen oder mehr oder weniger gesicherten Aussagen über Ziele, Inhalte, Unterrichtsorganisation und Bedingungen der politischen Bildung bzw. des politischen Unterrichts verstanden" (Hilligen 1991, 15).

Diese Definition macht einerseits deutlich, dass politikdidaktische Konzeptionen zusammenhängende und begründete Antworten auf die wesentlichen Fragen der Planung von Lernangeboten in der politischen Bildung geben wollen. Andererseits deutet sie an, dass nicht alle Aussagen in einer politikdidaktischen Konzeption in einem strengen Sinne als wissenschaftlich gesichert gelten können. Beispielsweise kommen Formulierungen von Zielen politischer Bildung letztlich nicht ohne normative Implikationen aus, die zwar offen gelegt und begründet werden sollten, die aber nicht in einem strengen Sinn als wissenschaftliche Aussagen gelten können.

Didaktische Hilfsfragen

Politikdidaktische Konzeptionen wollen somit theoretisch formulierte und wissenschaftliche begründete Kriterien bereit stellen, mit deren Hilfe sich auf eine reflektierte Weise die grundlegenden Fragen beantworten lassen, die sich zwingend bei jeder Planung von Lernangeboten stellen. Dies betrifft vor allem Entscheidungen darüber, *was* gelernt werden soll (also die Fragen nach der Auswahl und Strukturierung von Lerngegenständen), *warum und wozu* es gelernt werden soll (also die Fragen nach pädagogischen Intentionen, mit denen Lernangebote unterbreitet werden, und deren Begründung) und *wie* es gelernt werden soll (also die Frage nach der Gestaltung von Lernsituationen, was insbesondere die Fragen nach Auswahl und Gestaltung von Lernorten sowie nach geeigneten Methoden und Medien einschließt). Didaktische *Konzeptionen* zeichnen sich nun dadurch aus, dass sie diese Fragen *in ihrem wechselseitigen Zusammenhang* beantworten wollen. Didaktische Konzeptionen entwerfen somit eine Art Gesamtbild von den Aufgaben der politischen Bildung, das als theoretischer Referenzrahmen für die verschiedenen Ebenen des praktischen Handelns dienen kann – beispielsweise für die Entwicklung von Lernmaterial, für Planungsabsprachen in einem pädagogischen Team, aber auch für die Planung konkreter Lernangebote. Nicht jede wissenschaftliche Theorie in der Didaktik zielt in diesem Sinne auf die Entwicklung einer didaktischen Konzeption; theoretische Arbeiten können sich auch auf bestimmte Teilfragen in der Didaktik beziehen, beispielsweise auf die Leistungen bestimmter Methoden oder Medien, auf gesellschafts- oder bildungstheoretische Kontexte politischer Bildung, auf speziellere inhaltsbezogene Aufgabenfelder (z.B. auf interkulturelles Lernen) oder auf die Interpretation von empirischen Daten aus der Unterrichtsforschung. Insoweit sind die Grenzen zwischen didaktischen Konzeptionen und theoretischen Arbeiten zu begrenzteren Fragestellungen durchaus fließend.

Politikdidaktische Konzeptionen in der Bundesrepublik

Erwartet man, was nahe liegt, dass politikdidaktischen Konzeptionen in einer oder mehreren Buchveröffentlichungen zusammenhängend dargestellt werden, so wird man in der Bundesrepublik solche Konzeptionen insbesondere bei Fischer (1965, 1973 und 1993), Hilligen (1985 und 1991), Schmiederer (1977), Giesecke (1982 und 2000), Roloff (1972 ff.), Sutor (1973, 1984 und 1992), Claußen (1984 und 1997), Grammes (1998) und Sander (2001) finden. Textsammlungen mit knappen Originaltexten zu diesen politikdidaktischen Konzeptionen und zu weiteren Schwerpunkten der Theoriediskussion in verschiedenen Phasen der Politikdidaktik seit den 1970er-Jahren finden sich bei Fischer 1986, Sander 1993 und Pohl 2004.

Diese Konzeptionen können hier nicht im Einzelnen vorgestellt werden. Einige dieser Konzeptionen sind vorwiegend mit Blick auf das Praxisfeld Schule entwickelt worden (z.B. Hilligen und Grammes), andere beziehen sich dezidiert zusätzlich auch auf außerschulische Praxisfelder politischer Bildung (z.B. Giesecke und Sander). Ausschließlich auf die außerschulische politische Bildung bezogene Theoriearbeiten, die in vergleichbarer Weise als fachdidaktische Konzeptionen einen theoretisch begründeten Bezugsrahmen für die wichtigsten Fragen der Lernplanung bieten wollen, liegen nicht vor. Theoriebeiträge zur politischen Bildung hat es aus der außerschulischen Bildung gleichwohl gegeben, so haben insbesondere Arbeiten von Fritz Borinski in den 1950er- (Borinski 1954) und Oskar Negt in den 1960er- und 1970er-Jahren (Negt 1975) breite Resonanz gefunden, neuere Beiträge finden sich u.a. bei Ahlheim (1990), Beer (1998), Hufer (2001) und Hafeneger (2003). Im Ganzen gesehen aber war und ist der Diskurs über außerschulische politische Bildung bisher eher ein, oftmals auch nur impliziter, Teildiskurs der allgemeinen jugend- und erwachsenenpädagogischen Debatten (vgl. die Beiträge von Hafeneger und Hufer in Kapitel III sowie Hufer 1992), bei dem lange Zeit der Stand der politikdidaktischen Theoriebildung kaum rezipiert worden ist. Auch hier bleibt abzuwarten, ob die stärkere Öffnung der Politikdidaktik für die außerschulischen Praxisfelder seit den 1990er-Jahren zu einer engeren Verknüpfung der theoretischen Diskussionen in schulischer und außerschulischer politischer Bildung führen wird.

Theoriebeiträge zur außerschulischen politischen Bildung

### 2.2 Arbeitsfelder der Politikdidaktik als Wissenschaft

Keine didaktischen Schulen

Politikdidaktische Konzeptionen entwerfen zunächst einmal *alternative* Gesamtbilder von den Aufgaben der politischen Bildung, sie sind – so gesehen – *konkurrierende* Theoriemodelle. Allerdings ist eine Verfestigung solcher Unterschiede zu fundamental gegensätzlichen Richtungen oder Schulen der Politikdidaktik nicht zu erkennen, erst recht ist heute – anders als es in den bildungspolitischen Konflikten in den späten 1960er- und frühen 1970er-Jahren zeitweise den Anschein hatte – eine Ordnung der politikdidaktischen Diskussion nach unterschiedlichen *politischen* Positionen der Autoren nicht möglich. Zumindest wäre sie inhaltlich völlig unergiebig: Es gibt heute keine „rechte" oder „linke", keine „konservative" oder „fortschrittliche" Politikdidaktik.

Politikdidaktik als „normale Wissenschaft"

Die unterschiedlichen Auffassungen und Kontroversen in der Politikdidaktik (vgl. Abschnitt 3) bewegen sich am Beginn des 21. Jahrhunderts im Rahmen dessen, was man im Anschluss an Thomas S. Kuhn „normale Wissenschaft" nennen könnte. Kuhn hat bereits in den 1960er-Jahren am Beispiel der Naturwissenschaften die Geschichte der Wissenschaften als eine Geschichte „wissenschaftlicher Revolutionen" beschrieben – Erkenntnisfortschritt geschieht nicht kontinuierlich, und eine Vorstellung, nachdem Wissenschaften gewissermaßen Stein um Stein eine Lehrgebäude errichten, mit dem die Welt immer besser zu verstehen ist, ist gänzlich unangemessen (vgl. Kuhn 1979). Vielmehr werden in „wissenschaftlichen Revolutionen" immer wieder grundlegende Denkmodelle (Paradigmata bzw. Paradigmen), auf denen die Forschung in einem Wissenschaftsgebiet beruht, umgestürzt und durch völlig andere ersetzt, die dann in einer Phase „normaler Wissenschaft" zur Grundlage von vielfältigen Forschungsvorhaben werden, die sich den offenen Fragen widmen, die durch das Paradigma aufgeworfen werden – solange, bis die Forschungen an die Grenze der Leistungsfähigkeit des Paradigmas stoßen. In diesem Sinne ließe sich vielleicht die Gründungsphase der Politikdidaktik in den 1960er- und 1970er-Jahren als Phase der Paradigmabildung verstehen, die zu einem Basiskonsens von selbstverständlichen Annahmen über demokratische politische Bildung geführt hat, zu einem „set of believes", der die wissenschaftliche Arbeit im Fach trägt und auf dem die ausdifferenzierte Forschung gewissermaßen aufruht.

Basisannahmen der heutigen Politikdidaktik

An anderer Stelle habe ich diese gemeinsam geteilten Basisannahmen in der heutigen Politikdidaktik wie folgt zu beschreiben versucht (vgl. Sander 2001, 28):

- der Bezug auf politisches Lernen als Gegenstandsbereich der Politikdidaktik als Wissenschaft;

- ein Verständnis von politischer Bildung in der Tradition der Aufklärung als einer vom Leitmodus der Rationalität geprägten Auseinandersetzung mit Politik;
- die Orientierung an einem Verständnis des Menschen als Subjekt, dessen Mündigkeit im Sinne selbstständigen Urteilens und Handelns politische Bildung fördern will;
- der Bezug auf die Demokratie als wünschenswerte politische Ordnung;
- schließlich die wissenschaftssystematische Verortung der Politikdidaktik als interdisziplinäre Sozialwissenschaft im Überschneidungsfeld zur Erziehungswissenschaft.

Diese Gemeinsamkeiten bestätigt auch Kerstin Pohl in ihrer Auswertung von 17 Interviews mit führenden Wissenschaftlerinnen und Wissenschaftlern aus der Politikdidaktik (vgl. Pohl 2004, 336).

Arbeitsfelder der Politikdidaktik

Auf der Grundlage dieser gemeinsamen Basis lassen sich die wissenschaftlichen Arbeitsfelder der Politikdidaktik in einem formalen Modell wie folgt darstellen:

**„Philosophie“ des Faches:**

allgemeine Ziele und ihre normativen Implikationen, allgemeiner Gegenstandsbereich, wissenschaftstheoretische Verortung, Geschichte des Faches

→

**„Tools“: Werkzeuge für die Planung, Realisierung und Reflexion von Lernumgebungen:**
- didaktische Prinzipien
- Methoden
- Medien
- Kriterien für die Bobachtung, Analyse und Evaluation von Lernprozessen

↕ ↕

**Lernforschung:**
empirische Erforschung politischer Lernprozesse mit Methoden der quantitativen und/oder qualitativen Sozialforschung

„Tools“

Während das Stichwort „Philosophie des Faches“ für theoretische und historische Arbeiten steht, die sich mit grundlegenden Fragen des Selbstverständnisses und der fachlichen Identität politischer Bildung befassen, stellen „Tools“ jene Werkzeuge dar, mit deren

Hilfe sich wissenschaftliches didaktisches Wissen in die Planungstätigkeit von Lehrenden übersetzt:

- *didaktische Prinzipien* als begriffliche Werkzeuge, mit deren Hilfe aus der komplexen Vielfalt des Politischen Themen für Lerngegenstände konstruiert und didaktisch strukturiert werden können. Didaktische Prinzipien sollen Politik *lernbar* machen. Sie bündeln didaktisches Wissen für Zwecke der Planung von Lernangeboten. Diese Prinzipien sind zunächst allgemeindidaktischer Art, sie können – in unterschiedlichen Gewichtungen – auch für andere Fächer und Fachgebiete Geltung beanspruchen. Deshalb müssen sie für die politische Bildung aus fachdidaktischer Sicht konkretisiert werden – beispielsweise kann exemplarisches Lernen für das Fach Physik ebenso bedeutsam sein wie für die politische Bildung, aber *welche* Beispiele *wofür* exemplarisch sein sollen, lässt sich nur fachdidaktisch konkretisieren. Bei den in Kapitel II vorgestellten didaktischen Prinzipien handelt es sich um solche, die analytisch klar voneinander unterschieden werden können; allerdings können sie sich in konkreten Planung von Lernangeboten auch ergänzen und überschneiden. Die hier genannten Prinzipien finden in der Politikdidaktik breite Zustimmung, jedoch werden in der politikdidaktischen Diskussion von manchen Autoren auch noch weitere Prinzipien für bedeutsam gehalten (vgl. Pohl 2004). Didaktische Prinzipien
- *Methoden* als interaktionsbezogene Werkzeuge, die Wege des Lernens eröffnen, indem sie Schritte, Abläufe und Regeln für die Begegnung der Lernenden mit dem jeweiligen Gegenstand definieren. Die Debatte über die Frage, was welche Methoden in der politischen Bildung leisten können und wie die Vielzahl möglicher Methoden systematisierbar ist, beschäftigt die Politikdidaktik seit langem (vgl. aus den letzten Jahren u.a. Kuhn/Massing 2000, Mickel 2003, Frech/Kuhn/Massing 2004). Die Politikdidaktik hat inzwischen eine fast unüberschaubare Vielfalt an möglichen Methoden für die politische Bildung rezipiert, konkretisiert und auch selbst entwickelt. Kapitel V dieses Handbuches stellt nur eine Auswahl aus dieser Vielfalt vor, Methoden

deren Ordnung hier typischen Situationen in der Praxis politischer Bildung folgt.

Medien

– *Medien* sind gegenständliche Werkzeuge, mit denen Lernende in Lernsituationen umgehen und die als Arbeitsmittel und Informationsträger in didaktischer Absicht ausgewählt, gestaltet und verwendet werden, um Hilfen zum Lernen zu bieten. Zu einem erheblichen Teil handelt es sich in der Praxis zugleich um eine didaktisch begründete Auswahl solcher Medien, in denen zugleich die politische Diskussion selbst stattfindet (wie Zeitungen, Fernsehaufzeichnungen, Sachbücher oder Internetseiten). Zudem eröffnen Medien, und hier insbesondere digitale Medien (vgl. u.a. Weißeno 2001), erhebliche Chancen für die Erstellung von Lernprodukten, in denen sich Ergebnisse von Lernvorhaben in der politischen Bildung dokumentieren (wie z.B. Ausstellungen, Bild- und Textdokumentationen, Websites, digitale Videos). Diese mehrfache Bedeutung des Medienbegriffs – als Lernmittel, Lernprodukt und Aspekt des fachlichen Gegenstandes selbst – zeigt einen herausgehobenen Stellenwert der reflektierten Auseinandersetzung mit Medien für die politische Bildung; allerdings zeigt die Forschung zugleich Hinweise darauf, dass es hierbei in der Praxis des Faches in der Schule erhebliche Defizite gibt (vgl. Besand 2004).

Beobachtung, Analyse und Evaluation von Lernprozessen

– *Kriterien für die Beobachtung, Analyse und Evaluation von Lernprozessen* können je nach Schwerpunkt des Analyse- oder Evaluationsinteresses aus der politikdidaktischen Literatur gewonnen werden; sie können sich beispielsweise bei der Analyse von Lernfortschritten auf Kompetenzmodelle oder bei der Evaluation der Wirkungen von Planungsentscheidungen der Lehrenden auf didaktische Prinzipien beziehen.

Empirische Forschung

Die *empirische Forschung* hat in der Politikdidaktik in den letzten beiden Jahrzehnten deutliche Forschritte gemacht. Die weitaus meisten der vorliegenden Studien beziehen sich auf Unterrichtsforschung im Bereich der schulischen politischen Bildung mit Methoden der qualitativen Sozialforschung; der nachfolgende Beitrag von Peter Henkenborg in diesem Kapitel gibt hierzu einen Überblick. Empirische Forschungen zur außerschulischen politischen Bildung gibt es in deutlich geringerem Umfang. Zwei Studien sind aus jüngerer Zeit sind hier besonders bedeutsam: erstens eine Studie, die Zusammenhänge zwischen sozialen Milieuprägungen, Lebensstilen, alltagsästhetischen Präferenzen auf der einen und Erwartungen von Erwachsenen an politische Bildung auf der anderen Seite untersucht hat (Flaig/Meyer/Ueltzhöffer 1993), sowie zweitens eine erste bundesweit repräsentative Untersuchung zu Erwartungen in der Bevölkerung an politische Erwachsenenbildung und zu deren Marktchancen, die wegen ihrer für die Praxis des Faches recht kritischen Ergebnisse, aber auch wegen vieler Hinweise auf neue Chancen, für erhebliches Aufsehen gesorgt hat (Rudolf 2002).

### 2.3 Der Nutzen der Politikdidaktik für die Praxis der politischen Bildung

Die Politikdidaktik gehört ebenso wie die anderen Fachdidaktiken zu den Wissenschaften, von denen gemeinhin ein besonders deutlicher Praxisbezug erwartet wird: So wie von der Medizin als Wissenschaft letztlich Beiträge zur besseren Heilung von Krankheiten und damit zur Verbesserung der medizinischen Praxis erwartet werden, so werden von den Didaktiken wissenschaftliche Leistungen erwartet, die letztlich zur Verbesserung der pädagogischen Praxis beitragen sollen. Besonders deutlich ist dies in der Lehrerausbildung der Fall, in der die Fachdidaktiken und die Erziehungswissenschaft den Berufsbezug des Studiums institutionell repräsentieren – erst diese Disziplinen produzieren dasjenige wissenschaftliche Wissen, das pädagogisches Handeln zu einem *professionellen* Handeln macht. Insoweit ist die Erwartung, die Politikdidaktik möge für die Praxis der politischen Bildung von Nutzen sein, berechtigt.

Lehrerausbildung

Sie ist aber auch mit vielen Missverständnissen belastet. Das möglicherweise verbreitetste Missverständnis ist die Vorstellung, die Politikdidaktik könne Rezepte im Sinne von Drehbüchern liefern, deren genaue Befolgung bestimmte Handlungsprobleme in der konkreten Arbeit mit Schülern oder anderen Teilnehmern von Bildungsveranstaltungen zuverlässig lösen kann – sie könne

Grenzen des Praxisbezugs

beispielsweise zuverlässig und wissenschaftlich gesichert sagen, wie ein Unterrichtsvorhaben in einer 8. Klasse zu einem bestimmten Thema zu gliedern ist, damit es erfolgreich verlaufen wird. Eine *solche* Erwartung an die Praxiswirksamkeit der Didaktik übersieht eine strukturelle, nicht aufhebbare Differenz zwischen Wissenschaft und pädagogischer Praxis: Praxissituationen sind zunächst singuläre, nicht exakt wiederholbare Situationen; jede Klasse, jeder Kurs, jeder Teilnehmer und jede Schülerin sind anders, jede Bildungsinstitution hat ihre Spezifika, und gerade in der politischen Bildung verändert das gesellschaftliche und politische Umfeld die Lernbedingungen im Extremfall von einem Tag zum anderen, etwa durch ein besonderes politisches Ereignis, das die Aufmerksamkeit und die Interessen der Lernenden in bestimmte Richtungen drängt. In solchen konkreten Situationen müssen Pädagoginnen und Pädagogen handeln, und was sich zu einer bestimmten Zeit in Klasse 8a als eine richtige didaktische Entscheidung erweist, kann in der 8b oder in einige Wochen später auch in der 8a schon falsch sein. Didaktik als *Wissenschaft* interessiert sich nun aber gerade nicht für das *Besondere* einer solchen pädagogischen Situation, sondern für das an ihr *Verallgemeinerbare*, denn wissenschaftliches Wissen muss dem Kriterium der Verallgemeinerbarkeit genügen. Wissenschaftliche Theorien müssen deshalb prinzipiell von einer Vielzahl von Bedingungen in der je konkreten pädagogischen Situation abstrahieren.

Insofern führt auch die Erwartung, didaktische Theorien müssten für bestimmte Handlungsbedingungen – etwa in der heutigen Schule – „praxistauglich" sein, in die Irre. Gerade die strukturelle Distanz zwischen Didaktik als Wissenschaft und den konkreten Bedingungen pädagogischer Praxis ist eine Voraussetzung dafür, dass didaktisches Wissen ein *Innovationspotenzial* für die Praxis entfalten kann, denn erst diese Distanz erlaubt es der Didaktik, Praxissituationen aus einer kritischen Außenperspektive zu betrachten und auf diese Weise eventuelle Hindernisse für erfolgreiches pädagogisches Handeln aufzudecken und alternative Handlungsmöglichkeiten zu eröffnen.

Innovationspotenzial der Didaktik

Ein zweites, ebenfalls verbreitetes Missverständnis ist es jedoch nun, diese strukturelle Distanz als Gegensatz zwischen „Theorie" auf der einen und „Praxis" auf der anderen Seite zu verstehen. Ein solches Missverständnis findet sich in der Vorstellung, in der Praxis erworbenes Erfahrungswissen bei die bessere Alternative zur vorgeblich praxisfernen didaktischen Theorie, eine Vorstellung, die sich beispielsweise in mancher (nicht in jeder) öffentlich erhobenen Forderung nach mehr „Praxisbezug" in der Lehrerausbildung identifizieren lässt. Der Irrtum, der diesem Missverständnis zu Grunde liegt, ist die Vorstellung, es gebe eine Praxis ohne Theorie. Tatsächlich ist das Wissen, mit dem Pädagoginnen und Pädagogen ihre berufliche Praxis planen, begründen und interpretieren, alles andere als theorielos: „Jede Praxis, verstanden als spezifisch menschliches Handeln, enthält Elemente von Theorie. Sie ist von Intentionen geleitet und von Elementen der Reflexion durchdrungen" (Sutor 1990, 312). Anders gesagt: Niemand kann pädagogisch handeln, ohne Vorstellungen darüber zu entwickeln, was er oder sie da tut, welche Ziele und Zwecke erreicht werden sollen, warum die Ziele und Zwecke sinnvoll sind, welche Themen geeignet sind und welches Wissen warum angeboten werden soll, ob es so etwas wie „Grundwissen" im Fach gibt und was dazu gehört und was nicht, warum man dieses oder jenes Lernmaterial für gut oder für schlecht hält, welches die Vor- und Nachteile einer bestimmten Methode sind (und sei es nur die des Lehrervortrags oder des „fragend-entwickelnden Unterrichts"). Um *Theorien* handelt es sich bei solchen Vorstellungen, wenn und insofern sie *verallgemeinernde* Aussagen enthalten – was in der Regel der Fall ist, denn erst diese Verallgemeinerung erlaubt es, künftige Situationen vorweg zu nehmen und sich auf sie einzustellen. Es gibt also keine Praxis ohne Theorie, es ist aber möglich, dass den in der Praxis Tätigen ihre eigenen theoretischen Vorstellungen nur teilweise bewusst, dass sie wenig reflektiert, nur oberflächlich begründet oder auch schlicht falsch sind.

Theorie und Praxis sind keine Gegensätze

Es gibt keine Praxis ohne Theorie

An dieser Stelle setzt die Praxisrelevanz didaktischer Theorie an. Didaktische Theorie liefert keine unmittelbar umsetzbaren Handlungsanleitungen, aber sie kann die Alltagstheorien von Pädagoginnen und Pädagogen durch die Integration wissenschaftlichen Wissens verbessern. Die Praxiswirksamkeit didaktischer Theorie ist also zunächst eine indirekte: Sie kann nicht unmittelbar das pädagogische Handeln verbessern, wohl aber das Nachdenken von Pädagoginnen und Pädagogen über ihr Handeln in der Praxis und damit die Alltagstheorien, die dieses Handeln anleiten und deuten. Didaktische Theorie lädt dazu ein, die Praxis mit anderen Augen zu sehen und gerade dadurch neue Handlungsmöglichkeiten zu erschließen.

Indirekte Praxiswirksamkeit didaktischer Theorie

Dies betrifft in der oben (2.2) dargestellten schematischen Übersicht zu den wissenschaftlichen Arbeitsfeldern der Politikdidaktik zunächst den Bereich der *„Philosophie des Faches“*. Die *„Tools“ für die Planung, Realisierung und Reflexion von Lernumgebungen* stellen bereits insofern einen Konkretisierungsschritt dar, als sie didaktisches Wissen auf Handlungszwecke – beispielsweise die Unterrichtsplanung – hin formulieren. Die erwähnte strukturelle Distanz zwischen Wissenschaft und Praxis wird dadurch freilich nicht aufgehoben, sie reproduziert sich vielmehr in gewisser Weise bei jeder Unterrichtplanung, die die konkreten Handlungssituationen ja nicht wirklich vorhersehen kann:

Unterrichtsplanung

„Jede Unterrichtsplanung ... ist ein kognitiver Probedurchlauf durch Unterricht. Sie beschreibt die Anfangssituationen für einen real (im Wechselspiel zwischen Planung und Zufall) ablaufenden Unterrichtsprozess. ( ... ) Damit kann es auch nicht darum gehen, eine Unterrichtsplanung im Unterricht zu *verwirklichen.* Vielmehr ist eine Unterrichtsplanung unter dieser Perspektive eine geistige Übung, da sie kognitive Möglichkeiten – und damit verschiedene Handlungsmöglichkeiten – erschlossen hat und es der Lehrkraft erlaubt, sich auf die Unterrichtssituation einzustellen“ (Scheunpflug 2001, 175).

Didaktisches Theoriewissen erweitert und verbessert diese Möglichkeiten – nicht mehr, aber auch nicht weniger.

Schließlich bietet die *empirische Lernforschung* Pädagoginnen und Pädagogen in der Praxis die Möglichkeit, subjektive Wahrnehmungen und Deutungen von Praxissituationen mit methodisch kontrollierten Sichtweisen auf die Praxis zu konfrontieren und ggf. auch zu problematisieren. Die empirische Forschung bietet der Praxis gewissermaßen einen Spiegel an, in dem sie mehr über sich erfahren kann – aber die Didaktik kann nicht versprechen, dass dieser Blick immer nur erfreuliche Ansichten bietet.

## 3. Aktuelle Kontroversen in der Politikdidaktik

Konsolidierung der Politikdidaktik in den 1990er-Jahren

Nach den politischen Polarisierungen der 1970er-Jahre und einer schweren institutionellen Krise in Folge eines drastischen Stellenabbaus in den 1980er-Jahren (vgl. Sander 2004, 137-150) hat sich die Politikdidaktik seit den 1990er-Jahren deutlich konsolidiert. Es ist wohl als Ausdruck einer gewisser Normalisierung der wissenschaftlichen Entwicklung zu verstehen, wenn heute in einer resümierenden Auswertung von Interviews mit führenden Wissenschaftlerinnen und Wissenschaftlern des Fachs festgestellt werden kann, „dass es in der Politikdidaktik viele Gemeinsamkeiten gibt" (Pohl 2004, 302; vgl. auch oben Abschnitt 2.2). Auf der anderen Seite gibt es keine „normale Wissenschaft" ohne Kontroversen. In der Politikdidaktik beziehen sich solche Kontroversen zu Beginn des 21. Jahrhunderts vor allem auf die folgenden Fragen und Probleme:

Empirische Forschung

- Eine rein wissenschaftsimmanente Debatte bezieht sich auf die Fragen der *Reichweite und der methodischen Zugänge empirischer Forschungen* zur politischen Bildung. Bei dieser Frage, die hier nur erwähnt und nicht vertieft werden soll, geht es letztlich um das noch ungelöste Problem einer Methodologie fachdidaktischer Lernforschung, die über die bloße Analyse von Unterrichtssituationen hinaus die weitere didaktische Theoriebildung empirisch untermauern kann.

Konstruktivismus

- Von breiterem Interesse über die wissenschaftsinterne Debatte hinaus hat sich die kontrovers diskutierte Frage erwiesen, welche Konsequenzen sich aus dem *Konstruktivismus* für die Theorie und Praxis der politischen Bildung ergeben können. Der Konstruktivismus hat als eine interdisziplinäre Erkenntnistheorie in den letzten Jahrzehnten in vielen Wissenschaften weite Verbreitung gefunden, wobei es zu den Merkmalen dieser erkenntnistheoretischen Richtung gehört, dass sie sowohl in den Naturwissenschaften (aktuell insbesondere in der Biologie, aber auch mit historischen Wurzeln in der Quantenphysik) als auch in den Geistes-, Kultur- und Sozialwissenschaften verankert ist (hier besonders in der Philosophie, der Kognitionspsychologie, der Soziologie, in jüngster Zeit verstärkt auch in der Politikwissenschaft, den Medienwissenschaften und der Erziehungswissenschaft). Ein Zeichen für die Breite der Diskussion hierzu ist, dass der Internetbuchhändler Amazon im März 2004 zum Stichwort „Konstruktivismus" über 200 Bücher anbot. Es würde hier zu weit führen, Kerngedanken des Konstruktivismus näher erläutern zu wollen (vgl. einführend Foerster 2002, Watzlawick 2002; für die Erziehungswissenschaft ferner insbesondere Reich 2002, Siebert 2003, Voß 2002). Im Grunde ist der Konstruktivismus auch weniger eine in sich geschlossene Theorie, sondern eher ein Denkstil oder eine spezifische Perspektive auf das, was wir „Wirklichkeit" nennen – aus konstruktivistischer Sicht ist das, was wir als „Wirklichkeit" erleben, kein über die Sinnesorgane direkt übermitteltes Abbild der äußeren Welt, sondern eine „Konstruktion" unseres Gehirns. Diese Wirklichkeitskonstruktion ist von außen, durch andere Menschen, nicht direkt steuerbar. Gemeinsam geteilte Wirklichkeiten sind hiernach ein Ergebnis von Kommunikation (im weitesten Sinn, was auch Gewalt einschließen kann), aber nicht objektive Aussagen über die Welt. Konstruktivistische Theorien arbeiten in verschiedenen Wissenschaften zum Teil mit durchaus verschiedenen Begrifflichkeiten und beziehen sich auf Traditionen, die bis in die europäische Aufklärung, zum Teil auch bis in die antike Philosophie zurückreichen. In der konstruktivistischen Diskussion zeichnen sich in den letzten Jahrzehnten die Umrisse eines neuen Weltbildes ab, das sich deutlich von dem der klassischen Naturwissenschaft (bis zum frühen 20. Jahrhundert) und noch deutlicher von dem naiven Realismus unterscheidet, mit dem wir uns im Alltag zumeist bewegen und orientieren. In der Politikdidaktik ist eine konstruktivistische Position am pointiertesten bei Sander 2001 formuliert worden, die Kontroverse um den Konstruktivismus bildet sich in dem Streitgespräch bei Detjen/Sander 2001 ab. Für die Erziehungswissenschaft hat Dieter Lenzen den Kern der Konsequenzen aus der konstruktivistischen Perspektive so formuliert:

„Dieser Gesichtspunkt ist eigentlich der revolutionärste einer konstruktivistischen Erziehungswissenschaft: daß man sich von dem Gedanken frei machen muß, es sei möglich, mit Hilfe von Unterricht bestimmte Lernziele beim Lernenden durchzusetzen. Auch dann, wenn nach einem Unterrichtsvorgang die Schüler die gewünschten Mathematikaufgaben lösen können, wenn sie ein gewünschtes Gedicht auswendig aufsagen oder die Vokabeln der letzten Englischstunde wiedergeben, ist es eine Selbsttäuschung zu glauben, daß alle Schüler das gleiche Lernziel erreicht hätten. Sie reproduzieren – unter dem Druck der Verhältnisse – vielmehr bestimmte Erwartungen. Das, was das Gelernte für sie bedeutet, ist indessen völlig unterschiedlich“ (Lenzen 1999, 156).

Diese lerntheoretische Konsequenz wird inzwischen auch von vielen Autoren akzeptiert, die den erkenntnistheoretischen Grundlagen des Konstruktivismus eher kritisch gegenüberstehen.

Kategoriale Didaktik

– Seit den 1960er-Jahren gibt es in der Politikdidaktik, beginnend mit Giesecke, eine spezifische Traditionslinie *kategorialer Didaktik.* In zahlreichen Publikationen ist von mehreren Autoren der Versuch unternommen worden, Kategoriensysteme zu entwickeln, die den fachlichen Kern politischer Bildung repräsentieren sollen (vgl. die Übersicht bei Henkenborg 1997). Diese Kategoriensysteme werden in der Regel in Form von Auflistungen zentraler Begriffe ausgearbeitet, die in der Praxis der politischen Bildung als Instrumente für die Analyse konkreter Fälle, Probleme oder Konflikte dienen und auf diese Weise die fachliche Qualität des Unterrichts sichern sollen. Inzwischen wird jedoch u.a. unter Hinweis auf den unklaren wissenschaftlichen Status und auf innere Widersprüche der vorliegenden Kategoriensysteme die Tragfähigkeit dieses Ansatzes prinzipiell bezweifelt (vgl. Sander 2001, 59-63). Die Diskussion über diese Frage steht aber bisher noch eher am Anfang.

Demokratie-Lernen

– Eher von außen ist in den letzten Jahren eine Kontroverse um *„Demokratie-Lernen“* an die (schulische) politische Bildung herangetragen worden. Anstöße hierfür waren zum einen ein Förderprogramm „Demokratie lernen und leben“, das 2001 von der Bund-Länder-Kommission für Bildungsplanung und Forschungsförderung (BLK) auf der konzeptionellen Basis eines Gutachten von Wolfgang Edelstein und Peter Fauser aufgelegt wurde (www.blk-bonn.de). Das Programm geht von einem sehr weit gefassten Verständnis von „Demokratie-Lernen“ aus und fördert unter anderem auch Projekte an Schulen, die aus politikdidaktischer Sicht eher vorpolitischen Aspekten des sozialen Lernens zugerechnet werden können und nur schwer einem politikwissenschaftlich vertretbaren Begriff von „Demokratie“ zuzuordnen sind. Zum anderen gab ein Buch von Gerhard Himmelmann über „Demokratie-Lernen“, in dem eine Abkehr vom Politikbegriff als Bezugspunkt politischer Bildung gefordert wurde (Himmelmann 2001), vielfältigen Anlass zu Widerspruch. Strittig an beiden Ansätzen war nicht der normative Bezug auf Demokratie und auch weniger der eher breitere, sich nicht allein auf den Fachunterricht beziehende didaktische und schulpädagogische Ansatz, als vielmehr der mehr oder weniger offen und offensiv vorgetragene Anspruch, mit dem Label einer „Demokratie-Pädagogik“ eine *Alternative* zum bisherigen Selbstverständnis der politischen Bildung anbieten zu wollen. Dies ist in der Politikdidaktik auf teilweise energischen Widerspruch gestoßen (vgl. u.a. Breit/Schiele 2002 sowie mehrere Beiträge in POLIS 3/2003).

Bildungsmarkt

– In der *außerschulischen politischen Bildung*, insbesondere in der Erwachsenenbildung, hat in den letzten Jahren die Frage, wie sich das Fach auf die Entwicklung der Erwachsenenbildung zum *Bildungsmarkt* einstellen soll, zu teilweise heftigen Debatten und Kontroversen geführt (vgl. u.a. die pointierte Gegenüberstellung kontroverser Positionen in Heft 1/998 von kursiv – Journal für politische Bildung). Befürworter einer „Marktöffnung“ der politischen Bildung weisen nicht nur auf die Notwendigkeit hin, dass politische Bildung sich in einem veränderten bildungspolitischen Umfeld neu orientieren muss, sondern sehen auch neue Chancen für das Fach im Sinne einer offensiveren Entwicklung von Lernangeboten, die sich am Nutzen für die Adressaten ausrichten – was nicht nur, aber auch den beruflichen Nutzen in einem Überschneidungsfeld zwischen politischer und beruflicher Bildung bedeuten kann (vgl. Sander 1996) und eine Öffnung für Kooperationen mit Unternehmen einschließt (vgl. Rudolf/Zeller-Rudolf 2004). Dagegen gibt es bei Kritikern die Befürchtung, dass die politische Bildung prinzipiell nicht marktfähig sei, sowie bei einigen Autoren ein Festhalten an einer sich „emanzipatorisch“ verstehenden Tradition politischer Bildung, die sich in einem prinzipiellen Gegensatz zu einer befürchteten „Ökonomisierung“ der politischen Bildung sieht (vgl. z.B. Hufer 2001).

## 4. Auf dem Weg zu nationalen Bildungsstandards in der politischen Bildung?

Nicht nur die politische Erwachsenenbildung ist zu Beginn des 21. Jahrhunderts mit tief greifenden Veränderungen ihres tradierten Umfelds konfrontiert, auch in der Schulpolitik hat die Diskussion über eine fundamentale Schulreform spätestens mit der internationalen Vergleichsstudie PISA die breite Öffentlichkeit in Deutschland erreicht. Was bedeutet diese neue Schulreformdebatte für die Zukunft der politischen Bildung? Zunächst sind die Spannungen, die sich bei der Suche nach Antworten auf diese Fragen ergeben, weniger innerhalb der Didaktik angesiedelt als zwischen dem, was die Politikdidaktik an Wissen über Bedingungen gelingenden politischen Lernens erarbeitet hat, auf der einen Seite und der tradierten Lernkultur an vielen Schulen auf der anderen Seite. Die internationalen Schulleistungsvergleiche der letzten Jahre haben ebenso wie zahlreiche qualitative Studien aus der politikdidaktischen Forschung mit empirischen Daten einen Eindruck untermauert, den viele kritische Beobachter der Schulpraxis in Deutsch-

Schulreformdebatte nach PISA

land auch vorher schon hatten: den von gravierenden Mängeln der alltäglichen Lernkultur und von erheblichen Professionalisierungsdefiziten im Lehrerberuf, die sich nicht nur, aber auch in der politischen Bildung beobachten lassen. Peter Henkenborg hat die Entwicklungsaufgaben, die sich für die Lernkultur im schulischen Politikunterricht aus diesen Defiziten ergeben, treffend in fünf Punkten zusammengefasst:

„Vom programmorientierten Politikunterricht zum Deutungslernen ...
Vom gegenstandsorientierten Unterricht zum problemorientierten Unterricht ...
Von der Vermittlungsperspektive zur Aneignungsperspektive ...
Vom belehrenden Politikunterricht zu einer ‚Kultur der Differenz' ...
Vom Frontalunterricht zu einer schüleraktiven Lernkultur ..." (Henkenborg 2002, 116-122).

Bildungsstandards

Zum Zeitpunkt der Veröffentlichung dieses Handbuchs ist noch nicht abzusehen, welche der zahlreichen Reformvorschläge zu einer Modernisierung des deutschen Schulwesens sich letztlich durchsetzen werden und welche nicht. Allerdings hat sich die Kultusministerkonferenz (KMK) darauf verständigt, *nationale Bildungsstandards* für die Schulen verbindlich festzulegen. Das Konzept für diese Bildungsstandards basiert auf einer Expertise, die von einer Expertengruppe unter Leitung von Eckard Klieme ausgearbeitet und im Februar 2003 gemeinsam von der Bundesministerin für Bildung und Forschung sowie der Präsidentin der KMK der Öffentlichkeit vorgestellt wurde (Bundesministerium für Bildung und Forschung 2003). Diese Bildungsstandards sollen in Form von *Kompetenzen*, nicht von „Stoffen" formuliert und so konzipiert werden, dass sie prinzipiell evaluierbar sind. Es geht bei dieser Einführung von Standards nicht nur um eine bessere Vergleichbarkeit der Schulen, sondern (durch den Bezug auf Kompetenzen) um eine Modernisierung der schulischen Lernkultur sowie (durch die angestrebte Evaluation, für deren Durchführung eine nationale Agentur aufgebaut wird) um ein neues Modell der politischen Steuerung des Schulsystem: Schulen sollen weniger durch inhaltliche Vorgaben („Input-Steuerung"), sondern

Output- statt Input-Steuerung

verstärkt durch Evaluation ihrer Resultate, gemessen anhand von Kompetenzen, die Schülerinnen und Schüler auf verschiedenen Stufen des Bildungswesens erworben haben, gesteuert werden („Output-Steuerung"). Mit Blick auf diese Entwicklung hat die GPJE im Juni 2003 beschlossen, einen konkreten, auf die Anforderungen der KMK abgestimmten Entwurf für nationale Bildungsstandards für den Fachunterricht in der politischen Bildung an Schulen auszuarbeiten und der KMK als Vorschlag des Faches vorzulegen (vgl. GPJE 2004). Zwar war zu diesem Zeitpunkt noch nicht abzusehen, ob die KMK für alle Fächer oder nur für einige Kernfächer der Schule Bildungsstandards beschließen würde, es erschien aber nicht zuletzt angesichts der sehr heterogenen Situation des Faches in den Bundesländern wichtig, dass eventuelle Bildungsstandards für die politische Bildung dem wissenschaftlichen Stand der Politikdidaktik entsprechen und vom Fach bundesweit konsensuell vertreten werden können. Die GPJE hat diesen Entwurf im Dezember 2003 fertig gestellt und der KMK übergeben.

Entwurf für Bildungsstandards der GPJE

Der Entwurf schlägt zunächst vor, die Heterogenität der Bezeichnungen für das Fach in den Bundesländern zu bereinigen und das Fach bundesweit einheitlich ab der Klasse 5 in allen Schulformen „Politische Bildung" zu nennen. In der Grundschule soll politische Bildung Teilbereich eines Integrationsfaches bleiben, das – wie es in den meisten Bundesländern ohnehin der Fall ist – „Sachunterricht" heißen soll. Die Kompetenzen, die im Fach vermittelt werden sollen, werden folgenden Kompetenzbereichen zugeordnet (GPJE 2004, 13):

Einheitliche Fachbezeichnung

*Konzeptuelles Deutungswissen*

| **Politische Urteilsfähigkeit** | **Politische Handlungsfähigkeit** |
|---|---|
| Politische Ereignisse, Probleme und Kontroversen sowie Fragen der wirtschaftlichen und gesellschaftlichen Entwicklung unter Sachaspekten und Wertaspekten analysieren und reflektiert beurteilen können | Meinungen, Überzeugungen und Interessen formulieren, vor anderen angemessen vertreten, Aushandlungsprozesse führen und Kompromisse schließen können |
| **Methodische Fähigkeiten**<br>Sich selbstständig zur aktuellen Politik sowie zu wirtschaftlichen, rechtlichen und gesellschaftlichen Fragen orientieren, fachliche Themen mit unterschiedlichen Methoden bearbeiten und das eigene politische Weiterlernen organisieren können | |

Drei Kompetenzbereiche

Die Definition von Zielen politischer Bildung nach diesen drei Kompetenzbereichen wird politikdidaktisch näher begründet bei Sander 2001 (54 ff.); allerdings legen die Bildungsstandards das Fach nicht auf ein bestimmtes didaktisches Konzept fest. Vielmehr zeigt Pohls zeitlich schon vor diesem Entwurf für Bildungsstandards vorgenommene Auswertung von Positionen der aktuellen Politikdidaktik, dass politische Urteilsfähigkeit, politische Handlungsfähigkeit und methodische Fähigkeit tatsächlich als weithin unumstrittene Zielvorstellungen für eine zeitgemäße politische Bildung gelten können, ungeachtet teilweise unterschiedlicher Auffassungen über möglicherweise weitergehende Ziele und deren normative Begründungsmöglichkeiten (vgl. Pohl 2004, 317 ff.).

Allerdings waren solche Auffassungsunterschiede für die Formulierung der Bildungsstandards zweitrangig, weil es gemäß dem Kompetenzbegriff, der der KMK-Expertise zu Grunde liegt, hier nur um solche Kompetenzen gehen konnte, die grundlegende *Handlungsanforderungen* in einem Fach beschreiben (und nicht z.B. Einstellungen), die evaluierbar sind und die sich im Sinne einer Lernprogression in Teilkompetenzen näher beschreiben lassen, die wiederum verschiedenen Stufen des Schulsystems zugeordnet werden können. Eine solche Zuordnung nimmt der GPJE-Entwurf auch vor; die Kompetenzen, die in diesen Kompetenzbereichen erworben werden sollen, werden für den Übergang der Grundschule in weiterführende Schulen, für den mittleren Bildungsabschluss, für das Ende der gymnasialen Oberstufe und für das Ende des beruflichen Bildungswesen beschrieben und für alle Stufen an Aufgabenbeispielen konkretisiert.

Die GPJE hat damit erstmals in der Geschichte der politischen Bildung in Deutschland eine aus dem Fach selbst kommende und in der Wissenschaft konsensfähige Formulierung von Zielen der politischen Bildung vorlegt, die sich nicht auf allgemeine Grundsätze beschränkt, sondern in elaborierter und differenzierter Form beschreibt, was Schülerinnen und Schüler in diesem Fach lernen können. Unabhängig von der Frage, ob die KMK diesen Entwurf formell übernimmt, stellt der Text damit einen wichtigen Bezugspunkt für die künftige Fachdiskussion dar. Sofern Lehrerausbildung, Lehrplan- und Prüfungsrichtlinien sowie die Praxis sich auf ihn beziehen, können diese Standards zu einem wesentlichen Faktor der Professionalisierung und Qualitätsverbesserung in der politischen Bildung werden.

## Literatur


Ahlheim, Klaus 1990: Mut zur Erkenntnis. Über das Subjekt in der politischen Erwachsenenbildung. Bad Heilbrunn

Beer, Wolfgang 1998: Politische Bildung im Epochenwechsel. Grundlagen und Perspektiven. Weinheim und München

Besand, Anja 2004: Angst vor der Oberfläche. Zum Verhältnis ästhetischen und politischen Lernens im Zeitalter Neuer Medien. Schwalbach/Ts.

Biskupek, Sigrid 2002: Transformationsprozesse in der politischen Bildung. Von der Staatsbürgerkunde der DDR zum Politikunterricht in den neuen Ländern. Schwalbach/Ts.

Borinski, Fritz 1954: Der Weg zum Mitbürger. Die politische Aufgabe der freien Erwachsenenbildung in Deutschland. Düsseldorf/Köln

Breit, Gotthard/Schiele, Siegfried (Hrsg.) 2002: Demokratie-Lernen als Aufgabe der politischen Bildung. Schwalbach/Ts.

Bundesministerium für Bildung und Forschung (Hrsg.) 2003: Zur Entwicklung nationaler Bildungsstandards für die politische Bildung. Eine Expertise. Bonn

Bundeszentrale für politische Bildung (Hrsg.) 1990: Zur Theorie und Praxis der politischen Bildung. Schriftenreihe Bd. 290, Bonn

Claußen, Bernhard/Geißler, Rainer (Hrsg.) 1996: Die Politisierung des Menschen. Instanzen der politischen Sozialisation. Ein Handbuch. Opladen

Claußen, Bernhard 1984: Politische Bildung und Kritische Theorie. Fachdidaktisch-methodische Dimensionen emanzipatorischer Sozialwissenschaft. Opladen

Claußen, Bernhard 1997: Politische Bildung. Lernen für die ökologische Demokratie. Darmstadt

Detjen, Joachim/Sander, Wolfgang 2001: Konstruktivismus und Politikdidaktik: Ein Chat-Interview (Moderation: Kerstin Pohl). In: Politische Bildung 4/2001, S. 128-138

Fischer, Kurt Gerhard (Hrsg.) 1970: Politische Bildung in der Weimarer Republik. Grundsatzreferate der „Staatsbürgerlichen Woche“ 1923. Frankfurt/M.

Fischer, Kurt Gerhard/Herrmann, Karl/Mahrenholz, Hans 1965: Der politische Unterricht. 3. Aufl., Bad Homburg

Fischer, Kurt Gerhard 1973: Einführung in die Politische Bildung. Ein Studienbuch über den Diskussions- und Problemstand der Politischen Bildung in der Gegenwart. 3. Aufl., Stuttgart

Fischer, Kurt Gerhard 1986: Zum aktuellen Stand der Theorie und Didaktik der Politischen Bildung. 5. Aufl., Stuttgart

Fischer, Kurt Gerhard 1993: Das Exemplarische im Politikunterricht. Beiträge zu einer Theorie politischer Bildung. Schwalbach/Ts.

Flaig, Berthold Bodo/Meyer, Thomas/Ueltzhöffer, Jörg 1993: Alltagsästhetik und politische Kultur. Zur ästhetischen Dimension politischer Bildung und politischer Kommunikation. Bonn

Foerster, Heinz von u.a. 2002: Einführung in den Konstruktivismus. 6. Aufl., München

Frech, Siegfried/Kuhn, Hans-Werner/Massing, Peter (Hrsg.) 2004: Methodentraining für den Politikunterricht. Schwalbach/Ts.

Gagel, Walter 1991: Vereinigung: Ist gemeinsame politische Bildung möglich? In: Gegenwartskunde 1/1991, S. 55-69

Gagel, Walter 1995: Geschichte der politischen Bildung in der Bundesrepublik Deutschland 1945-1989. 2. Aufl., Opladen

Giesecke, Hermann 1982: Didaktik der politischen Bildung. 12. Aufl., München

Giesecke, Hermann 2000: Politische Bildung. Didaktik und Methodik für Schule und Jugendarbeit. 2., überarb. und erweit. Aufl., München

Gießener Universitätsblätter 1982, H. 1; darin: Wolfgang Hilligen/Kurt Gerhard Fischer/Siegfried George: Institut für Didaktik der Gesellschaftswissenschaften. Gießen

GPJE (Hrsg.) 2003: Lehren und Lernen in der politischen Bildung. Schwalbach/Ts.

GPJE 2004: Nationale Bildungsstandards für den Fachunterricht in der Politischen Bildung an Schulen. Ein Entwurf. Schwalbach/Ts.

Grammes, Tilman 1998: Kommunikative Fachdidaktik. Politik – Geschichte – Recht – Wirtschaft. Opladen

Hafeneger, Benno 2003: Jugendkulturelle Modernisierung. Subjektbezug in Lernen und Bildung. Schwalbach/Ts.

Henkenborg, Peter 1997: Gesellschaftstheorien und Kategorien der Politikdidaktik. Zu den Grundlagen einer fachspezifischen Kommunikation in der politischen Bildung. In: Politische Bildung 2/1997, S. 95-121

Hilligen, Wolfgang 1985: Zur Didaktik des politischen Unterrichts. 4., völlig neu bearb. Aufl., Opladen

Hilligen, Wolfgang 1991: Didaktische Zugänge in der politischen Bildung. Schwalbach/Ts.

Himmelmann, Gerhard 2001: Demokratie-Lernen als Lebens-, Gesellschafts- und Herrschaftsform. Schwalbach/Ts.

Hufer, Klaus-Peter 1992: Politische Erwachsenenbildung. Strukturen, Probleme, didaktische Ansätze – Eine Einführung. Schwalbach/Ts.

Hufer, Klaus-Peter 2001: Für eine emanzipatorische politische Bildung. Konturen einer Theorie für die Praxis. Schwalbach/Ts.

Kuhn, Hans Werner/Massing, Peter/Skuhr, Werner (Hrsg.) 1993: Politische Bildung in Deutschland. Entwicklung – Stand – Perspektiven. 2. Aufl., Opladen

Kuhn, Hans-Werner/Massing, Peter (Hrsg.) 2000: Methoden und Arbeitstechniken. Bd. 3 von Weißeno 1999/2000

Kuhn, Thomas S. 1979: Die Struktur wissenschaftlicher Revolutionen. 4. Aufl., Frankfurt/M.

Lenzen, Dieter 1999: Orientierung Erziehungswissenschaft. Was sie kann, was sie will. Reinbek

Mickel, Wolfgang W. 2003: Praxis und Methode. Einführung in die Methodenlehre der Politischen Bildung. Berlin

Negt, Oskar 1975: Soziologische Phantasie und exemplarisches Lernen. Zur Theorie und Praxis der Arbeiterbildung. 5. Aufl. der überarbeiteten Neuausgabe, Frankfurt/M., Köln

Pohl, Kerstin (Hrsg.) 2004: Position der politischen Bildung Bd. 1. Ein Interviewbuch zur Politikdidaktik. Schwalbach/Ts.

Reich, Kersten 2002: Systemisch-konstruktivistische Pädagogik. Einführung in Grundlagen einer interaktionistisch-konstruktivistischen Pädagogik. Neuwied

Roloff, Ernst August 1972 ff.: Erziehung zur Politik. Eine Einführung in die politische Didaktik. Göttingen, Bd. 1 1972, Bd. 2 1974, Bd. 3 1979

Rudolf, Karsten 2002: Bericht politische Bildung 2002. Was wollen die Bürger? Eine Marktanalyse zur außerschulischen politischen Bildung in Deutschland. Büdingen

Rudolf, Karsten/Zeller-Rudolf, Melanie 2004: Politische Bildung – gefragte Dienstleisterin für Bürger und Unternehmen. Bielefeld

Sander, Wolfgang (Hrsg.) 1993: Konzepte der Politikdidaktik. Aktueller Stand, neue Ansätze und Perspektiven. Hannover

Sander, Wolfgang 1996: Beruf und Politik. Von der Nützlichkeit politischer Bildung. Schwalbach/Ts.

Sander, Wolfgang 2001: Politik entdecken – Freiheit leben. Neue Lernkulturen in der politischen Bildung. Schwalbach/Ts.

Sander, Wolfgang 2002: Von der Volksbelehrung zur modernen Profession. Zur Geschichte der politischen Bildung zwischen Ideologie und Wissenschaft. In: Christoph Butterwegge / Gudrun Hentges (Hrsg.): Politische Bildung und Globalisierung. Opladen, S. 11-24

Sander, Wolfgang 2004: Politik in der Schule. Kleine Geschichte der politischen Bildung in Deutschland. Marburg

Scheunpflug, Annette 2001: Biologische Grundlagen des Lernens. Berlin

Schiele, Siegfried/Schneider, Herbert (Hrsg.) 1977: Das Konsensproblem in der politischen Bildung. Stuttgart

Schiele, Siegfried/Schneider, Herbert (Hrsg.) 1996: Reicht der Beutelsbacher Konsens? Schwalbach/Ts.

Schmiederer, Rolf 1977: Politische Bildung im Interesse der Schüler. Frankfurt/M.

Schmitt, Karl 1980: Politische Erziehung in der DDR. Ziele, Methoden und Ergebnisse des politischen Unterrichts an den allgemeinbildenden Schulen der DDR. Paderborn

Schneider, Ilona Katharina 1995: Weltanschauliche Erziehung in der DDR. Normen – Praxis – Opposition. Eine kommentierte Dokumentation. Opladen

Siebert, Horst 2003: Pädagogischer Konstruktivismus. Lernen als Konstruktion von Wirklichkeit. 2., vollständig überarb. und erweit. Aufl., Neuwied

Sutor, Bernhard 1973: Didaktik des politischen Unterrichts. Eine Theorie der politischen Bildung. 2. Aufl., Paderborn

Sutor, Bernhard 1984: Neue Grundlegung politischer Bildung. 2 Bde., Paderborn

Sutor, Bernhard 1990: Fachdidaktische Theorie und Unterrichtspraxis. In: Bundeszentrale für politische Bildung (Hrsg.): Zur Theorie und Praxis der politischen Bildung. Schriftenreihe Band 290, Bonn, S. 312-314

Sutor, Bernhard 1992: Politische Bildung als Praxis. Grundzüge eines didaktischen Konzepts. Schwalbach/Ts.

Voß, Reinhard (Hrsg.) 2002: Unterricht aus konstruktivistischer Sicht. Die Welt in den Köpfen der Kinder. Neuwied

Watzlawick, Paul 2002: Wie wirklich ist die Wirklichkeit? Wahn – Täuschung – Verstehen. 28. Aufl., München

Weißeno, Georg (Hrsg.) 1999/2000: Lexikon der politischen Bildung. 3 Bde., Schwalbach/Ts.

Weißeno, Georg (Hrsg.) 2001: Politikunterricht im Informationszeitalter. Schwalbach/Ts.

*Peter Henkenborg*

# Empirische Forschung zur politischen Bildung – Methoden und Ergebnisse

## 1. Ansätze empirischer Unterrichtsforschung in der Politikdidaktik

Die Ausdifferenzierung der Politikdidaktik als eigenständiger Wissenschaftsdisziplin scheint durch ein nachhaltiges Gründungsproblem gekennzeichnet: Obwohl Forderungen nach einer empirischen Begründung von Konzepten politischer Bildung stets zum theoretischen Selbstverständnis der Fachdidaktik gehörten und obwohl es immer wieder Ansätze zu einer empirischen Forschung gab (vgl. Hilligen 1993), hat die Fachdidaktik den empirischen Anspruch des Faches lange Zeit nur in Ansätzen eingelöst. Grammes spricht sogar von einem „vorparadigmatischen Zustand" der Politikdidaktik, weil dieser noch jungen Wissenschaftsdisziplin eine „institutionalisierte Grundlagenforschung" und ein „gemeinsamer Forschungskonsens" fehle (1992, S. 81). Erst seit Anfang der 1990er-Jahre nimmt die Bedeutung empirischer Forschungen, insbesondere qualitativer Forschungen, in der Politikdidaktik zu. Die Rede ist von einer „empirischen Wende in der Fachdidaktik hin zu interpretativer Unterrichtsforschung" (Weißeno/Grammes 1993, 9) oder auch von der Entwicklung eines neuen „qualitativen Paradigmas" (Ackermann 1996, 205). Im Unterschied zu qualitativen Ansätzen ist die Bedeutung quantitativer Forschungen in der Politikdidaktik bislang geringer einzuschätzen.

Bedeutung empirischer Forschung nimmt zu

Qualitative Forschung umfasst in der Politikdidaktik zunächst solche Ansätze, die im Sinne interpretativer oder rekonstruktiver Sozialforschung Unterrichtsforschung zur politischen Bildung in der Schule mit qualitativen Daten durchführen, d.h. mit solchen Daten, die Antworten auf offene Fragen in Interviews, Akten, Tagebuchaufzeichnungen, (Unterrichts-)Protokollen, Videoaufzeichnungen, Stundenentwürfen, Schulbüchern, Erfahrungsbe-

Qualitative Forschung

richten etc. enthalten. Grundsätzlich verfolgen qualitative Forschungen in der politischen Bildung ein zentrales Ziel: Sie wollen den Blick auf eine Mikrostruktur von politischen Lernprozessen in der Schule dadurch eröffnen, dass sie den Unterrichtsalltag, die Alltagstheorien, Binnenperspektiven und Handlungen der Beteiligten untersuchen und zur Sprache bringen und dabei versuchen, die internen Prozesse und Antriebe aufzudecken, die das Schüler- und Lehrerhandeln steuern.

Drei qualitative Forschungsansätze

Bislang haben sich in der Politikdidaktik drei qualitative Forschungsansätze zum alltäglichen Politikunterricht entwickelt:

- Forschungen zu Lernertypen und Lernerdidaktiken, d.h. Ansätze, die sich auf die Rekonstruktion der subjektiven Perspektiven von Schülerinnen und Schülern konzentrieren (Weißeno 1989; Schelle 1995; Moll 2001).
- Die interpretative Rekonstruktion von Unterricht, d.h. Ansätze, die sich auf Handlungs- und Aushandlungsprozesse im alltäglichen Unterricht fokussieren und so versuchen, eine pädagogische und didaktische Handlungstheorie durch Fallverstehen zu entwickeln (Gagel/Grammes/Ungerer 1992; Grammes/Weißeno 1993; Grammes 1998; Kuhn/Massing 1999; Richter 2000; Kuhn 2003; Schelle 2003).
- Forschungen zum Professionswissen von Politiklehrern und -lehrerinnen, d.h. Ansätze, die versuchen, das praktische Handlungswissen von Lehrerinnen und Lehrern durch qualitative Interviews zu rekonstruieren (Weißeno 1998; Richter 1996; Henkenborg 1998, 2002; Biskupek 2003).

Die drei grundlegenden qualitativen Forschungsrichtungen – Zugänge zu subjektiven Sichtweisen, Beschreibung von Prozessen der Herstellung sozialer Situationen und hermeneutische Analysen tiefer liegender Strukturen (Flick 2000, 13 ff.) – lassen sich auch in der Politikdidaktik wiederfinden. Bislang überwiegen Forschungen, die sich um Zugänge zu subjektiven Sichtweisen, um den Nachvollzug subjektiv gemeinten Sinns zentrieren und explorative Verfahren (teilnehmende Beobachtung, problemorientierte Einzel- oder Kleingruppeninterviews) bevorzugen. Die zweite Forschungsperspektive der Beschreibung von Prozessen der

Herstellung sozialer Situationen findet sich besonders bei Schelle (1995), deren Untersuchung auf Gruppendiskussionen als Methode der Datenerhebung und auf der Diskursanalyse als Methode der Dateninterpretation basiert. Hermeneutische Verfahren sind insbesondere im Kontext der interpretativen Unterrichtsforschung bedeutsam. Kuhn spricht sogar ausdrücklich von einer politikdidaktischen Hermeneutik, die auf dem Dreischritt von Verstehen, Auslegen, Anwenden basiert (Kuhn 2000).

Quantitative Forschung

In der politischen Bildung hat es stets Ansätze quantitativer empirischer Forschung gegeben (vgl. Hilligen 1993). Dennoch besitzen quantitative Forschungen in der politischen Bildung und Politikdidaktik bislang einen eher „geringen Stellenwert" (Sander 2002). Erst in neuerer Zeit haben empirische Studien zur politischen Bildung – die allerdings außerhalb der Politikdidaktik entstanden sind – durch die Forschungen im Kontext der von der International Association for the Evaluation of Educational Achievement (IEA) in 28 Ländern durchgeführten vergleichenden internationalen Civic-Education-Studie an Bedeutung gewonnen (Torney-Purta u.a. 2001; Oesterreich/Händle/Trommer 1999; Oesterreich 2002).

## 2. Ergebnisse empirischer Forschungen zur politischen Bildung

### 2.1 Der Beitrag empirischer Forschungen zur Beschreibung des alltäglichen Politikunterrichts

Die quantitative Forschung hat bereits in früheren Jahren zur Beschreibung des alltäglichen Politikunterrichts beigetragen (vgl. Hilligen 1993; Sander 2002) und dabei z.B. auf die geringe Wirksamkeit der politischen Bildung (Becker/Herkommer/Bergmann 1970) oder auf die Defizite in der politischen Urteilsfähigkeit und auf Tendenzen der Moralisierung im Unterricht (Rothe 1993) hingewiesen. Einblicke in den alltäglichen Unterricht finden sich auch in der Studie von Breit/Harms, z.B. über Einschätzungen von Lehrerinnen und Lehrern zum Stand des Faches, über die Bedeutung der Fachdidaktik oder über die Wirkung von Unterrichtsmaterialien (Breit/Harms 1990). Zentrale Ergebnisse der Untersuchungen, die im Kontext der Civic-Education-Studien durchgeführt wurden, sind z.B., dass

Ergebnisse der Civic-Education-Studie

- die Identifikation mit der Demokratie stabil, das politische Wissen häufig fehlerhaft ist;
- die gemessenen Fähigkeiten deutscher Schüler und Schülerinnen international durchschnittliche Werte erreichen;
- sich die Werte im Vergleich zu früheren Studien verschlechtert haben;
- deutsche Schülerinnen und Schüler bei einer Reihe von Indikatoren unterhalb des internationalen Durchschnitts liegen, z.B. bei der Partizipationsbereitschaft, der nationalen Identifikation oder der Aufnahmebereitschaft gegenüber Ausländern;
- für die Entwicklung politisch-sozialer Handlungskompetenz nicht alleine der Unterricht, sondern die Schulkultur und Lernkultur – z.B. die Erfahrung von Partizipation, Engagement, offenem Umgang mit Konflikten, Verantwortungsübernahme und Vertrauen – insgesamt bedeutsam ist;
- sich deutsche Lehrerinnen und Lehrer zwar fachlich sicher fühlen, didaktisch-methodisch aber Kompetenzdefizite sehen (Torney-Purta u.a. 2001; Oesterreich/Händle/Trommer 1999; Oesterreich 2002).

Ergebnisse qualitativer Unterrichtsforschung

Die Analysen des alltäglichen Politikunterrichts durch die qualitative Unterrichtsforschung eröffnen den Blick auf solche Mikro- und Makroprozesse des alltäglichen Politikunterrichts, die unterhalb dieser Ebene grundsätzlicher Schul- und Unterrichtskritik liegen, die aber gleichwohl das Gelingen oder Scheitern von politischen Bildungsprozessen entscheidend beeinflussen. So liefert die qualitative Forschung Beschreibungen des alltäglichen Politikunterrichts, in denen sich Unterschiede zwischen gutem und schlechtem Unterricht erkennen lassen. Die Ergebnisse lassen sich unter fünf Stichworten zusammenfassen:

Lernertypen und Lernerdidaktik

*a) Lernertypen und Lernerdidaktik:* Weißeno (1989) differenziert zwischen den politischen, soziologischen und ökonomischen Lernertypen, die sich hinsichtlich unterschiedlicher Sozialisationsbedingungen und Deutungsmuster von Unterricht (Lernerdidaktiken) von einander abgrenzen lassen. In ihren Untersuchungen können Weißeno (1989) und Schelle (1995) ebenso nachweisen, dass die unterschiedlichen Lernertypen durchaus gemeinsame Vorstellungen von einem guten Politikunterricht entwickeln. Solche Lernerdidaktiken bevorzugen z.B. einen aktuellen, kontroversen, problemorientierten und diskursiven Unterricht, der Emotionalität und Rationalität verbindet.

Dass Jugendliche mehr zu sagen haben, als sie im Unterricht sagen, ist ein Ergebnis insbesondere der Arbeit von Schelle: Im Unterschied zum Unterricht, so ihr Fazit, diskutieren die Jugendlichen in den Interviews inhaltsbezogen, sie verfügen über Wissensbestände und Informationen, sie argumentieren mit zentralen sozialen und politischen Kategorien und sie sind in der Lage, die eigenen Gedanken durch Beispiele, Fälle, Analogien und Gegenüberstellungen zu erläutern. Eine Crux der Schule liegt darin, dass Schülerinnen und Schüler im Unterricht dümmer kreiert werden als sie sind und dass sie gleichzeitig überfordert und unterfordert werden (Schelle 1995, 330 ff.).

Professionalisierungsdefizite

*b) Professionalisierungsdefizite:* Durch die Analyse von Professionalisierungsdefiziten von Lehrerinnen und Lehrern legt insbesondere die interpretative Unterrichtsforschung Formen eines gelingenden und professionellen Unterrichts offen. Den Kern des Professionalisierungsdefizits von Lehrerinnen und Lehrern verankert z.B. Grammes in einer fehlenden Aufmerksamkeit für die interaktive Struktur und Dynamik von Lernprozessen und in einem Deutungsdefizit gegenüber den Themenverarbeitungsprozessen von Schülerinnen und Schülern. So entsteht das Bild eines Politikunterrichts, der bei „der Bestätigung von bereits zuvor Gewußtem" stagniert (Grammes 1998, 324), in dem die Politiklehrer „den Gehalt der Themen und der Deutungen der Lernenden nicht ausschöpfen, sondern diesen entgegen den eigenen Intentionen entpolitisieren" (Grammes 1998, 299) und Schüler in die Rolle von „Kreuzworträtsellösern" und „didaktischen Rekonstrukteuren" drängen (ebenda, 301). Grammes zeigt, dass es im Unterricht immer wieder zu unbeabsichtigten Diskursausschlüssen kommt: „Die Referenzstunden zeigen das strukturelle Risiko des Unterlaufens von Diskursivität in gesellschaftlich-politischen Lernprozessen. Analysiert wird weiter eine Tendenz zu pädagogischem Fundamentalismus, eine strukturelle Tendenz zu Eindeutigkeit unter Verzicht auf Deutungsspielräume der Tradition, da die Mehrdeutigkeit unerträglich erscheint. Dem korrespondiert eine Verweigerung des Diskurses mit Andersdenkenden im Dienste der Effizienz von Lernprozessen paradoxerweise gerade dort, wo didaktisch und unterrichtspraktisch Dialog reklamiert wird“ (Grammes 1998, 102). Eine Pointe seiner Untersuchungen liegt in der These, dass solche Diskursausschlüsse quer zu Unterscheidungen von so genannten „affirmativen“ und „emanzipatorischen“ Intentionen liegen. Sie entstehen vielmehr aus einem Widerspruch zwischen progressiven Intentionen und konventionellem pädagogischen Handeln.

Professionalisierungsprobleme entstehen schließlich ebenfalls, folgt man z.B. der tiefenhermeneutischen Rekonstruktion von König (1998) oder einer interaktionistischen Unterrichtsinterpretation (Henkenborg 2000), wenn der alltägliche Politikunterricht durch eine Belehrungskultur dominiert wird, die z.B. durch Moralisierung und Überwältigung gekennzeichnet ist.

Unpolitischer Politikunterricht

*c) unpolitischer Politikunterricht:* Ein weiteres Problem, auf das interpretative Unterrichtsforschung aufmerksam macht, ist die Gefahr eines unpolitischen Politikunterrichts. Die Analysen etwa von Grammes/Weißeno (1993), Weißeno/Massing (1995), Kuhn/Massing (1999) zeigen, dass die Gefahr eines „unpolitischen Politikunterrichts“ dann entsteht, wenn es Lehrerinnen und Lehrern im alltäglichen Politikunterricht schwer fällt, das Politische der Gegenstände und Themen des Politikunterrichts herauszuarbeiten.

Geschlechterdifferenzen

*d) die Bedeutung von Geschlechterdifferenzen:* In den Studien von Kroll (2001) und Boeser (2003), der quantitative und qualitative Methoden verbindet, werden geschlechtsspezifische Unterschiede in vielen Bereichen nachgewiesen. Boeser (2003) analysiert z.B. die Unterschiede in den subjektiven Kompetenzzuschreibungen, in der Bedeutung der Kontexte von Themen, in der Zufriedenheit mit der Unterrichtsgestaltung. Kroll (2001) beschreibt besonders die Konstruktion der Schülerinnen durch die Leitbilder von Weiblichkeit ihrer Lehrerinnen und Lehrer.

Professionswissen

*e) Professionswissen:* Die Professionsforschung zum Lehrerberuf unterstreicht eine strukturelle und unaufhebbare Spannung zwischen wissenschaftlichem Wissen und Handeln einerseits und professionellem Wissen und Handeln andererseits. Insbesondere Weißeno hat die Bedeutung dieser Spannung für die politische Bildung untersucht und einerseits gezeigt, dass „Forschungswissen ... noch keine handlungsrelevante Größe ist" (2000, 144) und andererseits die fachdidaktische Bedeutung dieses Professionswissens für die Planung, Durchführung und Bewertung von Unterrichts beschrieben (1998). Im Professionswissen von Lehrerinnen und Lehrern ist ebenfalls ein praktisches Handlungswissen um eine alltägliche Kultur der Anerkennung mit eigensinnigen und sehr unterschiedlichen Vorstellungen z.B. über Philosophien der politischen Bildung, über Konstruktionsprinzipien von Unterricht oder über die Lehrerrolle, etwa über Möglichkeiten und Grenzen emotionaler Zuwendung enthalten (Henkenborg 1998c; 2002).

## 2.2 Der Beitrag empirischer Forschungen zur Theorie politischer Bildung

Einfluss qualitativer Forschung auf politikdidaktische Theorieentwicklung

Durch ihre Beschreibungen und Analysen des alltäglichen Politikunterrichts hat die qualitative Forschung sicher zur Entwicklung einer Theorie der politischen Bildung beigetragen. Bei Grammes etwa sind die empirischen Unterrichtsanalysen ein Beitrag zur Entwicklung einer eigenständigen fachdidaktischen Theorie, die als konstruktivistisch orientierte kommunikative Fachdidaktik bezeichnet werden kann. Walter Gagel misst der Arbeit von Grammes eine fast epochenkonstituierende Qualität zu, weil sie u.a. der Fachdidaktik durch die interpretative Unterrichtsforschung ein empirisches Fundament verleihe und eine didaktische Theorie des sozialwissenschaftlichen Lernbereiches konstituiere (Gagel 1998, 519 ff.). Die verschiedenen Sammelbände, die in der Politikdidaktik entstanden sind, haben sicherlich nicht zu einer vergleichbaren konsistenten Theorieentwicklung geführt, gleichwohl aber wichtige Anstöße zu einer fachdidaktischen Theoriebildung geliefert.

Professionalität und hermeneutische Kompetenzbildung

*a) Professionalität und hermeneutische Kompetenzbildung:* In der Professionsforschung bildet sich eine erziehungswissenschaftlich-fachdidaktische Perspektive u.a. durch die Frage nach Inhalt und Erwerb professioneller Kompetenzen von Lehrerinnen und Lehrern. Die qualitative Unterrichtsforschung hat in ihren Untersuchungen immer wieder auf die Bedeutung einer „hermeneutischen Kompetenzbildung" im Sinne von „Reflexivität und Deutungskompetenz" (Schelle 2003) als ein wesentliches Element der Professionalität von Lehrerinnen und Lehrern hingewiesen (Grammes/Weißeno 1993; Grammes 1998; Henkenborg 2000; Richter 2000; Schelle 2003).

Aneignungsperspektiven von Schülerinnen und Schülern

*b) Aneignungsperspektiven von Schülerinnen und Schülern:* In neuen Lerntheorien spielt diese Beachtung der Aneignungsperspektive von Schülerinnen und Schülern eine wichtige Rolle. Lernerdidaktiken, so Weißeno, könnten für sich genommen zwar keine eigenständige Theorie erzeugen, doch können sie mit fachdidaktischer Theoriebildung vernetzt werden, wenn sie vor dem Hintergrund fachdidaktischer Prinzipien interpretiert werden. Lernerdidaktiken fungieren dann als „Beurteilungsgrundlage" für die fachdidaktische Theoriebildung (1989, 364 ff.). Seine Studie beleget, dass Lernerdidaktiken von Schülern zentrale Theorieelemente der Politikdidaktik beinhalten, z.B. die Orientierung an Schlüsselproblemen, die Diskussion von Wertentscheidungen und Methodenlernen, die Bedeutung eines offenen und diskursiven Unterrichts- und Diskussionsklimas. Darüber hinaus helfen sie insbesondere, das Prinzip der Schülerorientierung, z.B. in Bezug auf Deutungsmuster, Interessen und Bedürfnisse von Schülerinnen und Schülern, politikdidaktisch, konzeptionell und empirisch zu präzisieren. Diese Sichtweise von Schülerorientierung als einer „regulativen Idee" (Gagel) lässt sich mit den Ergebnissen von Weißeno und Schelle produktiv weiterverfolgen.

Kategoriales Paradigma und Kern des Faches

*c) Kategoriales Paradigma und Kern des Faches:* Die Politikdidaktik in der Bundesrepublik wird seit den 1960er- und 70er- Jahren stark durch ein „kategoriales Paradigma" (Grammes) geprägt, nach dem kategoriale Bildung bzw. strukturelles Lernen durch die Anreicherung, Differenzierung und Umstrukturierung kognitiver Strukturen ermöglicht werden soll. Im kategorialen Paradigma werden kategoriale Schlüsselfragen als die kognitiven Strukturen verstanden, die das Verallgemeinerbare von Politik im Unterricht erkennbar, lehr- und lernbar werden lassen. Insbesondere die Arbeiten von Massing/Weißeno (1995) und Kuhn/Massing (1999) haben zur Weiterentwicklung kategorialer Politikdidaktik beigetragen.

Entwicklung politischer Urteilsfähigkeit

*d) Entwicklung politischer Urteilsfähigkeit:* Obwohl die Entwicklung politischer Urteilsfähigkeit in der Politikdidaktik als das wichtigste Ziel politischer Bildung gilt, gibt es zu diesem Schlüsselkonzept bislang kaum empirische Untersuchungen (Massing/ Weißeno 1997). In seinem multimedialen Projekt (Buch, Video, CD) hat Hans-Werner Kuhn dieses fachdidaktische Defizit erneut aufgegriffen. Das Projekt knüpft an die fachdidaktische Diskussion über Urteilsbildung an und versucht, „induktiv über die Dokumentation von Unterrichtssequenzen ... zu verallgemeinerbaren Erkenntnissen über die Architektur von politischen Urteilen von Schülerinnen und Schülern zu kommen" und Strategien der Urteilsbildung zu entwickeln (2003, 14).

## 2.3 Der Beitrag empirischer Forschungen zur Verbesserung von Unterricht und Ausbildung

Einfluss empirischer Forschung auf Unterrichtspraxis

In den Beschreibungen des alltäglichen Politikunterrichts liegt sicherlich auch Potenzial, das sich für eine Verbesserung des Unterrichts und als Material für die Lehrerausbildung nutzen lässt. Interpretative Unterrichtsanalysen übernehmen hier zunächst die Funktion der Kritik, durch die Lehrerinnen und Lehrer lernen können, „sich als reflektierende Praktiker in den Beispielen wiederzuerkennen ..., um ihr Theoretisieren zu verbessern" (Grammes 1998, 104). Die Funktionen der interpretativen Unterrichtsforschung, insbesondere für die erste Phase der Lehrerausbildung, werden besonders in den Arbeiten von Gagel/Grammes/Unger (1992), Kuhn/Massing (1999) und von Richter (2000) deutlich, die einerseits reichhaltiges Material für Ausbildungssituationen liefern und andererseits jeweils praktische Trainingsvorschläge für die Ausbildung von Politiklehrern enthalten. Nach Schelle liegt eine Funktion solcher Dokumente darin, in „der Tradition kasuistischer Lehrerbildung die Schulung hermeneutischer Kompetenzen im Sinne einer Steigerung von Professionalität" (Schelle 2003, 40) zu ermöglichen, indem z.B. durch Fälle

Möglichkeiten zur Steigerung von Professionalität

- das Nachdenken über die eigene Praxis angeregt und die „Reflexivität gegenüber dem Handeln" (Schelle 2003, 40) gesteigert wird;
- Vorstellungen über den Verlauf von Unterricht vermittelt werden;
- an Beispielen die Realisierung von Theorieelementen verfolgt oder didaktische Kategorien und Begriffe transparent gemacht werden;
- „die eigene Imaginationsfähigkeit entzündet ... und vorgängige Bilder und Vorstellungen von Unterricht" überhaupt erst kommunizierbar werden (ebenda);
- das Unterrichten veranschaulicht wird (Gagel/Grammes/Unger 1992, 6 f.).

Fraglich ist, ob die qualitative Forschung zur Verbesserung des alltäglichen Politikunterrichts beigetragen konnte. Aber auch dieses Problem stellt sich generell als Frage empirischer Schul- und Unterrichtsforschung. So schreibt Klafki: „Wenn die Ergebnisse der einschlägigen Untersuchungen so wenig prinzipiell Neues über Merkmale bzw. Bedingungsfaktoren guter und schlechter ... Schulen zu Tage fördern ... dann stellt sich doch um so dringender die Frage: Woran liegt es, dass wir es trotz bereits vorhandenen Wissens bisher nicht geschafft haben, den leider zahlreichen Schulen ... auf den Weg zu helfen, ihre Mängel abzuarbeiten, und sich auf den Pol der ‚guten' Schulen hin zu bewegen" (Klafki 1991, 35).

Grenzen empirischer Forschung

Hinzu kommen strukturelle Gründe, die sich aus der Spannung zwischen professionellem Wissen und wissenschaftlichem Wissen ergeben. Ein weiterer Grund kann aber auch darin liegen, dass die politikdidaktische Forschung bislang nur unzureichend Anschluss an Prozesse innovativer Schulentwicklung gefunden hat.

## 3. Bilanz

Der Ertrag der empirischen Forschung wird in der Politikdidaktik oft skeptisch beurteilt (Ackermann 1996; Behrmann 2000; Hilligen 1993). Für Sander haben die empirischen Forschungen „nicht zu neuen Ansätzen in der Entwicklung fachdidaktischer Konzeptionen“ geführt (1997, 32). Insgesamt beschreiben solche Einschätzungen die Ergebnisse der empirischen Forschung in der politischen Bildung nicht zutreffend. Zwar ist es richtig, dass die qualitative Forschung in der Politikdidaktik, so eine These von Grammes (2000), bislang häufig einen eher explorativen Charakter besitzt und eine hypothesengenerierende Funktion erfüllt, d.h. dem Finden von Problem- und Fragestellungen gedient habe. Notwendig sei eine qualitative Forschung, die die Kasuistik in Richtung auf Systematik und Vergleich weiterentwickelt. Dennoch hat sich insbesondere der qualitative Forschungsansatz in der Politikdidaktik etabliert und konsolidiert und – wie qualitative Forschung in den Sozialwissenschaften überhaupt – „den Status einer paradigmatischen ‚normal sience‘ erreicht“ (Flick 2000, 13). Solche Forschungen haben damit erstens zur empirischen Verankerung des Faches, zweitens zu dessen theoretischer und praktischer Weiterentwicklung und drittens zu einer stärkeren sozialwissenschaftlichen Anschlussfähigkeit der Fachdidaktik beigetragen. Die Politikdidaktik war insofern bei ihren Bemühungen um eine Normalisierung als forschende Disziplin erfolgreich, wenngleich dieser Prozess sicher noch nicht abgeschlossen ist.

Notwendigkeit weiterer empirischer Forschung

### Literatur

Ackermann, Heike 1996: Der Beitrag der qualitativen Unterrichtsforschung für die Politikdidaktik. In: SOWI, Sozialwissenschaftliche Informationen, H. 3, S. 205-212

Becker, Egon/Herkommer, Sebastian/Bergmann, Joachim 1970: Erziehung zur Anpassung. Eine soziologische Untersuchung zur politischen Bildung an den Schulen. 3 Aufl., Schwalbach/Ts.

Biskupek, Sigrid 2002: Transformationsprozesse in der politischen Bildung. Von der Staatsbürgerkunde in der DDR zum Politikunterricht in den neuen Ländern. Schwalbach/Ts.

Boeser, Christian 2003: „Bei Sozialkunde denke ich nur an dieses Trockene ...“ – Relevanz geschlechtsspezifischer Aspekte in der Jugendbildung am Beispiel des Sozialkundeunterrichts der gymnasialen Mittelstufe in Bayern. Schwalbach/Ts.

Breit, Gotthard/Harms, Hermann 1990: Zur Situation des Unterrichtsfaches Sozialkunde/Politik und der Didaktik des politischen Unterrichts aus der Sicht von Sozialkundelehrerinnen und -lehrern. Eine Bestandsaufnahme. In: Zur Theorie und Praxis der politischen Bildung. Bonn, S. 13-167

Flick, Uwe u.a. (Hrsg.) 2000: Qualitative Forschung. Ein Handbuch. Reinbeck bei Hamburg

Gagel, Walter/Grammes, Tilman/Ungerer, Andreas (Hrsg.) 1992: Politikdidaktik praktisch. Mehrperspektivische Unterrichtsanalysen. Ein Videobuch. Schwalbach/Ts.

Gagel, Walter 1998: Kommunikative Fachdidaktik. In: Gegenwartskunde, H. 4, S. 519-526

Grammes, Tilman 1992: Was heißt grundlagenorientierte Forschung in der Fachdidaktik? Oder: Einladung zu einer Exkursion. In: Breit, Gotthard/Massing, Peter (Hrsg.): Grundfragen und Praxisprobleme der politischen Bildung. Bonn, S. 77-89

Grammes, Tilman/Weißeno, Georg (Hrsg.) 1993: Sozialkundestunden. Politikdidaktische Auswertungen von Unterrichtsprotokollen. Opladen

Grammes, Tilman 1998: Kommunikative Fachdidaktik. Politik. Geschichte. Recht. Wirtschaft. Opladen

Grammes, Tilman 2000: Bilanz und Perspektiven der schulbezogenen Politikdidaktik. Eine Wissenschaft ohne Gegenstand. Hamburg (unveröffentlichtes Manuskript)

Henkenborg, Peter/Kuhn, Hans Werner (Hrsg.) 1998a: Der alltägliche Politikunterricht. Beispiele qualitativer Unterrichtsforschung zur politischen Bildung in der Schule. Opladen

Henkenborg, Peter 1998b: Politische Bildung als Kultur der Anerkennung: Zum Professionswissen von Politiklehrern und -lehrerinnen. In: Henkenborg, Peter/Kuhn, Hans Werner (Hrsg.): Der alltägliche Politikunterricht. Beispiele qualitativer Unterrichtsforschung zur politischen Bildung in der Schule. Opladen, S.169-201

Henkenborg, Peter 2002: Interpretative Unterrichtsforschung in der politischen Bildung. Stand und Perspektiven. In: Breidenstein, Georg/Combe, Arno/Helsper, Werner (Hrsg.): Forum qualitative Sozialforschung, 2. Interpretative Unterrichts- und Schulbegleitforschung. Opladen, S. 81-109

Hilligen, Wolfgang 1993: Literaturbericht zur Unterrichtsforschung im Politikunterricht. In: SOWI, Sozialwissenschaftliche Informationen, H. 2, S. 125-134

Klafki, Wolfgang 1991: Perspektiven einer humanen und demokratischen Schule. In: Hessisches Institut für Bildungsplanung und Schulentwicklung (Hrsg.): Schulqualität und Schulvielfalt. Das Saarbrücker Schulsymposium ′88. Wiesbaden/Konstanz, S. 31-42

König, Hans-Dieter 1998: Pädagogisches Moralisieren nach Auschwitz. Tiefenhermeneutische Rekonstruktion der in einer Sozialkundestunde mit einer Zeitzeugin zutage tretenden Professionalisierungsdefizite. In: Henkenborg, Peter/Kuhn, Hans Werner (Hrsg.): Der alltägliche Politikunterricht. Beispiele qualitativer Unterrichtsforschung zur politischen Bildung in der Schule. Opladen, S. 135-150

Koring, Bernhard 1989: Eine Theorie pädagogischen Handelns. Theoretische und empirisch-hermeneutische Untersuchungen zur Professionalität der Pädagogik. Weinheim

Kuhn, Hans Werner/Massing, Peter (Hrsg.) 1999: Politikunterricht. Kategorial und handlungsorientiert. Schwalbach/Ts.

Kuhn, Hans Werner 2000: Meine Mutter hat früher auch immer gerne gehäkelt oder gestrickt. Politikdidaktische Interpretation einer Grundschulstunde. In: Richter, Dagmar: Methoden der Unterrichtsinterpretation. Qualitative Analysen einer Sachunterrichtsstunde im Vergleich. Weinheim, S. 87-106

Kuhn, Hans-Werner 2003: Urteilsbildung im Politikunterricht. Ein multimediales Projekt. Schwalbach/Ts.

Kroll, Karin 2001: Die unsichtbare Schülerin. Eine qualitative Studie zur Wahrnehmung und Deutung der Kommunikations- und Interaktionsstrukturen von Jungen und Mädchen im Politikunterricht. Schwalbach/Ts.

Massing, Peter/Weißeno, Georg (Hrsg.) 1995: Politik als Kern der politischen Bildung. Wege zur Überwindung unpolitischen Politikunterrichts. Opladen

Massing, Peter/Weißeno, Georg (Hrsg.) 1997: Politische Urteilsbildung. Aufgaben und Wege für den Politikunterricht. Bonn

Moll, Andrea 2001: Was Kinder denken. Zum Gesellschaftsverständnis von Schulkindern. Schwalbach/Ts.

Oesterreich, Detlef/Händle, Christa/Trommer, Luitgard 1999: Eine Befragung von Experten und Expertinnen zur politischen Bildung in der Sekundarstufe I. In: Händle, Christa/Oesterreich, Detlef/Trommer, Luitgard (Hrsg.): Aufgaben politischer Bildung in der Sekundarstufe I. Opladen

Oesterreich, Detlef 2002: Politische Bildung von 14-Jährigen. Studien aus dem Projekt Civic Education. Opladen

Scherer, Klaus-Jürgen 1996: Politik und Biographie. Schwalbach/Ts.

Richter, Dagmar 2000: Methoden der Unterrichtsinterpretation. Qualitative Analysen einer Sachunterrichtsstunde im Vergleich. Weinheim

Rothe, Klaus 1993: Schüler und Politik. Eine vergleichende Untersuchung bayrischer und hessischer Gymnasialschüler. Opladen

Sander, Wolfgang 1997: Theorie der politischen Bildung: Geschichte – didaktische Konzeptionen – aktuelle Tendenzen und Probleme. In: ders. (Hrsg.): Handbuch politische Bildung. Schwalbach/Ts., S. 5-45

Sander, Wolfgang 2002: Politikdidaktik – eine „normale Wissenschaft" vor den Herausforderungen der Modernisierung. In: kursiv, H. 2, S. 40-43

Sander, Wolfgang 2002: Empirische Forschung zur schulischen politischen Bildung mit quantitativen Methoden: Defizitanalysen und offene Fragen. In: kursiv, H. 4, S. 41

Schelle, Carla 1995: Schülerdiskurse über Gesellschaft. „Wenn du ein Ausländer wärst". Untersuchung zur Neuorientierung schulisch politischer Bildungsprozesse. Schwalbach/Ts.

Schelle, Carla 2003: Zur Tradition der Unterrichtsforschung zum Politikunterricht mit qualitativen Methoden. Ursprünge, Ergebnisse, Perspektiven. In: kursiv, H. 1, S. 36-41

Schelle, Carla 2002: Ich sehe, was Du nicht siehst. Von den Ansprüchen Jugendlicher die soziale Welt und Politik zu verstehen. Hermeneutische Rekonstruktionen aus der Sekundarstufe I (Habilitationsschrift Universität Hamburg)

Torney-Purta, Judith u.a. 2001: Citzenship and Education in twenty-eight Countries. Civic Knowledge and Engagement at Age Fourteen. Amsterdam

Weißeno, Georg 1989: Lernertypen und Lernerdidaktiken im Politikunterricht. Ergebnisse einer fachdidaktisch motivierten Unterrichtsforschung. Frankfurt/M.

Weißeno, Georg 1993: Zur Tradition empirischer Unterrichtsforschung. In: Grammes, Tilman/Weißeno, Georg (Hrsg.): Sozialkundestunden. Politikdidaktische Auswertungen von Unterrichtsprotokollen. Opladen, S. 15-33

Weißeno, Georg 1998: Politikdidaktik aus der Perspektive von Fachleitern. Ein Beitrag zum Austausch von Profession und Wissenschaft. In: Henkenborg, Peter/Kuhn, Hans Werner (Hrsg.): Der alltägliche Politikunterricht. Beispiele qualitativer Unterrichtsforschung zur politischen Bildung in der Schule. Opladen, S. 201-216

Weißeno, Georg 2000: Erwartungen an eine empirisch arbeitende Fachdidaktik. In: Politische Bildung, H. 4, S. 142-147

*Peter Massing*

# Die Infrastruktur der politischen Bildung in der Bundesrepublik Deutschland – Fächer, Institutionen, Verbände, Träger

In zusammenfassenden Darstellungen zur politischen Bildung in der Bundesrepublik Deutschland findet sich häufig die Feststellung, dass die institutionalisierte politische Bildung in Schule, Erwachsenen- und Jugendbildung, unabhängig von ihrer organisatorischen Struktur sowie der staatlichen oder freien Trägerschaft, in den letzten Jahren in eine defensive Rolle gedrängt worden sei (Mickel 1999, 11). Andererseits existiert ein umfangreiches, komplexes und kompliziertes Geflecht an Institutionen, Organisationen und Trägern politischer Bildung, das sich in dieser Form kaum in einer anderen westlichen Demokratie findet und das nur noch schwer zu überschauen ist.

Komplexe Infrastruktur

Um wenigsten einen groben Überblick zu erhalten, wird im Folgenden zwischen schulischer politischer Bildung, außerschulischer politischer Jugendbildung und politischer Erwachsenenbildung unterschieden, die vor je eigenen Herausforderungen, Problemen und Entwicklungstrends stehen.

## 1. Schulische politische Bildung

Politische Bildung als Unterrichtsfach und -prinzip in der Schule

In demokratisch organisierten Gesellschaften hat die Schule als einzelne Institution wie das Bildungssystem insgesamt die Aufgabe, einen Beitrag zur Herausbildung einer demokratischen politischen Kultur zu leisten und Jugendliche auf die Teilnahme an Politik und Gesellschaft vorzubereiten. Auch die einzelnen Unterrichtsfächer sollen im Rahmen ihrer Möglichkeiten an der politischen Bildung teilhaben und die Entwicklung von demokratischen und zivilgesellschaftlichen Kompetenzen fördern. Während dies für Schule und die anderen Fächern nur ein Nebenaspekt sein kann, ist es die zentrale Aufgabe des eigenständigen Unterrichtsfaches „Politische Bildung".

Inwieweit die Schule ihrem politischen Bildungsauftrag nachkommt und ob politische Bildung als Unterrichtsprinzip in den anderen Fächern oder in fächerübergreifenden und fächerverbindenden Projekten realisiert wird, lässt sich kaum überprüfen. Aber auch eine realitätsgerechte Beschreibung der Situation des Schulfaches Politische Bildung fällt schwer.

Unterschiedliche Fachbezeichnungen

Die Kultusministerkonferenz hatte 1950 zwar die Einführung eines besonderen Unterrichtsfaches für die politische Bildung empfohlen, die Benennung dieses Faches den Ländern aber freigestellt. Die Folge davon sind heute nicht nur verschiedene Fachbezeichnungen in den Ländern, sondern auch innerhalb der Länder zwischen den Schulstufen und den Schulformen. Die häufigste Bezeichnung dürfte Sozialkunde sein, gefolgt von Gemeinschaftskunde. Das Fach heißt aber auch Politische Bildung, Gesellschaft, Gesellschaftslehre, Politik, Politische Weltkunde, Sozialwissenschaften, Gesellschaftswissenschaften u.a. Die unterschiedlichen Namen des Faches beinhalten verschiedene Vorstellungen von seinen Aufgaben und Inhalten und haben seine Profilierung bis heute erschwert. Die „Gesellschaft für Politikdidaktik, politische Jugend- und Erwachsenenbildung" (GPJE) hat daher 2003 den Vorschlag gemacht, das Fach in Zukunft in der Sek. I und in der Sek. II einheitlich „Politische Bildung" zu nennen.

Anteil an den Stundentafeln

Der zeitliche Umfang, der in den Stundentafeln der Länder für das Fach vorgesehen ist, lässt sich nicht genau feststellen (vgl. Rudolph 1994; Weidinger, 1996,1997; Balser, Nonnenmacher 1997, Georg-Eckert-Institut, 2001). In einer Reihe von Ländern wurde in Zusammensetzung z.B. aus Erdkunde, Geschichte, Recht und Wirtschaft ein integriertes Fach gebildet, ohne auszuweisen, wie viel Zeit für politische Bildung im engeren Sinne bleibt. Auch die Rahmenpläne geben nur begrenzt Auskunft. In ihnen wird zunehmend fächerübergreifender und fächerverbindender Unterricht gefordert und in manchen Ländern ist bis zu einem Drittel der Zeit schulinternen Lehrplänen vorbehalten. In beiden Fällen lässt sich der konkrete zeitliche Anteil des Unterrichtsfaches „Politische Bildung“ nicht bestimmen. Hinzu kommt, dass der Anteil des tatsächlich erteilten Unterrichts häufig geringer ist als die offiziell angesetzten Stundenzahlen. Der Anteil an fachfremd erteiltem Unterricht bewegt sich noch immer, je nach Land, zwischen 30 % und 50 %.

Situation in den Bundesländern

Zudem unterliegt dieses Fach häufigen Veränderungen. Dabei ist allerdings ein einheitlicher Trend, etwa in Richtung einer generellen Stundeminderung, wie er gelegentlich beklagt wird, nicht zu erkennen. Vielmehr lassen sich sowohl Kürzungen als auch Ausweitungen des Faches feststellen. Während z.B. Brandenburg ab dem Schuljahr 2002/03 eine Stundenkürzung in der Sekundarstufe I von zwei Stunden vorgenommen hat (Politische Bildung wird in den Klassen 7 und 8 überhaupt nicht mehr, in der Klasse 9 einstündig und in Klasse 10 zweistündig unterrichtet), besteht in Berlin die Absicht, durch Auflösung des Additionsfaches Politische Weltkunde in drei eigenständige Fächer Geschichte, Geografie und Politikwissenschaft/Sozialkunde die politische Bildung zu stärken. Ähnlich uneinheitlich ist der Umgang mit Fächerverbindungen. In manchen Ländern (wie in Berlin) werden bestehende Fächerverbindung aufgelöst, in anderen Ländern neue geschaffen. So will Baden-Württemberg ab dem Schuljahr 2004/05 in der Sekundarstufe I des Gymnasiums die Fächer Erdkunde und Gemeinschaftskunde mit Wirtschaft im Fächerverbund unterrichten und in Hamburg wurde ab dem Schuljahr 2003/04 Sozialkunde unter der neuen Fachbezeichnung PGW (Politik – Gesellschaft – Wirtschaft) von Klasse 8 bis 10 als zweistündiges Fach eingeführt.

Welche Auswirkungen auf die politische Bildung Überlegungen haben, die Schulzeit bis zum Abitur generell auf 12 Jahre zu verkürzen oder das Kurssystem der reformierten gymnasialen Oberstufe aufzulösen, lässt sich im Augenblick noch nicht erkennen.

Obwohl in allen Ländern einem eigenständigen Unterrichtsfach Politische Bildung – unter welcher Bezeichnung auch immer – nur ein geringer zeitlicher Umfang eingeräumt wird, erscheint politische Bildung heute in der pädagogischen Praxis verankert und institutionell gesichert. Es ist ihm gelungen – wenn auch unter Schwierigkeiten – sich gegenüber dem Fach Geschichte zu behaupten und in der Konkurrenz mit neuen Fächern wie „Wirtschaft“ und „Recht“ oder wertebildenden Fächern wie LER, Philosophie oder Ethik wirkt Politische Bildung gut „aufgestellt“.

Die Situation der Lehramtsausbildung für den Bereich der politischen Bildung war bisher geprägt durch eine Vielzahl von möglichen Ausbildungsgängen, unterschiedlichen Bezugswissenschaften und einem geringen Anteil an Politikdidaktik. In der Reform der Lehramtsausbildung durch BA- und MA-Studiengänge scheint jedoch die Chance einer fachwissenschaftlichen Vereinheitlichung und einer Stärkung der Politikdidaktik und der Berufspraxis zu liegen. Dieser Entwicklung kommt entgegen, dass die Politikdidaktik an den Universitäten sich in den letzten Jahren endgültig als eine normale und forschungsorientierte Wissenschaftsdisziplin etablieren konnte, gestützt durch eine intensive Tagungskultur und durch eine Reihe von Fachzeitschriften.

Lehrerausbildung

## 2. Die außerschulische politische Jugendbildung

Außerschulische politische Jugendbildung vermittelt den jungen Menschen Kenntnisse über Gesellschaft und Staat, ermöglicht die Urteilsbildung über politische Vorgänge und Konflikte und befähigt die Jugendlichen zur Wahrnehmung der eigenen Rechte und Interessen ebenso wie der Pflichten und Verantwortlichkeiten gegenüber der Gesellschaft und regt sie zur Mitwirkung an der Gestaltung einer freiheitlichen demokratischen Gesellschaft an (Schwab 1997, 43). Sie ist Teil der allgemeinen außerschulischen Jugendbildung, die wiederum zur Jugendhilfe gehört und im Kinder- und Jugendhilfegesetz geregelt ist. Auf der Bundesebene erfolgt die Förderung der Jugendbildung im Wesentlichen aus dem Bundesjugendplan, der zum Haushalt des Bundesministeriums für Familie, Senioren, Frauen und Jugend gehört. Neben der Bundesebene werden Fördermaßnahmen in den Jugendbildungsgesetzen und Jugendplänen der Länder formuliert und ausgewiesen. Für die Förderung der Jugendbildung in den Landkreisen und

Ebenen politischer Jugendbildung

kreisfreien Städten sind die Jugendämter zuständig. Daneben ist es Aufgabe der Gemeinden, Veranstaltungen und Projekte der Jugendbildung zu unterstützen. Neben diesen drei Ebenen – Bund, Länder, Kommunen –, die Verantwortung für politische Jugendbildung haben, lässt sich die außerschulische Jugendbildung auch nach ihren Trägern strukturieren. In der Regel wird zwischen „Freien Trägern“ und „Öffentlichen Trägern“ unterschieden. Zu den freien Trägern zählen u.a.: Jugendverbände, Wohlfahrtsverbände, Kirchen, politische Jugendorganisationen, sonstige Verbände, Gruppen und Initiativen.

Trägerstrukturen

Zu den öffentlichen Trägern zählen: Jugendämter, Landesjugendämter, Gemeinden, Landeszentralen und Bundeszentrale für politische Bildung, Jugendbildungsstätten in öffentlicher Trägerschaft.

Für die politische Bildung sind die Jugendverbände und Jugendgemeinschaften von besonderer Bedeutung. Sie sehen in diesem Bereich ihren Aufgabenschwerpunkt. Dabei geht es um die Erziehung und Bildung junger Menschen, die Vermittlung sozialer und politischer Orientierung sowie die Hilfe zur Bildung persönlicher Identität und Wertorientierung, wie der Deutsche Bundesjugendring, der Dachverband der Jugendverbände, formuliert. Politische Bildung und politisches Handeln geschieht in der Jugendverbandsarbeit auf drei Ebenen: Jugendverbände versuchen Einfluss zu nehmen auf die Institutionen parlamentarischer Demokratie, auf staatliche Organe, Parteien, Wahlen und verstehen sich dabei als Anwälte von Kindern und Jugendlichen. Sie vertreten ihre Interessen im öffentlichen Raum durch Medien, Öffentlichkeitsarbeit, Informations-, Werbe-, Boykottveranstaltungen u.Ä., und sie leisten einen Beitrag zur politischen Sozialisation, d.h. die Jugendlichen lernen Willensbildung in demokratischen Strukturen kennen, erwerben soziale und kommunikative Fähigkeiten und entwickeln Verantwortungsgefühl für ihre nähere und weitere Umwelt (vgl. Kuhn 1999, 139).

Jugendverbände

Die Maßnahmen der Jugendverbände werden ergänzt durch Angebote der politischen Bildung von Wohlfahrtsverbänden und Kirchen.

Neben den überregional tätigen Jugendverbänden haben sich in den letzten Jahren überwiegend auf kommunaler Ebene, Vereine, Initiativen und Selbsthilfegruppen gebildet, die sich ebenfalls der politischen Bildung verpflichtet fühlen.

Die parteipolitischen Jugendorganisationen sind im Ring politischer Jugend zusammengeschlossen. Für sie steht Politik im engeren Sinn sowohl als Bildungsinhalt als auch als Handlungsfeld im Mittelpunkt ihrer Tätigkeit.

Für die politische Bildung besonders wichtig sind die Jugendbildungsstätten. Es sind pädagogische Einrichtungen, die in staatlicher in der Regel kommunaler, überwiegend aber in freier Trägerschaft arbeiten. Sie haben einen überörtlichen Einzugsbereich und sie bieten unterschiedliche Veranstaltungen zur politischen Bildung für Jugendliche an. Ergänzt wird diese Arbeit durch örtlich arbeitende Jugendzentren und Jugendfreizeitheime.

Jugendbildungsstätten

Die Jugendämter als öffentliche Einrichtungen leisten einmal einen Beitrag zur außerschulischen Jugendbildung durch Förderung und Koordination der Arbeit der Freien Träger und durch eigene Aktivitäten, etwa durch Veranstaltungen der politischen Bildung im Rahmen der kommunalen Jugendpflege.

Jugendämter

Die Bundeszentrale und die Landeszentralen für politische Bildung unterstützen politische Jugendbildung als Teil ihres Gesamtauftrags.

Zur außerschulischen politischen Bildungsarbeit können auch die Angebote der Jugendwerke gerechnet werden: Das Deutsch-Französische-Jugendwerk und das Deutsch-Polnische-Jugendwerk sind für die Förderung aller Jugendbegegnungsmaßnahmen zwischen diesen Ländern verantwortlich. In diesem Zusammenhang sind auch die Jugendbegegnungstätten zu nennen, in denen sich junge Menschen aus verschiedenen Ländern und Nationen im Rahmen pädagogisch geprägter Veranstaltungen treffen.

Jugendwerke

Im Vergleich zu den 1970er-Jahren ist die Bedeutung der politischen Bildung innerhalb der außerschulischen Jugendbildung zurückgegangen. Die Ursachen dafür sind vielfältig. So ist die politische Bildung, die Jugendarbeit wie die Sozialpolitik insgesamt erheblich von der Krise der öffentlichen Haushalte

– insbesondere von den finanziellen Schwierigkeiten der Kommunen – betroffen. Selbst die „Jugendkrisendebatten" der 1990er-Jahre über zunehmende Ausländerfeindlichkeit, Rechtsextremismus und ansteigende Jugendgewalt, Politik- und Parteienverdrossenheit konnten, über kurzfristige Maßnahmen und Projektförderungen hinaus, den Abbauprozess nicht aufhalten. Hinzu kommt, dass das Interesse der Jugendlichen an Politik in den letzten Jahren stark nachgelassen und die Distanz zu traditionellen politischen Institutionen und Organisationen zugenommen hat. In diesem Sog verlieren auch Angebote politischer Bildung an Attraktivität. Nicht zuletzt scheint die politische Jugendbildung selbst in einer Umbruchsituation zu sein, die zu einer erheblichen konzeptionellen Orientierungslosigkeit geführt hat.

## 3. Politische Erwachsenenbildung

Bis Ende der 1960er-Jahre war die Erwachsenenbildung in der Bundesrepublik nicht durch spezifische Gesetze geregelt. Erst im Zuge des bildungspolitischen Reformprozesses zu Beginn der 1970er-Jahre wurden in fast allen Bundesländern Gesetze zur Erwachsenen- bzw. Weiterbildung verabschiedet. Später kamen in elf Ländern Bildungsfreistellungs- bzw. Bildungsurlaubsgesetze hinzu. In den einzelnen Gesetzen ist die politische Bildung unterschiedlich stark verankert, aber in der Regel explizit erwähnt. Trotz eines verstärkten Trends zur beruflichen Bildung, spielen Angebote der politischen Bildung noch eine wichtige Rolle.

Trägerstrukturen

Die politische Erwachsenenbildung in der Bundesrepublik ist wesentlich geprägt durch eine Vielzahl von gesellschaftlichen Organisationen, Einrichtungen und Träger. Sie können in drei Kategorien eingeteilt werden.

1. Öffentlich getragenen Bildungseinrichtungen, deren Träger der Bund, die Länder oder die Kommunen sind. Zu diesen gehören die Bundeszentrale für politische Bildung, die jeweiligen Landeszentralen und die Volkshochschulen.
2. Freie Träger, worunter alle nichtöffentlichen Träger zusammengefasst werden. Diese Träger sind oftmals weltanschaulich

gebunden, können aber wegen ihrer „Nicht-Staatlichkeit" als „frei" bezeichnet werden. Dazu zählen u.a. die parteinahen Stiftungen, die Kirchen und die Gewerkschaften.

3. Die selbstorganisierten, nicht-institutionalisierten Initiativen, die sich besonders aus der Umwelt, Friedens- und Alternativbewegung herausgebildet haben (vgl. Reinhardt 1999).

Die Freien Träger haben sich häufig zu einem Netz landesweiter und bundesweiter Zusammenschlüsse in Dach- und Trägerverbänden verbunden wie dem Bildungswerk des Deutschen Gewerkschaftsbundes BW/DGB, der Deutschen Evangelischen Arbeitsgemeinschaft für Erwachsenenbildung (DEAE), der Katholischen Bundesarbeitsgemeinschaft für Erwachsenenbildung (KBE), dem Bundesarbeitskreis Arbeit und Leben (A u. L), dem Arbeitskreis deutscher Bildungsstätten (AdB), der Arbeitsgemeinschaft katholisch-sozialer Bildungswerke (AKSB), der Gesellschaft der europäischen Akademien (GEA), der Arbeitsgemeinschaft Demokratischer Bildungswerke (ADB), den Evangelischen Akademien in Deutschland (EAD), um nur einige wichtige zu nennen. Auf Bundesebene sind die Trägerverbände des öffentlichen Bereichs, z.B. der Deutsche Volkshochschulverband (DVV), der Arbeitskreis universitäre Erwachsenenbildung (AUE) und die freien Trägerverbände im Bundesausschuss (ehemals Arbeitsausschuss) für politische Bildung (BAP) zusammengeschlossen.

Freie Träger

Für den Bereich außerschulischer politischer Bildung im öffentlichen Auftrag sind vor allem die Bundeszentrale und die Landeszentralen für politische Bildung von Bedeutung. Wichtige Anbieter sind hier aber auch die Bundeswehr und der Zivildienst. Politische Bildung in der Bundeswehr soll u.a. den Schutz und die Verteidigungswürdigkeit der Grundordnung der Bundesrepublik Deutschland und den Auftrag der Streitkräfte verdeutlichen. Das Bundesamt für den Zivildienst organisiert politische Bildungsveranstaltungen in den Zivildienstschulen und kooperiert in diesem Zusammenhang mit den freien Bildungsträgern.

Öffentliche Träger

Anbieter Politischer Bildung auf der kommunalen Ebene sind die Volkshochschulen. Sie befinden sich in kommunaler Trägerschaft, ein hoher Anteil von ihnen (32,4 %) hat allerdings auch die

Rechtsform eines eingetragenen Vereins. Die Volkshochschulen unterliegen einem öffentlichen Bildungsauftrag und müssen demnach überparteilich sein. Politische Bildung nimmt nur einen geringen Anteil an ihrem Programm ein. Fasst man das Stoffgebiet Gesellschaft/Geschichte/Politik zusammen, sind es 1% des Gesamtunterrichts. Der Umfang der den Volkshochschule zur Verfügung stehenden Mittel ist zwar in den 1990er-Jahren angestiegen. Der Anstieg war jedoch eine Folge der erheblichen Erhöhung der finanziellen Eigenbeteiligung der Teilnehmer.

Parteinahe Stiftungen

Zu den Freien Trägern gehören auch die parteinahen Stiftungen, obwohl sie durch die Satzungen und durch die angebotenen Veranstaltungen eine erhebliche Abhängigkeit von der Mutterpartei zeigen. Die Stiftungen werden weitgehend aus öffentlichen Mitteln unterhalten und die Einnahmen der Stiftungen sind in den letzten Jahren – abweichend von allgemeinem Trend – etwa auf gleichem Niveau geblieben.

Kirchen

Die Kirchen betreiben ebenfalls eine umfangreiche und intensive politische Bildungsarbeit, die inhaltlich stark an den großen Themen der Politik orientiert ist. Über die finanzielle Entwicklung der kirchlichen Erwachsenenbildung lässt sich wenig sagen. Zu vermuten ist aber, dass der Umfang der öffentlichen Mittel ebenfalls zurückgegangen ist, und die Kirchen dies nicht vollständig aus eigenen Mitteln kompensieren konnten.

Gewerkschaften

Von besonderer Bedeutung ist die gewerkschaftliche politische Bildung. Sie wird von den Gewerkschaften selbst, gewerkschaftlichen Bildungswerken oder von Gewerkschaften getragenen bzw. mitgetragenen Einrichtungen z.B. Arbeit und Leben durchgeführt. Ein großer Teil der gewerkschaftlichen Bildungsarbeit richtet sich bis heute an betriebliche Funktionsträger. Politische Bildung im engeren Sinne wendet sich dagegen an alle Interessierte. Die Konzepte gewerkschaftlicher Bildungsarbeit waren zeitweise sehr stark an Formen der „Schulung" orientiert. In den 1990er-Jahren fand jedoch eine lebhafte Debatte statt, die zu einer Neuorientierung der gewerkschaftlichen Bildungsarbeit geführt hat. In den letzten Jahren ging allerdings auch bei den Gewerkschaften politische Bildung im Angebot zurück.

Die politische Erwachsenenbildung ist in jüngster Zeit von vielen Seiten her unter Druck geraten und hat eine Reihe von Schwierigkeiten zu verkraften, die hier nur aufgezählt werden können. So hat die politische Erwachsenenbildung in den letzten Jahren zunehmend Akzeptanzprobleme. Immer weniger Menschen interessieren sich für Angebote der politischen Bildung, die innerhalb der gesamten Erwachsenenbildung zu einem Randphänomen geworden ist. Die Dominanz der großen interessen- und weltanschaulich gebundenen Träger hat diesen Trend noch verstärkt.

Schwierigkeiten politischer Erwachsenenbildung

Die konzeptionelle Diskussion in der Erwachsenenbildung, in den 1970er-Jahren noch durch politische Bildung dominiert, konzentriert sich heute vor allem auf den Bereich der beruflichen und kulturellen Bildung. Die politische Bildung selbst ist intern zerfasert und zerfranst. Sie weist eine unüberschaubare Vielzahl von disparaten Eigenexistenzen auf und verfügt nur in Ansätzen über eine gemeinsame, alle Bereiche erfassende und einbeziehende kommunikative Infrastruktur (Hufer 1999). Dies beeinträchtigt wiederum die Professionalisierung der politischen Erwachsenenbildner, die in den letzten Jahren ebenso kritisch diskutiert wurde wie der Tatbestand, dass die außerschulische politische Bildung ein pädagogisches Praxisfeld ohne eine klare wissenschaftliche Anbindung ist.

Politische Erwachsenenbildung zwischen öffentlicher Förderung und Markt

Das alles dominierende Problem ist jedoch die Kürzung des öffentlichen Fördervolumens. Als Folge davon müssen einerseits Tagungsstätten geschlossen werden, andererseits sind Einrichtungen der politischen Erwachsenenbildung zunehmend auf den Markt verwiesen um sich dort ihre Refinanzierung zu sichern. Betriebswirtschaftliche Kategorien und Marktstrategien gewinnen so an Bedeutung. Die Folgen für die politische Bildung werden unterschiedlich eingeschätzt. Zum einen wird davor gewarnt, dass politische Bildung es sich dann nicht mehr leisten könne für sozial Schwächere in unserer Gesellschaft Angebote zu offerieren und sich selbst an der sozialen Deklassierung und Privilegierung in der Gesellschaft beteilige. Sie könne nur am Markt bestehen, wenn sie vorwiegend Zeitgeistspezifisches präsentiere, Kooperationen zwischen den Bildungseinrichtungen würden der Konkurrenz weichen und politische Bildung werde insgesamt trivialer (Hufer 1998, 31). Zum anderen wird diese Position als „Defensivhaltung" kritisiert und gefordert, politische Bildung müsse die Herausforderungen des marktorientierten Denkens annehmen und die Teilnehmerinnen und Teilnehmer als „Kunden" ernst nehmen. Die Kundenorientierung würde zu einem beschleunigten Abschied von Relikten der Belehrungskultur führen und es böten sich dadurch Chancen neue Adressatenkreise für die politische Bildung zu gewinnen, auch wenn Kundenorientierung kein Patentrezept oder Allheilmittel sei (vgl. Sander 1998, 33). Jenseits dieser Kontroversen scheint jedoch Übereinstimmung darin zu bestehen, dass politische Bildung nach wie vor der öffentlichen Förderung bedarf, dass politische Bildung und ökonomische Strategien sich nicht ausschließen, sondern bei einem reflektierten und abgestimmten Vorgehen durchaus miteinander zu verbinden sind und neue Chancen eröffnen können. „Marketingstrategien, Qualitätssicherungskonzepte und Verfahren des Controllings erscheinen ... für die politische Bildung angemessen und hilfreich, um der pädagogischen Arbeit und konzeptionellen Autonomie einen möglichst großen Freiraum auf Dauer zu sichern" (Beer/Cremer 1999, 350 f.); immer jedoch unter der Voraussetzung, dass der Ausgangspunkt aller – auch ökonomischer Bemühungen und Konzepte – die politischen-pädagogischen Ziele und Aufgaben der Einrichtung sind.

## 4. Die Landeszentralen und die Bundeszentrale für politische Bildung

Bundeszentrale und Landeszentralen für politische Bildung als Schnittstellen

Die Infrastruktur der politischen Bildung in der Bundesrepublik wird in erheblichem Maße durch die Arbeit der Bundeszentrale für politische Bildung und der Landeszentralen für politische Bildung geprägt. Sie arbeiten an der Schnittstelle zwischen Staat, Politik, Bildungsinstitutionen, Wissenschaft und Medien. Ihr Wirkungsspektrum umfasst sowohl die politische Bildung in den Schulen als auch die außerschulische politische Jugend- und Erwachsenenbildung.

In der Nachkriegszeit wurden Landeszentralen für politische Bildung in den alten Bundesländern und nach der deutschen Wiedervereinigung auch in den neuen Ländern eingerichtet, um das demokratische Bewusstsein der Bevölkerung zu stärken. Sie haben u.a. die Aufgabe, das Gedankengut der freiheitlich demokratischen Grundordnung zu verbreiten und zu festigen sowie das politische Engagement der Bürgerinnen und Bürger zu fördern. Die Landeszentralen sind administrativ unterschiedlichen Stellen zugeordnet. Zum Teil sind sie an die Staatskanzleien angebunden, zum Teil unterstehen sie den Fachministerien. Die Landeszentralen haben den Anspruch überparteilich zu sein und üben zumeist eine subsidiäre Funktion aus, indem sie die anderen Träger politischer Bildung unterstützen und mit ihnen kooperieren. Sie treten aber auch selbst als Veranstalterinnen von Bildungsmaßnahmen auf und betreiben politische Bildungsarbeit durch den Ankauf, aber auch durch Eigenpublikation von Büchern, Unterrichtsmaterialien und -medien, die interessierten Bürgern zur Verfügung gestellt werden. Landeszentralen

helfend unterstützend

Die schwierige finanzielle Lage der öffentlichen Haushalte hat auch die Situation der Landeszentralen nicht unberührt gelassen. Nur wenige Landeszentralen konnten Mittelkürzungen verhindern. Das Land Niedersachsen wird am 31.12.2004 seine Landeszentrale sogar schließen. Seit Mitte der 1990er-Jahre hat auch die Zahl der Mitarbeiter in vielen Landeszentralen abgenommen. Diese Entwicklung bleibt natürlich auch nicht ohne Auswirkungen auf die übrigen Träger der politischen Bildung.

Die Bundeszentrale für politische Bildung (1952 gegründet als Bundeszentrale für den Heimatdienst, 1963 umbenannt in Bundeszentrale für politische Bildung) ist eine nachgeordnete Behörde des Bundesministeriums des Inneren. Sie hat die Aufgabe, „durch Maßnahmen der politischen Bildung Verständnis für politische Sachverhalte zu fördern, das demokratische Bewusstsein zu festigen und die Bereitschaft zur politischen Mitarbeit zu stärken" (Erlass über die Bundeszentrale für politische Bildung vom 24.1.2001). Sie tut dies in unterschiedlicher Weise. Etwa durch Publikationen zur politischen Bildung. (z.B. Informationen zur Bundeszentrale politischen Bildung mit einer vierteljährlichen Erstauflage von 1,2 Millionen) oder durch eine vielfältige Tagungsarbeit. Im Mittelpunkt ihrer Arbeit steht jedoch die Förderung der anderen Träger der politischen Bildung. Rund 300 von ihnen erhalten jährlich eine Förderung durch die Bundeszentrale. Ende 2000 erfuhr die Bundeszentrale eine gravierende interne Umstrukturierung und inhaltliche Neuorientierung. Trotz Mittelkürzungen und einem Rückgang der Zahl der Mitarbeiterinnen und Mitarbeiter ist es der Bundeszentrale gelungen, sich zu modernisieren und durch eine stärkere Orientierung am Endverbraucher sowie eine intensivere Nutzung neuer Medien wie dem Internet, ihre Stellung in der politischen Bildung zu stärken.

## 5. Verbände der politischen Bildung

Einen wichtigen Beitrag zur institutionellen Sicherung der politischen Bildung haben die Deutsche Vereinigung für politische Bildung (DVPB) und die Gesellschaft für Politikdidaktik und politische Jugend- und Erwachsenenbildung (GPJE) geleistet. Die DVPB, die schon 1965 in Reaktion auf die Schändung jüdischer

DVPB

Friedhöfe gegründet wurde, versteht sich als Fachverband für alle, die sich beruflich mit politischer Bildung beschäftigen. Die DVPB ist in einen Bundesverband und in Landesverbände organisiert und hat sich zum Ziel gesetzt, die staatlichen Entscheidungsprozesse zur schulischen und außerschulischen politischen Bildung im Sinne des Demokratiegebots zu beeinflussen und die Existenz und Qualität der politischen Bildung in der Gesellschaft zu sichern sowie die pädagogische Praxis einer Aufklärung über Gesellschaft und Staat und einer Befähigung zur demokratischen Beteiligung zu fördern (vgl. www.dvpb.de).

Die Gesellschaft für Politikdidaktik und politische Jugend- und

GPJE

Erwachsenenbildung (GPJE) wurde erst 1999 gegründet. Die GPJE versteht sich vor allem als eine wissenschaftliche Fachgesellschaft, die der Förderung der wissenschaftlichen Auseinandersetzung mit Fragen der schulischen und außerschulischen politischen Bildung in der universitären Forschung und Lehre dient. Neben der Intensivierung des wissenschaftlichen Diskurses über Fachtagungen und Kongresse und der Förderung des wissenschaftlichen Nachwuchses will sie die europäische und internationale wissenschaftliche Zusammenarbeit verstärken und engagiert sich wissenschafts- und bildungspolitisch in Fragen der Politikdidaktik und der politischen Bildung (vgl. www.gpje.de). So hat sie Ende 2003 „Nationale Bildungsstandards für den Fachunterricht in der Politischen Bildung an Schulen" entworfen und veröffentlicht.

Zwiespältige Bilanz

Insgesamt bleibt eine Bilanz der Infrastruktur der politischen Bildung in der Bundesrepublik Deutschland zwiespältig. Neben Schwierigkeiten und Widerständen in der alltäglichen Praxis, die die politische Bildung von Anfang an begleiteten und bis heute belasten, neben Stagnation und gelegentlichem Rückzug, konnte sich bis heute eine erstaunlich vielfältige institutionelle Landschaft entwickeln. Darüber hinaus zeigte politische Bildung in vielen Bereichen ein hohes Maß an Kontinuität, Flexibilität und Modernisierungsbereitschaft.

## Literatur


Balser, Andres/Nonnenmacher, Frank (Hrsg.) 1997: Die Lehrpläne zur politischen Bildung. Analyse und Kritik neuerer Rahmenpläne und Richtlinien der Bundesländer für die Sekundarstufe I. Schwalbach/Ts.

Beer, Wolfgang/Cremer, Will 1999: Marketing in der politischen Bildung. In: Beer, Wolfgang/Cremer, Will/Massing, Peter (Hrsg.): Handbuch politische Erwachsenenbildung. Schwalbach/Ts., S. 325-352

Georg-Eckert-Institut für internationale Schulbuchforschung 2001: Wöchentliche Stundentafeln der Fächerbereiche, Geographie, Geschichte und Sozialkunde in den Ländern der Bundesrepublik Deutschland. Ms.

Hufer, Klaus Peter 1996: Politische Erwachsenenbildung – Situation und Tendenzen. Zum dreißigjährigen Bestehen der Deutschen Vereinigung für politische Bildung. Opladen, S. 86-96

Hufer, Klaus-Peter 1998: Vom Bildungsziel zum Kostendeckungsgrad – politische Bildung auf dem „Weiterbildungsmarkt". In: kursiv, H. 1, S. 28-32

Hufer, Klaus-Peter 1999: Historische Entwicklungslinien: Politische Erwachsenenbildung in Deutschland von 1945 bis zum Ende der 90er-Jahre. In: Beer, Wolfgang/Cremer, Will/Massing, Peter (Hrsg.): Handbuch politische Erwachsenenbildung. Schwalbach/Ts., S. 87-110

Kuhn, Hubert 1999: Jugendverbandsarbeit. In: Hufer, Klaus-Peter (Hrsg.): Außerschulische Jugend- und Erwachsenenbildung. Lexikon der politischen Bildung, Bd. 3. Hrsg. von Georg Weißeno. Schwalbach/Ts., S. 139-140

Mickel, Wolfgang (Hrsg.) 1999: Handbuch zur politischen Bildung. Bonn

Rappenglück, Stefan 1996: Außerschulische politische Bildung mit Jugendlichen. Bestandsaufnahme und Perspektiven. In: Zum dreißigjährigen Bestehen der Deutschen Vereinigung für politische Bildung. Opladen, S. 73-86

Reinhardt, Volker 1999: Politische Erwachsenenbildung in Deutschland unter ihrer besonderen Berücksichtigung im deutsch-französisch-schweizerischen Grenzgebiet Regio TriRhena

Rudolph, Clarissa 1994: Zur Lage der Lehramtsausbildung und der politischen Bildung an Schulen in den Ländern der Bundesrepublik Deutschland. Hamburg

Sander, Wolfgang 1998: Von der Teilnehmer- zur Kundenorientierung? In: kursiv, H. 1, S. 33-35.

Schwab, Hans 1997: Strukturen, Institutionen und Förderung der politischen Jugendbildung. In: Hafeneger, Benno (Hrsg.): Handbuch politische Jugendbildung. Schwalbach/Ts., S. 37-56

Weidinger, Dorothea 1996: Politische Bildung an den Schulen in Deutschland. In: Politische Bildung in der Bundesrepublik. Zum dreißigjährigen Bestehen der Deutschen Vereinigung für politische Bildung. Opladen, S. 63-72

Weidinger, Dorothea 1997: Die Situation des Politikunterrichts in der Schule. In: Wolfgang Sander (Hrsg.): Handbuch politische Bildung. Schwalbach/Ts., S. 501-518

# II.
# Didaktische Prinzipien politischer Bildung

*Carla Schelle*

# Adressatenorientierung

## 1. Adressat, Teilnehmer, Klient, Kunde? – eine Begriffsklärung und Kontroversen

Abgrenzungen und Definitionen

Adressatenorientierung intendiert eine bestimmte Praktik, eine pädagogische und didaktische Interventionsform, mit der seit den 1970er-Jahren auf fehlende Lernerfolge und Curriculumzentriertheit reagiert wurde. Sie ist in enger Verbindung mit der Diskussion um die Teilnehmerorientierung in der Erwachsenenbildung zu sehen (Breloer/Dauber/Tietgens 1980). Hans Tietgens hat den Begriff Adressatenorientierung vorgeschlagen für eine bestimmte Form der Teilnehmerorientierung, die konstitutiv ist für die Erwachsenenbildung und die ein didaktisches Leitprinzip im Sinne der Selbststeuerung darstellt. In der Erwachsenenbildung, die auf Freiwilligkeit setzt, nimmt die Diskussion um die Begriffe Teilnehmer- und Adressatenorientierung, die häufig synonym verwendet werden, einen breiten Raum ein. Adressatenorientierung interessiert sich im Vorfeld für die Voraussetzungen der potenziellen Adressaten. „Die Planenden machen sich eine Vorstellung davon, wer diejenigen sind, an die sich ihr Angebot wendet. ( ... ) Sie versuchen ( ... ) zu ihrer Vorbereitung eine didaktische Analyse. Zu deren Bestandteil gehört eine Antizipation der Teilnehmervoraussetzungen“ (Tietgens 1980, 201). Hingegen gelangt die Teilnehmerorientierung eher kursintern zur Umsetzung: „Kommt es zum konkreten Kurs, besteht im Übergang von der Adressatenorientierung zur Teilnehmerorientierung die Möglichkeit, die Prämissen an den tatsächlichen Teilnehmern zu kontrollieren“ (Tietgens 1980, 206 f.). Alltagstheorien und subjektive Bedeutungsmuster rücken dabei in das Zentrum der Bildungsbemühungen. Teilnehmerorientierung heißt „zugleich auch immer Berücksichtigung der gesellschaftlich-politischen Bedingungen der subjektiven Interessen und Bedürfnisse“ (Breloer

1980, 54). Dabei stoßen die Lernangebote „auf Auslegungsstrukturen, die heute als Deutungsmuster bezeichnet werden und mit denen Lernende Ereignisse, Informationen und Situationen strukturieren" (Tietgens 1980, 207). Was den besonderen Fall der „Adressatenorientierung" anlangt, so treffe diese Tietgens zufolge „sehr genau die Bedingungsstruktur von Erwachsenenbildung" und sie steht seither in der Kritik, weil der Begriff „den Marktcharakter der Weiterbildung" signalisiere (Tietgens 1980, 200).

Mit dem hier gewählten Fokus der Adressatenorientierung sollte also nicht ausgeblendet bleiben, dass es auch andere auf die Subjekte bezogenen Zugänge zu den Praxisfeldern der politischen Bildung gibt, die näher betrachtet unterschiedliche konzeptionelle Vorstellungen implizieren über die Rolle der beteiligten Akteure und die damit den Blick freilegen für ein je spezifisches Selbstverständnis. Im Überblick können unterschieden werden: der Teilnehmer, der Adressat, der Klient und neuerdings vermehrt der Kunde. Um die genannten Begriffe wurden im Verlauf der letzten Jahre in den unterschiedlichen Praxisfeldern politischer Bildung kontroverse Diskussionen geführt und publiziert.

Kontroverse um den Begriff des Klienten

Für den Bereich der schulischen politischen Bildung entzündete sich eine Kontroverse um den Begriff des Klienten. So lehnt sich Sibylle Reinhardt an dem professionstheoretisch begründeten Klientenmodell an mit dem Anspruch, dass der Politikunterricht von den Interaktionen der Lehrer und Schüler, von den sozialisatorischen und entwicklungspsychologischen Bedingungen, den Voraussetzungen der Lernenden sowie den besonderen Erfordernissen, die sich aus dem gesellschaftlichen Wandel ergeben, gefasst werden müsse. Darin sieht Gotthard Breit eine zu starke Hinwendung zum allgemeinen Professionswissen des Lehrers und er plädiert daher für eine an den Inhalten und dem an dem fachspezifischen Professionswissen orientierten Politikdidaktik (Breit 1995).

Politische Bildung zwischen Markt und öffentlicher Förderung

Neu aufgeflammt ist seit Ende der 1990er-Jahre die Kontroverse zwischen den Vertretern einer marktförmig organisierten bzw. am Markt orientierten politischen Bildungsarbeit einerseits und einer staatlich organisierten politischen Bildungsarbeit (öffentlicher Auftrag) andererseits (Schlaffke/Tietgens 1998; Hufer 1998; Sander 1998). So äußert der Erwachsenenbildner Klaus-Peter Hufer deutliche Kritik an einer neoliberalen Ausrichtung von Institutionen und Angeboten politischer Bildung, die für die außerschulischen politische Erwachsenenbildung weitreichende Konsequenzen habe: „eine auf Kostendeckung und Einnahmeverbesserung fixierte politische Bildung" wird „viele notwendigen Themen nicht mehr offerieren können" (Hufer 1998, 32). Politische Bildungseinrichtungen „werden es sich nicht mehr leisten können, für die zunehmende Zahl der sozial Schwächeren in dieser Gesellschaft spezielle Angebote zu offerieren" (ebenda, 30). Insgesamt lässt sich sagen, dass hinter der hier an den Teilnehmerinnen und Teilnehmern orientierten Erwachsenenbildung „ein emanzipatorisches Politik- und Bildungsverständnis steht" (Hufer 1999, 223).

Einer anderen Vorstellung folgt Wolfgang Sander, der argumentiert: „Vom Nutzen für die Teilnehmerinnen und Teilnehmer statt von politischen Botschaften her zu denken wäre der Kern von Kundenorientierung in der politischen Bildung. Was können Menschen mit dem anfangen, was die politische Bildung zu bieten hat? ( ... ) Den Nutzen können letztlich nur die Adressaten für sich definieren, und politische Bildung muß die entsprechenden Bedürfnisse aufspüren" (Sander 1998, 34).

Als Antwort auf die Frage „Von der Teilnehmer- zur Kundenorientierung" plädiert Sander – im Unterschied zu Hufer – dafür, der Kundenorientierung künftig „größeres Gewicht" einzuräumen (ebenda, 35).

Adressatenbegriff als ideologisch unverdächtiger Begriff

Es lassen sich also Differenzen markieren zwischen den Begriffen bzw. den pädagogisch-didaktischen Interventionsformen Teilnehmer- bzw. Adressatenorientierung, Klientenorientierung und Kundenorientierung. Was die Bezeichnung Adressatenorientierung anlangt, so scheint diese zunehmend auch als eine Art übergreifender Arbeitsbegriff etwa als Synonym für die Zielgruppe im Allgemeinen zu fungieren. Heute kann man jedenfalls den Eindruck gewinnen, dass der Begriff Adressatenorientierung weithin ideologisch unverdächtig ist und die ihm von früh an nachgesagte am Markt ausgerichtete Grundhaltung abgestreift hat. Mit Dieter Nittel ist noch hinzuzufügen, dass der Begriff „Adressat" – hervorgegangen aus der Bildungsreform – der Kommunikationstheorie entstammt und damit ein „dialogisch konnotiertes Vorverständnis" signalisiere „welches der kommunikativen Rationalität verpflichtet (Habermas) ist" (Nittel 1999, 1).

Da Kommunikation, das Kommunizieren zentral ist in Vermittlungsprozessen, in Lernsituationen, in denen auf die unmittelbare Begegnung, auf den Austausch von „face to face" gesetzt wird – hier mit dem Ziel, politische Lernprozesse zu initiieren und in Gang zu halten und nicht etwa zu Belehren –, wird im Folgenden der Adressatenbegriff in einem kommunikativen Verständnis zugrunde gelegt:

Adressatenorientierung als politikdidaktisches Prinzip

Davon ausgehend, dass Menschen auf das gemeinsame Handeln hin orientiert sind und dass „jede Handlung in einem inhaltlich-konkreten Kontext situiert ist" (Geulen 1989, 365), hängt vieles davon ab, wie sie sich begegnen, wie sie miteinander reden, sich verstehen oder missverstehen. Das heißt, der Kommunikation und dem Verstehen kommt eine zentrale Bedeutung zu, vor allem vor dem Hintergrund, dass jede Situation in gewissem Maße mehrdeutig ist (ebenda, 369). Einschränkend ist zu sagen, dass es im Folgenden um Adressatenorientierung als einem *politikdidaktischen* Prinzip gehen soll, also bezogen auf die Strukturierung relevanter Inhalte, Kontexte und Kategorien für politische Lernsituationen.

## 2. Wer sind die Adressatinnen und Adressaten politischer Bildung und wo sind sie anzutreffen?

Versucht man diese Frage systematisch zu beantworten, so ergeben sich verschiedene Schemata der Ordnung. Einmal ließen sich die verschiedenen Lebensphasen betreffend unterscheiden: Kinder, Jugendliche, Adoleszente und Erwachsene (mittlere und ältere Generationen). Unterscheiden lassen sich auch verschiedene Zielgruppen nach den Institutionen, in denen sie anzutreffen sind: Kindergartenkinder (Vorschulische Bildungseinrichtungen), Schülerinnen und Schüler (Schule: Grundschule, Sekundarstufe I und II), Studierende (Hochschule), Lehrpersonen (Schule und Fort- und Weiterbildung), Jugendliche und Erwachsene (außerschulische Bildungseinrichtungen) sowie außerschulische Jugend- und Erwachsenenbilder (außerschulische Bildungseinrichtungen und Fort- und Weiterbildung). Auch ließen sich von den Lebenswelten, den Sozialisationsinstanzen her unterschiedliche Situationen und Kontexte bestimmen: Zu Hause, Familie (Private Sphäre) – Gleichaltrigengruppe, Schule, Gesellschaft (Halb-öffentliche, Öffentliche Sphäre/Öffentlicher Raum) oder auch die Berufs- und Arbeitswelt.

Unterschied zwischen schulischer und außerschulischer Bildungsarbeit

Bezogen auf die verschiedenen Institutionen und Orte politischer Bildungsarbeit ist wesentlich, dass sie unterschiedlichen Bereichslogiken folgen, strukturell und funktional durch Differenzen, durch unterschiedliche Zuständigkeiten gekennzeichnet sind. Eine erhebliche Rolle spielt – wie bereits dargelegt – etwa die Freiwilligkeit der Teilnahme an Angeboten der außerschulischen politischen Bildungsarbeit im Unterschied zur Teilnahmepflicht am schulischen Politikunterricht (kritisch hierzu siehe Oevermann 2003, 80 ff.).

Schwerpunkt auf schulischer politischer Bildung

Im Rahmen dieses Beitrages ist eine Schwerpunktsetzung auf ein Praxisfeld vonnöten und die erfolgt hier mit der schulischen politischen Bildung. Für diesen Schwerpunkt spricht, dass Schülerinnen und Schüler einen besonders großen Adressatenkreis repräsentieren. Jede/jeder verbringt einen erheblichen Anteil an Lebenszeit in der Institution Schule. Auch wenn die Stundentafeln für den Politikunterricht bundesweit nicht einheitlich geregelt sind und auch von den unterschiedlichen Curricula her Unterschiede gegeben sind, lässt sich dennoch vermuten, dass der Politikunterricht wohl für viele die einzige unmittelbare Begegnung mit einem institutionalisierten Angebot politischer Bildung bleibt.

Eine Frage, die von politischen Bildnerinnen und Bildnern in Schule und Hochschule immer wieder aufgeworfen wird, lautet: Erreicht die politische Bildung bzw. erreicht der Politikunterricht, erreichen Politiklehrerinnen und -lehrer ihre Adressaten, also die Schülerinnen und Schüler?

Aber fragen wir zunächst nach den konzeptionellen Vorschlägen sowie den didaktisch-methodischen Zugängen, die es bezogen auf eine Orientierung an den Adressatinnen und Adressaten schulischer politischer Bildungsbemühungen gibt.

## 2.1 Das Primat des Schülers

Schülerorientierung nach Schmiederer

Der renommierteste Vorschlag dürfte nach wie vor die in den 1970er-Jahren von Rolf Schmiederer vorgelegte Konzeption einer Schülerorientierung sein, in der der Adressatenbezug – als Reaktion auf euphorisch entwickelte Lernzielkataloge und Curricula – besonders hervorgehoben ist und der die fachdidaktische Diskussion seither beschäftigt und prägt (Grammes 1986, 235 ff.; Gagel 1994, 236 ff.; Hufer 1999, Schelle 2003).

Wesentlich ist dem konzeptionellen Ansatz „Politische Bildung im Interesse der Schüler" das „Primat des Schülers als Subjekt, als dem Zentrum aller didaktischen Überlegungen" (Schmiederer 1977, 81).

Bei Schmiederer wird Lernen als Vorgang betrachtet, der strukturell durchzogen ist von Merkmalen der Entfremdung. Damit ist – analog zum Begriff der „entfremdeten Arbeit" bei Marx – „jenes institutionalisierte Lernen" gemeint, das inhaltlich und was die Form anbelangt „nicht nach den Notwendigkeiten, Interessen und Bedürfnissen der Schüler" ausgerichtet ist (ebenda, 49).

Lebenssituation des Schülers als Ansatzpunkt

Um der Entfremdung entgegen zu wirken, schlägt Schmiederer vor, im politischen Unterricht inhaltlich anzusetzen an der Existenz, an der konkreten Lebenssituation des Schülers, „als Kind, Jugendlicher, Arbeiterkind, Mittelstandskind, angehender Arbeiter (oder Arbeitsloser), Geschlechtswesen usw." (109). In den Vordergrund gestellt wird damit die Rückbindung des schulischen Unterrichts an die Erfahrung. Die Gegenstände sollen Schüler persönlich betreffen und sie sollen für sie brauchbar sein (167). Für die Schüler soll erkennbar sein, dass sich hinter Alltagsproblemen in der Regel politische Fragen verbergen.

Davon ausgehend also, dass Motivationsprobleme, wie sie üblicherweise auftreten, durch fremdbestimmten Unterricht bedingt sind, bei dem die primäre Motivation zum Lernen verschüttet bleibt, unterstellt schülerzentrierter Unterricht aus der Aneignungsperspektive der Schülerinnen und Schüler Neugierde und Wissensdurst. Diese Bedürfnisse nach Selbsterkenntnis und Neugierde zu reaktivieren, stellt eine besondere Herausforderung dar. Schmiederer kommt insgesamt zu der These, dass Schwierigkeiten und Probleme schülerzentrierten Unterrichts „nur durch mehr und bessere Berücksichtigung der Lernenden" zu bewältigen sind, „daß Unterricht immer für den Schüler da ist und nicht der Schüler für den Unterricht" (125).

Selbstreflexion und Selbsterkenntnis

Selbstreflexion und Selbsterkenntnis ist eines von elf Lernzielen, die Schmiederer nennt. Diesem Lernziel kommt hier besondere Bedeutung zu, weil darin der Subjekt- bzw. Adressatenbezug besonders stark entfaltet ist: „Der Schüler soll die Chance erhalten, sich selbst und seine eigenen Bedürfnisse, Ängste, Hemmungen, aber auch seine Stärken und Fähigkeiten kennen und beurteilen zu lernen; er soll erkennen, daß bzw. inwieweit diese persönlichen Strukturen das Ergebnis der eigenen Lebensgeschichte, also der Sozialisationsergebnisse sind und soll befähigt werden, sie in Kenntnis der objektiven Sozialisationsbedingungen aufzuarbeiten" (101).

Eigene Interessen definieren lernen

Mit diesem Ziel ist das didaktische Prinzip „Betroffenheit" (siehe kritisch dazu Gagel 1985 und Grammes 1991) nahe gelegt. Dem Schüler soll es gelingen, mit der Aufarbeitung der eigenen Sozialisation, des eigenen Werdegangs und dessen gesellschaftlicher Bedingtheit, sein eigenes Schicksal zu begreifen und seinen eigenen politischen und gesellschaftlichen Standort zu finden (Schmiederer 1977, 102). Der Schüler soll seine subjektiven und objektiven Interessen definieren lernen (ebenda, 103).

Man kann also blickend auf die 1970er-Jahre sagen, dass die Bezugnahme auf die lebensweltlichen und herkunftsbedingten Voraussetzungen der Schülerinnen und Schüler, also die starke Bezugnahme und Orientierung an den Adressaten schulischer politischer Bildungsbemühungen bis hin zu Vorschlägen, wie der Unterricht darauf zu reagieren hätte, bereits eine längere Tradition hat. Allerdings war sich Schmiederer selbst der Umsetzungsprobleme eines schülerzentrierten Unterrichts bewusst (Hufer 1999,

225 f.). Diesen soll neuerdings begegnet werden mit „neuen Lernkulturen“, die von Formen der Belehrung und der Instruktion bewusst abrücken (Sander 2001).

## 2.2 Empirische Befunde zur Schülerperspektive

Ergebnisse empirischer Studien

Ausgangspunkt für die an den Schülern orientierte Didaktik war offenkundig auch die Beobachtung, dass die Kommunikation zwischen Lehrenden und Lernenden sich oft als problemhaltig und gestört darstellt. Diese Problemsicht des Aneinandervorbeiredens, des Nicht-Kommunizieren-Könnens scheint somit nicht neu, anders als damals liegen aber heute empirische Studien vor, die über Befunde hinaus auch didaktische Perspektiven aus Schülersicht und Lernerdidaktiken freilegen. So belegen Ergebnisse aus der rekonstruktiven empirischen Unterrichtsforschung, dass Schülerinnen und Schüler durchaus Interesse an schülerorientierten Ansätzen artikulieren: „In den Lernerdidaktiken ( ... ) werden zentrale Kategorien der wissenschaftlichen Fachdidaktik herausgehoben. Sie geben Hinweise auf praxisorientierte Weiterentwicklungen und stellen die Bedeutung schülerorientierter Ansätze heraus“ (Weißeno 1989, 369).

In diesen Zusammenhängen legen weitere qualitative empirische Studien aus den 1990er-Jahren (vgl. Schelle 1995, vgl. Kroll 2001) nahe, dass Schülerinnen und Schüler über bestimmte fachdidaktische und methodisch Kompetenzen verfügen, didaktische Arrangements durchschauen und darauf kontextabhängig reagieren und dass sie eigene didaktische Vorstellungen haben (Lernerdidaktiken) und ihr Handeln im Unterricht danach ausrichten.

Festzuhalten ist: Eine explizite Orientierung an den Adressaten wäre heute neu und anders zu fassen als es mit der so genannten „Schülerorientierung“ aus den 1970er-Jahren intendiert ist. Die programmatisch vorgebrachte Orientierung an den Schülerinnen und Schülern – aus der Sicht von Erwachsenen für Erwachsene – ist postulativ nicht zu erreichen. Trotz bester Absichten und dem ständigen Bemühen und Ringen von Lehrerinnen und Lehrern, die Interessen und Bedürfnisse der Lernerinnen und Lerner zu antizipieren – erweist sich das alltägliche Geschäft des Unterrichts als sperrig und in hohem Maße komplex. Von der bzw. von einer Adressatenorientierung lässt sich im Zuge einer zunehmend heterogenen Schülerschaft kaum mehr reden. Es stehen damit weniger kollektive Interessen als vielmehr Differenzen und individuelle Unterschiede als Lernanreize zur Disposition (Schelle 2003). Qualitative Studien auch zu anderen Schulfächern (Meyer/Keuffer/Kunze u.a. 2000) machen deutlich, dass sich Deutungen, Deutungsangebote von Lehrern und Schülern unterscheiden, dass diese – auch unter den Schülerinnen und Schülern – nicht ohne weiteres kommunizierbar sind.

Es geht also heute nicht mehr bloß darum, dass die Lehrerinnen und Lehrer als die Adressaten der universitär organisierten Ausbildung in der Lage sein müssen, die Schülerinnen und Schüler als Adressaten der schulischen politischen Bildung zu verstehen, deren Verstehensbedürfnisse und Interessen aufzunehmen und sie zum politischen Lernen zu animieren, sondern auch darum, dass die Schülerinnen und Schüler selber befähigt werden müssen, ein reflexives Verhältnis zum Verstehen von Selbst und Welt zu entwickeln. So betrachtet markiert Adressatenorientierung nicht bloß die Hinwendung von einem Akteur zu einer bestimmten Zielgruppe mit einem bestimmten Anliegen, auch die Adressaten untereinander müssen aneinander orientiert sein. Damit ist ein professionelles Verständnis pädagogischen und didaktischen Handelns nahe gelegt, dass nicht auf Rezepte und Modelle der Intervention setzt, sondern vielmehr auf Deutungs-, Reflexions- und Kommunikationskompetenz sowie Kritik- und Urteilsfähigkeit.

Adressatenorientierter Politikunterricht geht von Fragen aus wie z.B.:

Ausgangsfragen adressaten-orientierten Politikunterrichts

- In welchen Unterrichtssequenzen, -formen, -arrangements können die Schülerinnen und Schüler eigene Vorstellungen, ihr Vorverständnis, ihre Fragen und Ansprüchen zu Gesellschaft und Politik artikulieren (Bedeutsamkeit)?
- Welches Selbst- und Weltverhältnis, welches Verständnis des Sozialen, des Politischen zeigt sich in den Schülerbeiträgen?
- Wie wird im Politikunterricht mit Entwürfen zur Identität und mit Identitätsproblemen der Jugendlichen umgegangen?

Orientierung an den Adressaten heißt, auf unmittelbaren Austausch und Kommunikation zu setzen (Transparenz und Metakommunikation): sowohl bei der Themenauswahl, bei der Planung, Durchführung und Nachbereitung von Angeboten sowie bei der Rückmeldung über Lernprozesse.

## 3. Kriterien zur Umsetzung von Adressatenorientierung

Voraussetzungen für das Gelingen von Adressatenorientierung

Adressatenorientierung in den verschiedenen Arbeitsbereichen/-feldern der politischen Bildung bedeutet, sich mit den Lernvoraussetzungen der Zielgruppen auseinander zu setzen in Hinblick auf die didaktische Gestaltung, die Strukturierung und auch die Umstrukturierung von Inhalten. Statt sich auf curriculare Vorgaben zu verlassen, müssen „Stimmen von unten" Gewicht bekommen. Von der Entwicklung einer Dialogfähigkeit, von einem Dialog von unten und von der Entwicklung einer Kompetenz zur Einflussnahme (Giddens 1997) hängt vieles ab. Adressatenorientierung gelingt dort, wo Fragen, Themen aufgespürt und aufgenommen werden, die für die Beteiligten subjektiv und objektiv bedeutsam sind (Combe/Helsper 1994).

Abschließend können als Aspekte/Elemente, die dazu aus dem Blickwinkel der Adressaten und Adressatinnen notwendig sind, genannt werden:

- mit eigenen Deutungen/Deutungsmustern, Interpretationen bis hin zu Meinungen und politischen Urteilen ernst genommen werden und andere ernst nehmen;
- subjektiv und objektiv bedeutsame Lernkontexte/existenziell Wichtiges für sich selbst und andere rekonstruieren lernen;
- sich bei der inhaltlichen Auseinandersetzung am eigenen Werde- und Bildungsgang orientieren und an den gesellschaftlichen und politischen Verhältnissen (Selbst- und Weltbezug).

Dies bedeutet aus dem Blickwinkel der Anbieter/der „Lehrenden":

- auf Kompetenzen, Kenntnisse, Fähigkeiten der Lernerinnen und Lerner setzen;

- einer sokratischen Gesprächsführung (siehe professionelles Verständnis von Lehrerrolle) den Vorrang geben vor didaktischen Instruktionen und Vorgaben;
- sensibel wahrnehmen, welche gesellschaftlich-politischen Kontexte, Kategorien, welche Imaginationen, Bilder, Vorstellungen über Politik und Gesellschaft in den Äußerungen der Lernerinnen und Lerner implizit sind und diese aufnehmen, um daran strukturiert und inhaltlich weiterzuarbeiten, um zu kritischen Urteilen gelangen zu können.

Denn: „Der Lernerfolg mißt sich ( ... ) daran, ob die Lehr- und Lernangebote der Profession zu intersubjektiven Anerkennungsverhältnissen geführt haben, ob Beziehungspraxen als Arbeitsbündnisse in ‚Bezug auf ein Drittes' hergestellt werden können, ob Selbst- und Wertbewußtsein in der gemeinsamen Auseinandersetzung mit der Sache erfahren werden" (Hafeneger 1999, 14).

Adressatenorientierte politische Bildung nimmt die Adressatinnen und Adressaten als Gestalterinnen und Gestalter ihrer Lernprozesse ernst. In der Bildungsgangdidaktik fließt dieser Anspruch in den Gedanken der Entwicklungsaufgaben ein, diese gelten als grundlegend für die Wirksamkeit von Lernprozessen (Hericks/Spörlein 2001). Hier kann der Kreis zu der eingangs dargelegten Diskussion um die Teilnehmerorientierung in der Erwachsenenbildung wieder geschlossen werden, in der der Begriff „Entwicklungsaufgabe" ebenfalls rezipiert wird. Dort heißt es: „Erwachsenenbildung als organisiertes Lernangebot könnte damit begründet werden, daß der Mensch prophylaktisch oder zur Bearbeitung der anstehenden Lernaufgaben, für die auch der Begriff ‚Entwicklungsaufgaben' (Havighurst) geprägt worden ist, einiger Hilfe bedarf" (Breloer 1980, 26 f.).

Auf Seiten der Lehrenden bedeutet dies, sich auf die Moderatorenrolle, die Rolle etwa des Lernhelfers zu beschränken, ohne dabei auf Strukturierungshilfe und vor allem auf Rückmeldung bzw. Rückmeldeangebote zu verzichten.

Moderatorenrolle des Lehrenden

Adressatenorientierung bedarf – will man mit den gesellschaftlichen Entwicklungen und den sich damit verändernden Bedürfnis- und Interessenlagen Schritt halten – der Evaluation. Erkenntnisgewinn lässt sich am ehesten erwarten in Begleitforschungsprojekten, in denen die Adressaten selber zu Wort kommen, in denen Wissenschaft und Praxis gemeinsam auf neue forschungsrelevante Fragen stoßen und Antworten unter Wahrung der je spezifischen Zuständigkeiten und Kompetenzen gemeinsam entwickeln.

## Literatur

Breit, Gotthard 1995: Die Profession des Politiklehrers – Eine Entgegnung auf den Beitrag von Sibylle Reinhardt. In: Gegenwartskunde, H. 3, S. 359-361

Breloer, Gerhard 1980: Aspekte einer teilnehmerorientierten Didaktik der Erwachsenenbildung. In: Breloer/Dauber/Tietgens, Hans: a.a.O., S. 8-112

Breloer, Gerhard/Dauber, Heinrich/Tietgens, Hans 1980: Teilnehmerorientierung und Selbststeuerung in der Erwachsenenbildung. Braunschweig

Combe, Arno/Helsper, Werner 1994: Was geschieht im Klassenzimmer? Perspektiven einer hermeneutischen Schul- und Unterrichtsforschung. Zur Konzeptualisierung der Pädagogik als Handlungstheorie. Weinheim

Gagel, Walter 1985: Betroffenheitspädagogik oder politischer Unterricht? Kritik am Subjektivismus in der politischen Didaktik. In: Gegenwartskunde, H. 4, S. 403-414

Gagel, Walter 1994: Geschichte der politischen Bildung in der Bundesrepublik Deutschland 1945-1989. Opladen

Geulen, Dieter 1989: Das vergesellschaftete Subjekt. Zur Grundlegung der Sozialisationstheorie. Frankfurt/M.

Giddens, Anthony 1997: Jenseits von Links und Rechts. Die Zukunft radikaler Demokratie. Frankfurt/M.

Grammes, Tilman 1986: Politikdidaktik und Sozialisationsforschung. Problemgeschichtliche Studien zu einer pragmatischen Denktradition in der Fachdidaktik. Frankfurt/M., Bern, New York

Grammes, Tilman 1991a: Didaktik des Mit-Leidens oder: „Von der Unzulänglichkeit, nur die Blumen an den Ketten zu zerpflücken". In: Schiele, Siegfried/Schneider, Herbert (Hrsg.): Rationalität und Emotionalität in der politischen Bildung. Stuttgart, S. 92-117

Hafeneger, Benno 1999: Professionelle Selbstbilder. In: kursiv – Journal für politische Bildung, H. 3, S. 12-15

Hericks, Uwe/Spörlein, Eva 2001: Entwicklungsaufgaben in Fachunterricht und Lehrerbildung – Eine Auseinandersetzung mit einem Zentralbegriff der Bildungsgangdidaktik. In: Hericks, Uwe/Keuffer, Josef/Kräft, Hans Christof/Kunze, Ingrid (Hrsg.): Bildungsgangdidaktik. Perspektiven für Fachunterricht und Lehrerbildung. Opladen, S. 33-50

Hufer, Klaus-Peter 1998: Vom Bildungsziel zum Kostendeckungsgrad – politische Bildung auf dem „Weiterbildungsmarkt". kursiv – Journal für politische Bildung, H. 1, S. 28-32

Hufer, Klaus-Peter 1999: Schülerorientierung. In: Mickel, Wolfgang W. (Hrsg.): Handbuch zur politischen Bildung. Bonn, S. 223-227

Kroll, Karin 2001: Die unsichtbare Schülerin. Eine qualitative Studie zur Wahrnehmung und Deutung der Kommunikations- und Interaktionsstrukturen von Mädchen und Jungen im Politikunterricht. Schwalbach/Ts.

Meyer, Meinert/Keuffer, Josef/Kunze, Ingrid/Schmidt, Ralf/Ziegler, Christine 2000: Perspektiven für die zukünftige Projektgestaltung, für die qualitative Unterrichtsforschung und für die Lehreraus- und -fortbildung. In: Meyer, Meinert A./Schmidt, Ralf: Schülermitbeteiligung im Fachunterricht. Englisch, Geschichte, Physik und Chemie im Blickfeld von Lehrern, Schülern und Unterrichtsforschern. Opladen, S. 209-219

Nittel, Dieter 1999: Adressaten. In: Hufer, Klaus-Peter (Hrsg.): Außerschulische Jugend- und Erwachsenenbildung. Bd. 2 Lexikon der politischen Bildung. Schwalbach/Ts., S. 1

Oevermann, Ulrich 2003: Zur Behinderung pädagogischer Arbeitsbündnisse durch die gesetzliche Schulpflicht. In: Rihm, Thomas (Hrsg.): Schulentwicklung durch Lerngruppen. Vom Subjektstandpunkt ausgehen ... Opladen, S. 69-93

Reinhardt, Sibylle 1995: Die Profession des Politiklehrers. In: Gegenwartskunde, H. 1, S. 45-57

Sander, Wolfgang 1998: Von der Teilnehmer- zur Kundenorientierung? kursiv – Journal für politische Bildung, H. 1, S. 33-35

Sander, Wolfgang 2001: Politik entdecken – Freiheit leben. Neue Lernkulturen in der politischen Bildung. Schwalbach/Ts.

Schelle, Carla 1995: Schülerdiskurse über Gesellschaft. „Wenn Du ein Ausländer wärst". Untersuchung zur Neuorientierung schulisch-politischer Bildungsprozesse. Schwalbach/Ts.

Schelle, Carla 2003: Politisch-historischer Unterricht hermeneutisch rekonstruiert. Von den Ansprüchen Jugendlicher, sich selbst und die Welt zu verstehen. Bad Heilbrunn

Schlaffke, Winfried/Tietgens, Hans 1998: Reform der politischen Bildung. Ein Gespräch. In: kursiv – Journal für politische Bildung, H. 1, S. 12-19

Schmiederer, Rolf 1977: Politische Bildung im Interesse der Schüler. Köln, Frankfurt/M.

Tietgens, Hans 1980: Teilnehmerorientierung als Antizipation. In: Breloer/ Dauber/Tietgens: a.a.O., S. 177-235

Weißeno, Georg 1989: Lernertypen und Lernerdidaktiken im Politikunterricht. Ergebnisse einer fachdidaktisch motivierten Unterrichtsforschung. Frankfurt/M.

*Tilman Grammes*

# Exemplarisches Lernen

## 1. Begriff und Tradition

Exemplarisches Lernen leistet einen Beitrag zur Allgemeinbildung, indem am Besonderen etwas Allgemeines erschlossen wird. Exemplarisches Lernen wird notwendig aufgrund einer a) quantitativen und b) qualitativen „Explosion des Wissens".

Quantitative Wissensexplosion

a) Die (Post-) Moderne wird in Zeitdiagnosen als Informations- und Wissensgesellschaft charakterisiert (z.B. Lash 2000, Castells 2000 ff.). Schon eine einzige Ausgabe einer überregionalen Tageszeitung konfrontiert den Bürger mit dem Umfang eines Taschenbuchs. Die Netzwerkwelt des Internet ist offen für jedermann, unübersichtlich und anarchisch. In der Wissenschaft gehört die Vermehrung des Wissens (Erkenntnisfortschritt) zum Wesen und kann nicht gebremst werden, ohne Wissenschaft grundsätzlich in Frage zu stellen. Mit jedem gelösten wissenschaftlichen Problem entstehen neue Fragen, jedes empirische Forschungsvorhaben produziert neue Datenmengen und neue öffentlich diskutierte, einander widersprechende Expertengutachten. Die Bürgerinnen und Bürger fühlen sich „overnewsed but uninformed", sie ertrinken einerseits in Informationen und Daten und hungern doch zugleich nach Orientierungswissen und Sinngebung.

Qualitative Wissensexplosion

b) Die (Post-) Moderne wird in Zeitdiagnosen auch als Risikogesellschaft und Multioptionsgesellschaft charakterisiert. Die Komplexität der Probleme nimmt zu, der Zusammenhang von Wissen und Handeln wird ungewisser. In dieser Situation werden von der ratlosen Gesellschaft gerade an politische Bildung beständig neue Erwartungen herangetragen. Eine Liste umfasst so heterogene Themen wie den Kampf gegen Politikverdrossenheit, Arbeitslosigkeit, Rechtsextremismus/Rassismus/Gewalt oder unlängst Benimm-Unterricht. Diese so genannte „Feuerwehrfunktion" – politisch ungelöste soziale und ökonomische Probleme pädagogisch zu bearbeiten – fördert überzogene Erwartungen und anschließende enttäuschte Hoffnungen.

Aber schon frühere Gesellschaften mussten mit der Erfahrung einer Wissensexplosion umgehen. Die sich erfolgreich ausbreitenden empirischen Wissenschaften markieren den Beginn der Neuzeit. Das schnelle Anwachsen positiven Wissens macht dessen Verarbeitung in Form des akkumulierenden Nebeneinander (Enzyklopädismus) aussichtslos. Die Aufklärungspädagogik verfolgt das emanzipatorische Programm der Allgemeinbildung, „allen alles zu lehren" – so der böhmische Pädagoge Johann Amos Comenius (1592-1670) in seiner „Großen Didaktik". Angesichts der Nutzlosigkeit, den Geist mit einem Wust von Büchern oder Worten zu belasten, sollen die das Wissen organisierenden Prinzipien vermittelt werden. Lehrbücher sollen die grundlegenden Dinge vor Augen führen, „in wenigen, aber ausgesuchten und leicht fassbaren Lehrsätzen und Regeln, aus denen alles Übrige von selbst verständlich wird". In der Sprache heutiger Lernpsychologie: Statt trägem Wissen soll Orientierungswissen erworben werden – Strukturlernen statt Gedächtnislernen.

Comenius: „Große Didaktik"

Die Klage über Stofffülle und Problemkomplexität markiert also die Geburtsstunde der Didaktik. Wenn die Menge des gesellschaftlich vorhandenen Wissens immer größer ist als das Wissenswerte und noch das Wissenswerte mehr umfasst als was vom einzelnen Heranwachsenden jeweils zu wissen möglich ist, ist eine quantitative *didaktische Reduktion* und qualitative Strukturierung notwendig. Didaktik ist die Spezialwissenschaft für die Ermittlung jenes Wissens, das von allgemeiner, existenzieller Bedeutung für das Leben (Überleben und menschenwürdiges Leben) ist und daher als lehrnotwendig und legitimiert gelten kann (Hilligen 1991). Die Frage nach dem Exemplarischen führt direkt in das Kernproblem der Fachdidaktik – die Auswahl und Begründung des Wissenswerten für Lehrplan und Unterricht (ethymologisch lat. eximere = herausgreifen).

Didaktik als Wissenschaft zur Ermittlung des lehrnotwendigen Wissens

„Mut zur Lücke"

In der didaktischen Diskussion nach 1945 lauten die Formeln „Mut zur Lücke" und „Weniger ist mehr!": „Ursprüngliche Phänomene der geistigen Welt können am Beispiel eines einzelnen, vom Schüler wirklich erfaßten Gegenstandes sichtbar werden, aber sie werden verdeckt durch eine Anhäufung von bloßem Stoff, der nicht eigentlich verstanden ist und darum bald wieder vergessen wird“ (Tübinger Beschlüsse 1951). Die Diskussion konzentriert sich auf naturwissenschaftliche Fächer, für geistes- und sozialwissenschaftliche Fächer fährt sie sich bald an sachlichen Schwierigkeiten fest.

Die Auswahlprinzipien werden in unzähligen Metaphern mehr umschrieben als dass sie materialiter benannt würden: als Beschränkung auf das Wesentliche gegen Szientismus und Spezialistentum; als Inselbildung, Verdichtung, Einwurzelung des Wissens usf. (Überblick bei Scheuerl 1960, Gerner 1970). Das exemplarische Prinzip wird zu einem typischen pädagogischen Slogan, dessen Erfolg darin gründet, dass er von vielen akzeptiert werden kann, ohne dass dahinter stehende konzeptionelle Unterschiede zum Austrag kommen. Die „exemplarische Welle“ der 1950er- und 1960er-Jahre wirkte noch bis vor kurzem wie eine „stillgelegte Baustelle“ (Uwe Sandfuchs). Durch die aktuelle Diskussion um Kerncurricula (Kanon, Minimum) und Kompetenz-Standards, ausgelöst durch internationale Bildungsvergleichsstudien (TIMSS, PISA), stellt sich die Frage nach den exemplarischen Lehrgütern und den Formen exemplarischen Lernens neu (vgl. Behrmann/Grammes/Reinhardt 2004; GPJE 2004).

## 2. Fall-Prinzip: Besonderes und Allgemeines

Induktion: Das Fall-Prinzip

Der Lernweg geht vom anschaulichen Beispiel aus und verläuft induktiv vom Konkreten zum Abstrakten. Das exemplarische Beispiel soll „Spiegel des Ganzen“ sein (Wagenschein 1968). Der besondere Fall steht für ein Allgemeines, er repräsentiert es. „Man lernt, wenn aus einem Besonderen, in dem sich ein Allgemeines abbildet, jenes Allgemeine so deutlich gemacht wird, daß es – als Schlüsselbegriff, als Regel, als Problem – an einem neuen Besonderen wiedererkannt werden kann. Bei jedem Fall muß herausgearbeitet werden, worauf es ankommt, d.h. die Sache in ihrer abstrakten Form und das Wiedererkennen dann im neuen Fall.

Der Pulsschlag von Abstraktion und Rekonkretisierung ermöglicht den Aufbau kognitiver Strukturen" (Hilligen 1991, 14).

„Die *Lehrgüter der politischen Bildung sind – relativ – austauschbar*"(Fischer 1993, 19). In dieser Fischer-Formel bündelt sich die Diskussion um das exemplarische Prinzip der Stoffauswahl in der Politikdidaktik. Das Exemplarische sind die je tagesaktuellen Fragen, Affären, Skandale und Konflikte. Sie werden in einem politikbegleitenden Politikunterricht – bevorzugt in Fallanalysen – zu grundlegenden und transferfähigen Einsichten, dem permanent Aktuellen, ausgebaut. Dadurch unterscheidet sich der exemplarische Unterricht vom Gelegenheitsunterricht, der bei einem zu hohen Anteilen fachfremd erteiltem Unterricht eine große Gefahr darstellt.

Unterrichtsskizzen

In modellhaften Unterrichtsskizzen, die noch heute gültig und lesenswert sind, haben Engelhardt (1964) und Giesecke (1964) das Fallprinzip fast gleichzeitig an der Spiegel-Affäre von 1962 demonstriert. An diesem Konflikt wird u.a. exemplarisch das elementare Spannungsverhältnis zwischen individuellem Grundrecht auf Informationsfreiheit und öffentlichem Interesse an nationaler Sicherheit herausgearbeitet und zum Kern des Politischen vorgedrungen.

Diese fallorientierte Konfliktdidaktik findet sich zeitgleich auch international, etwa im Konzept der „public controversy" der Harvard-Wissenschaftler Oliver/Shaver (vgl. Wulf 1973, 189 ff.).

Das exemplarische Lernen muss zum Wesentlichen, den so genannten Elementaria und Fundamentalia (Klafki 1985) vordringen, die unterschiedliche Grundformen der Beziehung von Allgemeinem und Besonderem bezeichnen. Ein Kerncurriculum („Minimum") wird diese Elementaria zu einem flexiblen Regelwerk zusammenstellen; Bildungsstandards werden sie als Prüfkataloge führen:

Kategorien

*1. Kategorien:* Kategorien sind Begriffe zur zunehmend selbstständigen Erschließung politischer Konflikte. Zentrale politische Kategorien sind z.B. Konflikt, Macht, Interesse, Öffentlichkeit, Recht, Entscheidung, Institution, Funktionszusammenhang, Ideologie, Geschichtlichkeit, Menschenwürde; ökonomische Kategorien sind Konkurrenz, Preis, Markt etc. Diese Kategorien bilden ein „Netz von Vorstellungen“ (A. Bergsträßer 1961), eine „Grammatik“, sie verdichten sich zu key concepts, big ideas und cognitive maps (kognitiven Landkarten; Morrissett 1991).

Schlüsselprobleme

2. *Epochaltypische Schlüsselprobleme:* Permanent aktuelle Konfliktlinien verdichten sich zu problemhaltigen Strukturen (vgl. Breit in diesem Kapitel).

Lernen des Lernens

3. *Lernen des Lernens:* „Der Schüler soll Methode haben“ (Hugo Gaudig 1920). Exemplarisches Lernen muss immer „Lernen des Lernens“ sein, soll der Transfer auf neues Wissen gelingen. Die Gleichzeitigkeit des Lernens am Stoff und des Lernens des Lernens ist die Pointe des neuhumanistischen Allgemeinbildungskonzepts (W. von Humboldt). Schülerinnen und Schülern sollen gesellschaftliche Konflikte mit Hilfe von Werkzeugen zunehmend selbstständig analysieren, um zu einem eigenständigen, begründeten Urteil (im Unterschied zur bloßen Meinung) und zu Handlungsorientierungen zu kommen.

Methoden sind mehr als Arbeitstechniken

Aus Sicht des exemplarischen Lernens sind Methoden mehr als Arbeitstechniken oder Motivationshilfen („Aufhänger“). A. Diesterweg (Wegweiser zur Bildung für deutsche Lehrer, 1848) betont, dass die Sache selbst Methode habe. Die Inhalte des Lernens sind formgebunden, sie existieren nicht unabhängig vom Prozess der Formgebung. Gegenstandskonstitutive Methoden einer Demokratie-Bildung sind die Basis-Methoden der Demokratie, die Verfahren demokratischen Willensbildung auf drei Ebenen:

Methoden sind Verfahren

- auf der Ebene sozialen Umgangs: situationskluge Verfahren der Streitschlichtung, Mediation, Rollenübernahme;
- auf der Ebene öffentlicher Institutionen: Formen und Verfahren der Diskussion und Entscheidungsfindung, jeweils unter Berücksichtigung ihrer ordnungspolitischen Varianten und historischen Ausprägungen (Alternativen, Pluralismus):
  - das Verfahren parlamentarischer Willensbildung,
  - das Verfahren rechtlicher Urteilsfindung,
  - das Verfahren der (sozialen) Marktwirtschaft,
  - der Meinungsbildungsprozess der demokratischen Öffentlichkeit,

  - Verfahren internationaler Konfliktschlichtung und Friedensstiftung;
- auf der Ebene der Sozialwissenschaft: Verfahren der Gewinnung intersubjektiv gültiger Erkenntnis,
- empirische Methoden wie Beobachtung, Befragung, Modellbildung und Simulation,
- hermeneutische Verfahren der Textauslegung und
- der (Ideologie-) Kritik, konstruktive Findung von Alternativen (soziologische Phantasie – Oskar Negt).

Formen des Elementaren in der politischen Bildung

Auch für andere Formen des Elementaren, die Klafki (zuletzt 1985, 105 ff.) aus der Geschichte der Didaktik herausgearbeitet hat, lassen sich in der politischen Bildung Entsprechungen finden:
- das Fundamentale: Prinzipien der freiheitlich demokratischen Grundordnung;
- das Klassische: Texte wie die Erklärung der Menschenrechte, das Grundgesetz; Medienformate demokratischer Öffentlichkeit, z.B. überregionale Tages- und Wochenzeitungen; Tagesschau und Heute;
- das Typisch-modellhafte: Ordnungsformen wie Demokratie und Diktatur, Markt und Plan.

Bei all diesen Verfahren handelt es um staunproduktive menschheitsgeschichtliche Erfindungen und Entdeckungen, denn: „sehr oft ist das Einfache gar nicht einfach ... Das Seltsame fordert uns heraus, und wir fordern ihm das Einfache ab“ (Wagenschein 1968, 29, 35). Diese Verfahren sind nicht relativ, sondern in sich werthaltig (Sinngehalt und innere Logik von Institutionen, Ordnungsmodellen und Denkweisen der Sozialwissenschaften – einschließlich der wesentlichen damit verbundenen Kontroversen; Leitphilosophie der Demokratie, Grundgesetzbezug), z.B. freie und gleiche Wahlen, Abwählbarkeit der Regierung, Gewaltenteilung, grundsätzliche Möglichkeit für Alternativen (Mehrparteienprinzip); Rechtsgrundsätze wie „Im Zweifelsfalle für den Angeklagten“ oder „Ohne Gesetz keine Strafe“; in der Ökonomie das ökonomische Prinzip usf.; Wissenschaftsethik wie Nachvollziehbarkeit, ...

Allgemeinbildung kann so von Allgemeinwissen unterschieden werden: „Beispielsweise ist es weniger wichtig, die Zahl der Mitglieder des Bundestags und die Stärke der Fraktionen zu kennen (Allgemeinwissen, T.G.), als zu verstehen, was der Sinn eines Parlaments in einer repräsentativen Demokratie ist, aus welchen Gründen es Parteien und Fraktionen überhaupt gibt, aber auch, welche Einwände gegen ein ausschließlich repräsentatives Demokratiemodell vorgebracht werden (Allgemeinbildung, T.G.); ebenso ist es weniger wichtig, Einzelheiten des Kartellrechts zu kennen, als zu verstehen, welche Gründe es für das prinzipielle Verbot von Kartellen aus ordnungspolitischer Sicht gibt“ (GPJE 2004, 14).

Allgemeinbildung und Allgemeinwissen

## 3. Konstruktion des Wissens: Genetisches Prinzip und originale Begegnung

Kriterium für exemplarisches Lernen ist neben der Auswahl elementaren Wissens die Frage, *wie* dieses Wissen vom Lehrenden in einer situierten Lernumgebung präsentiert und vom Lernenden aufgebaut („konstruiert“) wird. Diesen Aspekt betonen nicht erst neuere konstruktivistische fachdidaktische Ansätze (Sander 2001, 75 ff.), sondern das reformpädagogische Prinzip des genetischen Lernens. Idealtypisch kann bedeutsames Wissen in zwei Erkenntnisweisen sprachlich bzw. symbolisch aufgebaut und präsentiert werden:

Genetisches Lernen

*Gewissheitsmodell*: Dieses Erkenntnismodell setzt die Möglichkeit „direkter“ Erkenntnis der Welt voraus. Wissen gilt als *sicheres Wissen* (dogmatisches Wissen, „Fakt“).

*Reflexionsmodell*: Wissen gilt in vielen Bereichen (z.B. Reaktorsicherheit, Arbeitslosigkeit, Klimakatastrophen) prinzipiell als unsicheres, strittiges und *hypothetisches Wissen*, das vom Standort des Beobachters abhängig ist und der kritischen Prüfung in der sozialen Gruppe ausgesetzt werden kann und soll. Fakten werden geprüft und in soziale Tat-Sachen zurückverwandelt. Kriterium ist, ob alternative Sichtweisen (Multiperspektivität) berücksichtigt werden. Zur Allgemeinbildung gehört es, angeben zu können, wie dieses Wissen zustande gekommen ist (von Hentig 2003), z.B. die Zuverlässigkeit einer Informationsquelle einschätzen.

Dieses genetische Prinzip nennt in der klassischen Formulierung von Heinrich Roth (1971, 116) mit Plänen und Verträgen zentrale Gegenstände politischer Bildung: „Alle methodische Kunst liegt darin beschlossen, tote Sachverhalte in lebendige Handlungen rückzuverwandeln, aus denen sie entsprungen sind: Gegenstände in Erfindungen und Entdeckungen, Werke in Schöpfungen, Pläne in Sorgen, Verträge in Beschlüsse, Lösungen in Aufgaben, Phänomene in Urphänomene". Aufgabe der Didaktik ist ein „Beweglichmachen von Sachen", um Lernenden die emanzipatorische Erfahrung zu ermöglichen, dass die Wirklichkeit veränderbar ist (H. von Hentig).

Genetische Wissenspräsentation wird in Schulbüchern und Unterrichtsmaterialien oft falsch verstanden als „Geschichte des Stoffs", die durch eine Originalquelle repräsentiert wird, z.B. Auszüge aus den Verhandlungen des Parlamentarischen Rats 1948/49! Hier kann die Lerngruppe die Entdeckung nur nachvollziehen („erarbeiten"), aber nicht selbst als Aha-Erlebnis machen! Vier Formen des Genetischen können am Beispiel des Inhalts „Grundgesetz" veranschaulicht werden:

Vier Formen des Genetischen

*1. Individual-Genese:* Betroffenheit durch Entwicklungsaufgaben (z.B. Grundrechtsmündigkeit, Altersgrenzen).

*2. Ideen-Genese:* Wann, durch wen, bei welchen Anlässen wurden Grundrechte „erfunden"?

*3. Real-Genese:* ... bzw. in sozialen Auseinandersetzungen erkämpft?

*4. Logisch-systematische Genese:* Durch Modelle und Gedankenexperimente werden Grundrechte in ihrer zwingenden Logik erlebbar, z.B. „Alle Menschen sind gleich" durch den „Schleier der Unwissenheit" (John Rawls).

Voraussetzungen für das Gelingen genetischen Lernens

Voraussetzungen für das Gelingen genetischen Lernens sind (Wagenschein 1968):

- die originale, kulturauthentische Begegnung im *direkten Kontakt* mit dem Lerngegenstand, der so genannte „fruchtbare Moment" (Copei 1931);
- selbstentstehende, den Lern- und Denkprozess *strukturierende Fragen* an den Gegenstand (Gaudig).

Die empirische Unterrichtsforschung zeigt, dass genau diese beiden Bedingungen in Politikstunden selten gegeben sind (vgl. Henkenborg in Kapitel I). Die Folge fehlenden Kontakts sind eine Entwirklichung des Gegenstandsbezugs (unpolitischer Politikunterricht) und künstliches Schulwissen. Die Folge fehlender Schülerfragen sind ein dominantes Erarbeitungsmuster (kleinschrittige Lehrerfragen). Es fehlt eine konsequente unterrichtspraktische Umsetzung der Wagenschein-Didaktik.

## 4. Erkenntnismethoden: Analogie und Transfer

Die durch exemplarisches Lernen gewonnenen Elementaria und Fundamentalia werden in politikdidaktischen Konzepten unterschiedlich bestimmt und bezeichnet: als Einsichten (Evidenzurteile, Fischer 1993, 27 ff.), Optionen und Schlüsselfragen (Hilligen 1991, 16 ff.), Kategorien (Giesecke 1993, 70 ff.) oder dialektische Spannungsverhältnisse (Sutor 1992, 26). Diese terminologischen Differenzen verweisen auf erkenntnistheoretische Probleme und fachdidaktische Kontroversen, die an unterschiedliche Denktraditionen anknüpfen:

Bildungstheoretische Didaktik

1. In der vor allem deutschen Tradition *bildungstheoretischer Didaktik* sollen Kategorien die Welt für das Lernsubjekt erschließen und umgekehrt (Klafki 1985). Als kategoriale Didaktik operiert das exemplarische Prinzip mit einer Unterscheidung von Oberflächen- und Tiefenstrukturen

- strukturalistisch als generative Struktur („Grammatik", vgl. z.B. die Fernstudienmaterialien des DIFF 1985);
- als Unterscheidung von Erscheinung und „verborgenem" Wesen. Das unmittelbar Anschauliche kann für das Alltagsbewusstsein das Wesen der Sache verstellen oder verdecken (Entfremdung, falsches Bewusstsein, Ideologie). In marxistischen politökonomischen Didaktiken wird die unmittelbar erfahrbare scheinbare Gleichheit der Konsumbürger beim Warentausch (Tauschverhältnis als falsche Abstraktion) auf eine Ungleichheit im Verhältnis von Kapital und Arbeit (allgemeiner Grundwiderspruch) zurückgeführt, in dem alle Widersprüche des

Kapitalismus im Kern enthalten sind. Werden Wesensannahmen zu Gesetzen der historischen Entwicklung, besteht die Gefahr, sich gegen Kritik und Alternativen abzuschotten (Immunisierung). Dies kann an der dogmatisch im Rahmen des Marxismus-Leninismus und der Politik der SED bleibenden Staatsbürgerkundedidaktik der DDR exemplarisch studiert werden.

Empirische Lern- und Kognitionspsychologie

2. In der vor allem angloamerikanischen Tradition der *empirischen Lern- und Kognitionspsychologie* (Jerome Bruner) sind Kategorien nicht „kategorial" gedacht, sondern stoffliche oder sozialwissenschaftliche Ober-Begriffe (auch: Definitionen, Schlüsselbegriffe, „Makros", Ankerbegriffe), mit denen Alltagssprache oder wissenschaftliche Fachsprache ihre Systeme ordnen. Kategorien werden erfunden, nicht entdeckt (J. Bruner). Angesichts der zentralen Funktion von Ankerbegriffen verwundert es, dass in den sozialwissenschaftlichen Fachdidaktiken nur eine rudimentäre Reflexion zur Didaktik und Methodik des Begriffs-Lernens vorliegt, am ehesten noch in der Wirtschaftsdidaktik (vgl. Dubs 1989).

Analogien

Exempla sind Beispiele, exemplarisches Lernen ist immer auch Lernen am Beispiel. Der Induktionsschluss vom Einzelnen (Beispiel) auf das Allgemeine (Regel, Gesetz, Prinzip) entspricht der Erkenntnismethode des Alltagsverstandes. Die Bildung von Erfahrungen ist ohne das Hilfsmittel der Analogien, die Übertragung von Strukturmustern, nicht vorstellbar. Bei Kindern wird z.B. der Staat zunächst wie eine große Familie vorgestellt und noch nicht als System („kalter Herrschaftsapparat") wahrgenommen. Spranger (1957/1963, vgl. Scheuerl 1960, 164-169) hat eine entwicklungsgenetische Propädeutik des Politischen entwickelt. Die primären gemeinschaftlichen Ordnungen des Familienlebens, der Schulklasse, der Freundesgruppe stiften unmerklich ein Kategoriengefüge von Urphänomenen des Zusammenlebens (Oben – Unten, Gruppeninteresse – Gemeinwohl ...). Der genetische Kunstgriff besteht darin, dass von diesen Urphänomenen aus erlebnishaft und „wiedererinnernd" ein analoges Verständnis staatlicher Ordnungsgefüge angebahnt werden kann, obwohl im Kindes- und Jugendalter noch keine Primärerfahrungen mit dem politischen System im engeren Sinne vorliegen!

Analogien sind notwendige Durchgangsstadien des Lernens, die später reflektiert und überwunden werden müssen. Sie können sonst langfristig zu falschen Verallgemeinerungen führen, zur Bildung von Stereotypen und Vorurteilen. An dieser Ambivalenz der Alltagserfahrung als Voraussetzung und Grenze der Erkenntnis setzen an

Gefahren von Analogien

- der Ansatz des exemplarischen Lernens in der emanzipatorischen gewerkschaftlichen Bildungsarbeit (Negt 1968): von realen (Streiks) und geronnenen (Arbeits- und Tarifrecht) Klassenauseinandersetzungen ausgehend sollen Selbstwirksamkeitserfahrungen und soziologische Phantasie (Utopie, Zukunft) gestärkt werden;
- der Kritische Rationalismus, der dem induktiven das deduktive, hypothesenprüfende Verfahren gegenüberstellt. Bereits *ein* signifikantes Gegenbeispiel, das nicht erklärt werden kann, kann eine Hypothese widerlegen (Falsifikation). Solche contraintuitiven, enttäuschenden Einsichten sind Exempel: z.B. Ausländer sind weniger kriminell als Deutsche; Entwicklungshilfe kann „tödlich" sein usw.

## 5. Methoden: Fallanalyse und orientierendes Lernen

Zu nachhaltig-gründlichem exemplarischem Lernen gehört die Ruhe intensiver Übungs- und Wiederholungsphasen, in denen das erworbene Wissen angewendet wird. Es geht nicht darum, durch Weglassen von Lehrstoff Zeit zu gewinnen, sondern exemplarisches Lernen benötigt mehr Zeit für die gründliche Behandlung ausgewählter Stoffe (scolae = Muße).

Fallanalyse

Auf der Lehrplanebene wird das exemplarische Prinzip durch das Prinzip der *Konzentration* der immer zahlreicher werdenden Fächer umgesetzt. Organisationsformen sind das fächerübergreifende und -integrierende Lernen, z.B. in Konzepten der Gemeinschaftskunde, Gesellschaftslehre, Arbeitslehre; der Projektdidaktik oder Profiloberstufen.

Bei der aus der Ausbildung von Betriebswirten und Managern Anfang des 20. Jahrhunderts stammenden Methode der Fallanalyse oder Fallstudie steht ein ganzheitlicher Vorgang mit Aktionscharakter nicht nur als bloßer Einstieg oder motivierender „Aufhänger“ am Beginn des Unterrichts, um dann „zum Eigentlichen“ überzugehen, sondern er bleibt durchgehend Gegenstand des Lehrgangs. Ein Fall („case“) ist die möglichst wirklichkeitsgetreue Darstellung einer tatsächlichen oder modellhaft-simulierten Begebenheit, der Innenansichten von Entscheidungsprozessen (Binnenperspektive, Perspektivenwechsel) ermöglicht: Nach welchen Kriterien werden Entscheidungen getroffen? Wie verlaufen kontroverse Aushandlungsprozesse? Wie kommt ein Kompromiss zustande? Eine ganzheitliche Präsentation eines Falles schult systematisch vernetztes Denken. Am Beispiel des Volkszählungsgesetzes kann die Entstehung eines Gesetzes und die Funktionsweise des politischen Systems der Bundesrepublik (Grammes/Tandler 1991), am Beispiel eines Konflikts um die Relegation von Schülern einer EOS in Berlin/DDR 1988 kann die Funktionsweise des politischen Systems der DDR („vormundschaftlicher Staat“) exemplarisch erschlossen werden (Grammes/Zühlke 1993).

Beispiele

Damit die Diskussion didaktischer Prinzipien nicht in pädagogische Argumentationsfallen führt, müssen sie als polare Spannungsverhältnisse formuliert werden. Zum exemplarischen gehört das orientierende und informierende Lernen (Lehrgänge, Synopsen). Das Exemplarische verhält sich sozusagen zu sich selbst exemplarisch und fordert die polare Ergänzung durch überblicksartige und deduktive Lehrformen.

## 6. Lehrerausbildung: Modelle und good practice

Politiklehrende sind „Jäger und Sammler“, beständig auf der Suche nach aktuellem Material, das auf die Interessen und Betroffenheiten der Lernenden antwortet. Die Lehrplanforschung zeigt, dass sich länderübergreifend durchaus ein gemeinsamer Kernbestand auf der Ebene der Inhalte herausgebildet hat. Problematisch ist allerdings, inwieweit es gelingt, auf der Ebene konkreten Unterrichts die Inhalte mit einer spezifischen Fragestellung (Intentionalität) zu problemorientierten Themen auszuformen (fachdidaktische Perspektive). Die empirische Unterrichtsforschung (vgl. Henkenborg in Kapitel I) gibt Hinweise darauf, dass Sozialkundeunterricht nach wie vor oft auf der Ebene der Kunde (als Institutionenkunde, Paragraphenkunde, Wirtschaftskunde) verbleibt und sich in Nebensächlichkeiten (z.B. mathematischen Details unterschiedlicher Wahlsysteme) oder relativierenden Meinungsgirlanden („man kann es so sehen oder so sehen") verlieren kann. Es gelingt nicht, über den aktuellen Fall hinaus zum Grundsätzlichen vorzudringen; es bleibt keine Zeit, den Transfer auf neue Problemsituationen zu erproben und zu üben. Es kommt zu keiner nennenswerten Lernprogression.

Ergebnisse empirischer Unterrichtsforschung

Exemplarisches Lehren kann gefördert werden durch exemplarische Unterrichtsmodelle (good und best practice). Die deutsche Politikdidaktik hat schon in den 1960er-Jahren exemplarische „Modelle für den sozialwissenschaftlichen Unterricht" (Ohrt 1965) entwickelt, in den USA wurde versucht, durch sozialwissenschaftliche Curriculumprojekte die Unterrichtsstandards zu heben (vgl. Wulf 1972).

Zwei didaktische Konzepte und Ansätze der Unterrichtsentwicklung erscheinen chancenreich, weil sie durch kollegiale Arbeit in Lehrwerkstätten die Chance erhöhen, dass good und best practice Beispiele verbreitet werden. Sie entlasten die Lehrerarbeit und geben ihr eine konzentrierende Mitte:

Lehrkunstdidaktik

1. Die Lehrkunstdidaktik entwickelt Lehrstücke, die sich um exemplarische menschheitsgeschichtliche Erfindungen und Entdeckungen zentrieren (zum Transfer auf das Lernfeld Gesellschaft/Politik vgl. das Themenheft von sowi-onlinejournal 2003, 2).

„lesson study"

2. „Don't worship originality" und „style shows" (Vorzeigestunden) (Lewis 2002, 79 f.). Das aus Japan kommende Konzept der „lesson study" wird in den USA breit rezipiert (Stigler/Hiebert 1999). In kollegialer Abstimmung werden als problematisch empfundene Standardsituationen und Gelenkstellen des Unterrichts identifiziert, z.B. ein Inhalt wie „Einführung in das Grundgesetz". Lehrende, die zu diesem Inhalt eine good practice Erfahrung zu haben glauben, öffnen ihren Unterricht für kollegiale Hospitationen oder – ersatzweise – Videoaufzeichnungen (so

genannte „lesson lab"), die anschließend reflektiert und in vielfältigen Varianten weiter optimiert werden usw. Das Expertenwissen guter Lehrerinnen und Lehrer wird so für curriculare Innovation und Professionalisierung in der Breite fruchtbar gemacht.

## Literatur

Behrmann, Günter C./Grammes, Tilman/Reinhardt, Sibylle (unter Mitarbeit von Peter Hampe) 2004: Kerncurriculum Sozialwissenschaften in der gymnasialen Oberstufe. In: Tenorth/KMK (Hrsg.): Kerncurriculum Oberstufe II. Weinheim/Basel, S. 322-406

Castells, Manuel 2000 ff.: Das Informationszeitalter, 3 Bände. Opladen (am.: 1996)

DIFF (Deutsches Institut für Fernstudien) 1985: Grammatik Politik. Tübingen

Dubs, Rolf 1989: Der Stellenwert des Wissens im Unterricht der Wirtschaftsfächer. In: ZBW 1989, S. 634-643

Engelhardt, Rudolf 1964: Politisch bilden – aber wie? Mit Unterrichtsbeispielen. Essen

Fischer, Kurt Gerhard 1993: Das Exemplarische im Politikunterricht. Schwalbach/Ts.

GPJE 2004: Nationale Bildungsstandards für den Fachunterricht in der Politischen Bildung an Schulen. Ein Entwurf. Schwalbach/Ts.

Gerner, Berthold (Hrsg.) 1970: Das exemplarische Prinzip. Darmstadt

Giesecke, Hermann 1964: Die Tagung als Stätte politischer Bildungsarbeit. Diss. Kiel

Giesecke, Hermann 1993: Politische Bildung. Weinheim/München

Grammes, Tilman/Tandler, Agnes 1991: Die Fallstudie (Case study). In: Bundeszentrale für politische Bildung (Hrsg.): Methoden in der politischen Bildung – Handlungsorientierung. Bonn, S. 213-247

Grammes, Tilman/Zühlke, Ari 1993: Ein Schulkonflikt in der DDR, 2 Bände. Bonn

Hentig, Hartmut von 2003: Wissenschaft. Eine Kritik. München

Hilligen, Wolfgang 1991: Didaktische Zugänge in der politischen Bildung. Schwalbach/Ts.

Klafki, Wolfgang 1985: Exemplarisches Lehren und Lernen. In. Ders.: Neue Studien zur Bildungstheorie und Didaktik. Weinheim/Basel, S. 87-107

Lash, Scott 2000: Die Informationsgesellschaft. In: Pongs, Armin (Hrsg.): In welcher Gesellschaft leben wir eigentlich? Band 2. München, S. 171-191

Lewis, Catherine 2002: Lesson Study: A Handbook of Teacher-Led Instructional Change. Philadelphia/PA

Morrissett, I. (Hrsg.) 1991: Key Concepts: Social Studies. In: Lewy, A. (Hrsg.): The International Encyclopedia of Curriculum. Oxford, S. 183-184

Negt, Oskar 1968: Soziologische Phantasie und exemplarisches Lernen. Zur Theorie der Arbeiterbildung. Frankfurt/M.

Ohrt, Lore u.a. 1966: Zehn Lehrbeispiele (über die gesellschaftliche Einordnung des Menschen u.a.). In: Bolte, Karl Martin: Deutsche Gesellschaft im Wandel. Opladen, S. 353-433

Roth, Heinrich 13/1971: Die „originale Begegnung“ als methodisches Prinzip. (1949) In: ders.: Pädagogische Psychologie des Lehrens und Lernens. Hannover u.a., S. 109-117

Sander, Wolfgang 2001: Politik entdecken – Freiheit leben. Neue Lernkulturen in der politischen Bildung. Schwalbach/Ts.

Sandmann, Fritz 1982: Das Exemplarische in der politischen Bildung. In: Volker Nitzschke, ders. (Hrsg.): Neue Ansätze zur Methodik des politischen Unterrichts. Stuttgart, S. 163-189

Scheuerl, Hans 1958: Die exemplarische Lehre: Sinn und Grenzen eines didaktischen Prinzips. Tübingen

Spranger, Eduard 1957 (3/1963): Gedanken zur staatsbürgerlichen Erziehung. Bonn

Stigler, James W./Hiebert, James 1999: The teaching gap. Best ideas from the world's teachers for improving education in classroom. New York

Sutor, Bernhard 1992: Politische Bildung als Praxis. Schwalbach/Ts.

Wagenschein, Martin 1968: Verstehen lehren. Genetisch – sokratisch – exemplarisch. Weinheim/Basel (9/1991)

Wulf, Christoph 1973: Das politisch-sozialwissenschaftliche Curriculum. München

*Gotthard Breit*

# Problemorientierung

Mit dem Stichwort „Problemorientierung" (vgl. Grammes 1999; Gagel 1988) wird auf drei Bereiche des politischen Lernens verwiesen:

Drei Bereiche der Problem-orientierung

1. In der politischen Bildung und insbesondere im Politikunterricht wird das *problemlösende Denken* gefördert.

2. Im Politikunterricht untersuchen und beurteilen die Schüler neben politischen Prozessen und Strukturzusammenhängen auch politische *Probleme* mit dem Ziel einer Handlungsorientierung.

3. Für den Politikunterricht sollen solche Inhalte ausgewählt werden, die auf *Schlüsselprobleme* aufmerksam machen. Diese Probleme, von Wolfgang Hilligen auch *Herausforderungen* genannt, sind für das jetzige und zukünftige Leben der Menschen bedeutsam und fordern zum Handeln auf.

## 1. Problemlösendes Denken

Problemlösendes Denken im Unterricht erfordert einen Lernvorgang, der methodisch aufgebaut ist. „Ein Individuum steht einem Problem gegenüber, wenn es sich in einem inneren oder äußeren Zustand befindet, den es aus irgendwelchen Gründen nicht für wünschenswert hält, aber im Moment nicht über die Mittel verfügt, um den unerwünschten Zustand in den wünschenswerten Zielzustand zu überführen. Ein Problem ist also gekennzeichnet durch drei Komponenten:

Komponenten eines Problems

1. Unerwünschter Ausgangszustand,
2. Erwünschter Endzustand,
3. Barriere, die die Transformation des Anfangszustandes in den Endzustand im Moment verhindert" (Dörner 1979, 10).

Die Heranwachsenden sehen es für sich nur dann als notwendig an, die Barriere zwischen dem unerwünschtem Ausgangszustand und dem erwünschtem Endzustand durch eigene Denkleistung zu überwinden, wenn für sie das Problem und dessen Lösung wichtig sind. Dies setzt zuerst einmal voraus, dass die Jugendlichen auf den unerwünschten Ausgangszustand aufmerksam werden. Dem Lehrer kommt die Aufgabe zu, die Realität der Ausgangslage so in ihren Wahrnehmungshorizont zu rücken, dass ihr Denken herausgefordert wird. Das Thema soll sie nicht als Schüler, sondern als Mensch berühren (Gagel 1995a, 219). Der Druck soll so stark sein, dass sie von sich aus nach einer Lösung suchen.

Zu Beginn des Lern- oder Denkprozesses steht noch nicht fest, wie die Unterrichtsteilnehmer die Barriere zur Problemlösung überwinden. Die Suche nach Mitteln und das Finden der richtigen Wege erfordern kreatives Denken. Die Lernenden stellen sich nacheinander mehrere Fragen, die sie zu beantworten versuchen. Mit den Antworten zeichnet sich für sie die Problemlösung immer klarer ab (Aebli 1983, 296). Aus dem Problem und dem Nachdenken darüber entwickelt sich die Lösung.

Wann kann von problemlösendem Denken im Unterricht gesprochen werden?

Von problemlösendem Denken im Unterricht kann dann gesprochen werden, wenn
- die Schüler von sich aus eine Frage geklärt haben wollen;
- sie den Druck spüren, der von dieser offenen Frage ausgeht;
- durch den Druck für sie die offene Frage zu einem Problem wird, das sie lösen wollen;
- sie von sich aus nach Wegen zur Problemlösung suchen;
- sie selbstständig einen Weg aussuchen;
- sie auf diesem Wege nach einer Antwort auf die offene Frage (und damit nach einer Problemlösung) suchen (Werning/Kriweit 1999, 7).

Werden sich die Schüler im Unterricht ihrer Fähigkeit bewusst, durch Denken Antworten auf Fragen bzw. Lösungen für Probleme zu finden, dann gewinnen sie Selbstvertrauen. Diese Erfahrung fördert ihre innere Unabhängigkeit (Aebli 1983, 279). Sie gewinnen ein positive Grundeinstellung zum selbstständigem Denken und fassen Mut, von sich aus weiterführende Fragen zu stellen und aktiv zu werden. Problemlösendes Denken weckt ihre Bereitschaft zum selbständigen (politischen) Urteilen und Handeln.

Problemlösung bedarf des Grundwissens

Bei der Suche nach Lösungen erkennen die Jugendlichen: Ohne Wissen können sie Probleme nicht lösen und die sie bedrängenden Fragen beantworten. Sie spüren die Notwendigkeit, Grundwissen zu erwerben und sich ein Repertoire an Begriffen und Verfahren zum Durchdenken von Problemen und Problemlösungen zu erarbeiten (Aebli 1983, 306).

Setzen sich die Schüler beim problemlösenden Denken selbstständig mit Wissen auseinander, dann besteht gute Aussicht, dass sie dieses Wissen langfristig behalten. Es wird in ihrem Langzeitgedächtnis gespeichert, mit bereits gelernten Wissensinhalten verknüpft und so in ihre kognitive Struktur integriert (kognitive Struktur = ein System aus für den einzelnen bedeutungsvollen Begriffen, Kenntnissen, Fähigkeiten, das benutzt wird, um Informationen schnell und dauerhaft einzuordnen und Denken und Handeln zu planen).

Lehrerzentrierter Unterricht widerspricht problemlösendem Denken

Problemlösendes Denken verbietet einen lehrerzentrierten Unterricht. Anstelle selbst mit Lehrervortrag und Lehrer-Schüler-Gespräch („kurzatmiges Frage-Antwortgeplapper", Hilligen 1985, 216) den Stundenverlauf zu bestimmen, arrangiert der Lehrer Lernsituationen, in denen die Schüler selbstständig arbeiten und nachdenken können. Er unterstützt sie dabei mit notwendigen Informationen oder hilft ihnen bei deren Beschaffung.

Problemlösendes Denken im Unterricht erfordert Zeit. Schüler lassen sich nicht so ohne weiteres in Denkprozesse verwickeln. Bei dem selbstständigen Vorgehen der Unterrichtsteilnehmer stellen sich zwangsläufig Abweichungen und Komplikationen ein; sie kosten Zeit, weil sie vom angestrebten Ziel ablenken. Diese Irrwege müssen in Kauf genommen werden. Problemlösendes Denken im Unterricht lässt lediglich eine behutsame Lenkung, nicht aber einen vom Lehrer dominierten Unterricht zu.

Der Zeitaufwand bringt es mit sich, dass in einer Unterrichtseinheit zumeist nur ein Problem bzw. eine die Schüler bedrängende Frage untersucht und das zur Klärung notwendige Wissen vermittelt werden kann. Der Lehrer muss daher sorgfältig auswählen. Wer seine Schüler zum problemlösenden Denken bringen will, muss auf viele Inhalte (Themen, Bereiche, Gebiete) verzichten („Didaktik heißt Auswahl!"). Er ermöglicht aber seinen Schülern ein aktives, ihren eigenen Bedürfnissen und Interessen entsprechendes Lernen (Gudjons 1986). In einem solchen Unterricht kommt es nicht nur darauf an, was gelernt wird, sondern auch darauf, wie gelernt wird (Edelmann 1994). Der Jugendliche verbleibt nicht in einer Objektrolle, sondern agiert als aktives Subjekt, das selbstständig denken und handeln kann (Breit 2000a, 219 ff., 233 ff.; Sander 2001, 37-74). Das Lernen besteht im Nachdenken über Fragen bzw. Probleme und in der Suche nach Antworten bzw. Problemlösungen. Dieses Lernen entspricht der Befähigung zur Selbst- und Mitbestimmung als oberstem Ziel des Schulunterrichts, insbesondere des Politikunterrichts.

Der Schüler als aktives Subjekt

*Hinweis:*
Problemlösendes Denken kann dann nicht im Unterricht stattfinden, wenn die Antwort auf die offene Frage auf der Hand liegt und sich deshalb niemand der Anstrengung des Denkens unterziehen muss (vgl. Breit 2000b; Grammes 1999, 211). Die Kunst des Lehrers besteht darin, seinen Schülern eine Aufgabe anzubieten, die ihr Denken herausfordert, sie aber weder über- noch unterfordert.

## 2. Ein politisches Problem als Inhalt des Politikunterrichts

Im Mittelpunkt des Politikunterrichts steht die Auseinandersetzung mit Politik. Zu Beginn der Unterrichtsplanung sucht der Lehrer in einem Themenbereich wie „Arbeitslosigkeit" oder „Das politische System der Bundesrepublik Deutschland" nach geeigneten politischen Aspekten, die er in ein Thema für seine Unterrichtseinheit umwandeln kann (Entwicklung einer didaktischen Perspektive, vgl. Breit/Weißeno 2003, 29-36).

Der Politikunterricht hat sich seit seiner Einführung in der Bundesrepublik kontinuierlich der institutionellen Dimension des Politischen (Rohe 1978, 62-82) zugewandt. Die Verfassung, die Rechtsordnung, die Institutionen und die wechselseitige Abhängigkeit der Institutionen und Organisationen voneinander

(Institutionengefüge) wurden und werden mitunter derartig intensiv behandelt, dass zu Recht von „Institutionenkunde" gesprochen wird. Unter dem Einfluss der didaktischen Konzeption von Hermann Giesecke (Giesecke 1965) versuchten viele Lehrer in den 1960er- und 1970er-Jahren, den Konflikt und damit die Dimension Prozess des Politischen in den Mittelpunkt des Unterrichts zu rücken. Gegenwärtig ist eine Entwicklung zu beobachten, die mehr zu einer Problemorientierung tendiert (Giesecke 1997, 31 ff.). Den Inhalt des Unterrichts bilden das Ausmaß und die Elemente des Problems sowie die Aufgaben der Politik, die sich daraus ergeben. Politik kann als Prozess der permanenten Problemlösung verstanden werden, bei dem nach einer Entscheidung immer wieder neue Probleme entstehen („Politikzyklus"; vgl. Ackermann u.a. 1994, 33 ff.). Die Schüler sollen lernen, (neben politischen Konflikten und Strukturzusammenhängen) politische Probleme zu erkennen, zu analysieren und mit dem Ziel einer Handlungsorientierung zu beurteilen.

Politik als Prozess permanenter Problemlösung

Kategorien zur Untersuchung politischer Probleme

Zur Untersuchung eines politischen Problems können folgende Schlüsselbegriffe bzw. Kategorien (Richter, Weißeno 1999, 120 ff.) benutzt werden: Ausmaß, Ursachen, Folgen, Lösungskonzepte (Akteure, Interessen), Maßnahmen. Mit Hilfe dieser Kategorien bilden die Schüler Fragen, bei deren Beantwortung sie Problemverständnis entwickeln. Die (in jeder Unterrichtseinheit auf das jeweilige Problem hin zu konkretisierenden) Fragen lauten:

- Um was geht es? Worin besteht das Problem? Welches Ausmaß besitzt das Problem?
- Wie ist das Problem entstanden?
- Wer ist von dem Problem betroffen? Welche Gefährdungen gehen von dem Problem aus?
- Welche Lösungskonzepte liegen vor?
- Wer hat sie entwickelt (Akteure)? Welche Interessen sind damit verbunden? Welche Folgen sind bei Verwirklichung eines dieser Lösungskonzepte vorhersehbar?

Zur Beurteilung eines politischen Problems (Massing/Weißeno 1997) erweist es sich als vorteilhaft, wenn die Schüler unterschiedliche Sichtweisen einnehmen. Ein Problem kann zunächst aus der Sicht der Betroffenen gesehen werden. Ein Sachverhalt wird für Individuen, Gruppen und Gesellschaften dann zu einem Problem, wenn sie dadurch gefährdet werden. Prüfkriterien dafür, ob ein Problem vorliegt oder nicht, bilden Fragen

Wann liegt ein Problem vor?

- nach der Unerträglichkeit eines Zustandes bzw. von Lebensverhältnissen,
- nach der Dringlichkeit einer Lösung und
- nach der Ungewissheit einer Lösung (Gagel 2000, 93 ff.).

Die Schüler prüfen: Sind die von dem politischen Problem Betroffenen Gefährdungen ausgesetzt oder befinden sie sich in schwer erträglichen und menschenunwürdigen Lebensumständen? Soll daher dringlich eine Lösung für sie herbeigeführt werden? Je intensiver sich die Jugendlichen z. B. bei einer Fall-Analyse in die Lage von Betroffenen hineinversetzen, je gründlicher sie sich in deren Gedanken hineindenken und -fühlen, desto eher empfinden zumindest einige von ihnen Anteilnahme oder zeigen sich empört über deren Schicksal. Die Lösung dieses Problems erscheint ihnen aus dieser Sicht dringlich. Je mehr sie sich dann aber mit Ausmaß, Ursachen, Folgen und Lösungsmaßnahmen beschäftigen, desto mehr müssen sie bei vielen Problemen erkennen, dass eine Lösung nur schwer herbeigeführt werden kann und die Folgen für die Betroffenen bestenfalls nur abgemildert werden können.

Ein Beispiel: Dauerarbeitslosigkeit

Ein Beispiel: Lernen die Schüler in einem Fallbeispiel die Situation einer Familie kennen, in der die Eltern dauerarbeitslos sind, dann werden zumindest einige Jugendliche dieses Dasein als schwer erträglich ansehen und nicht nur auf eine Veränderung der Lebensumstände dieser einzelnen Familie, sondern auch – nach einem Schritt der Verallgemeinerung – auf eine Verbesserung der Lage aller Dauerarbeitsloser drängen. Sehen die Schüler das Problem allein aus der Sicht der Betroffenen, dann kann dies zu einer einseitigen, allein von Gefühlen (Mitgefühl, Gerechtigkeitsempfinden) bestimmten und unreflektierten Parteinahme führen. Lässt es der Lehrer zu, dass die Jugendlichen ausschließlich aus ihrer Betroffenheit heraus spontan urteilen, dann muss er sich den

Vorwurf der Manipulation gefallen lassen. Die Eindeutigkeit ihres Urteils wird den Jugendlichen bereits dann erschwert, wenn sie sich auch in die Lage der Bürger (und damit ihrer Eltern) hineindenken, die für die Kosten einer Verbesserung aufkommen müssen. Von hier aus können sie dann eine erste abgewogene, wenn auch vorläufige Entscheidung darüber treffen, ob ihrer Meinung nach für dieses gesellschaftliche Problem eine politische Lösung herbeigeführt werden soll oder nicht (vgl. Grammes 1999, 209).

Akteursperspektive

Das Urteil fällt noch differenzierter aus, wenn die Jugendlichen das Problem zusätzlich aus der Akteursperspektive sehen und mit den Augen eines politisch Verantwortlichen untersuchen. Ein Politiker muss bei der Definition und der Lösung eines politischen Problems mehrere Überlegungen mit ins Kalkül ziehen. Er muss prüfen, ob die vorhersehbaren Folgen eines Problems bzw. einer Problemlösung verantwortbar sind. Ferner fragt er danach, ob er über die Mittel zur Erreichung des angestrebten Ziels verfügt (Ziel-Mittel-Relation) und ob der Einsatz dieser Mittel politisch durchgesetzt werden kann. Bei dem Problem Arbeitslosigkeit z.B. wird diese Frage zu der bitteren Erkenntnis führen, dass es gegenwärtig kein Erfolg versprechendes Konzept zur Bekämpfung der Arbeitslosigkeit gibt. Und wenn es einen solchen Lösungsweg geben würde, so wäre es keineswegs sicher, ob er sich politisch auch durchsetzen ließe.

Ein Politiker wird immer auch die Auswirkungen einer Entscheidung für die eigene politische Zukunft mit bedenken. „Weil Macht das unvermeidliche Mittel und Machtstreben daher eine der treibenden Kräfte aller Politik ist“ (Weber 1971, 547), wird er nach den Folgen für Machterwerb und Machterhalt fragen. Gleich bleibend hohe oder gar zunehmende Arbeitslosenzahlen signalisieren ausbleibende Erfolge und damit ein Versagen der Regierung. Für den Machterhalt und Machterwerb einer Partei bzw. eines Politikers in Regierungsverantwortung stellt das unlösbare Problem Arbeitslosigkeit eine Gefahr dar. Ihr kann er dadurch begegnen, dass er sich beim Kampf um Wählerstimmen von vornherein auf die Besitzer von Arbeitsplätzen konzentriert und die Arbeitslosen in das Zwielicht des Schmarotzertums und der

Drückebergerei rückt. Demnach sind die Arbeitslosen die Verursacher der Arbeitslosigkeit und die Regierung sieht sich der Aufgabe enthoben, kostspielige und daher viele Wähler verprellende Anstrengungen zur Lösung des Problems zu unternehmen.

Schließlich sollten ein Problem und Problemlösungsversuche auch aus einer Systemperspektive gesehen und beurteilt werden. Welche Folgen gehen von dem Problem bzw. von einer Problemlösung für das politische System aus?

Systemperspektive

1. Wird seine Legitimation gestützt oder infrage gestellt? Kann Dauerarbeitslosigkeit mit Art 1 GG vereinbart werden? Stellt sich ein politisches System nicht auf Dauer selbst infrage, das nicht in der Lage ist, neben Frieden und Freiheit auch Arbeit und Wohlstand zu garantieren?

2. Wird die Effizienz verbessert oder gemindert? Erweisen sich der politische Handlungsrahmen und das Institutionengefüge als stabil und funktionsfähig? Wird die Herrschaftsausübung von den Bürgern akzeptiert?

Angesichts der Internationalisierung der Märkte und einer weltweit agierenden Wirtschaft (Verlagerung der Produktion in Billig-Lohnländer) besitzt das politische System eines Nationalstaates keine ausreichende Steuerungskompetenz mehr (Globalisierung – Fragmentierung).

Bis heute akzeptiert die überwiegende Mehrheit der Bürger ein politisches System, das Dauerarbeitslosigkeit zulässt. Umfragen zeigen aber, dass die Mehrheit der Jugendlichen der Politik nicht mehr die Lösung von Zukunftsproblemen zutraut. Aus dieser Einstellung kann eine Gefahr für die Stabilität des politischen Systems entstehen.

Die Untersuchung aus unterschiedlichen Sichtweisen macht auf die Komplexität eines Problems aufmerksam und verdeutlicht die Schwierigkeit, aber auch die Notwendigkeit von Problemlösungen. Gewöhnt sich ein Schüler daran, mehrere Sichtweisen bei der Beurteilung eines Problems einzunehmen, dann wird er kaum vorschnell und unüberlegt aus einer vorübergehenden Emotion heraus ein „unvernünftiges" Urteil fällen.

Verschiedene Sichtweisen machen auf die Komplexität eines Problems aufmerksam

## 3. Schlüsselprobleme und ihre Funktion als Auswahlkriterien

Eine wichtige Aufgabe der Unterrichtsplanung bildet die Auswahl des Lerninhalts. Entsprechend der didaktischen Konzeption von Wolfgang Hilligen (Hilligen 1985; vgl. Gagel 1995b, 101 ff.) kann der Lehrer Schlüsselprobleme als Kriterien bei der Auswahl von Inhalten benutzen. Nach Hilligen sollen im Politikunterricht Themen behandelt werden, die auf grundlegende oder fundamentale Problemen aufmerksam machen. Hilligen nennt diese Probleme auch „Herausforderungen", Klafki spricht von „Schlüsselproblemen" (Klafki 1990, 1991). Hilligen wählt auf der Grundlage einer eigenen Zeitdiagnose aus der Fülle möglicher Probleme fünf aus, weil für ihn von deren Bewältigung das zukünftige Leben der Menschen abhängt. Er „mißt die Bedeutung von Problemen an der Existenz von Menschen, nicht an der Existenz von Staaten oder Systemen, geschweige denn von Ideen oder Utopien. Menschen sind von ihnen ‚betroffen', sie spüren die Probleme als Belastung oder müßten sie spüren" (Gagel 1995b, 120).

„Herausforderungen" nach Hilligen

Bei anderen Autoren finden sich ähnliche bzw. sich überschneidende Auflistungen von Schlüsselproblemen (s. Tab. nächste Seite).

Jeder Fachdidaktiker und Lehrer kann diese Zeitdiagnosen überprüfen, Ergänzungen oder Veränderungen vornehmen und zu einer eigenständigen Auflistung gelangen. Wolfgang Klafki sprach einmal kurz und knapp von den Schlüsselproblemen „Frieden – Umwelt – regionale und globale soziale Gerechtigkeit" (zit. nach Hilligen 1990, 340). Auch die Schüler sollen sich eine eigene Zusammenstellung erarbeiten. Dazu sind sie in der Lage; schon Kinder im Kindergartenalter kennen die Umweltzerstörung. Wichtig ist nicht die Anerkennung bestimmter globaler Probleme als Schlüsselprobleme, sondern der Blick über den Tellerrand des eigenen Landes hinaus. Im Laufe ihrer Schulzeit sollen die Jugendlichen ein Problemverständnis entwickeln, das sie bei der Untersuchung innenpolitischer Vorgänge immer auch nach weltweiten und für Menschen existentiellen Zusammenhängen fragen lässt.

„Schlüsselprobleme" nach Klafki

| *Hilligen 1985* | *Klafki 1991* | *Sander 1992* |
|---|---|---|
| Umweltkrise | Umweltkrise | Umweltkrise |
| Friedensfrage | Friedensfrage | Friedensfrage |
| Massenproduktion/soziale Ungerechtigkeit | Ungleichheit, auch weltweit | Ungleichheit, auch weltweit |
| Interdependenzen/Notwendigkeit umfassender Regelungen | | Demokratie in komplexen Gesellschaften |
| Mediale statt primärer Erfahrungen | Gefahren und Chancen der technologischen Entwicklung | Gefahren und Chancen der technologischen Entwicklung |
| | Entwicklung von Subjektivität in Ich-Du-Beziehungen | Entwicklung von Subjektivität in Ich-Du-Beziehungen |
| | | Entwicklung von überinternationalen politischen Strukturen |

Aufgabe des Politikunterrichts

Die Aufgabe des Unterrichts besteht darin, die Heranwachsenden zum Nachdenken über die Anerkennung von Problemlösungen als gemeinsame Aufgabe, als Herausforderung für Gegenwart und Zukunft zu bringen. Vielen Jugendlichen ebenso wie vielen Erwachsenen ist der Blick dafür verstellt. Sie wollen sich wohlfühlen und erwarten eine Politik, die von ihnen möglichst geringe Kosten und keinen Verzicht erfordert. Je gründlicher die Jugendlichen die Existenz und Komplexität weltweiter Probleme kennen lernen, desto eher akzeptieren sie die Aufgabe, nach Antworten auf die Herausforderungen zu suchen. Um die Problemwahrnehmungskompetenz seiner Schüler zu fördern, wählt ein Lehrer für seinen Politikunterricht solche Inhalte (soziale Sachverhalte, politische

Probleme, Konflikte, Strukturzusammenhänge) aus, die diese Schlüsselprobleme in sich abbilden und auf diese hinweisen.

Ein Beispiel: Arbeitslosigkeit

Ein Beispiel (Breit 1994): „Arbeitslosigkeit" bildet seit Jahrzehnten einen Themenbereich, den wohl jeder Politiklehrer schon einmal bearbeitet hat. Beim ersten „Andenken" eines Unterrichtsvorhabens fallen dem Lehrer unterschiedliche Aspekte ein, aus denen sich didaktische Perspektiven entwickeln lassen: Arbeitslosengeld – Arbeitslosenhilfe und das System der sozialen Sicherung, Vorurteile gegenüber Arbeitslosen („Wer arbeiten will, der findet auch Arbeit!"), Ursachen der Arbeitslosigkeit, Strategien im Kampf gegen Arbeitslosigkeit, etc.; die Reihe ließe sich leicht fortsetzen. Untersucht ein Politikwissenschaftler einen dieser Aspekte, dann stehen bei ihm begriffliche Klärungen, die Auseinandersetzung mit unterschiedlichen Ansätzen, die Gewinnung einer eigenen Position und vielleicht auch Probleme einer Theoriebildung im Vordergrund. Um im Unterricht den menschlichen Bezug zu diesem Thema nicht aus dem Augen zu verlieren, lohnt es sich, Auswirkungen von Arbeitslosigkeit auf das Leben des einzelnen Bürgers bzw. nach der Bedeutung von Arbeit für den Menschen allgemein zu fragen. Durch Arbeit kann er weder seine Grundbedürfnisse und Sicherheitsbedürfnisse, noch seine sozialen Bedürfnisse, Ich-Bedürfnisse und die Bedürfnisse nach Selbstverwirklichung befriedigen (vgl. Roy 1994, 94). Die Bedeutung von Arbeit für die Befriedigung der materiellen und immateriellen Bedürfnisse des Menschen zeigt, wie schwer erträglich Dauerarbeitslosigkeit sein muss. Das Problem Arbeitslosigkeit spüren Menschen nicht nur in Deutschland, sondern überall in der Welt. Wer den Blick über die Grenzen der Bundesrepublik hinaus lenkt, der erkennt, dass in benachbarten EU-Staaten, in Russland, aber auch in Afrika, Asien und Lateinamerika viele Menschen dieses schwere Los ertragen müssen. Arbeitslosigkeit hängt mit dem weltweiten Problem „wachsender sozialer Ungleichheiten zwischen Erster, Zweiter, Dritten Welt und auch innerhalb der Ersten Welt" (Hilligen 1990, 340) zusammen. Erkennen die Schüler dieses für Menschen überall auf der Welt existenzielle Problem als Herausforderung an und akzeptieren sie die Notwendigkeit einer Problemlösung, dann werden sie ihr Nachdenken über Lösungswege nicht auf Deutschland und die EU beschränken. Eine Verlagerung industrieller Produktion in Billig-Lohn-Länder bzw. die Beschäftigung von ausländischen Arbeitskräften erscheint ihnen dann annehmbar, obwohl sich diese Maßnahmen für die Arbeitnehmer in den Industrieländern nachteilig auswirken. Der globale Wettbewerb, der hierzulande häufig als Belastung für den Wirtschaftsstandort Deutschland angesehen wird, bringt für viele Menschen auf der Welt die Gefahr mit sich, lebenslang in Armut zu verharren, eröffnet aber auch überall auf der Welt Menschen die Chance, ihre Lebenslage zu verbessern und zu Wohlstand zu gelangen.

Ausgehend von diesen Überlegungen, liegt die Auswahlentscheidung nahe, im Unterricht das Problem „Arbeitslosigkeit" zu untersuchen. Zunächst einmal bemüht sich der Lehrer darum, den Jugendlichen die Lebenslage von Arbeitslosen in der Bundesrepublik Deutschland nahe zu bringen (Fall-Beispiel). Die Schüler sollen sich in die Lebensumstände eines einzelnen Arbeitslosen und dessen Familie derartig intensiv hineindenken, dass diese gesellschaftliche Realität für sie zu einer unerwünschten Ausgangslage wird, die sie durch eigenes Denken und Handeln in einen erwünschten Endzustand überführen möchten. Mit anderen Worten: die Fall-Analyse soll die Schüler zum problemlösenden Denken herausfordern. Von dem Leben des konkreten Arbeitslosen in dem Fall-Beispiel können sie in einem Schritt der Verallgemeinerung zu dem allgemeinen Problem Arbeitslosigkeit vorstoßen und dieses Problem sowie mögliche Problemlösungen mit Hilfe von politischen Kategorien analysieren. In einem weiteren Schritt können die Heranwachsenden zur Beschäftigung mit dem globalen Problem „Armut – weltweite soziale Ungleichheiten" übergehen. Die Folgen dieses weltweiten Problems sind vorhersehbar: Bevölkerungswachstum, Umweltzerstörungen, Kriege und Migrationsbewegungen. Diese Auswirkungen werden auch die Menschen in den reichen Industrieländern zu spüren bekommen. Der Abbau weltweiter sozialer Ungleichheiten liegt daher zum einen im Interesse der Schüler; zumindest einige von ihnen

Problemlösendes Denken durch Fallanalyse

werden aber auch aus Anteilnahme und Gerechtigkeitsempfinden heraus auf einen Ausgleich drängen (Breit 1994, 91).

## 4. Ein Unterrichtsbeispiel

Unterrichtsbeispiel „Asyl“

Im Folgenden soll ein Unterrichtsvorhaben ansatzweise skizziert werden, in dem zur Analyse und Beurteilung eines existenziell bedeutsamen politischen Problems von den Schülern problemlösendes Denken gefordert wird. Bei dem Stichwort „Asyl“ fallen einem Lehrer spontan zwei mögliche Schwerpunkte für ein Unterrichtsvorhaben ein: „Abbau von Vorurteilen gegenüber Fremden“ und „Die Neufassung des Art 16 GG“. Mehr in die Tiefe dieses Themenbereichs dringt der Lehrer ein, wenn er über den existenziellen Bezug nachdenkt. Für viele Menschen enthalten die weltweiten Migrationsbewegungen ein hohes Gefährdungspotenzial. Ob und wie das Flüchtlingsproblem von den Bürgern eines aufnehmenden Landes als Herausforderung angenommen wird, ist für die Sicherung der physischen Existenz von Flüchtlingen, aber auch für die Stabilität und Leistungsfähigkeit des politischen Systems sowie für die „wertbestimmte Lebensgestaltung“ (Gagel 1995b, 122) im Gastland von Bedeutung. Die Zukunft sowohl der Bürger der Bundesrepublik und anderer aufnehmender Länder als auch der Flüchtlinge wird davon bestimmt werden, ob Antworten auf die weltweiten Migrationsbewegungen gefunden werden.

Existenzieller Bezug

Bei der Suche nach dem existenziellen Bezug entdeckt der Lehrer Aspekte, die ihm bei einer Vorweg-Bestimmtheit des Themas auf „Abbau von Vorurteilen gegenüber Flüchtlingen“ oder auf „Die Interpretation des Art. 16 GG“ entgangen wären. Er entwickelt die didaktische Perspektive: Im Mittelpunkt des Unterrichts sollen die Analyse und Beurteilung des politischen Problems „Aufnahme von (politischen) Flüchtlingen in der Bundesrepublik (! ?)“ und mögliche Lösungskonzepte stehen. Die Schüler sollen eine Vorstellung von der Asylbewerberfrage gewinnen. Ihnen soll klar werden, dass hier ein weltweites Problem vorliegt, das mit den Problembereichen Frieden, Verletzung der Menschenrechte und wachsender sozialer Ungleichheit zusammenhängt. Eine Lösung, die Flüchtlingsbewegungen von den Grenzen Deutschlands und Europas auf Dauer abhalten kann (Festung Europa), erscheint angesichts des Ausmaßes und der Ursachen des Problems unrealistisch („weltweite Interdependenz"). Der Fortbestand der Grundrechte in der Bundesrepublik und damit die Möglichkeit einer wertbestimmten Lebensgestaltung, der Lebensqualität und eines menschenwürdigen Lebens auch für die Schüler (Gagel 1995b, 122) hängen mit davon ab, welches Lösungskonzept entwickelt und politisch durchgesetzt wird.

Wie können Schüler zu problemlösendem Denken geführt werden?

Nach der Themenentscheidung muss der Lehrer überlegen, wie er seine Schüler zum problemlösenden Denken bringen kann. Zunächst kommt es darauf an, die Schüler auf die Realität der Aufnahme- und Abschiebepraxis von Flüchtlingen in der Bundesrepublik/Europa aufmerksam zu machen. Sie sollen prüfen, ob sie diese Wirklichkeit als unerwünschte Ausgangslage betrachten. Löst das Problem ihre Anteilnahme aus und weckt es ihr Gerechtigkeitsempfinden, dann werden sie von sich aus nach einer (politischen) Lösung suchen und dazu die Anstrengung des Denkens auf sich nehmen. Um dies zu erreichen, konfrontiert der Lehrer seine Klasse mit einem Fall, bei dessen Beschäftigung sich die Schüler gleichermaßen in die Gedanken und Gefühle der Asylbewerber wie der Bürger einer Stadt, die diese Flüchtlinge aufgenommen hat, hineindenken (Breit 1992a). Setzen sich die Schüler intensiv mit dem Fall auseinander, dann kann es gelingen, dass sie sich auch gefühlsmäßig in das Geschehen hineinziehen lassen und daran Anteil nehmen. Dank der sozialen Perspektivenübernahme (Breit 1992b) spüren die Schüler den Druck, dem die Personen in dem Fall ausgesetzt sind. Durch diese Erfahrung wird für sie der Vorgang zu einer Sache, die sie etwas angeht (Gagel 1995a, 218). Ihre Betroffenheit verbaut ihnen den Ausweg, die Situation in der Stadt als unwichtig anzusehen und daher eine Untersuchung für überflüssig zu erachten. Spüren zumindest einige Schüler stellvertretend für die Betroffenen die Zukunftsängste der Flüchtlingsfamilie und der deutschen Mitbürger, dann wird bei ihnen problemlösendes Denken aktiviert. Sie werden von sich aus das Problem in dem Ort, und dann, nach einer Generalisierung, das Asylbewerberproblem in der Bundesrepublik untersuchen und sich ein Urteil über mögliche Problemlösungen bilden wollen. Mit Hilfe von politischen Kategorien bilden sie Untersuchungsfragen und versuchen, diese – mit Hilfe selbst bestimmter Verfahren – zu beantworten. Spätestens bei der Beschäftigung mit den Ursachen wird ihr Blick über die Problemlage in der Bundesrepublik Deutschland/Europa hinaus auf weltweite Zusammenhänge gelenkt.

Schwierigkeiten politisch-moralischer Urteilsbildung

Die Bildung eines politisch-moralischen Urteils in der Frage, wie politische Verfolgte in Deutschland aufgenommen werden sollen, fällt schwer. Moralisch gesehen ist die Entscheidung einfach: die Flüchtlinge müssen aufgenommen werden. Zu diesem Urteil gelangt man sowohl bei einer Orientierung an Werten (Menschenwürde, Gleichheit, Solidarität) als auch bei einem Vorgehen nach dem Prinzip der Verallgemeinerungsfähigkeit. Nimmt der Schüler aber politische Aspekte hinzu, dann sprechen gute Argumente ebenso für eine großzügige Aufnahmepraxis wie auch für eine Abschottung der Grenzen und eine Umleitung der Flüchtlinge in andere Länder. Besitzt Deutschland/Europa die Ressourcen, Flüchtlinge in sehr großer Zahl aufzunehmen (ab wann ist eine Zahl sehr groß?)? Lässt sich eine asylbewerberfreundliche Politik bei einer latent ausländerfeindlichen Bevölkerung überhaupt politisch durchsetzen? Sind die Folgen eines Anstieges der Asylbewerberzahlen wie die vorhersehbare Zunahme von Rechtsradikalismus und Gewalttaten verantwortbar? Verbaut sich nicht eine Partei von vornherein die Aussichten auf einen Wahlsieg, wenn sie sich für Flüchtlinge einsetzt? Schließlich: Trägt die drastische Minderung der Asylbewerberzahlen durch die Änderung des Asylrechts nicht zur Entlastung des Staates und damit zur Stabilität des politischen Systems bei? Stimmt nicht die Mehrheit der Bevölkerung in der Zielsetzung überein, die Lasten globaler Migration vom eigenen Land abzuwehren? Andererseits: Kann der gegenwärtige Umgang mit Asylbewerbern noch mit Art 1 GG in Übereinstimmung gebracht werden (Verfassungsnorm – Verfassungswirklichkeit)? Wird das Wertefundament des Grundgesetzes nicht durch die staatlich exekutierte Aufnahme- und Abschiebepraxis ausgehöhlt?

Diese Fragen lassen sich kaum eindeutig beantworten, bannen aber zugleich die Gefahr einer unpolitischen Urteilsbildung und Handlungsorientierung. Wenn ein Jugendlicher sich diesen Fragen stellt, dann ist, unabhängig davon, wie seine Entscheidung ausfällt, eine Gewähr dafür gegeben, dass er sein Urteil in Kenntnis von der Komplexität des politischen Problems und seiner Bedeutung für die Menschen trifft.

Kein Druck, Problemlösungen zu finden

Im Gegensatz zu Politikern stehen die Schüler nicht unter dem Druck, Problemlösungen finden und durchsetzen zu müssen. Sie können im Klassenzimmer in einer ruhigen Arbeitsatmosphäre ohne Einflussnahme von außen konzentriert und systematisch ihr eigenes Urteil durchdenken und über ihre eigene (jetzige oder zukünftige) Handlungsorientierung nachdenken. Ein Politikunterricht, der die Schüler dazu bringt, bei der Beschäftigung mit existenziell bedeutsamen Problemen die Anstrengung einer differenzierten, mehrperspektivischen politischen Analyse und Urteilsbildung auf sich zu nehmen, bahnt Fähigkeiten an, „die ihnen helfen, ... vernunftig zu handeln, dann nämlich, wenn aus Denkspielen schulischen Lernens Ernst geworden ist" (Gagel 2000, 107).

## Literatur

Ackermann, Paul u.a. (Hrsg.) 1994: Politikdidaktik kurzgefaßt. Schwalbach/Ts. (auch erschienen in: Schriftenreihe der Bundeszentrale für politische Bildung Bd. 326, Bonn)

Aebli, Hans 1983: Zwölf Grundformen des Lehrens. Stuttgart

Breit, Gotthard 1992a: Unterricht im Westen Deutschlands: Unterrichtsplanung zum Thema „Der Streit um das Asylrecht (Art 16 II 2 GG)" im Herbst 1991. In: Politische Bildung Jg. 25, H. 2, S. 73-87

Breit, Gotthard 1992b: Mit den Augen des anderen sehen. Eine neue Methode zur Fallanalyse. 2. Aufl., Schwalbach/Ts.

Breit, Gotthard 1994: Arbeitslosigkeit und globaler Bezug – eine Unterrichtseinheit für die Sekundarstufe II. In. Politische Bildung Jg. 27, H. 2, S. 87-92

Breit, Gotthard 2000a: Grundwerte im Politikunterricht. In: Breit, Gotthard/ Schiele, Siegfried (Hrsg.): Werte in der politischen Bildung. Schwalbach/Ts., S. 218-248

Breit, Gotthard 2000b: Problemlösendes Denken zu leicht gemacht. In: Politische Bildung, H. 3, „Maßstab Menschenrechte", S. 92-99

Breit, Gotthard/Weißeno,Georg 2003: Planung des Politikunterrichts. Eine Einführung. Schwalbach/Ts.

Dörner, Dietrich 1979: Problemlösen als Informationsverarbeitung. Stuttgart

Edelmann, Waler 1994: Lernpsychologie. Eine Einführung. 4. Aufl., München

Gagel, Walter 1988: Situations- und Problemorientierung: Gesichtspunkte der Auswahl und Strukturierung von Lerninhalten. In: Gagel, Walter/Menne, Dieter (Hrsg.): Politikunterricht. Handbuch zu der Richtlinien NRW. Opladen, S. 39-51

Gagel, Walter 1995a: Der Pragmatismus als verborgene Bezugstheorie der politischen Bildung. In. Graf Ballestrem, Karl u.a. (Hrsg.): Sozialethik und politische Bildung. Festschrift für Bernhard Sutor. Paderborn, S. 205-221

Gagel, Walter 1995b: Geschichte der politischen Bildung in der Bundesrepublik Deutschland 1945-1989. 2. Aufl., Opladen

Gagel, Walter 2000: Einführung in die Didaktik des politischen Unterrichts. 2. Aufl., Opladen

Giesecke, Hermann 1965: Didaktik der politischen Bildung. München

Giesecke, Hermann 1997: Kleine Didaktik des politischen Unterrichts. Schwalbach/Ts

Grammes, Tilman 1999: Problemorientiertes Lernen. In: Mickel, Wolfgang W. (Hrsg.): Handbuch zur politischen Bildung. Schriftenreihe der Bundeszentrale für politische Bildung Bd. 358. Bonn, S. 206-211

Gudjons, Herbert 1986: Handlungsorientiert Lehren und Lernen. Bad Heilbrunn/Obb.

Hilligen, Wolfgang 1985: Zur Didaktik des politischen Unterrichts. 4. Aufl., Opladen

Hilligen, Wolfgang 1990: Gewandelte Legitimationsmuster und Perspektiven der politischen Bildung. In: Cremer, Will/ Klein, Ansgar: Umbrüche in der Industriegesellschaft. Schriftenreihe der Bundeszentrale Bd. 284. Bonn, S. 329-349

Klafki, Wolfgang 1990: Allgemeinbildung für eine humane, fundamentaldemokratisch gestaltete Gesellschaft. In: Cremer, Will/Klein, Ansgar, S. 297-310

Massing, Peter/Weißeno, Georg (Hrsg.) 1997: Politische Urteilsbildung. Schwalbach/Ts.

Richter, Dagmar/Weißeno, Georg (Hrsg.) 1999: Lexikon der politischen Bildung. Bd. 1. Schwalbach/Ts.

Rohe, Karl 1978: Politik. Begriffe und Wirklichkeiten. Stuttgart.

Roy, Klaus-Bernhard 1994: Materialien für den Unterricht. In: Politische Bildung , Jg. 27, H. 2, S. 93-112

Sander, Wolfgang 1992: Vom Fach zum Bildungsbereich. Ein Plädoyer für Grenzüberschreitungen in der politischen Bildung. In: Ders. (Hrsg.): Konzepte der Politikdidaktik. Aktueller Stand, neue Ansätze und Perspektiven. Hannover

Sander, Wolfgang 2001: Politik entdecken – Freiheit erleben. Neue Lernkulturen in der politischen Bildung. Schwalbach/Ts.

Weber, Max 1971: Gesammelte Schriften. 3. Aufl., Tübingen

Werning, Rolf/Kriweit, Ingeborg 1999: Problemlösendes Lernen. In: Pädagogik 10 „Problemlösendes Lernen", S. 6-11

*Tilman Grammes*

# Kontroversität

## 1. Geschichte und Tradition

Kontroversität als Berufsethik politischer Bildung

Kontroversität (oder: Kontroversprinzip) zählt als didaktisches Prinzip zum Kern der Berufsethik des politischen Bildners. Erziehung und Bildung beinhaltet immer Auswahl von Lernumgebungen und Lerninhalten (vgl. Grammes, Exemplarisches Lernen, in diesem Kapitel). Damit ist auf der Ebene des Verhältnisses von Individuum und Gesellschaft im Prozess des Aufwachsens das Problem der Bevormundung und des Vorenthaltens von Möglichkeiten gestellt, das Spannungsverhältnis von Führen und Wachsenlassen (Theodor Litt 1926), das nicht durch Nicht-Erziehung (Anti-Pädagogik) umgangen werden kann. I. Kant formuliert es 1803 in seiner Vorlesung „Über Pädagogik" (A 32, 33) als Frage: „Wie ist Freiheit bei dem Zwange?" Kann man zur Mündigkeit bzw. zur Demokratie erziehen? Oder ist diese Funktionalisierung und Festlegung des Lernsubjekts auf zuvor gesetzte Zwecke ein Widerspruch in sich? Eine klassische Antwort gibt F.D.E. Schleiermacher (1768-1834) in seinen „Pädagogischen Vorlesungen": Es dürfe die Gegenwart des Lernsubjekts nicht dessen Zukunft aufgeopfert werden.

Eine Demokratie-Pädagogik muss also bereits im Vollzug als emanzipatorische Erfahrung erlebt werden können (Koch u.a. 1995). Dadurch soll sie sich von dogmatischer (partei-) politischer Schulung oder weltanschaulichem Gesinnungsunterricht unterscheiden. Offene oder subtile Manipulation durch Unausgewogenheit bzw. *Parteilichkeit* – im Unterschied zu *Parteinahme* für das Lernsubjekt – gilt als schwerste Verletzung pädagogischer Professionalität und Ethik. Die Politikdidaktik hat diese erziehungstheoretische und bildungsphilosophische Grundsatzfrage, das Verhältnis von Politik (Macht/Herrschaft) und Bildung (Mündigkeit), als Gegensatz von systemaffirmativer oder systemkritischer Didaktik bearbeitet. Mit Bezug auf Kontroversität lassen sich daher idealtypisch zwei Grundrichtungen politischer Bildung unterscheiden:

Zwei Grundrichtungen politischer Bildung

1. *Primat der Politik* (Staatsbürgererziehung): eine Loyalität einfordernde Erziehung zum Staat, zur Nation, zu Gemeinschaft (Sozialerziehung) oder zu unbedingter Gefolgschaft (Nationalsozialismus).

2. *Primat des Subjekts* (Menschenbildung): Emanzipatorische Konzepte politischer Bildung verlagern die Blickrichtung vom Staat auf die Gesellschaft. Sie beziehen sich häufig auf angelsächsische Politik- und Demokratievorstellungen (Demokratie als Lebensform; Pragmatismus, Kommunitarismus). Diese republikanischen *Reformpädagogiken* betonen die prinzipielle Gleichheit aller Staatsbürger, und zwar als Ziel und zugleich Voraussetzung aller Bildung. Das von vornherein als mündig gedachte Subjekt soll sich im Bildungsprozess selbst Strukturen erschließen, die als Schlüssel zur Welt in ihrer vollen Vielfalt und Kontroversität dienen können.

Traditionen des Kontroversitätsprinzips

Die Kultur der kontroversen Diskussion ist schon in der antiken Rhetorik, der mittelalterlichen Scholastik und Dialektik als Denk-Instrument der Werteklärung und Entscheidungsfindung hoch entwickelt. Als Möglichkeit verbreitert wird sie durch die Erfindung des Buchdrucks, die als Idee bürgerlicher Öffentlichkeit „antiautoritär" wirkt: „Man kann ohne anwesende ‚Meister' und ihr persönliches Charisma allein zu Hause sitzen und sich an der Lektüre abarbeiten und fortbilden, und man kann sich als Individuum mit einer neuen, originellen und abweichenden Meinung bemerkbar machen. Die Beziehung zwischen Lehrern und Schülern verliert den Druck direkter sozialer Kontrolle ... Der Schüler hat zwei Quellen der Lehre, die er einander vergleichen, gegebenenfalls kritisch konfrontieren kann, das gedruckte Buch und den redenden Lehrer. Gibt es Differenzen, so steht Autorität gegen Autorität und das ist die Chance des Schülers, ‚selber zu denken' (Kant)" (Brunkhorst 2000, 174). In der Realität politischer Erziehung und Bildung dominieren jedoch lange affirmative Formen der Erziehung zum Staatsbürger.

Das Kontroversprinzip bleibt als regulative Idee jedoch immer erhalten und hat eine lange Tradition. Der englische Wissenschaftler Jonathan Priestley (1733-1804) fordert: „Upon every subject of importance, the tutor make references to the principal authors who have treated of it; and if the subject be a controverted one, let him refer to books written on both sides of the question" (Priestley 1765, 29). Als „kontradiktorische Methode" wird das Kontroversprinzip in den weltanschaulichen Glaubenskriegen der Weimarer Republik als Abgrenzungskriterium von Bildung zu parteipolitischer oder ideologischer Schulung formuliert: „Politische Bildung ... wird dann erreicht, wenn ich den Schüler vor gegensätzliche oder einander widersprechende Aussagen, Behauptungen, Forderungen und Urteile stelle. Hier steht er dann mitten in den Kämpfen der Gegenwart drin" (Hartig 1931). In den Auseinandersetzungen der Studentenbewegung formulieren Engelhardt (1968, 57) und Hilligen (1968/1971) gleichlautend: „Was in der Öffentlichkeit kontrovers beurteilt wird, darf die Schule nicht harmonisieren wollen". Diese Formel wird 1976 sinngemäß in den so genannten Beutelsbacher Konsenses übernommen, der diese Tradition als „Schlussstein" noch einmal auf den Punkt bringt (vgl. Sander in Kapitel I): „Was in *Wissenschaft* und *Politik* kontrovers ist, muß auch im *Unterricht* kontrovers erscheinen ... Denn wenn unterschiedliche Standpunkte unter den Tisch fallen, Optionen unterschlagen werden, Alternativen unerörtert bleiben, dann ist der Weg zur Indoktrination beschritten" (Wehling 1977, 179, ähnlich im Sokratischen Eid von Hentig 1994, 258 f.).

Beutelsbacher Konsens

## 2. Zeitdiagnose: Demokratie und Pluralismus

Bezug auf normative Pluralismustheorie

Das didaktische Prinzip der Kontroversität bezieht sich auf eine normative Pluralismustheorie. Das Institutionengefüge der Demokratie stellt den Versuch dar, einen fehlerfreundlichen, also reversiblen kollektiven Lernprozess zu organisieren. Demokratie ist selbst ein Projekt politischer Bildung. Konflikte gelten als Motor sozialen Wandels (Reform). Fehler, öffentlicher Diskurs und Interessenkontroversen, Opposition, Kritik sind in der Tradition des demokratischen Experimentalismus (John Dewey) und der offenen Gesellschaft (Karl R. Popper, Ralf Dahrendorf) als Potenziale der Erkenntnis.

Kontroversitätsprinzip ist nicht wertneutral

Das Kontroversprinzip verlangt als Minimalkonsens eine Übereinstimmung der Verschiedenen darin, dass sie gleich sind, gerade in ihrer Nicht-Übereinstimmung („agree to disagree"). Es ist also nicht wertneutral im Sinne eines beliebigen *Relativismus.* Dieser prozedurale Wertkonsens (value consensus) spiegelt sich in den Merkmalen freiheitlicher Grundordnung (Grundgesetz und Verfassungsrechtsprechung) wider, die zu den nicht-kontroversen Rahmenbedingungen für eine demokratische Gesellschaft zählen: Menschen- und Grundrechte, Volkssouveränität, Rechtsstaatlichkeit, Sozialstaat, Gewaltenteilung, Verantwortlichkeit der Regierung (parlamentarisches Regierungssystem), Gesetzmäßigkeit der Verwaltung, Mehrparteienprinzip, Recht auf Opposition, freie und gleiche Wahlen, Minderheitenschutz.

In Abgrenzung zum unmittelbaren unreflektierten Konsens im Modell der identitären Demokratie markiert das pluralistische Gesellschaftsmodell eine *„Tabuzone"* (Kurt Sontheimer), die aus dem Raum, der für den Widerspruch und den Konflikt freigegeben ist, ausgeklammert werden soll. Doch wie diese „Bannmeile" im konkreten Fall zu definieren ist und wie seine Anwendung auf extremistische Grenzfälle auszusehen hat, ist bereits wieder Gegenstand realpolitischen Streits (etwa um Verbote von Parteien) bzw. höchstgerichtlicher Entscheidung. Was zum nicht-kontroversen Sektor zählt, ist selbst wieder kontrovers (Ernst Fraenkel, vgl. Eisel 1986)!

Merkmale des Politischen

Zentrale und konstitutive Merkmale des Politischen sind somit Komplexität, Problemhaltigkeit, Konflikt und Unsicherheit (Schulze 1977, 26 f.). Empirisch neigt allerdings Politik zur De-Thematisierung von Kontroversen, latente Konflikte werden nicht sichtbar. In der öffentlich-medialen Selbstdarstellung, z.B. in Wahlkämpfen oder Talkshows, inszeniert sich Politik gerne als nicht kontrovers oder es werden Scheinkontroversen aufgebaut (Politik als Schlagabtausch, Inszenierung, symbolische Handlung). Parteien versuchen, interne Kontroversen nach außen den Wählern gegenüber auszublenden.

Risikogesellschaft

Die Theorie der Risikogesellschaft (Beck) macht auf die steigende Komplexität und den Zukunftsverlust der Politik im Zeitalter globalisierter Wirkungszusammenhänge aufmerksam. Sie verdeutlicht die strukturelle Kurzsichtigkeit von Entscheidungen, die sich an Wahlperioden orientieren und deshalb langfristige, aus globalisierten Wirkungszusammenhängen resultierende, Schlüsselprobleme (ökologische und soziale Risiken) nur unzureichend wahrnehmen und bearbeiten können.

In extremen und stressbelasteten Krisensituationen, z.B. internationalen Konflikten (Kubakrise) und Umweltkatastrophen (Tschernobyl) kann der unmittelbare Entscheidungsdruck einen Gruppendruck (Konformitätszwang, individuelle Selbstzensur) auslösen, der Kontroversen kurzfristig erfolgreich ausblendet und sanktioniert, mittel- und langfristig zu falschen Entscheidungen führt. Durch die „Logik des Mißlingens" (Dörner 1989) werden alle zu „victims of groupthink". Ein Forschungsüberblick über Fallstudien und Ergebnisse von politischer Psychologie, Sozial- und Kognitionspsychologie, Autoritarismusforschung bietet t'Hart (1991). Für politische Bildungsarbeit sind Methoden entwickelt worden, in Simulationen und Experimenten diesen Gruppendruck nachzuerleben und Zivilcourage zu trainieren (s.u. Methode Provokation).

Bürgermodell der Demokratie

Die demokratische politische Kultur erwartet mithin von ihren Bürgerinnen und Bürgern ein ambivalentes, wenn nicht gar widersprüchliches Selbstverständnis *(Bürgermodell)*. Sie sollen Einsichten und Meinungen haben und für diese auch öffentlich – mit Anspruch auf Wahrheit – einstehen und zugleich sollen sie diese als prinzipiell fehlbare oder sogar bloß subjektive Auffassungen ansehen (vgl. Rorty 2003, Noetzel 2001). Das Kontroversprinzip ist nicht als relativistischer Dauervorbehalt zu verstehen, dass es bereits unzulässiger Dogmatismus sei, eine „Meinung" mit dem Impetus subjektiver Überzeugung vorzutragen. Das Kontroversprinzip ist eine Anforderung an die plurale Organisation des Diskurses auf dem Marktplatz der Meinungen, nicht an den

Wahrheitsanspruch des Einzelnen. Ideenkonkurrenz funktioniert nur, wenn der Einzelne seine Position mit Überzeugung und Wahrhaftigkeit vorträgt. Tolerant kann nur sein, wer sich über seinen eigenen Standpunkt klar ist. Die anderen müssen ja nicht alles glauben, was wahrhaftig gesagt wird. „Ich werde ihre Meinung bis an mein Lebensende bekämpfen, aber ich werde mich mit allen Kräften dafür einsetzen, daß sie sie haben und aussprechen dürfen" (Voltaire).

## 3. Wissenschaft als Kritik: Erkenntnis für freie Menschen

Wissenschaft bedarf der Kontroversen

Der Austrag von Kontroversen ist konstitutiv auch für den wissenschaftlichen Erkenntnisfortschritt: „Lasst Theorien, nicht Menschen sterben" – so lautet das Credo der wissenschaftstheoretischen Schule des Kritischen Rationalismus. Wissenschaft dient der Wahrheitssuche, man kann sich jedoch nie sicher sein, ob man sie gefunden hat. „Wir haben in der Vergangenheit aus vielen Enttäuschungen gelernt, daß wir niemals Endgültigkeit erwarten dürfen; und wir haben gelernt, nicht mehr enttäuscht zu sein, wenn unsere wissenschaftlichen Theorien widerlegt werden" (Popper 1975/58).

Wissenschaftspolitisch folgt aus dieser normativen Bestimmung das Prinzip der Proliferation: Es kommt darauf an, allen, auch den (zunächst) scheinbar aussichtslosen Alternativen Vorschusskredit und institutionelle Entwicklungsmöglichkeiten einzuräumen, sollen kreative Problemlösungen wahrscheinlich bleiben (Feyerabend 1980). Im Konzept des forschenden Lernens (experimental learning, vgl. Detjen in Kapitel V) lernen Schülerinnen und Schüler an sozialwissenschaftlichen Problemen aktiv nach Widerlegungen von Hypothesen zu suchen.

Empirisch bleibt Kontroversität auch in der Wissenschaft stets gefährdet. Die Wissenschaftsgeschichte und -soziologie zeigt, dass Wissenschaft in Phasen der normal science sich gegen Kritik abschottet (Immunisierungsstrategien). Der Mainstream der Lehrstuhlinhaber, öffentlichen Drittmittelgeber und privaten Sponsoren kann die Definitionsmacht darüber haben, was als bearbeitbares Problem gelten und welche Methoden zur Bearbeitung verwendet werden dürfen. Die Verfügungsmacht über Wissen wird zunehmend privatisiert (Lohmann 2002).

Folgerungen an wissenschaftsorientierten Unterricht

Für wissenschaftsorientierten Unterricht folgt daraus, dass er nicht monoparadigmatisch sein darf, sondern dass alternative Theorieansätze und Kritik systematisch Gehör finden müssen. Verletzungen diese Grundsatzes in Unterrichtsmaterialien sind durch Schulbuchanalysen häufig nachgewiesen worden, z.B.:

- Totalitarismustheorie gegenüber einer differenzierten Polykratietheorie zur Erklärung faschistischer (Nationalsozialismus) und autoritärer Systeme (DDR);
- ein neoliberales Standardparadigma der Ökonomie gegenüber alternativen Ansätzen. Marxistische gesellschaftstheoretische Ansätze (Politische Ökonomie) wurden in der Bundesrepublik lange tabuisiert bzw. – in der Staatsbürgerkunde der DDR – in einer dogmatischen Auslegung als Marxismus-Leninismus verabsolutiert.

Für die wissenschaftliche Politikdidaktik wird einerseits ein zuwenig an Kontroversen beklagt (vgl. Pohl 2003); andererseits haben Scheinkontroversen nach dem Muster einer Geografie politischer Lager (affirmative versus systemkritische Didaktiken) in den 1970er-Jahren lange eine gemeinsame didaktische und lernorientierte Denktradition (Paradigma) verstellt und damit eine gegenstandsbezogene Professionalisierung als empirische Lehr-Lern-Forschung behindert (Grammes 1986).

## 4. Didaktik und Methodik der Kontroverse

In Bildungsprozessen geht es vorwiegend um kognitives Probehandeln („Spielraum für den Ernstfall" – von Hentig). Im Bildungsprozess sind die Tabuzonen des nicht-kontroversen Sektors daher nachgiebiger zu bestimmen als in öffentlichen Auseinandersetzungen. Es ist notwendig, die „Intoleranz gegenüber jeder Intoleranz mit der Toleranz gegenüber den (noch!) Intoleranten" zu verbinden (Hilligen 1991, 36).

Was, wenn eine Schülergruppe ihre Bürgerrolle hartnäckig rechtsextrem definiert, Gewalt als Mittel politischer Auseinandersetzung rechtfertigt und geschickt rassistische Ideologeme vertritt? In der politikdidaktischen Diskussion ist umstritten, ob im Unterricht eine *politische* Lösung durch „Null Toleranz" (zero tolerance) und Delegation an das Rechtssystem (Polizei, Staatsanwaltschaft), oder eine *pädagogische* Lösung geboten ist, selbst auf die Gefahr hin, dass sich in der Klasse zunächst und vorläufig Sympathisanten finden. Demokratische Grundwerte (Meinungs- und Gewaltfreiheit) können nur offen „vermittelt" werden, denn Menschen, die sich belehrt und überredet fühlen, lernen nicht. Die Schülerinnen und Schüler lernen z.B. zu sagen, was der Lehrer/Erwachsene hören will (Zweisprachigkeit) – oder auch, in der Pubertät, provokativ und aus Prinzip das Gegenteil (wichtig übrigens!). Im argumentativen Gespräch erlebt ein Schüler (ein Mensch), dass „ein anderer oder andere auf das eingehen, was er gesagt hat – zustimmend oder mit Gegenargumenten, aus denen zu erkennen ist, daß das anfangs Gesagte ernst genommen wird" (Hilligen 1987, 22 f.; vgl. zur Situation Grammes 1998, 404-408).

Umgang mit Rechtsextremismus

Toleranz meint andererseits mehr als ein harmloses „seid nett zueinander". Empathie (sich gefühlsmäßig in den anderen hineinversetzen) kann auch zur Abwehr kontroverser Ansichten und Haltungen funktionalisiert werden. Es lässt sich vom Partner reden und dennoch ausgrenzen oder auch vereinnahmend einbinden („Schmusekurs"). Soziale Integration kann beispielsweise bevormundend nur um den Preis der Assimilation „gewährt" werden, indem Normen, die eigentlich kultur- oder gruppenspezifisch sind, als universal ausgegeben werden (Paternalismus, „repressive Toleranz"). Alles bereden kann dazu führen, dass alles zerredet wird. Praktizierte Toleranz erfordert das Ertragen und Zulassen dessen, was man nicht versteht und billigt. Kontrovers diskutiert wird dies für religiöse Toleranz gegenüber fundamentalistischen Positionen, die eine demokratiekonstitutive Trennung von Religion und Politik/Staat nicht akzeptieren (Beispiel: „Kopftuchstreit").

Kompromisse gehören zur Kontroverse

Zur Kontroverse (Streit, Konflikt) gehört auch der Kompromiss als – vorläufige – Konfliktlösung. Als fauler Kompromiss

(„Kompromisslertum") steht das Wort im Alltagsverständnis nicht gerade in hohem Ansehen (vgl. die bedeutende Studie von Wilhelm 1973). Kompromisssuche im Lernprozess muss nicht der „goldene Mittelweg" zwischen den Extremen des Pro und Contra sein. Kompromissfähigkeit kann auch an der Erkenntnis wachsen, dass evtl. die Frage falsch gestellt war oder die Kontroverse bei genauer Betrachtung eine Scheinkontroverse darstellt. Neben Kontroversen zwischen Interessengruppen (z.B. Arbeitgeber/Arbeitnehmer) sind Kontroversen innerhalb von Interessengruppen herauszuarbeiten (z.B. innerhalb eines Unternehmerverbandes, einer Gewerkschaft, einer Volkspartei).

In *politikdidaktischen Ansätzen* steht die Kontroverse in der Konfliktdidaktik im Zentrum.

Methoden kontroversen Lernens

Auf der Ebene der *Methoden* politischer Bildung wird Kontroversität in vielen Formen lernproduktiv:

- öffentliche Gesprächsformen werden im Unterricht nachgebildet, z.B. die Pro-Contra-Debatte, Podiumsdiskussion, Fishbowl, Talkshow, Tribunal u.a. (vgl. Massing in Kapitel V);
- die Methode der Provokation als riskantes konfrontierendes Lernen am inszenierten Widerstand (Erlebnispädagogik, Luers u.a. 1971, Rhue 1984);
- die Gordon-Methode übt an alltäglichen Konflikten in Familie, Schule und Betrieb die Umwandlung von Gewinner-Verlierer-Konstellationen in win-win-Situationen (Gordon 1973);
- in Trainingsmodellen zur Streitschlichtung erwerben Schüler soziale Kompetenzen zur regelgeleiteten Vermittlung (Mediation) und Zivilcourage (vgl. Henkenborg in Kapitel III);
- die Dilemma-Methode ist ein strukturiertes Verfahren zur Klärung kontroverser Werte und Werthierachien (vgl. Reinhardt in Kapitel IV).

Mehrperspektivität

Methodisch lässt sich das Kontroversprinzip vor allem durch das didaktische Prinzip der *Mehrperspektivität* (Multiperspektivität) umsetzen. Der Lernende wird zum Perspektivenwechsel ermuntert, zum „Sehen mit den Augen des Anderen" (Selman). *Empathie* bezeichnet diese Fähigkeit, sich probeweise in den Standpunkt und die Perspektive des anderen hineinzuversetzen. Die geschichtsdidaktische Diskussion hierzu ist entwickelter und empirisch besser fundiert (vgl. als Überblick Bergmann 2000).

Unterrichtsmedien

Auf der Ebene der *Unterrichtsmedien* stellt das Kontroversprinzip hohe Anforderungen an die ästhetische Gestaltung. Kontroverse Pressematerialien werden seit 1932 vorbildlich in der Halbmonatsschrift „Der Zeitspiegel" zusammengestellt, in ähnlicher Form dann fortgesetzt nach 1969 von der Bundeszentrale für politische Bildung in der Reihe „kontrovers dokumentiert". Das Layout des modernen, handlungs- und methodenorientierten Schulbuchs wirkt wie ein Patchwork („Flickenteppich"), das die Gegenstände beliebig aus ihrem originalen Kontext reißt. Die kontroversen Perspektiven sollten stattdessen im Layout auch optisch deutlich gegeneinander abgesetzt und konturiert werden (*Authentizitätsgebot*) (vgl. Besand 2004).

Planungsbeispiele und Verlaufsmuster für die Bearbeitung von Kontroversen bieten u.a. Keil 1976, Reith/Jahn 1979, Gagel 1995, Petrik 2003.

## 4.1 Rolle des Politiklehrers

Politiklehrerinnen und -lehrer wollen sich als Spezialisten fürs *Kontroverse*, für *streitige Diskussionen*, verstehen, die dafür sorgen, dass die Meinungen der Schüler/innen in den Unterricht mit eingehen und nicht durch einen sach-systematischen Aufbau versperrt werden.

Verschiedene Lehrerrollen

Die Lehrerrolle variiert im politischen Lernprozess, je nachdem, wie Kontroversen in der Lerngruppe repräsentiert sind (Reinhardt 1989, vgl. Kelly 1986):

a. *Argumentationshomogene Lerngruppe*: Der Lehrende nimmt eine Korrekturfunktion wahr. Als provozierender advocatus diaboli tritt er je nach Situation und Lerndynamik als neoliberaler Casinokapitalist oder als dogmatischer Gewerkschaftsfunktionär auf, um tabuisierte Standpunkte, die den Lernenden von ihrer jeweiligen politischen und sozialen Herkunft fremd sind, offensiv einzubringen (so genanntes *Zumutungsgebot*).

b. *Argumentationsheterogene Lerngruppe*: Die Rolle des Lehrenden beschränkt sich hier auf die eines Moderators im Widerstreit der Argumente. Es gilt, den Konflikt „auszuspannen“, so dass „alle Seiten ein bisschen Recht haben“.

c. *Apathische, indifferente Lerngruppe*: Die interesselose Lerngruppe gilt als die schwierigste Konstellation. Das Etikett „politik(er)verdrossen“ sollte vorsichtig verwendet werden (zur Kritik vgl. Arzheimer 2002). Eventuell wird der Politiklehrer auch hier zum Mittel der Provokation greifen. Oder zunächst durch positive gemeinsame Erfahrungen eine Kompetenzmotivation – „Ich kann etwas“ – aufbauen helfen, um ein Selbstwirksamkeit erleben zu schaffen (Schulze 1977).

Können Schüler sich erst einmal einreden, sich frei- und aussprechen, haben wir er es weitaus häufiger mit einer argumentationsheterogenen Gruppe zu tun, als ein erster Eindruck vom Vorwissen der Lernenden zunächst nahe legt. Die Kunst besteht darin, Denkakte der Schüler nicht vorschnell zu kappen oder zu homogenisieren.

Ergebnisse qualitativer Unterrichtsforschung

Die qualitative Unterrichtsforschung zeigt, dass in den Politikstunden einige Lernende immer wieder auf kontroversen Verhandlungen im Sinne mäeutischer Didaktik bestehen. Lernende machen Angebote, die in impliziten Fragen oder apodiktischen Behauptungen versteckt sind. Diese werden allerdings oft als „Unterrichtsstörung“ wahrgenommen oder ignoriert (zurückgestellt, missverstanden oder umgedeutet), um in der unsicheren Situation auf lineare Ablaufpläne zurückgreifen zu können. Der potenziell „fruchtbare Moment“ (Friedrich Copei) wird als „Störung“ der Lerneffizienz wahrgenommen (Schelle 2003).

In der Lehrerausbildung kommt es darauf an, das mit Geistesgegenwart und pädagogischem Takt das Balancieren von Ambivalenzen (Henkenborg) im Lernprozess zu organisieren.

## 4.2 Generationenlagerung und politische Bildung

Eine offene und spannende Frage einer Sozialgeschichte politischer Bildung stellen die Spielräume dar, die die Generationenlagerung im Lehrerkollegium sowie deren Auftreffsituation bei den Schülerinnen und Schülern bietet, um Kontroversen lernproduktiv auszutragen. Eine politische Generation ist eine Erlebnis- und

Deutungsgemeinschaft für gesellschaftlich-politische Orientierungen, die in einer sensiblen Prägephase der Spätpubertät durch Schlüsselerfahrungen gebildet wird (Fogt 1982). Hinweise für die Bedeutung der Generationenlagerung geben:

Hinweise auf Bedeutung der Generationenlagerung

- Wilhelm (1956) hat für Kollegien der 1950er-Jahre Vorkriegs-, Kriegs- und Nachkriegsgeneration unterschieden, die sich gegenseitig allerdings beschweigend aus dem Weg gingen;
- Inhalte und Formen der Auseinandersetzung der rebellierenden 68er-Generation mit der Generation ihrer als autoritär empfundenen Eltern spielte in der Kultur politischer Bildung der 1970er-Jahre eine zentrale Rolle (z.B. Kampf gegen Berufsverbote).

Eine offene und spannende Forschungsfrage einer Sozialgeschichte politischer Bildung ist,

- inwieweit die prägende Lehrer-Generation der 68er-Bewegung eigene prozesshaft erworbene und widerständige Emanzipationserfahrungen in der Auseinandersetzung mit den „autoritären" Eltern als Lernerfahrungen an die Schülergenerationen der 1980er- und 1990er-Jahre weiterzugeben vermochte, ohne den Heranwachsenden die eigene Möglichkeit zur Abarbeitung an widerständigen Erwachsenen zu entziehen;
- wie die in der DDR ausgebildete Lehrergeneration mit Konflikten und Kontroversen umzugehen vermag.

## 5. Empirische Unterrichtsforschung

Das didaktische Prinzip Kontroversität wird produktiv, wenn es als Kriterium zur Beurteilung politischer Lernprozesse herangezogen wird.

Die quantitative Bildungsforschung bezeugt mit Umfrageergebnissen heute eine hohe verbale Akzeptanz des Kontroversprinzips. Es hat ein kultureller Wandel des Lehrerbewusstseins stattgefunden, denn noch die großen Studien zum Gesellschaftsbewusstsein der Lehrenden der frühen 1960er-Jahre belegten eine Bevorzugung harmonistischer Gesellschaftsmodelle („Gemeinschaft").

Lehrer artikulieren hohe Akzeptanz des Kontroversitätsprinzips

Die qualitative Unterrichtsforschung kann durch eine Sekundäranalyse vorliegender Unterrichtsprotokolle „sublime Formen

Aber: Kontroversität wird häufig unterlaufen

von Überwältigung im Unterricht" (Schiele/Schneider 1987, Weißeno 1996) offen legen. Eine Typologie von Kommunikationsmustern (Grammes 1996), in denen Kontroversität – meist entgegen der Absicht der Lehrenden – unterlaufen wird, umfasst u.a.:

- Überwältigen durch Appell und Heroisierung: An den Negativbeispielen politischer Erziehung im Nationalsozialismus bzw. in der DDR lässt sich aber auch zeigen, dass strenge Fachlichkeit als systematische Barriere gegen Indoktrination wirken kann (Tenorth 1995). Andererseits kann eine autoritative Berufung auf so genannte Sachzwänge und Wesensgesetze Kontroversen auch ausblenden und tabuisieren;
- Schwarz-Weiß-Malen (Manichäismus): an die Stelle mehrperspektivischer Behandlung der Themen tritt der Versuch, Ethos direkt zu unterrichten (Moralfalle, vgl. Sander 1999, 203). Zweisprachigkeit wird zum „heimlichen Lehrplan", Schülergruppen zu Coakteuren des Lehrers, die diesem meisterhaft nach dem Mund reden;
- Überhören von Einwänden;
- Überreden durch Harmonisieren und unaufgeklärtes Missverständnis;
- Vereinahmen durch Verbünden: Sprachmuster der „political correctness" werden ungebrochen übernommen;
- Scheinkontroversen inszenieren: eine Rhetorik des Entsetzens und der Skandalisierung führt zu vordergründiger „Empörung";
- Reden über die Anderen/Fremden in „guter Absicht", die dadurch der eigenen Stimme beraubt und in eine Opfer- und Mitleidsrolle gedrängt werden;
- Sichern, bewerten, zensieren: der Bewertungs- und Benotungsdruck setzt eine strukturelle Tendenz zur Einsinnigkeit; das Sachurteil der Experten („Fakt") entscheidet die Kontroverse (Kontextfalle, vgl. Sander 1999, 203);
- Entstrukturierendes Basteln (Patchwork): die Kontextspezifik des Wissens wird verwischt. Relativierende Meinungsgirlanden (diffuses „Rauschen", „conflation") ersetzen kategoriale Strukturierung (konturierte „Diskursivität", „confrontation") (Meinungsfalle, vgl. Sander 1999, 203);

– ironisches Abwimmeln („Coolness“) statt ernsthaftes Aushandeln.

An zwei Themenfeldern ist die Reduktion von Kontroversität exemplarisch untersucht worden:

Untersuchungen zur Reduktion von Kontroversität

1. Beim Thema „Umwelt“ werden systemische Wirkungszusammenhänge (Modellannahmen) auf monokausale Ursachen (sichere Tatsachen) reduziert.

2. Beim Thema „Identitätsfindung“ werden Jugendlichen Emanzipationsbotschaften nahe gelegt, die von diesen aber heftig abgewehrt werden („Kampfgetümmel“), weil vordringliche Entwicklungsaufgabe nicht widerständige Individualisierung, sondern nicht-kontroverse Identifikation als soziale Verortung in Gruppenzusammenhängen der Peer-Group ist (Rusch/Thiemann 2003, ähnliche Verläufe dokumentiert Schelle 2003).

Diese kritischen Befunde der Lehr-Lern-Forschung geben keinen Anlass zu Lehrerschelte. In Wissenschaft und Politik gibt es weitaus mehr Kontroversen, als in Lernprozessen Zeit zu ihrer Verhandlung zur Verfügung steht. Viele kontroverse Debatten sind zudem so komplex, dass sie nicht nur jüngere Lernende schnell überfordern können (für wirtschaftspolitische Urteile vgl. Grosser 1987). Notwendige didaktische Reduktion (Auswahlentscheidungen) führt *strukturell* zu der Gefahr, dass gesellschaftliches Wissen zum „künstlichen Schulwissen“ (Horst Rumpf) wird, das dem Lernenden eine positiv oder negativ verzerrte Weltsicht präsentiert, die Ambivalenzen angesichts der Überkomplexität von Information reduziert.

Didaktische „Reduktion“ in der Planung und Gestaltung von Unterricht erfordert das konzentrierte Herausmodellieren der Kontroversen aus „unübersichtlichen“ gesellschaftlichen Verhältnissen. Mit didaktischer Reduktion ist daher immer die Zuspitzung von Ambivalenzen mitzudenken.

Kontroversität im Staatsbürgerunterricht der DDR

Auch in der Staatsbürgerkundemethodik der DDR war Kontroversität (Lernen an Widersprüchen) ein *methodisch* gefordertes Prinzip, inhaltlich durfte allerdings ohne Ausnahme der vorgegebene Interpretationsrahmen des Marxismus-Leninismus und der Politik der SED nicht zur Disposition stehen. Seltene Überschreitungen dieser Tabugrenze führten zum „besonderen Vorkommnis“ und wurden durch den Staatssicherheitsdienst konsequent sanktioniert (z.B. durch Relegationen). In der Unterrichtspraxis wurde Staatsbürgerkunde durch diese Paradoxie zum „unmöglichen Fach“ zwischen Katechetik und Dialektik (Grammes 1997).

## 6. Lernbedingungsanalyse: Sozialisation und soziokognitive Entwicklung

In der Familie werden durch Umgang (Erziehungsstil, Familienklima) und Vorbild der Eltern erste Erfahrungen im Umgang mit Pubertät Konflikten erworben. In der Pubertät ermöglicht die Gleichaltrigengruppe (peer-group) den Heranwachsenden die Erfahrung einer Miniaturgesellschaft mit selbstverantworteten Regeln und Stilen (Jugendkulturen). Der in der Regel mit heftigen Kontroversen verbundene Prozess der Absetzung von den erwachsenen Autoritäten trägt funktional zur erfolgreichen Identitätsfindung und Vergesellschaftung der Heranwachsenden bei („gelernte Rebellion“). Im Alter zwischen 14 und 16 Jahren vollzieht sich ein Übergang vom konkreten zum abstrakten Denken. Neben der Fähigkeit zur Berücksichtigung der Zeitperspektive und zur Perspektivenübernahme gelten hypothetisches und kontroverses Denken als konstitutiv für das Erfassen politischer Vorgänge (Fend 2000). In der klassischen Entwicklungspsychologie wird für die mittlere Pubertät eine Phase des Dogmatismus (Weltanschauung, Ideologie) beschrieben, die als Durchlauferhitzer für das erwachsene Aushalten von Ambivalenzen fungiert.

Aus Sicht der kognitiven und der politischen Psychologie muss in einem Bildungsgang immer geprüft werden, wieviel Kontroversität dem Lernenden auf dem Entwicklungsweg zu einer diskursiven, „balancierten Identität“ (Klaus Mollenhauer) zugemutet werden kann. Die Lernpsychologie zeigt, dass kognitive Dissonanzen – die Einführung widersprüchlicher Informationen, Fragen oder Überlegungen, die die Reorganisation der Vorstellungen anregen sollen (Taba 1971) – sowohl zu fruchtbaren Momenten für den Lernprozess werden, aber auch Abwehr gegen Lernen bewirken können. Systematisch bestehen vier Möglichkeiten, wie der Lernende kontroverse Perspektiven kognitiv koordinieren kann:

Möglichkeiten, kontroverse Perspektiven zu koordinieren

- *Perspektivenwechsel*: Wechsel (conversion) vom Pro- zum Contra-Standpunkt;
- *Perspektivenkoexistenz*: Komplexer Mechanismus von Identitätspolitik, der Bewegungsspielräume sichert oder aber eine zynische Zweisprachigkeit bewirkt. Beispiel: Beim Thema Umweltpolitik *fordern* die männlichen Schüler allgemein ein Auto, das umweltfreundlich und sparsam ist, während sie für sich selbst genau die Modelltypen *wünschen*, welche die Industrie gegenwärtig liefert: schnelle, leistungsstarke Fahrzeuge;
- *Perspektivenverhärtung*: Der Lernende hält auf der Suche nach Sicherheit und Identität den Relativismus kontroverser Standpunkte nicht aus und flüchtet in einen trotzigen Rigorismus als Form der Reduktion von Überkomplexität (Immunisierungsstrategie);
- *Perspektivenkoordination*: Der Lernende nutzt die Kontroverse als Herausforderung und als Entwicklungsaufgabe, um beide Perspektiven zu einem neuen Dritten zu integrieren.

In der öffentlichen Diskussion gibt es immer wieder Formen der Schülerschelte, die die jeweiligen Jugendgenerationen als „erörterungstaub", „sozialblind" oder „kooperationsschwach", mithin dem Kontroversprinzip nicht zugänglich, charakterisieren („Mut zur Erziehung"). Jugendforscher befürchten, dass Jugendliche in der Postmoderne – die eine Gesellschaft des „und", nicht des „oder" ist – über eine erhöhte Dissonanz-Bereitschaft verfügen, die es ihnen erlaubt, mit Widersprüchen aufzuwachsen und mit diesen kognitiven Dissonanzen ohne nennenswerte Identitätskonflikte umzugehen. Jugendliche verfügten über eine neue Virtuosität der visuellen Wahrnehmung, die eine Verlagerung von diskursiven Verarbeitungsweisen hin zu ornamental-geometrisierenden Seh- und Denkweisen anzeige. Dies führt zu einer Verschiebung im gesellschaftlich vorherrschenden Wahrnehmungsmodus von der Dominanz des Diskursiv-Begrifflichen zum Visuell-Bildhaften. Argumentativer Ernst der Erwachsenen werde von

Jugendliche verfügen über erhöhte Dissonanz-Bereitschaft

Jugendlichen vielfach nur noch mit ironischem Abwimmeln und Coolness beantwortet: Der Jugendforscher Ziehe (1991) zitiert einen Pädagogen: „Es ist wirklich unheimlich schwer, überhaupt noch Problemstellungen im Unterricht zu erarbeiten ... Unsere Form der Pädagogik war ja immer: bildet euch selbst eure *Meinung*, wir machen nur wenig Vorgaben. So entstehen eigentlich keine Konflikte mehr, die Schüler können sich nirgends abarbeiten und sie machen dann diesen kooperativen Stil selbst zum Abarbeitungspunkt. Außerdem haben sie erfahren, daß alles und jedes in der Schule zum Thema gemacht wurde, ohne daß es einen Deut verändert hat – und das läßt sie natürlich mißtrauisch werden, was die Wirkung von Kritik betrifft."

Inwieweit diese phänomenologischen Charakteristiken und Bewertungen für alle oder nach sozialem Status, Geschlecht etc. nur für Teilgruppen der Jugendszene und Schülerschaft zutreffen, muss durch eine differenzierte Verknüpfung von Politikdidaktik mit den Ergebnissen der politischen Psychologie und Sozialisationsforschung (Dogmatismus-, Autoritarismus-, Apathieforschung) und der Entwicklungspsychologie jeweils genau geklärt werden (vgl. ZfPP). Nicht zuletzt muss die Bedeutung von Kontroversen und von Zonen des Nicht-Kontroversen in politischen Lernprozessen immer wieder reflexiv neu ausgehandelt werden.

## Literatur

Arzheimer, Kai 2002: Politikverdrossenheit. Opladen

Bergmann, Klaus 2000: Multiperspektivität. Schwalbach/Ts.

Besand, Anja 2004: Angst vor der Oberfläche. Zum Verhältnis von ästhetischem und politischem Lernen im Zeitalter neuer Medien. Schwalbach/Ts.

Brunkhorst, Hauke 2000: Einführung in die Geschichte politischer Ideen. München

Dörner, Dietrich 1989: Die Logik des Mißlingens. Strategisches Denken in komplexen Situationen. Reinbek

Eisel, Stephan 1986: Minimalkonsens und freiheitliche Demokratie. Paderborn u.a.

Engelhardt, Rudolf 1968: Einübung kontroversen Denkens als Aufgabe politischer Bildung. Essen

Engelhardt, Rudolf 1959: Erziehung ohne Widerstand? Essen

Fend, Helmut 2000: Entwicklungspsychologie des Jugendalters. Opladen

Feyerabend, Paul 1980: Erkenntnis für freie Menschen. Frankfurt/M.

Fogt, Helmut 1982: Politische Generationen. Opladen

Gagel, Walter 1995: Der Nahost-Konflikt als Aufgabe des kontroversen Denkens. In: Politische Bildung, H. 1, S. 116-131

Gordon, Thomas 1973: Die Familienkonferenz. München

Grammes, Tilman 1986: Politikdidaktik und Sozialisationsforschung. Frankfurt/M. u.a.

Grammes, Tilman 1996: Unterrichtsanalyse – ein Defizit der Fachdidaktik. In: Schiele/Schneider 1996, S. 143-196

Grammes, Tilman 1997: Staatsbürgerkunde zwischen Katechetik und Dialektik. In: Tenorth, Heinz-Elmar (Hrsg.): Bildungsgeschichte einer Diktatur. Weinheim, S. 155-182

Grammes, Tilman 1998: Kommunikative Fachdidaktik. Opladen

Grosser, Dieter 1987: Schwierigkeitsgrade beim Urteilen über Politik. Beispiel: Urteile über Wirtschaftspolitik. In: Schiele/Schneider 1987, S. 165-177

Hartig, Paul 1931: Zur Methode der Behandlung der Gegenwart im Geschichtsunterricht. In: Vergangenheit und Gegenwart, S. 526-533

Hentig, Hartmut von 1994: Die Schule neu denken. München

Hilligen, Wolfgang 1961: Worauf es ankommt. In: GSE 1961, S. 339-359

Hilligen, Wolfgang 1968/1971: Forschung im Bereich Social Studies. In: Handbuch der Unterrichtsforschung, Teil III. Weinheim u.a., S. 2532-2670

Hilligen, Wolfgang 1987: Mutmaßungen über die Akzeptanz des Beutelsbacher Konsenses in der Lehrerschaft. In: Schiele/Schneider 1987, S. 9-26

Hilligen, Wolfgang 1991: Didaktische Zugänge in der politischen Bildung. Schwalbach/Ts.

Keil, Klaus 1976: Lernziel: Kontroverses Denken. Essen

Kelly, Thomas E. 1986: Discussing Controversial Issues. Four perspectives on the teacher's role. In: Theory and Research in Social Education, S. 113-138

Koch, Lutz/Marotzki, Wilfried/Peukert, Helmut (Hrsg.) 1995: Erziehung und Demokratie. Weinheim

Lohmann, Ingrid/Rilling, Rainer (Hrsg.) 2002: Die verkaufte Bildung. Opladen

Luers, Ulf u.a. 1971: Selbsterfahrung und Klassenlage. München

Noetzel, Thomas 2001: Die politische Theorie des Pragmatismus: Richard Rorty. In: Brodocz, Andre/Schaal, Gary S. (Hrsg.): Politische Theorien der Gegenwart, Bd. 2. Opladen, S. 225-251

Petrik, Andreas 2003: Den Streit der politischen Theorien inszenieren. Ein Denk- und Diskussionstraining mit Rollenspielelementen. Schwalbach/Ts.

Popper, Karl 1957/58: Die offene Gesellschaft und ihre Feinde, 2 Bde. Bern

Priestley, Joseph 1992: An Essay on a Course of Liberal Education for Civil and Active Life (1765), Reprint: London

Reinhardt, Sibylle 1989: Kontroversen in Wissenschaft, Politik und Unterricht. Hamburg

Reith, Norbert/Jahn, Klaus 1979: Zur Einübung kontroversen Denkens am Beispiel „Gemeinde". In: Politische Didaktik, H. 1, S. 43-55

Rhue, Morton 1987: Die Welle (1981). Ravensburg

Rorty, Richard 2003: Wahrheit und Fortschritt. Frankfurt/M.

Rusch, Heike/Thiemann, Friedrich 2003: Mitten im Kampfgetümmel. Ethnographische Reportagen aus den Klassenzimmern. Hohengehren

Sander, Wolfgang 1999: Wozu politische Bildung? Vom Sinn politischen Lernens in der Schule. In: Falkultät für Sozial- und Verhaltenswissenschaften der Friedrich-Schiller-Universität: Antrittsvorlesungen I. Jena

Schelle, Carla 2003: Politisch-historischer Unterricht hermeneutisch rekonstruiert. Von den Ansprüchen Jugendlicher, sich selbst und die Welt zu verstehen. Bad Heilbrunn

Schiele, Siegfried/Schneider, Herbert (Hrsg.) 1996: Reicht der Beutelsbacher Konsens? Schwalbach/Ts.

Schulze, Gerhard 1977: Politisches Lernen in der Alltagserfahrung. München

Siegfried Schiele/Herbert Schneider (Hrsg.) 1987: Konsens und Dissens in der politischen Bildung. Stuttgart

Taba, Hilda 1971: Die Entwicklung des Denkens als Ziel der politischen Bildung. In: Politische Bildung 1971, S. 41-56

Tenorth, Heinz-Elmar 1995: Grenzen der Indoktrination. In: Peter Drewek u.a. (Hrsg.): Ambivalenzen der Pädagogik. Weinheim, S. 335-350

T'Hart, Paul 1991: Groupthinking, risk-taking and recklessness. Quality of process and outcome in policy decision making. In: Politics and the Individual 1991, S. 67-90

Wehling, Hans-Georg 1977: Konsens à la Beutelsbach. In: Siegfried Schiele/ Herbert Schneider (Hrsg.): Das Konsensproblem in der politischen Bildung. Stuttgart, S. 173-184

Weißeno, Georg 1996: Was in Wissenschaft und Politik kontrovers ist, muß auch im Unterricht kontrovers dargestellt werden. Probleme bei der Umsetzung dieser Forderung. In: Schiele/Schneider 1996, S. 107-127

Welniak, Christian 2001: Jugend, Jugendkulturen und Politik. In: ders./Jansen, Mechthild M. (Hrsg.): Politik am Ende – oder am Ende Politik? Neue Formen politischen Zusammenseins in Jugendkulturen. Wiesbaden

Wilhelm, Theodor 1956: Partnerschaft. 3. Aufl., Stuttgart

Wilhelm, Theodor 1973: Traktat über den Kompromiß. Stuttgart

ZfPP: Zeitschrift für politische Psychologie, Bonn 1993 ff.

Ziehe, Thomas 1991: Zeitvergleiche. Jugend in kulturellen Modernisierungen. Weinheim/München

*Sibylle Reinhardt*

# Handlungsorientierung

## 1. Sinn und Begriff

In den vergangenen Jahren ist auch in der Fachdidaktik Politik das Prinzip der Handlungsorientierung weithin rezipiert worden (vgl. Breit/Schiele 1998). Sie ist sogar ein Hoffnungsträger: Sie soll helfen, aus totem Unterricht eine lebendige, sinnvolle Veranstaltung zu machen; sie soll entfremdetes Lernen in eine Sache der Subjekte verwandeln; so soll sie auch das Motivationsproblem beseitigen.

Drei Verfahren der Handlungsorientierung

Es werden häufig drei Gruppen von Verfahren unterschieden, die Handlungsorientierung ausmachen (so Klippert 1991, 13):

a) *Reales Handeln* betrifft die außerschulische Realität und die innerschulische reale Realität (also nicht Unterricht, sondern die Mitbestimmung der Schüler am Schulleben). Hier geht es z.B. um Erkundungen und die Arbeit an einer Schülerzeitung.

b) *Simulatives Handeln* holt außerschulische Realität durch Als-Ob-Handeln in den Unterricht. Hier geht es z.B. um Rollenspiel, Planspiel und Zukunftswerkstatt.

c) *Produktives Gestalten* bedeutet die Verwandlung von Wissensaufnahme bzw. -abgabe in aktive Aufgabengestaltung. Statt Auswendiglernen und Abfragen können z.B. eine Tabelle erstellt oder eine Konfliktsituation visualisiert werden.

Dieses Konzept gibt lohnende konkrete Anregungen für den Unterricht. Überraschend ist allerdings, dass in den gängigen Verfahrensaufzählungen das zentrale Element jeden Unterrichts und jeder menschlichen Verständigung fehlt – das Gespräch. Dies hängt wohl damit zusammen, dass das Prinzip der Handlungsorientierung i.d.R. gegen das bloße „Reden über etwas“ gerichtet wird, bei dem tatsächlich die Gefahr besteht, dass die Distanz der Lernenden zum Gegenstand den Lernprozess behindert.

Der Begriff „Handlungsorientierung“ ist im wissenschaftlichen Verständnis problematisch. „Handeln“ bedeutet nach Max Weber (Wirtschaft und Gesellschaft, § 1) ein menschliches Verhalten, mit dem der/die Handelnde einen subjektiven Sinn verbindet; „soziales Handeln“ ist darüber hinaus auf das Handeln anderer bezogen. „Handeln“ ist also nach der soziologischen Definition alles: Es kann monologisches Schweigen sein, und es kann auch – didaktisch gesehen – unsinniges Handeln sein. Zielvorstellungen sind im Begriff nicht mitgedacht (dies gilt auch für andere didaktische Prinzipien); aber auch die soziale Form des Handelns ist nicht bezeichnet, so dass der Begriff ziemlich offen und leer ist. Der Begriff könnte m.E. als *Handeln in Interaktion* präzisiert werden:

Unklare Definition des Begriffes „Handeln“

Präzisierungen: Handeln in Interaktion

1.1 Die *Tätigkeit des lernenden Subjekts* in handlungsorientiertem Unterricht wird gekennzeichnet als „Aktivität, Handeln, Selbständigkeit“ (Gudjons 1989, 19), als „Eigentätigkeit und Unmittelbarkeit“ (a.a.O.), als „Erkenntnis und Tätigkeit, Aneignung und Lernen“ (S. 35). An die Stelle von Rezeption soll auch Produktion treten; der Lernende soll Ko-Produzent, Ko-Konstrukteur des Lernprozesses sein; er soll lebhaft, lebendig sein. Häufig sind die umfassenden Begriffe wie „Leben oder Ganzheitlichkeit“ auf die Person des Lernenden bezogen. Das meint dann, dass nicht bestimmte Dimensionen des Lernens (kognitiv, affektiv, pragmatisch, instrumentell, moralisch, sozial, politisch u.a.m.) privilegiert werden dürfen. Das Handeln ist *ganzheitlich.*

– ganzheitlich

1.2 Die Unterscheidung der *drei Ebenen Person – Institution – System* (oder: Individuum – Gruppe – Gesellschaft) macht es möglich, den *Ort des Lernens* zu bezeichnen: Findet das Lernen in der Einzelperson statt oder in der Interaktion von Personen in einer Institution oder im Austausch von Personen/Gruppen mit der äußeren Welt? Offensichtlich verbirgt sich in „Handlungsorientierung“ jede dieser Möglichkeiten oder auch ihre Kombination, so dass jeweils eine nähere Bestimmung möglich wäre. Handeln auf den drei Ebenen macht das Lernen *wirklichkeitsnah.*

– wirklichkeitsnah

1.3 Ein drittes Element der Definition ergibt sich aus der Möglichkeit, dass zwischen Lehrer und Schülern eine *Verständigung über Ziele und Verfahren des Unterrichts* stattfinden kann oder soll. Selbstständigkeit, Aktivität, Kooperation, Kommunikation, Produktivität und Verantwortung haben hierbei die Bedeutung politisch-demokratischer Propädeutik. Der Lernprozess ist *demokratisch*.

– demokratisch

Der Bildungssinn des Unterrichts ist – und dies wird durch das Prinzip selbst nicht mit ausgewiesen – die Veränderung des Lernenden als Person, was auch für das Gemeinwesen von zentraler Bedeutung ist. Die Richtung der Änderung muss als Ziel gerechtfertigt werden können (wofür sozialwissenschaftliche Gegenwartsanalysen unerlässlich sind). Die bloße Reproduktion von Realität (die ja inhuman sein kann) im Unterricht genügt nicht. Bloßer Aktionismus verkennt den Zusammenhang von Handeln und Denken, „Handlungsorientierung kognitiv aufwerten" (Gagel 1998, 135) ist die Voraussetzung für ihren Beitrag zum problemlösenden Denken. Schließlich wird Handlungsorientierung zum fachdidaktischen Prinzip erst dann, wenn auf der Ebene von Zielen und Inhalten ein Beitrag zum Politikbewusstsein geleistet wird und nicht unpolitischer Politikunterricht mit der zusätzlichen Gefahr der Harmonisierung entsteht (Massing 1998a, 149 ff.; Weißeno 1998, 223).

Handlungsorientierung ist kein Aktionismus

## 2. Politisches Lernen in der Schule oder in Bewegungen?

Das Prinzip „Handlungsorientierung" formuliert Aspekte, die schon früher bei der Frage nach dem Lernen in der Aktion bzw. in Bewegungen diskutiert worden sind (Giesecke 1970; van Dick 1986). Es zeigt sich eine Komplementarität der Leistungsfähigkeit der unterschiedlichen Lernorte (vgl. Reinhardt 1989).

Positive Voraussetzungen der Schule

### 2.1 Politische Bildung findet in der öffentlichen staatlichen Schule *positive strukturelle Voraussetzungen* vor:

- Es muss nichts verkauft werden, weder für Geld (auf dem Markt) noch für Stimmen (bei der Wahl). Die Notwendigkeit strategischen Handelns ist relativ gering; die Lernenden können sich dem Zwang des zwanglosen Arguments widmen und

können sich in der Auseinandersetzung revidieren. Die Notwendigkeit des Siegens über andere muss nicht gegeben sein, denn Bildung ist kein Null-Summen-Spiel (hier können alle gewinnen – die so genannte Normalverteilung in einer Zensurenskala ist ein unpädagogischer Fetisch).
- Die häufig heterogene Schülergruppe repräsentiert mit einiger Wahrscheinlichkeit die verhandelten gesellschaftlichen Kontroversen. Das bedeutet: Wir sind uns nicht einig und können das auch nicht unterstellen. Wir müssen uns auch nicht an Vor-Entscheidungen halten (wie als Mitglied von Gewerkschaft, Partei, Kirche etc.). Die Freiheit von Gruppenloyalitäten gibt dem Probieren freie Räume.

### 2.2 *Strukturelle Schwierigkeiten* des Lernorts Schule sind die Kehrseite der Medaille:

Negative Voraussetzungen der Schule

- Es gibt nichts zu verkaufen, weder für Geld noch für Karriere. Die Gratifikation ist Bildung, also Selbst-Entfaltung und Befähigung zur Verantwortlichkeit. Selbst die Qualifikation der Berufstauglichkeit ist wegen der zeitlichen und räumlichen Distanz abstrakt. (Über die Zensurengebung ist die Schule mit den motivationalen Mechanismen der Wirtschaftsgesellschaft zwar verknüpft, aber doch nur indirekt.).
- Es ist alles sehr mühsam: Theoretisch-wissenschaftliche Aufarbeitung geht nicht bruchlos und spontan aus Erfahrungen hervor. Zwar bietet das eigene Leben die Grundlage und den Sinn für die wissenschaftsbezogene Beschäftigung, aber Lernen bedarf der didaktischen Übersetzungen (vgl. auch Grammes 1997, 15) und wird auch dann nicht leicht und mühelos.
- Neben die Mühsal tritt die Verunsicherung. Die anderen Lernenden (oder die vorgestellten oder gespielten Handelnden) haben auch plausible Argumente und Interessen; selten gibt es Lösungen, die kognitiv (wegen ihrer Klarheit und Stringenz) oder emotional (wegen ihrer Zuwendungsqualität) alle gleichermaßen überzeugen.
- Die Handlungsentlastung des Schulunterrichts belässt ihn meist in der Sphäre des Betrachtens, denn die gemeinsame Aktion

(die nicht immer den Sieg, aber fast immer das Gruppenerlebnis bringen kann) fehlt meist.

Hermann Giesecke hat schon 1970 die didaktischen Implikationen von Aktionen der außerparlamentarischen Opposition und die Eignung von Schule für politisches Handeln untersucht und sein Ergebnis in der „unangenehmen Erkenntnis“ zusammengefasst, dass die Situation der politischen Aktion eine extrem schlechte Lernsituation ist und dass umgekehrt das didaktisch organisierte Lernfeld eine extrem schlechte politische Handlungssituation ist (S. 21).

### 2.3 Die unterschiedlichen Lernorte zeigen *komplementäre Probleme*:

Komplementäre Probleme verschiedener Lernorte

| *Probleme politischen Lernens in Lern-Institutionen* | *Probleme politischen Lernens in Initiativen/Bewegungen* |
|---|---|
| Keine Handlungsorientierung | Begrenzung auf die Perspektive der eigenen Gruppe |
| Wenig Lebensbezug | Wenig Erwerb differenzierter Sachkompetenz |
| Entfernung vom Lern-Subjekt | Zu starke Betroffenheit |
| Zu systematisch, zu sach-/gegenstandsorientiert | Wenig Anreiz zur Mühe intellektuellen Arbeitens |
| Langeweile | Kurzatmigkeit |

Komplementarität der Probleme und Chancen in den unterschiedlichen Lernorten bedeutet didaktisch, dass die Qualität des Lernens in der einen Struktur mit der Qualität des Lernens in der anderen Struktur vermittelt werden müsste. Kein Lernort kann den anderen ersetzen, sondern Kooperation und Kompensation sind nötig (vgl. auch Schirp 1988, 205). Die Beziehung der Lernorte zueinander kann gefördert werden. So können Initiativen (zum Beispiel mit der Hilfe von Volkshochschulen) ihren

Gegenstand systematisieren. Und Schule kann die Erfahrungen und Interessen der Schüler und Schülerinnen aufgreifen, stützen und anregen.

Das Prinzip der Handlungsorientierung verklammert im günstigen Falle die Ebene des (Probe-)Handelns – z.B. im Rollenspiel – mit der handlungsentlasteten Ebene der Reflexion, auf der Analysen, Bewertungen, Alternativsichten zur Sache und Meta-Betrachtungen zum Arbeitsprozess und seiner Bedeutung für die Subjekte erfolgen (können). „Die Auswertungsphase ist die Achillesferse handlungsorientierter Unterrichtskonzepte!" (Grammes 1997, 9)

## 3. Beispiele für handlungsorientierten Unterricht

Beispiel: Zusammenleben von Ausländern und Deutschen

3.1 Detjen hat 1994 seine Schülerinnen und Schüler in eine Auseinandersetzung zum Problem des Zusammenlebens von Ausländern und Deutschen in ihrer Stadt (Buxtehude) verwickelt, die er treffend „politikbegleitender Politikunterricht" nennt. In der Ablaufstruktur der Fallstudie (mit den Phasen Konfrontation – Information – Exploration – Entscheidung mit Begründung – Vergleich mit der Realität) entfaltete sich die Beschäftigung der Lerngruppe mit einem Bürgergutachten folgendermaßen:

1) Angestoßen durch einen Artikel in der örtlichen Presse fand die *Konfrontation* mit dem Problem als Lektüre des Bürger-Gutachtens und Diskussion des Demokratie-Modells statt. Mir scheint, die thematische Einengung (Problem ist das Gutachten, nicht das Realitätsproblem) war eine Bedingung des Erfolges.

2) *Informationen* waren zur Analyse der Forderungen des Gutachtens nötig, z.B. zur Frage der Zuständigkeiten. So fielen gar nicht alle Forderungen in die Kompetenz der Stadt, an die sich das Gutachten wandte. Die Lernenden agierten in dieser Phase bereits in den Rollen, die sie später – in einer simulierten Sitzung des Gemeinderates – verkörpern würden. Zur Klärung von Fragen trugen auch Experten bei, die in den Unterricht eingeladen wurden.

3) Die verschiedenen Fraktionen formulierten arbeitsteilig zu einigen Forderungen des Bürgergutachtens *Beschlussvorlagen* für

die Sitzung des Stadtrates. (Die Mühsal des Prozesses im Unterricht nicht nur in diesem Punkt lese man bei Detjen 1995 nach.)

4) Die vom (echten) Bürgermeister der Stadt geleitete *simulierte Ratssitzung* war der „Höhepunkt des gesamten Vorhabens" (222).

5) Zum Abschluss der Reihe besuchten die Schüler und Schülerinnen die *Sitzung des Rates* der Stadt Buxtehude, in der über die Forderungen des Bürgergutachtens beraten und beschlossen wurde. Die reale Realität konnte also mit der simulierten Realität verglichen werden, wodurch sich hier für beide Realitäten die Chance und Notwendigkeit der distanzierteren Reflexion ergab.

Die Schilderung der Struktur und der Durchführung zeigt, dass der kognitive Gewinn der Lernenden (Wissen und Einsichten) erheblich war und dass sie auf der pragmatischen Ebene (methodische Erarbeitung und Darstellung) und wohl auch auf der emotionalen Ebene (Empathie, Konflikttoleranz) lernten. Das Unternehmen konnte nur gemeinsam gelingen, so dass die Interaktion in der Gruppe ablief. Schließlich war das Tun nach außen gerichtet und hat u.U. die Diskussion im Stadtrat selbst beeinflusst. In dieser Hinsicht war der Lernprozess ein politischer in einem politischen Gefüge mit politischem Inhalt. Alle drei Ebenen von „Lernen in Interaktion" wurden realisiert; Ziele und Gegenstand waren fachlich und normativ (Demokratie-Lernen) gerechtfertigt.

Beispiel: Gesetzgebung

3.2 Ein zweites Beispiel für die handelnde Verflüssigung von Institutionenkunde ist die aufgabenorientierte Aktion. Im Beispiel lautete die Aufgabe: „Wir wollen ein Gesetz!" (vgl. Reinhardt 1995/1998). Dabei wird eine allgemeine Ablaufstruktur von handlungsorientiertem Unterricht durch die Schüler und Schülerinnen konkretisiert: Wunschphase – Planungsphase – Arbeitsphase – evtl. Aktionsphase. Im Beispiel entwarf eine 10. Klasse ein Gesetz gegen Ausländerfeindlichkeit in der Bedeutung von Körperverletzung, prüfte seine Bedeutung und Akzeptanz und propagierte es gegenüber politischen Entscheidungsträgern.

Beispiel: Schule als Staat

3.3 Ein drittes Beispiel – wiederum von Detjen (1994/1998) – ist die Verwandlung einer Schule in einen Staat, dessen politische und wirtschaftliche Verfassung durch die Bürgerinnen und Bürger entworfen wurde. Die Vorarbeiten begannen lange vor der Projektwoche, in der der Staat „lebte".

## 4. Fazit

Diese Beispiele zeigen, dass Handlungsorientierung nicht bedeutet, lediglich an spontanen Erfahrungen und Bedürfnissen anzuknüpfen, oder dass lediglich bloßes Tun oder bloße Spielerei ablaufen. Die Verknüpfung dieser Dimension mit Verarbeitung, Distanzierung, Reflexion, also Kognitivierung und Bewertung macht Handlungsorientierung in einem didaktischen Verständnis aus. Diese Beispiele zeigen ebenfalls, dass ein umfassendes Konzept von Handlungsorientierung im Alltag eher die Ausnahme darstellt. Realistischer für Standardsituationen ist es, einzelne Elemente des Konzepts zu nutzen (z.B. die Wunsch-Phase oder ein Rollenspiel, vgl. Massing 1998b für konkrete Hinweise). Diese Beispiele zeigen schließlich, dass dem Prinzip der Handlungsorientierung keine spezifische Methode als Grobstruktur des Unterrichts (Phasierung, Ablaufstruktur) zugeordnet werden kann (wie dies die Konfliktanalyse für die Konfliktorientierung ist oder die Problemstudie für die Problemorientierung). Diese Beobachtung macht auf die Unschärfe des Konzepts in fachdidaktischer Hinsicht aufmerksam.

Umfassendes Konzept von Handlungsorientierung ist Ausnahme

Die theoretische Unklarheit des Prinzips „Handeln" bleibt bestehen und verweist auf die konkrete Bedingungsanalyse als einem Prüfverfahren für die Angemessenheit der Verfahrenswahl für den Unterricht. „Sinnhaftes Handeln" bedeutet nicht für jeden Menschen dasselbe. Den einen Schüler (und vielleicht auch diese Lerngruppe) involviert und fördert die Lektüre von Popitz „Prozesse der Machtbildung", den anderen involviert und fördert die Zukunftswerkstatt „Industriegesellschaft" – und wechselseitig erklären sie vielleicht das andere Tun für trocken/öde/umständlich/fruchtlos. Differenzen bestehen und haben – wenn sie für Lernprozesse relevant sind – ein Recht auf Anerkenntnis (vgl. Reinhardt 1998b).

Die in der Literatur zu beobachtende Ferne des Prinzips der Handlungsorientierung zum Gespräch (vgl. die Karikatur von

Unterrichtsgespräch bei Hilbert Meyer 1987, 283 ff., und die Distanz bei Klippert 1988, 77, sowie die undifferenzierte Operationalisierung bei Hage u.a. 1985) mag zu verstehen sein aus bestimmten Erfahrungen, eine Lösung didaktischer Probleme ist sie aber nicht. Didaktische Prinzipien sollten nicht gegeneinander ausgespielt werden, was immer dann leicht passiert, wenn ein Konzept mit Hoffnungen überfrachtet wird. Die Orientierung an Wissenschaft und – im Falle des Ziels der Studierfähigkeit – das Ziel der Wissenschaftspropädeutik legt andere Methoden im Unterricht nahe.

## Literatur


Breit, Gotthard/Schiele, Siegfried (Hrsg.) 1998: Handlungsorientierung im Politikunterricht. Schwalbach/Ts.

Detjen, Joachim 1994: Schule als Staat. Didaktische Chancen einer projektorientierten Simulation von Politik und Wirtschaft. In: Gegenwartskunde, H. 3, S. 359-369. Gekürzt in Breit/Schiele (Hrsg.) 1998, S. 229-239

Detjen, Joachim 1995: Politik machen! Schüler beraten und entscheiden ein kommunalpolitisches Problem. In: Gegenwartskunde, H. 2, S. 217-228. Gekürzt in Breit/Schiele (Hrsg.) 1998, S. 239-249

Dick, Lutz van 1986: Aus Bewegungen lernen: Frieden, Ökologie und Dritte Welt. In: Lutz van Dick u.a. (Hrsg.): Ideen für Grüne Bildungspolitik. Weinheim und Basel, S. 193-213

Gagel, Walter 1998: Denken und Handeln. Der Pragmatismus als Diagnosehilfe für Konzepte der Handlungsorientierung im Politikunterricht. In: Breit/Schiele (Hrsg.), S. 128-143

Giesecke, Hermann 1970: Didaktische Probleme des Lernens im Rahmen von politischen Aktionen. In: Giesecke, Hermann u.a.: Politische Aktion und politisches Lernen. München, S. 11-45

Grammes Tilman 1997: Handlungsorientierung im Politikunterricht. 2. Aufl., Hannover

Grammes, Tilman 1999: Handlungsorientiertes Lernen. In: Mickel, Wolfgang W. (Hrsg.): Handbuch zur politischen Bildung. Schwalbach/Ts., S. 212-217

Gudjons, Herbert 1989: Handlungsorientiert lehren und lernen. Projektunterricht und Schüleraktivität. Bad Heilbrunn

Hage, Klaus/Bischoff, Heinz/Dichanz, Horst/Eubel, Klaus-D./Oehlschläger, Heinz-Jörg/Schwittmann, Dieter 1985: Das Methoden-Repertoire von Lehrern. Eine Untersuchung zum Schulalltag der Sekundarstufe I. Opladen

Klippert, Heinz 1988: Durch Erfahrung lernen. Ein Prinzip (auch) für die politische Bildung. In: Bundeszentrale für politische Bildung (Hrsg.): Erfahrungsorientierte Methoden der politischen Bildung. Bonn (Schriftenreihe Band 258), S. 75-93

Klippert, Heinz 1991: Handlungsorientierter Politikunterricht. Anregungen für ein verändertes Lehr-/Lernverständnis. In: Bundeszentrale für politische Bildung (Hrsg.): Methoden in der politischen Bildung – Handlungsorientierung. Bonn (Schriftenreihe Band 304), S. 9-30

Massing, Peter 1998a: Lassen sich durch handlungsorientierten Politikunterricht Einsichten in das Politische gewinnen? In: Breit/Schiele (Hrsg.) 1998, S. 144-160

Massing, Peter 1998b: Handlungsorientierter Politikunterricht. Ausgewählte Methoden. Schwalbach/Ts.

Meyer, Hilbert 1987: Unterrichtsmethoden II – Praxisband. Frankfurt/M.

Reinhardt, Sibylle 1989: Kontroversen in Wissenschaft, Politik und Unterricht. Hamburg

Reinhardt, Sibylle 1995: „Handlungsorientierung" als Prinzip im Politikunterricht (Sinn, Begriff, Unterrichtspraxis). In: Politisches Lernen, H. 1-2, S. 42-52. Gekürzt in Breit/Schiele (Hrsg.) 1998, S. 266-277

Reinhardt, Sibylle 1998: Was ist Handeln? „Handlungsorientierung" und/oder „Wissenschaftspropädeutik"? In: Breit/Schiele (Hrsg.), S. 161-169

Schirp, Heinz 1988: Öffnung von Schule und projektorientiertes Arbeiten. In: Gagel, Walter/ Menne, Dieter (Hrsg.): Politikunterricht. Handbuch zu den Richtlinien NRW. Opladen, S. 201-212

Weber, Max 1964: Wirtschaft und Gesellschaft. Grundriß der verstehenden Soziologie. 1. Halbband. Köln, Berlin (zuerst 1921)

Weißeno, Georg 1998: Welche Bedeutung haben Ziele und Inhalte im handlungsorientierten Unterricht? In: Breit/Schiele (Hrsg.), S. 214-225

*Walter Gagel*

# Wissenschaftsorientierung

## 1. Wissensformen als begrifflicher Rahmen

Aus dem Strukturplan des Deutschen Bildungsrates

„Die Bedingungen des Lebens in der modernen Gesellschaft erfordern, dass die Lehr- und Lernprozesse wissenschaftsorientiert sind. Das bedeutet nicht, dass der Unterricht auf wissenschaftliche Tätigkeit oder gar auf Forschung abzielen sollte; es bedeutet auch nicht, dass die Schule unmittelbar die Wissenschaften vermitteln sollte." Hier gibt es fließende Übergänge hinsichtlich der Vermittlung von Wissenschaft. „Wissenschaftsorientierung der Bildung bedeutet, dass die Bildungsgegenstände, gleich ob sie dem Bereich der Natur, der Technik, der Sprache, der Politik, der Religion, der Kunst oder der Wirtschaft angehören, in ihrer Bedingtheit und Bestimmtheit durch die Wissenschaft erkannt und entsprechend vermittelt werden."

Diese Forderung gehört zu den Reformvorschlägen, die der Deutsche Bildungsrat in seinem „Strukturplan für das Bildungswesen" (1972, 33) an das *ganze* Schulwesen richtete. Was vorher nur für die gymnasiale Bildung galt, wurde jetzt auch auf die anderen Schulformen ausgedehnt. „Der Lernende soll", so heißt es an dieser Stelle weiter, „in abgestuften Graden in die Lage versetzt werden, sich eben diese Wissenschaftsbestimmtheit bewusst zu machen und sie kritisch in den eigenen Lebensvollzug aufzunehmen." In das Schulwissen sind Bestände der Wissenschaften eingegliedert; Lernende sollen befähigt werden, zu prüfen („kritisch"), ob diese ihre Interessen und Handlungsabsichten fördern oder behindern.

Alltagswissen und wissenschaftliches Wissen

Hier werden Aussagen über die Beziehung zwischen Alltagswissen und wissenschaftlichem Wissen gemacht. Der Bildungsrat erwartet von der Aufdeckung der wissenschaftlichen Komponenten im Schulwissen eine Transformation des wissenschaftlichen Wissens in das Alltagswissen („Lebensvollzug"). Ähnliches bewirkt „wissenschaftliche Aufklärung über Politik" (Weiler 1988, 26), die wissenschaftliches Wissen über politische Institutionen und Prozesse für Lebenssituationen bereit stellt, in denen Menschen Politik problematisch geworden ist, und die dadurch bei ihrer Bewältigung hilft. Wissenschaftliches Wissen wird in Alltagswissen umgewandelt.

Wissenschaftsorientierung versteht der Bildungsrat nicht in dem Sinne, dass Inhalte der Wissenschaften in Form der Abbilddidaktik den Schülern gelehrt werden. Sondern es wird darauf abgehoben, dass sie einen Zusammenhang zwischen Wissenschaft und Lebenspraxis herstellen. Auf der Ebene des Schulwissens hilft hier die begriffliche Unterscheidung der „Wissensformen" weiter (grundlegend Grammes 1998, 83-93), hier „Alltagswissen" und „wissenschaftlichen Wissen", aber auch ihre Zusammenhänge, nämlich Übergänge und Transformationen. Die Wissensformen dienen an dieser Stelle als erster begrifflicher Rahmen für die Klärung des Themas „Wissenschaftsorientierung".

## 2. Der intentionale Rahmen des politischen Lernens: Aufgaben der politischen Bildung

Der Begriff „Lebensvollzug" muss jedoch noch etwas aufgeschlüsselt werden. Er nennt offenbar eine pädagogische Aufgabe. Für den Bereich der politische Bildung wird diese hier gegliedert in sozialwissenschaftliche Bildung und politische Bildung (im engeren Sinne) – (zum Folgenden s. Gagel 2000, 12-28).

### Sozialwissenschaftliche Bildung

Bezugswissenschaften politischer Bildung

Fachunterricht der politischen Bildung wird auf dem Hintergrund von Bezugswissenschaften gegeben. An erster Stelle werden in der Regel genannt: Politikwissenschaft und Soziologie, aber auch Wirtschaftswissenschaft und Rechtswissenschaft werden gefordert. Die Wissenschaften gelten als Quelle für Inhalte und als Maßstab für das Falsche und Richtige, genauer: für das relativ Richtige. Das bedeutet für den Lehrer: Was wissenschaftlich falsch ist, darf in der Schule nicht gelehrt werden, was wissenschaftlich umstritten ist, sollte auch den Schülern als ungesichert bewusst gemacht werden.

Hinzu kommt der Bildungseffekt der genannten Wissenschaften. Die Lernenden leben, ohne dass sie es merken, in einer Welt der Institutionen und Systeme, in welcher die Lebensbezüge des Einzelnen in Zusammenhänge von hoher Abstraktheit und Komplexität eingebunden sind. Von seiner Schule hat der Lernende ein Alltagswissen, das durch seine Erfahrung in Fluren und Klassenzimmer gespeist wird, aber was eine Schule als Institution ist und welche Handlungsrationalität mit ihr verbunden ist, kann er nur verstehen, wenn er eine Vorstellung vom Schulsystem als Ganzes hat. Ähnlich ist es beim Parlamentsbesuch. Dieser ist erst dann ergiebig, wenn die Besucher Struktur und Funktion des Parlaments erfassen. Dieses Wissen überschreitet das Alltagswissen; es wird von abstrakten sozialwissenschaftlichen Begriffen geordnet, welche Erkenntnisse ermöglichen, es ist wissenschaftliches Wissen. Aber es hat einen Bildungssinn: Es hilft den Einzelnen, sich im Parlament zurecht zu finden, dient ihnen als Instrument der kognitiven Orientierung in der Umwelt, es ermöglicht ihnen, die von Systemen geprägte Umwelt zu erkennen und in ihr zu handeln, kurz: es verhindert, dass sie sich einem Unbekannten blind unterwerfen.

Wissenschaftliches Wissen ist unsicheres Wissen

Trotzdem: Wissenschaftliches Wissen ist auch immer wieder „unsicheres Wissen“ (Gagel 1989). Immer bleibt auch die Frage, woran erkenne ich das Richtige. „Der heimliche Lehrplan des sozialwissenschaftlich-aufklärenden Unterrichts läuft ( ... ) auf Relativismus hinaus“ (Grammes 1998, 233; Hervorhebung getilgt). „Frustration des Jugendlichen“ (ebd.) ist die Folge. Der beschriebene Bildungseffekt ist also ambivalent; er ist nicht als Ergebnis, sondern als *pädagogisches Problem* zu verstehen (Zur begrifflichen Abgrenzung zu „Sozialwissenschaftlicher Propädeutik“ vgl. Reinhardt 1997, 8; auch 2000, 205 f.)

### *Politische Bildung* (im engeren Sinne)

Sie meint das, was hinzukommen muss, damit Wissen Verhalten beeinflusst und dadurch in der Lebenspraxis wirksam wird. Genannt seien hier als anzustrebende Verhaltensweisen auf dem Felde der Politik:

Anzustrebende Lernziele

- Eigenes politisches Handeln als wünschenswert ansehen.
- Demokratische Handlungsformen als Werte anerkennen lernen.
- Interesse für öffentliche Aufgaben gewinnen.

Diese Verhaltensweisen können auch Lernziele genannt werden. Hubertus Buchstein spricht von „habituellen Dispositionen“, die er „politische Tugenden“ nennt (Buchstein 1995, 302). Durch sie wird wissenschaftliches Wissen über Politics (Prozess), Polity (Form) und Policy (Inhalt), also über Politik, normativ umgewandelt: Es bekommt als Verhaltens- und Handlungsaufforderung einen Wertbezug und ermöglicht dadurch eine evaluative (wertende) Orientierung in unserer Welt.

## 3. Die Perspektive der Wissenschaft

Die Frage, welchen Einfluss die Bezugswissenschaften auf die politische Bildung haben, lässt sich aus zwei Perspektiven beantworten:

- von der Wissenschaft aus,
- von der Bildungsaufgabe aus.

Die Perspektive der Wissenschaft hat Gerhard W. Wittkämper beschrieben: „Inzwischen erfüllt die Politikwissenschaft für die politische Bildung eine vierfache Funktion:

Funktionen der Politikwissenschaft

- In der *Selektionsfunktion* hilft die Politikwissenschaft der politischen Bildung, aus der wachsenden Informationsfülle über politische Strukturen und Prozesse die relevanten Fakten auszuwählen.
- In der *Ordnungsfunktion* übernimmt die Politikwissenschaft für die politische Bildung die Aufgabe, die wahrgenommene politische Wirklichkeit, sei sie nun innen- oder außenpolitisch, aufzubereiten und zu strukturieren.
- In ihrer *Erklärungsfunktion* hat die Politikwissenschaft für die politische Bildung die Aufgabe, aus politischen Prozessen und Erkenntnissen Schlussfolgerungen zu ziehen und gesicherte

Einsichten zu formulieren, auf denen politische Bildung aufbauen kann, etwa über das Wahlverhalten von Wählern oder über die Dynamik von Rüstungsprozessen.

– Schließlich unterstützt die Politikwissenschaft die politische Bildung in einer *operativen Funktion*, das heißt, sie macht Vorschläge dafür, wie die Anwendung von Wissen über Politik, etwa Innenpolitik, Europapolitik oder Außenpolitik, in die politische Praxis umgesetzt werden kann" (Wittkämper 1988: 246 f.).

Die Formulierungen lassen beim ersten Lesen eine Orientierung am „Briefträgermodell" der Didaktik vermuten: Die Politikwissenschaft sendet Botschaften an die politische Bildung aus und die Didaktik überbringt sie. In dieser Vorstellung verläuft der Informationsfluss linear von der Wissenschaft zu den Lernenden. Einzuwenden ist, dass dabei die Politikwissenschaft und andere Bezugswissenschaften „zum Maß aller Dinge" werden (Claußen 1981, 53). Mit Recht verlangt Bernhard Claußen eine „regulative Idee" wie die Optionen für das „Überleben" und ein „gutes Leben" (ebd., 58). Der Gedanke Claußens soll hier aufgegriffen werden: Der Informationsfluss zu den Lernenden wird nicht als linear gedeutet, sondern als rückgekoppelt zu ihren Bedürfnissen, Interessen und ihren Fragen (vgl. Gagel 2000, 37-41). Das Lernen hat nach Wolfgang Hilligen „Bedeutung für das Leben"; dies ist die „regulative Idee". Sie in Fragen an die Politikwissenschaft (oder an andere Sozialwissenschaften) umzusetzen, das ist die Aufgabe der Fachdidaktik. Sie erschließt die Fachwissenschaften als Wissensreservoir für das politische Lernen.

Fachdidaktik erschließt Fachwissenschaft als Wissensreservoir

Damit vollzieht sich ein Perspektivenwechsel. Zu der Perspektive der Wissenschaft tritt die Perspektive von der Bildungsaufgabe her hinzu. Letztere wird von der Fachdidaktik repräsentiert. Ein „Entweder-Oder" muss damit nicht verbunden sein. Hier genügt es, diese Perspektiven als einander ergänzend zu verstehen.

# 4. Die Perspektive von der Bildungsaufgabe her

## 4.1 Situation von Lernenden

Bewältigung von Lebenssituationen durch Wissen

Wozu braucht der Mensch Wissen? Er benötigt es, um Lebenssituationen zu bewältigen und um Weltverständnis zu gewinnen.

Wir stellen uns an einem Beispiel Menschen in Lebenssituationen vor:

Beispiel: Atomkraft

Mary Osborne ist eine Bewohnerin von Harrisburg in den USA, ihr Mann Ray arbeitet in dem Kernkraftwerk Three Miles Island, das in der Nähe liegt. Sie berichtet: „Am Mittwoch, den 28. März 1979, am Morgen des Unfalls, gegen sechs Uhr, machte ich meinem Mann Frühstück, während er draußen sein Werkzeug auf den Lastwagen packte. Er rief: ‚Komm raus und riech mal.' Ich dachte, es würde vielleicht nach Schokolade von Hershey oder dem Brot von Capitol Baker duften. Aber es war, als atme und schmeckte man Metall. Es herrschte völlige Stille; kein Vogel zwitscherte an diesem berühmt-berüchtigten Morgen. Meine damals neunjährige Tochter Leslie ging dann in die Schule, mein zweijähriger Sohn Nicholas und ich blieben fast den ganzen Morgen draußen – es war der erste schöne Tag nach einem langen, kalten Winter. Gegen halb elf fiel mir auf, dass seine Hände und sein Gesicht aussahen, als hätte er Sonnenbrand, und meine auch. Meine Schwägerin Donna rief dann an. Sie sagte, Three Miles Island habe einen Unfall. Ich guckte aus dem Fenster rüber zu TMI, aber es war nichts Ungewöhnliches zu sehen. Meldungen über den Unfall im Radio oder Fernsehen hörte ich nicht, aber wohl war mir nicht" (Die Zeit, 31.03.89; nach Gagel 1991, 207).

Alltagswissen reicht nicht aus

In dieser lebensweltlichen Situation reicht das Alltagswissen nicht mehr aus, es hinterlässt nur ein Gefühl des Unbehagens und dunkler Ahnungen. Mary Osborne erfährt nach und nach, was geschehen ist; sie erhält Informationen über den Ablauf des Unglücks in dem Atomkraftwerk, sammelt Auskünfte über die Folgeschäden, kommt mit einem japanischen Forscherteam zusammen und wird so zum Laienexperten, möglicherweise zum Mitglied der Untersuchungskommission, an der auch Laien beteiligt waren. Die Herkunft dieses neuen Wissens ist wissenschaftliches Wissen: die Logik technischer Abläufe und die Ursache technischen oder menschlichen Versagens, die physikalischen Erklärungen für das freigesetzte Gefahrenpotential und die Prognose der Folgeschäden.

Man muss aber nicht Beispiele für Großkatastrophen heranziehen, um zu erkennen, wie das Alltagswissen allein oft nicht mehr ausreicht und wie in dieses wissenschaftliches Wissen einfließen muss, um Sachverhalte zu verstehen. Die Lebenssituation „Massenkommunikation“ bietet ein anderes Beispiel.

Beispiel: Massenkommunikation

Wer hat als Erwachsener nicht schon einmal die Befürchtung gehabt, dass seine Kinder die Bilder des Fernsehschirms als Realität nehmen, als Wirklichkeit aus zweiter Hand? Sie würden ja in der Tat einem „sekundären System“ erliegen, wenn die Kinder und Jugendlichen nicht lernten, die Bildschirmwirklichkeit als hergestellte Wirklichkeit zu erkennen. Dazu müssen sie aber eine Vorstellung von Organisation und Produktionsweise des Fernsehens haben. Die Unterscheidung von „Sender“ und „Empfänger“ leitet über zu den Kommunikationsmodellen ganz allgemein; durch deren abstrakte Begrifflichkeit versteht man die wechselseitige Beeinflussung von Sender und Empfänger. Die Modelle sind in der Wissenschaft entwickelt worden, und wenn der Schüler sich damit beschäftigt, lernt er infolgedessen auch „Wissenschaft“ (vgl. Gagel 2000, 18).

Hier bestimmt also die Situation der „Empfänger“, seien es Erwachsene, seien es Jugendliche, was an wissenschaftlichem Wissen erforderlich ist und zugänglich gemacht werden muss, damit sie im Felde der Massenkommunikation ihre Integrität wahren können. So diagnostiziert der Lehrende. Aber für Jugendliche löst sich dabei manchmal eine schöne Illusion auf. Trug im vorhergehenden Beispiel wissenschaftliches Wissen zur Angstminderung bei, so zerstört es hier den schönen Schein der Fantasy-Spiele oder Soap Operas, in den man sich hineinphantasiert hat. Wissenschaftliche Aufklärung kann ambivalent empfunden werden. Jedoch trägt sie so oder so zur Vermehrung von Kompetenz bei. Dabei übt nicht die Wissenschaft, sondern die Pädagogik (Fachdidaktik) die Selektionsfunktion aus.

## 4.2 Orientierungswissen und Handlungswissen

Relation zwischen Orientierungs- und Handlungswissen beachten

Wissenschaftliches Wissen ist geordnetes, systematisches Wissen. Die Ordnungsfunktion der Wissenschaft ist didaktisch keineswegs wertlos. Hermann Giesecke hat die Vermittlung von systematischem Wissen sogar zum generellen Lernziel erhoben: „Training systematischer gesamtgesellschaftlicher Vorstellungen" (1972, 147 ff.). Derartig geordnetes wissenschaftliches Wissen gilt bei ihm als Mittel gegen die Gefahr „irrationaler Blindheit" (Giesecke 1980, 541), hat also durchaus eine Bildungsfunktion. Dennoch muss man die Relation zwischen diesem wissenschaftlichen Wissen, das wir nach Giesecke „Orientierungswissen" nennen, und dem in Lebenssituationen benötigten Wissen, das „Handlungswissen" heißen soll, beachten.

Hans Aebli hat in seinem Werk „Denken als Ordnen des Tuns" die Unterscheidung zwischen „kumulativem Wissen" (1980, 127) und „Handlungswissen" (ebd., 158) gemacht. Er versteht das kumulative Wissen als ein Reservoir, als „Steinbruch", wie er es nennt, aus welchem Bestandteile herausgelöst werden, wenn sie als „Handlungswissen" benötigt werden, und das heißt nach Aebli, dass sie für eine Handlung verwendet werden können. Das für den Handlungszweck benötigte Orientierungswissen wird also in eine Handlungsfolge umgesetzt. Eine solche ist bei Giesecke beispielsweise die Konfliktanalyse oder in den genannten Beispielen die Analyse des Unglücks zum Zwecke der Beteiligung an seiner Behebung oder das Durchschauen der Fernsehbilder im Hinblick auf ihre Konstruiertheit, um der Gefahr einer Selbsttäuschung zu entgehen. Wissen wird abgerufen, wenn und soweit es zur Lösung, Bewältigung, Überwindung eines Problems verwendet und dabei in den „Lebensvollzug" einbezogen wird.

Systematisches Wissen kann und muss wohl auch auf Vorrat gelernt werden, damit es in unerwarteten oder wiederkehrenden Situationen zur Verfügung steht. Das meint Giesecke mit „Training systematischer gesamtgesellschaftlicher Vorstellungen". Der Lernende nimmt einen systematischen kategorialen Rahmen auf, den er in späteren Situationen dann zur Verfügung hat. In dem obigen Beispiel wäre das Kommunikationsmodell ein solcher

Rahmen, es wäre eine Art Vorratswissen, das eine kritische Diskussion über eine bestimmte Fernsehsendung ermöglicht. Muss aber Mary Osborne Grundkenntnisse in Physik, speziell Atomphysik, schon im Vorhinein haben? Ihr Beispiel zeigt, wie Menschen erst in problemhaltigen Situationen das benötigte Wissen erwerben; es wird also nicht nur auf Vorrat, sondern auch problembezogen gelernt.

## 4.3 Integration von interdisziplinären Wissen

Politikwissenschaft kann Selektionsfunktion nicht allein erfüllen

Die Politikwissenschaft kann die Selektionsfunktion fernerhin deshalb nicht alleine ausüben, weil auch Inhalte der Soziologie, der Wirtschaftswissenschaft und auch der Rechtswissenschaft in den Politikunterricht einfließen. Es muss also eine Integration geleistet werden. Von den Wissenschaften allein ist die Erfüllung dieser Aufgabe jedoch nur schwerlich zu erwarten. Dabei macht das Beispiel Mary Osborne sichtbar, welch heterogener Herkunft Wissen sein kann, das in aktuellen Handlungs- und Gefahrensituationen benötigt wird.

Ansatz von Hermann Giesecke

Mary Osborne integrierte heterogenes Wissen im Prozess ihres problemlösenden Denkens und Handelns. Dies war auch der didaktische Ansatz in der ersten Fassung der „Didaktik der politischen Bildung“ von Hermann Giesecke. Ausgangspunkt bildete für Giesecke die Situation des sich politisch Beteiligenden, und er stellte die Frage: „Was muss man heute alles lernen, um sich erfolgreich und produktiv politisch beteiligen zu können?“ (1965, 13). Für den Einzelnen ist charakteristisch, dass er das Politische im Alltag gleichsam als Rohzustand erfährt, meist in medialer Vermittlung, aber frei von wissenschaftlicher Bearbeitung und auch nicht als Schulwissen. Die Alltagserfahrung von Politik ist ihre „Unsystematik“ (ebd., 28); Politik ist etwas „Offenes, Umstrittenes“ (ebd., 21). Sie enthält das „Erfahren“, das erlebte Zusammentreffen des Einzelnen mit dem politischen Ereignis und seine Reaktion darauf. Und in dieser Situation, die Giesecke am Beispiel eines politischen Konfliktes beschreibt, kann der Lehrende die wissenschaftsbezogenen Kategorien der Konfliktanalyse als Instrumente zur Analyse der Situation und als gedankliche Vorbereitung zum Handeln anbieten. Andere Beispiele sind die „Dimensionen des Politischen“ und die Kategorien des „Politikzyklus“ (Breit/Weißeno 2003, 16 ff.).

Die sozialwissenschaftlichen Disziplinen bilden ein Reservoir, einen „Steinbruch“, aus dem Wissen abgerufen werden kann. Die Integration dieses fachlichen Wissens erfolgt – hier nach Giesecke – im Vorgang der Bearbeitung des jeweiligen Konfliktes, also bei der Konfliktanalyse, oder bei der Bearbeitung eines politischen Problems, z.B. bei der Prozessanalyse durch die Kategorien des Politikzyklus. Und das heißt: Sie ist eine *didaktische* Integration. Politikdidaktik wird daher auch als „Integrationswissenschaft“ bezeichnet (Massing 2002, 36). Das lässt sich verallgemeinern: Integration des wissenschaftlichen Wissens erfolgt bei der Analyse von problemhaltigen Situationen, in die Menschen unserer Gesellschaft geraten, also bei der Vorbereitung von Problemlösung und Situationsbewältigung, kurz: bei der Vorbereitung von Handeln.

## 5. Postulate der Wissenschaftsorientierung

Didaktische Folgerungen

Aus der Wissenschaftsorientierung ergeben sich didaktische Folgerungen, die hier als Postulate aufgezählt werden sollen.

### Notwendigkeit der Sachanalyse

Sachanalyse

Sie wird neuerdings auch „Einarbeitung in den Gegenstandbereich“ genannt (Breit/Weißeno 2003, 15). Durch sie wird die fachwissenschaftliche Grundlage des Unterrichts über das gewählte Thema aufgezeigt. Fachwissenschaftliche Instrumente dienen als Erschließungs- und Strukturierungshilfen, so die „Dimensionen des Politischen“ (Inhalt, Prozess, Form) oder der „Politikzyklus“ (ebd., 16 ff.). Empfehlenswert ist auch die Beachtung wissenschaftsadäquater Regeln, z.B. die Suche nach kontroversen bzw. komplementären Ansätzen oder Aussagen. Als „vorpädagogische Sachbegegnung“ (Klafki) enthält diese Sachanalyse die Orientierung des Lehrenden über die fachwissenschaftlichen Grundlagen. Danach können dann didaktische Entscheidungen getroffen werden.

### Wissenschaft: das relativ Gesicherte

Wissenschaftliches Wissen ist nicht dauerhaft

Dieses Vorgehen bei der Sachanalyse enthält als Grundaussage über wissenschaftliche Erkenntnis, dass sie immer nur das relativ und vorläufig gesicherte Wissen erbringt. Das Ergebnis sowohl der Forschung von Popper als auch der von Thomas S. Kuhn zu den wissenschaftlichen Revolutionen hat erbracht: „Wissenschaft hat nicht nur inhaltlich hinsichtlich der durch sie erbrachten Einzelerkenntnisse hypothetische Geltung, sie ist zugleich auch in ihren Geltungsstrukturen noch einmal historisch relativiert“ (Baumgartner 1974, 1758). Falsifikation und Paradigmenwechsel erschüttern also den Glauben an die Dauerhaftigkeit wissenschaftlicher Wahrheit. Darauf wird sich der Lehrer einstellen, und daher wird empfohlen, sich über unterschiedliche Ansätze, Definitionen und Strukturierungen von Wissen zu informieren, als Vorbereitung auf das folgende Postulat. Aber die Lernenden? Wie reagieren Lehrer auf deren Frustrationen?

### Wissenschaft: das Kontroverse

Wissenschaft ist kontrovers

In der Auseinandersetzung mit gegensätzlichen Positionen und Auffassungen wird die Vorläufigkeit wissenschaftlichen Wissens besonders deutlich. „Was in Wissenschaft und Politik kontrovers ist, muss auch im Unterricht kontrovers erscheinen“, heißt es im so genannten Beutelsbacher Konsens (genauer: in den „Konsenshypothesen“, Wehling 1977, 179 ff.), der seit 1977 als eine der grundlegenden Forderungen für die politische Didaktik gilt. Die Kehrseite: Kontroversität bringt Erhöhung von Komplexität mit sich. Die Lehrenden habe folglich die Aufgabe einer begründbaren „didaktischen Reduktion“ (Gagel 2000, 112-118).

### Wissenschaft: methodisch gewonnenes Wissen

Wissenschaftliche Methoden nachvollziehen

Die empirischen Sozialwissenschaften bieten das Exempel für beschreibbare Arbeitsprozesse, welche zu begründbaren Erkenntnissen führen können. Indem Schüler diese Methoden nachvollziehen (in stufengerechter Unterscheidung zur oben beschriebenen „Wissenschaftspropädeutik“), lernen sie auch die Bedingungen und Grenzen der Wahrheitsfindung kennen. Zu beachten ist jedoch, dass es nicht nur wirklichkeitswissenschaftliche Methoden, sondern auch geisteswissenschaftliche gibt (z.B. Hermeneutik). Von Wissenschaften abgeleitetes Methodenlernen und Anwenden zielt auf selbständige Erkenntnisgewinnung und auf die Fähigkeit, von anderen gewonnene Erkenntnisse zu prüfen, auch darauf, „exemplarisch das Werden von Wissen" (Reinhardt 1997, 10) erfahrbar zu machen.

**Wissenschaft: kommunikativ gewonnenes Wissen**

Lerngruppe als Diskussionsgemeinschaft

Die hypothetische Geltung wissenschaftlicher Erkenntnisse wird gewährleistet durch die Diskussion in der Forschergemeinschaft. Diese kommunikative Erkenntnisgewinnung müsste auch auf die Lerngruppe übertragen werden; sie verwandelt sich dabei in eine Diskussionsgemeinschaft. Der Lehrende müsste dann aber auch Verfahren des Prüfens organisieren. Denn erst durch sie werden die Lernenden zur Genauigkeit herausgefordert, zudem wird die Toleranz gegenüber abweichenden Positionen gefördert.

## Literatur

Aebli, Hans 1980: Denken als Ordnen des Tuns, Bd. I: Kognitive Aspekte der Handlungstheorie. Stuttgart

Baumgartner, Hans Michael 1974: Art. „Wissenschaft". In: Handbuch philosophischer Grundbegriffe, Bd. 6. München, S. 1740-1764

Breit, Gotthard/Weißeno, Georg 2003: Planung des Politikunterrichts. Eine Einführung. Schwalbach/Ts.

Buchstein, Hubertus 1995: Die Zumutungen der Demokratie. Von der normativen Theorie des Bürgers zu institutionell vermittelten Präferenzkompetenz. In: Klaus von Beyme/Claus Offe (Hrsg.): Politische Theorien in der Ära der Transformation. PVS Sonderheft 26, S. 295-334.

Claußen, Bernhard 1981: Kritische Politikdidaktik. Opladen

Deutscher Bildungsrat 1972: Strukturplan für das Bildungswesen, 4. Aufl. Stuttgart

Gagel, Walter 1989: Unsicheres Wissen und machtlose Politik? Sechs Thesen zu didaktischen Problemen bei der Behandlung der Neuen Technologien. In: Heike Ackermann u.a. (Hrsg.): Technikentwicklung und politische Bildung, Opladen

Gagel, Walter 1991: Lebenswelt und Großtechnologie: Das Beispiel Kernenergie. Didaktische Skizze eines Projektes. In: Gegenwartskunde, H. 2, S. 207-218

Gagel Walter 2000: Einführung in die Didaktik des politischen Unterrichts, 2. Aufl. Opladen

Giesecke, Hermann 1965: Didaktik der politischen Bildung. München

Giesecke, Hermann 1972: Didaktik der politischen Bildung. Neue Ausgabe, 7. Aufl. München

Giesecke, Hermann 1980: Entwicklung der Didaktik des politischen Unterrichts. In: Max-Planck-Institut für Bildungsforschung, Projektgruppe Bildungsbericht: Bildung in der Bundesrepublik Deutschland. Daten und Analysen, Bd. 1. Reinbek, S. 50 -547

Grammes, Tilman 1998: Kommunikative Fachdidaktik. Eine Didaktik der Sozialwissenschaften. Opladen

Massing, Peter 2002: Politikdidaktik als Wissenschaft? In: GPJE (Hrsg.): Politische Bildung als Wissenschaft. Bilanz und Perspektiven. Schwalbach/Ts., S. 32-44

Reinhardt, Sibylle 1997: Didaktik der Sozialwissenschaften. Gymnasiale Oberstufe. Sinn, Struktur, Lernprozesse. Opladen

Reinhardt, Sibylle 2000: Art. „Wissenschaftspropädeutik". In: Georg Weißeno (Hrsg.): Lexikon der politischen Bildung, Bd. 3. Schwalbach/Ts. 2000, S. 208 f.

Wehling, Hans-Georg 1977: Konsens à la Beutelsbach? In Schiele, Siegfried/ Schneider, Herbert (Hrsg.): Das Konsensproblem in der politischen Bildung. Stuttgart, S. 173-184

Weiler, Hagen 1988: Wissenschaftstheoretische Grundlagen und Wissenschaftsbezug. In: Wolfgang W. Mickel/Dietrich Zitzlaff (Hrsg.): Handbuch zur politischen Bildung. Opladen, S. 26-30

Wittkämper, Gerhard W. 1988: Politikwissenschaft und politische Bildung. In: Jürgen Bellers/Rüdiger Robert (Hrsg.): Politikwissenschaft, Bd. 1: Grundkurs. Münster, S. 244-276

# III.
# Praxisfelder politischer Bildung

*Christian Büttner/Magdalena Kladzinski*

# Demokratie in Familie und Kindergarten? Konzepte zu Partizipation und Interessenkonflikten

Die Diskussion um *demokratische Erziehung* in Kindergarten und Familie, die die heftigen Debatten in den 70er-Jahren des vorigen Jahrhunderts (vgl. Palentien/Hurrelmann 1997) um die *politische Sozialisation* von Kindern abgelöst hat, dreht sich schon seit mehreren Jahren um die Frage, wie im innerdemokratischen Spannungsfeld von individuellem Nutzenkalkül und Gemeinwohlorientierung im Verlauf der Sozialisation die Fähigkeit an die nachwachsenden Generationen vermittelt wird, Konflikte demokratisch auszutragen (im Vergleich dazu wird in anderen europäischen Ländern schon seit längerem „Staatsbürgerkunde", citizenship, citoyeneté, in den nationalen Curricula verankert; vgl. z.B. Clayton 2001). Zu den dabei relevanten Problemfeldern gehören sowohl die Bereiche, in denen grundlegende Fähigkeiten demokratischen Handelns hergestellt, herausgebildet und gefördert werden können, als auch die Bereiche, in denen demokratisches Probehandeln in alltäglichen Konfliktsituationen möglich ist.

Diskussion um demokratische Erziehung

Auf die Fragen, ob und wie im Einzelnen der Lebensweg von Kindern im Sinne einer Unterstützung bei der Entwicklung demokratischer Verhaltensfähigkeiten von einer entsprechenden Pädagogik begleitet wird und welche Weiterentwicklungen pädagogischer Handlungsqualitäten für notwendig gehalten werden, wird im Folgenden genauer eingegangen.

## 1. Partizipation in Familie und Kindergarten

Die Diskussion, mit welchen Mitteln Kinder zu demokratischen Verhaltensfähigkeiten und für ein politisches Engagement zu bewegen seien, beruht implizit auf der Vorstellung, dass sich demokratisches Verhalten quasi linear aus der Familie heraus über die Bildungsinstitutionen in gesellschaftliche Verantwortung hinein entwickeln ließe. Zudem gelten für das erwartete demokratische Verhaltensrepertoire Vorstellungen, deren Definition fast ausschließlich bei den Erwachsenen bzw. den politischen Akteuren selbst liegt.

Kinder sind noch nicht grundrechtsmündig

Die Voraussetzungen für Erziehungs- und Bildungsbemühungen in Richtung demokratische Verhaltenseigenschaften sind für Familien und Bildungsinstitutionen wie etwa Kindergärten durchaus unterschiedlich. Während Kinder zwar wie Erwachsene die demokratischen Grundrechte genießen, sind sie dennoch nicht grundrechtsmündig, d.h. die letztliche Verantwortung für die volle Ausübung der Grundrechte liegt bis zum 18. Lebensjahr der Kinder in den Händen der Erziehungsberechtigten. Es erscheint deshalb fraglich, ob Familien und Erzieherinnen in direktem Sinne demokratische Verhaltensregeln vermitteln können. Das Eltern-Kind-Verhältnis kann zwischen dem Prinzip der Gleichberechtigung und Autonomie, indem den Kindern die Chance gegeben wird, ihre Interessen frei auszuhandeln, und dem Autoritarismus der Eltern und der damit verbundener Unterdrückung der kindlichen Bedürfnisse und Interessen variieren. Die Regeln familiären Umgangs miteinander unterliegen gleichwohl anderen Prinzipien als demokratischen (vgl. Büttner 2003), und Auseinandersetzungen um Autonomie und Partizipation gegenüber Identifikation und Gehorsam vollziehen sich in der Gesellschaft unter anderen Vorzeichen als in der Familie. Während in der Familie die Konflikte um kindliche Neugier auf das Leben und die Möglichkeiten eines Rückzugs bei Gefahr kreisen, spielen im gesellschaftlichen Leben die normativen Gesichtspunkte des Verhaltens (i.e. Recht und Gesetz) die größere Rolle.

Partizipationsmöglichkeiten in Familien haben Grenzen

In dem Maße, in dem sich Kinder Schutz und Versorgung wünschen, sind sie auf Eltern angewiesen, die stärker sind als sie selbst. Erst wenn die Kinder stark genug sind, können sie als gleichberechtigte Partner gelten. Partizipationsangebote in der Familie können deshalb von Kindern nur in begrenztem Maße als Entwicklungschancen genutzt werden. Gerade dann, wenn ihren Wünschen nicht eine elterlich-begrenzende und damit orientierende Macht gegenübersteht, kann es zu illusionären Vorstellungen über eigene Machtpotentiale kommen, die es den Kindern erschweren oder verunmöglichen, konstruktive Auseinandersetzungsstrategien zu erwerben, um Interessenkonflikte kennen und üben zu lernen. Allzu stark „partizipativ"-gewährende Eltern verlieren auf lange Sicht häufig den Respekt ihrer Kinder oder riskieren die Gefahr von Überforderungen, die sich in vielfältiger Weise in späteren Lebensabschnitten bitter rächen können.

Wir haben das Wort „partizipativ" hervorgehoben, weil es sich bei familiären Teilhabemodellen nicht um eine Partizipation handelt, wie sie später in den Bildungsinstitutionen oder in politischen Verhältnissen umgesetzt werden kann, sondern es geht vielmehr um das alte Erziehungsprinzip des Verbietens und Gewähren-Lassens. Partizipation setzt ein von einer einzelnen Person unabhängiges Regelwerk voraus. In der Familie hingegen bestimmen und ändern die Eltern die Regelwerke normalerweise nach ihrem Gutdünken.

Aufgabe und Funktion von Bildungseinrichtungen

Bildungsinstitutionen haben gegenüber Eltern oder unmittelbaren Erziehungsberechtigten andere Aufgaben und Funktionen. Sie werden in mehr oder weniger konkreten Lernzielbeschreibungen (Konzepten von Kindergärten oder Schulprogrammen) mitgeteilt, auf die sich Erzieherinnen, Lehrerinnen, Träger und/oder Schulbehörden geeinigt haben. Die Kinder allerdings erwarten von ihren Erziehern zunächst Ähnliches wie von ihren Eltern. Deshalb liegt es nahe, dass sie die Autoritätsvorstellungen und ihre Abhängigkeitswünsche auf ihre pädagogischen Vorbilder übertragen und erst im Zuge der Entidealisierung und über eine temporäre Identifizierung mit anders denkenden Autoritätspersonen zu ihren eigenen bzw. den gesellschaftlichen Idealen und Identifikationsinhalten kommen. Zugleich werden ihnen als Lerninhalte die Strukturen und Verfahrensweisen angeboten bzw. abverlangt, die in den Bildungsinstitutionen als demokratisch gelten.

Spannungsverhältnis zwischen Eltern und Erziehern

Der Unterschied in der Erziehunsgperspektive von Familie und Gesellschaft wird im Verhältnis der Eltern zu den Erziehern des Kindes deutlich. Es ist nicht selten ein hochgradiges Spannungsverhältnis, in dem beide Parteien sich wechselseitig dazu bringen möchten, die Ziele und Verhaltensvorstellungen des jeweils anderen zu übernehmen. In gesellschaftlichen Erziehungsverhältnissen zeigt sich aber – neben den Aufgaben der Vermittlung normativer Lernziele – eine vollständig andere soziale Situation als in der Familie. In ihnen geht es um die für die einzelne Erzieherin durchaus unterschiedlich ausgewogene Balance der Einzelinteressen ihrer Klientel und nicht um das aus der Familie stammende Ziel, ausschließlich das private, individuelle Wohl des einzelnen Kindes im Auge zu haben.

Beschränkung auf Einhaltung von „Regeln"

Pädagoginnen in Bildungsinstitutionen knüpfen mit ihren Vorstellungen von demokratischen Lernzielen an den Verhaltensweisen an, die die Kinder aus ihren Familien mitbringen. Dabei geht es sowohl darum, die auf individuelle Förderung abgestimmte Erwartungshaltung der Kinder auf den sozialen Kontext der Gruppe bzw. der Einrichtungsregeln auszurichten, als auch die Voraussetzungen zu ergänzen oder zu korrigieren, sofern sie von der familiären Vorerfahrung bei einzelnen Kindern nicht gegeben sind. Da die Interpretation der Erziehungsverantwortung im Hinblick auf politisches Lernen bei den einzelnen pädagogischen Fachkräften und ihrer jeweiligen Haltung zu Demokratie und Politik liegt, bleibt die Vermittlung politischer Haltungen normalerweise auf die Durchsetzung der Einhaltung von „Regeln" beschränkt, deren Herkunft meist in den normativen Vorgaben der Einrichtungen liegt (vgl. Piaget 1954). Besonders, wenn Erzieherinnen Frauen *und* Mütter sind, mischt sich bei ihnen auf eine wenig transparente Weise die familiäre Perspektive im Hinblick auf das Wohl des einzelnen Kindes mit den Anforderungen, Interessengegensätze so demokratisch wie möglich zu verhandeln. Deshalb besitzen Erziehungsmodelle, die partizipative Regelsysteme favorisieren, in diesem Bereich gesellschaftlicher Erziehung eine große Attraktivität. Sie werden in der Regel mit dem Ziel „Erziehung zur Demokratie" gleichgesetzt, obwohl die realen demokratischen Verhältnisse in Deutschland partizipative politische Entscheidungen nicht in dem Umfang zulassen, wie es partizipative Erziehungskonzepte suggerieren bzw. eine Erziehung zu repräsentativen Formen der Interessenvermittlung erfordern würde.

Wie komplex und vielschichtig die Verschränkung von erzieherischer Verantwortung, verborgenen Absichten und partizipativen Lernerfahrungen sein kann, mag folgendes Beispiel einer szenischen Demonstration aus einem Kindergarten verdeutlichen:

Eine szenische Demonstration

„Die Kinder möchten ohne Aufsicht und zu mehreren im Außengelände spielen.
‚Was wollt ihr draußen tun?'
‚Im Sandkasten spielen.'
‚Was würdet ihr tun, wenn jemand Sand in die Augen bekommt?'
‚Dich rufen.'
‚Was würdet ihr tun, wenn es Streit gibt?'
‚Uns vertragen.'
‚Das geht aber nicht so einfach. Ich möchte, dass ihr zum Streiten hier rein kommt. Was meint ihr dazu?'
‚Wir kommen rein, wenn wir uns streiten.'
‚Wie lange soll diese Regel gelten?'
‚Jetzt.'
‚Und morgen?'
‚Morgen auch.'
‚Gut, danach machen wir eine neue Regel'" (Klein/Vogt 2000).

Die Erzieherin signalisiert in diesem Beispiel den Kindern: Ich befürchte, dass es zu unlösbaren Konflikten kommen könnte, wenn ich nicht dabei bin; deshalb komme ich eurem Wunsch, draußen zu spielen, nach, wenn ihr bei einem Streit zu mir herein kommt. Morgen können wir sehen, wie es mir mit meiner Angst und eurer Rücksicht auf mich gegangen ist und ob *ich* diese Regel noch brauche. Dieses vermeintlich partizipative Aushandeln zeigt, dass die Regel – wie meist üblich – von der Gruppenleitung kommt, auch wenn man gemeinsam darüber kommuniziert. Die Kinder versichern „brav" das, was die Erzieherin von ihnen hören möchte – ohne Erfolg, die Regel muss „übermorgen" wieder neu ausgehandelt werden. Diese sehr an familiäre Erziehungsmodelle und mütterliche Sorge (Hauptsache es entsteht kein Streit) erinnernde Aushandlung im Kindergarten unterscheidet sich aller-

Interpretation

dings von solchen in der Familie grundlegend, weil entweder in der Einrichtung, d.h. im Kollegenkreis diese Regel oder die Art des Regelfindungsprozesses kollektiv legitimiert ist, sei es durch in der Konzeption festgeschriebene Aufgaben der Einrichtung, sei es durch Teamentscheidungen bzw. -absprachen, deren Einhaltung in der Regel kollegial oder durch die Leitung kontrolliert wird. In der Familie dagegen gibt es diese Art von sozialer Kontrolle nicht oder sie führt zu Streit und im Extremfall zur Trennung der Erziehungsberechtigten (z.B. Vater/Mutter).

## 2. Erziehung und Demokratie: Widersprüche und Antinomien

Herkunft partizipativer Konzepte

In Konzepten zum demokratischen Lernen in Familie und Kindergarten werden solche Fähigkeiten hoch bewertet, die auf Eigenständigkeit, Selbstverantwortung, Zivilcourage und Toleranz gründen, ohne allerdings die Herkunft solcher Verhaltenseigenschaften genauer zu bestimmen. Man hat es bei den Urhebern solcher Konzepte fast immer mit Autoren und Promotoren zu tun, die neben ihrem Engagement für Kinder nach partizipativen Verhaltensmodellen für ihre *eigene* Beziehungspraxis suchen. Man muss aber bei der Frage nach der Relevanz von demokratischer Teilhabe für politische Bildungsprozesse davon ausgehen, dass im Rahmen von Partizipationskonzepten der Weg und das Resultat von Bedeutung sind, die die kindlichen Erfahrungen von *Interessen*gegensätzen bestimmen. Daran entscheidet sich, ob diese Konzepte für Kinder attraktiv sind und ob die Chance besteht, Kinder für Politik und die damit verbundenen Herausforderungen zu *interessieren.*

Realität repräsentativer Demokratie

Den Modellvorstellungen einer partizipativen Demokratie, die dem Lernziel Partizipation zugrunde liegen, steht strukturell die Realität der repräsentativen Demokratie gegenüber. Nicht jeder einzelne Staatsbürger übt als ein Teil des Volkes Macht aus, sondern er delegiert seinen Anteil an einzelne politische Repräsentanten bzw. die politischen Systeme, die die Repräsentanz regeln. Die repräsentative Demokratie ist zudem de facto dasjenige demokratische Herrschaftsmodell, welches mit ökonomischen Grundprinzipien der freien Marktwirtschaft am besten im Einklang zu stehen scheint: Die Konkurrenz um die Macht führt in Ökonomie wie in Politik zu einem Verdrängungswettbewerb, der in den meisten Demokratien nicht immer mit legalen bzw. legitimen Mitteln geführt wird.

Gefahren partizipativer Konzepte

In den Konzepten zur Partizipation von Kindern wird normalerweise weder berücksichtigt, ob sie denn selbst ein solches Verhalten durch Erwachsene haben erfahren können, noch, ob es tatsächlich auch die Qualifikationen sind, die in praktisch-demokratischer Politik funktional und/oder wünschenswert sind. In den Definitionen wird auch nicht berücksichtigt, dass politische Verhältnisse in gesellschaftlicher und ökonomischer Hinsicht Machtverhältnisse sind. Der Widerspruch zwischen dem von den Kindern erwarteten (positiven) Verhalten und dem (oft negativen) Verhaltensvorbild der Erwachsenen/Erzieherinnen, das eine spezifische Lernsituation bietet, kann nicht nur zu fragwürdigen Erfolgen pädagogischer Bemühungen im Sinne von blinden Anpassungsleistungen führen, er kann auch für die Kinder hochgradig irritierend sein und zu Ablehnung oder gar Hass gegenüber den Lehrern und Erziehern führen, die Selbständigkeit, Toleranz und Empathie zu lehren vorgeben.

Der detaillierte Blick auf die „normalen" Lernumgebungen in Familien und Bildungsinstitutionen zeigt, dass die theoretische Vermittlung „demokratischer Werte" in z.T. eklatantem Widerspruch zu den Beziehungsverhältnissen steht, in denen sie gelernt werden sollen. Die Beziehungen von Kindern zu Erwachsenen sind durch Abhängigkeitsverhältnisse gekennzeichnet, die sich erst mit zunehmendem Alter der Kinder in Richtung auf Selbstständigkeit und Selbstverantwortung verändern. Dass Eltern von ihren Kindern bis zur beginnenden Pubertät häufig idealisiert werden, führt in dem Maße, in dem sie sich von den Eltern abzulösen beginnen, nicht nur zu einer Entidealisierung, sondern oft auch zu einer konträren Position, was ihre gesellschaftlich-politischen Identifizierungen betrifft. In ihnen eröffnen sich nämlich erst die Erfahrungsräume, in denen für Kinder selbstständiges und damit „präpolitisches" (Moore et al. 1985) Handeln relevant werden *kann*, also ein Handeln, das Grundzüge politischer Auseinandersetzung (z.B. die Debatte, die Probeabstimmung etc.) enthält.

Die Mühseligkeit, Kinder über Bildungseinrichtungen an die Politik heranzuführen, entspricht den Erfahrungen, die mit familiären und institutionellen Partizipations- und Selbstbestimmungskonzepten – im *deklarierten* Interesse der Kinder – gemacht wurden. In vielen Fällen war für die erwachsenen Promotoren der Widerstand von Kollegen, Nachbarn und politischer Öffentlichkeit gegen die Partizipation von Kindern unverhältnismäßig groß und wirkte ebenso demotivierend wie die Erfahrungen der Kinder. Solche Erfahrungen entsprechen nicht zufällig den realen Schwierigkeiten gesellschaftspolitisch-demokratischer Kompromissbildung (langwierig und langweilig). Der Widerstand lässt darauf schließen, dass die Tendenz ungebrochen ist, an dem grundsätzlichen Unterschied zwischen Kindern und Erwachsenen im Umgang mit deren Interessen festzuhalten und es bei dem Übergang im Alter von derzeit 18 Jahren als festem Datum der Demokratie-„Reife" zu belassen. D.h. das Kind wechselt aus dem Regelsystem Kindheit erst an der gesetzlich definierten Schwelle der Grundrechtsmündigkeit mit allen Rechten und Pflichten – vor allem denen der Ausübung politischer Funktionen – in das Regelsystem der Erwachsenenwelt.

## 4. Konzepte: die Fachliteratur

Wenige Konzepte zu demokratischer Erziehung in Familie und Kindergarten

Zu demokratischer Erziehung in der Familie existieren nur sehr wenige Publikationen, meist wissenschaftlich eher zweifelhafter Natur (vgl. z.B. Christoffel 1976; Thomas 2000; Büttner 2003). Die Literatur zu *Partizipationskonzepten* ist dagegen zahlreich, die zu *demokratischer Erziehung* im Kindergarten erweist sich wiederum als wenig ergiebig. Fast scheint es, als sei das Thema „aktuelle politische Verhältnisse" noch weit gehend unerschlossen, zumal sich die einschlägige Literatur immer wieder auf dieselben Autoren bezieht. Auffällig ist die konsequente Gleichsetzung von Demokratie mit Partizipation, d.h. das Erleben von Demokratie und Erlernen demokratischer Kompetenzen soll hauptsächlich durch eine Beteiligung der Kinder an alltäglichen Entscheidungsprozessen erreicht werden. Stange/Tiemann (1999) fordern z.B. in ihrem Beitrag eine „Demokratieoffensive", die es Kindern ermöglicht, zukunftswichtige Entscheidungskompetenzen und entsprechende Fähigkeiten zu erwerben. Die Autoren formulieren neue Aspekte einer Partizipationspädagogik. Eine zunehmende Beteiligung von Kindern kann nach ihrer Meinung nur in einer Form stattfinden, die dem Alter der Kinder angemessen ist, also unter Berücksichtigung entwicklungspsychologischer Aspekte. In diesem Zusammenhang kritisiert Isabell Diehm (1997) die aktuelle Forschungsdebatte, die die Frage des entwicklungspsychologischen Standes der Kinder völlig außer Acht lasse. So verweise man zwar häufig auf das, was Kinder lernen sollen, biete aber keine Lösungen zur Frage des „WIE" oder des „WANN" an. Ein Versuch, kindliche Teilhabe aus einem entwicklungspsychologischen Blickwinkel heraus zu definieren, wurde von Oerter und Höfling (vgl. Oerter/Höfling 2001) unternommen. Sie werfen die Frage auf, welche Kompetenzen Kinder haben und diskutieren das Thema kindlicher Verantwortungsfähigkeit entlang verschiedener entwicklungspsychologischer und soziologischer Ansätze.

„Demokratie-Lernen"

In den neueren wissenschaftlichen Arbeiten wird vermehrt „Demokratie-Lernen" mit Vermittlung von demokratischen Verhaltens- und Handlungsfähigkeiten gleichgesetzt. In diesem Zusammenhang ist z.B. der Ansatz von Beutel/Fauser (2001) zur „Erfahrene(n) Demokratie", das „Lernprogramm Demokratie" von Büttner/Meyer (2001) oder der Ansatz von Himmelmann (2001) zu „Demokratie-Lernen als Lebens-, Gesellschafts- und Herrschaftsform" zu nennen. In Bezug auf konkrete Vorschläge und Modelle zur Umsetzung der vorhandenen Forschungsansätze haben Klein/Vogt (2001) die Frage nach der Entwicklungsdimension von Kindern als „Seiende" und als „Werdende" gestellt. Von dieser Dimension ausgehend entwickeln die Autoren konkrete Vorschläge zur Partizipation, die sie in direkten Bezug zu bewährten pädagogischen Konzepten und Modellen setzen.

Konzepte kindlicher Mitbestimmung

Dass die Politik und Pädagogik eng zusammenhängen und sich gegenseitig beeinflussen, machen Knauer/Brandt (1998) in ihrem Beitrag deutlich. Die Autoren stellen verschiedene Konzepte von kindlicher Mitbestimmung vor, z.B. der Kindergarten wird als Ort der „Vorbereitung" auf die wirkliche Demokratie verstanden, als ein „Lernort", der Grundqualifikationen vermitteln kann und soll. Im Praxisbuch für die Kita von Doyé/Lipp-Peetz (1998) wird der Frage nachgegangen: „Wer kann was zu einem demokratischen Haus für Kinder beitragen?" Ausgangspunkt ist hierbei der Situationsansatz, anhand dessen die Autoren verschiedene Möglichkeiten einer partizipativen Einbeziehung von Kindern in alltägliche Entscheidungsprozesse vorstellen.

Sturzbecher/Langer/Waltz (2000) bieten Untersuchungsergebnisse einer an der Universität Potsdam durchgeführten Studie zu „Möglichkeit und Grenzen sozialer Partizipation und selbstbestimmten Konfliktregulation von Kindern in Kindergarten und Grundschule" an. Resultat dieser empirischen Studie war die Erkenntnis, dass sich Perspektiven von Eltern und Kindern in Bezug auf ihre Wahrnehmung von Partizipation und Autonomie drastisch unterschieden.

Hauptziel eines bereits seit einiger Zeit abgeschlossenen Projekts des Deutschen Jugendinstitutes zum „Konfliktverhalten von Kindern in Kindertagesstätten" (Dittrich/Döring/Schneider 2001) war dagegen herauszufinden, was Konfliktanlässe für Kinder sind, wie Kinder Konflikte untereinander regeln und über welches Verhaltensrepertoire sie dazu verfügen. Die Frage, welche Erfahrungen Kinder mit der Durchsetzung ihrer Interessen machen und ob das Interessenschicksal der Kinder ihr späteres politisches Verhalten beeinflussen könnte, wurde nicht aufgegriffen. Eine amerikanische Studie setzt dagegen, dass Konfliktverhalten und partizipatorisches Engagement *invers* zusammen zu hängen scheinen (Ulbig/Funk 1999, 278).

## 5. Zusammenfassung und Perspektiven

Auf den ersten Blick fällt auf, dass in der Fachliteratur das Problem kindlicher Interessen kaum bzw. nur partiell thematisiert wird, es gibt kaum Untersuchungen zu den Interessen von Kindern im Kleinkind- und Vorschulalter. Der Grund dafür könnte zum einen im Aufwand einer Befragung von Kindern dieser Altersgruppe liegen, als auch in der Meinung, Kinder seien unzuverlässige Informanten. Dieser Behauptung widersprechen jedoch wissenschaftliche Befunde von Moore/Lare/Wagner (1985), die zeigen, dass Kinder bereits ab dem Kindergartenalter ihre Interessen gut artikulieren können.

Weiterhin fehlen Aufschlüsse über die Sicht, die Kinder selbst auf verschiedene Partizipationsmodelle haben. Anhaltspunkte für die Bildungsinstitution Schule bietet eine in der Schweiz durchgeführte Studie. In dem Projekt „Den Kindern eine Stimme geben" wurde in Kooperation mit UNICEF eine breit angelegte Befragung realisiert. Ziel war es zu erfahren, wo Kinder aus ihrer eigenen Sicht die Möglichkeit sehen, aktiv am öffentlichen Leben teilzunehmen und bei welchen Themen sie gerne mehr bestimmen würden. Dabei stellte sich heraus, dass die Kinder in Angelegenheiten, die sie angehen, mitbestimmen wollen und dass die Partizipationsmöglichkeiten aus ihrer Sicht nur in der Familie (48 Prozent) groß sind, in der Schule (39 Prozent) dagegen eher geringer ausfallen (UNICEF 2003).

Interdisziplinarität

In der Diskussion um Demokratie in Familie und Kindergarten wird weitgehend interdisziplinär gearbeitet. So kommen z.B. Ansätze aus Soziologie, (Entwicklungs-)Psychologie und Pädagogik gemeinsam zu Wort. Sogar die juristische Sichtweise findet im Hinblick auf kindliche Rechte Beachtung. Die politikwissenschaftliche Perspektive wird jedoch in keinem der Ansätze bemüht, obwohl diese in interdisziplinären Debatten über Erziehung zu Demokratiefähigkeit von wesentlicher Bedeutung ist (von welcher Demokratie ist eigentlich die Rede?). Die große Differenz zwischen der realen Demokratie in Deutschland und den in der Literatur vorgestellten pädagogischen Ansätzen zur

Vermittlung demokratischer Verhaltensfähigkeiten, könnte hier ihren Ursprung haben.

Die Auseinandersetzungen um Familie, Kindergarten und Politik konzentrieren sich in erster Linie darauf, Modelle für ein angestrebtes zukünftiges Verhalten der Kinder anzubieten (normative Perspektive), ohne die kindlichen Erfahrungen im Umgang mit Interessengegensätzen zu berücksichtigen. Ob Kinder jedoch aktiv oder passiv auf die politischen Verhältnisse zugehen, wird möglicherweise davon abhängen, wie diese Erfahrungen bezüglich des Umgangs der Eltern und der pädagogischen Autoritäten mit ihren Interessen verlaufen sind.

## Literatur

Beutel, W./Fauser, P. (Hrsg.) 2001: Erfahrene Demokratie. Wie Politik praktisch gelernt werden kann. Opladen

Büttner, Christian/Meyer, Bernhard 2001: Lernprogramm Demokratie. Weinheim

Büttner, Christian: Die Familie – ein Baustein der Demokratie? In: kursiv – Journal für politische Bildung, H. 3, 2003, S. 18 ff.

Christoffel, Judith 1996: Die Bedeutung der Familie für die Sicherung der Demokratie. In: Verein zur Förderung der Psychologischen Menschenkenntnis (Hrsg.): Mut zur Ethik: Aufgaben der Gesellschaft zur Sicherung der Demokratie. Zürich, S. 250 f.

Clayton, Pat 2001: Citizenship Education im englischen Schulsystem – Ein verdeckter und umstrittener Lehrplan. In: Büttner, Christian/Meyer, Bernhard: Lernprogramm Demokratie. Weinheim

Diehm, Isabell 1997: Politische Erziehung im Vorschulalter. In: Sander, W. (Hrsg.): Handbuch politische Bildung. Schwalbach/Ts., S. 143 ff.

Dittrich, G./Döring, M./Schneider, K. 2001: Wenn Kinder in Konflikt geraten. Eine Beobachtungsstudie in Kindertagesstätten. Opladen

Doyé, G./Lipp-Peetz, Christine 1998: Wer ist denn hier der Bestimmer? Das Demokratiebuch für die KITA, Praxisreihe Situationsansatz. Ravensburg

Himmelmann, G. 2001: Demokratie-Lernen als Lebens-, Gesellschafts- und Herrschaftsform. Schwalbach/Ts.

Klein, Lothar/Vogt, Herbert 2000: Erzieherinnen im Dialog mit Kindern. Wie Partizipation im Kindergarten aussehen kann. In: Büttner, Christian/Bernhard Meyer (Hrsg.): Lernprogramm Demokratie. Möglichkeiten und Grenzen politischer Erziehung von Kindern und Jugendlichen. Weinheim und München, S. 89-105

Knauer, R./Brandt, P. 1998: Kinder können mitentscheiden: Beteiligung von Kindern und Jugendlichen in Kindergarten, Schule und Jugendarbeit. Neuwied

Moore, S.W./Lare, J./Wagner, K.A .1985: The child's political world. A longitudinal Perspective. New York

Oerter, Rolf/Höfling, S. (Hrsg.) 2001: Mitwirkung und Teilhabe von Kindern und Jugendlichen. Akademie für Politik und Zeitgeschehen. Hans-Seidel-Stiftung e.V., München

Palentien, Christian/Hurrelmann, Klaus (Hrsg.) 1997: Jugend und Politik: ein Handbuch für Forschung, Lehre und Praxis. Neuwied u.a.

Piaget, Jean 1954: Das moralische Urteil beim Kinde. Zürich

Stange, W./Tiemann, D. 1999: Alltagsdemokratie und Partizipation: Kinder vertreten ihre Interessen in der Kindertagesstätte, Schule, Jugendarbeit und Kommune. In: Glinka, H. J./Schorn, B./Stange, W./Tiemann, D. u.a. (Hrsg.): Kulturelle und politische Partizipation von Kindern, DJI. München, S. 211-330

Sturzbecher, Dietmar/Langer, Winfried/Waltz, Christine 2000: Wieviel Autonomie besitzen Kinder? Ein Vergleich der Perspektiven von Kindern und ihren Erziehungspersonen. In: Kuhn, Hans-Peter/Uhlendorff, Harald/Krappmann, Lothar (Hrsg.): Sozialisation zur Mitbürgerlichkeit. Opladen, S. 197-217

Thomas, Nigel 2000: Children, Familiy and the State. Decision-Making and Child Participation. London

Ulbig, Stacy G./Funk, Carolyn L. 1999: Conflict Avoidance and Political Participation. In: Political Behavior, 3, S. 265-282

UNICEF-Studie „Den Kindern eine Stimme geben". http://www.unicef-suisse.ch/update/d/aktuell/ kinderbefragung/kinderbefragung.shtml 23.06.03

*Dietmar von Reeken*

# Politische Bildung im Sachunterricht der Grundschule

## 1. Historische Entwicklung

Infragestellung religiöser Weltdeutung

Das erste Nachdenken über die Einführung eines realienorientierten Unterrichts in der Schule im 17. und 18. Jahrhundert zielte zwar nicht direkt auf die Einleitung politischer Lernprozesse bei den Kindern, besaß aber dennoch erhebliche politische Implikationen: Eine systematische Sachbildung für breite Schichten der Bevölkerung bedeutete zumindest potenziell eine Infragestellung der Dominanz religiöser Weltdeutung und eine Durchbrechung der starren Ständegesellschaft. Allerdings blieben erste pädagogische Konzepte noch stark im Selbstverständnis ihrer Zeit befangen; der Pädagoge Johann Amos Comenius etwa stellte die Welt und ihre „Sachen" als Ausdruck göttlicher Ordnung dar.

Realienbildung

Unter dem Einfluss des gesellschaftlichen, wirtschaftlichen und politischen Wandels seit dem späten 18. Jahrhundert entstanden auch neue Entwürfe sachunterrichtlichen Lernens für Kinder in der Volksschule, die sich in inhaltlichem Zuschnitt und methodischer Gestaltung deutlich vom zeitgenössischen Schulalltag mit seiner Dominanz von Auswendiglernen, Vermittlung elementarer Kulturtechniken und religiöser Durchdringung des Unterrichts abgrenzten. Die Konzepte von Wilhelm Harnisch und insbesondere von Adolph Diesterweg zielten auf eine breite Realienbildung der Massen der Bevölkerung und bei Diesterweg auch explizit auf die Förderung der Mündigkeit der Kinder, „welche sich in der Fähigkeit, sich selbst zu regieren und zu bestimmen, kundtut" (Diesterweg 1851, zit. nach Hänsel 1980, 19), so dass sie von Dagmar Hänsel zusammenfassend als „demokratischer Realienunterricht" bezeichnet wurden (vgl. ebd., 14). Diese Konzepte gelangten zwar durch die Arbeit Harnischs und Diesterwegs als Lehrerbildner an breite Kreise der Lehrerschaft, wurden aber immer wieder von staatlicher Seite, insbesondere nach der gescheiterten Revolution von 1848, als politisch unerwünscht in den Hintergrund gedrängt. Dies galt etwa für die preußischen „Stiehlschen Regulative" von 1854, die den Realienunterricht quantitativ drastisch einschränkten und die religiöse Bildung stärkten. Realienbildung allerdings war angesichts der wirtschaftlichen Dynamik des fortschreitend industrialisierten Deutschland zunehmend unerlässlich, so dass entsprechende Unterrichtselemente wieder in die Lehrpläne eingefügt wurden, die allerdings nunmehr verstärkt im Sinne einer „Vaterlandskunde" staatlich instrumentalisiert wurden. Der Sachunterricht war also ein eminent politisches Fach, das auch in den folgenden Jahrzehnten zwischen staatlich verordneter politischer Affirmation und vereinzelten fortschrittlichen Impulsen einzelner Pädagogen mit der Entwicklung neuer Zielsetzungen, Inhalte und Methoden schwankte. In der Heimatkunde, wie das Fach spätestens seit Beginn der Weimarer Republik auch offiziell hieß, dominierte dabei die Affirmation, besonders krass während der nationalsozialistischen Herrschaft, weniger offensiv, aber gleichwohl politisch wirksam vor 1933 und nach 1945. Affirmativ war die Heimatkunde sowohl durch das z.T. irrationale, emotional aufgeladene Heimatkonzept als auch durch die Art der Behandlung politischer Inhalte: Zwar gab sie sich in Lehrplänen und didaktischen Veröffentlichungen eher unpolitisch, da Politik nach der gängigen Reifungstheorie für das Kind im Grundschulalter als unverständlich galt, doch sollten die Kinder zumindest in die politischen Institutionen des heimatlichen Raumes eingeführt werden. Dies geschah aber in der Form einer „Gemeinschaftserziehung", als Anpassung an vorgegebene politische Strukturen ohne die Förderung eigenständiger Urteilsbildung. Die Figur des Bürgermeisters als „Vater der Gemeinde", der für die Dorfgemeinschaft „sorgt", wie sie in manchen Heimatkundebüchern der 1950er-Jahre vorgestellt wurde, übertrug patriarchal-autoritäre Familienvorstellungen auf politische Zusammenhänge und förderte so politische Anpassung und Apathie statt demokratischem Engagement bei den Kindern.

Heimatkunde

Diese „affirmative Erziehung" (Müller) war es auch, die spätestens Ende der 1960er-Jahre zur scharfen Kritik an der Heimatkun-

Von der Heimatkunde zum Sachunterricht

de beigetragen hat. Die allgemeine gesellschaftliche Reformstimmung, ein großer Bildungsoptimismus, Einflüsse aus den USA, wo schon seit Jahren u.a. über die politische Sozialisation von Kindern und ihre Bedeutung für deren demokratisches Bewusstsein geforscht wurde, sowie Einflüsse der Bezugswissenschaften, in diesem Fall der sich als Wissenschaft konstituierenden Politikdidaktik, führten dazu, dass die Heimatkunde sich zum wissenschaftsorientierten Sachunterricht wandelte und – neben den nunmehr die Diskurse prägenden naturwissenschaftlichen Unterrichtstheorien – auch Konzepte einer expliziten politischen Bildung entwickelt wurden. Erstmals wurde jetzt zumindest von der Wissenschaft anerkannt, dass auch schon Kinder über die Fähigkeit verfügen, Zugänge zum Politischen zu erhalten; Schlüsselbegriffe der Bemühungen um das politische Lernen im Grundschulalter waren wie in den weiterführenden Schulen (was erstmals auch die Kontinuität der Lernprozesse zwischen den Schulstufen andeutete) die Schlagworte „Mündigkeit" und „Emanzipation". Prominente Entwürfe jener Jahre stammten etwa von Paul Ackermann (z.B. Ackermann 1976) und Gertrud Beck (Beck 1972 und 1973). Auch einzelne sachunterrichtsdidaktische Konzepte integrierten jetzt die politische Dimension; dies galt vor allem für den von Reutlinger Didaktikern entwickelten „Mehrperspektivischen Unterricht", dessen Ziel es war, im Unterricht über die Alltagswirklichkeit aufzuklären, in die Kinder verstrickt sind, indem die Wirklichkeit in vierfacher Hinsicht rekonstruiert werden sollte: scientisch (also unter Bezugnahme auf wissenschaftliche Erkenntnisse), erlebnis/erfahrungsbezogen, szenisch und politisch-öffentlich. Allerdings blieben die neuen Konzepte auch nicht unumstritten: Bernhard Claußen etwa unterzog 1976 die vorliegenden Entwürfe einer kritischen Analyse und entwickelte seinerseits „Vorüberlegungen zu einem alternativen Entwurf" (Claußen 1976).

Mündigkeit und Emanzipation

Schulbuchentwicklung

Der fachdidaktische Aufbruch führte auch zur Entwicklung eines eigenen Schulbuches (Beck/Aust/Hilligen 1972) und einer Reihe von Unterrichtsvorschlägen – die 1976 erschienene „Bibliographie Sachunterricht der Primarstufe" (Gärtner 1976) verzeichnete neben mehr als 150 fachdidaktischen Büchern und Aufsätzen auch 44 Unterrichtsbeiträge zum Bereich „Politische Bildung – Soziallehre". Ob der Aufbruch allerdings in den Schulen ankam, darf bezweifelt werden. Zwar stellte Helmut Schreier in einer empirischen Analyse von Lehrberichtsaufzeichnungen aus Kasseler Grundschulen einen deutlichen Anstieg eines „gesellschaftskritischen Themenkanons" zwischen 1967 und 1975 vor allem im vierten Schuljahr fest (Schreier 1979, 145), doch ist angesichts des Fehlens weiterer empirischer Untersuchungen unklar, ob diese Ergebnisse verallgemeinerbar sind. Dies gilt vor allem für die Zeit seit Mitte der 1970er-Jahre, als auch die fachdidaktische Diskussion über das politische Lernen im Sachunterricht weit gehend verstummte. Ursachen für dieses Verstummen waren das Ende der Reformära in Gesellschaft und Bildungspolitik, die Konzentration der Politikdidaktik auf den „eigentlichen" Politikunterricht in den weiterführenden Schulen, die Kritik an wissenschaftsorientierten und fachpropädeutischen Konzepten, eine verbreitete Skepsis der Lehrerschaft an Grundschulen, was die Umsetzbarkeit und „Kindgemäßheit" politischen Lernens anging, sowie eine Wende zur Kindorientierung in Grundschulpädagogik und Sachunterrichtsdidaktik. Politische Bildung im Grundschulalter war für ca. zwanzig Jahre weder für die Politikdidaktik noch für die sich als Wissenschaft etablierende Sachunterrichtsdidaktik ein wichtiges Thema – und auch die nach der ersten Reformeuphorie nun erneut überarbeiteten Lehrpläne der späten 1970er- und 1980er-Jahre in den verschiedenen Bundesländern drängten dezidiert politische Inhalte wieder zugunsten des sozialen Lernens in den Hintergrund (vgl. auch Richter 1996).

Diskussion um politisches Lernen verstummte Mitte der 1970er-Jahre

## 2. Neuere Konzepte

Seit Mitte der 1990er-Jahre allerdings leben zumindest die fachdidaktischen Diskurse über die Möglichkeiten politischer Bildung in der Grundschule wieder auf. Dies hat mehrere Ursachen:

Neue Diskussion in 1990er-Jahren

1. Es wird jetzt stärker anerkannt, dass Kindheit kein politikfreier Raum ist, sondern auch Grundschulkinder in ihren Lebenswelten bereits mit Politik in Berührung kommen. Forschungen

zur politischen Sozialisation von Kindern zeigen, dass Kinder sowohl indirekt als auch direkt von politischen Entscheidungen und Prozessen betroffen sind und diese Betroffenheit auch äußern. Die einzige Institution, in der solche Auswirkungen und deren Hintergründe mit dem Ziel einer Durchschaubarkeit, eines Verstehens scheinbar anonymer Risiken und Entscheidungen aufgearbeitet werden können, wo also der kindliche Anspruch auf Aufklärung und Mitgestaltung eingelöst werden kann, ist die Schule. Geschieht dies hier nicht, so wird das politische Lernen (mit der Gefahr von Indoktrination und Manipulation) anderen, außerschulischen Vermittlern, überlassen, was demokratietheoretisch und -praktisch höchst problematisch ist.

Kindheit ist kein politikfreier Raum

Kinder sind Teil des „demos"

2. Verstärkt diskutiert wird in den letzten Jahren, dass eine Ausblendung von Kindern aus dem politischen Prozess in einer Demokratie ebenfalls sehr fragwürdig ist, denn Kinder sind zum einen diejenigen, die die langfristigen Auswirkungen jetziger politischer Entscheidungen zu tragen haben, zum anderen sind sie in einer Demokratie Teil des „demos", müssten also eigentlich Anteil an den Entscheidungsprozessen haben. Gesellschaftlicher Ausdruck solcher Erkenntnisse sind neben den entsprechenden öffentlichen Diskursen, z.B. über die mögliche Einführung eines Kinderwahlrechts, auch die Verabschiedung der Kinderrechtskonvention der Vereinten Nationen und die Entwicklung von Instrumenten zur Partizipation von Kindern und Jugendlichen an politischen Prozessen vor allem auf kommunaler Ebene (Kinderforen und -parlamente, Beteiligung an lokalen Agenda 21-Prozessen usw.). Die Hoffnung einer solchen Politik mit und durch Kinder ist nicht nur, dass diese hierdurch wichtige Kompetenzen erwerben und langfristiges Interesse am politischen Leben entwickeln, sondern auch, dass sie eigene Interessen, Ideen und eine spezifische, wertvolle Kinderperspektive in die politischen Diskurse einbringen.

Kinder können politisch urteilen

3. Die neueren Erkenntnisse aus Lern- und Entwicklungspsychologie, Hirnforschung usw. über das kindliche Lernen machen deutlich, dass die lange Zeit in der Forschung und noch längere Zeit in den Köpfen von Lehrerinnen und Lehrern fest verwurzelte

Vorstellung, dass sich Kinder im Grundschulalter auf einer „Stufe“ ihrer Entwicklung befänden, in der sie politische Phänomene schlichtweg nicht verstünden, nicht mehr haltbar ist. Zum einen betonen z.B. psychologische Theorien wie die des „bereichsspezifischen Wissens“ viel stärker die Notwendigkeit frühzeitigen Wissenserwerbs und der Schaffung entsprechender Gelegenheiten hierzu, zum anderen zeigen die – allerdings noch recht wenigen – Forschungen zur politischen Sozialisation von Kindern, dass auch sie bereits politisch urteilen und dass eine frühe Begegnung mit politischen Problemen von zentraler Bedeutung für eine nachhaltige Interessenentwicklung in diesem Bereich und damit die Bereitschaft zur Entwicklung eines politischen Engagements ist, auf die eine Demokratie angewiesen ist.

Schule als „polis“

4. In jüngster Zeit gibt es Bemühungen, Grundschule noch viel stärker als demokratischen Raum, als „polis“ (Hartmut von Hentig) zu gestalten, eine demokratische Schul- und Lernkultur zu entwickeln und so Selbst- und Mitbestimmung von Kindern möglich zu machen. Hierzu gehören die Einrichtung von Klassenräten und Schulparlamenten, die Veranstaltung von Zukunftswerkstätten und die Schaffung anderer Partizipationsinstrumente.

Gefahr der „Trivialisierung“

5. In der Sachunterrichtsdidaktik werden vermehrt Stimmen laut, die die Wende zu einer häufig allzu naiv verstandenen Kindorientierung und zur unkritischen Rezeption reformpädagogischer Methoden kritisieren und vor der Gefahr einer „Trivialisierung“ des Sachunterrichts warnen. Verbunden ist hiermit – jedenfalls partiell – auch die Forderung nach einem Wiederaufnehmen des abgerissenen Gesprächsfadens mit den Bezugsdisziplinen des Sachunterrichts.

Überblick über neuere Konzepte

Seit Mitte der 1990er-Jahre entstand daher eine Reihe unterschiedlicher Konzepte und Theoriefragmente. Zu nennen sind hier beispielsweise das 1996 herausgegebene „Handbuch zur politischen Bildung in der Grundschule“ (George/Prote 1996), das allerdings mit einem sehr ausgeweiteten Verständnis politischer Bildung den Kern des Politikbegriffs aufzuweichen droht (vgl. auch die Kritik in Claußen 2003, 128 f.), eine Reihe von

Veröffentlichungen von Dagmar Richter (z. B. Richter 1997 und 2000a), eine Einführung in das soziale und politische Lernen in der Grundschule von Peter Herdegen (Herdegen 1999) sowie eine Einführung in das politische Lernen im Sachunterricht vom Verfasser dieses Beitrags (Reeken 2001). Jüngst hat Bernhard Claußen, der sich bereits seit drei Jahrzehnten mit dem Gegenstand beschäftigt, eine Sammlung von Beiträgen zur politischen Bildung in der Grundschule vorgelegt, bei der es sich nicht um eine geschlossene Theorie handelt, sondern eher um eine kritische Bewertung des Forschungsstandes mit Perspektiven für die weitere Theoriebildung (Claußen 2003). Insgesamt kann man festhalten, dass nach wie vor keine konsistente und konsensfähige Theorie politischer Bildung in der Grundschule bzw. im Sachunterricht vorhanden ist, aber zumindest Bausteine einer solchen, die – unter Anknüpfung an den schon erreichten Diskussionsstand der 1970er-Jahre – auch die Praxis des Unterrichts befruchten können.

Auch in der Sachunterrichtsdidaktik werden diese Überlegungen mittlerweile stärker rezipiert. Zwar blenden manche Sachunterrichtskonzepte die Politische Bildung nach wie vor zugunsten des vermeintlich leichteren sozialen Lernens oder einer allgemeinen Einführung der Kinder in die „Kultur“ aus; als Beispiel sei auf die Überlegungen Walter Köhnleins verwiesen, der neun verschiedene „wissenschaftsbezogene Dimensionen des Sachunterrichts“ unterscheidet, zu denen etwa eine historische, eine geografische oder eine biologische, nicht aber ein politische, sondern lediglich eine „gesellschaftliche Dimension“ gehört, die aber, wie Köhnleins weitere Ausführungen zeigen, eher als sozialkundliche denn als politische verstanden wird (vgl. Köhnlein 1996, 50 und 53; vgl. auch Richter 1996, 267). Auch die neueren Sachunterrichtslehrpläne weisen kaum dezidiert politische Themen aus. Doch immerhin integriert der jüngst von der „Gesellschaft für Didaktik des Sachunterrichts“ entwickelte „Perspektivrahmen Sachunterricht“, der einen Beitrag zur Kerncurriculumdebatte darstellen soll, im Rahmen der „Sozial- und kulturwissenschaftlichen Perspektive“ auch explizit politische Fragestellungen (vgl. GDSU 2002, 6, 10-

Lehrplanentwicklung

12, 24). Ob solche Überlegungen allerdings bereits zu Veränderungen in der Unterrichtspraxis führen, muss bezweifelt werden: Empirische Untersuchungen zu dem, was tatsächlich hinter den Klassentüren geschicht, liegen im Sachunterricht nicht vor, aber wenn man die Thematisierung in praxisnahen Grundschulzeitschriften als ein Indiz für den Zustand des Unterrichts annehmen kann, dann sieht es um das politische Lernen jenseits allgemeiner Bekundungen zur Demokratisierung der Grundschule nach wie vor eher schlecht aus.

## 3. Perspektiven für die Praxis

### 3.1 Handlungsbedingungen, Möglichkeiten und Grenzen

Gute Voraussetzungen für stärkere Integration politischer Bildung in Grundschulunterricht

Die Voraussetzungen für eine verstärkte Integration politischer Bildung in den Grundschulunterricht als Grundstufe eines lebenslangen politischen Lernens sind dagegen eigentlich vergleichsweise gut:

- Die Gesellschaft hat in zunehmendem Maße ein Interesse an einer frühzeitigen politischen Bildung (vgl. auch Claußen 2003, 58) und ist, wie die Entwicklung der letzten Jahre zeigt, prinzipiell bereit, diese auch zu fördern, auch wenn die Lehrplanarbeit dem manchmal zu widersprechen scheint.
- Grundschulkinder sind, dies zeigen die Forschungen der letzten Jahre (z.B. zur politischen Sozialisation, zum Philosophieren mit Kindern, aber auch die Bestrebungen zur Schaffung von „Kinder-Unis"), an bedeutsamen Fragen grundsätzlich interessiert und sie besitzen die notwendigen Fähigkeiten, um sich mit politischen Problemen sachangemessen, wenn auch natürlich auf der Grundlage ihres noch beschränkten Entwicklungs- und Wissensstandes, auseinander zu setzen.
- Die Partizipationsprojekte in vielen Kommunen und die Projekte zur Weiterentwicklung einer demokratischen Kultur in den Grundschulen verbessern die Anknüpfungsmöglichkeiten für Politische Bildung im Sachunterricht.
- Neuere Sachunterrichtskonzepte wie der Perspektivrahmen der GDSU setzen auf eine Integration politischer Lernprozesse.

Zwar schreiben viele Lehrpläne entsprechende Gegenstände nicht vor, doch sind sie meist hinreichend offen, so dass deren Behandlung bei entsprechender Bereitschaft möglich ist.

Bedingungen, die bei Integration zu beachten sind

Allerdings gibt es auch einige besondere Bedingungen zu beachten:

- Sachunterricht ist kein Fachunterricht wie der Politikunterricht der weiterführenden Schulen. Es kann also im Regelfall keine politischen „Lehrgänge" geben, sondern die politischen Inhalte und Zugänge sind eingebunden in nicht-fachgebundene, problemorientierte Unterrichtssequenzen. Die Vernetzung mit anderen Perspektiven ist dabei sehr wichtig (vgl. auch GDSU 2002), was für das politische Lernen auch Chancen bietet: So darf etwa im Rahmen sachunterrichtlicher Umweltbildung nicht nur die Verschmutzung des Baches in der Nähe der Schule mit naturwissenschaftlichen Methoden analysiert werden, sondern es müssen auch die für eine Verschmutzung ursächlichen Regelungen, Verhaltensweisen usw. untersucht und Handlungsmöglichkeiten für eine Veränderung der als unbefriedigend empfundenen Situation entwickelt werden.
- Gute politische Bildung setzt politisch kundige, interessierte und engagierte Lehrerinnen voraus. Da viele Grundschullehrerinnen fachfremd Sachunterricht unterrichten und auch in der Sachunterrichtsausbildung politikdidaktische Veranstaltungen eher Mangelware sind, haben wir es hier mit einem Professionalisierungsdefizit zu tun, dem nur durch verstärkte Anstrengungen in Lehreraus- und vor allem -fortbildung zu begegnen ist; die Publikationstätigkeit der letzten Jahre liefert hierfür aber eine gute Grundlage.

## 3.2 Zielsetzungen, Inhalte und Methoden

Ziel politischer Bildung im Sachunterricht muss es sein, dass Kinder lernen, „sich situationsbezogen, sachangemessen und persönlichkeitskultivierend in der Welt des Politischen mit ihren materiellen wie ideellen Voraussetzungen, Bedingungen und Folgen zu orientieren" (Claußen 2003, 40 f.). Hierzu muss der Unterricht Gelegenheit geben, die lebensweltlichen Erfahrungen der

Kinder mit Politik in ihrer Vergangenheit und Gegenwart aufzugreifen, und zwar in zweifacher Hinsicht:

Lebensweltliche Erfahrungen der Kinder mit Politik aufgreifen

1. In der Behandlung expliziter Gegenstände politischer Bildung, z.B. durch eine Anknüpfung an die epochaltypischen Schlüsselprobleme Wolfgang Klafkis; geeignet sind etwa die Auseinandersetzung mit Krieg und Frieden und mit ökologischen Fragen, Probleme der Dritten Welt und der Konsumbildung, Partizipationsmöglichkeiten vor Ort usw. (Überlegungen hierzu in Reeken 2001, Kap. 7).

2. In Gesprächen über aktuelle, die Kinder bewegende politische Ereignisse, wodurch sie lernen, „dass Kommunikation über Politik zu den Selbstverständlichkeiten des Lebens gehört und auch zum kulturellen Erlebnisschatz anderer Menschen zählt" (Claußen 2003, 62). Wichtig ist dabei, dass das Politische im Mittelpunkt stehen muss, und dass Kinder nicht bei ihren lebensweltlichen Erfahrungen stehen bleiben, sondern neues Wissen, neue Erklärungsperspektiven und Deutungsmöglichkeiten erwerben – was nur durch einen Bezug auf das Fachliche möglich ist.

Die Behandlung all dieser Inhalte politischer Bildung sollte methodisch vielfältig geschehen, wobei Formen selbstständigen Arbeitens im Sinne einer demokratischen Lernkultur im Mittelpunkt stehen sollten; die hierfür erforderlichen (Teil-)Kompetenzen und Fähigkeiten werden allerdings von Grundschulkindern erst nach und nach erworben. Als besonders geeignet für politisches Lernen erweisen sich Methoden wie das Projekt, das Rollen- und Planspiel, die Erkundung politischer Realität (vor allem vor Ort, aber auch durch die Medien vermittelt), die Zukunftswerkstatt und das fallbezogene Lernen (vgl. hierzu Reeken 2003).

## Literatur

Ackermann, Paul 1976: Einführung in den sozialwissenschaftlichen Sachunterricht. München

Beck, Gertrud 1972: Politische Sozialisation und politische Bildung in der Grundschule, unter Mitarbeit von Wolfgang Hilligen und Siegfried Aust. Frankfurt/M.

Beck, Gertrud u.a. 1973: Politische Bildung ohne Fundament. Neuwied

Beck, Gertrud/Aust, Siegfried/Hilligen, Wolfgang 1972: Arbeitsbuch zur politischen Bildung in der Grundschule. 3. Aufl., Frankfurt/M.

Claußen, Bernhard 1976: Zur Theorie der politischen Erziehung im Elementar- und Primarbereich. Eine Analyse neuerer Konzeptionen. Frankfurt/M.

Claußen, Bernhard 2003: Politische Bildung in der Grundschule. Fachdidaktische Aspekte der Primarstufe. Hamburg

Gärtner, Hans 1976: Bibliographie Sachunterricht der Primarstufe. Eine Auswahl zur Theorie und Praxis. Paderborn

George, Siegfried/Prote, Ingrid (Hrsg.) 1996: Handbuch zur politischen Bildung in der Grundschule. Schwalbach/Ts.

Gesellschaft für Didaktik des Sachunterrichts (GDSU) 2002: Perspektivrahmen Sachunterricht. Bad Heilbrunn

Götz, Margarete 1996: Politische Bildung im Sachunterricht der Grundschule. In: Ludwig Duncker/Walter Popp (Hrsg.): Kind und Sache. Zur pädagogischen Grundlegung des Sachunterrichts. 2. Aufl., Weinheim/München, S. 117-129

Hänsel, Dagmar 1980: Didaktik des Sachunterrichts. Sachunterricht als Innovation der Grundschule. Frankfurt/M.

Herdegen, Peter 1999: Soziales und politisches Lernen in der Grundschule. Grundlagen – Ziele – Handlungsfelder. Donauwörth

Köhnlein, Walter 1996: Leitende Prinzipien und Curriculum des Sachunterrichts. In: Edith Glumpler/Steffen Wittkowske (Hrsg.): Sachunterricht heute. Zwischen interdisziplinärem Anspruch und traditionellem Fachbezug. Bad Heilbrunn, S. 46-76

Reeken, Dietmar von 2001: Politisches Lernen im Sachunterricht. Didaktische Grundlegungen und unterrichtspraktische Hinweise. Baltmannsweiler

Reeken, Dietmar von (Hrsg.) 2003: Handbuch Methoden im Sachunterricht. Baltmannsweiler

Richter, Dagmar 1996: Didaktikkonzepte von der Heimatkunde zum Sachunterricht – und die stets ungenügend berücksichtigte politische Bildung. In: George/Prote, S. 261-284

Richter, Dagmar 1997: Kinder und politische Bildung. In: Walter Köhnlein/Brunhilde Marquardt-Mau/Helmut Schreier (Hrsg.): Kinder auf dem Wege zum Verstehen der Welt, S. 76-89

Richter, Dagmar (Hrsg.) 2000: Methoden der Unterrichtsinterpretation. Qualitative Analysen einer Sachunterrichtsstunde im Vergleich. Weinheim/München/Bad Heilbrunn

Richter, Dagmar 2000a: Politisches Lernen in der Grundschule. In: Grundschule, H. 4, S. 31-34

Schreier, Helmut 1979: Sachunterricht – Themen und Tendenzen. Eine Inhaltsanalyse von Lehrberichtsaufzeichnungen aus Kasseler Grundschulen im Zeitraum 1967-1975. Paderborn

*Peter Herdegen*

# Politikunterricht in der Sekundarstufe I allgemeinbildender Schulen

## 1. Politische Bildung in den Lehrplänen der Sekundarstufe I

Uneinheitliche Situation in den Bundesländern

Politikunterricht findet in den Klassen 5-10 in Deutschland in sehr unterschiedlichen Formen statt. Die Unterschiede beginnen bei der Fachbezeichnung. Neben „Sozialkunde" sind gebräuchlich: „Gemeinschaftskunde", „Politische Bildung", „Welt/Umwelt", „Politik-Unterricht", „Geschichte/Politik", „Gesellschaftswissenschaften", „Weltkunde", „Wirtschaft/Politik", „Gemeinschaftskunde/Rechtserziehung", „Gesellschaftslehre", „Politik", „GSE – Geschichte-Sozialkunde-Erdkunde", „Sozialwissenschaften". Uneinheitlich geregelt ist auch, in welchen Jahrgangsstufen und mit welchem Stundenanteil Politische Bildung in den Stundentafeln der einzelnen Schularten berücksichtigt wird. Schließlich wird die Aufgabe der politischen Bildung in unterschiedlichen Organisationsformen angegangen: Politische Bildung firmiert als Fach, als Fächerverbund oder als Unterrichtsprinzip.

Die weitere Entwicklung des Fachs in den einzelnen Bundesländern ist uneinheitlich (vgl. auch Massing in Kapitel I). Während zum Beispiel Hamburg die Stundenzuteilung am Gymnasium in der Sekundarstufe I ausweitet (Jahrgangsstufe 8-10 zweistündig) und politische Bildung unter der Fachbezeichnung PGW (Politik-Gesellschaft-Wirtschaft) als Ankerfach für die wirtschaftliche Grundbildung sieht, streicht Bayern im neuen Lehrplan für das Gymnasium (ab Schuljahr 2003/04) die letzte Sozialkunde-Stunde in der Sekundarstufe I.

Politische Bildung als weniger wichtige Aufgabe

Neben diesen Unterschieden gibt es auch Gemeinsamkeiten. In allen Bundesländern wird politische Bildung eher als weniger wichtige Aufgabe gesehen. Das Fach wird meist nicht durchgehend in der Sekundarstufe I unterrichtet und oft nur einstündig (Georg-Eckert-Institut 2001), so dass meist nicht einmal eine

Wochenstunde pro Schuljahr für politische Bildung aufgewendet wird. Ackermann (Ackermann 1996, 92) schätzt den Stundenanteil für Sozialkunde an den Hauptschulen auf höchstens 4 %. Darüber hinaus scheint es sich um das Fach mit der höchsten Ausfallquote zu handeln (Oesterreich 2002, 28).

Über die Zielsetzungen politischer Bildung herrscht in den Lehrplänen auf den ersten Blick Konsens. Immer wieder werden genannt: Wissenserwerb, Methodenerwerb, Urteilsfähigkeit, Sozialkompetenz und Handlungskompetenz (Trommer 2000, 82). Kritisch wird eingewandt, es herrsche nur ein weitgehender Konsens über Zielsetzungen, die sich aber in der zur Verfügung stehenden Zeit nicht realisieren lassen (Weidinger 1995, 331).

Themenschwerpunkte in Lehrplänen

Als Themenschwerpunkte der Lehrpläne identifiziert Trommer (Trommer 2000, 83; ergänzend: Händle/Oesterreich/Trommer 1999, 105 ff.) bei einer inhaltlichen Analyse der Lehrpläne der einzelnen Bundesländer:
- Demokratische Ordnung und politische Willensbildung,
- Gestaltung sozialer Beziehungen,
- Internationale Politik und Friedenssicherung,
  Recht und Rechtsordnung,
- Wirtschaftsordnung und Wirtschaftspolitik,
- Medien,
- Berufswahlorientierung,
- Systemvergleich und Systemwandel.

Allerdings werden in einzelnen Bundesländern die Themen „Wirtschaft", „Recht" und „Beruf" in speziellen Fächern (Wirtschafts- und Rechtslehre; Arbeitslehre) unterrichtet, außerdem sagt eine übereinstimmende Benennung der Oberthemen noch nicht allzu viel aus. Die Lehrpläne der einzelnen Bundesländer setzen bei ähnlichen Thematiken unterschiedliche Schwerpunkte. Sie billigen den Lehrkräften zudem unterschiedliche Gestaltungsfreiheiten zu. Während zum Beispiel in Bayern und Baden-Württemberg die Themen mehr oder weniger bindend vorgeschrieben sind, geben die Lehrpläne von Nordrhein-Westfalen und Sachsen-Anhalt zwar die Lernziele vor, überlassen aber die Auswahl der Lerninhalte sehr stark den Lehrkräften des Fachs.

## 2. Die Praxis politischer Bildung in den Klassen 5-10

Dem Politik-Unterricht der Sekundarstufe I wird oft vorgeworfen, er sei „Laberfach", in dem folgenlos und ohne Wissenszuwachs über politische Ereignisse debattiert werde, oder reine Institutionenkunde, die sich mit „trägem Wissen" begnüge, das sofort wieder vergessen werde, weil die Relevanz für die Praxis nicht erkannt werden könne.

Ob dieser Vorwurf noch zutrifft, ist kaum zu überprüfen, weil repräsentative Untersuchungen über die Praxis politischer Bildung weitgehend fehlen.

Ergebnisse empirischer Forschung

Man kann aber aus einzelnen neueren, meist qualitativen Untersuchungen (Rothe 1993; Schelle 1995; Dümcke 1996; König 1997; Henkenborg/Kuhn 1998; Krüger u.a. 2002) vorsichtige Schlüsse über den Politik-Unterricht in der Sekundarstufe I ziehen.

Unvorbereitete Diskussionen über strittige politische Tagesereignisse, die ohne irgendeinen Erkenntnisgewinn bleiben, scheinen immer seltener zu werden (Dümcke 1994, 134). Es wird aber immer noch in erster Linie Wissen über „polity", also die rechtlichen und institutionellen Regelungen von Politik vermittelt (Rothe 1993, 171; Dümcke 1994, 136). Daneben werden Themen bevorzugt, die unmittelbare Lebenshilfe anbieten (Familie, Freundschaft etc.), deren politische Dimensionen allerdings zu selten thematisiert werden. Der „Kern des Politischen" wird oft nicht erkannt, die Auseinandersetzung mit Schlüsselproblemen aus didaktischer Perspektive findet zu wenig statt (Henkenborg 1998, 190 f.; vgl. auch Henkenborg in Kapitel I).

Undurchdachter Einsatz von Kategorien

Politische „Fälle" werden anscheinend oft mit Hilfe fachdidaktischer Kategorien analysiert (Henkenborg 1998, 191 f.) (u.a. Konflikt, Interesse, Macht, Ideologie, Recht, Geschichte, Betroffenheit, Ursachen/Folgen). Meist werden diese Kategorien in Fragestellungen umgeformt und an konkreten Fällen bearbeitet. Es handelt sich dabei aber oft um eine eher intuitive, wenig durchdachte Einbeziehung dieser Kategorien in den Unterricht (Henkenborg 1998, 193). Sie werden so in der Unterrichtspraxis zu „Abhakfragen", deren Lösungen von den Lehrkräften zu stark vorgegeben werden (Dümcke 1996, 136). Die Einschätzungen und Beurteilungen der Jugendlichen selbst kommen im Unterricht zu kurz (Grammes 1998, 669 f.) Obwohl das „Überwältigungsverbot" im Sinne des „Beutelsbacher Konsenses", also die Forderung, dass Schüler nicht im Sinne erwünschter Meinungen überrumpelt und an der Gewinnung eines eigenen Urteils gehindert werden dürfen, von den meisten Lehrkräften akzeptiert wird, werden im realen Unterricht eigenständige Deutungsversuche der Lernenden vorzeitig von den Lehrenden abgebrochen, um diese dann doch zu einer von ihnen vorgegebenen, „politisch korrekten" Einschätzung der Situation zu bringen (König, 1997, 73-82; Grammes 1998, 670 f.).

Frontalunterricht und neue Lernkultur

Immer noch scheint der Frontalunterricht zu dominieren, aber die Lernkultur beginnt sich auch im Politikunterricht zu ändern. Gruppenarbeit, Handlungsorientierung und Projektarbeit werden von immer mehr Lehrkräften eingesetzt (Henkenborg 1998, 196). Auch Reinhardt (Reinhardt 2002) findet neben stark darbietendem Unterricht einen Unterricht, „der zwischen partizipativen, kooperativen lebensweltaufgreifenden und diskussionsorientierten Phasen wechselt" (Reinhardt 2002, 365). Fachdidaktische Theorien werden von den Lehrkräften allerdings kaum für die Unterrichtsvorbereitung genutzt (Weißeno 1993, 191-201).

Studien zur Wirksamkeit des Politikunterrichts

Mit der Wirksamkeit des Politikunterrichts befassen sich einige neuere Studien (ältere bei Hilligen 1993, 125-134). Einigermaßen enttäuschend sind die Forschungsergebnisse von Rothe, der bei einer Befragung von hessischen und bayerischen Gymnasiasten aus der zehnten Klasse recht mäßige politische Kenntnisse und wenig Verständnis für politische Vorgänge vorfindet. Mehr Unterrichtsstunden im Fach Sozialkunde scheinen diese Defizite nicht beseitigen zu können. Rothe führt dies im Wesentlichen darauf zurück, dass politische Probleme den Jugendlichen erst ab einem Alter von 15 oder 16 Jahren zugänglich werden (Rothe 1993, 144 f.).

Zu einem optimistischeren Ergebnis, was das politische Verständnis von Jugendlichen, nicht aber was die Effizienz des Unterrichts betrifft, kommt Schelle. Sie erkennt bei qualitativen

Gruppen-Interviews mit Hauptschülern, die sich zum Thema „Ausländer“ äußern – Anzeichen von Problembewusstsein und Problemverarbeitungskompetenz, die aber im Unterricht nicht realisiert werden können, weil die Interessen und Fragestellungen der Schülerinnen und Schüler im Unterricht nicht aufgegriffen werden (Schelle 1995, 334).

Nach den Ergebnissen von Reinhardt fördert ein stärker handlungsorientierter Unterricht die „Entwicklung der politischen Handlungsorientierung und ( ... ) das Verständnis für zentrale Strukturen einer parlamentarischen Demokratie“ (Reinhardt 2002, 365).

Internationale Vergleichsstudien

Ein differenziertes Bild zeichnen internationale Vergleichsstudien. In einer älteren Studie (Torney u.a. 1975) schneiden deutsche Jugendliche der Sekundarstufe I relativ gut ab. Sie landeten, was das Wissen betrifft, bei einem Vergleich zwischen zehn Staaten auf dem zweiten Platz, bei der Zustimmung zu demokratischen Institutionen nahmen sie mit anderen Nationen den ersten Platz ein. Das Nationalgefühl war bei den deutschen Schülerinnen am schwächsten entwickelt.

In einer neueren Vergleichsstudie (Torney-Purta u.a. 2001; Oesterreich 2002) lassen die deutschen Schülerinnen und Schüler ein durchschnittliches Wissen über politische Sachverhalte erkennen, wenn man sie mit Jugendlichen aus 28 anderen Ländern vergleicht (Oesterreich 2002, 58). Auffällig ist, dass deutsche Jugendliche weniger bereit sind sich in der schulischen Mitbestimmung zu engagieren (76) und dass ein vergleichsweise hoher Anteil von ihnen die wirtschaftliche und kulturelle Gleichstellung von Zuwanderern ablehnt (161 f.). Gleichzeitig entwickeln sie ein auffallend gering ausgeprägtes Nationalgefühl (140 f.). In der relativ hohen Wertschätzung der Demokratie und der Distanz zu politischen Parteien unterscheiden sie sich kaum von den Jugendlichen anderer Nationen. Das politische Wissen ist ungleich verteilt. Zwar unterscheiden sich hier Mädchen kaum mehr von Jungen (58), Hauptschüler aber haben gegenüber Schülern des Gymnasiums deutliche Defizite (Fend 1991, 175; Oesterreich 2002, 200).

## 3. Heranwachsende und Politik. Politische Sozialisation 10- bis16-Jähriger

Eine allgemeine Politikverdrossenheit der Jugendlichen in der Bundesrepublik ist unter der Altersgruppe der 10- bis16-Jährigen nicht festzustellen. Das politische Interesse der Jugendlichen ist zwar in der zweiten Hälfte der 1990er-Jahre deutlich zurückgegangen (Hoffmann-Lange 1999, 367), dies muss aber vor dem Hintergrund eines starken Anstiegs in den 1970er-Jahren und dann nochmals am Beginn der deutschen Einigung gesehen werden. Die meisten Jugendlichen stimmen der Regierungsform und der Idee der Demokratie weitgehend zu, kritisieren aber deren aktuelles Erscheinungsbild, vor allem die etablierten politischen Institutionen wie Parteien, Bundesregierung und Bundestag. Diese Einstellungen unterscheiden sie kaum von Jugendlichen aus anderen modernen Industrienationen (Torney-Purta, 2001, 83 f.).

Keine generelle Politikverdrossenheit

Entgegen früheren Annahmen der amerikanischen Sozialisationsforschung, dass politische Einstellungen schon im frühen Kindesalter geprägt werden, verdichten sich nach neueren Forschungsergebnissen die Hinweise, dass ab dem 14. Lebensjahr die entscheidenden Lernprozesse stattfinden (Niemi/Hepburn 1995, 9 f.). Politische Einstellungen entwickeln sich natürlich auch nach dem 16./17. Lebensjahr weiter, entscheidend ist jedoch, dass für viele Jugendliche nach dem Ende der Sekundarstufe I die Möglichkeit endet, „systematisch politisch zu lernen, die historischen und sozialphilosophischen Hintergründe der gegenwärtigen Realität zu erfahren“ (Fend 1991, 218). Ob eine eher optimistische Einstellung entsteht, die eigene Einflussmöglichkeiten auf das politischen Geschehen erkennt, oder ob sich das Individuum resigniert von Politik abwendet, weil es sich selbst nur mehr als Spielball anonymer und ihm übel wollender Mächte erkennen kann, scheint sich in der Jugendphase zu entscheiden (Silbereisen/Vaskovics/Zinnecker 1996, 99 f. und die dort angegebene einschlägige Literatur).

Bedeutung der Jugendphase für politisches Lernen

In dieser Altersphase sollte sich bei einer gelingenden politischen Sozialisation die schwierige Balance zwischen grundsätzlichem Akzeptieren der Idee der Demokratie und der Menschenrechte und einer kritischen Einstellung gegenüber deren Realisierung und gegenüber aktuellen politischen Entwicklungen einstellen (Fend 1991, 141). Man sollte sich also „auf die politischen Wirklichkeiten sowohl identifikatorisch als auch distanzierend beziehen ( ... ) können“ (Fend, 1991, 197).

In der Tat entwickeln sich das politische Interesse und das politische Verständnis im Alter zwischen 10 und 16 Jahren sehr stark. Während bis zum Alter von 13 Jahren das Interesse für Politik bei den meisten Jugendlichen noch kaum eine Rolle spielt, steigt es im Durchschnitt ab dem Alter von 14 Jahren sprunghaft an, wenn es auch noch nicht die Werte der Erwachsenen erreicht (Hoffmann-Lange 2001, 190). Dies ist auch nicht weiter verwunderlich, weil gerade Jugendliche eine Menge von Entwicklungsaufgaben zu bewältigen haben, von denen die Ausbildung einer politischen Identität zunächst nur eine untergeordnete Bedeutung hat.

Entwicklung politischer Urteilsfähigkeit

Die Entwicklung politischer Urteilsfähigkeit hängt stark mit der kognitiven Entwicklung der Jugendlichen zusammen. Jugendliche entwickeln in dieser Phase die Möglichkeit des formal-operationalen Denkens, das das Nachdenken über abstrakte und hypothetische Sachverhalte ermöglicht (Fend 2003, 113-128). Das personenbezogene politische Denken wird von einem institutionsbezogenen abgelöst (Fend 1991, 150).

Die kognitive Entwicklung in der Adoleszenz eröffnet auch die Möglichkeit, auf einem höheren moralischen Niveau zu argumentieren. Nach den Forschungen L. Kohlbergs können sich Kinder und Jugendliche meist erst nach der Grundschulzeit an einer konventionellen Moral, also an einer Moral von Recht und Gesetz orientieren, die für alle gelten soll und die von Bindungen an konkrete Personen absehen kann (zusammenfassend: Montada 1998). Auch die Sozialkompetenz der Heranwachsenden entwickelt sich in diesem Lebensabschnitt weiter (Selman 1984, 50-55). Es wird ihnen möglich, eine Situation aus unterschiedlichen Perspektiven betrachten zu können, was sowohl für die Interaktion mit anderen als auch für die moralische und politische Urteilsfähigkeit eine wichtige Bedeutung hat.

## 4. Handlungsfelder politischer Bildung in der Sekundarstufe I

Die Ergebnisse der politischen Sozialisationsforschung lassen es sinnvoll erscheinen, die Sekundarstufe I zum Schwerpunkt schulischer politischer Bildung zu machen. Die Zielsetzung, die politische Urteilsfähigkeit der Schülerinnen und Schüler aufzubauen und zu verbessern, kann wohl allgemein akzeptiert werden. Sie sollen „reflektierte Zuschauer" werden, die politische Vorgänge selbstständig untersuchen und beurteilen können und möglichst auch „interventionsfähige Bürger", die auf unterschiedlichen politischen Handlungsfeldern agieren können (Detjen 2000, 20).

Politikunterricht sollte dabei als Teil eines *Bildungsprozesses* gesehen werden. Es kann in der Sekundarstufe I zu einem *allmählichen* Aufbau politischen Wissens, demokratischer Einstellungen und politischer Handlungskompetenzen kommen, der Politikunterricht gibt Anregungen, stellt Materialien zur Verfügung, organisiert Handlungssituationen, mit denen sich die Schüler auseinandersetzen und die sie als Einzelne und als Gruppe selbstständig verarbeiten. Dabei scheint das Interesse für das Politische dann zu steigen, wenn das Verständnis des Politischen zunimmt (Fend 1991, 168).

Lernziele der Beschäftigung mit politischen Vorgängen

Die Schülerinnen und Schüler sollten bei ihrer Beschäftigung mit politischen Vorgängen:
- Verbindungen zwischen ihrer Lebenswelt und politischen Vorgängen entdecken;
- demokratische Normen und Regeln kennen lernen und das eigene Demokratieverständnis reflektieren
- politische Analysefähigkeit entwickeln, sich eine eigene Meinung über politische Sachverhalte bilden können, die die normativen Ansprüche und Leistungsmöglichkeiten des demokratischen Systems in die Überlegungen einbezieht (Fend 2003, 388; Herdegen 2001, 58 f.).

Mögliche Lernfelder

Folgende Lernfelder sind denkbar:
- Demokratie lernen durch demokratische Praxis,

- soziales und moralisches Lernen,
- politisches Lernen im engeren Sinne.

### 4.1 Demokratie lernen durch demokratisches Handeln

Bedeutung der Praxis demokratischer Mitbestimmung

Eine wesentliche Dimension politischen Lernens in der Sekundarstufe I sollte die Praxis demokratischer Mitbestimmung sein (vgl. Henkenborg in diesem Kapitel). Ein relativ sicheres Ergebnis empirischer Unterrichtsforschung ist der positive Zusammenhang zwischen Wertschätzung des demokratischen Systems, Vertrauen in die eigene politische Handlungskompetenz und den Möglichkeiten demokratischer Mitbestimmung in der Schule. (Fend 1991, 153; Oesterreich 2002, 104; Reinhardt, 2002, 364)

Mitbestimmen lernen heißt, rationales und demokratisches Entscheiden lernen, d.h.
- Positionen müssen begründet, evtl. auf Werte zurückgeführt werden;
- die Folgen der verschiedenen Entscheidungsmöglichkeiten müssen bedacht werden;
- Kompromissmöglichkeiten zwischen den Positionen sollten gesucht werden (auch wenn die Suche manchmal ergebnislos bleiben muss);
- und schließlich sollte eine Entscheidung gefällt werden, über deren Konsequenzen alle nachgedacht haben.

### 4.2 Soziales und Moralisches Lernen

Lebenswelt der Schüler

Ein Teil der Lehrplaninhalte betrifft die Probleme der unmittelbaren Lebenswelt der Schülerinnen und Schüler. Es kann dabei gehen um:
- unmittelbare Lebenshilfe (z.B. Wie kann ich zur Schlichtung eines Streits beitragen?);
- moralische Beurteilung sozialen und politischen Verhaltens (moralische Urteilsbildung; siehe Sybille Reinhardt in diesem Band);
- die Analyse des Einflusses politischer Vorgänge und Entscheidungen auf die eigene Lebenswelt.

Eine Grobstruktur des Unterrichts kann folgendermaßen aussehen:

- Präsentation einer sozialen Problemsituation, in der es auf das Handeln von Individuen ankommt.
- Die Schüler und Schülerinnen erarbeiten Lösungsmöglichkeiten.
- Die unterschiedlichen Lösungsmöglichkeiten werden vorgestellt und gegen Einwände verteidigt.
- Vor- und Nachteile der einzelnen Vorschläge werden aus *unterschiedlichen Perspektiven der Beteiligten* noch einmal diskutiert und zusammengefasst.

## 4.3 Politisches Lernen im engeren Sinne

Schülerinnen und Schüler der Sekundarstufe I sollten sich spätestens ab der 7. Klasse mit politischen Themen im engeren Sinne beschäftigen. Bei der Unterrichtsplanung kann man sich hier an den drei Dimensionen des Politischen orientieren:

| | | |
|---|---|---|
| **Form** | Verfassung, Normen, Institutionen, Organisationsform, Verfahrensregelungen | polity |
| **Inhalt** | Aufgaben und Ziele, politische Programme, Problemlösung | policy |
| **Prozess** | Kampf, Durchsetzung von Inhalten, Zielen und Interessen | politics |

Dimensionen des Politischen

### 4.3.1 Problemanalyse (Inhalt)

Ziele, Aufgaben und Inhalte des Politischen

Bei der Problemanalyse geht es um Ziele, Aufgaben und Inhalte des Politischen. In ihr sollen an konkreten Fällen Schlüsselprobleme der modernen Gesellschaft erkannt und Lösungsmöglichkeiten diskutiert werden. Dazu einige Beispiele: Das Thema „Ausstieg aus der Atomenergie" ist ein Beispiel für die Technik/Umweltproblematik, der Kosovo-Konflikt kann für die Problematik von Krieg und Frieden stehen, die Finanzierung des Gesundheitswesens betrifft unter anderem die Problematik der Gerechtigkeit. In diesen Problemanalysen besteht die Chance, dass Problembewusstsein und Urteilsfähigkeit der Schülerinnen und Schüler wachsen. Es wird deutlich, dass hinter „Problemlösungen" immer bestimmte Interessen, Werte und Ordnungsvorstellungen stehen, dass es also nicht allein um die „effektivste" Problemlösung geht.

Ein möglicher Unterrichtsverlauf:
- Hinführung zum Thema: Problemformulierung;
- unterschiedliche Positionen für die Problemlösung werden erarbeitet;
- die unterschiedlichen Problemlösungen werden nach Interessen, Werten, Ordnungsvorstellungen befragt;
- die Schülerinnen und Schüler beurteilen die Problemlösungen.

### 4.3.2 Konfliktanalyse (Prozess)

Analyse politischer Prozesse

Bei der Konfliktanalyse liegt der Schwerpunkt auf der Analyse des politischen Prozesses, also darauf, wie Interessengruppen ihre Interessen konkret durchsetzen. Außerdem kann die Rolle der Medien analysiert werden.

Folgender Verlauf ist denkbar:
- Der Konflikt wird vorgestellt.
- Die Schülerinnen und Schüler betrachten den Konflikt aus der Sicht unterschiedlicher Interessengruppen. Sie analysieren, welche Mittel diesen zur Durchsetzung ihrer Interessen zur Verfügung stehen.
- Die Schülerinnen und Schüler beurteilen das Vorgehen der Interessengruppen in der Realität im Hinblick auf Erfolg, Gemeinwohl, Legitimität der Entscheidung etc.

### 4.3.3 Formanalyse (Normen, Institutionen)

Normen und Institutionen des demokratischen Systems

Hier geht es darum, die Normen und Institutionen des demokratischen Systems der Bundesrepublik Deutschland und deren Sinn zu analysieren. Ziel ist also *nicht*, einfach zu klären, wie politische Vorgänge formal geregelt sind (reine Institutionenkunde), es soll vielmehr diskutiert werden, welche Wertvorstellungen und Absichten hinter diesen Regelungen stehen. Dabei sollten auch

Spannungsverhältnisse zwischen Zielvorstellungen deutlich werden (etwa Effizienz-Legitimität):

- Die Schülerinnen und Schüler beobachten eine Institution in ihrem Handeln (real oder über Medien).
- Sie fragen nach dem Sinn des Handelns; dabei müssen sie Ereignisse und Handlungen, die nicht vor den Augen der Öffentlichkeit ablaufen, in ihre Überlegungen einbeziehen.
- Sie diskutieren, inwiefern die Normen und Institutionen bestimmten Vorstellungen von Demokratie gerecht werden.

## 4.4 Zur methodischen Gestaltung des Unterrichts

Sinnvolle methodische Arrangements

In der Sekundarstufe I sind vor allem folgende methodische Arrangements sinnvoll:

- *Demokratie wird praktiziert:* Dies geschieht vor allem in offenen Diskussionen.
  *Beispiel:* Die Schüler und Schülerinnen diskutieren und entscheiden über die Gestaltung ihres Klassenraums
- *Politik wird analysiert:* In Fallstudien und Fallanalysen werden politische Fälle analysiert.
  *Beispiel:* Thema: Ausstieg aus der Kernenergie. Die Schüler und Schülerinnen analysieren die Problemlösungen, das Verhalten der Interessengruppen, der Medien, sie beschäftigen sich mit Verfassungsvorschriften, die dieses Problem betreffen und ihren Spannungsverhältnissen oder Widersprüchen.
- *Politik wird simuliert:* Im Rollenspiel oder Planspiel simulieren die Schüler an einem letztlich fiktiven, aber realitätsgerechten Fall das Handeln politischer Akteure und Interessengruppen in einem politischen Konflikt oder im Zusammenhang von institutionellen Entscheidungsprozessen (Gemeinderat, Gericht).
  *Beispiel:* Ein Jugendzentrum soll geschlossen werden. Diskussion im Gemeinderat.
- *Politik wird erkundet:* Die Schülerinnen und Schüler begegnen der Politik in der Realität. Sie besuchen politische Institutionen, befragen Experten.
  *Beispiel:* Besuch einer Sitzung des Gemeinderats.

– *Politik wird gemacht:* In einem Projekt entwerfen die Schülerinnen und Schüler einen Beitrag, eine eigene Stellungnahme zu einem politischen Problem.
  *Beispiel:* Ausstellung oder Medienbeitrag zu einem bestimmten Thema, der öffentlich gezeigt wird; Mitarbeit an einem Bürgergutachten.

## Literatur

Ackermann, Paul 1996: Das Schulfach „Politische Bildung“ als institutionalisierte politische Sozialisation. In: B. Claußen/R. Geißler (Hrsg.): Die Politisierung des Menschen. Opladen, S. 91-100

Detjen, Joachim 2000: Die Demokratiekompetenz der Bürger. Herausforderung für die politische Bildung. In: Aus Politik und Zeitgeschichte, B 25, S. 1-20

Dümcke, Wolfgang 1996: Schulerkundungen im Fach Politische Bildung in Brandenburg – erste Eindrücke und Erfahrungen. In: Politische Bildung 29, H. 3, S. 131-145

Fend, Helmut 1991: Identitätsentwicklung in der Adoleszenz. Lebensentwürfe, Selbstfindung und Weltaneignung in beruflichen, familiären und politisch-weltanschaulichen Bereichen. Bern/Stuttgart/Toronto

Fend, Helmut 2003: Entwicklungspsychologie des Jugendalters. 3. Aufl., Opladen

Georg-Eckert-Institut für internationale Schulbuchforschung 2001: Wöchentliche Stundentafeln der Fächerbereiche Geographie, Geschichte und Sozialkunde in den Ländern der Bundesrepublik Deutschland. (http://www.gei.de/deutsch/publikationen/stundentafeln_2001.pdf)

Grammes, Tilman 1998: Kommunikative Fachdidaktik: Politik. Geschichte. Recht. Wirtschaft. Opladen

Händle, Christa/Oesterreich, Detlef/Trommer Luitgard 1999: Aufgaben politischer Bildung in der Sekundarstufe I. Studien aus dem Projekt Civic Education. Opladen

Henkenborg, Peter 1998: Politische Bildung als Kultur der Anerkennung. Zum Professionswissen von Lehrerinnen und Lehrern. In: P. Henkenborg/H.-W. Kuhn: Der alltägliche Politikunterricht. Opladen, S. 168-199

Herdegen, Peter 2001: Demokratische Bildung. Eine Einführung in das soziale und politische Lernen in den Klassen 5-10. Donauwörth

Hilligen, Wolfgang 1993: Literaturbericht zur Unterrichtsforschung im Politikunterricht. In: Sowi 22, H. 3, S. 125-134

Hoffmann-Lange, Ursula 1999: Trends in der politischen Kultur Deutschlands: Sind Organisationsmüdigkeit, Politikverdrossenheit und Rechtsextremismus typisch für die deutsche Jugend? In: Gegenwartskunde 48, H. 3, S. 365-390

Hoffmann- Lange Ursula 2001: Der fragwürdige Beitrag von Jugendstudien zur Analyse von Trends in der politischen Kultur. In: H. Merkens/J. Zinnecker (Hrsg.): Jahrbuch Jugendforschung 1. Opladen, S. 187-210

König, Hans- Dieter 1997: Unfreiwillige Vorurteilsproduktion im politischen Unterricht. In: Gegenwartskunde 44, S. 73-82

Krüger, Hans-Hermann/Reinhardt, Sybille u.a. 2002: Jugend und Demokratie. Politische Bildung auf dem Prüfstand. Opladen

Montada, Leo 1998: Moralische Entwicklung und moralische Sozialisation. In: R. Oerter/L. Montada (Hrsg.): Entwicklungspsychologie. Ein Lehrbuch. 4. Aufl., Weinheim, S. 862-894

Niemi, Richard G./Hepburn, Mary A. 1995: The Rebirth of Political Socialization. In: Perspectives on Political Science 24, H. 1, S. 7-16

Oesterreich, Detlef 2002: Politische Bildung von 14-Jährigen in Deutschland. Studien aus dem Projekt Civic Education. Opladen

Reinhardt, Sibylle 2002: Anerkennung und Motivation - Erfahrungen mit Demokratie-Lernen in der Schule. In: Gesellschaft – Wirtschaft – Politik, H. 3, S. 361-370

Rothe, Klaus 1993: Schüler und Politik. Eine vergleichende Untersuchung bayerischer und hessischer Gymnasialschüler. Opladen

Schelle, Carla 1995: Schülerdiskurse über Gesellschaft. „Wenn du ein Ausländer wärst ..." Untersuchung zur Neuorientierung schulisch-politischer Bildungsprozesse. Schwalbach/Ts.

Selman, Robert L. 1984: Die Entwicklung des sozialen Verstehens: entwicklungspsychologische und klinische Untersuchungen. Frankfurt/M.

Silbereisen, Rainer K./Vaskovics, Laszlo A./Zinnecker, Jürgen (Hrsg.) 1996: Jungsein in Deutschland. Opladen

Torney Judith V./Oppenheim, A.N./Farnen, Russell F. 1975: Civic Education in Ten Countries. New York u.a.

Torney-Purta, Judith/Lehmann, Rainer/Oswald Hans/Schulz, Wolfram 2001: Citizenship and Education in Twenty-eight Countries. Civic Knowledge and Engagement at Age Fourteen. Amsterdam

Trommer Luitgard 2000: Lehrpläne zur Politischen Bildung in der Sekundarstufe I. In: Gegenwartskunde 49, H. 1, S. 79-86

Weidinger, Dorothea 1995: Politische Bildung an den Schulen in Deutschland: Stand nach Ausweis der Stundenpläne und Lehrpläne. In: Gegenwartskunde 44, H. 3, S. 327-341

Weißeno, Georg 1993: Politikdidaktik als Fachleiterdidaktik: Rezeption und Verwendung politikdidaktischen Wissens in der Ausbildung von Referendaren. In: Gegenwartskunde 42, H. 2, S. 191-201

*Georg Weißeno*

# Politikunterricht in der gymnasialen Oberstufe

## 1. Ein geschichtlicher Rückblick

Saarbrücker Rahmenvereinbarungen

Mit der Saarbrücker Vereinbarung von 1960 wurde der Politikunterricht in der Oberstufe eingeführt. Im Rahmen des Faches Gemeinschaftskunde (Geschichte/Erdkunde/Sozialkunde) wird Politik für alle Schultypen ein vorgeschriebener Lerngegenstand. Hierzu beschließt die Kultusministerkonferenz 1964 Rahmenrichtlinien, in denen es heißt: „In der Gemeinschaftskunde soll der junge Mensch in einem angemessenen Umfang lernen, unsere gegenwärtige Welt in ihrer historischen Verwurzelung, mit ihren sozialen, wirtschaftlichen und geografischen Bedingungen, ihren politischen Ordnungen und Tendenzen zu verstehen und kritisch zu beurteilen. Er soll die Aufgaben des Bürgers unserer Demokratie nicht nur erkennen, sondern auch fähig und bereit werden, sich im praktischen Gemeinschaftsleben der Schule und später in der gesellschaftlichen, politischen und wirtschaftlichen Welt zu entscheiden und verantwortlich zu handeln" (KMK-Beschlüsse, 175-179). Nachdem bis dato Politische Bildung überwiegend als Unterrichtsprinzip in allen Fächern begriffen wurde, zeigte dieser schulpolitische Schritt den Willen zur stärkeren Förderung des Politikunterrichts.

Kontroversen mit Historikern und Geografen

Da jedoch die Leistung in den drei Fächern der Gemeinschaftskunde mit einer gemeinsamen Note zu beurteilen war, entstand sofort eine Kontroverse darüber, ob Gemeinschaftskunde ein auf die Integration der drei Fächer angelegtes Fach oder eine Klammer für bestehende Fächer ist. Ein Dauerstreit zwischen Historikern, Geografen und Politiklehrern war geboren. Im Übrigen gab es nur wenige ausgebildete Lehrer und Lehrerinnen für den Sozialkundeunterricht, so dass es die noch junge politische Didaktik in jenen Jahren schwer hatte, den Einfluss und Anspruch des Faches Geschichte zurückzuweisen. Gleichwohl etablierte sich Ende der

1950er-, Anfang der 1960er-Jahre die Einsicht, dass es eine Fachdidaktik für das eigenständige Fach Politische Bildung geben muss. In dieser von den Politikwissenschaftlern maßgeblich geprägten Diskussion wurde der Anspruch der Fächerintegration von Geschichte/Erdkunde/Politik nicht mehr aufgegriffen. In der alltäglichen Praxis jedenfalls wird bis heute sinnvollerweise mehr kooperiert als integriert; man geht meist von den spezifischen Beiträgen der Fächer aus.

Mit der Vereinbarung über die Neuordnung der gymnasialen Oberstufe von 1972 wurden die Weichen eindeutig in Richtung Fachunterricht, der in Grund- und Leistungskursen zu erteilen ist, gestellt. Die Reform der Studienordnungen an den Hochschulen und die verstärkte Ausbildung von Politiklehrern und Politiklehrerinnen durch Politikdidaktiker und Politikdidaktikerinnen begleiteten diesen Prozess. Politischer Fachunterricht kann sich in der Folge allmählich etablieren, wenngleich er auch heute noch gegenüber dem Geschichtsunterricht meist benachteiligt wird. 1995 jedenfalls ist der jüngste Versuch einiger CDU-Länder in der KMK gescheitert, Geschichte neben Deutsch, Mathematik, Fremdsprache für die Jahrgangsstufen 11 bis 13 als Hauptfach verbindlich vorzuschreiben. Dies hätte den Schülerinnen und Schülern die Wählbarkeit von Politik/Sozialkunde und anderer Fächer massiv erschwert. Zwar bleibt damit das Fach Politik/Sozialkunde in der Oberstufe weiter verankert und kann – wie z.B. in Nordrhein-Westfalen – einen gleichwertigen Platz neben Geschichte einnehmen, jedoch gibt es auch heute noch Länder wie Bayern und Baden-Württemberg, in denen das Fach Gemeinschaftskunde innerhalb der traditionellen Dreierkombination unterrichtet und alle Einzelfächer mit einer Endnote beurteilt werden.

Bildungsreformdebatte nach PISA

Nach der PISA-Studie ist neue Bewegung in die bildungspolitische Diskussion gekommen. Seit 2003 wird an der Konzeption von nationalen Bildungsstandards (Klieme 2003) gearbeitet. Die KMK wird für alle Fächer sukzessive die Erarbeitung von Bildungsstandards in Auftrag geben. Diese Bildungsstandards sollen zum einen Anforderungen an das Lehren und Lernen in der Schule und zum anderen an Kompetenzen formulieren, die der Unterricht vermitteln muss. Die Kompetenzen müssen prinzipiell mit Hilfe von Testverfahren erfasst werden können. Für das Fach Politische Bildung wurde ein entsprechender Vorschlag für nationale Bildungsstandards von der Gesellschaft für Politikdidaktik und politische Jugend- und Erwachsenenbildung vorgelegt (GPJE 2004). Im Kontext dieser aktuellen Diskussion wird darüber hinaus die Bedeutung der Fachdidaktiken herausgearbeitet, da das fachliche Lehren und Lernen, das in der gerade laufenden inneren Schulentwicklung zu wenig berücksichtigt wird (Klieme 2003, 42), wieder gestärkt werden muss. Das Kompetenzniveau in einer Domäne rückt in den Focus der Diskussion und unterstreicht die Bedeutung systematischen Fachwissens, das wohl organisiert, disziplinär und lebenspraktisch vernetzt sein soll. Im Politikunterricht können und müssen die Schülerinnen und Schüler auch mit einer relativ eindeutigen Wissensarchitektur ausgestattet werden, die sich zudem auf eine Jahrtausende alte Tradition stützen kann. Ein solches fachsdisziplinäres Fundament ist im Übrigen planbar und alles andere als ergebnisoffen, lässt aber verschiedene Deutungen und Kontroversen zu.

Bedeutung der Fachdidaktiken

## 2. Politische Bildung im Kontext der Fächer der Oberstufe

Zu einer sachgerechten Vorbereitung auf das Erwerbsleben in der Industriegesellschaft gehört ein Mindestmaß an systematisch erworbenem Wissen. „Die kulturelle Erfindung ‚Unterricht‘ erlaubt uns, unsere ursprüngliche Verhaftung an die Unmittelbarkeit des alltäglichen Lebens zu überschreiten und ‚auf Vorrat‘ zu lernen, nämlich für noch unbekannte spätere Verwendungssituationen“ (Giesecke 1995, 98). Der Unterricht hat mit der fachwissenschaftlichen Arbeit in Forschung und Entwicklung als Ausgangspunkt ein zu lösendes Problem gemein, er orientiert sich aber zugleich an der Lebenswelt. Gleichwohl erfolgt die Allgemeinbildung in der Schule ohne Ausrichtung an einen von außen vorgegebenen Zweck, wie z.B. an der Berufsausbildung oder an einem Rhetorikseminar für „professionelle“ Politiker.

Lernen auf Vorrat

Systematisches Lernen bedarf fachdidaktischer Struturierung

Das systematische Lernen lässt sich gleichwohl nicht in Anlehnung an irgendeine Wissenschaftssystematik begründen, sondern bedarf jeweils einer besonderen fachdidaktischen Strukturierung. Zwar kann man grundsätzlich davon ausgehen, dass alle Wissenschaften lehrbar sind, indessen ist die These von der gleichen Bildungskraft aller Wissenschaften sicher fragwürdig. Wenn man aber „Menschenbildung" im Zusammenhang von Bildung und Gesellschaftsstruktur betrachtet, kann insbesondere die Politische Bildung einen wichtigen Beitrag zur Allgemeinbildung zu leisten, indem sie auf die Verständigungsfähigkeiten in der Industriegesellschaft abzielt. Dadurch wird die Ausbildung einer „ethischen und politischen Entscheidungs- und Handlungsfähigkeit" zu einer „konstruktiven Komponente allgemeiner Bildung" (Klafki 1990, 301). Neben Kenntnissen aus anderen Fächern gehört hierzu zum einen das Verstehen politischer Situationen, die sich mit fachspezifischen Kategorien wie z.B. Menschenwürde, Macht, Konflikt, Interesse, Demokratie aufschließen lassen. Zum anderen zählt hierzu die Bildung in den sozialen und politischen Grunddimensionen menschlicher Fähigkeiten.

Demokratiekompetenter Bürger als Ziel

Der Rekurs auf Verwendungssituationen, politische Alltagssituationen, Allgemeinbildung und Teilnahme am Politischen macht bereits deutlich, dass in der Oberstufe keine Spezialbildung vermittelt, keine Mini-Politologen oder Berufspolitiker ausgebildet werden sollen. Vielmehr ist es ein Ziel, die politische Grundbildung zum demokratiekompetenten Bürger (Massing) einzupassen in die Grundfragen des heutigen Zeit-, Gesellschafts- und Weltverständnisses. Hierzu trägt das Fach Politische Bildung durch die Frage nach den Möglichkeiten und Grenzen politischer Problembewältigung bei. Als allgemeines Lernziel auf allen Jahrgangsstufen erscheint deshalb das folgende konsensfähig: „Politikunterricht soll die Jugendlichen zum politischen Denken, d.h. zur politischen Analyse und zum politischen Urteil befähigen und dadurch auf eine politische Beteiligung in einer Demokratie vorbereiten" (Breit/Gagel 1995, 7). Politische Bildung als Unterrichtsfach in der Oberstufe eröffnet die Chance, dass jeder Schüler, jede Schülerin in die Unverzichtbarkeit eigener politischer Urteilsbildung, reflektierter Entscheidung und eigenen Handelns in einer Demokratie erkennt.

## 3. Politische Bildung in der Oberstufe zwischen Wissenschaftspropädeutik und Orientierung an der Lebenspraxis

Die Tatsache, dass nicht alle Themen in allen Jahrgangsstufen unterrichtet werden, verweist bereits auf einige Besonderheiten oberstufengemäßen Lernens. Gleichwohl müssen in einer Demokratie die Ziele für alle Jahrgangsstufen zunächst gleich sein, weil politische Bildung für alle Menschen wichtig ist. Indessen soll in der Oberstufe stärker wissenschaftspropädeutisch gearbeitet werden. Wenngleich die Forderung nach Wissenschaftsorientierung in den 1970er-Jahren für alle Stufen erhoben wurde, so ist sie in besonderem Maße Bestandteil des Selbstverständnisses der Gymnasiallehrer und Gymnasiallehrerinnen geworden. Das Gymnasium ist traditionell von einem intellektuell-wissenschaftlichen Anspruch geprägt. Dies hängt mit der Ausbildung und der Diskussion über die Bedeutung des Abiturs zusammen, die in schöner Regelmäßigkeit die Bildungspolitiker und Bildungspolitikerinnen führen. Hierzu zählt der Anspruch, dass im Oberstufenunterricht etwas vom Geist der echten Wissenschaft sichtbar werden soll. Keineswegs aber ist Wissenschaftspropädeutik im Unterricht mit akademischer Wissenschaftlichkeit gleichzusetzen. Wissenschaftspropädeutische Arbeitsweisen dienen vielmehr dem Kennen Lernen von Strukturen und Methoden, aber auch der Grenzen der Erkenntnis.

Wissenschafts-propädeutik

Mit der Reform der Oberstufe von 1972 hat sich die Einsicht durchgesetzt, dass sich der Anspruch einer Verbindung von zweckfreier Bildung und Wissenschaftspropädeutik nicht auf Kernfächer reduzieren lässt. Der Fortschritt in den spezialisierten Einzelwissenschaften zeigte, dass die vorherige Organisation der Oberstufe keine Antwort auf die technisch-ökonomische Verwertbarkeit der Bildung geben konnte. 1995 wurde dieser Verwertungsaspekt aus anderer Perspektive wieder neu diskutiert. Die Kultusminister haben doch wieder Deutsch, Mathematik, eine Fremdsprache als Kernfächer festgelegt, um unterschiedlichen Ansprüchen zu genügen. Zum einen soll den Klagen über eine angeblich mangelnde Studierfähigkeit von Seiten der Hochschule entgegengewirkt, zum anderen der Forderung der Wirtschaft nach sicherer Beherrschung der Muttersprache, Flexibilität, Teamfähigkeit entsprochen werden.

Vermittlung zwischen verschiedenen Wissensformen

Durch die Neuauflage der Diskussion um die Kernfächer besteht die Gefahr, dass der Beitrag des Faches Politische Bildung zu den Zielen der gymnasialen Oberstufe wieder an den Rand gedrängt wird. Dabei erfordert sowohl die Studienvorbereitung als auch das Erlernen von Qualifikationen für das Berufsleben die Vermittlung zwischen verschiedenen Wissensformen. Im Unterricht muss zwischen einem wissenschaftlichem Wissen, dem Alltagswissen von Lehrern und Lehrerinnen sowie Schülern und Schülerinnen, dem institutionellen Wissen über die Möglichkeiten und Grenzen des Lernens in der Schule, dem Professionswissen von Lehrkräften und dem schulbezogenen Handlungswissen von Schülern über die Fächer vermittelt werden. Die Kommunikation im Klassenzimmer ist immer mitgeprägt von gesellschaftlichen Erwartungen, die in die Wirklichkeitskonstruktionen von Lehrerinnen und Lehrern und Schülerinnen und Schüler einfließen. Das Vorwissen über politische und soziale Gegenstände fließt in den Vermittlungsprozess ein und bedarf deshalb auch einer fachspezifischen Ausrichtung und Klärung. Denn jeder Schüler/jede Schülerin interpretiert die politischen Vorgänge. Diese Bedeutungszuweisung bzw. dieses Wissen steuert das Verhalten. Eine Veränderung dieses alltäglichen Vorgangs in der Schule kann meist nur dann erreicht werden, wenn eine fachspezifische politische Bildung erteilt und als ein Teil der Allgemeinbildung angesehen wird. Ansonsten könnte es im Unterricht oft nur zu einer Verdopplung von Alltagsgewissheiten und beliebigen Meinungsgirlanden kommen.

Heute geht man von der Notwendigkeit einer Erweiterung des Bildungsanspruchs in der Oberstufe im Hinblick auf die Studierfähigkeit und das Berufsleben aus. Deshalb soll das Lernen in der

Oberstufe zugleich lebenspraktisch sein. Bezüge zur „wirklichen Wirklichkeit“ (von Hentig) sind erforderlich. Methodisch wird hierfür meist die Handlungsorientierung vorgeschlagen. Dadurch können die Schüler und Schülerinnen unterschiedliche wissenschaftliche Ansätze kennen lernen sowie vernetztes Denken im Probehandeln üben. Allerdings sind hier auch relativierende Bemerkungen angezeigt. Gerade die politische Bildung hat im Sinne ihrer Zielformulierungen in der Oberstufe immer schon die politische Praxis einbeziehen und auf die Praxis als demokratiekompetenter Bürger vorbereiten wollen. Insofern wird die Wissenschaftspropädeutik hier im Zusammenhang mit praktischen Erfordernissen gesehen. Wissenschafts- und Handlungsorientierung bilden keinen Gegensatz oder sind alternativ zu sehen, sondern sie ergänzen sich gegenseitig. Systematisches Lernen und das politische Probehandeln in Annäherung an die politische Wirklichkeit in den Unterricht sind erforderlich, um zu einem Austausch zwischen dem Wissen aus verschiedenen Bereichen zu kommen. Die verschiedenen Realitäten, zu denen z.B. die Hochschule, die Berufspraxis, die politischen Konflikte, die gesellschaftlichen Probleme und Strukturen zählen, gehören in den Politikunterricht und ermöglichen erst eine individuelle Verarbeitung im Denken und Handeln. Der Politikunterricht basiert auf unterschiedlichen Quellen wie Medien, alltäglicher Erfahrung, wissenschaftlicher Erkenntnis, Diskussion mit Schülerinnen und Schülern, Lehrerinnen, Lehrern und Eltern (Weißeno 2001).

Handlungsorientierung

Handlungsorientierte Methoden (Breit/Schiele 1998) wie Rollen- und Planspiel, Talkshows, Fallanalysen, Expertenbefragungen, Diskussionsrunden etc. werden seit den 1970er-Jahren propagiert und bieten vielfältige Möglichkeiten der Vermittlung zwischen den Wissensformen. Solch einer diskutativen politischen Bildung geht es zugleich um das Methodenlernen (Wolfgang Hilligen); die Schüler und Schülerinnen können auf vielfältige Weise bei den Unterrichtsentscheidungen mitwirken. Politischer Unterricht sollte eine demokratische und aufgeklärte Atmosphäre bereits im Unterricht simulieren. Sicher können diese Ansprüche in der Schule aus den unterschiedlichsten Gründen

Handlungsorientierte Methoden

nicht voll verwirklicht werden, doch besteht die Zielsetzung der Vermittlung zwischen Lebenspraxis und Wissenschaftspropädeutik im Fach Politische Bildung schon länger. Vor dem Hintergrund dieser Erfahrungen lässt sich zeigen, dass die Faszination der Erkenntnis im Unterricht vermittelbar ist. Die eigenständige Bearbeitung problemhaltiger Aufgaben in methodisch gesicherten Formen trägt zur Sicherung einer politischen Grundbildung bei und fördert ein zeitgemäßes Lernen für erwachsene Menschen. Strukturierende Lehreraktivitäten und eine geeignete Gesprächsführung ermöglichen die Gliederung des Unterrichts, während der Wissenserwerb ein aktiver, konstruktiver, kooperativer, situativer und weitgehend selbstgesteuerter Prozess ist. Dies ist der Zusammenhang von Lehren und Lernen, der nichts mit einer traditionellen Belehrungskultur gemein hat und trotzdem den Unterricht auf ein politikwissenschaftliches Fundament stellt. Eine moderne normativ-empirische Politikdidaktik rückt die Balance von Selbststeuerung und strukturierter Instruktion in den Fokus ihrer lerntheoretischen Begründungen (Weißeno 2003).

## 4. Leistungsbeurteilungen und Prüfungsanforderungen

Breites Spektrum an Überprüfungsformen

In den Grund- und Leistungskursen ist ein breites Spektrum an Überprüfungsformen möglich. Generell soll bei der Leistungsbeurteilung nicht nur auswendig Gelerntes abgefragt werden, sondern zugleich die Möglichkeit von Erkenntnisfortschritten für die Schüler und Schülerinnen eingeschlossen sein. Sowohl die Überprüfungen als auch der Unterricht sind als systematische Vorbereitung auf die Abiturprüfung anzusehen. Die Beurteilungen beziehen sich auf schriftliche und mündliche Leistungen, die in unterschiedlichen Formen erbracht werden können: Beteiligung am Unterricht, Referat, Facharbeit, Protokoll, Hausaufgaben, Klausuren, Materialsammlungen etc.

Einheitliche Prüfungsanforderungen in der Abiturprüfung

Die von der KMK beschlossenen „Einheitlichen Prüfungsanforderungen in der Abiturprüfung“ beschreiben die Lern- und Prüfungsbereiche und die Leistungsanforderungen. Drei Anforderungsbereiche werden unterschieden: 1. Wiedergeben und Erkennen, 2. Anwenden, 3. Beurteilen. Die Aufgaben und der Unterricht müssen so angelegt sein, dass Fähigkeiten und Kenntnisse in allen drei Anwendungsbereichen nachgewiesen werden können. Die Anforderungen im Grund- und Leistungskurs unterscheiden sich vor allem im Hinblick auf den Grad der Differenzierung und die Abstraktion von Inhalten, die Methodenbeherrschung und die Selbstständigkeit.

So sinnvoll die Beschreibung der Anforderungsbereiche über die Leistungsanforderungen für die Verständigung in der Schulbürokratie auch ist, so problematisch ist die Auslegung durch die Lehrer und Lehrerinnen und die Schulaufsicht (Weißeno 1997). Wo genau die Grenzen zwischen Wiedergeben – Anwenden – Beurteilen liegen, lässt sich in der Praxis selten übereinstimmend definieren. In der alltäglichen Unterrichtspraxis ist die Unterscheidung noch schwieriger, da die Schülerinnen und Schüler sich eher kürzer äußern und der situative Handlungsdruck zu Fehleinschätzungen führt. Die Schülerbeurteilung wird maßgeblich durch die fachliche Kompetenz und die diagnostischen Fähigkeiten des Lehrenden beeinflusst.

## Literatur

Breit, Gotthard/Gagel, Walter 1995: Einführung: Zur Verwendbarkeit der folgenden Unterrichtsbeispiele. In: Politische Bildung, H. 1, S. 5 ff.

Breit, Gotthard/Schiele, Siegfried (Hrsg.) 1998: Handlungsorientierung im Politikunterricht. Schwalbach/Ts.

Giesecke, Hermann 1995: Wozu ist Schule da? In: Neue Sammlung, H. 3, S. 93 ff.

GPJE 2004: Nationale Bildungsstandards für den Fachunterricht in der Politischen Bildung an Schulen. Ein Entwurf. Schwalbach/Ts.

Klafki, Wolfgang 1990: Allgemeinbildung für eine humane, fundamental-demokratisch gestaltete Gesellschaft. In: Bundeszentrale für politische Bildung: Umbrüche in der Industriegesellschaft. Bonn

Klieme, Eckhard u.a. 2003: Zur Entwicklung nationaler Bildungsstandards. Eine Expertise, http://www.dipf.de/aktuelles/expertise_bildungsstandards.pdf

Sammlung der Beschlüsse der KMK 1982. 3. Aufl., Neuwied

Weißeno, Georg 1997: Zur Problematik der Genehmigung von Abiturvorschlägen im Fach Politik/Gemeinschaftskunde. In: Politische Bildung, H. 3, S. 160-164

Weißeno, Georg 2001: Politikunterricht im Informationszeitalter. Medien und neue Lernumgebungen. Bonn/Schwalbach/Ts.

Weißeno; Georg 2003: Lehren und Lernen im Politikunterricht. In: GPJE (Hrsg.): Lehren und Lernen in der politischen Bildung. Schwalbach/Ts., S. 34-44

*Eberhard Jung*

# Politikunterricht an berufsbildenden Schulen

## 1. Das System beruflicher Bildung und der Bildungsauftrag der Berufsschule

Institutionell sichert *berufliche Bildung* die intergenerative Reproduktion des gesellschaftlichen Arbeitsvermögens. Das als Berufsbildungssystem bezeichnete Teilsystem begrenzt diese gesellschaftliche Aufgabe auf nichtakademische Berufe und den Bereich, der in berufsbildenden Schulen und in deren Kooperation mit Ausbildungsbetrieben organisiert ist. Ziel ist die Vermittlung beruflicher Handlungskompetenz, von der Grundbildung über die Fach- und Weiterbildung bis hin zur Meisterschaft. Darüber hinaus leistet das Berufsbildungssystem einen wesentlichen Beitrag zur technisch-ökonomischen Modernisierung.

Die im Rahmen der Reproduktion des gesellschaftlichen Arbeitsvermögens zu vermittelnden Inhalte und Verfahrensweisen sowie die Art und Weise der Vermittlung stehen in unmittelbarem Zusammenhang mit dem erreichten Niveau an Erkenntnissen, Technologien, Werkzeugen und Verfahrensweisen, die eine Gesellschaft zur Verbesserung der Lebensqualität ihrer Mitglieder hervorgebracht hat und permanent weiter entwickelt. Der gegenwärtige ökonomisch-technische Wandel hat zu dynamischen Veränderungen in Arbeitsverrichtung und Arbeitsorganisation geführt, deren Bewältigung mehr denn je neue Qualifikationsprofile und die Befähigung zum lebenslangen Lernen erfordern.

Ökonomisch-technischer Wandel

*Berufliche Bildung* lässt sich grundsätzlich unterschiedlich organisieren. In der deutschen Tradition hat sich eine duale Form des Miteinanders betrieblicher Berufsausbildung (Ausbildungsbetrieb) und schulischer Bildung (Berufsschule) herausgebildet, die lange Zeit als *das deutsche Erfolgsmodell* galt, jedoch in Zeiten eines mangelndem Lehrstellenangebotes immer mehr durch vollschulische Ausbildungsgänge ergänzt wurde. Doch stellt die *Berufsschule*

Organisation beruflicher Bildung

(duale Teilzeitberufsschule) nur eine Schulform des modernen berufsbildenden Schulwesens dar, das durch eine Vielzahl vollschulischer und zumeist doppelt qualifizierender Schulformen (allgemein bildend plus berufsbildend) mit speziellen Bildungsprofilen und Zielsetzungen ergänzt wird.

Im Ergebnis ergibt sich ein komplexes und durchlässiges System diverser Schulformen, das mit unterschiedlichen Eingangsvoraussetzungen und Abschlussprofilen, berufliche Grund- und Fachbildung sichert und dabei den Erwerb allgemein bildender Abschlüsse (Hauptschulabschluss, mittlere Reife, Hochschulreife) ermöglicht. In allen Schulformen des berufsbildenden Schulwesens ist politische Bildung (unter den unterschiedlichsten Fachbezeichnungen) verbindliches Unterrichtsfach. In der dualen Teilzeitberufsschule wird es in der Regel einstündig (gelegentlich in Verbindung mit Wirtschaftslehre), in den Vollzeitklassen mehrstündig angeboten.

Politische Bildung als Bildungsauftrag der Berufsschule

Politische Bildung ist Teil des Bildungsauftrag der berufsbildenden Schulen. Diesen definiert die Kultusministerkonferenz (KMK) als die Aufgabe, *„den Schülerinnen und Schülern berufliche und allgemeine Lerninhalte unter besonderer Berücksichtigung der Anforderungen der Berufsausbildung“* zu vermitteln und sie so *„zur Erfüllung der Aufgaben im Beruf sowie zur Mitgestaltung der Arbeitswelt und Gesellschaft in sozialer und ökologischer Verantwortung“* zu befähigen (KMK Handreichungen vom 09.05.1996). Die KMK-Rahmenvereinbarung des Jahres 1991 hatte als Ziele u.a. die Verbindung von Fachkompetenz mit Fähigkeiten humaner und sozialer Art, Flexibilität hinsichtlich der Bewältigung sich wandelnder Anforderungen in Arbeitswelt und Gesellschaft und die Förderung der Fähigkeit und Bereitschaft zu verantwortungsvollem Handeln bei der individuellen Lebensgestaltung und im öffentlichen Leben definiert. Damit werden die oft als Eingrenzung für einen zeitgemäßen Politikunterricht empfundenen *Elemente für den Unterricht der Berufsschule im Bereich der Wirtschaft- und Sozialkunde gewerblich-technischer Ausbildungsberufe* (KMK Beschluss von 18.05.1984) in ihrer Funktion auf die Definition der Kammerprüfungsinhalte reduziert. Ein zeitgemäßer Politikunterricht an berufsbildenden Schulen hat curricular, konzeptionell und methodisch weit darüber hinaus zu gehen.

## 2. Von der Bürgerkunde zur politischen Bildung

Geburtsstunde der Berufsschule im Kaiserreich

Seit der *„Geburtsstunde der Berufsschule“* – als solche wird die im Jahre 1900 an der Erfurter Akademie eingereichte und preisgekrönte Preisschrift Georg Kerschensteiners *„Staatsbürgerliche Erziehung der deutschen Jugend“* angesehen – war die politische Bildung neben der Vermittlung berufsbezogener Inhalte mit unterschiedlichsten Bezeichnungen Unterrichtsprinzip und Schulfach. Die Erfurter Akademie hatte um die Einreichung von Konzepten gebeten, die Vorschläge darüber enthalten sollten, wie die männliche Jugend zwischen der Volksschulentlassung und dem Militärdienst *„am zweckmäßigsten für die bürgerliche Gesellschaft zu erziehen sei“* (Kerschensteiner 1901: Vorwort). Gemeint war eine Positionszuweisung innerhalb der staatsbürgerlichen Gesellschaft des monarchisch geprägten Staates, der dem Parlament gewisse legislative Rechte zugestand, ihm jedoch einen direkten Einfluss auf die Exekutive verweigerte. Intentional ging es auch darum, ein weiteres Anwachsen der Sozialdemokratie zu begrenzen. Hatte die Anwendung polizeistaatlicher Prinzipien Bismarcks (Sozialistengesetz) nicht zum gewünschten Erfolg geführt, so setzte der moderne monarchische Rechtsstaat des beginnenden 20. Jahrhunderts auf staatliche Mitverantwortung über die Mittel von Erziehung und Bildung (Lange 1992, 42 f.).

Bekämpfung der Sozialdemokratie

Jedoch muss die Schaffung der Berufsschule auch als ein grundlegendes, wenngleich verspätetes Modernisierungskonzept des gesellschaftlichen Arbeitsvermögens (Humanressource) in einer überaus innovativen und prosperierenden geschichtlichen Epoche verstanden werden. Im Anschluss an die Reichsgründung – später wurde die Phase Gründerzeit genannt – hatte die deutsche Wirtschaft einen märchenhaften Aufschwung erlebt, der von einer rasanten Industrialisierung begleitet wurde. Wissenschaft, Forschung und Technik blühten auf. Der Stahl war zum Epoche prägenden Werkstoff und zum politischen Machtfaktor gewor-

Berufsschule als Modernisierungskonzept

den. Seine Verwendung in der Rüstungsindustrie, im Maschinenbau, im Schiffsbau und als Stahlbeton hatten in den letzten 20 Jahren des 19. Jahrhunderts zu einer Verfünffachung der deutschen Stahlproduktion geführt (König 1997, 286), die trotz Verbesserungen in der Verhüttungstechnik große Steigerungsraten in der Kohleproduktion (ebd. 275 ff.) hervorrief. Die technische Anwendung bahnbrechender Erfindungen hatte der elektrotechnischen Industrie (ebd. 314 ff.) zu großen Erfolgen verholfen, und der Aufstieg der chemischen Industrie (ebd. 360 ff.) zeichnete sich bereits ab.

In der erblühenden Volkswirtschaft waren nicht nur Unternehmer und Ingenieure gefragt, die Betriebe und ganze Industrien aufbauten, Produkte planten und Produktionsprozesse optimierten, auch die Arbeitnehmer mussten in die Lage versetzt werden, den steigenden technischen und arbeitsorganisatorischen Anforderungen nachzukommen. In Amerika betrieb F.W. Taylor die Qualifizierung ehemaliger Landarbeiter durch die Definition einer optimalen Arbeitsstruktur und das Eintrainieren des *„one best way"* der Arbeitsverrichtung (Taylor 1977/1913). In Deutschland wurde das bewährte Handwerksprinzip der Gesellenausbildung modernisiert und in dualer Form für die Anforderungen der sich entwickelnden Industriegesellschaft erschlossen. Angesichts der Bedeutung von Industrie, Technik und Ökonomie übernahm der Staat die Finanzierung des einen Teils der dualen Ausbildung.

Bürgerkunde als legitimatorische Grundlage

Somit stellt das durch die Preisschrift Kerschensteiners verursachte Reformprogramm das Gründungskonzept der deutschen Berufsschule dar, das die berufsunspezifische allgemeine Fortbildungsschule in eine nach Berufen gegliederte Fortbildungsschule (Berufsschule) umformte. Nach der Auffassung Kerschensteiners war das Fach *Bürgerkunde*, später in der Weimarer Republik *Staatsbürgerkunde* genannt, keine ungewollte Zutat sondern legitimatorische Grundlage (Lange 1992, 44 f.). Deshalb wurde die *Bürgerkunde* (im Verbund mit der *Lebenskunde* und einer allgemeinen Berufskunde) in den beruflichen Fortbildungsschulen des deutschen Kaiserreichs ordentliches Lehrfach. Im Unterricht überwogen die Vermittlung sozialer Umgangsformen des Alltags und gesetzes- und institutionenkundliche Themen (Böttcher 1980, 72). In der Weimarer Republik, deren Verfassung in Artikel 148 *„Staatsbürgerkunde und Arbeitsunterricht"* als *„Lehrfächer der Schulen"* vorschrieb, wurde die Staatsbürgerkunde ordentliches Lehrfach der beruflichen Schulen, während sich die allgemein bildenden Schulen mit einigen staatsbürgerlichen Stunden begnügte, die den Geschichtsunterricht ergänzten (von Olberg 1997, 202). So war der neue Typ des deutschen Bildungswesens, die berufsbildende Fortbildungsschule (Berufsschule) die erste Schulform, in der ein der politischen Bildung zuzuordnendes Fach (Bürgerkunde bzw. Staatsbürgerkunde genannt) den Fachstatus erlangte (Lange 1992, 45).

Staatsbürgerkunde als ordentliches Lehrfach in der Weimarer Republik

Jedoch war trotz der Novemberrevolution von 1918 eine weit gehende didaktische Kontinuität zwischen der wilhelminischen Bürgerkunde und der Weimarer Staatsbürgerkunde zu verzeichnen, so dass von Olberg (1997, 202) im direkten Vergleich eine weit gehende Identität zwischen den preußischen Schulrichtlinien der Jahre 1911 und 1922 belegt. Der Beruf kennzeichnete das didaktische Zentrum der politischen Bildung, das intentionale Vorgehen des staatsbürgerlichen Unterrichts hatte Kerschensteiner (1901, 51) bereits in der Preisschrift aufgezeigt:

Intentionen staatsbürgerlichen Unterrichts

- Er müsse den „egoistischen Berufsinteressen des Schüler Rechnung tragen", aber dann „langsam und ungezwungen auf das Gebiet der allgemeinen Staatsinteressen" überleiten;
- „so lange als möglich mit konkreten Fällen der jeweiligen Berufsgruppe arbeiten";
- sich von „jeglicher Politik" frei halten;
- „wirkungsvolle Momente der vaterländischen Geschichte oder charaktervolle sittliche Gestalten zwanglos in den Lehrgang einbeziehen".

Der nationalsozialistische Unrechtsstaat brach mit dieser Tradition und löste den staatsbürgerlichen Unterricht an berufsbildenden Schulen weit gehend von seinem Berufsbezug. Das Schulfach hieß nach 1933 *Nationalpolitischer Unterricht* oder *Reichskunde.* Es wurde von rassisch-völkischer Ideologie dominiert und in einer negativen Weise politisiert: Berufsarbeit wurde als Dienst und

Nationalpolitischer Unterricht nach 1933

Kampf für die Volksgemeinschaft umgedeutet (v. Olberg 1997, 202).

Überwindung der ideologischen Politisierung in Bundesrepublik

Die Überwindung dieser ideologischen Politisierung erfolgte in Westdeutschland zuerst im Rückgriff auf die berufsbildungstheoretische Identität staatsbürgerlicher und politischer Bildung Kerschensteiners. Theodor Litt und Otto Monsheimer stellten jedoch in der Mitte der 1950er-Jahre die Verschiedenheit der technisch-ökonomischen und der politisch-gesellschaftlichen Lebensbereiche heraus und leiteten so das Ende der bildungstheoretischen Begründungen politischer Bildung ein (dazu: Weinbrenner 1992, 283 f.). Deren rückwärtsgewandte Versöhnung eines ständisch geprägten Berufsbegriffs mit einem idealistischen Staatsverständnis, das über sittliche Erziehung und einen politikfreien Staatsbürgerkundeunterricht erzielt wurde, war nicht mehr zeitgemäß (Böttcher 1980, 284). Die bildungstheoretischen Begründungen politischer Bildung „vermochten nicht die sozialen Spannungsverhältnisse in einer demokratisch und sozialstaatlich verfassten Industriegesellschaft didaktisch adäquat zu fassen“ (v. Olberg 1997, 203).

Berufsbildungstheoretische Konzepte der Begründung politischer Bildung mussten den Konzepten der sich neu entwickelnden Wissenschaftsdisziplin, der *Fachdidaktik der politischen Bildung (Politikdidaktik)* weichen. Diese verstand sich als Bestandteil der Allgemeinbildung, bezog jedoch die besonderen Anforderungen der berufsbildenden Schulen mit ein. Gleichzeitig blieb die politische Bildung des berufsbildenden Schulwesens (als Fach und Prinzip) im wissenschaftlichen Fokus engagierter Berufspädagogen.

## 3. Zur konzeptionellen Entwicklung der Politikdidaktik im berufsbildenden Schulwesen

Den *„Wandel der Politikdidaktik in der Berufsschule“* hat Peter Weinbrenner (1992, 276-320) für den Zeitraum zwischen 1945 und 1991 einer kritischen Analyse unterzogen und konzeptionell gebündelt. Ausgangspunkt sind die verfassungsrechtlich verbrieften Zugangs- und Mitwirkungsrechte bei der Gestaltung und Weiterentwicklung des Gemeinwesens und die dazu erforderliche Vermittlung von Befähigungen, die jede Form der Ungleichbehandlung verbiete (Prinzip der Einheit der politischen Bildung). Gleichzeitig erfordere die Heterogenität von Schülern und Schulformen im beruflichen Schulwesen eine weitgehende Differenzierung im Hinblick auf Anspruchsniveau, Bedürfnisse und Interessenslagen. Ziel Weinbrenners war es auszuloten, ob die Didaktik der politischen Bildung in der Lage sei, die implizierte Antinomie zwischen Einheit und Differenzierung auszubalancieren und Lernenden „einen eigenständigen Zugang zur Politik und zum politischen Handeln zu eröffnen“ (ebd. 276 f.).

Bezug zur realpolitischen Entwicklung

Die beeindruckende Analyse Weinbrenners belegt die Ablösung berufsbildungstheoretischer Gehalte und die Hinwendung zu einer „auf Ausbau und Festigung der neuen Demokratie, Anerkennung des politischen Streites, des sozialen Konfliktes und des Kampfes um die Durchsetzung gesellschaftlicher Interessen“ Didaktik der politischen Bildung (Weinbrenner 1992, 285). In ihr spiegelt sich der bewegte Verlauf der realpolitischen Entwicklung der Bonner Republik und seine Berücksichtigung in den Konzepten der allgemein bildenden politischen Didaktik (dazu: Schmiederer 1972, Kuhn/Massing 1998, Gagel 1994). Im direkten Gegensatz dazu hinterließen die aus dieser Zeit stammenden Richtlinien für den Politikunterricht in der Berufsschule den Eindruck, „dass sich die Politische Bildung in einem von alledem ungerührten, konfliktfreien, realitätsfernen Raum abspielt“. Die in der allgemein bildenden Politikdidaktik entwickelten didaktischen Prinzipien (Situationsorientierung, Problemorientierung, Kontroversität, Schüler- und Handlungsorientierung usw.) waren mit solchen Lehrplänen nicht umzusetzen. Sie waren Stoffpläne, die keinen lernzielorientierten Unterricht ermöglichten und im didaktischen Materialismus beharrten (Weinbrenner 1992, 296 f.).

Veraltete Lehrpläne

Dieses Problem wurde so drückend empfunden, dass die Bundeszentrale für politische Bildung auf den zwei großen didaktischen Fachtagungen zur politischen Bildung an Berufsschulen (Hattingen, November 1983; Kloster Banz, September 1985)

Lehrplananalysen große Aufmerksamkeit widmeten. In Hattingen eröffnete Winfried Böttcher (TU-Aachen) mit dem Referat *„Politische Bildung in der Berufsschule – eine Lehrplananalyse“* die Tagung, im Kloster Banz legten Bernd Henning und Frank Sygusch (Universität Gießen) eine als Ergänzung zu verstehende umfassende Lehrplananalyse vor (Sygusch/Henning 1987, 363-484).

Die Banzer Tagung hatte Peter Weinbrenner (Universität Bielefeld) mit dem Referat: *Berufsarbeit und politische* Bildung (1987a, 11-38) eingeleitet und damit eine kritische Analyse und wissenschaftliche Durchdringung der Gegenstandsbereiche Beruf und Politik bzw. Berufsarbeit und politische Bildung geleistet. Im ersten Kapitel entfaltet er eine umfassende Bedingungsanalyse und definiert einen vierdimensionalen Bedingungsrahmen für das politische Lernen an berufsbildenden Schulen:

Vierdimensionaler Bedingungsrahmen für politisches Lernen an Berufsschulen

a) *den politisch-ökonomischen Bedingungsrahmen*, der gemäß des politischen Anspruchs nach Gestaltungsbedürftigkeit und Gestaltungsfähigkeit sozialer Verhältnisse, an den „allgegenwärtigen Krisensymptomen des politisch-ökonomischen Systems“ ansetzt;
b) *den betrieblich-organisatorischen Bedingungsrahmen*, der sich in drei Phasen der Sozialisation durch Arbeit (antizipatorischen Sozialisation des zukünftigen Berufswählers, Sozialisation durch Arbeit beim Eintritt in das Arbeitsleben, Sozialisation durch Arbeit als lebenslanger Lern- und Aneignungsprozess) bestimmt;
c) *den schulisch-institutionellen Bedingungsrahmen*, der die Situation des Faches hinsichtlich der Stellung im Fächerkanon, der Richtlinien, der Prüfungsrelevanz usf. zum Ausdruck bringt;
d) *den unterrichtlich-personalen Bedingungsrahmen*, der die Analyse und Beschreibung von Handlungsspielräumen und Restriktionen hinsichtlich der besonderen Situation des Schülers auf der Grundlage curricularer Bedingungsfaktoren beinhaltet (Weinbrenner 1987a, 12-22).

Grundlegung einer Didaktik für politische Bildung an Berufsschulen

Im Anschluss daran (ebd. 22-34) entwirft er die Grundlegung einer speziellen Didaktik für eine „arbeits- und berufsbezogene politische Bildung an beruflichen Schulen“, die er anhand der Prinzipien und Elemente *Arbeits- und Berufsorientierung, Politisie-*

*rung des Fachunterrichts, Problem- und Konfliktorientierung, Zielgruppenorientierung und Normative Kategorialität* entfaltet.

Auf den *Hochschultagen Berufliche Bildung 1986* spezifiziert Peter Weinbrenner (1987c, 1-30) seine bisherigen Überlegungen und begründet zehn *Prinzipien und Elemente einer zukunftsorientierten, arbeits- und berufsbezogenen Politischen Didaktik*. Diese können als ein in sich geschlossenes kategoriales System verstanden werden. Sie entsprechen einerseits aktuellen Postulaten der allgemeinen und politischen Didaktik (*Problem-, Qualifikations-, Ziel-, Situation-, Zukunftsorientierung, Ganzheitlichkeit und Historität*), andererseits bündeln sie wesentliche Aspekte des didaktischen Denkens hinsichtlich einer speziellen politischen Didaktik für das berufliche Schulwesen (*Arbeits- und Berufsorientierung, politische Durchdringung des Fachunterrichts, Wert- und Normorientierung*).

Konzeptionell muss die Zeitspanne zwischen den frühen 1980er- und den 1990er-Jahren als die ergiebigste Zeit der Politikdidaktik des berufsbildenden Schulwesens angesehen werden. Eine Auswahl der Veröffentlichungen verdeutlicht die konzeptionelle Aufbereitung des Gegenstandsbereichs. Im Jahre

1980er- und 1990er-Jahre als produktive Phase

- 1983 legte Roland Dosch seine Schrift „Lernzielorientierter Politikunterricht an berufsbildenden Schulen" vor, in der er sich gegen den damals weit verbreiteten Lernzieloperationalismus wendet, dem er die fachdidaktische Begründung von Lernzielen gegenüberstellt (Dosch 1983).
- 1985 entwarf Bernd Henning eine Didaktik der Wirtschaftslehre für das Lernfeld Ökonomie (Sekundarstufe II), die er auf den Hochschultagen Berufliche Bildung 1986 auf die berufsbildenden Schulen spezifizierte (Henning 1987).
- 1991 erschien die Ludwig Henkels Schrift „Zur pädagogischen Transformation in der politischen Bildung – ein integrativer Ansatz für die Praxis in der Berufsschule" (Frankfurt 1991).
- 1993 veröffentlichte Eberhard Jung die Schrift „Politische Bildung in Arbeit und Beruf – Die Gestaltung von Arbeits- und Lebenssituationen", in der er politische Bildung als Instrumentarium der Durchsetzung von Teilhabe- und Partizipationsrechten konzeptionell entfaltete.

Fachtagung Politische Bildung als Bestandteil der Hochschultage Berufliche Bildung

Signalisierten die beiden bereits benannten didaktischen Fachtagungen der Bundeszentrale für politische Bildung eine Art Aufbruchsignal für die Aktivierung eines vernachlässigten Bildungsbereichs, etablierte sich ab 1984 die *Fachtagung Politische Bildung* als fester Bestandteil der *Hochschultage Berufliche Bildung*. Intentional zielen die Hochschultage auf den Austausch zwischen Wissenschaft und Praxis in der Beruflichen Bildung, wobei die nicht originär berufsbezogenen Wissenschaftsdisziplinen eine große Anerkennung und einen gleichwertigen Status genießen. Nach der Etablierung der Fachtagung auf den Hochschultagen 1984 in Berlin (Schuster, Silbernagel 1987) waren Peter Weinbrenner (bis 1992), Tilman Grammes (1994-1996) Eberhard Jung und Thomas Retzmann (1998-2002) und Eberhard Jung und Martin Kenner ab 2004 Mitglieder der Planungsgruppe, Leiter der Fachtagung und Herausgeber der Tagungsbände (Weinbrenner 1987b, 1989, 1991; Grammes 1995; Jung/Retzmann 1999, 2000, 2002; Jung/Kenner 2004).

Zielsetzung der Fachtagungen war es, im Zusammenhang mit dem jeweils vorgegebenen Rahmenthema der Hochschultage einerseits die in der allgemein bildenden politischen Didaktik entwickelten und diskutierten Gegenstandsbereiche in das berufsbildende Schulwesen zu transferieren, und andererseits das von Weinbrenner entworfene Konzept der arbeits- und berufsbezogenen politischen Bildung zeitgemäß weiter zu entwickeln. Letzteres folgte nicht mehr einer berufsbildungstheoretischen Tradition, sondern der zeitgemäßen Erkenntnis, dass mikropolitisches Lernen mit Arbeits- und Berufsbezug eine Rekonstruktion makropolitischer Problemlagen und Prozesse (Interessenskonflikte, Perspektiven, Kontroversen, Aushandlungskonflikt) widerspiegele. Diesen Anspruch pointiert Grammes (1991, 213), in dem er konstatiert, wenn es stimme, dass globale Probleme wesentlich durch betriebliches, einzelwirtschaftliches und beruflich professionalisiertes Handeln verursacht würden, dann müsse politische Bildung auch im Medium des Berufs aufschließbar sein.

## 4. Die empirische Tradition der arbeits- und berufsbezogenen politischen Bildung

Bemerkenswerte empirische Traditionen

Auch wenn die Situation der politischen Bildung in berufsbildenden Schulen in nahezu allen wissenschaftlichen Analysen als unvollkommen beschrieben wird und auch eine spezielle arbeits- und berufsbezogene Forschung zur politischen Bildung wegen eines Mangels an Lehrstühlen mit doppeltem Schwerpunkt (politische Bildung und Berufs- und Wirtschaftspädagogik) als eher ungewöhnlich gilt, gibt es bemerkenswerte Traditionen und auch hoffnungsvolle Entwicklungen.

Wirksamkeit politischer Bildung

Weniger von Politikwissenschaftlern und Politikdidaktikern sondern eher von Berufspädagogen der von Greinert/Schlömer (1992) identifizierten emanzipatorischen Richtung getragen, kann auf eine empirische Tradition zur Wirksamkeit politischer Bildung in berufsbildenden Schulen (speziell der Berufsschule) verwiesen werden. In seinem Werk „Leistungsprinzip und Emanzipation" bezog Wolfgang Lempert (1971, 98 ff.) die Erkenntnisse einer Diplomarbeit mit dem Thema *Zur Wirksamkeit politischer Bildung an Berufsschulen* aus dem Jahre 1963 ein, in der zu überprüfen war, „ob der Kontakt der Berufsschüler zur sozialen und politischen Realität ... die Chancen des politischen Unterrichts" beeinflusse. Die erzielten (wenig ermutigenden) Ergebnisse veranlassten Lempert zu curricularen und didaktischen Anregungen, die auf die Vermittlung von beruflicher und politischer Mündigkeit zielten (ebd. 96 ff., 101 ff.)

Die Hamburger Lehrlingsstudie „Der Lehrling in der Berufsschule: Fachliche Unterweisung und politische Bildung im Urteil der Lehrlinge" (Crusius 1975), die auf die Region Hannover bezogene Studie „Politikunterricht an der Berufsschule in der Erfahrung der Schüler" von Ibrahim/Paul-Kohlhoff und die unter Leitung von Reinhold Nickolaus (1986) entstandene Studie „Gemeinschaftskundeunterricht an Gewerblichen Schulen Baden-Württembergs aus der Sicht der Schüler – Ergebnisse einer empirischen Untersuchung" (Region Stuttgart) kennzeichnen – trotz der zum Teil bedrückenden Befunde (Crusius, 154 f. Ibrahim/Paul-Kohlhoff, 149 ff. Nickolaus, 209) – Meilensteine in der empirischen Forschung zur Wirksamkeit politischer Bildung in der Berufsschule.

Situation politischer Bildung aus Sicht der Lehrenden

Winfried Böttcher (1985; 1987) analysierte die Situation der politischen Bildung aus der Perspektive der Lehrenden. Die Studie gliederte sich in die noch heute aktuellen Bereiche:

1. die Stellung des Faches in der Schule,
2. die Funktion des Lehrplanes,
3. das Didaktik Problem,
4. Problemgruppen in der Berufsschule,
5. der Politiklehrer und
6. das Verhältnis von Schule zu Kammer.

Jeder Bereich endete in konkreten Forderungen, die auf eine positive Überwindung der erzielten Befundlage zielten. Abschließend werden Perspektiven entfaltet, mit dem Ziel die politische Bildung in der Berufsschule aus der Isolation und dem Negativimage herauszuführen, damit sie angemessene Antworten auf die Herausforderungen der Zeit geben könne (Böttcher 1987, 78).

Methoden

Auf der Fachtagung Politik der Hochschultage 1994 präsentierte Elisabeth Zeppenfeld eine explorative Studie, in der sie Methoden im Alltag des Sozialkundeunterrichts an beruflichen Schulen in Bayern untersucht. Sie registriert ein negatives Bild von der Situation des Faches in gewerblichen Berufsschulen und in weiterführenden Schulzweigen, einen stark lehrergesteuerten Kommunikationsstil, gepaart mit der Vernachlässigung des Methodenlernens und einer einseitigen kognitiven Ausrichtung des Unterrichts (Zeppenfeld 1995, 17).

Reinhold Nickolaus (2004) leistet unter der Thematik *Lehr-Lerneffekte in der arbeits- und berufsbezogenen politischen Bildung* im Rahmen der Fachtagung Politik der Hochschultage Berufliche Bildung 2004 einen Überblick über die empirische Befundlage des politischen Lernens im Politikunterricht an beruflichen Schulen. Die enge Definition des Politischen sprengend, bezieht er Befunde des gesamten politischen Lernens in der beruflichen Ausbildung ein und identifiziert dabei fünf aktuelle Forschungsstränge:

Fünf aktuelle Forschungsstränge

a) Studien zur beruflichen Sozialisation,
b) Studien zur Entwicklung kommunikativer Kompetenz in der Ausbildung,
c) Studien zu Förderpotenzialen methodischer Ansätze im Ausbildungsprozess,
d) Studien zu Effekten gezielter pädagogischer Interventionen im Politikunterricht beruflicher Schulen,
e) Studien zu politikrelevanten Einstellungen Jugendlicher.

In einem zweiten Schritt legt er den vordringlichen Forschungsbedarf in diesen Bereichen offen und stößt damit einen konstruktiven Theorie-Praxis-Diskurs an (Nicklaus 2004).

Als überaus hoffungsvoll erweisen sich jüngere Untersuchungen zu den erzielten Effekten des politischen Lernens. Pädagogische Interventionsstudien (Kummer 1991, Lindemann 1995, Kenner 1998, 2004) gehen über die Analyse des Bedingungsfeldes hinaus, planen und realisieren konkreten Unterricht und messen die erzielten Lerneffekte, um aus ihnen Erkenntnisse zu verdichten.

## 5. Zur aktuellen Situation der politischen Bildung im berufsbildenden Schulwesen

Marginalisierung politischer Bildung

Aktuelle, breit angelegte empirische Befunde über die Lage der Politischen Bildung im berufsbildenden Schulwesen und zeitgemäße Lehrplananalysen liegen derzeit nicht vor. Wie die Diskussionen im Rahmen einer bundesweiten Teilnehmerschaft auf den Fachtagungen der Hochschultage verdeutlichen, kann aber keinesfalls von wesentlichen Verbesserungen ausgegangen werden. Eher scheinen die permanenten ökonomisch-technischen Modernisierungserfordernisse und deren aufwendige Aneignungsprozesse seitens der Lehrerschaft erhebliche Potenziale zu binden, so dass die politische Bildung – speziell in der Berufsschule – weiterhin als eher marginalisiert zu bezeichnen ist.

Dabei konnten die hoffnungsvollen Entwicklungen der letzten eineinhalb Jahrzehnte nur wenig genutzt werden. Im Rahmen der Schlüsselqualifizierungsdebatte wurden bisherige politikdidaktisch begründete Zielkomponenten wie z.B. Kritikfähigkeit, Kommunikationsfähigkeit und Teamfähigkeit zu berufs- und wirtschaftspädagogischen Gegenstandsbereichen erhoben, womit die *politische Bildung als Prinzip* eine entschiedene Stärkung erfuhr. Leider fand dabei der auf den Hochschultagen von Magdeburg dokumentierte Beitrag der arbeits- und berufsbezogen politischen Bildung (Weinbrenner 1991) keine besondere Beachtung. Angesichts der Endlichkeit der berufspädagogischen Schlüsselqualifikationsdebatte müssen die dort entfalteten „Schüsselqualifikationen" (Gestaltungskompetenz, Umweltverantwortung, Partizipationsfähigkeit, Informationsverarbeitung, Friedensfähigkeit und Risikobewusstsein) als noch heute aktuell angesehen werden, mit grundsätzlicher Eignung für eine zeitgemäße domänenbezogene Kompetenzvermittlung (DIPF 2003). Ebenfalls scheint die von Wolfgang Sander erkannte *Nützlichkeit der politischen Bildung* im Rahmen außerschulischer Bildungsveranstaltungen eher unbeachtet geblieben zu sein. Politische Bildung könne Menschen befähigen „ihr berufliches Handels in einem gesellschaftlich-politischen Reflexionszusammenhang einzubringen und dadurch effektiver zu gestalten" (Sander 1996, 19). Obwohl es nie zu einer konzeptionellen Zusammenarbeit und zur Freisetzung von Synergien kam, kann eine Stärkung der politischen Bildung als Prinzip dadurch registriert werden, wenn berufspädagogische Konzeptionen die Vermittlung von sozialer und kommunikativer Kompetenz anstreben (dazu: Nickolaus 2004).

Weitere Marginalisierung kann nicht hingenommen werden

Jedoch ist eine weitere Marginalisierung der politischen Bildung als Fach in der Berufschule nicht mehr hinzunehmen. Die in der Didaktik der politischen Bildung vollzogenen Ziel-, Inhalt- und Methodendiskussionen und die offen gelegte arbeits- und berufsbezogene Konzeptionsentwicklung bieten eine angemessene Grundlage für Verbesserungen. Die aktuellen schulorganisatorischen Möglichkeiten, die den Schulen mehr Freiraum und den Fachkonferenzen mehr Gestaltungsmöglichkeiten eröffnen, bilden beste Rahmenbedingungen. Auch muss der Rahmenplan nicht mehr als Be- oder Verhinderung zeitgemäßer politischer Bildung aufgefasst werden. Spätestens seit den neuen *Rahmen-*

*richtlinien für das Unterrichtsfach Politik in berufsbildenden Schulen* des Landes Niedersachsen (Niedersächsisches Kultusministerium 1994) liegt ein Instrumentarium vor, das – obwohl bereits zehn Jahre alt – als beispielhaft anzusehen und (mit leichten kompetenztheoretischen Auffrischungen) jeder Fachkonferenz zur Übernahme zu empfehlen ist.

Doppelte Zielrichtung politischer Bildung an Berufsschulen

Konzeptionell gilt es die aufgezeigte *doppelte Zielrichtung* zu verfolgen und zu verfeinern: Politische Bildung in berufsbildenden Schulen muss einerseits ausgewählte Themen der (allgemein bildenden) politischen Bildung vermitteln. Geeignete Auswahlkriterien bilden bekannte didaktische Prinzipien (Problemorientierung, Situationsorientierung, Lebensweltbezug usw.). Anderseits gilt es die arbeits- und berufsbezogene Komponente der politischen Bildung im Zeitalter von Globalisierung, Liberalisierung und Deregulierung sowie deren Auswirkungen auf den Sozialstaat und die Arbeitsverhältnisse zu stärken und zeitgemäß weiter zu entwickeln.

Die erste Zielrichtung ist deshalb bedeutsam, da es sich in den meisten Schulformen des berufsbildenden Schulwesens um Lernende handelt, die im Verlauf der Schulzeit die volle Geschäftsfähigkeit und die vollen Staatsbürgerrechte erlangen (oder diese bereits besitzen). Sie kommen ihren Pflichten als Steuer- und Sozialabgabezahler nach und sind ggf. von den gegenwärtigen großen gesellschaftlichen und die Arbeitswelt bezogenen Herausforderungen direkt betroffen. Hinsichtlich der zweiten Zielrichtung bleibt anzumerken, dass jeder Schüler des berufsbildenden Schulwesens mindestens neun und ein Schüler einer Jungarbeiterklasse sogar zehn Schuljahre absolviert hat, in denen politische Bildung (mit unterschiedlicher Fachbezeichnung, in bestimmten Klassen, zum Teil periodisch, von Bundesland zu Bundesland unterschiedlich) Bestandteil des Fächerkanons war. Auch steigt der Anteil der Berufsschüler, die über einen mittleren oder einen darüber liegenden Bildungsabschluss verfügen kontinuierlich auf derzeit ca. zwei Drittel aller Auszubildenden (BMBF 2003, 81). Auch diese Zahlen sprechen dafür, den Arbeits- und Berufsbezug zu stärken. Politische Bildung im berufsbildenden Schulwesen sollte über weite Bereiche anders konzipiert sein, als dass sie eine Neuauflage der politischen Bildung des allgemein bildenden Schulwesens versucht, und das noch unter wesentlich schlechteren Rahmenbedingungen.

Denn wenn politische Bildung das Ziel verfolgt, „Menschen zu befähigen, dass sie ihren gesellschaftlichen Standort und ihre Interessen erkennen und über politische Probleme urteilen und dann handeln können“ (Neumann 1995, 7), dann ist die Zielerreichung im Zeichen der gegenwärtig verlaufenden großen gesellschaftlichen Veränderungen wichtiger denn je. Deshalb gilt es, die mit dem Politikunterricht an berufsbildenden Schulen einhergehenden Chancen zu nutzen. Denn für die Mehrzahl aller Lernenden ist eine berufsbildende Schulform die zeitlich letzte geplante Bildungsveranstaltung der Vermittlung gesellschaftlicher und politischer Gegenstandsbereiche, bevor die jungen Menschen in eine immer unübersichtlichere, von immer mehr Informationen durchfluteten und durch immer härtere ökonomisch-technische Sachzwänge geprägte Arbeits- und Lebenswelt entlassen werden. Die darin begründeten Chancen und Verpflichtungen sind (für den Lernenden und die Gesellschaft) sinn- und verantwortungsvoll zu nutzen.

Chancen nutzen

## Literatur

BMBF – Bundesministerium für Bildung und Forschung 2003: Berufsbildungsbericht 2003. Bonn

Böttcher, Winfried 1980: Zur Politischen Bildung in der Berufsschule. Ein historischer Überblick. In: Gegenwartskunde H. 1, S. 61 ff.

Böttcher, Winfried 1985/1987: Versuch einer Beschreibung des Alltags politischer Bildung an Berufsschulen. In: ZBW Bd.81, H. 4, 1985, S. 291-299. In: Bundeszentrale für politische Bildung (Hrsg.) 1987: Politische Bildung an Berufsschulen, Schriftenreihe Bd. 242. Bonn, S. 68-80

Crusius, Reinhard 1975: Der Lehrling in der Berufsschule: Fachliche Unterweisung und politische Bildung im Urteil der Lehrlinge. Hamburger Lehrlingsstudie Bd. 1. München

DIPF 2003: Deutsches Institut für Internationale Pädagogische Forschung 2003: Zur Entwicklung nationaler Bildungsstandards – Eine Expertise. Berlin

Dosch, Roland 1983: Lernzielorientierter Politikunterricht an beruflichen Schulen. Rinteln

Gagel, Walter 1994: Geschichte der politischen Bildung in der Bundesrepublik Deutschland 1945 -1989. Opladen

Grammes, Tilman 1991: Beruf und Politik. Möglichkeiten didaktischer Verknüpfung in integrierten Bildungsgängen. In: Landesinstitut für Schule und Weiterbildung (Hrsg.) 1991: Perspektiven der Kollegschule. Lebensbedingungen und gesellschaftliche Lernerfordernisse. Soest, S. 202 ff.

Grammes, Tilman (Hrsg.) 1995: Handlungsorientierung – ein didaktisches Prinzip: Politische Bildung an den Berufsschulen auf dem Prüfstand. Eine Zwischenbilanz, Ergebnisse der Hochschultage Berufliche Bildung 1994. Neusäß

Greinert, Wolf-Dietrich/Schlömer, Reiner 2002: Politische Bildung über den Beruf – eine berufspädagogische Illusion? In: Karlheiz A. Geißler/Wolf-Dietrich Greinert/Leo Heimerer/Andreas Schelten/Karlwilhelm Stratmann (Hrsg.): Von der staatsbürgerlichen Erziehung zur politischen Bildung. 90 Jahre Preisschrift Georg Kerschensteiner. Bonn 1992, S. 259-275

Henkel, Ludwig 1991: Zur pädagogischen Transformation in der politischen Bildung – ein integrativer Ansatz für die Praxis in der Berufsschule. Frankfurt/M.

Henkel, Ludwig 1997: Ausbildung von Politiklehrern für berufliche Schulen – Ein integrativer praxisbezogener Ansatz als Ergebnis einer empirischen Untersuchung. Schwalbach/Ts.

Henning, Bernd 1985: Didaktik der Wirtschaftslehre – politische Bildung im Lernfeld Ökonomie. Bad Heilbrunn

Henning, Bernd 1987: Politische Bildung an beruflichen Schulen im Lernfeld Ökonomie. In: Weinbrenner, Peter 1987b (Hrsg.), S. 61-91

Ibrahim, Martha/Paul-Kohlhoff, Angela 1976: Politikunterricht an der Berufsschule in der Erfahrung der Schüler. Beiträge zur Berufsbildung. Hannover

Jung, Eberhard 1993: Politische Bildung in Arbeit und Beruf – Die Gestaltung von Arbeits- und Lebenssituationen. Frankfurt/M.

Jung, Eberhard 2001: Zentrale Herausforderungen für die sozialwissenschaftlich orientierte Politische Bildung. In ders. (Hrsg.): Neue Akzente in der Lehrerbildung: Herausforderungen, Ideen, Konzepte für das Fach Politik. Schwalbach/Ts., S. 10-21

Jung, Eberhard/Retzmann, Thomas. (Hrsg.) 1999: Aktuelle Herausforderungen an die arbeits- und berufsbezogene Politische Bildung, Tagungsband der Hochschultage Berufliche Bildung in Dresden 1998. München

Jung, Eberhard/Retzmann, Thomas (Hrsg.) 2000: Zwischen individueller Benachteiligung und globaler Herausforderung. Tagungsband der Hochschultage Berufliche Bildung 2000 in Hamburg. Bielefeld

Jung, Eberhard/Retzmann Thomas (Hrsg.) 2002: Interkulturalität und Zivilgesellschaft in der arbeits- und berufsbezogenen politischen Bildung. Tagungsband der Hochschultage Berufliche Bildung 2002 in Köln. Bielefeld

Jung, Eberhard/Kenner Martin (Hrsg.) 2004: Neue Bildungsmedien in der arbeits- und berufsbezogenen politischen Bildung. Didaktische Ansätze – Lerneffekte – Chancen. Tagungsband der Hochschultage Berufliche Bildung 2004 in Darmstadt. Bielefeld

Kenner, Martin 1998: Förderung sozialer Kompetenzen. Ein Unterrichtsbeispiel zur Entwicklung moralischer Urteilsfähigkeit im Fach Gemeinschaftskunde an berufsbildenden Schulen. In: Sommer, Karl-Heinz (Hrsg.): Didaktisch-organisatorische Gestaltungen vorberuflicher und beruflicher Bildung. Stuttgarter Beiträge zur Berufs- und Wirtschaftspädagogik, Bd. 22, S. 380-420

Kerschensteiner, Georg 1901: Staatsbürgerliche Erziehung der deutschen Jugend. Gekrönte Preisschrift. Erfurt

Koch, Dieter/Speier, Hans-Dieter (Hrsg.) 1993: Anstöße Band 9, Berufsbildung für Europa – Ökologie und Markt. Tagungsbeiträge Bd. II der Hochschultage Berufliche Bildung 1992 in Frankfurt. Gesellschaft für arbeitsorientierte Forschung und Bildung. Frankfurt

König, Wolfgang 1997: Massenproduktion und Technikkonsum – Entwicklungslinien und Triebkräfte der Technik zwischen 1880 und 1914. In: ders./ Weber, Wolfgang: Netzwerke Stahl und Strom 1840-1914. Propyläen Technikgeschichte Bd. 4. Berlin, S. 265-554

Kuhn, Hans-Werner/Massing, Peter 1989: Politische Bildung in Deutschland: Entwicklung – Stand – Perspektive. Opladen

KMK – Kultusministerkonferenz (Beschluss von 18.05.1984): Elemente für den Unterricht der Berufsschule im Bereich der Wirtschaft- und Sozialkunde gewerblich-technischer Ausbildungsberufe. In ders.: Handreichungen ... 09.05.1996, Anhang S. 27-30. In Bundeszentrale für politische Bildung (Hrsg.) 1987: Politische Bildung an Berufsschulen. Schriftenreihe Bd. 242. Bonn, S. 487-489

KMK – Kultusministerkonferenz (Beschluss vom 09.05.1996): Handreichungen für die Erarbeitung von Rahmenlehrplänen der Kultusministerkonferenz für den berufsbezogenen Unterricht in der Berufsschule und ihre Abstimmungen mit Ausbildungsordnungen des Bundes für anerkannte Ausbildungsberufe

Kummer, Rüdiger 1991: Computersimulation in der Berufsschule. Konzepte des Lehrens und Lernens, Bd. 2. Hrsg. von K. Breuer und G. Tulodziecki. Frankfurt/M.

Lange, Hermann 1992: Das Verhältnis von Pädagogik zu Politik in historisch-systematischer Perspektive. In: Karlheinz A. Geißler/Wolf-Dietrich Greinert/Leo Heimerer/Andreas Schelten/Karlwilhelm Stratmann (Hrsg.): Von der staatsbürgerlichen Erziehung zur politischen Bildung. 90 Jahre Preisschrift Georg Kerschensteiner. Bonn, S. 41-75

Lempert, Wolfgang 1971: Leistungsprinzip und Emanzipation. Studie zur Realität, Reform und Erforschung des beruflichen Bildungswesens. Frankfurt/M.

Lindemann, Hans-Jürgen 1995: Zur Wirklichkeit des Sozialkundeunterrichtes in der gewerblichen Berufsausbildung. In: Grammes, T. (Hrsg.) 1995: Fachtagung Politik/Wirtschafts- und Sozialkunde. Hochschultage Berufliche Bildung 1994 in München. Neusäß

Neumann, Franz 1995$^{9}$: Statt eines Vorwortes. Drechsler, Hanno/Hilligen, Wolfgang/Neumann, Franz (Hrsg.): Gesellschaft und Staat – Lexikon der Politik. München

Nickolaus, Reinhold 1986: IBW-Projekt. Gemeinschaftskundeunterricht an gewerblichen Berufsschulen Baden-Württemberg aus der Sicht der Schüler – Ergebnisse einer empirischen Untersuchung. In: Sommer, K.-H. (Hrsg.): Aspekte der Planung und Gestaltung von Unterricht und Unterweisung. Stuttgarter Beiträge zur Berufs- und Wirtschaftspädagogik, Bd. 4, S. 181-224

Nickolaus, Reinhold 2000: Ansprüche an die Politische Bildung an Berufsbildenden Schulen – Anmerkungen zu Möglichkeiten und Grenzen der Umsetzung. In: Jung /Retzmann (Hrsg.): Politische Bildung an berufsbildenden Schulen. Berufsbildung zwischen innovativer Programmatik und offener Umsetzung. 11. Hochschultage Berufliche Bildung 2000. Bielefeld, S. 10-23

Nickolaus, Reinhold 2004: Prozesse und Effekte politischer Bildung an beruflichen Schulen. In: Jung /Kenner (Hrsg.) 2004: Neue Bildungsmedien in der arbeits- und berufsbezogenen politischen Bildung. Didaktische Ansätze – Lerneffekte – Chancen. Bielefeld

Niedersächsisches Kultusministerium 1994 (Hrsg.): Rahmenrichtlinien für das Unterrichtsfach Politik in berufsbildenden Schulen. Hannover

Olberg, Hans-Joachim von 1997: Politikunterricht an berufsbildenden Schulen. In: Sander, Wolfgang (Hrsg.) 1997: Handbuch politische Bildung – Praxis und Wissenschaft. Schwalbach/Ts., S. 201-219

Sander, Wolfgang 1996: Beruf und Politik. Von der Nützlichkeit politischer Bildung. Schwalbach/Ts.

Sander, Wolfgang (Hrsg.) 1997: Handbuch politische Bildung – Praxis und Wissenschaft. Schwalbach/Ts.

Schmiederer, Rolf 1972: Zwischen Affirmation und Reformismus – Politische Bildung in Westdeutschland seit 1945. Frankfurt/M.

Schuster, Peter/Silbernagel, Wilfried (Hrsg.) 1987: Politische Bildung an berufsbildenden Schulen. Ergebnisse der Hochschultage von Berlin 1984

Sygusch, Frank/Henning Bernd 1987: Inhaltliche Schwerpunkte politischer Bildung an Berufsschulen nach den Rahmenlehrplänen der Bundesländer. In: Bundeszentrale für politische Bildung (Hrsg.): Politische Bildung an Berufsschulen. Schriftenreihe Bd. 242. Bonn, S. 363-484

Taylor, Frederick, Winslow 1977 (© Oldenburg 1913): Die Grundzüge der wissenschaftlichen Betriebsführung, neu herausgegeben und eingeführt von Volbert, Walter und Vahrenkamp, Richard,.Weinheim

Weinbrenner, Peter 1987a: Berufsarbeit und politische Bildung. In: Bundeszentrale für politische Bildung (Hrsg.): Politische Bildung an Berufsschulen. Schriftenreihe Bd. 242. Bonn, S. 11-38

Weinbrenner, Peter (Hrsg). 1987 b: Zur Theorie und Praxis der politischen Bildung an beruflichen Schulen. Ergebnisse der Hochschultage berufliche Bildung 1986. Alsbach

Weinbrenner, Peter. 1987c: Prinzipien und Elemente einer zukunftsorientierten arbeits- und berufsbezogenen Politischen Didaktik . In ders. 1987 b: Zur Theorie und Praxis der politischen Bildung an beruflichen Schulen. Ergebnisse der Hochschultage berufliche Bildung 1986. Alsbach, S. 1-30

Weinbrenner, Peter (Hrsg.) 1989: Politische Bildung an beruflichen Schulen zwischen Kammerprüfung und eigenständigem Bildungsauftrag. Ergebnisse der Hochschultage berufliche Bildung 1988. Alsbach

Weinbrenner, Peter (Hrsg.) 1991: Schlüsselqualifikationen für die politische Bildung an beruflichen Schulen. Tagungsband der Hochschultage 1990 in Magdeburg. Wetzlar

Weinbrenner, Peter 1992: Der Wandel der Politikdidaktik in der Berufsschule (1945-1991). In: Karlheiz A. Geißler/Wolf-Dietrich Greinert/Leo Heimerer/Andreas Schelten/Karlwilhelm Stratmann (Hrsg.): Von der staatsbürgerlichen Erziehung zur politischen Bildung. 90 Jahre Preisschrift Georg Kerschensteiner. Bonn, S. 276-322

Zeppenfeld, Elisabeth 1995: Methoden im Alltag des Sozialkundeunterrichts – Eine explorative Studie zum Einsatz von Methoden im Sozialkundeunterricht an beruflichen Schulen in Bayern. In: Grammes, Tilman (Hrsg.) 1995: Handlungsorientierung – ein didaktisches Prinzip, a.a.O., S. 9-22

*Volkmar Baulig*

# Politikunterricht an Sonderschulen

## 1. Zur Entwicklung und den sozialpolitischen Rahmenbedingungen des Sonderschulwesens

Mit dem Begriff Sonderschule, vor allem dann, wenn er in einen politischen Kontext gestellt wird, wird vorrangig die frühere Schule für Lernbehinderte assoziiert. Dieser jetzt zumeist Schule für Lernhilfe oder Förderschule genannte Schultyp wird von mehr als der Hälfte aller Sonderschüler besucht. Aber nicht nur die Überrepräsentanz dieses Schultyps im Vergleich zu den anderen zehn Sonderschulformen, sondern der konkrete politische Kontext, in den dieser Schultyp eingebunden ist, bewirkt die landläufige Assoziation Sonderschule – Schule für Lernhilfe.

Sonderschule als Spiegel bildungs- und sozialpolitischen Denkens

Die Institution Sonderschule ist Spiegelbild bildungs- und sozialpolitischen Denkens in unserer Gesellschaft. In der Aufbauphase des Sonderschulwesens herrschten subjektivierte Vorstellungen sozialer Auslese vor, die dem Sonderschüler, der als schwach intelligent und mithin als schwach begabt erachtet wurde, die Ursachen der Selektion zuordnete (Begemann 1996, 98). Die Institutionenkritik der außerparlamentarischen Opposition richtete das Augenmerk auf Prozesse der Selektion, die vorwiegend unter dem Aspekt des gesellschaftlichen Verwertungsinteresses am Einzelnen gesehen wurden. Selektion und Stigmatisierung wurden als sich ergänzende Vorgänge betrachtet (Homfeldt 1996, 176 ff.). Vor allem auch das Wissen darum, dass nicht so sehr die individuelle Leistungsfähigkeit als vielmehr andere Faktoren wie sozialer Status, Konformität etc. über die Sonderschuleinweisung entschieden (Begemann 1996, 99 f.), rückte die vermeintliche Leistungsauslese in den Geruch fundamentaler sozialer Auslese (F. Eberwein 1996, 194).

Weniger die Sonderschullehrer selbst als vielmehr fortschrittliche Eltern und Pädagogen an allgemeinen Schulen versuchten, die

Kritik am segregierenden Schulwesen konzeptionell umzusetzen. Sie schufen die Idee einer Schule für alle, in der nicht der Blick auf die Auslese, sondern auf das Miteinander gerichtet ist. Unterschiedlichkeit und auch differente Leistungsprofile werden als grundsätzliche Modalitäten des Lebens angesehen, auf die die Pädagogik mit differenzierter Grundhaltung zu reagieren hat. Integrative Ideen und Konzepte des Miteinanderlebens und -lernens stellten die Sonderschule in sehr grundsätzlicher Weise im Hinblick auf drei Aspekte in Frage. Kritisiert wurde die Tendenz zur Isolierung und Stigmatisierung, ferner der Verlust an Normalität im Kontext der schulischen Lebenswelt sowie die geringen Lernleistungen der Sonderschüler in der angeblich spezialisierten Förderung (Bleidick, zit. nach Eberwein, H. 1996, 56).

Kritik am segregierenden Schulwesen

Trotz enormer Verbreitung integrativer Ideen und Konzepte führten diese aber nicht zur Abschaffung des Sonderschulwesens. Tendenzen zur gesellschaftlichen Auslese, die mangelnde Etablierung einer Schule für alle auch aus Vorbehalten der Pädagogen heraus und die unzureichende Bereitstellung der notwendigen personellen Ressourcen grenzten die integrative Pädagogik ein.

Tendenzen zur Reaktualisierung des Sonderschulwesens setzten sich seit Mitte der 90er-Jahre des letzten Jahrhunderts durch. Die Restaurierung einer kapitalistischen Ellbogengesellschaft rückte Aspekte des individuellen Fortkommens und nicht der sozialen Gerechtigkeit in den Vordergrund. Knappere Ressourcen in Schule und Gesellschaft beförderten zudem Tendenzen zur Auslese. Sonderpädagogen, die ambulante und integrative Dienste an Regelschulen praktizierten, brachten zunehmend ihre Erfahrungen in die Sonderschulen ein, was zu mehr Offenheit und konzeptioneller Modernisierung des Sonderschulwesens führte. Nicht nur neue Namen (Schule für Lernhilfe, Förderschule, Diagnose- und Förderklasse, Beratungs- und Förderzentrum etc.), sondern auch Konzepte der Eigenständigkeit und des Eigenprofils gegenüber dem etablierten Schulsystem wurden ausgearbeitet. Versuche, die Lebenswelt und Lebenswirklichkeit dieser Schüler stärker einzubeziehen, z.B. durch Ganztagsschulen und gezielte Hinführung zur Arbeitswelt, wurden angedacht. Dem Stigmatisierungs-

Reaktualisierung der Sonderschule in 1990er-Jahren

effekt versuchen viele Schulen durch das Angebot des Hauptschulabschlusses entgegenzuwirken.

Erfahrung des Ausgelesenwordenseins

Das Schulleben an der Sonderschule ist insbesondere dadurch gekennzeichnet, dass Schüler vom Vorschulalter bis zum 10. Schuljahr dort beschult werden, dass sie aus einem großen Einzugsbereich kommen, dass ein hoher Prozentsatz ausländischer Schüler vorzufinden ist und dass viele Kinder problembelastet sind. Sie alle eint die Erfahrung des Ausgelesenwordenseins, die die Frage des subjektiven Scheiterns aufkommen lässt.

Die Ergebnisse der PISA- und der IGLU-Studie sprechen gegen die Effektivität leistungsdifferenzierter Schulsysteme und machen eine erneute Diskussion schulischer Auslese erforderlich (Kahl 2003). Diese muss aber global über die spezifische Frage der Berechtigung des Sonderschulwesens hinaus geführt werden.

## 2. Akzente und Prinzipien des politischen Unterrichts an Sonderschulen

Mangel an Konzepten

Die Literaturdurchsicht zum Thema „Politischer Unterricht an Sonderschulen" lässt einen grundsätzlichen Mangel an Konzeptionalisierungen deutlich werden. Es überwiegen didaktische Aufrisse, in denen es um die konkrete Umsetzung und Ausgestaltung politischer Themen geht. Es ist offensichtlich nicht gelungen, dem Fach eine eigenständige Profilbildung zu geben, die sich an der Lebens- und Erlebnissituation von Sonderschülern orientiert.

Es besteht ein Mangel an aktualisierten Lehrplänen und ein immer noch unzureichender Stand der Schulbücher, den Feldt bereits vor geraumer Zeit angemahnt hatte (Feldt 1983). Ein fachbezogener Motivationsmangel, der schon vor geraumer Zeit konstatiert worden ist (Feldt 1983, 283), wird derzeit durch verstärkte Tendenzen zur Selbstorientierung in der postmodernen Gesellschaft noch intensiviert. In zunehmendem Maße gilt, was Feldt seinerzeit formuliert hat. Nur dann, wenn Schüler in ihren konkreten gesellschaftlichen Positionen angesprochen werden, sind sie für politische Themen aktivierbar (Feldt 1983, 281 f.)

## 2.1 Partizipation als zentrales Ziel des politischen Unterrichts an der Sonderschule

Partizipation statt Handlungsorientierung

Der Begriff der Handlungsorientierung stellt ein plakatives Prinzip des politischen Unterrichts dar (Breit/Schiele 1998). Für die Sonderpädagogik ist dieser Begriff meines Erachtens zu global und außen orientiert gesetzt. Die Vorstellung des Lernens in Interaktion (Reinhardt 1998, 167) ist konzeptionell schon konkreter gefasst. Zielorientierter sowohl in den Innen- als auch in den Außendimensionen ist meines Erachtens der Begriff der Partizipation; denn er schließt Tun, Erleben und Einbindung mit ein. Partizipation ist erforderlich in Anbetracht der Erfahrung des schulischen Ausgeschlossenwordenseins, subjektiver Tendenzen von Rückzug und Vermeidung, die oft bei Sonderschülern als ADS; AD(H)S diagnostiziert werden (Baulig/Baulig 2002, 133 ff.) und einer sozialstrukturell geringen Aktivierbarkeit bei diesen Schülern (Rucht 2003, 21). Gesellschaftliche Abkoppelungs- und Individualisierungsprozesse im postmodernen Zeitalter lassen das Gefühl der Teilhabe zu einem elementaren sozialen Bindeglied werden.

Über John Dewey hinaus, der das Denken und das Handeln miteinander in einen Kontext zu bringen versuchte (Gagel 1998), bin ich der Auffassung, dass Handeln erst in Verknüpfung mit dem Denken und Fühlen zu einem wirklich ganzheitlich prägenden Akt werden kann. Oder konkreter gestalttherapeutisch könnte man formulieren: Bewusstheit hilft Bewusstsein zu konstituieren (Baulig, I. u. V. 2002).

Partizipation schließt das Handeln, das Beobachten von Handlungssituationen, die Reflektion, das Erleben, aber auch die soziale Positionierung, die mit der Interaktion vorgenommen wird, mit ein. In der Partizipation geht es nicht darum, alle gleichermaßen zum Handeln anzuregen, sondern erlebnisbestimmte Voraussetzungen zu setzen, die dazu führen, dass auch kleine Schritte zu mehr Aktivität angebahnt werden können und dass andere lernen, darauf zu achten, wo und wie ein Weniger an Aktivität ein Mehr an Gerichtetheit und Erfolg bringen könnte. Das, was Handeln beeinträchtigt oder nicht zum Erfolg führt, ist zunächst zu reflektieren.

Erst wenn konkret interaktionelles Handeln als Handeln in Authentizität erfahren werden konnte, sind andere externer motivierte Handlungsformen möglich. Im Sinne der Stufung der Anforderungen ist simulatives Handeln (Breit 1998, 106) für Sonderschüler besonders wichtig. Denn, das was in der sozialen Realität eine überwältigende Komplexität haben kann, muss erst gedanklich, aber auch von basalen Handlungsstrategien her angebahnt werden. Es ist sonderpädagogisch unabdingbar, dass Handlungssituationen vorbereitet, gut begleitet und nachgearbeitet werden müssen. Die Dimensionen der Selbsterfahrung, der Gruppenerfahrung und des Realitätserlebens sollten dabei belichtet werden.

## 2.2 Themenbausteine des politischen Unterrichts an der Sonderschule

Vier Blöcke des politischen Unterrichts an Sonderschulen

Es sind meines Erachtens vier thematische Blöcke, die aus der Erlebnis- und der Lebenssituation von Sonderschülern heraus einer besonderen Gewichtung im politischen Unterricht bedürfen.

### 2.2.1 Analyse von Stigmatisierungseffekten

Stigmatisierung von Sonderschülern

Der intensivierte Leistungs- und Veräußerlichungsdruck in unserer Gesellschaft führt dazu, dass Äußerliches in immer stärkerem Maße etikettiert wird. Konkret bedeutet dies, dass sich Sonderschüler zunehmend stigmatisiert fühlen. Der überproportionale Ausländeranteil drückt der Schule einen Stempel auf. Denn eine Schule wird ja in ihrer Außenperspektive am Klientel „gemessen". Ausländer fühlen sich in ihrem ohnehin labilen Status durch die kindliche Sonderschuleinweisung an den Rand gedrängt. Mangelnde Vorerfahrungen mit Sonderschulen im Herkunftsland führen dazu, dass die Sorge sich bei ausländischen Eltern ausbreitet, das eigene Kind könnte für elementar behindert gehalten werden.

Der Stigmatisierungsdruck, der auf Sonderschülern lastet, führt zu einer bedenklichen Paradoxie: Schüler distanzieren sich auf eigentümliche Weise von einer Schule, deren flexible Zugewandtheit sie vom früheren Lerndruck entlastet und in der sie sich wohl fühlen. Der Lehrer ist ebenfalls in Gefahr in den Strudel des Stigmatisierungsdrucks zu geraten.

Vernachlässigung des Themas

Meines Erachtens widmet sich die Sonderpädagogik diesem elementaren Thema, das über die Qualität des Sich-Einbringens in die Sonderschule entscheidet, zu wenig (Baulig 1982/1996). In der universitären Diskussion ist es zu keiner hinreichend aktualisierten Analyse des Stigmaerlebens von Sonderschülern gekommen (Homfeldt 1974/1996 bzw. Eberwein, F. 1996). Es ist pädagogisch unangemessen, die Stigmatisierung global zu konstatieren, den Schülern aber keine Entlastungshilfen anzubieten. Die zu globale Forderung nach Abschaffung der Sonderschule wird weder den Sonderschülern gerecht noch unterbindet sie gesellschaftliche Tendenzen zu Etikettierung und Stigmatisierung.

In dieser Themenstellung lassen sich folgende pädagogisch-politische Fragestellungen verdichten: Die Frage nach der Gestaltung des Schulsystems; das Ausmaß an Wertschätzung durch Leistung in unserer Gesellschaft; die Bedeutung erfolgreichen Lernens für die gesellschaftliche Eingliederung; die Formen der Etikettierung in der Gesellschaft für Menschen, die dem üblichen Standard nicht entsprechen; die Funktion der Ausgliederung für das Fortkommen der Erfolgreichen; die Frage nach der Lehrermotivation, sich für die sozial Schwachen zu engagieren.

Die Arbeit an Stigmatisierungseffekten stellt somit eine elementare Chance dar, das politisch durchsetzte Beziehungsgeflecht an der Sonderschule deutlich werden zu lassen. Erst wenn diese eminent politische Perspektive angesprochen worden ist, lässt sich der Blick auf den Schüler konkreter vollziehen. Erst dann lassen sich seine Potenziale entfalten.

Möglichkeiten, Stigmatisierungseffekte zu bearbeiten

Der pädagogische Umgang mit Stigmatisierungseffekten stellt ein Thema dar, das sich in vielen Facetten bearbeiten lässt; z.B. durch die Reflexion der eigenen Lernbiografie, die Analyse der Wirkungen der Regelschule auf den einzelnen, das Kennen lernen von integrativen und alternativen Schulkonzepten, die Versöhnung mit der eigenen Rolle und die aktive Bearbeitung von Stigmatisierungseinflüssen im Rahmen einer Öffnung von Schule. Erkundungen, Befragungen, Pressearbeit, Betriebspraktika eröffnen die Chance, sich in offeneren Situationen zu bewegen und zu erleben und dabei darauf zu achten, inwieweit Stigmatisierungen thematisiert werden bzw. ob andere Kontaktkriterien vorherrschend sind.

Zumeist erleben die Schüler dabei, dass früheres schulbezogenes Stigmatiserungserleben später weniger von Bedeutung ist; vorausgesetzt allerdings eine Identifizierung mit dem eigenen Stigma konnte durch Vorarbeit verhindert werden. Bei Nichtbearbeitung dieses Themas sind Sonderschüler in Gefahr, ihr eigenes Stigma in Außenkontakten zu reproduzieren.

### 2.2.2 Sich Konflikten zuwenden

Die Frage, wie in der Schule unterrichtet wird, ist von zentraler Bedeutung für die Entwicklung der Schülerpersönlichkeit (Köditz 2002, 28). In Konflikten in der Schule verdichten sich individuelle Befindlichkeiten und Interessen, konkrete Rollenkonstellationen, aber auch gesellschaftliche Widersprüche. Soziales Verhalten in der Schule stellt einen Akt der Balance zwischen persönlichen Wahrnehmungen und Befindlichkeiten, den Erfordernissen der Schule und den Einflüssen, die von außen auf schulische Situationen einwirken, dar. Die themenzentrierte Interaktion kann hierzu den Rahmen setzen helfen (Lotz 2003). Konkret aus dem Blickwinkel der politischen Bildung heraus verdichten sich im Konflikt verschiedene soziale Dimensionen, die es ermöglichen, die Komplexität des Sozialverhaltens deutlich zu machen. Konflikte können dadurch nicht nur differenzierte Zugangsweisen sondern auch vielfältige Aspekte sozialen und politischen Lernens vermitteln. Wenn es gelingt, im elementaren Sinne des Wortes Sprache als Mittel der Mitteilung und der Verständigung einzuführen, so ist damit ein entscheidender Schritt zur Gewaltprävention getan. Insbesondere in Zeiten, in denen politische Gewaltoptionen gesetzt werden, ist es pädagogisch unabdingbar, darauf zu achten, dass sich keine Gewalttoleranz auf der pädagogischen Ebene etabliert.

Konflikte als Aspekte politischen Lernens

Gefühle auszudrücken, den anderen wahrnehmen und schätzen zu lernen, Schule als Ort des sozialen Austauschs in Affektkontrolle und in vorgegebenen Rollen erleben zu lernen, dies ist vor allem für Sonderschüler ein komplexer und immer wieder einzuleitender Auftrag. Das Randgruppendasein, defizitäre und oft gewalttätige Sozialisationserfahrungen, der mangelnde differenzierte Sprachgebrauch, die Kompensation unzureichender Schulleistungen durch ein Ideal der Stärke führen zu einer latenten Konflikthaftigkeit von Sonderschülern.

Drei konfliktvermeidende Aspekte

Es sind vorwiegend drei Aspekte, die in zunehmendem Maße konfliktvermindernd wirken können:

a) Es bedarf zunächst gezielter Themen und Interventionen, wie das Ansprechen von Gefühlslagen, die Vermittlung von Alternativen zur Affektabfuhr, die Thematisierung gruppendynamischer Konstellationen, das Mitteilen früherer schulischer Erlebnisse, das Internalisieren von Schüler- und Lehrerrollen sowie das Ausbalancieren von Übergangsproblemen zwischen Schule und Elternhaus.

b) Darüber hinaus sind selbstwertstärkende Interventionen und Aktivitäten erforderlich. Denn der Regelkreis zwischen labilem Selbstwertgefühl, leichter Kränkbarkeit und Gewaltandrohung muss von der psychodynamischen Basis her unterbrochen werden.

c) Ferner impliziert das oben beschriebene Prinzip der Partizipation, dass die Einbindung des Schülers in die Unterrichtsthemen mit der Intention, die Teilhabe und somit die Eigenverantwortlichkeit voran zu bringen, zu fördern ist. Themen schülerorientiert auszugestalten bzw. die Erfahrungswelt der Schüler zu thematisieren, unterstützt sie dabei, dass sie Lernen als authentischeren Prozess erfahren können. Die Gestaltpädagogik (Baulig 1989, 5 bzw. Baulig/Baulig 1998) kann helfen, Themen, die im Raum stehen, auszugestalten.

Kulturelle Vielfalt als Merkmal der Sonderschule

### 2.2.3 Kulturelle Unterschiede erfahren und als Vielfalt erleben

Die kulturelle Vielfalt in einer Sonderschulklasse auf Grund des hohen Ausländeranteils (Wocken 2000, 501) macht es meines Erachtens aus drei Aspekten heraus dringend erforderlich, sich dieser Thematik zuzuwenden:

a) Die oben beschriebene Distanz vieler Ausländer gegenüber der Sonderschule, die auch dadurch genährt wird, dass entgegen den Rechtsvorschriften ausländische Schüler wegen mangelnder Deutschkenntnisse an die Sonderschulen überwiesen werden, schafft bei vielen ausländischen Sonderschülern ein Gefühl der Fehlplatzierung. Dieses gilt es auch dadurch Ernst zu nehmen, dass nicht der Blick auf das vermeintlich Defizitäre (z.B. die deutsche Sprache) in den Vordergrund gerückt wird, sondern auf das, was sie mitbringen (z.B. andere kulturelle- und lernbezogene Erfahrungen). Mancher Schüler, der nur unzureichend Deutsch schreiben kann, besticht z.B. durch gute Kenntnisse in anderen Schriftsystemen. Dies anderen Schülern zeigen, ja lernen zu können, schafft einen elementaren und motivierenden Austausch, der diesen Schüler und seine andere Kultur in klarerem Licht erscheinen lässt.

Ausländische Kinder

b) Sonderschulen weisen einen erhöhten Anteil traumatisierter Kinder (Baulig 2003), darunter viele kriegs- und krisenbedingt Traumatisierte (Baulig 1994), auf. Da Traumatiserungen mit einer Beeinträchtigung des Lernvermögens verbunden sein können (Baulig/Baulig 2002, 147 ff.), bedingen solche Ereignisse schulisches Scheitern. Kriegs- und krisenbedingte Traumatisierungen, die im konkreten Fall mit dem Verlust der Heimat, mit Trennungen und Aufenthalten in Lagern zu tun haben, haben Außendimensionen, die nicht etwa analog zu Beziehungstraumen (z.B. Gewalt oder Missbrauch) der Verleugnung unterliegen. Es kann deshalb entlastend wirken, über solche externen Ereignisse sprechen zu können; vorausgesetzt dies wird nicht durch forciertes und zu neugieriges Nachhaken zu einer Offenbarung. Bei der Besprechung solcher Erfahrungsdimensionen ist es aber grundsätzlich wichtig, darauf zu achten, ob es der Schüler will und ob es ihm damit zumindest halbwegs gut geht. Es besteht dabei grundsätzlich die Gefahr der Freisetzung intensiver Affekte, die die Steuerungsfähigkeit des Traumatisierten beeinträchtigen können. Zu erfahren, was der andere an Belastendem mit sich bringt, kann aber eine elementare Chance sein, das oft bizarre Verhalten dieser Kinder etwas besser verstehen zu können. Zudem gibt es Einblicke

Traumatisierte Kinder

in andere Welten, die wir hier authentisch, ansonsten aber mit medialer Distanz erfahren.

Globalisierung und Fundamentalismus

c) Als erneute weltpolitische Polarisierung – statt in Sozialismus und Kapitalismus wie im letzten Jahrhundert – zeichnet sich die zwischen der Globalisierung als kapitalistische Expansion und dem Fundamentalismus als Versuch der Abgrenzung ab. Die Formen dieser Auseinandersetzung inszenieren weltpolitische Ereignisse, denen sich auch Sonderschüler nicht entziehen können und die zur Diffamierung von anderen Kulturen und Religionen führen können. Diese Themen gilt es in ihren globalen Dimensionen anzusprechen, aber auch in den konkreten Berührungspunkten, die sich daraus in der Klasse ergeben.

### 2.2.4 Lebenstüchtigkeit, Freizeitgestaltung und Berufsorientierung

„Die Förderschule ist eine Schule der Armen, der Arbeitslosen, der Sozialhilfeemfänger; so ist es heute und wird es in näherer Zukunft in wachsendem Maße sein" (Wocken 2000, 501).

Fehlende Sozialisationschancen kompensieren

Die Diskrepanz zwischen diesen Lebenslagen und den diese Sonderschüler unterrichtenden abgesicherten Mittelschichtslehrern ist gravierend. Nicht nur die Verschlechterung der ökonomischen Basis, sondern auch der Verlust des kindlichen Sozialisationsrahmens schlagen sich in besonderer Weise im schulischen Alltag nieder.

Elementare Sozialisation sollte insbesondere in der Grund- und Mittelstufe durch die Entwicklung des Klassen- und des Schullebens erfolgen. Da diesen Kindern Kontakt- und Sozialisationschancen fehlen, sind diese im Mikroraum der Klasse zu erlernen. Dazu gehört, die elementaren Regeln des Miteinanders einhalten zu lernen und Kontakte zu Gleichaltrigen dauerhafter anzuknüpfen.

Sich in einer Schule einzubringen, dort einen Rahmen zu erfahren, der Halt und Orientierung gibt, Schulleben einzuüben, all dies kann eine Nachsozialisation im Hinblick auf Sicherheit und Orientierung ermöglichen. Freizeitmöglichkeiten vor Ort kennen zu lernen, mit Vereinen und Betreuungsinstitutionen

Kontakt aufzunehmen, dies kann helfen, der medienfixierten Isolation zu begegnen.

Rechte und Lebenserfordernisse thematisieren

Seine Rechte kennen zu lernen, ist unabdingbar für unsichere und benachteiligte junge Menschen. Dies sollte nicht nur auf dem Papier, sondern auch durch Kennen lernen entsprechender Behörden und Beratungsstellen erfolgen. Es wäre jedoch fatal, wenn nur die Rechte und nicht auch die Lebenserfordernisse thematisiert würden; nicht nur, weil das soziale Netz immer weniger trägt, sondern auch, weil der Wille und die Fähigkeit zur Gestaltung eines eigenständigen Lebens mit dem gesellschaftlichen Integrationsanspruch des Sonderschulwesens einhergeht.

Deshalb sollte die soziale Orientierung auch zur Berufsorientierung hinführen. Über das Kennen lernen der Arbeitswelt durch Betriebsbesichtigungen und Erkundigungen bei Eltern und Bekannten bis hin zu punktuellen Praktika sollte der Weg zu einem schulbegleitenden Langzeitpraktikum führen. Insbesondere die Installierung eines 10. Schuljahres, das zum Hauptschulabschluss führen kann, sollte dual in der Verbindung von schulischem Lernen und beruflicher Orientierung angelegt sein.

## 3. Abschließende Bemerkungen

Die Integration von Sonderschülern setzt zwingend schulintern voraus, dass sich durch den Ausbau zu Ganztagsschulen mehr Chancen zu elementarem Miteinander ergeben. Die Schüler sind allerdings über die Sonderpädagogik hinaus auf die Bereitschaft von Politik und Gesellschaft, sich ihrer sozial schwächsten Mitglieder anzunehmen, dringend angewiesen.

Es erscheint nahe liegend, dass die vielfältigen Ziele und Aufgaben des politischen Unterrichts an der Sonderschule nicht in einer isolierten Nebenfachmentalität umzusetzen sind. Sie verlangen vielmehr ein durchgängig politisches Bewusstsein der Sonderpädagogen mit dem Ziel, sozialpolitische Anliegen ins Zentrum zu rücken und dies mit fächerübergreifenden und fächerverknüpfenden Vorgehensweisen zu verbinden.

## Literatur

Baulig, Ingeborg u. Volkmar 2002: Praxis der Kindergestalttherapie. Bergisch-Gladbach

Baulig, Ingeborg u. Volkmar 1998: Sich selbst zum Ausdruck bringen. Gestaltpädagogik. In: Förderschulmagazin, H. 6, S. 5 ff.

Baulig, Volkmar 1984: Stigmatisierungserleben Lernschwacher. In: Zeitschrift für Heilpädagogik, H. 12, S. 880 ff.

Baulig, Volkmar 1989: Familie im Unterricht. In: Sonderschulmagazin, H. 12, S. 5 ff.

Baulig, Volkmar 1994: Der Traum von Afghanistan mit der Waffe in der Hand – Flüchtlingskinder werden immer öfter in die Sonderschulen abgeschoben. In: Frankfurter Rundschau vom 13.10., S. 6

Baulig, Volkmar 1996: Stigmatisierungslerleben durch Sonderbeschulung. In: Förderschulmagazin, H. 1, S. 5 ff.

Baulig, Volkmar 1996: Sonderschule Schicksal oder Chance? Zum Stigmatisierungserleben von Sonderschülern. In: Förderschulmagazin, H. 1, S. 23

Baulig, Volkmar 2003: Umgang mit traumatisierten Kindern. In: Förderschulmagazin, H. 5, S. 5 ff.

Begemann, Ernst. 1996: Didaktische Konzeptionen in Schulen für Lernbehinderte. Notwendige pädagogische Konzeptionen. In: Eberwein, Hans (Hrsg.): Handbuch Lernen und Lern-Behinderungen. Weinheim und Basel, S. 95 ff.

Breit, Gotthard 1998: Handlungsorientierung aus fachdidaktischer Sicht. In: Breit, Gotthard/Schiele, Siegfried (Hrsg.): Handlungsorientierung im Politikunterricht. Schwalbach/Ts., S. 101 ff.

Eberwein, Friedlinde 1996: Sozialpsychologische Untersuchungen zur Stigmatisierung und Diskriminierung sowie zum Selbstkonzept sogenannter Lernbehinderter. In: Eberwein, Hans (Hrsg.): Handbuch Lernen und Lern-Behinderungen. Weinheim und Basel, S. 192 ff.

Feldt, Klaus 1983: Zum Stand und zur Wirkung des politischen Unterrichts in der Sonderschule für Lernbehinderte. Dissertation vorgelegt an der Hochschule Hildesheim

Gagel, Walter 1998: Denken und Handeln. In: Breit, Gotthard/Schiele Siegfried (Hrsg.): Handlungsorientierung im Politikunterricht. Schwalbach/Ts., S. 128 ff.

Homfeldt, Hans-Günther 1974: Stigma und Schule. Düsseldorf

Homfeldt, Hans-Günther 1996: Die Schule für Lernbehinderte unter labelingstheoretischen Aspekten – Konsequenzen für schulisches Lernen. In: Eberwein, Hans (Hrsg.): Handbuch Lernen und Lern-Behinderungen. Weinheim und Basel, S. 176 ff.

Kahl, Reinhard 2003: Die Kleinen ziemlich groß. Die Grundschule setzt Maßstäbe, wie man gute Schule macht. In: Erziehung und Wissenschaft, H. 5, S. 6 ff.

Köditz, Michael 2002: Auffälliges Verhalten: Wie die Schule nicht alles noch schlimmer machen könnte. In: Zeitschrift für Gestaltpädagogik, H. 2, S. 16 ff.

Lotz, Walter 2003: Sozialpädagogisches Handeln. Mainz

Reinhardt, Sibylle 1998: Was ist Handeln? In: Breit, Gotthard/Schiele Siegfried (Hrsg.): Handlungsorientierung im Politikunterricht. Schwalbach/Ts., S. 161 ff.

Rucht, Dieter 2003: Das Bild vom Querschnitt der Bevölkerung ist falsch. In: Frankfurt Rundschau vom 21.03., S. 9

Wocken, Hans 2000: Leistung, Intelligenz und Soziallage von Schülern mit Lernbehinderungen. In: Zeitschrift für Heilpädagogik, H. 12, S. 492 ff.

*Wolfgang Sander*

# Politische Bildung als fächerübergreifende Aufgabe der Schule

## 1. Ein Beispiel zur Einführung: Umwelterziehung zwischen allen (Fächer-) Stühlen

„Umwelt" ist unbestritten einer der Sach- und Problembereiche, die zum Gegenstandsfeld politischer Bildung gehören. Ebenso offensichtlich aber ist „Umwelt" nicht nur ein Themenbereich des Politikunterrichts als Fach. Blättert man etwa das von Jörg Calließ und Reinhold E. Lob herausgegebene Handbuch „Praxis der Umwelt- und Friedenserziehung" durch, so fällt im Band „Umwelterziehung" nicht nur auf, dass alle Fächer der Schule Beiträge zur Umwelterziehung leisten können, sondern mehr noch, dass es im Einzelnen beträchtliche thematische Überschneidungen gibt: So erscheint „Wasser" als Lerngegenstand in Biologie, Geografie, Chemie und Sport, „Müll" in Biologie, Chemie, Arbeitslehre und Haushaltslehre, „Luftreinhaltung" in Biologie, Chemie, Mathematik und Geografie (vgl. Calließ/Lob 1987). Bezüge dieser drei umweltpolitischen Problemfelder zu weiteren Fächern ließen sich leicht herstellen, zu Geschichte etwa oder zu Philosophie oder zu Kunst – und natürlich zum Politikunterricht.

Thematische Überschneidung zwischen den Fächern

Diese zahlreichen thematischen Brücken bieten grundsätzlich die Chance für eine „bunte", perspektivenreiche Auseinandersetzung mit der Umweltproblematik, die von den sich ergänzenden und in Spannung zueinander stehenden Sichtweisen verschiedener Fächer lebt (vgl. auch Kahlert in Kapitel IV). In der Praxis der meisten Schulen dürfte aber etwas anderes geschehen: ein strukturloses Nebeneinander der Fächerbeiträge, womöglich ohne sinnvolle Reihenfolge verteilt auf die Schuljahre, mit der Gefahr der langweilenden Wiederholung und der absehbaren Schülerreaktion: „Schon wieder Umwelt!"

Chancen und Gefahren der Überschneidung

Was am Themenbereich „Umwelt“ vielleicht besonders deutlich sichtbar ist, gilt freilich auch für andere Inhaltsbereiche politischer Bildung, für das Geschlechterverhältnis beispielsweise, für „Familie“, „Medien“, „Frieden“ oder „multikulturelle Gesellschaft“. Viele Themenfelder des Politikunterrichts stehen in engen sachlichen Beziehungen zu denen anderer Fächer. Vielfach lässt sich der *politische* Kern einer Problematik ohne den Bezug auf Beiträge anderer Fächer gar nicht bearbeiten (Beispiel: die Frage nach politischem Regelungsbedarf bei der Bio- und Gentechnik kann ohne biologische Sachinformation nicht entschieden werden), aber auch umgekehrt: Eine Fülle von Themen und Fragestellungen anderer Fächer haben von der Sache her einen politischen Bezug (Bio- und Gentechnik ist eben per se nicht nur eine biologische Thematik, sondern wegen möglicher Folgen für das gesamtgesellschaftliche Zusammenleben auch ein Politikum).

## 2. „Bausteine“ politischer Bildung in der Schule

Politische Bildung in der Schule greift daher zu kurz, wenn sie nur als Aufgabe *eines* Faches verstanden wird. Bereits Kurt Gerhard Fischer hat deshalb vier Bausteine politischer Bildung in der Schule unterschieden: Nicht nur der Politikunterricht ist für politisches Lernen bedeutsam, sondern auch politische Bildung als Unterrichtsprinzip anderer Fächer, soziales Lernen im Schulalltag und praktisches politisches Handeln (vgl. Fischer 1973, 93 ff.).

Politische Bildung ist mehr als die Aufgabe eines Faches

Politische Handlungserfahrungen als Aspekt schulischer politischer Bildung können Schülerinnen und Schüler vor allem in der Schule selbst machen, in der Mitwirkung an den gemeinsamen Angelegenheiten durch Schülervertretung und andere Formen der Vertretung eigener Interessen; soziales Lernen als Aspekt politischer Bildung bezieht sich bei Fischer auf den Interaktionsstil und auf Unterrichtsformen, die den Zielen demokratischer politischer Bildung nicht widersprechen dürfen (vgl. den Beitrag von Peter Henkenborg in Kapitel III).

Zentral konzentriert sich die Problematik fächerübergreifender politischer Bildung aber auf das Verhältnis von politischer Bil-

Politische Bildung als Unterrichtsprinzip

dung als eigenem Fach und politischer Bildung als Unterrichtsprinzip der anderen Fächer der Schule. Als Unterrichtsprinzip realisiert sich politische Bildung in der unterrichtlichen Reflexion der politischen Implikationen eines Unterrichtsfaches, wobei sich solche politischen Implikationen in allen Fächern nachweisen lassen (vgl. Sander 1985, Nonnenmacher 1996). Damit ist keine künstliche Politisierung anderer Fächer gemeint, keine Indienstnahme für sachfremde Zwecke und keine Unterordnung der ganzen Schule unter die Ansprüche der politischen Bildung. Solche „Fehlformen" politischer Bildung als Unterrichtsprinzip hat es historisch bekanntlich gegeben, zuletzt im Nationalsozialismus und in der DDR (vgl. Sander 2004). Die Reaktion vieler Lehrerinnen und Lehrer auf diese Erfahrungen in den 1950er-Jahren in Westdeutschland und in den 1990er-Jahren in Ostdeutschland, der Rückzug auf eine scheinbar unpolitische „reine Sachlichkeit" in anderen Fächer und die Delegation der politischen Bildung alleine an den Politikunterricht, ist zwar psychologisch nachvollziehbar, aber dennoch nur eine Art negativer Politisierung: „Auch der unpolitische Lehrer hat sich politisch entschieden, und er unternimmt es ständig, seine Schüler auf seine Seite herüberzuziehen" (Fischer 1973, 132). Die politischen Bezüge eines Faches verschwinden nicht dadurch, dass man sie ignoriert; sie auszublenden, verfälscht auch den fachlichen Gegenstand selbst und bringt die Gefahr einer politischen Indoktrination durch die unreflektierte Vermittlung von Ressentiments gegen Politik mit sich.

## 3. Begründungen für einen fächerübergreifenden Zugang in der politischen Bildung

Politische Bildung als Unterrichtsprinzip ist in der Geschichte der modernen Schule, die sie von Anfang an begleitet, auf sehr unterschiedliche Weise begründet und praktiziert worden; dies kann hier nicht nachgezeichnet werden (vgl. Sander 2004). Die folgenden Begründungen beziehen sich auf neuere Diskussionszusammenhänge, von denen aus in sehr unterschiedlicher, sich aber auch ergänzender Weise eine Öffnung der politischen Bildung über die Grenzen eines Faches hinaus als notwendig erscheint.

### 3.1 Politiktheoretische Perspektiven

Begriff des Politischen wandelt sich

In den Sozialwissenschaften wird seit den 1980er-Jahren wieder eine intensivere Debatte über die „Reichweite des Politischen" geführt. Was ist „Politik" – und damit möglicher Gegenstand politischer Bildung? Ulrich Beck hat die These von der „Entgrenzung der Politik" (Beck 1986) oder der „Entkernung des Politischen" (Beck 1993) ins Gespräch gebracht, Michael Greven spricht von der „Allgegenwart des Politischen" (Greven 1994). Offenbar ist die Reduktion des Politikbegriffs auf das politische System und die damit verbundene begriffliche Trennung von (politischem) Staat und (unpolitischer) Gesellschaft problematisch (geworden) – auf der einen Seite werden beispielsweise ökonomische und technologische Entscheidungen nicht selten durch die schiere Reichweite ihrer Wirkungen zum Politikum, auf der anderen Seite ist staatliches Handeln in modernen Gesellschaften vielfach nur *Reaktion* auf Entwicklungen in anderen gesellschaftlichen Bereichen. In der Terminologie Becks wandert das Politische quasi aus dem politischen System in andere soziale Zusammenhänge aus, wird der Staat zunehmend vom Handlungs- zum Verhandlungsstaat. Diese „Metamorphose des Staates" (Beck 1993) zeigt sich unmittelbar auch im Rückzug des Staates aus vielen Handlungsfeldern und in einer deutlichen Tendenz zu einem Wandel im Selbstverständnis der öffentlichen Verwaltung von einem hoheitlichen Selbstbild zu einem Dienstleistungsbetrieb.

Keine strikte Trennung von Staat und Gesellschaft mehr möglich

Allerdings stellt sich die Frage, welche sozialen Situationen und Probleme als „politisch" bezeichnet werden können, nicht erst durch diese neueren Entwicklungen. In historischer Perspektive betrachtet war die strikte Trennung von Staat und Gesellschaft und damit die Möglichkeit einer gedanklichen Zuordnung des Politischen alleine zum Staat ein Sonderfall der europäischen Entwicklung seit dem Absolutismus. „Politik" gab es auch schon vor der Ausdifferenzierung eigener politischer Institutionen im modernen Territorialstaat. Politik hat eine anthropologische Grundlage: Es gibt sie nur, weil Menschen einerseits in Gesellschaften leben müssen, um überleben zu können, andererseits aber für die Gestaltung und Ordnung dieser Verhältnisse kein genetisches Programm mitbringen, sondern, wie die Geschichte zeigt, auf höchst unterschiedliche Weise ihr Zusammenleben gestalten und ordnen können. Genau um diese Frage, wie wir als Gesellschaft miteinander leben wollen, geht es aber letztlich in der Politik – und damit auch in der politischen Bildung (vgl. Sander 2001, 45 ff.).

Alles kann zum Politikum werden

Zum Politikum – und zum Thema politischer Bildung – kann hiernach nahezu jede soziale Situation und jede Umgebung werden, in der Menschen leben: die Pflege alter Menschen, der Dorfbach, eine Unternehmensgründung (oder -schließung), Sexualität, eine Werbekampagne, ein Verbraucherboykott, eine technische Erfindung, ein Roman, die Verteilung der Hausarbeit, das Kopftuch eines türkischen Mädchens, die Glatze von Jugendlichen, die Zahl unserer Mülltonnen, die Luft, die wir atmen. Politisch werden solche Situationen dann (aber auch: *nur* dann und nur in diesem Sinne), wenn sie in einer Beziehung stehen zu der Art, wie wir *als Gesellschaft* miteinander leben wollen.

### 3.2 Bildungstheoretische Perspektiven

Allgemeinbildungskonzept von Klafki

Wolfgang Klafki hat Mitte der 1980er-Jahre einen theoretischen Rahmen für ein zeitgemäßes Allgemeinbildungskonzept vorgelegt, der auf eine breite Resonanz gestoßen ist und der eine bildungstheoretische Begründung für ein fächerübergreifendes Konzept politischer Bildung ermöglicht (Klafki 1991). Klafki sieht den inhaltlichen Kern von Allgemeinbildung zum einen in der „Bildung in allen Grunddimensionen menschlicher Interessen und Fähigkeiten" im Sinne eines vielfältigen, sehr viel breiter als in heutigen Schulen angelegten Angebotes an Lernmöglichkeiten, und zum anderen in einer Bildung „im Medium des Allgemeinen" im Sinne der Auseinandersetzung mit solchen Fragen und Problemstellungen, die alle Menschen objektiv gemeinsam angehen. Dieses zweite Merkmal ist für die politische Bildung von Interesse: „Allgemeinbildung bedeutet in dieser Hinsicht, ein geschichtlich vermitteltes Bewusstsein von zentralen Problemen der Gegenwart und – soweit voraussehbar – der Zukunft zu gewinnen, Einsicht in die Mitverantwortlichkeit aller angesichts solcher Probleme und Bereitschaft, an ihrer Bewältigung mitzuwirken. Abkürzend kann man von der Konzentration auf *epochaltypische Schlüsselprobleme* sprechen" (Klafki 1991, 56).

Dieses Verständnis allgemeiner Bildung ist unmittelbar anschlussfähig an die politikdidaktische Diskussion; es rückt genuine Gegenstände politischer Bildung ins Zentrum schulischen Lernens, betrachtet sie aber nicht (allein) als Gegenstand eines Faches. Klafki selbst nennt fünf solcher Schlüsselprobleme (im Folgenden abkürzend formuliert):

Fünf Schlüsselprobleme

- die Friedensfrage angesichts der Möglichkeiten zur Massenvernichtung;
- die Umweltfrage;
- soziale Ungleichheit, innergesellschaftlich und weltweit;
- Gefahren und Möglichkeiten neuer Technologien;
- die Entwicklung von Subjektivität, Mündigkeit und Verantwortung in Ich-Du-Beziehungen.

An anderer Stelle habe ich vorgeschlagen, diese Liste um zwei Probleme zu erweitern:

Zwei weitere Probleme

- die Sicherung und Entwicklung demokratischer Kontrolle und Entscheidungsstrukturen angesichts wachsender gesellschaftlicher Komplexität;
- die Transnationalisierung von Politik (vgl. Sander 1993).

Offensichtlich handelt es bei diesen Problemen ganz überwiegend um *politisch* zu nennende Probleme; sie finden sich denn auch in vielen neueren Lehrplänen für den Politikunterricht wieder. Ebenso offensichtlich ist aber für ihre perspektivenreiche Bearbeitung der Bezug zu Gegenstandsbereichen anderer Fächer unerlässlich.

Nun ist gegenüber dem bei Klafki (und ähnlich auch bei Hilligen, vgl. u.a. Hilligen 1991) durchscheinenden Anspruch, die Schlüsselprobleme repräsentierten das „Epochaltypische" unserer Zeit, eine gewisse Zurückhaltung geboten – denn dies würde ja eine sehr gut fundierte und allgemein akzeptable Theorie der gegenwärtigen Epoche voraussetzen, die es aber so nicht gibt. Dennoch kann von den oben genannten Problemen mit guten

Gründen angenommen werden, dass sie die Politik noch mittel- und längerfristig beschäftigen werden, dass sie voraussichtlich an wechselnden aktuellen Themen in absehbarer Zeit immer wieder auf die politische Agenda kommen werden und dass es bei vielen dieser aktuellen Themen sinnvoll sein dürfte, wenn der Politikunterricht die Kooperation mit anderen Fächern der Schule sucht. Ein Beispiel: Fragen der Transnationalisierung (oder Globalisierung) von Politik können je nach thematischem Schwerpunkt die Zusammenarbeit mit Geschichte, Geographie, Religion, Sprachen oder auch Kunst und Musik erfordern, um den Schülerinnen und Schülern eine hinreichend Vielfalt der Perspektiven zu erschließen.

### 3.3 Schulpädagogische Perspektiven

Debatte um schulische Lernkultur

In der neueren schulpädagogischen Debatte ist eine deutliche Konzentration auf die Lernkultur in der Schule und auf den systemischen Zusammenhang der einzelnen Schule als Institution und sozialem Ort zu verzeichnen. In der Schulpädagogik wird die Schule immer weniger als Ansammlung separierter Fächer und als eine Institution zur Weitergabe (relativ) gesicherter, fachbezogener Wissensbestände gesehen als vielmehr als Ort eines begleiteten Einlassens auf Unbekanntes, auf Lernprozesse mit offenem Ausgang mit einer starken Betonung selbstständigen Schülerhandelns. Die Auseinandersetzung mit der außerschulischen Realität soll stärker durch eine beobachtende, analysierende, „forschende" Arbeit an Realsituationen und weniger mit deren didaktisierter Aufbereitung erfolgen – Realsituationen lassen sich aber vielfach nicht eindeutig Schulfächern zuordnen (vgl. zu dieser Begründung fächerübergreifenden Lernens in der politischen Bildung auch Deichmann 2001). Eine Schule als Lebens- und Erfahrungsraum (von Hentig), die Öffnung für außerschulische Lernorte, die Entwicklung von neuen Zeitstrukturen – diese Perspektiven der neuen Schulreformdebatte vertragen sich denkbar schlecht mit der Segmentierung des Lernens in der tradierten gefächerten Unterrichtsschule. Damit ist zwar nicht die Aufgabe fachlichen Unterrichts oder gar fachlicher Qualitätsansprüche an die Schule gefordert, wohl aber die zumindest phasenweise Verknüpfung

Schule als Lebens- und Erfahrungsraum

fachlicher Perspektiven in anspruchsvollen Lernvorhaben zu komplexen Aufgaben, die sich nicht eindeutig nur einem Fach zuordnen lassen.

### 3.4 Bildungsökonomische Perspektiven

Diese neue Schulreformdebatte erfährt Unterstützung aus einer ökonomischen Perspektive. Immer deutlicher wird erkennbar, dass sich am Ausgang der klassischen Industriegesellschaft in vielen Unternehmen neue Arbeitsformen etablieren, die auch neue Qualifikationsanforderungen nach sich ziehen:

Neue Arbeitsformen fordern neue Qualifikationen

„Isolierungen und Spezialisierungen weichen zunehmend der Integration und Verzahnung getrennter Aufgabenbereiche. Die Unternehmen greifen zu neuen Formen der Arbeitsstrukturierung. Der Trend der Vergangenheit, Arbeit immer weiter zu zerlegen, verlangsamt sich und wird in vielen Bereichen sogar rückgängig gemacht. Die Smith-Taylor-Epoche ständig zunehmender Arbeitszerlegung geht vorüber. Arbeitsbereicherung, Arbeitserweiterung, Zunahme von Dispositionsspielräumen sind Begriffe, die den Trend der Zukunft umreißen. Gebraucht werden Breitenqualifikationen, Übersichtswissen und Vernetzungsfähigkeit. ( ... ) Das Zeitalter uniformer Massenproduktionen geht vorüber, Kunst und Design werden zu entscheidenden Produktionsfaktoren. Kreativität, Phantasie und Gestaltungskraft sind hochgefragte Mitarbeitereigenschaften" (Schlaffke 1988, 54).

Die Debatte um diese neuen Mitarbeitereigenschaften wird seit den 1980er-Jahren unter dem Stichwort „Schlüsselqualifikationen" geführt. Hierbei handelt es sich um Fähigkeiten, die jenseits traditioneller Berufsbilder liegen, die gesamte Persönlichkeit betreffen und kaum in einem stoffzentrierten, isolierten Fachunterricht vermittelt werden können. Nicht zufällig fordert Schlaffke, Geschäftsführer am Institut der deutschen Wirtschaft, deshalb in einem Interview von der Schule: „Ein Kollegium könnte sich doch mal gemeinsam bemühen, die Puzzlestücke ihrer Fächer zu einem Bildungsmosaik zusammenzusetzen. Sie würden drei Fliegen mit einer Klappe schlagen: zeigen, wie ein Team arbeitet, zu welch besseren Resultaten Zusammenarbeit führt und Schülern die

Schlüsselqualifikationen

existentielle Frage beantworten, wie Dinge zusammenhängen" (FOCUS 3/1994, 222).

Die politische Bildung kann, sofern sie sich über die Grenzen des Fachunterrichts öffnet, originäre Beiträge zur Vermittlung solcher Schlüsselqualifikationen in der Schule leisten (vgl. hierzu ausführlicher Sander 1996).

## 4. Übergänge: Schritte zum fächerübergreifenden Lernen

Politische Bildung als curriculares Netzwerk in der Schule

Im schulischen Alltag gibt es eine Fülle von Ansatzmöglichkeiten für fächerübergreifende Kooperation in der politischen Bildung, die pragmatisch genutzt werden können, ohne dass es zuvor einer grundsätzlichen Revision der schulischen Organisationsstruktur bedarf. Diese Kooperation soll und kann, solange es das Fächerprinzip in der Schule gibt, den Politikunterricht nicht ersetzen, denn ohne dessen originäre fachliche Kompetenz dürfte sich das Politische in fächerübergreifenden Lernvorhaben kaum angemessen repräsentieren lassen. Es kommt aber darauf an, die Grenzen des Faches schrittweise zu öffnen und politische Bildung zu einem *curricularen Netzwerk* in der Schule zu entwickeln. Der Bezug auf Schlüsselprobleme kann hierbei ein nützliches organisierendes Prinzip für ein solches Netzwerk sein.

Schritte zu einem solchen Netzwerk

Schritte zu einem solchen Netzwerk können auf drei Ebenen gegangen werden:

*Die Bezugnahme des Politikunterrichts auf den Gegenstandsbereich anderer Fächer oder die Bezugnahme politischer Bildung als Unterrichtsprinzip in anderen Fächer auf den Gegenstandsbereich des Politikunterrichts.*

Diese „einfachste" Ebene setzt zunächst wenig mehr voraus als eine gewisse, im Schulalltag aber keineswegs selbstverständliche Transparenz zwischen den Fächern und ein Mindestmaß an gegenseitiger Information der Fachlehrer. Weitergehend ist eine Abstimmung bei der zeitlichen Verteilung von Themen – es wäre beispielsweise wenig sinnvoll, wenn der Politikunterricht sich mit Fragen der Bio- und Gentechnik ein halbes Jahr vor dem Biologieunterricht beschäftigt. Noch weitergehender, aber auch verhältnismäßig leicht organisierbar, sind schulinterne Fachkonferenzen nicht (nur) entlang der Fächergrenzen, sondern zu fächerübergreifenden Aufgaben wie z.B. der Umwelterziehung.

*Die Absprache über eine gezielte Abstimmung parallel laufender oder aufeinander folgender Unterrichtseinheiten im Politikunterricht und in anderen Fächern.*

Diese Ebene geht insofern weiter, als es hier um die zeitliche, inhaltliche und ggf. auch methodische Absprache zwischen Lehrern verschiedener Fächer in einer Klasse geht, also um eine Arbeitskooperation in der konkreten Unterrichtsplanung für ein Vorhaben in zwei oder mehr Fächern.

*Die thematisch und zeitlich begrenzte Integration des Politikunterrichts mit anderen Fächern.*

Bei dieser dritten Ebene geht es gewissermaßen um eine Durchbrechung des Fächerprinzips auf Zeit. Organisatorisch wird dies am ehesten in Projektwochen möglich sein, methodisch bieten sich neben dem Projekt auch andere komplexe, nicht auf Fächergrenzen festgelegte Lernmethoden an wie Zukunftswerkstätten oder auch Erkundungen und Exkursionen.

Auf allen drei Ebenen kann in Schulen gehandelt werden, ohne dass dazu institutionelle Veränderungen als „Vorleistung" erforderlich wären. Schulentwicklung ist zunächst eine Aufgabe jeder einzelnen Schule; und zu einer zeitgemäßen Schulentwicklung gehört es auch, neue Lernformen jenseits der Fächergrenzen zu etablieren. Für die Politiklehrerinnen und Politiklehrer ist es eine wesentliche Aufgabe, die Perspektiven der politischen Bildung in solche Lernformen einzubringen und damit einen Beitrag zur Profilbildung ihrer Schule zu leisten. Für die Zukunft der politischen Bildung in der Schule ist es von hoher Bedeutung, dass es Schulen gibt, die in diesem Sinne durch eine Profilierung im Bereich der politischen Bildung besondere Attraktivität gewinnen, beispielsweise durch eine betont internationale Ausrichtung. Auch in diesem Sinne der Positionierung des eigenen Anliegens in der Schule von morgen liegt fächerübergreifende Kooperation im fachlichen Interesse der politischen Bildung.

Perspektiven politischer Bildung in neue Lernformen einbringen

## Literatur

Beck, Ulrich 1993: Die Erfindung des Politischen. Zu einer Theorie reflexiver Modernisierung. Frankfurt/M.

Calließ, Jörg/Lob, Reinhold E. (Hrsg.) 1987: Praxis der Friedens- und Umwelterziehung. Bd. 2: Umwelterziehung. Düsseldorf

Deichmann, Carl 2001: Fächerübergreifender Unterricht in der politischen Bildung. Schwalbach/Ts.

Fischer, Kurt Gerhard 1973: Einführung in die Politische Bildung. Ein Studienbuch über den Diskussions- und Problemstand der Politischen Bildung in der Gegenwart. 3. Aufl., Stuttgart

Greven, Michael Th. 1994: Die Allgegenwart des Politischen und die Randständigkeit der Politikwissenschaft. In: Claus Leggewie (Hrsg.): Wozu Politikwissenschaft? Über das Neue in der Politik. Darmstadt, S. 285-296

Hilligen, Wolfgang 1991: Didaktische Zugänge in der politischen Bildung. Schwalbach/Ts.

Klafki, Wolfgang 1991: Grundzüge eines neuen Allgemeinbildungskonzepts. Im Zentrum: Epochaltypische Schlüsselprobleme. In: ders.: Neue Studien zur Bildungstheorie und Didaktik. Zeitgemäße Allgemeinbildung und kritisch-konstruktive Didaktik. 2. Aufl., Weinheim und Basel, S. 43-81

Nonnenmacher, Frank (Hrsg.) 1996: Das Ganze sehen. Schule als Ort politischen und sozialen Lernens. Schwalbach/Ts.

Sander, Wolfgang (Hrsg.) 1985: Politische Bildung in den Fächern der Schule. Beiträge zur politischen Bildung als Unterrichtsprinzip. Stuttgart

Sander, Wolfgang 1992: Vom Fach zum Bildungsbereich. Ein Plädoyer für Grenzüberschreitungen in der politischen Bildung. In: ders. (Hrsg.): Konzepte der Politikdidaktik. Aktueller Stand, neue Ansätze und Perspektiven. Hannover, S. 169-186

Sander, Wolfgang 1996: Beruf und Politik. Von der Nützlichkeit politischer Bildung. Schwalbach/Ts.

Sander, Wolfgang 2001: Politik entdecken – Freiheit leben. Neue Lernkulturen in der politischen Bildung. Schwalbach/Ts.

Sander, Wolfgang 2004: Politik in der Schule. Kleine Geschichte der politischen Bildung in Deutschland. Marburg

Schlaffke, Winfried 1988: Bewältigung technischen Fortschritts durch Schlüsselqualifikationen. In: Literatur- und Forschungsreport Weiterbildung Nr. 22

*Peter Henkenborg*

# Politische Bildung als Schulprinzip: Demokratie-Lernen im Schulalltag

## 1. Grundidee und Begründungen: Politische Bildung als Schulprinzip

Die Frage nach Bedeutung, Möglichkeiten und Grenzen von politischer Bildung im Schulalltag ist ein traditionsreiches und aktuelles, zugleich aber auch ein brisantes, weil stets umstrittenes Thema in der politischen Bildung (Massing 2002). In der früheren Theorie und Didaktik politischer Bildung finden sich Ansätze insbesondere in Oetingers (1953) Konzept einer „Erziehung zur Partnerschaft durch eigene soziale Erfahrungen", in Fischers (1965) Unterscheidung von Unterricht, Unterrichtsprinzip, Erziehungsstil und Tun als den „Grundmomenten jedes pädagogischen Aktes" (1965) und in Hilligens (1985) Analysen zu den „klassenzimmerspezifischen Faktoren" politischer Bildung. Heutige Konzepte beziehen sich stark auf die Demokratie- und Erziehungstheorie von John Dewey (Koch/Marotzki/Peukert 1995) und schlagen sich nieder in Diskursen über die „Schule als Polis" und als „Lebens- und Erfahrungsraum" (von Hentig 1993), als „Mikropolis" (Sliwka 2001), über „Demokratie als Herrschafts-, Gesellschafts- und Lebensform" (Himmelmann 2001) oder über „Demokratie lernen und leben" (Bund-Länder-Kommission 2001).

Frühere Ansätze

Heutige Ansätze

Gemeinsam ist solchen Ansätzen diese Grundidee: Die Schul- und Lernkultur selbst sollen Demokratie-Lernen ermöglichen, indem Schüler und Schülerinnen durch eigene Erfahrungen und eigenes Handeln in der Schule den Sinn von Politik und Demokratie praktizieren, erleben und verstehen, um dann durch diese Demokratieerfahrungen politische Mündigkeit und Demokratiekompetenzen entwickeln zu können. Demokratie-Lernen kann sich nicht alleine auf Unterricht, auf Information, Analyse, Aufklärung und verbale Argumentation stützen, sondern erfordert

Schul- und Lernkultur soll Demokratie-Lernen ermöglichen

„Modellernen", d.h. die Chance, durch die Erfahrung von modellhaften Personen, Objekten, Sachverhalten, Beziehungen oder Erfahrungen zu lernen. Politische Bildung als Demokratie-Lernen verwandelt dabei das Kernproblem der Politik in eine fachdidaktische Grundfrage: Wie können Menschen und Gruppen in der Gesellschaft lernen, ihr Zusammenleben durch die Herstellung und Durchsetzung von allgemeiner Verbindlichkeit demokratisch zu gestalten und zu regeln und welche politischen Probleme und Konflikte müssen sie dabei bewältigen? Politische Bildung ist, in der Auseinandersetzung mit dieser fachdidaktischen Grundfrage, nicht nur Unterrichtsfach und Unterrichtsprinzip, sondern stets auch Schulprinzip. Diese Grundidee lässt sich durch vier Überlegungen begründen: Demokratietheoretisch ist die Demokratie nicht nur eine Regierungsform, sondern ebenso eine Lebensform, d.h. ein „ethisches Ideal persönlicher Lebensführung" (Joas). Die Entwicklung demokratischer Motivationen der Staatsbürger ist auf die Erfahrung von Partizipation und öffentlicher Interaktion unter der Voraussetzung von „gerechter Kooperation" angewiesen. Die Demokratie benötigt dafür „vorpolitische Dimensionen gesellschaftlicher Kommunikation", in denen Bürgerinnen und Bürger solche Erfahrungen gerechter Kooperation entwickeln können (Himmelmann 2001; Honneth 2000, 282 ff.).

Politische Bildung ist auch Schulprinzip

Schultheoretisch ist die Schulkultur, d.h. die Art und Weise, wie Lehrende, Schüler und Eltern ihre Schulwelt wahrnehmen, strukturieren, und welchen Sinnzusammenhang sie daraus konstruieren, zwar auch durch die System- und Strukturbedingungen der Schule (z.B. Bürokratie, Selektionsfunktion, Schulpflicht, Paradoxie der stellvertretenden Erfahrung, Primat des Kognitiven, „heimlicher Lehrplan") geprägt (Oelkers 2000 ), aber eben auch durch die Möglichkeit, den Unterschied zwischen guten und schlechten Schulen auf der Ebene der Einzelschule zu gestalten und damit auch Ansätze für Demokratie-Lernen kreativ zu entwickeln (Rolff 1993; Steffens/Bargel 1993; Fend 1977, 1998).

Mündige Bürger bedürfen nicht nur politischen Wissens

Lerntheoretisch können mündige Bürger und Bürgerinnen nicht alleine durch die Vermittlung politischen Wissens sozialisiert werden, sondern die Entwicklung von Demokratiekompetenzen erfordert ebenfalls „bildende Erfahrungen" (Sliwka 2002) oder „verständnisintensives Lernen" (Fauser 2002), z.B. durch die Erfahrung eines offenen Diskussionsklimas und realer Partizipationschancen (Oesterreich 2002).

Sozialisations- und entwicklungstheoretisch lassen sich Demokratieerfahrungen mit der Mikropolitik in der Schulpolis nicht einfach auf die Probleme, Möglichkeiten und Grenzen von Demokratie in komplexen Gesellschaften übertragen (Oelkers 2000), gleichwohl können durch Demokratie-Lernen im Schulalltag aber doch Voraussetzungen angebahnt werden, die im Sinne „epigenetischer, aufbauender Weiterentwicklung Demokratiekompetenzen anbahnen" und spätere „erweiterte und potentere Handlungs- und Denkweisen aufnehmen" (Krappmann 2000, 80).

## 2. Bedingungen und Ansätze: Demokratie-Lernen als Kultur der Anerkennung

Die Frage ist nun, welche Bedingungen erfüllt sein müssen, damit Demokratie-Lernen im Schulalltag gelingen kann. Wenn sich Schule und Unterricht als „Kampf um Anerkennung" begreifen lassen, kann das Paradigma der Anerkennung ein normativer und empirischer Orientierungsrahmen für Demokratie-Lernen im Schulalltag sein (Brumlik/Holtappels 1993; Honneth 1992; Hafeneger/Henkenborg/Scherr 2002).

Wann kann Demokratie-Lernen im Schulalltag gelingen?

Im Anschluss an eine „Pädagogik der Anerkennung" lässt sich sagen: Demokratie-Lernen kann gelingen, wenn Kinder und Jugendliche in Schule und Unterricht die Möglichkeit erhalten, Selbstvertrauen durch die Erfahrung emotionaler Zuwendung, Selbstachtung durch die Erfahrung kognitiver Achtung und Selbstschätzung durch die Erfahrung von Solidarität oder sozialer Wertschätzung zu entwickeln.

Umgekehrt wird Demokratie-Lernen dort misslingen, wo Schülerinnen und Schülern diese Formen der Anerkennung verweigert werden und ihnen die Institution und die Personen statt mit emotionaler Zuwendung mit Einschüchterung, Beschämung oder Gleichgültigkeit, statt mit rechtlicher Anerkennung mit Entrechtung und statt mit Solidarität mit Entwürdigung begegnen (Henkenborg 1998, 2002).

### 2.1 Schulkultur und soziale Wertschätzung: Demokratie-Lernen und wertreflektierende Schulgemeinschaften

Demokratie-Lernen als Problem sozialer Wertschätzung meint, dass Kinder und Jugendliche das Gefühl von Selbstschätzung erst dann entwickeln können, wenn Schule und Unterricht ihren jeweiligen Selbst- und Weltinterpretationen, ihren Lebensstilen und Lebensformen die Erfahrung sozialer Wertschätzung entgegenbringen. In der Gesellschaft kann sich Anerkennung in der Form von Selbstachtung nur entwickeln, wenn die Mitglieder einer Gemeinschaft sich „reziprok im Lichte von Werten ... betrachten, die die Fähigkeiten und Eigenschaften des jeweils anderen als bedeutsam für die gemeinsame Praxis erscheinen lassen" (Honneth 1992, 210). Wenn Demokratie-Lernen Schülerinnen und Schülern die Erfahrung sozialer Wertschätzung ermöglichen will, müssen drei Voraussetzungen berücksichtigt werden:

Drei Voraussetzungen, damit Schülern die Erfahrung sozialer Wertschätzung ermöglicht wird

- Demokratie-Lernen hat zum Ziel, dass Kinder und Jugendliche lernen, ihr Leben an individuell wählbaren ethischen Sinndeutungen zu orientieren, ihr politisches Verhalten als bewusste Umsetzung begründeter und rechtfertigungsfähiger politischer Urteile zu begreifen und an der gemeinschaftlichen Lösung gemeinsamer Probleme auf rationale Weise mitzuwirken.
- Gemeinschaftsstiftende Deutungsmuster müssen in der Schule in einem offenen Prozess demokratischer Verständigung immer wieder selbst erzeugt werden.
- Die Schule sollte von Schülern und Schülerinnen deshalb als eine Institution erlebt werden, „die auf Kontroversen und Konflikte nicht nur notgedrungen reagiert, sondern die aus pädagogischer Verantwortung darauf aufmerksam macht und sich mit ihnen offen auseinandersetzt" (Klafki 1991, 39).

### 2.1.1 Demokratie-Lernen und Kommunikation über das Gute und das Gerechte

„Was für eine Welt wollen wir" – diese Frage, fordert Hartmut von Hentig (1999, 15), darf die Pädagogik nicht offen lassen – Demokratie-Lernen erst recht nicht. Demokratie-Lernen ist gleichsam ein Kommunikationsraum für Fragen des Guten und Gerechten. Die Erziehungswissenschaftler Fritz Oser und Roland Reichenbach plädieren dafür, dass ein stabiles demokratisches Leben auf beide Ressourcen angewiesen ist und politische Bildung deshalb beide Ressourcen der Selbst- und Weltinterpretation gleichberechtigt thematisieren sollte (2000, 25 ff.). Als Kommunikationsraum für gemeinsame Vorstellungen des guten Lebens erfordert Demokratie-Lernen Diskurse über Werte, Lebensziele, Gemeinschaftsbindungen, über das Verständnis von Kultur und Tradition, über Vorstellungen des Umgangs der Gesellschaftsmitglieder miteinander oder mit der Natur. Als Kommunikationsraum für Fragen nach dem Gerechten erfordert Demokratie-Lernen Diskurse über rationale und demokratische Verfahren, die eine gleichmäßige Achtung, gleiche Rechte sowie gleiche Lebenschancen für jeden einzelnen garantieren und deshalb kollektiv verbindliche Normen und Entscheidungen hervorbringen können.

Demokratie-Lernen als Kommunikationsraum

Demokratie-Lernen zielt im Sinne einer „Regelmoral" also einerseits auf die Entwicklung politisch-moralischer Urteilsfähigkeit durch „wertbezogenes Argumentieren" (Schulze), z.B. im Lehrer-Schüler-Gespräch, in der Pro- und Contra-Diskussion oder in der Dilemma-Diskussion. Demokratie-Lernen bedarf andererseits der Aufmerksamkeit für Tugenden einer „demokratischen Sittlichkeit" (Wellmer). Schulkultur und Unterricht müssen offen sein für Auseinandersetzung um „lobenswerte Charaktereigenschaften" und um die (ethische) Frage „Wie wünscht man, dass alle handeln oder sind" (Tugendhat). Radikale Toleranz, Zivilcourage, Solidarität, Gerechtigkeit und die Bereitschaft zu rationaler Kommunikation bilden ein Minimum von „civic virtues", die eine Schulkultur der Anerkennung durch soziale Wertschätzung benötigt.

### 2.1.2 Demokratie-Lernen und gerechte Schulgemeinschaft (just community)

Das in Nordrhein-Westfalen seit 1988 an drei Schulen (Hauptschule, Realschule, Gymnasium) in Anlehnung an die von Lawrence Kohlberg entwickelte Idee einer „just community" durchgeführte Projekt „Demokratie und Erziehung in der Schule" (DES) ist ein Versuch, solche „Minimalbedingungen" einer „gerechten Schulgemeinschaft" zu verankern. Das pädagogische Prinzip des Projektes lässt sich in einem programmatischen Kern zusammenfassen: Demokratie-Lernen und moralisches Lernen sollen als „Lernen am Gegenstand" realisiert werden. Die Probleme, Konflikte und Themen, die eine Klasse oder die Schule wirklich betreffen, werden als „lebendiges Lernmaterial" für die Entwicklung moralischer Fähigkeiten und demokratischer Kultur durch die Beteiligung aller genutzt. Zur Struktur einer „just community" auf der Ebene der Schule oder einzelner Jahrgänge zählen u.a.:

Demokratie-Lernen und moralisches Lernen

Struktur einer „just community"

- regelmäßige Sitzungen einer überschaubaren Gemeinschaft als Entscheidungsorgan und Zentrum der „gerechten Schulgemeinschaft";
- gleichberechtigte Sitz und Stimme für alle Beteiligten;
- ein Curriculum, in dem ein bis zwei moralische Dilemma-Diskussionen (allgemeine Dilemmata, echte in der Klasse auftretende Konflikte oder fächerspezifische moralische Dilemmata) behandelt werden.

Das DES-Projekt zeigt nach empirischen Ergebnissen einen hohen „Effekt der pädagogischen Intervention", der „über dem normalen Effekt allgemeiner Bildungsprozesse liegt". Die höhere Partizipation von Lehrern und Schülern hat die moralische Atmosphäre der Schule – verbesserte Einhaltung der Regeln durch die Schüler, respektvolleres Verhalten der Lehrer, erhöhtes Ansehen der Schule als Gemeinschaft – verbessert und die moralisch-kognitive Entwicklung der Schüler – Zunahme der moralischen Urteilskompetenz und des Verantwortungsurteils – gefördert (Oser 1993; Oser/Althof 1992, 337 ff.; Lind 1993, 81; Hanold 2002).

## 2.2 Demokratie-Lernen und kognitive Achtung: Deutungslernen, Partizipation, Selbsttätigkeit und demokratische Verkehrsformen

In der Schule und im Politikunterricht sollen Kinder und Jugendliche lernen, sich aus der Perspektive ihrer Interaktionspartner als gleichberechtigte Träger von Rechten zu begreifen. Eine Schulkultur, die durch die Erfahrung rechtlicher Anerkennung die Entwicklung von Selbstachtung fördert, bildet die Grundlage für die moralischen Anerkennungsverhältnisse der jeweiligen Schule. Kognitive Anerkennung zeichnet sich dadurch aus, dass Schülerinnen und Schüler im Politikunterricht gewissermaßen als „rechtliche Subjekte" anerkannt werden, die für sich allgemein erwartbare Rechte in Anspruch nehmen können und deshalb im schulischen Kampf um Anerkennung tendenziell gleichberechtigt sind. Demokratie-Lernen durch kognitive Anerkennung zeichnet sich durch pädagogische Verkehrsformen aus, die Schülerinnen und Schülern Chancen für 1. Deutungslernen, 2. Partizipation, 3. Selbsttätigkeit und 4. demokratische Kommunikation und Interaktion eröffnen.

Verkehrsformen für Demokratie-Lernen durch kognitive Anerkennung

### 2.2.1 Pragmatisches Paradigma und Deutungslernen

Pragmatisches Paradigma meint die Idee, dass der Kern politischer Bildung sich in einer kommunikativen Praxis offener und demokratischer Verständigung kristallisiert, in der Verhandlung politischer Deutungsmuster durch „Interaktion, Begegnung, Dialog" (Grammes 1988). Nicht die Vermittlung von Stoff oder von Normen soll im Zentrum politischer Bildung stehen, sondern die Verhandlung der individuellen Deutungsmuster und Deutungen, die Schülerinnen und Schüler in ihrer Auseinandersetzung mit den Themen politischer Bildung selbst hervorbringen. Diese Idee des pragmatischen Paradigmas lässt sich im Anschluss an konstruktivistische Lerntheorien als Deutungslernen weiterführen. Deutungslernen rückt die Auseinandersetzung mit den Deutungsmustern von Schülerinnen und Schülern in den Mittelpunkt des Unterrichts. Konzepte des Deutungslernens teilen die Annahme, dass Lernen und Lehren konstruktive Aktivitäten sind und

Verhandlung individueller Deutungsmuster

dass Wissens- und Handlungskompetenz erst dann entsteht, wenn Lernende ihr bereits vorhandenes persönliches Wissen mit dem wissenschaftlichen Wissen verbinden können, so dass sie fähig sind, in individuellen und sozialen Situationen adäquat zu handeln. Zur Professionalität im Politikunterricht gehört, dass Lehrerinnen und Lehrer eine hermeneutische Deutungskompetenz für Entstehung, Aufbau, Attraktivität und Funktion der subjektiven Deutungsmuster von Schülerinnen und Schülern entwickeln (Henkenborg 2002, 112 ff.).

### 2.2.2 Formen der Partizipation

Idee der Partizipation

Der Widerspruch zwischen Anspruch und Wirklichkeit von Demokratie-Lernen im Schulalltag betrifft besonders die Idee der Partizipation. Die Erfahrung von Partizipation ist eine Grundbedingung für Demokratie-Lernen durch kognitive Anerkennung. Im Schulalltag dominiert nach den Ergebnissen empirischer Partizipationsforschung allerdings eine Begrenzung der Partizipationsmöglichkeiten besonders im Kernbereich von Schule und Unterricht (Böhme; Kramer 2001). Oser und Reichenbach fordern deshalb den „Allerweltsbegriff" Partizipation kritisch zu hinterfragen. Schulen sind für sie der „‚ideale Ort', in denen die Unterschiede zwischen drei Formen der Partizipation eingeübt werden können" (2000).

*a) Partizipation durch Gemeinschaft*

Schule als Gemeinschaft

Besonders in der Reformpädagogik spielte die Idee der Schule als Gemeinschaft, z.B. in der Form gemeinsamer Freizeit, Feiern oder Reisen, eine große Rolle. In der gegenwärtigen Schulreformdebatte, z.B. über Möglichkeiten und Grenzen von Ganztagsschulen, ist diese Form der Partizipation wieder sehr aktuell geworden. Nach einer Untersuchung von Holtappels eignet sich die Schule durchaus als „Lern- und Erfahrungsfeld, Freizeitort und Begegnungsraum und als Treffpunkt zur Entwicklung von Freundschaften" (1994, 241). Schüler und Schülerinnen äußern nach dieser Untersuchung bezogen auf schulische Freizeitangebote Wünsche, die für Schulen „ungeahnte Möglichkeiten eröffnen, das Schulleben attraktiv zu machen und Lernen und Freizeit zu verbinden" (ebd., 238 f.) – etwa durch Wahlunterricht an Nachmittagen (Debating-Club, Sport, Video- und Filmwerkstatt, Foto-AG), durch besondere Angebote (Sommerkursprogramm, Reiten) oder durch Freundschaftskontakte und Partnerschaften (Schüleraustausch mit anderen Ländern, Aufbau eines Kulturprogramms für die Region).

Dieser Form der Partizipation lassen sich ebenfalls Praxisansätze zuordnen, in denen Schülerinnen und Schüler „Verantwortung übernehmen und reflektieren", z.B. durch die Übernahme von Klassendiensten oder durch schulinterne Serviceprojekte, bei denen Schülerinnen und Schüler Bedürfnisse und Probleme in der eigenen Schule ermitteln und dann daraus ein Projekt entwickeln und umsetzen, das auf diese Probleme und Bedürfnisse reagiert, z.B. schulinterne Computerkurse oder Mentorenprogramme (Sliwka 2001, 2002).

*b) Partizipation durch Citoyenität*

Schule als Cité

„Wenn die Schule nur bedingt Polis sein kann, so fiele es ihr doch leichter sich als Cité zu etablieren", d.h. als ein Ort, an dem Schülerinnen und Schüler lernen, sich mit „Anliegen der Gemeinschaft" zu identifizieren – in diesem Satz beschreiben Oser/Reichenbach (2000) einen Anspruch, der traditionell mit Konzepten der Öffnung von Schulen verbunden ist (Kultusminister NRW 1988; Holtappels 1994). In den neuen schulpädagogischen und fachdidaktischen Konzepten werden solche Ansätze einer Öffnung von Schule im Anschluss an anglo-amerikanische Vorbilder durch Modelle des „Service learning" weiterentwickelt, die eine „Kultur der Kooperation zwischen Schulen und Gemeinschaft" entwickeln wollen. Service Learning lässt sich durch drei Merkmale charakterisieren: Erstens wird das schulische Lernen auf Bedürfnisse und Probleme eines Ortes oder Stadtteiles bezogen – z.B. auf Freizeitprobleme von Jugendlichen, auf Umweltprobleme, auf konkrete Formen des Generationendialogs –, zweitens orientiert sich Service Learning an der didaktischen Form des Projektes und drittens wird schulisches Lernen durch die Zusam-

„Service learning"

menarbeit mit außerschulischen Partnern erweitert. Service Learning orientiert sich am „Grundgedanken der Reziprozität in Dingen des Gemeinwohls, also (an) der Idee, dass Bürger in einem freien Staat auf gegenseitige Übernahme von Verantwortung angewiesen und dass demokratische Rechte ohne entsprechende Pflichten nicht tragfähig sind" (Sliwka 2002, 4).

*c) Partizipation als diskursiver Überzeugungs- und Machtkampf*

Schule sollte verstärkt Möglichkeitsräume eröffnen, in denen die „grundsätzliche Gleichwertigkeit der Beteiligten als normatives Regulativ unterstellt, eine Koordination von Erwartungen sowie ein Interessenausgleich zum Ziel ... und die rationale Begründung von gegenseitigen Erwartungen zur zentralen Pflicht" gemacht wird – dieser Satz des Schulforschers Helmut Fend formuliert den Ausgangspunkt dieser dritten Partizipationsform (1977, 102). Partizipation als diskursiver Überzeugungs- und Machtkampf lässt sich insbesondere auf drei Ansätze beziehen: In Schulmitwirkungs- und Schulverfassungsgesetzen haben die Bundesländer Möglichkeiten und Grenzen institutionalisierter Mitbestimmung von Schülerinnen und Schülern, 1. auf der Ebene der Klasse (z.B. Klassensprecher, Aussprache zu Formen des Unterrichts), 2. auf der Ebene der Schule (z.B. Schülervertretung, Schülerzeitungen) und 3. auf der Ebene der Gremien (z.B. bei Elternvertretungen, Lehrerkonferenzen oder Schulkonferenzen) gesetzlich geregelt (Palentien; Hurrelmann 2003).

Möglichkeiten und Grenzen institutioneller Mitbestimmung

In innovativen Schulprojekten werden diese traditionellen Formen der Mitbestimmung heute oft durch neue institutionalisierte Formen der Streit- und Konfliktregelung ergänzt, z.B. durch Schul- und Stufenversammlungen, Klassenrat, Mediation und Schülerstreitschlichtung, Trainingsprogramme für Schülerinnen und Schüler in Führungspositionen (Hanold 2002).

Schließlich können zu dieser Partizipationsform Ansätze gerechnet werden, die versuchen, die kulturell-argumentativen Kompetenzen von Schülerinnen und Schülern durch die Erfahrung einer gemeinsamen deliberativen Praxis zu stärken. Solche Ansätze reichen von einfachen Pro-und Contra-Diskussionen über Dilemma-Diskussionen bis hin zu komplexen Debating-Formen, z.B im Rahmen des Bundeswettbewerbs „Jugend debattiert" (Sliwka 2001).

### 2.2.3 Chancen für Selbsttätigkeit

Unbestritten ist, dass Schule und Unterricht Kindern und Jugendlichen eine unterstützende Bejahung von Selbsttätigkeit ermöglichen müssen. Darin liegt eine „regulative Idee" jeder pädagogischen Tätigkeit (Koring 1992, 56). Demokratie-Lernen im Schulalltag stößt aber gerade in diesem Kernbereich von Schule immer wieder an Grenzen von Notendruck, begrenzten Zeitbudgets, engen Lehrplanvorgaben und frontalen Unterrichtsmethoden. (Schmidt 2002). Demokratie-Lernen braucht deshalb eine Lernkultur, die mehr Raum für handlungsorientiertes, schüleraktives und selbstgesteuertes Lernen lässt. Tilman Grammes hat zu dieser Schlüsselstelle kognitiver Anerkennung folgendes Prüfkriterium für Unterrichtsentwicklung formuliert: „Erwerben die Schülerinnen und Schüler systematisch eine Methodenkompetenz, um zunehmend selbstständig an gesellschaftlich-politische Probleme heranzugehen? Wird dazu im Schulprogramm eine für alle Fächer koordinierte Methodenprogression ausgewiesen? Stehen auch gegenstandsspezifische Methoden im Zentrum: Regeln und Verfahren der demokratischen Konfliktbearbeitung und Entscheidungsfindung: soziale Regeln, Verfahren parlamentarischer Willensbildung, Gerichtsverfahren, Marktordnung, Öffentlichkeit/ Medien?" (Grammes 2000, 7).

Demokratie-Lernen ist selbstgesteuertes Lernen

### 2.2.4 Demokratische Kommunikation und Interaktion

Der Kommunikations-, Interaktions- und Unterrichtsstil von Lehrerinnen und Lehrern ist eine Schlüsselstelle für Demokratie-Lernen durch kognitive Anerkennung. In seiner „Didaktik der politischen Bildung" fordert Wolfgang Hilligen, dass diese „klassenzimmerspezifischen Faktoren" als „Vorschein einer demokratischen Lebensform" das Unterrichtsgeschehen in der politischen Bildung bestimmen sollten. Die Überwindung der fundamentalen Spannung zwischen dem „Möglichen und Wirklichen" auf der

Kommunikationsstil der Lehrer

Ebene der Kommunikation-, Interaktions- und Unterrichtsstile rechnete Hilligen zu den größten Herausforderungen für die Lehrer in der politischen Bildung. Damals bezog er sich u.a. auf empirische Untersuchungen von Lewin und Tausch über die Merkmale eines autoritären, demokratischen bzw. sozialintegrativen und Laisser-faires-Stils politischer Bildung. Wenn der Unterrichtsstil sich nicht ändere, so Hilligen, bestehe wenig Aussicht die Ziele politischer Bildung zu erreichen. Deshalb gehe es im politischen Unterricht um eine tendenzielle Aufhebung der Dominanz und Herrschaft des Lehrers. Ein demokratischer Unterrichtsstil sei durch Reversibilität gekennzeichnet. Zu den Merkmalen eines demokratischen Unterrichtsstils gehören für Hilligen Sprachverhalten der Lehrer und Schüler, Arbeitsformen, Methodenlernen, Mitbestimmung der Inhalte, Mitbeurteilung des Lernnotwendigen (1985, 220 ff.; Fischer 1965, 134 ff.).

### 2.3 Schulkultur und emotionale Zuwendung: Demokratie-Lernen und pädagogisches Verhältnis

Emotionale Zuwendung

Demokratie-Lernen als Entwicklung von Mündigkeit erfordert Chancen für eine gelingende Identitätsbildung, die wiederum setzt die Entwicklung von Selbstvertrauen durch die Erfahrung emotionaler Zuwendung voraus. Umgekehrt muss Demokratie-Lernen dort misslingen, wo die pädagogische Beziehung durch Formen emotionaler Missachtung geprägt ist, z.B. durch Angst, Beschämung oder Gleichgültigkeit. Die Fähigkeit und Bereitschaft, zur Persönlichkeitsentwicklung von Kindern und Jugendlichen durch eine Kultur emotionaler Zuwendung beizutragen, gehört deshalb aus identitätstheoretischen, aber auch aus schultheoretischen und aus jugendsoziologischen Gründen zum Professionskern politischer Bildner. Denn das System Schule „erreicht die Schüler im wesentlichen durch die Person des Lehrers“ (Hilligen 1985, 221) und Lehrerinnen und Lehrer werden von ihren Schülerinnen und Schülern heute „stärker als je zuvor als Persönlichkeiten nachgefragt“ (Böhnisch/Schröer 2001, 179).

Politische Bildner als Modelle

Wenn es richtig ist, dass Jugendliche „Erwachsene suchen, um sich an Modellen für das Erwachsenwerden gleichermaßen orientieren und abgrenzen zu können" (Böhnisch 1996, 82), dann kann eine Kultur emotionaler Zuwendung des Demokratie-Lernens Folgendes bedeuten: Politische Bildner können Kindern und Jugendlichen als „orientierende Erwachsene" (Hafeneger) dienen – als Modelle für eine Bürgerrolle, eine Erwachsenenrolle und für eine Bildungsidee (Sander 1997; Henkenborg 1998, 2002). Die empirische Schulforschung (Steffens/Bargel 1993; Fend 1998) liefert auch hier wichtige Hinweise auf sechs Elemente einer Kultur emotionaler Anerkennung:

Elemente für eine Kultur emotionaler Anerkennung

*1) Schülerorientierung:* Empirische Untersuchungen sehen eine zentrale „Schlüsselvariable" für die Gestaltung einer „guten Schule" darin, wie eine Schule zu ihren Schülern steht. Wesentliche Elemente von Schülerorientierung sind z.B. (a) optimistische Einstellungen bezogen auf die Schüler, (b) Konfrontation mit Erwartungen und Anforderungen, (c) Bereitschaft zu persönlichen Gesprächen, (d) Selbstverpflichtung besonders für die Lernergebnisse, (e) gleiche Aufmerksamkeit für leistungsstarke und leistungsschwache Schüler (Steffens/Bargel 1993, 72).

*2) Interaktionsfähigkeit:* Politiklehrer und -lehrerinnen sollten ihren Schülern und Schülerinnen Klarheit darüber geben, „was in der Beziehung zu erwarten ist und was nicht". Professionelle Kompetenzen von Lehrerinnen und Lehrern sind nach Koring insbesondere soziale Kommunikationsfähigkeit, Verbindlichkeit, Fairness und Gerechtigkeit, pädagogische Kompetenzen und fachliches Wissen (1992, 55 f).

*3) Engagement:* Für die Entwicklung der Beziehungsstrukturen übernimmt, nach Fends Untersuchungen zum Schulklima, das Engagement von Lehrern, d. h. „das Ausmaß mit dem sich Lehrer mit emotionaler Beteiligung unterrichtlich betätigen" eine Schlüsselfunktion (Fend 1977, 111).

*4) Vermittlungsempathie:* Demokratie-Lernen beinhaltet stets die Dimension der „strukturellen Identifikation": Schüler und Schülerinnen lernen durch die „Art des Gegenstandsverhältnisses" ihrer Politiklehrer und Politiklehrerinnen. Zu den Fähigkeiten eines „guten Politiklehrers" zählt dann, was Ziehe „Vermittlungsempathie" nennt (1991, 70 ff.) und was Loch als „Darstellungsfähigkeit“ (z.B. fachliches Interesse, Affektivität, Überzeugungskraft) und „Aktivierungsfähigkeit“ (Faszination, Konstruktivität, dramaturgisches Geschick, Anspruchsniveau) beschreibt (Loch 1990, 101 ff.).

*5) Vertrauen:* Demokratie-Lernen erfordert eine Kultur emotionaler Zuwendung, die durch interpersonales Vertrauen geprägt ist. In pädagogischen Interaktionen und Situationen kann die Entwicklung von Vertrauen z.B. durch die Erfahrung von Zuverlässigkeit, Glaubwürdigkeit, Unterstützung, Zugänglichkeit, Respekt, Aufrichtigkeit, Authentizität und Transparenz, Akzeptieren und Schätzen und durch gegenseitige Einfühlung gefördert werden (Schweer 1996; Henkenborg 2002, 127 ff.)

*6) Soziale Unterstützung:* Eine „Pädagogik des Sozialen“ erfordert „lernbezogene Netzwerke“ zur emotionalen Unterstützung (z.B. durch Geborgenheit, motivationale Unterstützung, Erwartbarkeit von Hilfe, Geselligkeit) und zur kognitiven Unterstützung (z.B. durch Orientierung, Information, Beratung), Unterstützung, um zur „Lebensbewältigung ... in kritischen Lebenssituationen, in denen das psychosoziale Gleichgewicht – Selbstwert und soziale Anerkennung“ von Kindern und Jugendlichen – gefährdet ist, beitragen zu können.

## 3. Schluss

Schule als Kultur der Anerkennung als Herausforderung politischer Bildung

Die Schule als Kultur der Anerkennung zu gestalten und dadurch Demokratie-Lernen zu ermöglichen, ist eine Herausforderung für die politische Bildung. Der Umbau der Schule wird ohne „Wirklichkeitssinn“ nicht gelingen, also nicht ohne die Analyse von Gefahren und Risiken, Handlungsgrenzen und der Schere zwischen Handlungsnotwendigkeiten und Handlungsmöglichkeiten. Dennoch: Auch für eine Reform der Schule trifft der Satz von Robert Musil zu, „dass immer mehr möglich als wirklich ist“. Die entscheidende Frage ist deshalb, „ob wir die Schule als Lebens- und Erfahrungsraum der künftigen Bürger wirklich wollen“ (von Hentig 1995, 10).

## Literatur

Böhme, Jeanette/Kramer, Rolf-Thorsten (Hrsg.) 2001: Partizipation in der Schule. Opladen

Böhnisch, Lothar/Schröer, Wolfgang 2001: Pädagogik und Arbeitsgesellschaft. Weinheim und München

Breit, Gotthard/Schiele, Siegfried 2002: Demokratie-Lernen als Aufgabe der politischen Bildung. Schwalbach/Ts.

Brumlik Micha/Holtappels, Heinz-Günter 1993: Mead und die Handlungsperspektive schulischer Akteure – interaktionistische Beiträge zur Schultheorie. In: Tilmann, Klaus-Jürgen (Hrsg.): Schultheorien. Hamburg, S. 89-104

Bund-Länder-Kommission 2001: „Demokratie Lernen und leben". Gutachten für ein Modellversuchprogramm. Bonn

Fauser, Peter 2002: Lernen als innere Wirklichkeit. Über Imagination, Lernen, Verstehen. In: Neue Sammlung, H. 2, S. 39-68

Fend, Helmut 1977: Schulklima: Soziale Einflussprozesse in der Schule. Weinheim und Basel

Fend, Helmut 1998: Qualität im Bildungswesen. Schulforschung zu Systembedingungen, Schulprofilen und Lehrerleistungen. Weinheim und München

Fischer, Kurt Gerhard 1965: Politische Bildung – eine Chance für die Demokratie. Linz

Fischer, Kurt Gerhard 1986: Erziehung zur Demokratie. In: ders. (Hrsg.): Zum aktuellen Stand der Theorie und Didaktik der politischen Bildung. Stuttgart, S. 50 ff.

Grammes, Tilman 1988: Gibt es einen verborgenen Konsens in der Politikdidaktik? In: Aus Politik und Zeitgeschichte, B 51/52, S. 15-26

Grammes, Tilman 2000: Kriterien der Unterrichtsentwicklung im Lernfeld Gesellschaft/Politik. In: Polis. Report der Deutschen Vereinigung für politische Bildung, H. 3, S. 5-7

Hafeneger, Benno/Henkenborg, Peter/Scherr, Albert (Hrsg.) 2002: Pädagogik der Anerkennung. Schwalbach/Ts.

Hanold, Marita 2002: Erziehung durch Demokratie – Ein Projekt des Staatlichen Schulamtes Reutlingen: In: Breit, Gotthard/Schiele, Siegfried: Demokratie-Lernen als Aufgabe der politischen Bildung. Schwalbach/Ts., S. 257-265

Henkenborg, Peter 1998: Politische Bildung als Kultur der Anerkennung: Zum Professionswissen von Politiklehrern und -lehrerinnen. In: Henkenborg, Peter/Kuhn, Hans Werner (Hrsg.): Der alltägliche Politikunterricht. Beispiele qualitativer Unterrichtsforschung zur politischen Bildung in der Schule. Opladen, S. 169-201

Henkenborg, Peter 2002: Politische Bildung für die Demokratie. Demokratie lernen als Kultur der Anerkennung. In: Hafeneger, Benno/Henkenborg, Peter/Scherr, Albert (Hrsg.): Pädagogik der Anerkennung. Schwalbach/Ts., S. 106-131

Hentig, Hartmut von 1993: Die Schule neu denken. München, Wien

Hentig, Hartmut von 1999: Ach, die Werte! Über eine Erziehung für das 21. Jahrhundert. München, Wien

Hilligen, Wolfgang 1985: Zur Didaktik des politischen Unterrichts. Bonn

Himmelmann, Gerhard 2001: Demokratie Lernen als Lebens-, Gesellschaft- und Herrschaftsform. Schwalbach/Ts.

Holtappels, Heinz Günter 1994: Ganztagsschule und Schulöffnung. Perspektiven für die Schulentwicklung. Weinheim und München

Honneth, Axel 1994: Kampf um Anerkennung. Zur moralischen Grammatik sozialer Konflikte. Frankfurt/M.

Honneth, Axel 2000: Das Andere der Gerechtigkeit. Aufsätze zur praktischen Philosophie. Frankfurt/M.

Klafki, Wolfgang 1991: Perspektiven einer humanen und demokratischen Schule: In: Hessisches Institut für Bildungsplanung und Schulentwicklung (Hrsg.): Schulqualität und Schulvielfalt. Das Saarbrücker Schulgütesymposium. Wiesbaden, S. 31-46

Koch, Lutz/Marotzki, Winfried/Peukert, Helmut (Hrsg.) 1995: Erziehung und Demokratie. Weinheim und Basel

Koring, Bernhard 1992: Grundprobleme pädagogischer Berufstätigkeit. Bad Heilbrunn

Krappmann, Lothar 2000: Politische Sozialisation in Kindheit und Jugend durch Partizipation in alltäglichen Entscheidungen – ein Forschungskonzept. In: Kuhn, Hans-Peter/Krappmann, Lothar (Hrsg.): Sozialisation zur Mitbürgerlichkeit. Opladen, S. 77-91

Kultusminister Nordrhein-Westfalen (Hrsg.) 1988: Rahmenkonzept Gestaltung des Schullebens und Öffnung von Schule. Frechen

Lind, Georg 1993: Demokratie und Erziehung in der Schule: Ausgangslage und Ziele des DES-Projektes in Nordrhein-Westfalen. In: Hessisches Institut für Bildungsplanung und Schulententwicklung (Hrsg.): Erziehung und Demokratie in der Schule. Wiesbaden, S. 19-35

Loch, Werner 1990: Für Lehrer erforderliche Fähigkeiten. In: Loch, Werner/Muth, Jakob (Hrsg.): Lehrer und Schüler – alte und neue Aufgaben. Essen, S. 95-125

Massing, Peter 2002: Demokratie-Lernen oder Politik-Lernen. In: Breit, Gotthard/Schiele, Siegfried: Demokratie-Lernen als Aufgabe der politischen Bildung. Schwalbach/Ts., S. 160-176

Oelkers, Jürgen 2000: Schulentwicklung, Demokratie und Bildung. Zürich. Unter: www.paed.unizh.ch/ap/downloads/oelkers/Vortraege/016_demokratie.pdf

Oesterreich, Detlef 2002: Politische Bildung von 14-Jährigen. Studien aus dem Projekt Civic Education. Opladen

Oser, Fritz/Althof, Wolfgang 1992: Moralische Selbstbestimmung. Modelle der Entwicklung und Erziehung im Wertebereich. Stuttgart

Oser, Fritz 1993: Lernen durch die Gestaltung des Schullebens. Der Ansatz der „Gerechten Gemeinschaft". In: Hessisches Institut für Bildungsplanung und Schulententwicklung (Hrsg.): Erziehung und Demokratie in der Schule. Wiesbaden, S. 27 ff.

Oser, Fritz/Reichenbach, Roland 2000: Politische Bildung in der Schweiz. Fribourg. Unter: www.unifr.ch/pedg/archiv/archiv.htm

Palentin, Christian/Hurrelmann, Klaus 2003: Schülerdemokratie. Mitbestimmung in der Schule. München, Neuwied

Rolff, Hans-Günther 1993: Wandel durch Selbstorganisation. Theoretische und praktische Hinweise für eine bessere Schule. Weinheim und München

Sander, Wolfgang 1997: Krise des Lehrens, Krise der Lehrer. Zur Rolle der Politiklehrer heute. In: kursiv, H. 1, S. 12-17

Schirp, Heinz 2003: Schülerdemokratie und Schulentwicklung – Konzeptuelle und organisatorische Ansätze einer demokratischen und sozialen Lernkultur. In: Palentin, Christian/Hurrelmann, Klaus: Schülerdemokratie. Mitbestimmung in der Schule. München, Neuwied, S. 47-67

Schwerr, Martin 1996: Vertrauen in der pädagogischen Beziehung. Bern

Sliwka, Anne 2001: Demokratie Lernen und Leben Bd. II. Civic Education – Bildung für die Zivilgesellschaft: Ansätze und Methoden aus dem angloamerikanischen Raum. Weinheim

Sliwka, Anne 2002: Service Lernen an Schulen in Deutschland. Abschlussbericht des Pilotprojekts 2002. Weinheim

Steffens, Ulrich/Bargel, Tino 1993: Erkundungen zur Qualität von Schule. Neuwied

Ziehe, Thomas 1991: Zeitvergleiche. Jugend in kulturellen Modernisierungen. Weinheim und München

*Benno Hafeneger*

# Politische Bildung in der außerschulischen Jugendbildung

## 1. Der politische Rahmen der Jugendbildung

Politische Bildung für Jugendliche und junge Erwachsene hat institutionell und organisiert zwei zentrale Lernorte: die schulischen und die außerschulischen (nachschulischen) Bildungsangebote. Beide basieren auf unterschiedlichen politischen Vorgaben, rechtlichen Rahmenbedingungen und organisatorischen Grundlagen; sie haben unterschiedliche Inhalte, Strukturen und Lernformen. Gleichzeitig gibt es seit Mitte der 1990er-Jahre vielfältige Ansätze von Vernetzung und Kooperation wie auch produktiven Lernverhältnissen. Die außerschulische Erziehung und Bildung hat im 20. Jahrhundert eine Tradition, die auf nationaler Ebene im Reichsjugendwohlfahrtsgesetz (RJWG), dann im Jugendwohlfahrtsgesetz (JWG) und seit 1990 im Kinder- und Jugendhilfegesetz (KJHG) als öffentlich-rechtliche Aufgabe niedergeschrieben wurde; sie ist damit für die entstehende, eigenständige und sich sukzessive verlängernde Jugendphase zu einem Lernangebot in der Freizeit geworden. Das steuerungs- und förderungspolitische Instrument des Bundes ist seit dem Jahre 1950 der Bundesjugendplan (BJP) und dann der Kinder- und Jugendplan des Bundes (KJP), die inhaltlichen und förderungspolitischen Instrumente der Länder sind in Landesjugendplänen und Jugendbildungsgesetzen geregelt, und auf kommunaler Ebene gibt es – orientiert am gesetzlichen Rahmen des Bundes und der Länder – spezifische Kreisjugendpläne, kommunale Förderungsrichtlinien und -programme. Daneben gibt es in mehreren Bundesländern seit Mitte der 1970er-Jahre unterschiedlich akzentuierte Freistellungsgesetze für die politische Bildung und berufliche Weiterbildung, die auch für Jugendliche und junge Arbeitnehmer gelten (insb. das Instrument des Bildungsurlaubs und der Weiterbildung). Im

Tradition außerschulischer Jugendbildung

Bundesjugendplan

KJHG und in der Geschichte des Kinder- und Jugendplans ist ein Bildungskanon aufgelistet, in dem die politische Bildung neben der sozialen, kulturellen, internationalen, arbeitsweltbezogenen, sportlichen Bildung ein hervorgehobener Lernaspekt ist; in der Programmstruktur des KJP gehört die politische Bildung zu den Schwerpunkten und tragenden Elementen der Förderung.

Politische Bildung als wichtiger Bestandteil außerschulischer Jugendbildung

Politische Bildung ist in der Geschichte der Bundesrepublik zu einem wichtigen Bestandteil und zeitweise auch übergeordneten Prinzip der außerschulischen Jugendarbeit und -bildung geworden; sie ist strukturell dem Subsidiaritätsprinzip und dem politischen Pluralismus (Förderungswürdigkeit) der freiheitlich-demokratischen Grundordnung verpflichtet. Außerschulische politische Jugendbildung ist rechtlich und strukturell wiederum ein Teil von Kinder- und Jugendarbeit und von Kinder- und Jugendhilfe als dem gesamten Feld der außerschulischen Erziehung, Bildung und Hilfen. Damit bleibt sie angesiedelt im Spannungsfeld von Zielen, Aufgaben und Interessen der Jugendhilfe-/Sozialpolitik einerseits und der Bildungspolitik andererseits. Ressortpolitisch ist sie in der Regel den Familien-/Sozialministerien zugeordnet.

## 2. Nachkriegsgeschichte der politischen Jugendbildung

Die Förderung und die Konjunkturen von politischer Bildung können für die Geschichte der Bundesrepublik materialreich rekonstruiert werden. Sie sind mit ihren Zielsetzungen, Leitmotiven und finanziellen Zuwendungen vor allem abhängig von den zeitbezogenen politischen Konstellationen und Interessen, von den Problemlagen und den Äußerungsformen von Jugendlichen sowie von der Diskussion „über" Jugend. Jugendarbeit und politische Bildung sind „als Orte demokratischer Erziehung" mit sich historisch wandelnden „Vergesellschaftungsinteressen" verbunden und in korporative Strukturen eingebunden (vgl. Münchmeier 1991, 86 ff.). Der Beginn der außerschulischen politischen Bildung nach 1945 kann – nach den Bildungsbemühungen der westlichen Alliierten mit ihren Reeducation-Programm – auf den

Beginn nach 1945

ersten Bundesjugendplan datiert werden; die staatliche Förderung durch den Bund (dann folgten auch die Bundesländer) ab dem Jahre 1950 ist mit der institutionalisierten engen Zusammenarbeit zwischen Staat und freien Trägern verbunden (vgl. Keil 1969; Nickles 1976; Collm 1989; Seitz 1993). Der größte Teil der Mittel (etwa zwei Drittel von 18 Millionen DM) wurde zunächst für die Behebung der Jugendberufsnot und die Förderung in Notstandsgebieten bestimmt. Es gibt aber bereits Ansätze einer „staatspolitischen Erziehung der Jugend" wie auch internationaler Jugendarbeit („Junges Europa") sowie der Förderung von Jugendverbänden. Der Bundesjugendplan kennt keinen Rechtsanspruch des Geförderten, „von Anbeginn an war jedoch auch die Förderung der politischen Bildung ein angestrebtes Ziel" (Lüers 1979, 63). Neben der Behebung und Linderung der materiell-sozialen Not der Nachkriegsjugend ging es nach dem Bundesjugendplan um solche politischen Bildungsangebote, die Orientierungen und Verhaltensweisen vermitteln sollten, mit der die Aufbauphase des neuen Staates und der jungen Demokratie gesichert und Gefährdungen der Demokratie („von links und rechts") verhindert werden sollten (vgl. DBJR 2001). Der Begriff „staatspolitische Erziehung" wurde in den 1950er-Jahren von „politischer Bildung" abgelöst; beide hatten neben den Zielen „Kenntnisse, Befähigung und Mitwirkung" zu vermitteln auch die staatspolitische Aufgabe als „positiver Verfassungsschutz" sowie als ein Instrument im Kalten Krieg zu wirken. Mit der Entwicklung der politischen Bildung im Jahr 1956 als eigenständigem Programm außerhalb der Jugendverbände wurden aus dem BJP erstmals hauptberufliche Jugendbildungsreferenten und Tutoren finanziell gefördert. Ende der 1950er- und zu Beginn der 1960er-Jahre wurden die Bundesjugendpläne vor allem als ein Instrument begründet, das sich mit der „Antisemitismuswelle" (Hakenkreuzschmierereien, Schänden von jüdischen Friedhöfen) in der Bundesrepublik auseinander setzen sollte. Ab 1958 werden die Bildungsausgaben im Bundesjugendplan sukzessive erhöht; insbesondere auch für politische Jugendbildung, die „durchgehend bis 1970" (Seitz 1993, 69) zu den Großfeldern der Förderung gehört.

Behebung materiell-sozialer Not

„Positiver Verfassungsschutz"

Antisemitismuswelle

Gleichzeitig setzt bei den Trägern – vor allem den Jugendverbänden – ab Ende der 1950er-Jahre ein Reflexionsprozess über die Aufgaben im Spannungsfeld von „politischer Bildung und unbewältigter Vergangenheit" ein. Krusche (1982) schreibt u.a.: „Die jungen Menschen empfinden sehr deutlich, dass Autorität und guter Rat dort in Frage gestellt sind, wo Reden und Handeln auseinander klaffen, wo staatsbürgerliche Bildung als Alibi für das eigene uneingestandene Versagen gut sein soll und wo viele Menschen der älteren Generation ausweichen, wenn nach der jüngst vergangenen Epoche der deutschen Geschichte gefragt wird" (zit. nach Faltermaier, 91). In der Jugendarbeit beginnt zu dieser Zeit ein Prozess der Neudefinition, in dem die politische Bildung stärker akzentuiert wird; so heißt es u.a. anlässlich des Grundsatzgespräches des Bundesjugendringes in St. Martin/Pfalz im Jahre 1962 zu den Aufgaben der Jugendverbände: „Sie sehen ihr Aufgabenfeld im außerschulischen Bildungs- und Erziehungsbereich. Sie erfüllen bewusst eine ergänzende Erziehungsfunktion neben Elternhaus und Schule und isolieren sich dabei nicht vom gesellschaftlichen Leben" (Deutscher Bundesjugendring 1962, 449). Politische Bildung wird unter Gesichtspunkten wie „Ganzheitlichkeit des Lernens" zur Grundlage jedweder Jugendarbeit erklärt. Im Selbstverständnis von Trägern setzt sich – theoretisch und didaktisch gestützt – im Zeitraum Mitte der 1960er- bis Mitte der 1970er-Jahre eine subjektbezogene, gesellschaftskritische und emanzipatorische Orientierung durch. Politische Bildung wird zu einem Instrument erklärt, das Emanzipation und Demokratisierung fördern helfen soll, sich als ein einmischendes und experimentelles Lernfeld versteht.

Neudefinition in 1960er- und 1970er-Jahren

Mit Beginn der 1970er-Jahre stagniert die Förderung durch den Bundesjugendplan und wird langsam rückläufig; gleichzeitig verabschieden mehrere Bundesländer Jugendbildungsgesetze und stellen die Förderung (Personal, Veranstaltungen und auch Freistellungen) auf eine neue inhaltliche, rechtliche und förderungspolitische Basis. Seitz (1993) bilanziert die Wandlungen in den Zielvorstellungen, die wechselnden Schwerpunktsetzungen und die sich ausdifferenzierte Programmvielfalt des Bundesjugendplanes folgendermaßen: „Bis in die fünfziger Jahre hatte der Bundesjugendplan sehr starken Fürsorgecharakter, weil er der Behebung der Kriegsfolgen diente. Zunächst verharrte er auch ab 1957 in seinen Grundstrukturen, besonders mit der starken Beziehung zur Familienförderung. ( ... ) In der Zeit von 1965 bis 1969/70 tritt dann mehr und mehr die außerschulische Bildungsförderung, besonders die politische Bildung in den Vordergrund" (102). Während die Länder ab Mitte der 1970er-Jahre ihre Förderung gesetzlich absichern und zunächst kontinuierlich steigern, reduziert sich der Anteil der politischen Bildung im Bundesjugendplan im Zeitraum von 1980 von prozentual 3,52 auf 2,34 vom Gesamtvolumen im Jahre 1990. Auch in der Länderförderung setzen Ende der 1970er- und Anfang der 1980er-Jahre Stagnation und Abbauprozesse ein; zwischen staatlicher Politik und Trägern, aber auch innerhalb von Trägern kommt es zu erheblichen Auseinandersetzungen um die Ziele und Aufgaben, das Selbstverständnis und die Spielräume von politischer Bildung (angelegt im Spannungsfeld zwischen Kontrolle und Autonomie) wie auch über die Arbeit der hauptamtlichen Jugendbildungsreferenten (vgl. Damm u.a. 1978). Innerhalb der Träger (vor allem in Jugendverbänden) wird die politische Bildung, die lange Zeit konstitutiv war, reduziert: „In keinem Bereich waren die nun forcierten Veränderungsprozesse so deutlich sichtbar wie in der Auseinandersetzung um die politische Bildung. Einst das Kernstück emanzipatorischer Jugendarbeit, wurde nun immer häufiger ihr Übergewicht gegenüber anderen Handlungsbereichen kritisiert" (Krafeld 1991, 100).

Stagnation und Abbau in 1980er-Jahren

Mit der Spardiskussion und Konsolidierung der öffentlichen Haushalte stagniert seit Ende der 1980er-Jahre die Förderung von politischer Bildung und das Lernfeld ist tendenziell von politischem Bedeutungsverlust gekennzeichnet. Diese Tendenz geht in den 1990er-Jahren mit der förderungspolitischen Stagnation bzw. dem partiellen Rückzug von staatlicher Seite weiter; dies ist gleichzeitig mit der paradoxen Aufforderung verbunden, sich im Rahmen von politischer Bildung mit den demokratiegefährdenden Tendenzen (Fremdenfeindlichkeit, Gewalt, Rechtsextremismus) auseinander zu setzen (vgl. Hafeneger 1995). So gibt es in

Verschärfung der Krise und neue Herausforderungen in 1990er-Jahren den 1990er-Jahren und zu Beginn des 21. Jahrhunderts bei Bund und Ländern befristete Sonderprogramme, u.a. mit dem Titel „Jugend für Toleranz und Demokratie – gegen Rechtsextremismus, Fremdenfeindlichkeit und Antisemitismus", die sich mit den Instrumenten der außerschulischen (politischen) Jugendbildung mit „Demokratiegefährdung von rechts" auseinander setzen. In der Entwicklung des KJP gehören mit dem Jahr 2001 neben der Erziehung zu Demokratie und Toleranz neue Formen der Partizipation, Beteiligung, Informationsgesellschaft, Medienkompetenz, soziale Integration und Stärkung der Kinderrechte zu den jugendpolitischen Schwerpunkten.

## 3. Selbstverständnis und theoretische Orientierungen

Die Entwicklung der politischen Bildung ist begleitet und beeinflusst von der wissenschaftlichen Diskussion und einer Tradition von Theorieangeboten sowie didaktischen Prinzipien, die sich vor allem um Begriffe wie Emanzipation, Erfahrungs-, Lebenswelt-, Interessen- und Bedürfnisorientierung zentrieren. Damit wird ab Mitte der 1960er-Jahre ein Perspektivenwechsel eingeleitet, mit dem die Teilnehmer nicht mehr Objekt, sondern Subjekt politischer Bildung bzw. Selbstbildung sein sollen; es geht in den theoretischen Begründungen und der praktischen Ausgestaltung von Lernprozessen um deren Erfahrungen, Lebenszusammenhänge und Lernmotive. In den Veröffentlichungen „Erziehung und Emanzipation" (Mollenhauer 1968) und „Erziehung zur Mündigkeit" (Adorno 1970) wird – im Rahmen einer dann folgenden regen und auch kontroversen Theoriediskussion zur progressiven, antikapitalistischen, emanzipatorischen Bildungsarbeit – der theoretische Grundstein der Emanzipationspädagogik gelegt, in der die kritischen, parteinehmenden und demokratisierenden Bildungschancen profiliert werden. Politische Bildung als „kritisches Potenzial", als spannungs- und konfliktreiches Lernfeld wird mit Befähigungskategorien wie Mündigkeit im individuellen und gesellschaftlichen Sinne, politisches Engagement, gesellschaftliche Veränderungen, kritischer Rationalität und Aufklärung ver-

Perspektivenwechsel Mitte der 1960er-Jahre

Emanzipationspädagogik

bunden. Tietgens (1965) verweist in diesem Prozess der „Ortsbestimmung" darauf, dass bei vielfältigen methodischen Arrangements, die keinen Spielraum für beliebige Manipulationen bekommen dürfen, Bildung immer Lernen, „letztlich immer Bewusstseinsbildung ist".

In der weiteren Geschichte wird eine „Ortsbestimmung" der politischen Bildung auszubalancieren versucht, die einerseits einem Pluralismuskonzept (Träger, Themen, Lernformen, Selbstverständnis) unterliegt, andererseits aber gemeinsame politisch-pädagogische Leitmotive akzentuiert; dazu gehören ihr eigenständiger Bildungsbeitrag im Spannungsfeld des Bildung- und Jugendhilfesystems (u.a. über Jugendbildungsgesetze der Länder gesichert) und die Begründung von subjektzentrierten Lernangeboten und -prozessen, die sich an den Teilnehmern, deren Erfahrungen, Bedürfnissen und Motiven orientieren. Damit schließt die außerschulische politische Bildung als freiwilliger und sich selbst tragender Bildungsprozess – in Abgrenzung zu schulischen Pädagogik – grundsätzlich jegliche Form von oktroyierten „Maßnahmen", von Überbürdung und Instrumentalisierung aus. Die theoretischen Fundierungen differenzieren sich, sie reichen von dezidiert breiten gesellschaftskritischen (kapitalismuskritischen) Dimensionen bis hin zu mehr konkretem, alltags-, trägerbezogenem und jugend-/sozialpolitischen Engagement. Alltags- und lebensweltbezogene Begründungen und Lernkonzepte akzentuieren seit Ende der 1980er-Jahre – vor dem Hintergrund von ökonomisch-sozialen Wandlungsprozessen und Krisen sowie kulturellen Erosionsprozessen der modernen Gesellschaften – vor allem die Vermittlung und Aneignung von politischen, sozialen, ökologischen und kulturellen Schlüsselqualifikationen bzw. Kompetenzen; auch um die pädagogische Diskussion wieder politikfähig zu machen. Dies reflektiert auch Entwicklungen innerhalb der politischen Bildung, deren Verrechtlichung, Institutionalisierung, Bürokratisierung und Pädagogisierung in den achtziger und neunziger Jahren – so lassen sich die Trends markieren – auch zu ihrer Entpolitisierung beigetragen haben. Ziehe (1994) plädiert vor dem Hintergrund der veränderten und modernisierten Jugend-

Alltags- und Lebensweltbezug in 1980er-Jahren

phase, von neuen Lebensformen und Alltagskulturen sowie den notwendigen Identitätserprobungen für eine „Lernkultur, die ... gerade Fremdheitserfahrungen einführen und fördern sollte" (259). Negt (1994) favorisiert vor dem Hintergrund von Existenzfragen der Demokratie kreative Lernprozesse und akzentuiert als gesellschaftliche Schlüsselqualifikationen: Kompetenz der Selbst- und Fremdwahrnehmung, technologische, ökologische, historische und Gerechtigkeitskompetenz (283 ff.).

Die Debatten „über" Jugend, der Mentalitätsentwicklungen und Krisenerfahrungen haben in den 1990er-Jahren und zu Beginn des 21. Jahrhunderts vor allem auch deren niedrige Wahlbeteiligung, die Politik(er)- und Parteienverdrossenheit zum Thema. Politische Bildung ist mit Ergebnissen der Jugendforschung konfrontiert, die anzeigen, dass wir es seit Mitte der 1990er-Jahre mit einem Prozess zu tun haben, der ein zunehmendes Ausmaß an Politik(er)distanz und Politik(er)verdrossenheit anzeigt; und dass traditionelle politische Engagementformen in der jungen Generation immer weniger Interesse finden (vgl. Deutsche Shell 2002, Oesterreich 2002, Pickel 2002). Auch hier soll die politische Bildung als „Feuerwehr" helfen, Entfremdungseffekte und -prozesse gegenüber dem politischen System und den demokratischen Parteien zu korrigieren. In der Distanz von Jugendlichen zur Politik – und die Wahlbeteiligung ist hierfür nur ein Indikator – zeigen sich Probleme der (fehlenden) politischen Partizipation, die im gesamtgesellschaftlichen Kontext mit ihren Modernisierungskrisen, Umbrüchen und Erosionen gesehen werden müssen. Mit Blick auf deren Folgen für die Jugend und ihrer „Aneignung von Welt" (Rezeptionsweisen) pendelt in der wissenschaftlichen und konzeptuellen Diskussion die Positionssuche der politischen Bildung zwischen „traditionellen Aufklärungsauftrag" und Versuchen sie als Lernort alltags- und lebensweltlich sowie als Bildung in der Kinder- und Jugendarbeit neu zu akzentuieren.

Politikverdrossenheit als Thema der 1990er-Jahre

Politische Bildung als „Feuerwehr"

## 4. Themen, Träger und Lernfelder

Diverse Angebote

Politische Bildung ist ein eigenständiges Lernfeld, dessen Angebote vor allem im Rahmen von kurzzeitpädagogischen Veranstaltungen organisiert werden. Unbestritten ist ihr Beitrag zur demokratischen Kultur des Aufwachsens, der politischen Sozialisation und der Teilhabe, die von einer pluralen Vielfalt von öffentlichen und freien Trägern, von Angeboten, Themen und Lernformen ermöglicht wird. Nach dem *engeren* Verständnis gehören – rechtlich und förderungspolitisch abgesichert – der Kongress, der Kurs, die Tagung, das Seminar, der work-shop, die kontinuierliche Arbeitsgemeinschaft, die vielfach modernisierte Aus- und Fortbildung von ehrenamtlichen Mitarbeitern und vor allem der in 10 von 16 Bundesländern rechtlich abgesicherte Bildungsurlaub (Weiterbildung) zu den zentralen Lernformen (Zeiten) der politischen Bildung. Das letztere Instrument mit dem bezahlten Freistellungsanspruch von meist fünf Arbeitstagen zum Zwecke der politischen Bildung und der beruflichen Weiterbildung ist ein dominierendes Lernfeld. Die

Bildungsurlaub

jährliche Inanspruchnahme (Teilnehmerquote) verbleibt seit dem Inkrafttreten der Freistellungsgesetze jedoch auf einem niedrigen Niveau; in den meisten Ländern liegt der Anteil aller Anspruchsberechtigten, die vom Bildungsurlaub Gebrauch machen, unter drei Prozent (vgl. Hafeneger/Wittmeier (Hrsg.) 1983; Meder 1995; Ochs/Seifert 1995; Wagner 1996; Rudolf 2002).

Die Lernformen des Bildungsurlaubs – wie auch anderer Zeitformen – zeigen in den inneren Entwicklungen eine enorme Produktivität bezüglich Themen, Lernformen, Methoden und Zielgruppen. Neben den Bildungsurlaubsangeboten für Auszubildende und junge Beschäftigte gibt es Angebote für Schüler (z.B. Schulabgangsklassen), für Mädchen und junge Frauen, Jugendgruppenleiter in Jugendverbänden und vielfältige andere Zielgruppen. Die thematischen Angebote umfassen alle die Themen, die in der zeitbezogenen gesellschaftlichen und politischen Diskussion sind und die konkreten Lebenssituationen berühren oder beeinflussen (u. a. Demokratie und Demokratiegefährdung, Ausbildung/Arbeit, Armut, Ökologie, Wohnen, Technologie, Medien, Geschlechterfrage, Sexualität).

Die größten Anbieter sind die öffentlichen Träger (Jugendpflege, kommunale Bildungswerke, Volkshochschulen, staatliche Bildungsstätten), die freien Träger (insb. das breite Spektrum der Jugendverbände, Bildungsstätten, Wohlfahrtsverbände und Institutionen) sowie viele Initiativen auf lokaler Ebene. Die inhaltliche Diskussion über die Organisation von Lernprozessen, über Wirkungen und Reichweiten hat zu einem produktiven Nebeneinander von Lernformen beigetragen; diese reichen vom „klassischen" Seminar in einer Bildungsstätte über projektbezogene Arbeit (u.a. Medien, Theater, Musik, Geschichte, Ausstellungen), tätige Untersuchungs- und Aneignungsformen (u.a. Aufenthalte in anderen Ländern und Begegnungen mit fremden Kulturen, kombiniert u.a. mit Wanderungen, Besichtigungen) bis hin zur Verknüpfung von kurzzeitpädagogischen Lernangeboten mit dem Alltag von Jugendlichen (z.B. Einrichtungen der Jugendhilfe, in Jugendhäusern, Betrieben, Vereinen und Verbänden, im Stadtteil). Neben der Kategorie „Vernetzung" mit ihrer Bedeutung für die Organisation haben kulturell-ästhetische, mediale, abenteuer-, körper- und bewegungsorientierte Ansätze die politische Bildung produktiv beeinflusst (vgl. Dewe 1994).

Trägerstruktur

## 5. Bildung und politische Bildung

Zu Beginn des 21. Jahrhunderts differenziert sich die Bildungsdiskussion, indem sie ihr Selbstverständnis in den Bereich der Kinder- und Jugendarbeit zu erweitern und den engeren Lernbereich der politischen Bildung zu profilieren versucht. Neben einem engeren gab es immer auch ein – kontrovers diskutiertes – *breiteres* Verständnis der politischen Bildung und auch einen übergeordneten Anspruch, nach dem jegliche Jugendarbeit (Gruppenarbeit, Projektarbeit, Kultur-/Medienarbeit, internationale Begegnungen etc.) und vor allem die politische (kulturell oder medial gestützte) Aktion (Praxis) politische Bildung bzw. Lernen sind.

Ausdifferenzierung zu Beginn des 21. Jahrhunderts

Mit der Diskussion um Bildung und der Neuordnung des Bildungssystems rückt auch die außerschulische Kinder- und Jugendarbeit neu in bildungspolitische Überlegungen (vgl. Bun-

Wiederentdeckung des Sozialisationsfeldes

desjugendkuratorium 2001, 2002, Münchmeier u.a. 2002, Rauschenbach u.a. 2003, Lindner u.a. 2003). Das Sozialisationsfeld wird mit seinen Bildungsprozessen und als Bildungsprojekt inhaltlich und konzeptionell wieder entdeckt; und es wird versucht, den Bildungsauftrag und die Bildungswirkungen offensiv zu positionieren. In Abgrenzung zu der formalen und verwertenden (beruflichen) Qualifikation und schulischen (Aus-)Bildung wird die eigenständige Qualität von Bildung und ihres Auftrages einer modernen Kinder- und Jugendarbeit in Zeiten der reflexiven Moderne – mit den Zeitdiagnosen „Arbeits-, Wissens-, Zivil- und Risikogesellschaft" – als subjektbezogener, prozessorientierter und eigensinniger Kompetenzerwerb und als Selbstbildung verstanden (vgl. Scherr 1997). Mit diesen Verständnis von Subjektbildung geht es weniger um formalisiertes Lernen und Wissen, wie es in der Schule, Hochschule und beruflichen Ausbildung dominiert, sondern um nichtformelle und informelle (Selbst-)Bildungsprozesse, um Mitbestimmung, Teilnahme, partielle Selbstorganisation und Partizipation in den spezifischen Lernorten der Kinder- und Jugendhilfe. Nach Tippelt (2003) haben die Jugendhilfe/-arbeit ihre Bildungspotenziale u.a. im Bereich „der sozialen Integration von sozialen Gruppen und Einzelpersonen, bei der Stärkung von Selbstbildung, bei der gemeinwesenbezogenen Netzwerkkooperation und in der interkulturellen Bildung" (S. 44). Die Bedarfe, Anlässe und Themen für außerschulische Bildung in der Jugendarbeit sieht Sturzenhecker (2003) in den Lebenswelten außerhalb von Schule; dazu gehören insbesondere: Interesse an Räumen und Konflikte um die Nutzung von (öffentlichen) Räumen, Partizipation, Peer-gruppen als Bildungsorte, Geschlechtsidentität, Migration, Jugendkulturen, Armut und Benachteiligung, Wildes Lernen und die Schule selbst. Zu den Anforderungen der Jugendhilfe/ -arbeit als eigenständige und genuine Bildungsinstanz heißt es in der Stellungnahme des Bundesjugendkuratoriums: „So kristallisiert sich ein neues Bildungsverständnis heraus, das Bildung nicht mehr als Kanon von Inhalten begreift, sondern als Ressource der Lebensführung, als Empowerment, als Aneignung von Selbstbildungsmöglichkeiten und als Gelegen-

Lebenswelt außerhalb der Schule als Bezugspunkt

heitsstruktur zu eigenbestimmter Lebensführung. (...) Jugendhilfe muss sich ( ... ) – im Neudenken ihrer Traditionen – neu verorten, erstens in Bezug auf ihr Bildungsverständnis, dass sie selber sich aneignen und ihrem Handeln zu Grunde legen will, zweitens in Bezug auf ihre Ressourcen und Gelegenheiten von Bildung bzw. Selbstbildung, die sie Kindern, Jugendlichen und ihren Familien anbieten kann und muss und inwiefern sie damit als Ressource der Lebensführung genutzt werden kann. Drittens ist sie herausgefordert, ihre eigenen Handlungsfelder daraufhin zu überprüfen, inwiefern und auf welche Weise diese im gegebenen Rahmen der institutionellen Strukturen und professionellen Kompetenzen möglich sind und wo diese Bedingungen der Veränderung bedürfen" (Bundeskuratorium 2001, 1 u. 3 f.).

Mit diesen neuen Akzentuierungen wird der Bildungsauftrag der Kinder- und Jugendarbeit (vgl. § 1 u. 22 KJHG) erneut aufgenommen, werden deren soziale und politische Bildungschancen und sozialer Bildungssinn erneut entdeckt und definiert. Die nichtformelle Bildung – wie sie in der außerschulischen politischen Bildung angeboten wird – und die informellen Bildungsprozesse in den Lebenswelten der Kinder und Jugendlichen, zielen auf die ganze Breite von Lernmöglichkeiten, Lernformen und -orte. Zu betonen ist die Differenz zur Schule, weil subjektorientierte und emanzipatorische Bildung(-praxis) in der Kinder- und Jugendhilfe/-arbeit immer auch unberechenbar, ungeplant, „wild" ist; sie ist selbstbestimmt eigensinnig, langwierig, macht Umwege, vergebliche Anstrengungen und prinzipiell nicht-affirmativ. Damit wird der Akzent auf den aneignenden Subjektsbezug gelegt, der Kinder- und Jugendarbeit als Orte und Gelegenheiten von Selbstbildungsprozessen versteht.

Differenz zur Schule

Aufgabe der Profession wäre es, anregende Arrangements für Bildungserfahrungen zu ermöglichen sowie reflexive Begleitung, Aneignung und kritische Zeitgenossenschaft in der Suche nach tragfähigen und eignen Lebensentwürfen anzubieten; und weiter „systematisch die Potenziale von Situationen, Personen und Gelegenheiten zu erkunden, die für nichtformelle Lern- und Bildungsprozesse eröffnet werden können, die inhärenten und impliziten Bildungsmöglichkeiten darzustellen, Anhaltspunkte für eventuelle Bildungserfolge zu erarbeiten, diese zu evaluieren und zu dokumentieren“ (Lindner 2003, 59, vgl. auch Deinet/Reutlinger 2003).

## 6. Verrechtlichung und Professionalisierung

Es gab bis Ende 1960er-Jahre bei den Trägern erhebliche Vorbehalte und Bedenken gegenüber der Einsstellung von hauptamtlichen Referenten, pädagogischen Mitarbeitern und die Professionalisierung der politischen Bildung. Ende der 1960er- und zu Beginn der 1970er-Jahre setzte dann innerhalb der freien Träger – stimuliert durch die Jugendbewegungen und flankiert durch die staatliche Förderung – ein Prozess der programmatischen Neuorientierung in der Jugendarbeit ein, in dem politische Bildung zu einem übergeordneten Verständnis und Handlungsprinzip wurde. Unter den Stichworten Demokratisierung, Interessenorientierung und Emanzipation gab es Debatten über die Bedeutung der Professionalisierung und Aufgaben der Profession. Mit der Förderung im Rahmen des Bundesjugendplanes (bereits 1956) und der Ländergesetze gab es vor allem in der ersten Hälfte der 1970er-Jahre (in NRW bereits 1967) mit der Einstellung von Bildungsreferenten einen ersten breiten Professionalisierungsschub bei öffentlichen und freien Trägern; dem folgten bis etwa Mitte der 1980er-Jahre weitere Professionalisierungsschübe. Mit der Einstellung von Bildungsreferenten und pädagogischen Mitarbeitern haben die Träger ihre Strukturen und Angebote erweitert und eine ausgewiesene pädagogische (fachliche, didaktische und methodische) Kompetenz entwickelt. Zum professionellen Leitmotiv wurde – bei allen Differenzierungen und Auseinandersetzungen innerhalb von Trägern, zwischen Trägern und staatlicher Förderung –, den Jugendlichen die Chancen und Möglichkeiten zu einem erfahrungs- und interessengeleiteten, selbstverantwortlichen Lernen zu geben bzw. eröffnen. Der außerschulische Lern- und Selbstbildungsprozess – so gerade auch die Abgrenzung gegenüber der schulisch organisierten politischen Bildung – belehrt nicht

Politische Bildung als übergeordnetes Handlungsprinzip

Bildungsreferenten

und unterrichtet keine „Fächer“, sondern er schafft Lerngelegenheiten, -orte und -zeiten, und er fördert für Jugendliche solche Lernsituationen und -prozesse, die auf Autonomie, Reflexivität und Kompetenz (im Negtschen Sinne) setzen.

## 7. Perspektiven

Vor dem Hintergrund von Krisendebatten, Stagnations- und Abbauprozessen können für die Zukunft der politischen Jugendbildung zwei Perspektiven angedeutet werden: eine ist eher beruhigend und beschwichtigend, die andere eher alarmierend und besorgniserregend. Die erste Perspektive kann mit Argumenten wie „politische Bildung war immer Konjunkturen unterworfen“, politische Bildung hat es – mit einem gewissen Auf und Ab – in der Geschichte der Bundesrepublik immer gegeben und wird es weiter geben; wenn vielleicht auch auf niedrigerem Niveau. Damit wird auf die ökonomische Situation und für die staatlichen Haushalte bessere Zeiten verwiesen. Die zweite Perspektive sieht – unabhängig von der staatlichen Finanzsituation – einen deutlichen, schon länger anhaltenden Prozess der Abkehr von politischer Jugendbildung, erkennt andere Prioritäten und – im Kontext von Umbau, Privatisierung und Markt – den generellen Rückzug des Staates aus bisherigen sozialen und bildungspolitischen Aufgaben (Hafeneger/Nuissl 1995, Hafeneger/Hufer 2003).

Zwei Perspektiven

Es gibt für beide Positionen vielfältige Hinweise und gute Argumente; in der Auseinandersetzung mit ihnen sind für die Perspektiven von politischer Jugendbildung vor allem vier Herausforderungen zentral:

Vier zentrale Herausforderungen

1. Der politischen Jugendbildung – ihren Theorien, Trägern und Mitarbeitern – muss es gelingen, ihre originäre (eigene und vernetzte) Bedeutung in der politischen Sozialisation von Jugendlichen heute plausibel zu begründen und zu vertreten. Es gibt für die Originalität dieses Lernfeldes gute Gründe; sie reichen von prinzipiellen Hinweisen wie „Orte und Zeiten für Nachdenken“, des Probehandelns und „Lernfeld Demokratie“ bis hin zu konkreten – und gleichzeitig basalen – politischen, sozialen und kultu-

rellen Befähigungen wie Streiten, Zuhören, Kompromisse schließen, Toleranz zu lernen.

2. Politische Bildung muss ihr flexibles, experimentelles und freies Handlungsfeld erhalten; in ihm kann risikoarm Lernen ausprobiert und eine einladende Lernkultur erfahren werden. Dies ermöglicht vielen Jugendlichen neue Wahrnehmungs-, Erfahrungs- und Denkdimensionen, und damit kann politische Bildung für sie biografisch interessant und prägend werden.

3. Politik und Gesellschaft müssen sich in der Auseinandersetzung mit ihrer Zukunft und den lebenswerten Perspektiven der jungen Generation entscheiden, welche absichtsvollen Erfahrungen und Lernangebote (als Option) sie ihnen in der Freizeit – neben Konsum, Moden, Medien, Kommerz – machen will. Dabei geht es um Kompetenzen, die für die sozialen Grundlagen und weitere Entwicklung einer partizipativen Demokratie, für Problemlösungen, für die Austragung von Konflikten und den Zusammenhalt sowie den Solidaritätsbestand der Gesellschaft von Bedeutung sind.

4. Die politische Jugendbildung hat ein erhebliches Defizit an quantitativer und qualitativer empirischer Forschung und an Evaluation. Vor allem die Produktion von gehaltvollen Erkenntnissen und die Auswertung von Angeboten der Träger, über den Verlauf von Bildungsprozessen bei Jugendlichen setzt das Lernfeld in die Lage, in jugend- und bildungspolitischen Auseinandersetzungen mit agieren zu können sowie den eigenständigen Beitrag – immer wieder Demokratie einzuüben und zu lernen, in der selbstbestimmten Subjektentwicklung einen unverwechselbaren Stellenwert zu haben – belegen und begründen zu können. Das weitere Profil und die Entwicklungschancen des Lernfeldes (der Träger, der Profession) kann sich nicht nur normativ, konzeptionell und alltagspraktisch begründen, sondern muss sich empirisch abgesichert fundieren.

# Literatur


Adorno, T.W. 1970: Erziehung zur Mündigkeit, Frankfurt/M.

Böhnisch, L./Münchmeier, R. 1987: Wozu Jugendarbeit? Weinheim/München

Bundesjugendkuratorium 2001: Streitschrift: „Zukunftsfähigkeit sichern! – Für ein neues Verhältnis von Bildung und Jugendhilfe". Bonn (BMFSFJ)

Ders. 2002: Bildung ist mehr als Schule, Leipziger Thesen. Bonn/Berlin/Leipzig

Collm, S. 1989: 40 Jahre Bundesjugendplan – ein kritischer Rückblick. In: Deutscher Bundesjugendring (Hrsg.): Texte zur Zeitgeschichte (Kein Alter zum Ausruhen. 40 Jahre DBJR). Düsseldorf, S. 238-246

Damm, D. u.a. 1978: Jugendpolitik in der Krise. Frankfurt/M.

Deinet, U./Reutlinger, Chr. 2003: Aneignung als Bildungskonzept der Sozialpädagogik. Opladen

Deutsche Shell (Hrsg.) 2002: Jugend 2002, 14. Shell Jugendstudie. Frankfurt/M.

Deutscher Bundesjugendring 1962: Selbstverständnis und Wirklichkeit der heutigen Jugendverbandsarbeit. In: deutsche jugend, H. 10, S. 449-452

Deutscher Bundesjugendring (Hrsg.) 2001: Eine wechselvolle Geschichte. 50 Jahre Kinder- und Jugendplan des Bundes. Berlin

Dewe, B. 1994: Grundlagen nachschulischer Pädagogik. Bad Heilbrunn

Faltermaier, M. (Hrsg.) 1991: Nachdenken über Jugendarbeit. Zwischen den fünfziger und achtziger Jahren . München

Giesecke, H. 1993: Politische Bildung. Weinheim/München

GPJE (Hrsg.) 2002: Politische Bildung als Wissenschaft. Bilanz und Perspektiven. Schwalbach/Ts.

Hafeneger, B. 1995: Gewalt und Rechtsextremismus. Herausforderungen für die politische Jugend- und Erwachsenenbildung. In: Hufer, K.-P. (Hrsg.): Politische Bildung in Bewegung. Schwalbach/Ts., S. 15-40

Hafeneger, B. (Hrsg.) 1997: Handbuch Politische Bildung. Schwalbach/Ts.

Hafeneger, B./Hufer, K. P. 2003: Qualität und Evaluation in der politischen Jugend- und Erwachsenenbildung. In: kursiv, H. 2, S. 12-17

Hafeneger, B./Nuissl, E. 1995: Politische Jugend- und Erwachsenenbildung. In: hessische jugend, H. 2, S. 4-7

Hafeneger, B./Wittmeier, M. (Hrsg.) 1983: Lernen im Bildungsurlaub. Reinheim

Keil, A. 1969: Jugendpolitik und Bundesjugendplan. München

Koopmann, K. 1994: Die politische Beteiligung junger Menschen: (k)ein Thema für die politische Bildung? In: Aus Politik und Zeitgeschichte, B 45-46, S. 23-38

Krafeld, F.J. 1991: Von der Politisierung zur Pädagogisierung. In: Böhnisch, L. u.a. (Hrsg.): Handbuch Jugendverbände. Weinheim/München, S. 93-101

Krusche, P. 1983: Warten auf Bewegung. In: Faltermaier, Martin (Hrsg.): Nachdenken über Jugendarbeit. München, S. 87-93

Lindner, W./Thole, W./Weber, J. (Hrsg.) 2003: Kinder- und Jugendarbeit als Bildungsprojekt. Opladen

Lindner, W.: Alles Bildung!? – Kinder- und Jugendarbeit in der „Wissensgesellschaft". In: Lindner, W./Thole, W./Weber, J. (Hrsg.): a.a.O., S. 47-68

Lüers, U. 1979: Jugendarbeit im Zugriff von Verwaltung und Politik. Frankfurt/M.

Luhmann, N./Schorr, E. (Hrsg.) 1992: Zwischen Absicht und Person. Fragen an die Pädagogik. Frankfurt/M.

Meder, Chr. 1995: Die Rechtssprechung der Arbeitsgerichte und das Verhalten der Arbeitgeber. In: hessische jugend, H. 2 (Thema: Bildungsurlaub), S. 11-14

Mollenhauer, K. 1968: Erziehung und Emanzipation. München

Münchmeier, R. 1991: Die Vergesellschaftung der Jugendverbände. In: Böhnisch, L. u.a. (Hrsg.): Handbuch Jugendverbände. Weinheim/München, S. 86-93

Münchmeier, R./Otto, H.-U./Rabe-Kleberg, U. 2002: Bildung und Lebenskompetenz, Kinder- und Jugendhilfe vor neuen Aufgaben. Opladen

Negt, O. 1984: Wir brauchen eine zweite, eine gesamtdeutsche Gesellschaftsreform. Göttingen

Nickles, B. 1967: Jugendpolitik in der Bundesrepublik Deutschland. Opladen

Ochs, C./Seifert, H. 1995: Weiterbildungszeit: Arbeitszeit oder Freizeit. Düsseldorf

Oesterreich, D. 2002: Politische Bildung von 14-Jährigen in Deutschland. Opladen

Pickel, G. 2002: Jugend und Politikverdrossenheit. Opladen

Rauschenbach, T./Düx, W./Sass, E. (Hrsg.) 2003: Kinder- und Jugendarbeit – Wege in die Zukunft. Weinheim und München

Rudolf, K. 2002: Politische Bildung: (k)ein Thema für die Bevölkerung? Was wollen die Bürger? In: Aus Politik und Zeitgeschehen, B 45, S. 45-53

Scherr, A. 1997: Subjektorientierte Jugendarbeit. Weinheim und München

Seitz, W. 1993: Der Bundesjugendplan 1950 bis 1990. Strukturwandlungen eines jugendpolitischen Instrumentariums. In: Jahrbuch für Jugendsozialarbeit (Bd. 14). Köln, S. 49-133

Sturzenhecker, B. 2003: Jugendarbeit ist außerschulische Bildung. In: deutsche jugend, H. 7-8, S. 300-307

Thole, W. 1995: Kinder- und Jugendarbeit: Freizeitzentren, Jugendbildungsstätten, Aktions- und Erholungsräume. In: Krüger, H. H./Rauschenbach, T. (Hrsg.): Einführung in die Arbeitsfelder der Erziehungswissenschaft. Opladen, S. 107-123

Tietgens, H. 1965: Jugendarbeit als Jugendbildung? In: deutsche jugend, H. 3

Tippelt, R.: Bildung als pädagogisches Anliegen. In: Lindner, W./Thole, W./Weber, J. (Hrsg.): a.a.O., S. 33-45

Wagner, A. 1996: Teilnahme am Bildungsurlaub. Düsseldorf (Bundesarbeitskreis Arbeit und Leben)

Ziehe, T. 1994: Jugend, Alltagskultur und Fremdheiten. Zur Reform der Lernkultur. In: Negt, O. (Hrsg.): Die zweite Gesellschaftsreform. Göttingen, S. 258-265

*Klaus-Peter Hufer*

# Politische Bildung in der Erwachsenenbildung

## 1. Allgemeine Merkmale, Infrastruktur, Gesetze

Es gibt keinen exklusiven Anspruch auf *den* authentischen Ort politischer Erwachsenenbildung. In einer demokratischen Gesellschaft hat ein Erwachsener potenziell jederzeit die Gelegenheit, sich politisch (weiter) zu bilden. Das kann auch im Alltag geschehen, zum Beispiel durch Gespräche, Medien, bürgergesellschaftliches Engagement etc. Im Folgenden soll der Blick konzentriert werden auf die in Institutionen eingebundenen, organisierten, dort stattfindenden und intentionalen politischen Bildungsprozesse Erwachsener. Diese werden im Voraus geplant und entweder als Vorträge einmalig (üblicherweise anderthalb Stunden lang), als Abend-/Tageskurse und -seminare in einem wöchentlich wiederkehrenden Turnus oder als Wochen- oder Wochenendseminare bzw. Workshops in kompakter Form durchgeführt. Die Einrichtungen stellen Referenten und Referentinnen, Kursleiter und Kursleiterinnen, Räume und ihre technischen Möglichkeiten zur Verfügung, schreiben die Veranstaltungstexte aus und werben bei den Adressaten. Die Mehrzahl derjenigen, die politische Erwachsenenbildung in Vorträgen, Kursen oder Seminaren vermitteln, ist nebenberuflich tätig. Hauptberuflich tätige politische Erwachsenenbildner sind in der Minderheit, überwiegend sind sie planend und disponierend in der Programmerstellung und -durchführung tätig.

Drei Trägergruppen

Die institutionalisierte politische Erwachsenenbildung lässt sich in *drei Trägergruppen* gliedern (siehe im Folgenden Hufer/Unger 1989, Hufer 1992, 62-95, Hufer 1993). Einmal gibt es die

Öffentliche Träger

*öffentlich getragenen Bildungseinrichtungen*, deren Auftrag es ist, sich grundsätzlich an alle Bürger und Bürgerinnen zu wenden (was jedoch Zielgruppenarbeit keineswegs ausschließt). Die bekanntesten Einrichtungen sind die Volkshochschulen. Sie sollen in ihrer politischen Bildungsarbeit insgesamt neutral und „ausgewogen“ sein. Lernen und Handeln werden getrennt.

Die zweite Gruppe setzte sich aus den Einrichtungen zusammen, die sich in *„freier“ Trägerschaft* befinden. Dabei handelt es sich üblicherweise um weltanschaulich gebundene Gruppen und Organisationen (daher ist das Attribut „frei“ irreführend), die ihre partiellen Ziele verfolgen. Es ist nicht ausgeschlossen, sondern legitim, dass Trägerzugehörigkeit und -ziele auch in der von diesen Einrichtungen organisierten politischen Bildungsarbeit zum Ausdruck kommen. Einrichtungen dieser Art werden unterhalten von Parteien, Kirchen, Gewerkschaften und Wirtschaftsverbänden.

Freie Träger

Die dritte Gruppe ist die jüngste: Aus Protest gegen die Etabliertheit der Einrichtungen in öffentlicher und freier Trägerschaft und frustriert von den Grenzen dort (z.B. bürokratische Strukturen und keine politischen Handlungsmöglichkeiten bei den Volkshochschulen und nur weltanschaulich motivierte bzw. trägerinteressengeleitete Aktivitäten bei den anderen Einrichtungen) sind im Zuge der Ökologie-, Friedens-, Frauen- und Alternativbewegung der 1970-er Jahre viele Menschen in selbstorganisierten Gruppen und Initiativen aktiv geworden. Daraus sind in *„alternativen“ Einrichtungen* Bildungshäuser, -werkstätten und -läden entstanden. Dort sind feste Mitarbeiter und Mitarbeiterinnen eingestellt und entsprechende Arbeits- und Entscheidungsformen aufgebaut worden. Die wesentlichen bildungspolitischen Ansprüche sind (oder waren) Basis- und Handlungsorientierung. Diese Gruppe von Bildungseinrichtungen schrumpft jedoch, einmal weil die politische Aufbruchstimmung vorbei ist, zum anderen weil es vielen Einrichtungen vielfach in erster Linie ums wirtschaftliche Überleben und nicht mehr um gesellschaftspolitische Ziele geht. Aus dieser Situation heraus entstehen ganz „normale“ Bildungseinrichtungen.

Alternative Träger

## 2. Gesetze

Gesetzliche Etablierung in 1970er-Jahren

Die gesetzliche Etablierung der Erwachsenenbildung erfolgte in den 1970er-Jahren; zwischen 1970 und 1975 wurden in neun

Bundesländern *Erwachsenen- und Weiterbildungsgesetze* verabschiedet. Diese Gesetze differierten stark in ihren politischen Grundsatzansichten zur Erwachsenenbildung, etwa in der Frage, welcher Stellenwert jeweils den Weiterbildungseinrichtungen in öffentlicher oder freier Trägerschaft eingeräumt wird. Hier bestand ein deutlicher Unterschied zwischen den damals die Gesetze tragenden SPD- oder CDU-Mehrheiten. Mittlerweile gibt es – auch auf Grund der knapp gewordenen Mittel – Revisionen und Neufassungen einiger Erwachsenen-/Weiterbildungsgesetze.

Bildungsurlaubsgesetze

Zwischen 1992 und 1994 wurden in vier der fünf neuen Bundesländer gesetzliche Regelungen geschaffen. Zusätzlich wurden zwischen 1970 und 1993 in zehn Bundesländern Bildungsurlaubsgesetze bzw. Gesetze zur Freistellung von Arbeitnehmern beschlossen. Diese enthalten auch die politische Weiterbildung, was zu vehementen Widerständen und Klagen von Arbeitgeber- und Unternehmensverbänden führte. Im Dezember 1987 wies der Erste Senat des Bundesverfassungsgerichtes eine Verfassungsbeschwerde zurück und erklärte die Gesetze zum Bildungsurlaub und zur Arbeitnehmerweiterbildung – und mit ihnen die dort enthaltene politische Bildung – als mit dem Grundgesetz vereinbar.

Eine gesetzliche Regelung auf Bundesebene, die allen Arbeitnehmern und Arbeitnehmerinnen eine bezahlte Freistellung für allgemeine und politische Bildung ermöglicht, fehlt nach wie vor.

Die Erwachsenen- und Weiterbildungsgesetze schufen in den meisten Bundesländern eine gute Grundlage für Ausbau und Kontinuität der Erwachsenenbildung. Dieses kam zweifelsohne der politischen Bildung zugute.

## 3. Was ist „politisch“, was „Bildung“?

Konsensfähige Kriterien

Trotz der immer wiederkommenden Kontroversen um die Vorstellungen von Politik und Bildung dürften innerhalb der politischen Erwachsenenbildung die folgenden Kriterien konsensfähig sein:

– Der Lern-, Diskussions- und Verhandlungsgegenstand leitet sich aus „der Politik“ ab und/oder hat zumindest politische Relevanz. Bei der Bestimmung dessen, was „Politik“ oder

„politisch" ist, ist es sinnvoll, die drei Dimensionen von Politik – polity (die institutionelle Form), politics (der prozessuale Verlauf), policy (der normative Inhalt) (von Alemann 1994, 143) – der Auswahl des Gegenstandes der Betrachtung zugrunde zu legen. Unabhängig von dieser grundsätzlichen politikwissenschaftlichen Orientierung bleibt es unbenommen, die Bildungsarbeit an einem „engen" oder „weiteren" Politikbegriff zu orientieren (Klaus-Peter Hufer: Entgrenzung von Politik/Politikbegriff, in Hufer 1999, 56-59).

Lerngegenstände haben politische Relevanz

- Politische Bildung ist keine politische Werbung oder Propaganda, sie verfolgt keine agitatorischen Absichten, sie ist aber auch keine Politikvermittlung. Politische Bildung will keine emotional beeinflussten Loyalitäten erzeugen oder festigen, sie will auch keinen politischen Nachwuchs für bestimmte Parteien oder Verbinde rekrutieren, und sie ist auch nicht die PR-Abteilung etablierter Politik. Unkritische Anpassung an das Gegebene oder vorbehaltlose Vereinnahmung stehen im Widerspruch zu echter Bildung.

Politische Bildung ist keine Werbung oder Propaganda

- Politische Bildung will mehr als nur funktionale Kompetenzen und Qualifikationen vermitteln. Denn es „will in einer Gesellschaft, die eine demokratische zu sein vorgibt, bedacht sein, inwieweit sie *Verhaltenspotentiale* fördert, die zu den Kennzeichen eines gebildeten Menschen gehören. Dies gilt vor allem für die Tugend des Miteinanderumgehens, für die Fähigkeit, mit Ambivalenzen und Ambiguitäten zu leben und zu einer Erweiterung der Deutungskompetenz bereit zu sein, so dass individuelle und soziale Identität im Ausgleich zueinander stehen" (Hans Tietgens: Bildung, in Hufer 1999, 28-29).

Politische Bildung will mehr als Kompetenzen und Qualifikationen vermitteln

- Bildung meint Subjekterweiterung in dem Sinne, dass die Individuen festgefahrene Rollenmuster, Stereotypen, Klischees, Vorurteile und autistisch wirkenden Selbstbezug durch Kenntnisnahme anderer Perspektiven überprüfen, gegebenenfalls in Frage stellen und verlassen. Daher sind Diskurs und Kommunikation sowohl Medium als auch Verfahren von Bildung. Bei Politik werden die „öffentlichen Dinge" thematisiert, sie bestimmen das inhaltliche Feld politischer Bildung.

Bildung ist Subjekterweiterung

## 4. Spezifika politischer Erwachsenenbildung – Teilnahme

Im Unterschied zur politischen Bildung in den Schulen wendet sich die politische Erwachsenenbildung an Menschen mit längeren Vorläufersozialisationen. Diese prägen erheblich die Bereitschaft zur Teilnahme an den Veranstaltungen sowie die Art und Weise, wie das Dargebotene und Vermittelte aufgenommen wird. Die Wirkungen politischer Bildung sind andere als die in der Schule, beispielsweise durch ausgeprägtere kognitive Dissonanzen der älteren Teilnehmer und Teilenmerinnen. Daher sind entsprechende didaktische und methodische Konsequenzen – eben erwachsenengerechte – zu ziehen. So ist *Teilnehmerorientierung* auch das elementare, zentrale und unumstrittene Prinzip politischer Erwachsenenbildung (Dieter Nittel: Teilnehmerorientierung, in Hufer 1999, 231-233; siehe auch die Beiträge in Hufer/Bohl/Scheurich 2004).

Prinzip der Teilnehmerorientierung

Demokratische politische Erwachsenenbildung basiert auf der Freiwilligkeit der Teilnehmer und Teilnehmerinnen. Sie erreicht demzufolge wohl immer nur eine Minderheit. Dabei müssen sich politische Erwachsenenbildnerinnen mit der Frage auseinander setzen, ob es die „richtige" Minderheit ist, die an den Kursen teilnimmt, oder ob sie – was allerdings auch nicht wenig ist – mit ihren Angeboten „lediglich" eine Politisierung der bereits Politisierten betreiben. Die *Daten und Zahlen*, die zu solchen Zweifeln berechtigen, scheinen zunächst eindeutig zu sein: So nahmen 1997 zwar immerhin 48 % der Deutschen im Alter von 19 bis 64 Jahren an „formalisierter Weiterbildung" teil (Bundesministerium 2000, 21), doch besuchte nur ein Prozent Veranstaltrungen aus dem Themengebiet „Wissen über Politik" (Bundesministerium 2000, 29). Allerdings muss bei dieser Zahl der Vorbehalt gemacht werden, dass der Begriff „politische Bildung" statistisch nicht trennscharf zu erfassen ist. So werden viele Bildungsveranstaltungen in angrenzenden Gebieten (etwa der Ökologie oder der des interkulturellen Lernens) nicht der politischen Bildung zugerechnet. Daher ist die Zahl der Teilnehmenden sicherlich erheb-

Politische Erwachsenenbildung erreicht nur eine Minderheit

lich höher, als sie in eng definierten Statistiken ausgewiesen wird. Immerhin kommen solide Schätzungen auf eine Summe von 2,4 Millionen Belegungen im Jahr (Paul Ciupke/Norbert Reichling, in: Beer/Cremer/Massing 1999, 261). Trotzdem bleibt ein Missverhältnis zwischen dem, was an Potenzial der politischen Erwachsenenbildung hochgerechnet wird – es schwankt zwischen „ca. 15 Millionen Menschen in ganz Deutschland" (Friedrich-Ebert-Stiftung 1993, Bd. I, 26) und sogar 48,3 % (Rudolf 2002, 81; zur Kritik an Rudolfs Forschungsmethodik und damit der Relevanz dieses Ergebnisses siehe Ahlheim 2003, 37 ff.) – und den Menschen, die tatsächlich erscheinen. Das entscheidende wissenschaftliche Manko ist zudem, dass es noch keine aussage- und verallgemeinerungsfähige Erhebung über die Wirkung politischer Bildung gibt (Ahlheim 2003).

## 5. Etappen und Phasen in der Geschichte

Die Geschichte der Ideen, Leitvorstellungen und Bildungsziele zeigt auffallende Übereinstimmungen zwischen dem politisch-kulturellen Klima in der Gesamtgesellschaft der Bundesrepublik und den Etappen und Zäsuren in der allgemeinen politischen Bildung.

So lassen sich bis Mitte der 1970er-Jahre die folgenden, einander ablösenden Phasen feststellen (genauer siehe Klaus-Peter Hufer, in Beer/Cremer/Massing 1999, 87-110):

- *Kriegsende und Neubeginn: Rückbesinnung auf Existenz und Sittlichkeit.* In dieser Phase ging es um den Aufbau eines Erwachsenenbildungssystems. In der inhaltlichen Arbeit wurde vor allem politisches Wissen vermittelt. Daneben war politische Bildung stark von der normativen Vorstellung getragen, mit der Mobilisierung der „sittlichen Kräfte" die Belastungen durch den Nationalsozialismus zu überwinden und demokratisches Bewusstsein zu erzeugen und zu verfestigen. Neubeginn nach 1945
- *Die 1950er-Jahre: Von der Mitbürgerlichkeit zur Bewusstseinsbildung.* In dieser Zeit wurde von Fritz Borinski das erste theoretische und didaktisch-methodische Konzept politischer 1950er-Jahre

Erwachsenenbildung entwickelt: das mitbürgerliche Bildungsprinzip (Borinski 1954). Gegen Ende der 1950er-Jahre zeichneten sich die ersten Ansätze einer weiteren, in der Zukunft wirkungsvollen Linie politischer Bildung ab: Mit der Vorstellung „politische Bildung und Demokratisierung ... bedingen einander“ (Tietgens 1958, 221) artikulierte sich eine radikaldemokratische, emanzipatorische politische Bildungsarbeit.

1960er-Jahre – *Die 1960er-Jahre: Von der „realistischen Wende“ zur Studentenbewegung.* Die „realistische Wende“ (Joachim H. Knoll, in: Hufer 1999, 206) ist die in der Erwachsenenbildung markanteste und bekannteste Zäsur. Sie hat die politische Bildung begünstigt, vor allem dadurch, dass in ihrem Gefolge Kenntnisse von Politik und Gesellschaft gefordert wurden. Mit dem Aufkommen der Studentenbewegung und der sie unterstützenden sozialwissenschaftlichen Diskussion kamen auch die Institutionen der Erwachsenenbildung in den Blick der Demokratisierungsstrategie und Emanzipationsprozesse. Diese sollten Partei ergreifen im Prozesse der Demokratisierung, angestrebt wurde eine Veränderung der Gesellschaft. Zwischen politischem Lernen und politischer Aktion wurde ein unmittelbarer Zusammenhang gesehen.

1970er-Jahre – *Die 1970er-Jahre: Zwischen Emanzipation und Qualifikation.* In diesem Spannungsverhältnis befand sich die Theoriediskussion der Erwachsenenbildung insgesamt wie der politischen Bildung im Besonderen. Die weiter entwickelte Industriegesellschaft drängte auf Qualifizierung der Menschen, der sich kritische Erwachsenenpädagogen mit der analytischen Erkenntnis, Erwachsenenbildung würde so zur „kapitalistischen Produktivkraft“ (Axmacher 1974, 209), widersetzten. Entwickelt wurden Ansätze emanzipatorischer politischer Erwachsenenbildung: Stadtteil- und Zielgruppearbeit beispielsweise. Gestritten wurde für und um den Bildungsurlaub (vor allem damals noch mit politischer Bildung) und mit der neuen sozialen Bewegung entstand auch eine „alternative Erwachsenenbildung“.

1980er-Jahre – *Die 1980er-Jahre: Von der instrumentellen zur reflexiven Wende.* Die Erwachsenenbildung erfuhr durch die von der Bundesregierung, einzelnen Ländern, der Wirtschaft und der Bundesanstalt für Arbeit ausgerufenen „Qualifizierungsoffensive" eine enorme Steigerung ihrer Bedeutung. Ein zentrales Motiv dabei war die rasante Verbreitung der Informations- und Kommunikationstechniken. Die weiterqualifizierenden Kurse in den Bildungseinrichtungen boomten. Teilweise wurde versucht, mit integrativen Angeboten politische Bildung einzubeziehen. Insgesamt aber ist in der politischen Bildung eher eine gegenläufig erscheinende Tendenz zu erkennen. Ihre didaktischen und konzeptionellen Leitbegriffe lauten nun: Subjektivität, Alltag, Alltagswissen, Lebenswelt, Lebensweltorientierung, Deutungsmuster, Reflexivität.

– *Die 1990er-Jahre: Existenzsicherung auf dem Weiterbildungsmarkt.* In der konzeptionellen Diskussion spitzt sich die Auseinandersetzung darüber zu, wo politische Bildung „zwischen Gesellschafts- und Subjektorientierung" (Körber 1994, s.a. Ahlheim 1990, Hufer 1990, Landesinstitut 1991, Ciupke/Reichling 1994) zu verorten sei. Damit im Zusammenhang stand die Rezeption des Individualisierungsbefunds, der Milieutheorie und der Gesellschaftsdiagnose „Erlebnisgesellschaft". Aus diesen Befunden wurden Folgerungen für die politische Bildung abgeleitet, beispielsweise wurde Wert auf eine ästhetisch aufbereitete „Veranstaltungskultur" mit „Gestaltung des Lernumfelds" gelegt (Flaig/Meyer/Ueltzhöffer 1993; Zit., 182). Weitere, nicht-konzeptionelle Faktoren rückten in den Vordergrund: die „Verbetriebswirtschaftlichung" der Bildungsarbeit, das Denken in Kosten-Nutzen-Kalkulationen. Die ökonomische Sicht zeigte sich im Gebrauch der entsprechenden Sprache, beispielsweise der Kategorien „Produkt" und „Kunde" innerhalb der Bildungsarbeit (Unternehmen Bildung? 1998). Marketingkonzepte und Überlegungen zur Qualitätssicherung gab es nun auch in der politischen Erwachsenenbildung (Becker 2000). 1990er-Jahre

## 6. Politische Bildung in der ehemaligen DDR

DDR

Völlig anders als das pluralistische System der Bundesrepublik war die Erwachsenenbildung in der ehemaligen DDR konstituiert. Spezielle Einrichtungen der politischen Erwachsenenbildung gab es nicht, von Funktionärsschulungen einmal abgesehen. Die politische und ideologische Erziehung sollte „integrierter Bestandteil aller Bildungsmaßnahmen" (Siebert 1970, 167) sein. Entsprechend eindeutig war die Rolle der Erwachsenenerzieher: Sie unterrichteten als „Funktionäre" des Staates und der Partei (Siebert 1970, 176; zum System der Erwachsenenbildung in der DDR siehe auch Jan-Hendrik Olbertz: Erwachsenenbildung in der DDR, in Hufer 1999, 63-67).

Intensive Ideologievermittlung

Im Gegensatz zur Programmvielfalt der westdeutschen Volkshochschulen waren die Pendants in der DDR stark beruflich-qualifizierend ausgerichtet (siehe Knoll/Sommer 1992). Als Quintessenz kann festgehalten werden: „Wir können davon ausgehen, dass sich politische Erwachsenenbildung vor der Wende für einen Großteil von DDR-Bürgern und Bürgerinnen als intensive Ideologievermittlung in apologetischer Form, als schulische Instanz der Kenntnisvermittlung und Überzeugungsarbeit und damit als mehr oder weniger starke Pflichtveranstaltung, die wenig mit den subjektiven Interessen der Teilnehmenden zu tun hatte, dargestellt hat" (Osang/Pingel 1991, 88).

Dementsprechend ist bei den Menschen in den neuen Bundesländern „der Begriff der ‚Politischen Bildung' in breiten Kreisen diskreditiert und alles, was damit in Zusammenhang steht, (findet) daher kein Interesse ... oder (stößt) zumindest auf Misstrauen" (Osang/Pingel 1991, 95).

Mittlerweile hat sich aber auch in den ostdeutschen Bundesländern eine vielfältige politische Bildungslandschaft entwickelt (Wallraven 2003).

## 7. Perspektiven

Die politische Erwachsenenbildung hat ein differenziertes, ihren Arbeitsbedingungen sowie den Voraussetzungen und Erwartungen ihrer Teilnehmer und Teilnehmerinnen entsprechendes Repertoire an Lehr- und Lernformen gefunden. Neben den traditionellen Vorträgen, Kursen, Seminaren und Podien gibt es kreative neuere Methoden und didaktische Arrangements: Werkstätten (Zukunfts-, Geschichts-, Radio- und Schreibwerkstätten), biografisches Lernen, Sokratische Gespräche, politische Erkundungsfahrten per Fahrrad, Argumentationstrainings etc. Der Phantasiereichtum politischer Erwachsenenbildung liegt darin begründet, dass sie ihre Teilnehmern und Teilnehmerinnen davon überzeugen muss, freiwillig zu den Veranstaltungen zu kommen. Politische Erwachsenenbildung musste sich stets auf einem Bildungsmarkt behaupten. Die „Effizienz" der Arbeit kann aber nicht engen betriebswirtschaftlichen Kalkülen unterworfen werden. Sie lebt von der Offenheit und Experimentierfähigkeit der Einrichtungen und der Einsicht, dass politische Bildung immer mit öffentlichen Mitteln subventioniert werden muss.

Politische Bildung bedarf der Subventionierung

## Literatur

Ahlheim, Klaus 1990: Mut zur Erkenntnis. Über das Subjekt politischer Erwachsenenbildung. Bad Heilbrunn/Obb.

Ahlheim, Klaus 2003: Vermessene Bildung? Wirkungsforschung in der politischen Erwachsenenbildung. Schwalbach/Ts.

Alemann, Ulrich von 1994: Grundlagen der Politikwissenschaft. Ein Wegweiser. Opladen

Axmacher, Dirk 1974: Erwachsenenbildung im Kapitalismus. Ein Beitrag zur politischen Ökonomie des Ausbildungssektors in der BRD. Frankfurt/M.

Becker, Helle 2000: Marketing in der politischen Bildung. Schwalbach/Ts.

Beer, Wolfgang/Cremer, Will/Massing, Peter (Hrsg.) 1999: Handbuch politische Erwachsenenbildung. Schwalbach/Ts.

Borinski, Fritz 1954: Der Weg zum Mitbürger. Düsseldorf und Köln

Bundesministerium für Bildung und Forschung (Hrsg.) 2000: Berichtssystem Weiterbildung VII. Integrierter Gesamtbericht zur Weiterbildungssituation in Deutschland. Bonn

Ciupke, Paul/Reichling, Norbert 1994: Politische Erwachsenenbildung als Ort öffentlicher Verständigung. In: Aus Politik und Zeitgeschichte, B 45-46, S. 13-21

Flaig, Berthold Bodo/Meyer, Thomas/Ueltzhöfer, Jörg 1993: Alltagsästhetik und politische Kultur. Zur ästhetischen Dimension politischer Bildung und politischer Kommunikation. Bonn

Friedrich-Ebert-Stiftung 1993: Lernen für die Demokratie. Politische Weiterbildung für eine Gesellschaft im Wandel, Bd. I – IV. Bonn

Hufer, Klaus-Peter 1990: Die neue Subjektivität – ihre Bedeutung für politische Bildung. In: Sarcinelli, Ulrich u.a.: Politikvermittlung und politische Bildung. Bad Heilbrunn/Obb., S. 123-142

Hufer, Klaus-Peter 1992: Politische Erwachsenenbildung. Strukturen, Probleme, didaktische Ansätze – Eine Einführung. Schwalbach/Ts.

Hufer, Klaus-Peter 1993: Unterschiede und Grenzüberschreitungen in der politischen Erwachsenenbildung. Selbstorganisierte Lernprozesse, alternative und etablierte Institutionen. In: Jahrbuch 1993, hrsg. von der Friedrich-Ebert-Stiftung. Bonn, S. 23-40

Hufer, Klaus-Peter (Hrsg.) 1999: Außerschulische Jugend- und Erwachsenenbildung, Bd. 2 des Lexikons der politischen Bildung, hrsg. von Georg Weißeno. Schwalbach/Ts.

Hufer, Klaus-Peter/Pohl, Kerstin/Scheurich, Imke (Hrsg.) 2004: Positionen der politischen Bildung 2. Ein Interviewbuch zur außerschulischen Jugend- und Erwachsenenbildung. Schwalbach/Ts.

Hufer, Klaus-Peter/Unger, Ilse 1989: Zwischen Abhängigkeit und Selbstbestimmung. Institutionalisierte und selbstorganisierte politische Erwachsenenbildung seit den siebziger Jahren. Opladen

Knoll, Joachim H./Sommer, Ulrike (Hrsg.) 1992: Von der Angrenzung zum Beitritt. Erwachsenenbildung/Weiterbildung in der Bundesrepublik Deutschland und der Deutschen demokratischen Republik vor und nach der „Wende“. Ethningen bei Böblingen

Körber, Klaus (Hrsg.) 1994: Politische Weiterbildung zwischen Gesellschafts- und Subjektorientierung (Bremer Texte zur Erwachsenen-Weiterbildungsforschung 2). Bremen

Landesinstitut für Schule und Weiterbildung (Hrsg.) 1991: Selbstverständnis der politischen Erwachsenenbildung. Positionen und Kontroversen. Soest

Osang, Ulrike/Pingel, Andrea 1991: Neue Ansätze politischer Erwachsenenbildung in der ehemaligen DDR. Eine identitätstheoretische Analyse ausgewählter Beispiele, hrsg. vom Bildungswerk für Demokratie und Umweltschutz e.V. Berlin

Rudolf, Karsten 2002: Bericht politische Bildung 2002. Was wollen die Bürger? Eine Marktanalyse zur außerschulischen politischen Bildung in Deutschland. Büdingen/H.

Siebert, Horst 1970: Bildungspraxis in Deutschland. Schule und Erwachsenenbildung der BRD und DDR im Vergleich. Düsseldorf

Tietgens, Hans 1958: Psychologische Voraussetzungen politischer Bildung. In: Volkshochschule im Westen, H. 9-10, S. 220-224

Unternehmen Bildung? Politische Bildung zwischen Markt und Staat 1998: Schwerpunktthema von kursiv. Journal für politische Bildung, H. 1

Wallraven, Klaus-Peter (Hrsg.) 2003: Handbuch politische Bildung in den neuen Bundesländern. Schwalbach/Ts.

# IV.
# Inhaltsbezogene Aufgabenfelder politischer Bildung

*Peter Massing*

# Institutionenkundliches Lernen

In der Politikdidaktik finden sich in den letzten Jahren zunehmend Versuche, „institutionenkundliches Lernen“ neu zu konzipieren (Raschke 1975; Deichmann 1979, 1996, 1999; Claußen 1988; Gagel 1989; Sutor 1990; Sarcinelli 1991; Grammes 1994; Massing 1999). Es besteht weitgehend Übereinstimmung darüber, dass ein Politikunterricht, der gesellschaftliche und politische Institutionen ausblendet, politische Wirklichkeit verfehlt.

Abwendung von Institutionenkunde in den 1960er-Jahren

Die Abwendung von der Institutionenkunde Anfang der 1960er-Jahre war zwar aus dem richtigen Gedanken erfolgt, dass eine bloß formale und abstrakte, von den jeweiligen Individuen und ihren Erfahrungen losgelöste „Kunde“ eine angemessene Vorstellung von Politik in seiner Interessen- und Zielorientierung und in seinem Prozess- und Handlungscharakter nicht ermöglichen kann. Die weitgehende Vernachlässigung des Institutionellen jedoch, die diesem Verdikt folgte, führte ebenfalls zu einem einseitigen und verzerrenden Verständnis von politischer Realität. Für die Politikdidaktik muss es heute darum gehen, die institutionelle Perspektive wiederzugewinnen, ohne die „alte“ Institutionenkunde neu zu beleben.

Institutionelle Perspektive wiedergewinnen

Diese Erwartung im alltäglichen Politikunterricht zu erfüllen, ist jedoch nicht einfach. Institutionen sind vom unmittelbaren Erfahrungsbereich der Schülerinnen und Schüler weit entfernt und die Distanz von Jugendlichen zu den traditionellen politischen Institutionen ist in den letzten Jahren kontinuierlich größer geworden (u.a. Gille/Krüger 2000).

Die fachdidaktisch bedeutsame Frage, wie es gelingen kann, „institutionenkundliches Lernen“ zum Zwecke der politischen Bildung in den Politikunterricht zu integrieren, erfordert eine Antwort auf zwei Ebenen. Auf der Ebene der Inhalte ist zu klären, was politische und gesellschaftliche Institutionen sind und welche Anforderungen sich daraus für institutionenkundliches Lernen ableiten lassen. Auf der Ebene der Organisation des Lernprozesses sind Wege der didaktischen Erschließung aufzuzeigen, die die Zusammenhänge lebensweltlicher Subjektivität und politisch institutioneller Objektivität aufklären, transparent machen und miteinander vermitteln (vgl. Sarcinelli 1991, 50).

## 1. Zum Begriff der „Institution"

Kein einheitliches Verständnis des Institutionenbegriffs

Die Frage, was unter politischen und gesellschaftlichen Institutionen zu verstehen ist, lässt sich nur im Rückgriff auf die Fachwissenschaften beantworten. Damit ist jedoch eine Reihe von Schwierigkeiten verbunden. Zwar gehört der Institutionenbegriff in den Sozialwissenschaften zu den theoriebildenden Begriffen, ein einheitliches Verständnis von Institutionen konnte sich dennoch nicht etablieren. In jüngster Zeit haben sich daher Versuche durchgesetzt, sich dem Problem, politische Institutionen begrifflich zu fassen, pragmatisch zu nähern. Unter politischen Institutionen versteht man dann im engeren Sinn den Staat mit Regierung (Staatsoberhaupt, Kabinett, Ministerien), Parlament, Verwaltung, Gerichte, föderative und kommunale Einrichtungen; im weiteren Sinn gesellschaftliche Organisationen (Parteien, Verbände, Massenmedien) sowie verbindliche, insbesondere rechtliche normierte gesellschaftliche Verhaltensmuster (Verfassung, Gesetze, Wahlen, Mehrheitsprinzip usw.). Politisch sind diese Institutionen, weil sie Regelsysteme zur Herstellung und Durchführung allgemeinverbindlicher Entscheidungen sind (Göhler 1987,18; Czada 2002, 354 ff.).

Gleichzeitig stellen sie einen Sonderfall gesellschaftlicher Institutionen dar und besitzen auch deren Merkmale. Sie sind „auf Dauer gestellte, durch Internalisierung verfestigte Verhaltensmuster und Sinnorientierungen mit regulierenden sozialen Funktionen", relativ stabil und damit auch von einer gewissen zeitlichen Dauer. „Ihre Stabilität beruht auf der temporären Verfestigung von Verhaltensmustern. Sie sind soweit verinnerlicht, dass die Adressaten ihre Erwartungshaltung, bewusst oder unbewusst, auf den ihnen innewohnenden Sinn ausrichten. Institutionen sind prinzipiell überpersönlich und strukturieren menschliches Verhalten; sie üben insoweit eine Ordnungsfunktion aus" (Göhler 1987, 17).

## 2. Anforderungen an institutionenkundliches Lernen

Aus den Ergebnissen sozialwissenschaftlicher Institutionentheorie lassen sich drei Anforderungen ableiten, die „institutionenkundliches Lernen" im Politikunterricht berücksichtigen muss.

Drei Anforderungen an institutionenkundliches Lernen

1. Institutionen konstituieren immer Sinnzusammenhänge, sie sind Verobjektivierungen des in Interaktionen gemeinten Sinns (Göhler 1987, 25; Berger/Luckmann 1979). Diese Vorstellung trifft jedoch heute auf ein öffentliches Bewusstsein, das gekennzeichnet ist durch Unverständnis und Abneigung gegenüber Institutionen. Der aktuelle Defizienzbefund heißt: drohender Sinnkenntnisverlust im Hinblick auf die Welt unserer Institutionen (Guggenberger 1985, 495), u.a. als die Folge eines Einsichtsverlusts, weniger in das *wie* als vielmehr in das *was* und *warum* politischer Institutionen. Eine politische Kultur aber, „welche um Voraussetzung, Sinn und Wert von Institutionen nicht mehr weiß, vermag auch Konsistenz und Kontinuität dieser Institutionen nicht zu verbürgen" (ebenda, 496). Institutionenkundliches Lernen im Politikunterricht hat daher die Aufgabe, Schülerinnen und Schülern zu verdeutlichen, dass Institutionen Sinn konstituieren, dass sie in einer Idee gründen und dass die faktische Ausgestaltung und das Agieren einer Institution an ihrer Idee gemessen werden kann (Gagel 1989, 83).

Nach Sinn von Institutionen fragen

*Die Frage nach dem Sinn von Institutionen ist für den Politikunterricht entscheidend.* Dies bedeutet nicht, dass Fragen nach dem Aufbau und nach der Funktion der Institutionen vernachlässigt werden sollen. Im Gegenteil, durch sie hindurch wird die Sinnfrage erst möglich. Aber bis zu ihr, als der wichtigsten Frage einer wirklich politischen Institutionenkunde, muss der Unterricht vordringen (vgl. Sutor 1990, 325).

2. Das zweite Ergebnis sozialwissenschaftlicher Institutionentheorie ist die Erkenntnis, dass Institutionen, wie auch immer objektiviert, von Menschen gemacht sind und deshalb neu von

ihnen gemacht werden können. Institutionen dienen der Interessenbefriedigung und der Interessendurchsetzung.

Nach Interessen- und Herrschaftscharakter von Institutionen fragen

Daraus folgt: Institutionen lassen sich unter dem Gesichtspunkt von Interessen analysieren (Greven 1983, 519). Auch demokratische Institutionen, Regeln und Verfahrensweisen besitzen immer einen Interessenaspekt. „Politische Institutionen sind so etwas wie historisch geronnene Interessen. Politische Institutionalisierung ist somit ein gar nicht gering einzuschätzendes Mittel und Instrument gesellschaftlicher Interessenverwirklichung" (Rohe 1994, 39). Wenn Institutionen die auf „Dauer gestellte Befriedigung von Interessen" (Bernhard Willms) sind, und wenn Institutionalisierung als Prozess der Interessendurchsetzung analysiert werden kann, dann ist dies, angesichts des unvermeidlich partiellen Charakters jeglichen Interesses in geschichtlichen Gesellschaften, in der Regel ein konflikthafter Prozess der Konstitutionalisierung durch Herrschaft. Institutionen haben also neben dem Interessenaspekt immer auch einen Herrschaftsaspekt. Ihre empirische Analyse ist Grundlage jeglicher Institutionenkritik.

Institutionenkundliches Lernen im Politikunterricht muss daher auch den Interessen- und Herrschaftscharakter von Institutionen in den Blick nehmen. Erst dann ist die Frage berechtigt und sinnvoll, „ob und wo und warum vorhandene Institutionen nicht mehr ausreichen, reformiert, weiterentwickelt, durch neue ergänzt werden müssen" (Sutor 1990, 326).

Zusammenhang mit politischen Prozessen und politischen Inhalten beachten

3. In der neueren politikwissenschaftlichen Diskussion werden politische Institutionen (polity), politische Prozesse (politics) und Politikinhalte (policies) als korrespondierende Konzepte begriffen und in ihrer wechselseitigen Abhängigkeit und in ihrem Spannungsverhältnis zueinander definiert und analysiert (Scharpf 1985, 164). Institutionenkundliches Lernen lässt sich letztlich nur rechtfertigen, wenn es gelingt, auch im Unterricht die politischen Institutionen als Teil der polity-Dimension in Beziehung zu setzen zu den politischen Prozessen (politics) und zu den Politikinhalten (policies) (Gagel 1989, 390; Deichmann 1999, 239).

Zusammenfassend lassen sich als Ergebnis der sozialwissenschaftlichen institutionentheoretischen Diskussion drei inhaltliche Anforderungen an „institutionenkundliches Lernen" im Politikunterricht formulieren:

1. Institutionenkundliches Lernen muss nach dem Sinn von Institutionen fragen. „Wenn wir nicht wissen, was Institutionen geistig zusammenhält, wissen wir nichts über sie" (Bernd Guggenberger).
2. Institutionenkundliches Lernen muss nach dem Interessen- und Herrschaftscharakter von Institutionen fragen. Dies ist die Grundlage jeglicher Institutionenkritik.
3. Institutionenkundliches Lernen muss politische Institutionen in Zusammenhang mit politischen Prozessen und Politikinhalten beschreiben und analysieren. Nur so lässt sich die Komplexität politischer Wirklichkeit angemessen erfassen und vermitteln.

Damit ist jedoch das eigentliche politikdidaktische Problem „institutionenkundlichen Lernens" noch nicht angesprochen. Institutionen sind und bleiben in der Regel abstrakt und alltagsfern. Sie lassen sich nicht unvermittelt in die kognitive Struktur junger Menschen integrieren. „Deshalb wird es für die politische Bildung darauf ankommen, Wege aufzuzeigen, wie die Zusammenhänge lebensweltlicher Subjektivität und politisch-institutioneller Objektivität aufgeklärt und transparent gemacht werden können" (Sarcinelli 1991, 50).

Bezug zur Lebenswelt aufzeigen

## 3. Prinzipien didaktischer Erschließung

Vier *miteinander verknüpfte* Prinzipien didaktischer Erschließung bieten sich dabei an: *Erfahrungsorientierung, Problemorientierung, Binnenorientierung und Handlungsorientierung* (Sarcinelli 1991, 50; Sarcinelli 1993, 455; Massing 1995a, 8 ff.; Deichmann 1999, 234).

Erfahrungsorientierung

*Erfahrungsorientierung:* Dieses Prinzip hat zum Ziel, Lernprozesse zu initiieren, die eine Brücke schlagen zwischen Alltagswelt und Politik (Gagel 1989).

Dabei sind zwei prinzipiell unterschiedliche Zugangsweisen vorstellbar: eine subjektbezogene und eine objektbezogene.

Beim subjektbezogenen Zugang knüpft der Unterricht unmittelbar an den Alltagserfahrungen der Jugendlichen an, hebt diese ins Bewusstsein und versetzt dann die Schülerinnen und Schüler in eine aufgabenhaltige Situation im Zusammenhang mit gesellschaftlichen und/oder politischen Institutionen. Der Brückenschlag von der „Mikro- zur Makrowelt" erfolgt also im Wesentlichen über Institutionen (Grammes 1995).

Der objektbezogene Zugang geht den umgekehrten Weg. Er setzt auf der Ebene der zentralen politischen Institutionen an. Die didaktische Aufgabe besteht darin, die Bedeutung politischer Institutionen für die Lebenswelt in den Erfahrungshorizont der Schülerinnen und Schüler hereinzuholen, ihnen ihre „Betroffenheit" durch Institutionen bewusst zu machen und sie dazu zu befähigen, politische Institutionen trotz Abstraktheit und Ferne zu „verstehen" (vgl. auch Deichmann 1996; 1999, 233).

Problemorientierung

*Problemorientierung:* Institutionen können nicht *an sich* Gegenstand des Politikunterrichts sein. Damit aus ihnen ein Bildungsinhalt wird, bedarf es eines politischen Problems. Ein problemorientierter Zugang lässt sich über die Analyse wichtiger politischer Kontroversen gewinnen. Dabei können exemplarisch an Hand politischer Entscheidungsprozesse Strukturen und Funktionen politischer Institutionen erschlossen, die Frage nach ihrem Sinn, nach ihrem Interessen- und Herrschaftsgehalt beantwortet sowie die Verknüpfungen, Vernetzungen und Abhängigkeiten der Institutionen von den prozessualen und inhaltlichen Dimensionen des Politischen analysiert werden. Problemorientierung lässt sich dabei sowohl aus der Akteursperspektive, d.h. aus der Perspektive der politisch Handelnden, als auch aus der Betroffenen-Perspektive, d.h. aus der Perspektive der Adressaten von Politik verstehen.

Binnenorientierung

*Binnenorientierung:* Damit ist ein Zugang zu den Institutionen gemeint, der vor allem über die Akteursperspektive führt und in dessen Mittelpunkt die Auseinandersetzung mit deren Handeln sowie die Analyse ihrer Einstellungen, Interessen und Motive im Spannungsfeld von Handlungsspielräumen und institutionellen Zwängen steht. Schülerinnen und Schüler können damit u.a. über direkte Begegnungen, über Fallbeispiele oder über simulative Methoden in Kontakt gebracht werden (vgl. Grammes 1994, 183).

*Handlungsorientierung:* Dieses Prinzip beinhaltet im Bezug auf die Institutionen eine Reihe von Aspekten. Inhaltlich meint Handlungsorientierung die institutionelle Praxis, das Handeln der Institutionen und das Handeln in den Institutionen. Als Ziel politische Bildung heißt Handlungsorientierung die Fähigkeit von Schülerinnen und Schülern, sich die Institutionen selbst zu erschließen und drittens bedeutet Handlungsorientierung den Einsatz schüleraktivierender Methoden. Handlungsorientierung

Abschließend lässt sich festhalten: Institutionenfrei ist Politikunterricht nicht zu haben. Politikunterricht, der Verständnis für Politik wecken und Einsichten in politische Zusammenhänge ermöglichen will, kann dies nur über die Einbeziehung und ausdrückliche Thematisierung von gesellschaftlichen und politischen Institutionen. Institutionenkundliches Lernen verlangt die Anstrengung des Begriffs, der Analyse, der kategorialen Durchdringung, der Abstraktion und nicht zuletzt der methodischen Vielfalt.

## 4. Ein Beispiel: das Bundesverfassungsgericht

Diese Überlegungen sollen kurz am Beispiel des Bundesverfassungsgerichts verdeutlicht werden. Damit gerät eine zentrale Institution unseres politischen Systems in den Blick, die in jüngster Zeit zunehmend in die Kritik geraten ist und die auch von daher für den Politikunterricht interessant sein dürfte.

In der Institution Bundesverfassungsgericht konkretisiert sich im Wesentlichen *die Idee des Grundrechtestaats.* Damit ist gemeint, dass der Einzelne gegenüber dem Staat natürliche, d.h. vorstaatliche Rechte, insbesondere Freiheitsrechte besitzt, in die der Staat nicht oder nur unter genau beschriebenen Bedingungen eingreifen darf. Grundrechte sind Rechte, die nicht vom Staat erteilt werden, sondern die dem Staat selbst noch zugrunde liegen. Sie stecken einen gesellschaftlichen Teilbereich ab, innerhalb dessen Idee des Grundrechtestaats jede staatliche Tätigkeit unter dem „Vorbehalt des Gesetzes“ steht. Darüber hinaus wird dem Gesetzgeber selbst verboten, Gesetze zu erlassen, die den Wesensgehalt dieser Grundrechte antasten. Die Verwirklichung *der Idee eines Grundrechtestaats* erfordert eine Institution wie die des Bundesverfassungsgerichts, das allein die Kompetenz besitzt, darüber zu entscheiden, ob die in der Verfassung gesetzten Grenzen eingehalten werden.

Für die Behandlung des Bundesverfassungsgerichts im Politikunterricht ist es daher grundlegend, neben Struktur und Funktion des Verfassungsgerichts diese Idee zu klären, ihre theoretischen Wurzeln und ihre historischen Voraussetzungen, durch die die Verfassungsgerichtsbarkeit „in reinster Form und in umfassender Weise in einer westlichen Demokratie verwirklicht ist“ (Laufer).

Verhältnis von Recht und Politik

Der Herrschafts- und Interessencharakter des Bundesverfassungsgerichts spiegelt sich auf einer allgemeinen Ebene in der Frage nach dem Verhältnis von Recht und Politik. Sind damit zwei prinzipiell (in ihrem Wesen) verschiedene Handlungssysteme gemeint, oder ist Recht nichts anderes als geronnene Politik? Wird durch den Versuch jeder politisch wirksamen Macht, ihre politischen und gesellschaftlichen Vorstellungen in geltendes Recht umzugießen, Recht zum Zweck und zum Produkt von Politik? Ist jede Rechtsordnung auch Ausdruck gesellschaftlicher Macht- und Herrschaftsverhältnisse sowie bestimmter Interessen und Werte? Inwieweit enthüllt sich in der Verfassungsgerichtsbarkeit, die den Aufbau des Staates berührt und den politischen Prozess in erheblichen Ausmaß kraft letztinstanzlicher Entscheidung reguliert, der grundsätzlich politische Charakter des Rechts?

Auf der konkreten Ebene lässt sich jede Entscheidung des Bundesverfassungsgerichts danach befragen, welche Interessen darin stärker, welche weniger stark und welche überhaupt nicht berücksichtigt sind, oder welche Konsequenzen die jeweilige Entscheidung für die Machtverteilung in der Gesellschaft hat. So führte z.B. das Urteil des BVG über Auslandseinsätze der Bundeswehr zu einem Machtgewinn des Parlaments.

Am Beispiel dieser Institution kann auch die Komplexität des Politischen im Spannungsverhältnis der Dimensionen „polity, politics, policy“ verdeutlicht werden. Zum einen beeinflusst das BVG als „Akteur“ den politischen Willensbildungs- und Entscheidungsprozess, zum anderen stellt sich die Frage, welche Konsequenzen die zunehmende Auflösung politischer Beziehungen in Rechtsbeziehungen und die Verlagerung parlamentarisch vermittelter Entscheidungen auf das Bundesverfassungsgericht für den politischen Prozess hat.

Anwendung der Prinzipien didaktischer Erschließung

Die vier Prinzipien didaktischer Erschließung können am Beispiel des Bundesverfassungsgerichts ebenfalls angewendet werden. Versucht der Politikunterricht die Institution und ihr Handeln über ihre jeweiligen Entscheidungen zu erschließen, so lassen sich allein in jüngster Zeit an den Urteilen zum § 218, zu den Auslandseinsätzen der Bundeswehr, zur Kruzifixpflicht in bayerischen Schulen oder zum NPD-Verbot Erfahrungsorientierung und Problemorientierung miteinander verknüpfen. Aus der Analyse der jeweiligen Urteile und ihrer Begründungen, aus dem Vergleich der Mehrheitsentscheidung mit den Minderheitsvoten sowie aus der Konfrontation mit der besonderen Methode der Entscheidungsfindung ergibt sich eine Binnenorientierung, in deren Mittelpunkt das Handeln der Akteure (Richter) steht, ihre Spielräume und ihre Grenzen zwischen Recht und Politik. Die Binnenorientierung eröffnet gleichzeitig die Möglichkeit der Handlungsorientierung im Unterricht etwa über Rollenspiele oder Planspiele, in deren Mittelpunkt z.B. der Prozess der Entscheidungsfindung des Gerichts steht.

Allerdings müssten hier Lehrerinnen und Lehrer, wie bei Institutionen überhaupt, die spezifischen schüleraktivierenden Methoden, die auf konkreten politischen (rechtlichen) Kontroversen beruhen, erst entwickeln, da gerade im Zusammenhang mit politischen Institutionen ausgearbeitete und schon erprobte Methoden kaum existieren.

## Literatur

Berger, Peter L./Luckmann, Thomas 1979: Die gesellschaftliche Konstruktion der Wirklichkeit. Frankfurt/M.

Claußen, Bernhard 1988: Institutionenkundliche Aspekte sozialen und politischen Lernens. Reflexionen zum subjektiven Faktor in herrschaftskritischer Absicht. In: Luthardt, Wolfgang/Waschkuhn, Arno (Hrsg.): Politik und Repräsentation. Marburg 1988, S. 79-105

Czada, Roland 2002: Institutionen/Institutionentheoretische Ansätze. In: Nohlen, Dieter/Schultze, Rainer-Olaf: Lexikon der Politikwissenschaft, 2. Bde. München, S. 354-359

Deichmann, Carl 1979: Politische Institutionen und Bürgeralltag. In: Gegenwartskunde SH, S. 105-136

Deichmann, Carl 1996: Mehrdimensionale Institutionenkunde in der politischen Bildung. Schwalbach/Ts.

Deichmann, Carl 1999: Institutionenkunde. In: Mickel, Wolfgang (Hrsg.): Handbuch zur politischen Bildung. Bonn, S. 231-236

Gagel, Walter 1989: Renaissance der Institutionenkunde? Didaktische Ansätze zur Integration von Institutionenkundlichem in den politischen Unterricht. In: Gegenwartskunde, H. 3, S. 387-418

Gille, Martina/Krüger Winfried (Hrsg.) 2000: Unzufriedene Demokraten. Politische Orientierungen der 16- bis 29-Jährigen im vereinigten Deutschland. Opladen

Göhler, Gerhard (Hrsg.) 1987: Grundfragen der Theorie politischer Institutionen. Opladen

Grammes, Tilman 1994: Institutionenbewußtsein und Institutionendidaktik, Willensbildungsprozesse in Institutionen und ihre Erscheinungsformen in Alltagsbewußtsein und Schule. In: Sarcinelli, Ulrich (Hrsg.): Öffentlichkeitsarbeit des Parlaments, Politikvermittlung zwischen Public Relations und Parlamentsdidaktik. Baden Baden, S. 170-192

Grammes, Tilman 1995: Brücken von der Mikro- zur Makrowelt. In: Massing/Weißeno, S. 133-159

Greven, Michael Th. 1983: Institutionelle Aspekte. In: Hartwich, Hans-Hermann (Hrsg.): Gesellschaftliche Probleme als Anstoß und Folge von Politik. Opladen, S. 510-525

Guggenberger, Bernd 1985: Parlamentarische Parteiendemokratie, Bürokratie und Justiz. Aspekte der Theorie und Praxis politischer Institutionen in der Bundesrepublik. In: Fetscher, Iring/Münkler, Herfried (Hrsg.): Politikwissenschaft. Begriffe – Analysen – Theorien. Ein Grundkurs. Reinbek bei Hamburg, S. 494-544

Massing, Peter 1979: Interesse und Konsensus. Zur Rekonstruktion normativ-kritischer Elemente neopluralistischer Demokratietheorie. Opladen

Massing, Peter 1995: Wege zum Politischen. In: Massing/Weißeno, S. 61-98

Massing, Peter 1995a: Parlamentarismus. In: Wochenschau-Methodik, H. 5

Massing, Peter/Weißeno, Georg (Hrsg.) 1995: Politik als Kern politischer Bildung. Wege zur Überwindung unpolitischen Politikunterrichts. Opladen

Massing, Peter 1999: Institutionenkunde. In: Weißeno, Georg/Richter Dagmar (Hrsg.) Lexikon der politischen Bildung, Bd. 1. Didaktik und Schule. Schwalbach/Ts., S. 111-114

Raschke, Joachim 1975: Zur Revision der Institutionenkunde. In: Gegenwartskunde, H. 3, S. 269-288

Rohe, Karl 1994: Politik. Begriffe und Wirklichkeiten. 2. Aufl., Stuttgart/Berlin/Köln

Rothe, Klaus 1993: Schüler und Politik. Opladen

Sarcinelli, Ulrich 1991: Politische Institutionen, Politikwissenschaft und politische Bildung. Überlegungen zu einem „aufgeklärten Institutionalismus". In: Aus Politik und Zeitgeschichte, B 50, S. 41-53

Sarcinelli, Ulrich 1993: Parlamentsbesuche: Wege und Hindernisse bei der Auseinandersetzung mit der parlamentarischen Wirklichkeit. In: Gegenwartskunde, H. 4, S. 449-459

Scharpf, Fritz 1985: Plädoyer für einen aufgeklärten Institutionalismus. In: Hartwich, Hans-Hermann: Policy-Forschung in der Bundesrepublik. Ihr Selbstverständnis und ihr Verhältnis zu den Grundfragen der Politikwissenschaft. Opladen, S. 164-170

Sutor, Bernhard 1990: Institutionen und politische Ethik: Über den Zusammenhang zweier vernachlässigter Aufgaben politischer Bildung. In: Mols, Manfred u.a. (Hrsg.): Normative und institutionelle Ordnungsprobleme des modernen Staates. Festschrift zum 65. Geburtstag von Manfred Hättich. Paderborn/München/Wien/Zürich, S. 311-327

Weißeno, Georg 1995: Welche Wege zum Politischen werden Referendaren in der Ausbildung vermittelt? In: Massing/Weißeno, S. 27-60

*Heinrich Oberreuter*

# Rechtserziehung

## 1. Einleitung

In jedem menschlichen Zusammenleben, jeder Gesellschaft und jedem politischen System gibt es Vorstellungen darüber, was recht und unrecht ist. Danach bestimmen sich Verhaltensweisen und Regeln des Zusammenlebens, die allgemein akzeptiert, erforderlich und zumutbar erscheinen. Nach so unterschiedlichen Denkern wie Hobbes und Kant schuldet das Individuum dem sozialen Verband, dem es zugehört, jenes Verhalten, das es auch sich selbst gegenüber erwartet. Die Idee eines verbindlichen Normenkonsensus, auf welchen sich letztlich auch die politisch-soziale Ordnung stützt, steht im politischen Denken in unauflösbarem Zusammenhang zur Vergesellschaftung des Individuums überhaupt.

Normen und Vergesellschaftung gehören zusammen

Für das, was recht ist, gibt es Normen von unterschiedlich einlösbarer Verbindlichkeit. Soziale Normen begründen im Alltag eine Fülle von Verhaltensvorschriften oder -erwartungen. Da ihre Einlösung stark auf Konvention und Interaktion beruht, ist ihre Einhaltung nicht verlässlich. Dagegen ist die Verbindlichkeit von Rechtsnormen mit Sanktionen bewehrt, um sie nötigenfalls gegenüber allen Mitgliedern der Gesellschaft zur Wahrung der Ordnung und des inneren Friedens durchzusetzen. Für die Verbindlichkeit von Rechtsnormen gibt es so gut wie keine Spielräume. Denn „die Wirkung des Rechts liegt in seiner Vollstreckung" (Kempfler 2003, 214).

## 2. Soziale Normen, Rechts- und Gerechtigkeitsgefühl

Recht erschöpft sich nicht in Rechtsnormen

Die gesellschaftlichen Vorstellungen von dem, was recht ist, erschöpfen sich in den Rechtsnormen nicht. Diese sind von sozialen Normen (die Verhaltensmuster anbieten, Erwartungssicherheit herstellen und Integration ermöglichen (Kempfler 2003,

212 f.)) und von Rechts- und Gerechtigkeitsgefühl umlagert. Die staatliche Rechtsordnung verdichtet nur einen Teil dieser Vorstellungen zu Vorschriften, solange sie auf ein freiheitliches Gesellschaftsprinzip verpflichtet bleibt, welches die Autonomie von Individuen und Gesellschaft nicht über das notwendige, Zusammenleben, Rechtssicherheit und soziale Chancengleichheit gewährleistende Maß einschränkt. Unter dieser Voraussetzung unterliegt keineswegs das gesamte gesellschaftliche Leben verbindlichen Rechtsnormen. Diktaturen charakterisieren sich dagegen durch enorme Fülle, Dichte und Reichweite von Vorschriften, die letztlich eine Identität des gesamten gesellschaftlichen Rahmens mit dem Bereich der sanktionsbewehrten, politisch durchgesetzten allgemeinen Verbindlichkeiten anstreben (bislang freilich nie gänzlich erreicht haben). Damit entfällt die Unterscheidung von öffentlich und privat, Staat und Gesellschaft, Vereinbarung (soziale Normen) und Verpflichtung (Rechtsnormen). Der freiheitliche Rechtsstaat beruht jedoch auf der Unterscheidbarkeit und der spannungsreichen Koexistenz dieser Bereiche.

## 3. Prämissen, Moral- und Ethikprinzipien

Rechtsnormen entspringen nicht willkürlicher Setzung

Aus dem eingangs erwähnten Zusammenhang zwischen Gesellschaftsbildung und Ordnungskonsens in politiktheoretischen Ansätzen ergibt sich, dass Rechtsnormen in aller Regel nicht willkürlichen und abstrakten Setzungen entspringen. Sie sind Folgerungen aus anthropologischen Prämissen, Moral- und Ethikprinzipien sowie aus auf beide bezogenen Vorstellungen über eine angemessene politische Ordnung. In jeder Rechtsordnung drücken sich die jeweils dominierenden Werte aus. Im Nationalsozialismus diente das Recht der Erfassung des Einzelnen als Teil der Volksgemeinschaft, der Durchsetzung des Rassismus und der Führerdiktatur, bis es schließlich gänzlich durch Führerbefehle ersetzbar wurde. Die sozialistischen Systeme erfassten das Individuum als Teil des Kollektivs, begriffen das Recht als parteiisches Instrument des Klassenkampfes und der Parteidiktatur, bis schließlich das Politbüro faktisch zur obersten rechtssetzenden Instanz wurde.

Die Demokratie geht von der Freiheit der Person, der Pluralität der Gesellschaft und einer Rechts- und Herrschaftsordnung aus, welche die zum Zusammenleben und zur Entscheidungsfindung notwendigen allgemeinen Verbindlichkeiten und die schlechthin systemtypischen Individualitäts- und Pluralitätsansprüche auszubalancieren sucht. Spannungsfreie Perfektion wird sie dabei nicht erreichen können. Doch entscheidender bleiben die einer Rechtsordnung zugrunde liegenden normativen Prinzipien, die zugleich deren unverwechselbare und differenzierende Kriterien sind. Wertvorstellungen liegen der Rechtsordnung voraus. Grundwerte sind z.B. das Fundament von Grundrechten.

Recht besitzt nicht nur formalen Charakter

Gänzlich irrig ist daher die Auffassung, das Recht besitze lediglich formalen Charakter, und die Befassung mit ihm gehöre nicht zum zentralen Gegenstandsbereich politischer Bildung. Vielmehr verfehlt diese Ansicht durch Rechtsfremdheit ihren zentralen Gegenstand: die politische Ordnung. Zu illustrieren ist dies besonders am Beispiel des Verhältnisses von Recht und Politik nach dem Grundgesetz der BRD. Das dort normierte System hat das Bundesverfassungsgericht als „wertgebundene Ordnung" definiert. Aufgrund geschichtlicher Erfahrung (Wertrelativismus der Weimarer Republik, Wertvernichtung durch den Nationalsozialismus) sind die wichtigsten, Humanität in Staat und Gesellschaft stiftenden Prinzipien auf Dauer gestellt und jeder Änderung entzogen.

Politik ist dem Grundgesetz unterworfen

Aufgrund des Vorrangs der Verfassung kann kein Gesetz sich zu ihr in Gegensatz stellen. Die Politik ist dem Grundgesetz unterworfen. Sie kann sich nicht unter Berufung auf die Volkssouveränität darüber hinwegsetzen. Notfalls ist sie vom Verfassungsgericht in die Schranken zu weisen. D.h., über dem sich im Mehrheitsentscheid zum Ausdruck bringenden Volkswillen steht die Bindung an fundamentale Wert- und Rechtsgrundsätze, die nicht erst der Staat in Geltung setzt. Sie sind vielmehr vorausgesetzt, politischer Verfügung entzogen und sollen dauerhaft verpflichtend wirken. Ins Grundgesetz sind sie ausdrücklich aufgenommen worden – Menschenwürde, Freiheit, Recht auf Leben –, wodurch sie einen zusätzlichen Geltungsgrund besitzen, wodurch aber vor allem dessen verfassungspolitisches Programm gekennzeichnet wird.

Nachgeordnetes Recht bleibt an diese Vorgaben gebunden. Es kann durch verfassungsgerichtliche Normenkontrolle daraufhin überprüft werden. Dadurch soll die normative Orientierung der gesamten Rechtsordnung gewährleistet werden.

## 4. Zum Verständnis des Rechtssystems

Aus diesen rechtsgültigen Prinzipien ergeben sich für ein angemessenes Verständnis des Rechtssystems einige Präzisierungen:

Recht ist kein Instrument der Herrschenden

a) Recht ist kein Instrument der „Herrschenden" (ganz abgesehen davon, dass es sich im demokratischen Staat nicht um autoritäre Obrigkeit, sondern um vom Volk legitimierte Herrschaftsträger handeln würde). Vielmehr bewegen wir uns in einem Staat, der auf der Herrschaft des Rechts beruht. Die entscheidende Frage ist nicht: Wer (z.B. welche politische Gruppierung) setzt das Recht? Sondern: Beherrschen die das Recht bindenden normativen Grundsätze Rechtssetzung und Rechtspraxis?

Grundwerte und sozialer Wandel

b) Die verfassungsrechtliche Ewigkeitsgarantie grundlegender normativer Bindungen für die Rechtsordnung unterliegt im sozialen Wandel durchaus nicht der Gefahr, anachronistisch zu werden, solange nicht der Konsens über die genannten Grundwerte verfällt. Doch sobald Freiheit, Menschenwürde, Pluralität ihre Geltung verlieren, verliert sich auch die Idee einer menschengemäßen Rechtsordnung in einem Unrechtsstaat. Solange sie gelten, schafft sozialer Wandel Anpassungsprobleme, im Wesentlichen im nachrangigen Gesetzesrecht. Solche Anpassungen fordern zu der Überlegung heraus, wie unter den gegebenen Umständen die optimalen Lösungen im Detail gefunden werden können. Zumindest der Idee nach wirken die grundlegenden Rechtsüberlegungen steuernd auf den sozialen Wandel ein: Humane Gesellschaft und Demokratie sollen ja nicht mehr zur Disposition stehen. Doch auch in der Praxis wird die Autorität dieser Orientierungen keineswegs preisgegeben. Das Bundesverfassungsgericht hat z.B. die Abtreibung nicht freigegeben, sondern nur in ethisch begründeten Ausnahmefällen und im Rahmen einer gesetzlichen Regelung, die sich grundsätzlich am Gebot des Lebensschutzes orientiert, straffrei gestellt und damit grundsätzlich die rechtsethischen Maximen verteidigt. Angesichts der Allgemeinheit dieser orientierenden Grundsätze(-werte) bleiben im Detail fast immer unterschiedliche Lösungsansätze möglich und folglich die Frage legitim, warum eine Alternative sich durchgesetzt hat und ob nicht auch eine andere angemessen(er) sein könnte. Insoweit steht das Recht auch immer im Streit der Politik und der Interessen. Es entwickelt sich dynamisch. Unterbunden werden sollen lediglich Entwicklungen *gegen* die das Rechtssystem strukturierenden Werte: im Beispielsfall also Alternativen, die sich nicht primär am Schutz des Lebens orientieren.

Recht ist ein dynamisches System

c) Das Recht gibt der dynamischen gesellschaftlichen Entwicklung Form. Es unterliegt dieser Entwicklung aber auch seinerseits und ist selbst ein dynamisches, wenn auch in seinen wesentlichen Grundsätzen sich selbst erhaltendes System. Konservativ ist es lediglich in bezug auf jene Fundamente, die den Grundkonsens über politisches und gesellschaftliches Zusammenleben stiften und ohnehin nicht willkürlich politischer Veränderung preisgegeben sein sollen nach dem Weimarer Motto, dass jede beliebige Mehrheit sie verrücken dürfe. Insoweit ist die in den 1970er-Jahren in der didaktischen Diskussion vielfach bezogene Position unhaltbar, die Beschäftigung politischer Bildung mit dem Recht sei grundsätzlich konservativ. Vielmehr weist sie auf „Chancen für Veränderungen" (Sandmann 1975, 102) und auf die in jedem politischen System anzutreffende Spannung zwischen Wandel und Konstanz hin.

## 5. Bedeutung von Rechtsfragen

Normen müssen Freiheit und Ordnung stiften

Politische Bildung kann Rechtsfragen schon deswegen nicht ausklammern, weil das Recht den Menschen im Alltag wie eine zweite Haut umgibt: Die Entfaltungsfreiheit der Person muss gewährleistet, zugleich aber auch sozial-verträglich geregelt sein. Folglich müssen Normen Freiheit und Ordnung stiften. Der Normbedarf nimmt zu, je mehr das Individuum Daseinsvorsorge von öffentlichen Systemen erwartet und Anspruch auf Leistungen erhebt. Auch diese dürfen nicht wirklich zugewiesen, sie müssen rechtlich verlässlich geregelt sein. Recht entlastet zunächst durch Rechtssicherheit. Es setzt verbindliche Verhaltensmaßstäbe und vermeidet die – Schwächere immer benachteiligende – Notwendigkeit für den Einzelnen, sich „sein Recht" selbst zu nehmen, woraus Willkür statt Verlässlichkeit entsteht.

Konfliktregelung und Konfliktvermeidung

Gemeinhin wird Recht definiert als Instrument zur Konfliktregelung. Dem voraus liegt aber schon seine Funktion der Konfliktvermeidung durch Fixierung von Regeln, deren allgemeine Beachtung den Rechtsfrieden gewährleisten würde, etwa von der Straßenverkehrsordnung über das Privatrecht bis hin zum Strafrecht. Stets ist es zunächst Zweck der Normen, störungsfreies Zusammenleben zu ermöglichen, sodann erst Störungen zu regeln und letztendlich durch Sanktionen zu beenden. Immer geht es darum, dass der einzelne zu seinem Recht kommt, jedoch nicht auf Kosten der Rechtsgemeinschaft. Das gilt für immaterielle Güter (z.B. innerer Friede) wie für materielle (z.B. Sozialleistungen), und es gilt auch im Verhältnis von Bürger und Staat: Recht beschränkt die Staatsmacht, begrenzt die Mehrheitsherrschaft und schützt die Minderheit sowie deren Chance, selbst Mehrheit zu werden. Rechtsstaatliche Sanktionsgewalt – bis hin zum Monopol legitimer Gewaltanwendung – besteht nicht zum Zweck obrigkeitlicher Machtentfaltung, sondern zum Schutz der im Rechtsfrieden verharrenden Rechtsgenossen vor friedensstörenden Rechtsbrechern. Im Übrigen unterliegt die Recht- und Verhältnismäßigkeit entsprechenden staatlichen Handelns selbst gerichtlicher Überprüfung.

Im privaten wie im öffentlichen Leben umgibt und begrenzt die Rechtsordnung nicht nur permanent den Bürger. Ihr Funktionieren liegt vielmehr offensichtlich auch im Interesse seiner Entfaltungschancen. Gelegentlich können Rechtsnormen auch im Wesentlichen substituierenden Charakter besitzen, solange z.B. im privatrechtlichen Bereich internalisierte Normen wirken (z.B. Familie), die rechtliche Verfasstheit folglich nachrangig bleibt und erst dann Bedeutung gewinnt, wenn Privatpersonen sich nicht (mehr) einigen können und zur Schlichtung einen autorisierten neutralen Dritten benötigen (Reinhardt 1986, 8).

## 6. Rechtserziehung

Rechtserziehung und Rechtskunde besitzen in Deutschland eine seit der Rechts- und Moralpädagogik der Aufklärung währende Tradition, die sich zwar gelegentlich ethischen Fragen zuwandte, sich aber vor allem in der ersten Hälfte des 20. Jahrhunderts besonders als „Kunde" begriff, aber doch auch die Vermittlung „staatsbürgerlicher Gesinnung" nicht vergaß (Deimling 1989).

Identifikation mit politischem System

Rechtserziehung wurde stets auch zur Identifikation mit dem politischen System in Anspruch genommen (gut dokumentiert bei Adamski 1986). Akzeptabel erscheint dieser Ansatz, insoweit die Orientierung des Rechts an den Prinzipien der freiheitlich-demokratischen Grundordnung unzweifelhaft ist (Kempfler 2003, 215). Folglich muss auch Rechtserziehung zu kritischer Unterscheidung befähigen (Wathling 1999, 218) und politische Urteilsfähigkeit befördern (GPJE 2004, 11, 19, 21 f., 25).

Rechtserziehung ist Wertevermittlung

Zuallererst ist Rechtserziehung Wertvermittlung (Limbeck/Johannkemper 1998, 123 f.) und muss im Wesentlichen in die hier skizzierten grundlegenden Zusammenhänge einführen und sie transparent machen. Der Einzelne sollte die politische Funktion des Rechts für sich selbst und die Rechtsgemeinschaft erkennen und beurteilen können. Er sollte die Fähigkeit gewinnen, den Rechtsstaat nicht als formale, sondern auf Gerechtigkeit und die Verwirklichung fundamentaler ethischer Maximen verpflichtete Ordnung zu verstehen. Begreifen und nach kritischer Prüfung der Alternativen akzeptieren sollte er diese Maximen selbst als Grundlagen eines humanen Gemeinwesens. Bewusst gemacht werden sollte schließlich die Rechtsunterworfenheit des Politischen und die dafür notwendige Unabhängigkeit der (Verfassungs-) Gerichtsbarkeit als Dritte Gewalt. Da das Recht selbst ein kritischer Maßstab ist, sollte Rechtserziehung auch einen Beitrag dazu leisten, diesen Maßstab an die Realität anlegen zu können.

Rechtserziehung kann kein verkleinertes Abbild der Rechtswissenschaft und ihrer Systematik (Perschel 1988, 577 ff.) und sollte auch nicht bloß Rechtskunde zur Bewältigung typischer Alltagsprobleme (z.B. wie ein Kaufvertrag zustande kommt) sein. Doch scheint es durchaus möglich, anhand solcher Rechtsfälle (z.B. Jugendstrafrecht, Jugendschutz, Familienrecht, Eigentums- und Vertragsrecht) psychologische und gesellschaftliche Hintergründe wie auch die zugrunde liegenden Rechtsgrundsätze zu verdeutlichen (Mickel 1995, 765), nach ihren historischen und gesellschaftlichen Bedingtheiten, nach potenziellen leistungsfähigen Alternativen sowie nach eventuellen Kollisionen mit den weiter gespannten rechtsphilosophischen Grundlagen des Gemeinwesens zu fragen. Jedenfalls wäre es verfehlt, ihr hauptsächlich nur präventiven Charakter zuzuschreiben.

Rechtsfälle aus dem Alltagsleben

Auf der Basis der Erkenntnis des Rechts als eines kulturellen Wertes sollte Rechtserziehung auf verantwortliches Handeln im Rahmen der Rechtsordnung vorbereiten und befähigen – in Kenntnis ihrer Spielräume, Entfaltungsmöglichkeiten und Begrenzungen (Hadding 1998, 188 f.). Damit ist Rechtserziehung ein wesentlicher Teil politischer Bildung. Sie kann nicht gegen diese in Stellung gebracht werden. Aber ebenso wenig kann sie politische Bildung ersetzen.

## Literatur

Adamski, Heiner (Hrsg.) 1986: Politische Bildung – Recht und Erziehung. Quellentexte zur Rechtskunde und Rechtserziehung von der Weimarer Republik bis zur Gegenwart. 2 Bde. München

Breit, Gotthard (Hrsg.) 1995: Die Bedeutung des Grundgesetzes für die politische Bildung. In: Politische Bildung Bd. 2/1995. Schwalbach/Ts.

Deimling, Gerhard 1989: Erziehung und Recht, Köln

Demokratie und Recht 1982: (Red. W. Eltrich), Schriftenreihe der Bundeszentrale für politische Bildung, Bd. 179. Bonn

Gesellschaft für Politikdidaktik und politische Jugend- und Erwachsenenbildung (Hrsg.) 2004: Nationale Bildungsstandards für den Fachunterricht in der politischen Bildung an Schulen. Ein Entwurf. Schwalbach/Ts.

Hadding, Walther 1998: Zur Lage des Rechtsunterrichts an Schulen und zu den Bedürfnissen. In: Salje Peter (Hrsg.): Recht – Rechtstatsachen – Technik. Hamburg, S. 175-205

Hesse, Konrad 1999: Grundzüge des Verfassungsrechts der Bundesrepublik Deutschland, 20. Aufl. Karlsruhe

Kempfler, Klaus Friedrich 2003: Rechtsbewusstsein und Rechtserziehung als Elemente politischer Bildung. In: Die neue Ordnung (57. Jg.), Nr. 3, S. 212-222

Limbeck, Bernhard/Johannkemper, Rüdiger 1998: Wertevermittlung durch Rechtsunterricht. In: Gauger, Jörg-Dieter (Hrsg.): Sinnvermittlung, Orientierung, Werte-Erziehung. St. Augustin

Mickel, Wolfgang W. 1995: Rechtserziehung als Teil der politischen Bildung. In: GEP 12/1995, S. 763 ff.

Perschel, Wolfgang 1988: Rechtswissenschaft. In: Mickel, Wolfgang W./Zitzlaff, Dietrich (Hrsg.): Handbuch zur politischen Bildung. Opladen, S. 577 ff.

Reinhardt, Sybille 1986: Stundenblätter. Der Fall Christian. Fallstudie zum Familienrecht für die Klassen 8-10. Stuttgart

Sandmann, Fritz 1975: Didaktik der Rechtskunde. Paderborn

Sutor, Bernhard 1976: Grundgesetz und politische Bildung. Mainz

Wathling, Ursula 1999: Rechtsdidaktik. In: Richter, Dagmar/Weißeno Georg (Hrsg): Didaktik und Schule (Lexikon der politischen Bildung, Bd. 1). Schwalbach/Ts.

*Reinhold Hedtke*

# Ökonomisches Lernen

In den vergangenen Jahren ist das Verhältnis von politischer und ökonomischer Bildung in Bewegung geraten. Seit Mitte der 1990er-Jahre hat die Forderung, ökonomische Bildung in allen allgemein bildenden Schulen zu verankern und zu stärken, bildungspolitisch starke Resonanz gefunden. Mehr und besseres ökonomisches Lernen wird vor allem mit sechs Typen von Argumenten begründet:

Verstärkte Forderung nach ökonomischem Lernen

- Das private Leben, die Gesellschaft und die Politik seien so stark von der Wirtschaft durchdrungen und abhängig wie nie zuvor, deshalb brauche die Wirtschaftsbürgerin ebenso wie die Bürgerin ökonomische Bildung.
- Der Realitätsbereich Wirtschaft sei besonders differenziert und höchst komplex, ihn zu verstehen verlange deshalb besondere Aufwendungen.
- Die Soziale Marktwirtschaft sei auf Verstehen, Verständnis und Gestaltungswillen der Wirtschaftsbürgerinnen angewiesen, was eine Aufgabe ökonomischen Lernens sei.
- Die Wettbewerbsfähigkeit der deutschen Wirtschaft im Zeitalter der Globalisierung verlange ein fundiertes ökonomisches Wissen aller Bürgerinnen.
- Zur Bewältigung der Wirtschaftskrisen brauche man mehr Selbstständigkeit und Unternehmergeist.
- Ökonomisches Lernen komme in Fächern wie Politik, Sozialkunde, Geschichte oder Geographie notwendigerweise und systematisch zu kurz.

Wirtschaft als Unterrichtsfach oder -prinzip

In den letzten Jahren diskutierten Wirtschafts- und Politikdidaktikerinnen darüber, ob ein eigenständiges Fach Wirtschaftslehre einzuführen sei oder ob ökonomisches Lernen gut in der politischen Bildung aufgehoben sei (vgl. Hedtke 2000b). Zentrales Ziel war es, ein Fach Wirtschaft am Gymnasium zu verankern (Kaminski 1999), integrative Konzepte wie der Lernbereich Arbeitslehre oder das Integrationsfach Sozialwissenschaften wurden dagegen als gescheitert erklärt. Heute ist der Slogan „Wirtschaft in die Schule!" breit akzeptiert und vielfältig in die Bildungspraxis umgesetzt: Man hat ökonomische Lerninhalte ausgeweitet, Fächer umbenannt, z.B. von Politik in Politik/Wirtschaft, umfangreiche Lehrerfortbildungen betrieben, Projekte und Modellversuche durchgeführt, etwa Praxiskontakte oder Betriebs- und Wirtschaftspraktika an Gymnasien.

Demgegenüber sind die beruflichen, insbesondere die kaufmännischen Schulen ein traditionsreicher Ort schulischen ökonomischen Lernens; dazu kann man auch die Wirtschaftsgymnasien rechnen. Gewerbliche Berufsschulen haben meist je ein Fach für die politische und die ökonomische (Allgemein-)Bildung, z.B. Sozialkunde und Allgemeine Wirtschaftslehre.

Ökonomisches Lernen außerhalb der Schule

Außerhalb der schulischen Bildung spielt ökonomisches Lernen im Sinne einer kaufmännischen Bildung vor allem in der institutionalisierten beruflichen Fort- und Weiterbildung eine wichtige Rolle. Daneben existiert die Tradition der gewerkschaftlichen Bildung, die Betriebs- und Vertrauensleuten auch volks- und betriebswirtschaftliches Wissen für die Interessenvertretung vermittelt. In der Bewegung der Globalisierungskritikerinnen hat ökonomisches Lernen als Kapitalismus- und Neoliberalismusanalyse einen prominenten Platz. In den beiden zuletzt genannten Feldern ist ökonomische Bildung politische Bildung, sie soll zu wirksamen politischen Interventionen befähigen.

Im Folgenden konzentriere ich mich vor allem auf den schulischen und allgemein bildenden Bereich. Ich diskutiere zunächst die Nähe ökonomischen und politischen Lernens und dann besondere Merkmale ökonomischen Lernens und fachdidaktische Konzeptionen.

## Ökonomisches und politisches Lernen

Bildungsziele und -prinzipien

Konzeptionen ökonomischen Lernens orientieren sich grundsätzlich an denselben Bildungszielen und -prinzipien wie solche politischen Lernens. Zu den vorherrschenden allgemeinen *Zielen* gehören vor allem Mündigkeit, Urteilsfähigkeit, Handlungsfähigkeit und Partizipation. Ein Leitbild in der Wirtschaftsdidaktik ist die mündige, urteilsfähige und politisch interventionsfähige Wirtschaftsbürgerin (Kruber 2000 und 2001). Zu den Kriterien politischer Urteilsbildung zählt nicht nur Legitimität, sondern auch Effizienz – ein ökonomisches Kriterium.

Unter den gemeinsamen *Prinzipien* finden sich – mit unterschiedlichen Akzenten und Gewichten – Teilnehmer-, Situations-, Problem- und Wissenschaftsorientierung, Perspektivenwechsel, Exemplarizität und auch Kontroversität. Hinter einem Prinzip wie „Situationsorientierung" stehen gemeinsame *und* unterschiedliche Situationen (meist ausgewählt nach der gewohnten Einteilung der Wirklichkeit in die Bereiche Politik oder Wirtschaft), z.B. Situationstypen wie Bundestagswahl oder Berufswahl.

Inhaltsfelder

Bei den *Inhaltsfeldern* zeigt sich ein breiter gemeinsamer Kern von politischem und ökonomischem Lernen. Dazu gehören der gesamte Bereich der Wirtschaftspolitik einschließlich der Grundfrage nach politischer Steuerung und Steuerbarkeit, die Gesellschafts- und Wirtschaftsordnung sowie Politikfelder wie Arbeitsmarkt-, Gesundheits-, Renten- oder Umweltpolitik, und schließlich generell die ökonomische Dimension aller Politikfelder und die politische Dimension aller Felder ökonomischen Handelns. Je mehr die Inhaltsfelder ökonomischen Lernens mikroökonomisch und betriebswirtschaftlich geprägt sind, um so größer ist die Distanz zu herkömmlichen Inhalten politischen Lernens; aber selbst dann bleiben wichtige gemeinsame Bereiche wie Arbeitsbeziehungen, Arbeitsrecht, Mitbestimmung, Erwerbsarbeit oder Konsum. Je mehr politisches Lernen einer sozialwissenschaftlichen Konzeption folgt, umso größer sind die Gemeinsamkeiten mit ökonomischem Lernen.

Methoden

Auch bei den *Methoden* unterscheidet sich ökonomisches Lernen theoretisch und praktisch kaum von politischem Lernen, beide greifen weitestgehend auf denselben Bestand an fachdidaktischen Lehr-Lern-Methoden und sozialwissenschaftlichen Methoden zurück (Weber 1995; vgl. Kaiser/Kaminski 1999, Hedtke 2000a). Sie unterscheiden sich darin, wie nachdrücklich und wie häufig sie einzelne Methoden empfehlen oder anwenden. Bei den Lehr-Lern-Methoden besteht das gemeinsame Repertoire beispielsweise aus Fallstudie, Planspiel, Pro-Contra-Diskussion, Rollenspiel oder Szenario. Beide nutzen sozialwissenschaftliche Methoden wie z.B. Befragung, Simulationsmodell oder Statistikanalyse. Quantitative Modelle und Simulationen, Kreislaufanalyse, Lernbüro und Betriebspraktikum erscheinen als „typische" Methoden ökonomischen Lernens, werden aber auch in der politischen Bildung genutzt, etwa für Inhalte wie Wahlforschung, demographische Entwicklung oder ökologische Weltmodelle; selbst das Betriebspraktikum gehört(e) zu den Methoden der politischen Bildung (vgl. Winkelmann 2003).

Wie kann man angesichts dieser Gemeinsamkeiten ökonomisches Lernen von politischem unterscheiden?

## 1. Charakteristika ökonomischen Lernens

Zu dieser Frage findet man vier, analytisch unterscheidbare Typen von Antworten; sie begründen das Spezifikum ökonomischen Lernens disziplinär, sektoral, institutional oder paradigmatisch. In der Literatur werden diese Typen meist gemischt.

Bezug auf Wirtschaftswissenschaften

Man kann ökonomisches Lernen erstens auf die *Bezugswissenschaft(en)* Wirtschaftswissenschaften ausrichten (heute vorwiegend auf die Volkswirtschaftslehre und weniger auf die Betriebswirtschaftslehre); Politikwissenschaft und Soziologie erhalten eine Nebenrolle. Hierhin gehören vor allem die Ansätze einer *kategorialen* ökonomischen Bildung, die volkswirtschaftliche Leitkategorien wie Knappheit, Rationalität, Dilemma, Risiko und Kreislauf in das Zentrum ökonomischen Lernens stellen. Dies ist ein *disziplinärer* Unterscheidungsversuch, der ökonomisches Lernen als die Aneignung von wirtschaftswissenschaftlichen Wissensbeständen begreift, die die Wirtschaftsdidaktik als lernbedeutsam ausgewählt hat.

Realitätsbereich „Wirtschaft"

Ökonomisches Lernen kann man zweitens auch auf den gesellschaftlichen *Realitätsbereich* „Wirtschaft" beziehen, etwa im Unterschied zu den Wirklichkeitsräumen „Politik" oder „Gesellschaft" für politisches oder soziales Lernen. Diese Realitätsbereiche lassen sich aber – wenn überhaupt – nur mit Hilfe disziplinärer Erklärungsansätze abgrenzen. Zu den bereichsbezogenen Ansätzen zählt etwa das Konzept der Qualifizierung für ökonomisch geprägte *Lebenssituationen* wie Berufswahl, Erwerbstätigkeit oder Konsum. Auch die Spezifizierung anhand ökonomischer im Unterschied zu politischen *Rollen*, z.B. Erwerbstätiger, Konsument, Anleger, gehört hierher. So gesehen ist ökonomisches Lernen die Aneignung von *sektoral* und *situativ* definierten ökonomischen Wissensbeständen.

Rahmenbedingungen und Kernbereich ökonomischen Handelns

Eine weitere Differenz betrifft die Frage, was als *Rahmenbedingung* und was als *Kernbereich* ökonomischen (oder politischen) Handelns betrachtet werden soll. Ökonomisches Lernen kann Gesellschaft und Politik als Quelle von Rahmenbedingungen für ökonomisches Handeln behandeln, die als Restriktionen – etwa in Form von Eigentumsrechten, Steuersätzen oder Produkthaftungsvorschriften – ökonomische Aktivitäten, Strukturen und Probleme beeinflussen, z.B. Marktkonzentration, Steuerflucht oder den Abschluss von Haftpflichtversicherungen. Der ökonomische Kern und die Frage, wie er durch den Rahmen geprägt wird, stehen im Mittelpunkt ökonomischen Lernens. Ein Beispiel ist der Versuch, die Wirtschafts- und Gesellschaftsordnung der Sozialen Marktwirtschaft in Deutschland zum Bezugsrahmen ökonomischer Bildung zu machen und deren Ziele und Inhalte daraus zu entwickeln. Man kann diesen Spezifikationsversuch als *institutionalistisch* bezeichnen.

Erkenntnisweise ökonomischen Lernens

Schließlich kann man ökonomisches Lernen durch eine zentrale *Erkenntnisweise* charakterisieren, die sich als universales Analyseinstrument nutzen lässt. Traditionell angeführt werden hier die mathematisch-quantitative Modellbildung und das Modell des rationalen, eigennützigen Kosten-Nutzen-Kalküls des homo oeconomicus. Mehrheitlich sieht die Wirtschaftsdidaktik heute in dem Paradigma der *Ökonomischen Verhaltenstheorie* die zentrale Erkenntnisweise ökonomischen Lernens. Hier wird ökonomisches Lernen *paradigmatisch* als die Aneignung und Anwendung einer bestimmten ökonomischen Denkweise spezifiziert.

## 2. Konzeptionen für ökonomisches Lernen

Derzeit prägen vier wirtschaftsdidaktische Grundansätze das Feld des ökonomischen Lernens: der kategoriale, der handlungstheoretische, der institutionalistische und der lebenssituative Ansatz (Weber 2001; vgl. zum Folgenden Hedtke 2002). Analytisch ist die Trennschärfe zwischen den Ansätzen größer als in der Literatur. Die ersten drei Ansätze haben einen stark wirtschaftspolitischen Akzent.

### Der kategorial-wirtschaftspolitische Ansatz

Klaus-Peter Kruber (1997, 2000 und 2001) ist ein Vertreter des kategorialen Ansatzes ökonomischen Lernens. Als Ziele ökonomischer Bildung bestimmt er das Verstehen der Marktwirtschaft sowie der makroökonomischen und wirtschaftspolitischen Zusammenhänge. Sein Leitbild ist die mündige Wirtschaftsbürgerin, die wirtschaftspolitisch denken und handeln und in ökonomischen Lebenssituationen entscheiden und handeln kann. Sein Konzept betont die (wirtschafts-)politische Perspektive.

Wirtschaftswissenschaftliche Kategorien

Grundstrukturen ökonomischen Denkens sind für Kruber die ökonomische Verhaltenstheorie, der (wirtschafts-)ordnungspolitische Rahmen sowie die Komplexität von Wirkungszusammenhängen. Das Problem der Stoffauswahl soll ein Gefüge von wirtschaftswissenschaftlichen Kategorien – Denkweisen, Theorien, Methoden – lösen. Diese Kategorien sollen das Strukturelle, Typische und Prinzipielle des Wirklichkeitsbereiches Wirtschaft erfassen und konkretisieren: Knappheit, Kosten/Nutzen, Arbeitsteilung, Organisation/Marktkoordination, Wirtschaftskreislauf, Interdependenz, Zielkonflikt, Wandel/Instabilität, Externalitäten/Ungleichheit, Staatseingriff, Interessenkonflikte, Wertbezug, Wirtschaftsordnung, Gestaltung, Legitimierung.

Diese Kategorien beschreiben nach Kruber Strukturmerkmale des Wirtschaftlichen, bilden die Leitziele des Wirtschaftsunterrichts und dienen als Denkinstrumente für die Erschließung der Realität. Für ökonomisches Lernen werden die Inhalte ausgewählt, die zukunftsbedeutsam für die Lernenden und exemplarisch für ökonomische Zusammenhänge, für Grundsätze der

Wirtschaftsordnung, für Zusammenhänge von Wirtschaft und Politik sowie für Grundfragen der Wirtschaftsethik sind.

In einer Demokratie sei Wirtschaftspolitik ein wichtiges Feld ökonomischen Lernens. Kruber verlangt, wirtschaftspolitisches Denken müsse stets eine ökonomische, politische und normative Dimension haben und die Grenzen zwischen Ökonomie und Politik überschreiten. Die moderne Institutionenökonomik, die er in seinen Ansatz einbringt, besinne sich auf die gemeinsamen Ursprünge von Wirtschaftswissenschaft und Politikwissenschaft und bilde so die Basis für einen integrierten sozialwissenschaftlichen Ansatz.

**Der handlungstheoretische Ansatz**

Bekannte Vertreter des handlungstheoretischen Ansatzes, der die Ökonomische Verhaltenstheorie zu *dem* ökonomischen Denkmuster *an sich* erklärt, sind Gerd-Jan Krol (2001) und Jan Karpe (Karpe/Krol 1999). Diese Theorie erklärt und prognostiziert Muster und Verkettungen von Handlungen – und deren beabsichtigte und unbeabsichtigte Folgen –, indem sie sie auf Normen und Institutionen (Anreize, Restriktionen) zurückführt und nicht auf die Motive der Handelnden. Diese ändern ihr Verhalten nur dann, wenn sich die für sie relevanten Anreize oder Restriktionen ändern. Beispielsweise verbessert sich das Umweltverhalten, wenn eine umweltschädliche Handlung wie das Autofahren relativ „teurer" wird, auch indirekt, indem eine umweltfreundliche Alternative wie Bahnfahren relativ „billiger" wird.

Verhaltensänderung durch Änderung von Rahmenbedingungen

Diese Theorie gründet auf den Annahmen eigennützigen und rationalen Handelns, stabiler Präferenzen der Individuen und veränderlicher Handlungsbedingungen (Restriktionen), so dass man Verhaltensänderungen allein mit Änderungen der Rahmenbedingungen erklären kann (Anreizsteuerung). Weitere Merkmale sind der methodologische Individualismus (alle Sozialphänomene werden auf individuelles Handeln zurückgeführt) und die Typisierung als Methode (Analyse des Verhaltens eines durchschnittlichen, repräsentativen Typus von Individuum, um das Verhalten großer Gruppen zu erklären, z.B. von Konsumenten).

Anders als ihr Name suggeriert, beschränkt sich Ökonomische Verhaltenstheorie weder auf „ökonomische" Handlungen noch auf den Wirklichkeitsbereich „Wirtschaft". Vielmehr will sie nahezu alle menschlichen Handlungen und Handlungsmuster in allen Lebensbereichen prognostizieren, z.B. Politik, Familie, Partnerschaft und Kultur. Dann allerdings lassen sich ökonomisches und nicht-ökonomisches Handeln nicht mehr sinnvoll unterscheiden.

Die ökonomische Verhaltenstheorie sehen Karpe und Krol als den Kern ökonomischer Bildung, da sie besonders fruchtbar sei, um soziale Dilemmata zu verstehen, die die typischen Krisen moderner Gesellschaften verursachen, und sie zu überwinden. Stark vereinfacht sind soziale Dilemmata gesellschaftliche Probleme, die dadurch entstehen, dass die eigennützigen individuellen Handlungen (die grundsätzlich erwünscht sind) auf Grund der strukturellen Bedingungen, unter denen sie stattfinden, zur kollektiven Selbstschädigung führen. Schäden durch die Übernutzung von Umweltgütern, für die kein Preis gezahlt werden muss, sind ein typisches Beispiel dafür, etwa Luftverschmutzung und ihre Folgen auf Grund von preiswerten Flügen. Die zentrale politische Einsicht lautet, dass man die Anreize und Institutionen ändern muss, will man das Handeln der Individuen ändern.

Ökonomisches Lernen hat vor diesem Hintergrund drei Hauptaufgaben. Es muss die Ökonomische Verhaltenstheorie sowie die – damit verbundene – Einsicht in die Funktionsweise und Relevanz von Restriktionen und Institutionen vermitteln und die Bereitschaft fördern, sich politisch für die optimale Gestaltung verhaltenssteuernder Institutionen einzusetzen.

**Der institutionalistische Ansatz**

Steuerung individuellen Verhaltens durch Institutionen

Ökonomische Institutionentheorien fragen nach optimalen Institutionen, die u.a. das individuelle Verhalten besonders effizient in eine gesellschaftlich oder politisch gewünschte Richtung steuern. Sie betrachten Institutionen als gesellschaftliche Spielregeln, die die Kosten von Handlungsalternativen bestimmen, aber auch als Institution Kosten verursachen, z.B. um die Einhaltung der Regeln zu überwachen. In letzter Zeit orientieren sich Teile der Wirtschaftsdidaktik verstärkt an der Neuen Institutionenökonomik (und blenden dabei andere ökonomische Theorieansätze aus). Dieser *neo-institutionalistische* Ansatz der Wirtschaftsdidaktik gibt der politischen Wahl und Ausgestaltung von wirksamen und kostengünstigen Institutionen einen hohen Stellenwert und ökonomischem Lernen dadurch einen stark politischen Akzent.

Einen politischen Fokus hat auch der *ordo-institutionalistische* Ansatz ökonomischen Lernens. Er wählt die Soziale Marktwirtschaft in Deutschland als seinen fachdidaktischen Bezugsrahmen, um daraus die Struktur des Curriculums und Inhalte ökonomischen Orientierungswissens zu entwickeln. Hans Jürgen Schlösser (2001) sieht das didaktische Zentrum ökonomischen Lernens in der Erschließung der Funktionsweise der Sozialen Marktwirtschaft und der ökonomischen Zusammenhänge innerhalb dieses Rahmens. Hans Kaminski (2001) gibt ökonomischer Bildung zusätzlich die Aufgabe, eine grundsätzliche Akzeptanz für die existierende deutsche Wirtschaftsordnung herzustellen, fordert aber auch ihre Kritik und Weiterentwicklung; ähnlich plädieren auch wirtschaftsdidaktische Neo-Institutionalisten für institutionelles Vertrauen. Diese Position steht Strömungen in der Politikdidaktik nahe, die – auf das politische System bezogen – ein ähnliches Ziel der Akzeptanzsicherung verfolgen.

Auch die Inhalte des institutionalistischen Ansatzes überschneiden sich zum Teil mit denen politischer Bildung; auf dem Programm stehen etwa Rechtsordnung, Wirtschaftsordnung und Wirtschaftsverfassung, soziale Sicherung, Globalisierung, Weltwirtschaftsordnung, Regulierung, Interessenverbände, wirtschaftspolitische Gesamtkonzeptionen, wirtschaftliche Integrationsprozesse und Global Governance.

**Der lebenssituative Ansatz**

Bewältigung ökonomisch geprägter Lebenssituationen

Aus Sicht des Lebenssituationsansatzes soll ökonomische Bildung die individuelle Gestaltung wirtschaftlich geprägter Lebenssituationen, die immer gesellschaftlich eingebettet und geprägt sind, unterstützen und Emanzipation und Verantwortung der Lernenden sowie deren Partizipation an der Verbesserung von gesellschaftlichen Strukturen und sozialen Beziehungen fördern (vgl. zum Folgenden Steinmann 1997, der das ursprüngliche Konzept zusammen mit Dietmar Ochs entwickelte). Lebenssituationen sind sich wiederholende Beziehungen zwischen Menschen; Entscheidungssysteme, Normen, Traditionen und Organisationen beeinflussen sie. Wenn wirtschaftswissenschaftliches Wissen hilft, diese Situationen zu bewältigen, heißen sie ökonomisch geprägt; dies sind Lebenssituationen im Zusammenhang von Einkommens- und Güterentstehung und deren Verteilung.

Ökonomisches Lernen soll für die Bewältigung und Gestaltung ökonomisch geprägter Lebenssituationen qualifizieren. Im Zentrum steht dabei die Bedürfnisbefriedigung, ihre Gefährdung und Verbesserung. Zu den typischen Lebenssituationen zählen Berufswahl, Berufsbildung und Berufswechsel, Stellung im Unternehmen und am Arbeitsplatz, Arbeitseinkommen und Sozialeinkommen sowie Kauf, Freizeit, Sparen, Versichern, Vorsorgen und Vermögensbildung, Steuern zahlen und die Nutzung öffentlicher Güter.

Es liegt auf der Hand, dass alle diese Situationen auch gesellschaftlich und politisch geprägt sind. Steinmann will deshalb ökonomische Bildung in eine interdisziplinäre Gesellschaftslehre einbetten, da ein ökonomisch-fachspezifisches Konzept allein unzulänglich sei. Damit stellt er sich gegen die wirtschaftsdidaktisch herrschende Auffassung, die die Besonderheiten ökonomischen Lernens und seine Abgrenzung hervorhebt.

Politik- und Wirtschaftsdidaktik müssen kommunizieren

Politisches und ökonomisches Lernen voneinander zu isolieren macht wenig Sinn. Ob allerdings ein integrativer sozialwissenschaftlicher Ansatz ökonomischen Lernens Erfolg verspricht, muss hier offen bleiben. Für Wirtschaftsdidaktik und Politikdidaktik wäre es aber bereits ein großer Erfolg, wenn sie sich wechselseitig beobachten, miteinander kommunizieren und beginnen, Kooperationsgewinne zu realisieren.

## Literatur

Hedtke, Reinhold 2000a (Hrsg.): Unterrichtsmethoden in sozialwissenschaftlichen Fächern. <http://www.sowi-online.de/methoden/methoden.htm> 1.8.2003

Hedtke, Reinhold 2000b (Hrsg.): Ökonomische und politische Bildung. <http://www.sowi-online.de/reader/oekonomie/index.htm> 29.7.2000

Hedtke, Reinhold 2002: Wirtschaft und Politik. Über die fragwürdige Trennung von ökonomischer und politischer Bildung. Schwalbach/Ts.

Hedtke, Reinhold 2004: Wirtschaftsdidaktik in Wissensgesellschaften. In: Schlösser, Hans Jürgen (Hrsg.): Anforderungen der Wissensgesellschaft. Informationstechnologien und Neue Medien als Herausforderungen für die Wirtschaftsdidaktik. Bergisch Gladbach, S. 131-164

Kaiser, Franz-Josef/Kaminski, Hans 1999: Methodik des Ökonomie-Unterrichts. Grundlagen eines handlungsorientierten Lernkonzepts mit Beispielen, 3. Aufl. Bad Heilbrunn

Kaminski, Hans 1999: Ökonomische Bildung im Gymnasium. In: Krol/Kruber, S. 183-207

Kaminski, Hans 2001: Zum Verhältnis von Fachwissenschaft und Fachdidaktik in der ökonomischen Bildung. Aspekte von Interdisziplinarität aus der Sicht der Ökonomik. In: Unterricht Wirtschaft. Teil 1: Nr. 8, 49-55, Teil 2: Nr. 9 (2002), S. 60-68

Kaminski, Hans 1994: Der Gegenstandsbereich der ökonomischen Bildung. Anmerkungen zur Bestimmung von Inhalten und Zielen zur ökonomischen Bildung. Teil 1 u. 2. In: arbeiten+lernen/Wirtschaft Nr. 14, 7-13, Nr. 15, S. 4-8

Karpe, Jan/Krol, Gerd-Jan 1999: Funktionsbedingungen moderner Gesellschaften und Neue Institutionenökonomik als Herausforderungen für die ökonomische Bildung. In: Krol/Kruber, S. 21-48

Krol, Gerd-Jan 2001: „Ökonomische Bildung“ ohne „Ökonomik“? Zur Bildungsrelevanz des ökonomischen Denkansatzes. In: sowi-onlinejournal Nr. 1. <http://www.sowi-onlinejournal.de/2001-1/krol.htm> 1.7.2001

Krol, Gerd-Jan/Kruber, Klaus-Peter 1999 (Hrsg.): Die Marktwirtschaft an der Schwelle zum 21. Jahrhundert. Neue Aufgaben für die ökonomische Bildung? Bergisch Gladbach

Kruber, Klaus-Peter 1997: Stoffstrukturen und didaktische Kategorien zur Gegenstandsbestimmung ökonomischer Bildung. In: ders., S. 55-74

Kruber, Klaus-Peter 1997a (Hrsg.): Konzeptionelle Ansätze ökonomischer Bildung. Bergisch Gladbach

Kruber, Klaus-Peter 2000: Kategoriale Wirtschaftsdidaktik. Der Zugang zur ökonomischen Bildung. In: Hedtke 2000b, <http://www.sowi-online.de/forum/oekonomie/kruber.htm> 27.2.2001

Kruber, Klaus-Peter 2001: Wirtschaftspolitische Bildung im Lernfeld politische Bildung. In: sowi-onlinejournal Nr. 2. <http:www.sowi-onlinejournal.de/wirtschaftspolitische_bildung_kruber.htm> 11.11.2001

Schlösser, Hans Jürgen 2001: Ökonomische Bildung, Wirtschaftsdidaktik, Wirtschaftswissenschaft. In: sowi-onlinejournal Nr. 2. <http://www.sowi-onlinejournal.de/2001-2/oekonomische_bildung_schloesser.htm> 11.11.2001

Steinmann, Bodo 1997: Das Konzept „Qualifizierung für Lebenssituationen" im Rahmen der ökonomischen Bildung heute. In: Kruber, S. 1-22

Weber, Birgit 1995: Handlungsorientierte Methoden. In: Steinmann, Bodo/Weber, Birgit (Hrsg.): Handlungsorientierte Methoden in der Ökonomie. Neusäß, S. 17-45. Online unter <http://www.sowi-online.de/methoden/dokumente/weberho.htm> 7.3.2001

Weber, Birgit 2001: Stand ökonomischer Bildung und Zukunftsaufgaben. In: sowi-onlinejournal Nr. 2. <http://www.sowi-onlinejournal.de/2001-2/zukunftsaufgaben_weber.htm> 11.11.2001

Winkelmann, Ulrike 2003: Das Praktikum. <http://www.sowi-online.de/methoden/lexikon/praktikum-winkelmann.htm> 1.8.2003

*Bernhard Sutor*

# Historisches Lernen als Dimension politischer Bildung

Das Thema wird hier verstanden als Frage nach Ort und Funktion der Geschichte in der politischen Bildung. Darin sind zwei Teilfragen enthalten: die eine nach der angemessenen Berücksichtigung der geschichtlichen Herkunft und Bedingtheit der Gegenstände des Politikunterrichts; die andere nach der Bedeutung historischer Bildung und damit des Geschichtsunterrichts für politische Bildung. Hinzu kommt die Sonderfrage nach dem Verhältnis von Zeitgeschichte und politischer Bildung.

## 1. Exemplarische Zugänge

Politikunterricht kann je nach dem thematischen Zugriff auf seine Gegenstände deren Geschichtlichkeit in unterschiedlicher Weise berücksichtigen. Die wichtigsten davon sollen hier an Beispielen erläutert werden.

### 1.1 Problemanalyse unter geschichtlichem Aspekt

Beispiel: Nahostkonflikt

Nehmen wir als Beispiel den Konflikt zwischen Israel und seinen arabischen Nachbarn, ein permanent aktuelles Problem internationaler Politik unserer Zeit. Eine aktuell politisch ausgerichtete Problemanalyse kann die Strukturen des Konflikts erhellen durch Fragen nach den ihn bedingenden Faktoren sozio-ökonomischer, macht- und sicherheitspolitischer, militärstrategischer und ideologischer Art, die seine Lösung so schwer machen. Aber objektive Faktoren führen zu politischen Konflikten nur, wenn sie in gegensätzlich interpretierte Interessenkonzepte eingehen. Deshalb wird die Tiefenstruktur des Nahost-Konflikts als eines Existenzkampfes zwischen politischen Großgruppen nur verstehbar aus deren Selbstverständnis, das sie aus ihrer erlebten und unterschiedlich gedeuteten Geschichte gewinnen. Im Grunde meldet sich damit die ganze jüdisch-israelische und die islamisch-arabische Geschichte als Thema. Diese kann der Politikunterricht nicht aufarbeiten.

Er kann und muss wohl aber die Genese des gegenwärtigen Konflikts wenigstens seit dem Ersten Weltkrieg orientierend sichtbar machen: Zerfall des Osmanenreiches, Zionismus und jüdische Einwanderung, Palästinapolitik der Mandatsmächte, Vertreibung und Vernichtung des europäischen Judentums durch den Nationalsozialismus, Teilung Palästinas durch die UN und Gründung des Staates Israel, israelisch-arabische Kriege und Verständigungsversuche. Methodisch ist das angesichts der Komplexität der Thematik keine leichte Aufgabe; aber unter Zuhilfenahme des Geschichtsbuchs und geschichtlicher Karten ist die Erarbeitung des notwendigen Orientierungswissens in unterschiedlichen Formen doch möglich.

## 1.2 Strukturanalyse und Selbstverständnis aus der Geschichte

Beispiel: Parteiensystem

Wir nehmen hier als Beispiel das Vorhaben, unsere parlamentarische Parteiendemokratie solle in ihrer Grundstruktur verstehbar gemacht werden. Vordergründig, auf die Gegenwart bezogen wird die Struktur des Parteiensystems erkennbar durch Erhebung und Vergleich von Mitgliederstand, Wählerpotenzial und programmatischer Ausrichtung. Dabei mag das bekannte Links-Rechts-Schema ein orientierendes Hilfsmittel sein, es ist aber seinerseits auf seine geschichtliche Herkunft zusammen mit dem Parteiensystem zu befragen. Die historische Rückfrage kann nicht bei 1945/49 stehen bleiben; die Frage sprengt den Rahmen der Zeitgeschichte. Die Antwort liegt in der Formierung der politischen Kräfte im 19. Jahrhundert in Auseinandersetzung um Nation und Demokratie einerseits, um Industrialisierung und Soziale Frage andererseits. Die Basis unserer Parteienstruktur bildeten über mehr als ein Jahrhundert soziale Milieus, die bis heute nachwirken, auch wenn sie sich allmählich auflösen bzw. von neuen Konfliktlinien und Integrationsmustern überlagert werden.

Didaktisch geht es hier wie bei der Problemanalyse darum, die geschichtliche Genese zur Erklärung politischer Strukturen zu

Hilfe zu nehmen. In diesem Falle ist die Frage jedoch verknüpft mit dem weltanschaulich-politischen Selbstverständnis von Individuen und Gruppen bei uns. Wir haben es keineswegs nur mit objektiven Strukturen zu tun, sondern auch mit Mentalitäten, das heißt mit biografisch und sozial geprägten Einstellungen, die aus milieuspezifischer Verarbeitung geschichtlich-politischer Erfahrungen erwachsen sind und eine gewisse Dauer und Festigkeit aufweisen. Politische Bildung hat nicht die Aufgabe, solche Mentalitäten aufzulösen; sie darf und soll sie allerdings bewusst und damit reflektierbar machen und so das Zusammenleben von Gruppen unterschiedlicher Prägung in einer demokratisch verfassten pluralistischen Gesellschaft erleichtern.

### 1.3 Geschichte als Alternative

Beispiel: Menschenrechte

Wir nehmen hier als Beispiel die Thematik der Menschenrechte. Der Politikunterricht, zumal auf Sekundarstufe I, wird sich darauf konzentrieren, einzelne Menschenrechte beispielhaft in ihrer Bedeutung als Grundrechte für den Bürger zu erörtern, etwa im Konfliktfall mit der Staatsgewalt, mit Behörden, mit den Rechten anderer. Ein tieferdringendes Verständnis der Menschenrechte als vorstaatliche, individuell und universal geltende Rechte der menschlichen Person ist jedoch angewiesen auf die Erschließung ihrer Herkunft und ihrer Durchsetzung seit der Aufklärung, in der amerikanischen Unabhängigkeit, in der Französischen Revolution und in weiteren, mehr oder weniger erfolgreichen konstitutiven Akten bis hin zu den Universalisierungsversuchen im Rahmen der Vereinten Nationen in unserer Zeit.

Gerade die heute aufbrechende Problematik der Universalität der Menschenrechte und ihrer verschiedenartigen Interpretation in unterschiedlichen Kulturkreisen wirft auch die Frage nach geschichtlichen Alternativen auf. Die Eigenart der neuzeitlichen individuellen Menschenrechte wird erst begreifbar vor dem Hintergrund der durch die Revolutionen abgelösten Ständegesellschaft. Indem wir diese begreifen als eine anders begründete und strukturierte Ordnung, wird die unsere in ihrer Eigenart und geschichtlichen Besonderheit verständlicher. Verständlicher wird aber auch, weshalb heute in anderen Kulturkreisen die Ideen von Menschenrechten und Demokratie teils mit Skepsis betrachtet, teils anders interpretiert und teils in kulturell spezifischen Strukturen realisiert werden.

Geschichte stellt uns Alternativen vor Augen und relativiert damit unsere Ordnungsformen und Wertorientierungen. Darin mag man eine Gefahr sehen, aber historische Relativierung ist unumgänglich; sie muss keineswegs zu Wertrelativismus führen, sondern kann mit besserem Verständnis auch eine höhere Wertschätzung vermitteln.

### 1.4 Geschichte als universaler Horizont

Beispiel: Umwelt- und Ökologiefragen

Wir nehmen hier zunächst als Beispiel Umwelt- und Ökologiefragen. Wie der Unterricht Einzelprobleme präzise in Anwendung bekannter didaktischer Modelle kategorial-politischer Analyse bearbeiten kann, ist in didaktischer Literatur vielfach dargestellt. Die tieferdringende Frage, die uns auch hier wiederum in den Horizont der Geschichte führt, wird ausgedrückt in reduzierenden und symbolisierenden Schlagworten wie „Grenzen des Wachstums“ und „Risikogesellschaft“. Denn damit ist angedeutet, dass wir heute, und zwar nicht nur die Industriegesellschaften, sondern die Menschheit insgesamt, vor neuen Problemen stehen, an Grenzen stoßen, die man früher nicht kannte. Darin ist die universalhistorische Frage enthalten, wo wir heute im Prozess der Nutzung der Natur, ihrer Kultivierung und der Entwicklung einer industriell-technisch bestimmten Zivilisation stehen.

Auch hier sind historische Teilschritte und Rückfragen möglich, etwa die Frage nach dem Neuen beim Übergang von der Agrar- zur Industriegesellschaft, von der Bedarfsdeckungs- zur Erwerbswirtschaft und zur Durchsetzung kapitalistischer Wirtschaftsweise. Aber Umweltkrisen, wenn auch nicht im heutigen Ausmaß, gab es auch zuvor. Eben deshalb steht das Grundproblem im universalhistorischen Horizont, unter der Frage nach der Entwicklung der Kulturstufen und Produktionsweisen und nach dem prinzipiellen Verhältnis des Menschen zur Natur und zum Erdraum. Die Frage stellt sich uns heute deshalb neu, weil wir an möglicherweise absolute Grenzen stoßen. Die Ressourcen der Erde sind ebenso begrenzt wie ihre Aufnahmefähigkeit für Abfälle. Deshalb ist auch die Zahl der Menschen begrenzt, die auf und von der Erde leben können, auch wenn wir nicht wissen, wie viele es sein können. Wenn es nicht gelingt, die Sonnenenergie in technisch realisierbarer und ökonomisch tragfähiger Weise zu nutzen, dann ist die Menschheit insgesamt tatsächlich auf das enge „Raumschiff Erde" angewiesen und steht vor der Aufgabe, sich in ihm zu arrangieren.

Weitere Beispiele für universalhistorischen Horizont

Nicht nur die Ökologie- und Entwicklungsproblematik bringt den universalhistorischen Horizont in den Blick. Das gilt vergleichbar für die Fragen nach Weltfrieden und Sicherheit angesichts der Entwicklung der Waffentechniken, der Anfälligkeit weltweit vernetzter industriell-technischer Zivilisation und neuer Bedrohungsmöglichkeiten. Die Welt der heute fast 200 Staaten unterschiedlichster Größe und Potenziale ist voller Spannungen. Sie kann es sich angesichts zunehmender Interdependenz und gemeinsamer Probleme nicht leisten, in die Staatenanarchie früherer Zeiten zurückzufallen oder in einen „Kampf der Kulturen" abzugleiten. Völkerrechtlich ist sie bereits in eine neue Epoche eingetreten, wenn auch in mühsamen kleinen Schritten. Die Frage nach Möglichkeit und Struktur einer künftigen politischen Weltordnung ist gestellt, mit ihr die nach Gemeinsamkeiten und Unterschieden der politisch-kulturellen Räume.

Dementsprechend wurde schon in der Gründungsphase politischer Bildung nach dem Zweiten Weltkrieg die These formuliert: „Wird Politik zur Weltpolitik, so ist die weltgeschichtliche Besinnung ihr notwendiges Korrelat" (Bergsträßer 1963, 36). Für den Geschichtsunterricht wird sie heute variiert als Forderung nach interkultureller Kommunikation in der Spannung zwischen Differenz der Kulturen und friedlicher Konfliktlösung (Rüsen 2002). Was dazu an historischer Bildung nötig ist, ist freilich durch den Politikunterricht nicht zu leisten; er muss sich hier auf Geschichtsunterricht beziehen können.

## 2. Die didaktische Aufgabe: Klärung des geschichtlich-politischen Bewusstseins

Politik- und Geschichtsunterricht überschneiden und unterscheiden sich

Unsere Beispiele haben deutlich gemacht, dass Politik- und Geschichtsunterricht sich nicht nur berühren, sondern überschneiden, inhaltlich wie kategorial. Sie überschneiden sich aber nur teilweise, sie unterscheiden sich auch und können sich deshalb nicht gegenseitig ersetzen, müssen sich vielmehr ergänzen.

Die methodischen Möglichkeiten, im Politikunterricht der geschichtlichen Dimension seiner Gegenstände gerecht zu werden, werden in der oben gewählten Reihenfolge unserer Zugangsweisen immer geringer.

Bei den Thementypen 1.1 und 1.2 genügt in der Regel der rekonstruierende Rückgriff auf Geschichte im Politikunterricht selbst, um die Genese gegenwärtiger Probleme und Strukturen in Grundzügen zu erfassen. Je breiter inhaltlich und tiefer zeitlich man die Rekonstruktion anlegen möchte, umso mehr gerät allerdings Politikunterricht an seine Grenzen und ist auf Geschichtsunterricht angewiesen.

Die unter 1.3 und 1.4 dargestellten Zugänge zur Geschichte können im Politikunterricht nicht hinlänglich erschlossen werden. Sie erfordern die querschnittartige Erarbeitung geschichtlicher Epochen unter bestimmten Fragestellungen mit historischer Methode sowie den schrittweisen Aufbau und die Fundierung einer Gesamtvorstellung der Menschheitsgeschichte und in diesem Rahmen „unserer" Geschichte als Deutsche und Europäer.

Je weiter also die Kategorie der Geschichtlichkeit politischer Probleme gefasst wird, umso weniger genügt der „Sehschlitz" der politischen Aktualität; umso unentbehrlicher wird eigenständige Arbeit des Geschichtsunterrichts mit seiner Perspektive (Formalobjekt): Was bzw. wie ist es gewesen? Der auf das Gewesene und Gewordene blickende Geschichtsunterricht beantwortet andererseits nicht die politische Frage nach dem, was in der gegebenen Situation möglich und wünschenswert ist. Deshalb müssen für politische Bildung Formen der Koordination und der Kooperation der beiden Fächer gefunden werden. Die Diskussion darüber ist so alt wie die über politische Bildung insgesamt; sie kann hier nicht dargestellt werden.

Die intensive Diskussion über Theorie und Didaktik beider Fächer ist zwar kontrovers verlaufen und kennt bis heute vielfältige Positionen. In Folgenden jedoch darf wohl Konsens festgestellt werden:

Geschichte als Reservoir politischer Erfahrungen

- Geschichte bietet ein Reservoir bisheriger politischer Erfahrungen. Politische Institutionen, Strukturen, Deutungs- und Handlungsmuster sind geschichtlich geworden. Gerade deshalb darf aber politische Bildung die Geschichte nicht zum „Steinbruch" degradieren und politisch instrumentalisieren.Das Verstehenspotenzial der Geschichte wird vielmehr für politische Bildung erst fruchtbar, wenn wir Geschichte auch in ihrem Kontrastcharakter zur Gegenwart wahrnehmen und Historie als wissenschaftlich und didaktisch eigenständige Aufklärung der Gegenwart ernst nehmen.

Geschichte als politisch relevantes Fach

- Geschichtsunterricht war und ist immer auch ein politisch relevantes Fach. Seit dem 19. Jahrhundert war er in unterschiedlichen, phasenweise in extremen Formen, das Leitfach staatsbürgerlicher Erziehung. Gegen seine politische Vereinnahmung braucht er wissenschaftlich-didaktische Distanz. Aber er entkommt damit nicht dem „Zirkel" gegenseitiger Abhängigkeit von Gegenwartsbewusstsein und Geschichte. Seine Fragen stammen aus gegenwärtigem und zukunftsbezogenem Erkenntnisinteresse. Wir wollen uns und unsere heutige Welt aus der Geschichte verstehen. Kritische Distanz zu einseitiger Indienstnahme kann der Geschichtsunterricht gewinnen, wenn er den in heutiger Geschichtswissenschaft akzeptierten kategorial-methodischen Pluralismus beachtet, das Neben- und Miteinander sozialwissenschaftlichen Erklärens, geisteswissenschaftlichen Interpretierens und kulturwissenschaftlichen Verstehens.

Phänomen des Geschichtsbewusstseins

Seit längerem hat die Geschichtsdidaktik das Phänomen des Geschichtsbewusstseins in das Zentrum ihrer Überlegungen gerückt und versteht sich selbst als Wissenschaft von Inhalt und Struktur, von Faktoren und Beeinflussungsmöglichkeiten dieses Bewusstseins. Von diesem Ansatz her ist am ehesten auch eine konsensfähige Verbindung zur Didaktik politischer Bildung herzustellen. Er vermeidet nämlich die Einseitigkeiten sowohl traditionalistischer als auch idealistisch-fortschrittlicher Orientierung des Geschichtsunterrichts.

Geschichte ist mehr als Vergangenheit

Der Ausgang der didaktischen Bemühungen vom Phänomen des Geschichtsbewusstseins setzt voraus, dass Geschichte mehr ist als Vergangenheit; Geschichte ist die in der Erinnerung der Menschen wirksame Gegenwart von Vergangenheit. Die Bilder von ihr beeinflussen Gegenwartsverständnis und Zukunftswollen. Wissensoziologisch sind sie „Elemente gesellschaftlicher Konstruktion der Wirklichkeit“ (Jeismann 2000, 13). Weil aber Geschichtsbewusstsein das Verständnis von Gegenwart und die Zukunftserwartungen mitbestimmt, müssen wir, den Gegenstand der Geschichtsdidaktik erweiternd, von geschichtlich-politischem Bewusstsein sprechen. Unser Bewusstsein von den politischen Problemen der Gegenwart und unsere Vorstellungen, Wünsche und Intentionen zu ihrer Lösung sind mit Geschichtsbildern und Geschichtsdeutungen eng verflochten. Geschichtsdeutung beeinflusst politisches Meinen und Wollen, aber dieses bedient sich auch der Geschichte, welche häufig zum Arsenal wird für politische Argumentation und Legitimation. Das gilt individuell wie sozial; auch Großgruppen und politische Verbände leben mit Geschichtsbildern; sie suchen ihre Identität in Auseinandersetzung mit ihrer Vergangenheit, die sie deuten und zugleich als wirksam erfahren. In allen politischen Auseinandersetzungen ist Geschichte anwesend.

Geschichts- und Politikunterricht haben das nicht einfach zu bestätigen, sondern zum Gegenstand gemeinsamer Reflexion und Bearbeitung in Orientierung an ihren Bezugswissenschaften zu machen. Als Gesamtaufgabe ist dies in folgender Formulierung prägnant auf den Begriff gebracht: „Geschichte ist derjenige Zusammenhang zwischen Vergangenheit und Gegenwart, den handelnde Individuen und Gruppen reflektieren müssen, wenn sie ihr Handeln sinnhaft in einer Zukunftsperspektive orientieren wollen“ (Rüsen 1977, 48). Ein Geschichtsunterricht, der diesem Ansatz folgt, zielt auf den reflektierenden Umgang mit Geschichte im Bewusstsein der perspektivischen Bedingtheit und der Relativität historischer Erkenntnis. Er darf und soll von unserem gegenwärtigen Erkenntnisinteresse ausgehen; denn wir fragen nach *unserer* Geschichte. Nur dürfen wir heute dieses „unser“ nicht mehr auf den nationalen Rahmen einengen. Deutsche Geschichte wird heute selbstverständlich im europäischen Zusammenhang gesehen. Zugleich gerät aber unser europäisches Geschichtsbild mit seinen Leitideen von Aufklärung, wissenschaftlich-technischem Fortschritt, Menschenrechten und Demokratie in Auseinandersetzung mit anderen Kulturen und deren Geschichtsbildern. Universale Ideen und kulturspezifische Partikularitäten stehen in Spannung, korrigieren und ergänzen einander (Jeismann 202, 13 ff.). Der Unterricht darf und soll unsere Wertmaßstäbe einbringen, wenn es um Urteilsbildung geht. Er muss aber bewusst machen, dass dies unsere Maßstäbe sind, und er muss zuvor die methodischen Instrumente der Geschichtswissenschaft so weit wie möglich zur objektivierenden Erkenntnis genutzt haben.

Keine Einengung auf nationalen Rahmen

Beschreibung und Analyse des Faktischen, historische Erklärung und Deutung, wertendes Urteilen sind zu unterscheidende Operationen. In diesem Sinn verstanden bleibt historische Aufklärung nicht positivistisch halbiert, sondern dringt vor zu verantwortbarer gegenwartsbezogener Urteilsbildung. Geschichtsunterricht kann angesichts des wissenschaftlichen, kulturellen und gesellschaftlichen Pluralismus kein einheitliches oder gar verbindliches Geschichtsbild vermitteln, auch keine eindeutigen „Lehren aus der Geschichte“ formulieren. Er bringt vielmehr die Pluralität von Erklärungen und Deutungen zur Sprache, unterwirft sie der kritischen Reflexion und trägt so bei zu einem diskursfähigen Geschichtsbewusstsein der gesellschaftlichen Kräfte mit ihren unterschiedlichen politischen Intentionen. Es ist dies das Konzept des Geschichtsunterrichts einer freiheitlich-demokratisch verfassten Gesellschaft, das gerade im Verzicht auf ein verbindliches Geschichtsbild zur politischen Kultur beiträgt, weil es die Multivalenz historischer Deutungen unserer gemeinsamen Geschichte für die Rationalisierung unseres geschichtlich-politischen Bewusstseins fruchtbar macht.

Vermittlung eines einheitlichen Geschichtsbildes ist nicht möglich

Fazit der bisherigen Überlegungen

Aus diesen Überlegungen ergibt sich folgendes Fazit für das historische Lernen im Kontext politischer Bildung:

- Politische Bildung hat zum Ziel die Entwicklung von Partizipationsfähigkeit und -bereitschaft des demokratischen Bürgers durch Entwicklung seiner Fähigkeit zur Analyse politischer Problemfälle/Konflikte, zur Erkenntnis politischer Handlungs- und Entscheidungsmöglichkeiten und zur verantwortlichen politischen Urteilsbildung mit Hilfe begründbarer Maßstäbe. Dazu entwickelt die Didaktik politischer Bildung Kategorien/Frageweisen und Strukturmodelle. Die Geschichtlichkeit unserer gegenwärtigen Konflikte, Probleme und Strukturen ist *eine* dieser Kategorien, und sie ist von besonderem Gewicht.
- Dennoch kann Geschichte nicht mit Hilfe der Anwendung dieser Kategorie im Politikunterricht gleichsam nebenher „miterledigt" werden; dieser „Sehschlitz" ist zu eng.
- Politische Bildung braucht neben dem Politikunterricht das gleich starke zweite Standbein einer eigenständigen Bearbeitung von Geschichte, als Bemühen um historische Ortsbestimmung der Gegenwart und um Klärung unseres geschichtlich-politischen Bewusstseins.

Geschichtlichkeit durchdringt alle Kategorien des Politischen

Man kann dieses Plädoyer für die zwei Pfeiler politischer Bildung auch so begründen: Geschichtlichkeit ist nicht eine Kategorie neben anderen zum Verständnis des Politischen, sie durchdringt vielmehr alle anderen Kategorien; auch diese haben geschichtlichen Charakter. Die heute wirksamen Interessen und ihre Interpretationen, die Ideologien und die sozialen Strukturen, das geltende Recht und die Institutionen, die Machtverhältnisse und schließlich auch unsere normativen Vorstellungen von Legitimität und Zumutbarkeit, von Freiheit, Gerechtigkeit und Frieden sind allesamt geschichtlich geworden und bedürfen deshalb um politischer Bildung willen historischen Verstehens. Geschichte trifft auf unsere Gegenwart nicht gleichsam in einem einzigen Punkt, sondern sie bestimmt diese wie ein breiter Strom, der aus der Vergangenheit auf uns zukommt. Geschichte ist deshalb nicht punktuell von einzelnen Problemen und Konflikten der Gegenwart her angemessen erfassbar. Sie darf deshalb nicht reduziert werden auf die Bearbeitung der Genese heutiger Probleme; vielmehr muss der Geschichtsunterricht didaktisch-kategorial eigenständig strukturiert sein, wenn historische Ortsbestimmung der Gegenwart nicht an einem zu engen Ansatz scheitern soll.

Geschichte darf nicht nur auf Politik bezogen werden

Schließlich muss der Verfechter politischer Bildung im Sinne unserer freiheitlichen Ordnung auch respektieren, dass es neben dem politischen Interesse an der Geschichte auch andere legitime Interessen der Menschen gibt, sich mit ihrer Geschichte zu befassen. Im Blick auf die Schule bedeutet dies, unbeschadet der hier dargestellten engen Beziehung zwischen Geschichts- und Politikunterricht, dass Geschichte auch ihre Bedeutung hat etwa für das Verständnis von Literatur und Kunst, von Philosophie, Religion und christlichem Glauben. Zum Selbstverständnis einer freien Gesellschaft gehört es auch, nicht alles nur unter politischem Aspekt zu sehen oder gar ständig politisieren zu wollen. Insoweit hat Jörn Rüsens neuerliches Plädoyer für ein Recht der Subjektivität in der heute in vielfältiger Weise gepflegten „Geschichtskultur" seine Berechtigung (Rüsen 2002). Vor Flucht in unpolitische Nostalgie und in die Vermarktung beliebiger „Geschichten" sei dennoch gewarnt. Zumal für den Unterricht der öffentlichen Schulen verbieten sich solche Vermeidungsstrategien gegenüber dem Politischen.

## 3. Zeitgeschichte und politische Bildung

Zeitgeschichte verbindet geschichtliches und politisches Bewusstsein

Einen Sonderfall historisch-politischen Lernens stellt die Zeitgeschichte dar. Sie steht für eine besonders hohe Intensität der Verbindung von geschichtlichem und politischem Bewusstsein. Das lässt sich schon aus den Versuchen der Definition und Abgrenzung von Zeitgeschichte erkennen. Hans Rothfels definierte sie zu Beginn der neuen zeitgeschichtlichen Forschungen nach dem Zweiten Weltkrieg als die „Epoche der Mitlebenden und ihre wissenschaftliche Behandlung" (Rothfels 1953, 2). Forschungspraktisch setzte er sie damals gleich mit der Zeit von 1917 bis 1945. Das war zugleich eine für politische Bildung hochbedeutsame Entscheidung, weil damit der Wissenschaft wie dem

Unterricht ein wesentlicher Teil der Aufgabe zugewiesen wurde, die man als „Aufarbeitung der Vergangenheit" bezeichnete. Diese selbst kann hier nicht dargestellt werden.

„Epoche der Mitlebenden verschiebt sich laufend"

Nun verschiebt sich jedoch die „Epoche der Mitlebenden" laufend. Inzwischen sind wir fast 60 Jahre vom Ende des Zweiten Weltkrieges entfernt; zur Zeitgeschichte gehört die Geschichte der Nachkriegszeit, des Kalten Krieges, der Bundesrepublik Deutschland, der DDR, der Deutschlandfrage und ihrer Lösung, darüber hinaus aber auch das Hervortreten und die Globalisierung neuer Probleme (vgl. 1.4). Die Disziplin Zeitgeschichte als historia sui temporis ist dabei, sich thematisch neu zu definieren. Sie nimmt die bisher bei uns vernachlässigte europäische Perspektive auf, aber auch die weltpolitischen Fragen von Kolonialismus und Entkolonialisierung sowie die Herausbildung einer neuen Staaten- und Gesellschaftswelt (vgl. Gehler 2002). Dennoch und trotz zunehmender „Historisierung" wird in Wissenschaft, Didaktik und öffentlicher Diskussion die Notwendigkeit der weiteren Beschäftigung speziell mit der nationalsozialistischen Vergangenheit durchweg betont. Seit dem Zusammenbruch des Kommunismus trat eine zweite Form der „Aufarbeitung von Vergangenheit" hinzu. Gerade hat der 50. Jahrestag des Volksaufstandes vom 17. Juni 1953 in der DDR demonstriert, dass auf diesem Feld in Wissenschaft und politischer Bildung noch wichtige Aufgaben anstehen.

Bezug auf 20. Jahrhundert

Forschungspraktisch erfasst die Zeitgeschichte heute das gesamte 20. Jahrhundert und versucht es zu erklären und zu deuten als das Jahrhundert der Weltkriege und der Weltkrisen, des Kampfes der Ideologien und der Herausbildung der Probleme unserer heutigen Welt. Die Bedeutung historischer Einsichten in diese Zusammenhänge für das Verständnis unserer Gegenwart und damit für politische Bildung bedarf keiner weiteren Begründung.

Hervorgehoben werden muss jedoch die besondere Art der Aufgabe, die im Verständnis von Zeitgeschichte als „Epoche der Mitlebenden" angedeutet ist. Die Mitlebenden sind immer mehrere Generationen und unterschiedliche Gruppen, die ihre geschichtlichen Erfahrungen aus ihrer jeweiligen Perspektive unterschiedlich, vielfach auch in einer politisch bedeutsamen Weise kontrovers deuten. Deutungen von Zeitgeschichte gehen unmittelbar in politisches Urteilen ein, weil uns das Erlebte geprägt hat, noch bewegt und umtreibt. Deshalb ist Zeitgeschichte viel elementarer politisch wirksam als unsere Kenntnis von Vergangenheit, die jenseits unserer unmittelbaren Erinnerung liegt. Zeitgeschichte ist, nach einer bekannten Formulierung von Barbara Tuchmann, Geschichte, „die noch qualmt". Hinzu kommt die perspektivische Verschiebung zwischen den Generationen. Weil sie objektiv Verschiedenes erlebt haben, verarbeiten und deuten sie auch das gemeinsam Erlebte subjektiv unterschiedlich, und es sind unterschiedliche „Schlüsselerlebnisse", die die Deutungsperspektiven der Generationen bestimmen. Aus diesem Phänomen erklären sich manche Schwierigkeiten und auch Defizite, die im Hinblick auf die Auseinandersetzung mit der NS-Vergangenheit immer wieder beklagt wurden. Was Zeitperspektive und Schlüsselerlebnisse bedeuten, kann man an der immer wieder aufflammenden öffentlichen Diskussion über Deutung und Bedeutung von Daten erkennen wie dem 20. Juli 1944, dem 8. Mai 1945, dem 17. Juni 1953, dem 9. November 1989 und dem 3. Oktober 1990. Der öffentliche und der offizielle Umgang mit solchen Gedenktagen ist zentrales Element dessen, was heute auch als „Geschichtspolitik" diskutiert wird.

Deutungsperspektiven der Generationen

Die Folgerung aus solchen Überlegungen für politische Bildung heißt nicht nur, Zeitgeschichte und Politikunterricht eng miteinander zu verzahnen; sie muss darüber hinaus verstanden werden als ein Kommunikationsprozess zwischen den unterschiedlichen Gruppen und Generationen unserer Gesellschaft. In den letzten Jahrzehnten wurde dieser Prozess bereichert und intensiviert durch neue Konzepte und Formen der Bearbeitung von Zeitgeschichte: durch Oral History, Gespräche mit Zeitzeugen, besonders in Verbindung mit der „Alltagsgeschichte" sozialer Gruppen in ihrem lokalen/regionalen Umfeld; durch „Geschichtswerkstätten", in denen engagierte Gruppen versuchten, zeitgeschichtliche Fragen aus ihrem Nahbereich durch unterschiedliche Formen der Erhebung und öffentlichen Präsentation aufzuarbei-

Neue Konzepte zur Bearbeitung der Zeitgeschichte

ten; schließlich durch verstärkte „Gedenkstättenpädagogik" an herausragenden Orten von politischer Verfolgung und Terror.

Partizipative Formen

Für politische Bildung ist an alledem über die unlösbare Verbindung von Zeitgeschichte und gegenwärtigen politischen Fragen hinaus besonders bedeutsam die Möglichkeit partizipativer Formen der Erarbeitung und Darstellung; die unmittelbare Begegnung mit individuell Erlebtem oder mit dem konkreten, ausdrucksstarken Dokument; die Auseinandersetzung mit der „Erinnerungskultur" von Gruppen, Gesellschaft und politischer Repräsentanz; schließlich der notwendige Versuch, das konkret Erfahrene und Gedeutete in Beziehung zu setzen zu dem größeren Zusammenhang, seiner wissenschaftlichen Darstellung und Erklärung. Dabei kann und muss gelernt werden, dass und warum es Unterschiede und Spannungen gibt zwischen Primärerfahrung, Erinnerungskultur und Wissenschaft; zwischen dem Zeitzeugen und dem Zeithistoriker; zwischen massenmedialer Präsentation und wissenschaftlicher Darstellung, die ihrerseits kontrovers bleibt (vgl. Hockerts 2001; Jarausch/Sabrow 2002).

Aus alledem ergibt sich die Konsequenz, das Zentralfach politischer Bildung (hier bisher Politikunterricht genannt) als politisch-zeitgeschichtlichen Unterricht anzulegen mit dem Ziel, der nachwachsenden Generation den Erwerb von Orientierungs- und Urteilskompetenz in politischen Gegenwartsfragen im Kontext ihrer Geschichte zu ermöglichen, unbeschadet dessen, was oben (vgl. Nr. 2) über den eigenständigen Geschichtsunterricht in seiner Bedeutung für politische Bildung gesagt wurde.

# Literatur


Bergmann, Klaus 1988: Zeitgeschichte in der politischen Bildung. In: Mickel a.a.O., 1999, S. 624 ff.

Bergmann, Klaus 2002: Der Gegenwartsbezug im Geschichtsunterricht, Schwalbach/Ts.

Bergsträßer, Arnold 1963: Geschichtliches Bewusstsein und politische Entscheidung, In: Geschichte und Gegenwartsbewußtsein, Festschrift für Hans Rothfels. Göttingen, S. 9 ff.

Gehler, Michael 2002: Zeitgeschichte zwischen Europäisierung und Globalisierung. In: Aus Politik und Zeitgeschichte. Beilage zur Wochenzeitung Das Parlament, B 51-52, S. 23 ff.

Hey, Bernd/Steinbach, Peter (Hrsg.) 1986: Zeitgeschichte und politisches Bewusstsein. Köln

Hockerts, Hans Günter 2001: Zugänge zur Zeitgeschichte. Primärerfahrung, Erinnerungskultur, Geschichtswissenschaft. In: Aus Politik und Zeitgeschichte. Beilage zur Wochenzeitung Das Parlament, B 28, S. 15 ff.

Jarausch, Konrad H./Sabrow, Martin 2002: Verletztes Gedächtnis. Erinnerungskultur und Zeitgeschichte im Konflikt. Frankfurt/M., New York

Jeismann, Karl-Ernst 2000: Geschichtsbewußtsein als zentrale Kategorie der Didaktik des Geschichtsunterrichts. In: Ders.: Geschichte und Bildung, hrsg. von Wolfgang Jacobmeyer/Bernd Schönemann. Paderborn

Jeismann, Karl-Ernst 2002: Geschichtsbilder: Zeitdeutung und Zukunftsperspektive. In: aus Politik und Zeitgeschichte. Beilage zur Wochenzeitung Das Parlament, B 51-52, S. 13 ff.

Kleßmann, Christoph 1998: Zeitgeschichte in Deutschland nach dem Ende des Ost-West-Konflikts. Essen

Kosthorst, Erich (Hrsg.) 1977: Geschichtswissenschaft. Didaktik – Forschung – Theorie. Göttingen

Mickel, Wolfgang W. (Hrsg.) 1999: Handbuch zur politischen Bildung. Bonn/ Opladen

Oesterle, Klaus/Schiele, Siegfried (Hrsg.) 1989: Historikerstreit und politische Bildung. Stuttgart

Pandel, Hans-Jürgen 1997: Geschichte und politische Bildung. In: Bergmann, Klaus u.a. (Hrsg.): Handbuch der Geschichtsdidaktik, 5. überarb. Auflage. Seelze-Velber

Rothfels, Hans 1953: Zeitgeschichte als Aufgabe. In: Vierteljahreshefte für Zeitgeschichte Nr. 1, S. 1 ff.

Rüsen, Jörn 1977: Historik und Didaktik. Ort und Funktion der Geschichtstheorie im Zusammenhang von Geschichtsforschung und historischer Bildung. In: Kosthorst, a.a.O., S. 48 ff.

Rüsen, Jörn 2002: Geschichte im Kulturprozeß. Köln/Weimar

Schörken, Rolf 1999: Kooperation von Geschichts- und Politikunterricht. In: Mickel, a.a.O., S. 629 ff.

Sutor, Bernhard 1979: Geschichte als politische Bildung. In: Mickel, Wolfgang W. (Hrsg.): Politikunterricht im Zusammenhang mit seinen Nachbarfächern. München, S. 82 ff.

Sutor, Bernhard 1984: Neue Grundlegung politischer Bildung, 2 Bde. Paderborn

Wolfrum, Edgar 1999: Geschichtspolitik in der Bundesrepublik Deutschland. Der Weg zur bundesdeutschen Erinnerung 1948-1990. Darmstadt

*Sibylle Reinhardt*

# Moralisches Lernen

## 1. Das Problem

Moralische Fragen sind Fragen nach den Regeln, mit denen Menschen ihr Handeln zueinander in Beziehung setzen, und deren Bewertung. Die Antworten sind entscheidend für die Bildung persönlicher Identität (Kann ich mich rechtfertigen? Darf ich mich als guter Mensch bezeichnen?), für die Zugehörigkeit zu Gruppen (Was hält unsere kommunitäre Gemeinschaft zusammen?) und auch für das integrierende Selbstverständnis eines demokratischen Systems (für die Bundesrepublik Deutschland werden Grundwerte angegeben – so Thomas Meyer 2000: Freiheit, Gerechtigkeit und Solidarität). Individuelle und kollektive Bildungsprozesse für Werte und Normen rücken immer dann ins Zentrum der Aufmerksamkeit, wenn die Ausbildung individueller Identität und die Herstellung gesellschaftlicher Integration als gefährdet erscheinen. „Werte" sind Vorstellungen des Wünschenswerten, also Ideen oder Ideale, die der Beurteilung von Wünschen dienen; sie sind nicht gleichzusetzen mit den erstrebenswerten Objekten und ermöglichen die Differenzierung zwischen faktisch vorhandenen und gerechtfertigten Wünschen (vgl. Thome 2003, 6).

„Werte-Wandel"

Unter dem Stichwort „Werte-Wandel" ist in den vergangenen Jahrzehnten die Tatsache diskutiert worden, dass von einem widerspruchsfreien Wertesystem mit der dadurch gegebenen Stabilität und Integration nicht die Rede sein kann. Die Individualisierungsthese von Beck (1986) ist das aufs Individuum bezogene Gegenstück zur Pluralisierungsthese, die eine Zunahme von institutionell möglichen Wegen bezeichnet. Biografie wird nach Beck „aus vorgegebenen Fixierungen herausgelöst, offen, entscheidungsabhängig und als Aufgabe in das Handeln jedes einzelnen gelegt" (216). Die Vorgaben institutioneller und lebensgeschichtlicher Art sind wie Bausätze, aus denen der Einzelne seine Biografie bastelt

(217). Zu dieser Aufgabe für Wahl und Entscheidung gehört auch die Wahl von Wertorientierungen, da nicht von ungebrochener Tradierung und Aneignung kollektiver Definitionen ausgegangen werden kann (auch Beck 2001). Inzwischen wird ein „Wandel des Wertewandels hin zu Sicherheit und Gemeinschaft" gesehen (Hradil 2002, 412), ohne dass dies eine Rückkehr zu den 1950er-Jahren bedeutet, sondern eine neue Kombination von Werten, und ohne dass dies automatisch die Umsetzung in Handeln bewirkt (auch Klages 2001). Das Integrationsproblem moderner Gesellschaften wird von Habermas (1992) auch darin gesehen, dass sie „nicht nur sozial, über Werte, Normen und Verständigungsprozesse, sondern auch systemisch, über Märkte und administrativ verwendete Macht, integriert" (58) werden. Dieses Nebeneinander von unterschiedlichen Integrationsressourcen enthält Sprengkraft besonders in einer Zeit, in der die einzig zur Gesamtintegration geeignete Ressource – nämlich gesellschaftliche Solidarität – besonders gefährdet sei (a.a.O., Vorwort). Letzten Endes spricht Habermas die Aufgabe der Integration der Teilsysteme dem staatlich institutionalisierten Recht zu. Der Gesamtzusammenhang lässt sich mit Habermas so formulieren: „Über eine Selbstbestimmungspraxis, die von den Bürgern die gemeinsame Ausübung ihrer kommunikativen Freiheiten erfordert, speist das Recht seine sozialintegrative Kraft letztlich aus Quellen der gesellschaftlichen Solidarität" (59, auch Kap. 8 und 9).

Individuelle Bildungsprozesse in Richtung auf postkonventionelle Identitäten sind im Prozess der Modernisierung im Sinne von Individualisierung die einzige Chance, dass einzelne ihr Leben verständlich integrieren können und sich zugleich über die normativen Implikationen dieser Art Identität in eine neue Art der sozialen Einbindung begeben können. „Diese neue Art der sozialen Einbindung müßte als Eigenleistung der Individuen gedacht werden" (Habermas 1988, 238).

Bildungsprozesse gewinnen an Bedeutung

Wenn Traditionen und andere Vorgegebenheiten nicht mehr unbefragt gelten, wenn die Zunahme an Wahlmöglichkeiten die Eigentätigkeit und auch Verantwortlichkeit der Individuen steigert, dann werden organisierte Bildungsprozesse wichtiger: Aufs individuelle Bewusstsein zielende Lernprozesse, die in sozialer Auseinandersetzung organisiert sind, verbinden die Gegenwartsaufgaben der persönlichen Identität und der gesellschaftlich-politischen Integration.

Förderung politisch-moralischen Urteilsvermögens

Politische Bildung hat – auch – die Förderung politisch-moralischen Urteilsvermögens zum Ziel. Dieses Ziel ist mit zunehmender Unsicherheit und Unbestimmtheit des individuellen und kollektiven Lebens eine unabweisbare Aufgabe geworden. Der Mangel an Selbstverständlichkeiten, die für kollektive und individuelle Integrität sorgen können, erzeugt die Notwendigkeit des gemeinsamen Erwerbs von Gemeinsamkeiten. Tragfähige Konsense können in der Moderne nur über konfliktreiche Auseinandersetzungen erreicht werden.

Kontroversprinzip wird erneut wichtig

Das Kontroversprinzip der politischen Bildung wird erneut wichtig:

1. Moralische Fragen, die nicht (mehr) durch Konventionen vorentschieden sind, entstehen häufig als Dilemma zwischen Werten; dieser Werte-Konflikt (vgl. die Auseinandersetzung um den Schwangerschaftsabbruch bzw. § 218 StGB) verlangt eine Entscheidung von einzelnen und auch vom Gesetzgeber.
2. Der inhaltliche Dissens veröffentlicht sich als sozialer Konflikt; Interessen- bzw. Überzeugungsgruppen streiten.
3. Die angeführten Gründe enthalten i.d.R. unterschiedlich weite soziale Perspektiven; diese strukturelle Widersprüchlichkeit ergibt kognitive Dissonanzen.
4. Die angeführten Gründe betreffen – häufig unaufgeklärt und Verwirrung stiftend – entweder Tatsachen oder Werte; wenn Konsequenzen, also tatsächliche Folgen, von wertbezogenen Entscheidungen mit berücksichtigt werden, geht Gesinnungs- in Verantwortungsethik über.

Streitkultur in Unterricht und Gesellschaft würde das vierfache Verständnis von moralischem Konflikt akzeptieren und umsetzen. Dafür ist nicht nur der direkte, unvermittelte Streit nötig, der womöglich wilder und blinder Zank ist, sondern auch die Betrachtung und Beurteilung des Streitens. Reflexionen auf moralische Werte, auf den sozialen Konflikt, auf die Art der Gründe für

Wertungen und auf die Qualität von Argumenten (Werte/Tatsachen; Gesinnung/Verantwortung) sind nötig. Die Aufklärung des Streitprozesses ist ein Weg, zu Konsens und zu Toleranz zu gelangen.

## 2. Fachdidaktische Verfahren

Es gibt eine Reihe von im Unterricht erprobten Verfahren, die im Folgenden kurz beschrieben werden (vgl. Reinhardt 1999). Anschließend werden zwei Probleme und Kritiken benannt.

### 2.1 Politisch-moralische Urteilsbildung durch Dilemmadiskussionen

Moralische Dilemmata

Moralische Dilemmata haben im Unterricht die Kraft, Schülerinnen und Schüler in Auseinandersetzungen über moralische Fragen zu verwickeln, sie zur Klärung ihrer Entscheidungen zu befähigen und die Notwendigkeit und Möglichkeit von Begründungen erfahren zu lassen (vgl. Landesinstitut für Schule und Weiterbildung 1991 und 1993). Ein solches moralisches Dilemma stellt ein Individuum vor die Entscheidung zwischen (mindestens) zwei Werten, die in etwa gleichgewichtig sind, so dass die Entscheidung einen wichtigen Wert verletzt und deshalb begründet werden muss. (Berühmt ist das Heinz-Dilemma von Kohlberg, in dem das Recht auf Eigentum mit der Achtung vor dem Leben kollidiert.)

Warnung vor unpolitischem Moralisieren

Bernhard Sutor hat die Probleme betont, die sich aus bloß moralisierendem Politikunterricht ergeben würden. Er hat diese Bedenken besonders im Zusammenhang mit Kohlbergs Vorschlägen (vgl. Kohlberg 1987, Oser 1987) geäußert: „Politische Situationen und Entscheidungen mobilisieren zwar beim Beobachter mit Recht moralische Prinzipien, aber mit diesen allein verliert er sich leicht in ein unpolitisches Moralisieren“ (Sutor 1980, 248). Oberste formale Prinzipien können „keine Antwort auf die zentralen politischen Fragen geben:

- nach der jeweiligen Situation und nach den sie bedingenden Faktoren, nach der Interessen- und Machtkonstellation und deren Genese;

– nach Möglichkeiten und Grenzen politischer Lösungen in der gegebenen Situation;
– nach den dabei zu beachtenden und zu nutzenden rechtlich-institutionellen Vorgaben;
– nach Partizipationschancen, nach Koalitions- und Kompromissmöglichkeiten“ (Sutor 1989, 10, vgl. auch Sutor 2000).

Die Behandlung eines Dilemmas als Entscheidungsfrage eines Individuums zwischen Werten, die in dem Dilemma berührt sind, wäre tatsächlich eine Engführung, wenn der Unterricht bei dieser individualisierenden Sichtweise stehen bliebe. Das moralische Problem bliebe eines von Einzelwesen und wäre von politischen Regelungen im Sinne der allgemeinen Festlegung von Antworten und Rahmenbedingungen abgeschnitten. Deshalb sollte die Dilemmabearbeitung eine Phase der „Politisierung“ (in der die Rahmenbedingungen und politische Alternativen verhandelt werden) enthalten.

Dilemmabearbeitung sollte Phase der „Politisierung“ enthalten

Ein Beispiel mag dies verdeutlichen: Christine Lutter-Link hat im Frühjahr 1991 das Dilemma einer Unternehmerin konstruiert, die vor der Entscheidung steht, einen Auftrag zur Lieferung einer Laboranlage in ein Land des Nahen Ostens anzunehmen oder abzulehnen (vgl. Lutter-Link/Reinhardt 1993):

Ein Beispiel

> Die Firma Waba erhält einen Großauftrag zum Bau einer Laboranlage für Gifte in ein Land des Nahen Ostens, das versichert, dass die Gifte gegen Insekten eingesetzt werden sollen. Der Geschäftsleitung ist jedoch bekannt, dass Oppositionelle dieses diktatorischen Regimes mit Gift umgebracht wurden und dass die mit Hilfe dieser Anlage produzierten Gifte die Umwelt stark belasten.
> Die Firma Waba ist ein mittelständischer Betrieb und von Großaufträgen dieses Umfangs abhängig. Die Erfüllung dieses Auftrages würde der Firma Waba wirtschaftlich gut tun und sogar kurzfristig die Schaffung neuer Arbeitsplätze bedeuten. Wenn der Auftrag nicht angenommen würde, müssten Arbeitnehmerinnen und Arbeitnehmer entlassen werden.
> Frau Großkopf, die Eigentümerin und Geschäftsführerin der Firma, bittet Herrn Ringelhuber (Kaufmännischer Leiter) und

Herrn Tüftel (Technischer Leiter) zu sich. „So meine Herren – wie sehen Sie die Lage?"

Herr Ringelhuber: „Frau Großkopf, ich denke, dass wir auf jeden Fall den Auftrag annehmen müssen. Die finanzielle Lage der Firma erfordert dies. Es geht doch um unsere Gewinne und die Arbeitsplätze."

Herr Tüftel: „Frau Großkopf, ich denke, wir müssen den Auftrag ablehnen. Wir könnten doch in Konflikt mit dem Außenwirtschaftsgesetz geraten. Denken Sie auch an die Konsequenzen, wenn die Gifte Menschen töten."

Wie würdest Du entscheiden? Wie sollte Frau Großkopf entscheiden?

Politischer Kontext des Dilemmas

Dieses Dilemma hat einen politischen Kontext, und zwar auch im europäischen Zusammenhang. Das persönliche Dilemma ist ein Dilemma nur solange, wie diese Gesellschaft in ihrer staatlichen Organisationsform die in Rede stehende Entscheidung dem einzelnen Bürger überlässt bzw. zumutet, also nicht politisch (und mit rechtlicher Sanktionsgewalt) vorentscheidet. Das Dilemma war für die Unternehmerin dann keine individuelle moralische Frage mehr, als die Lieferung von dual-use-products in den folgenden Jahren durch Änderungen des Außenwirtschaftsgesetzes und der Außenwirtschaftsverordnung an restriktive Bedingungen geknüpft wurde. Gemeinsame europäische Regelungen könnten allerdings die relativ (zu anderen europäischen Staaten) strengen deutschen Vorschriften beenden (der Streit um die Bewertung einer solchen Möglichkeit ist ein wiederkehrendes Thema in der Berichterstattung z.B. der Frankfurter Allgemeinen Zeitung).

Die Erfahrungen mit der Diskussion des Dilemmas zeigen, dass die politische Frage nach einer zu treffenden allgemeinen Regelung sich entweder in der Auseinandersetzung der Schüler von selbst ergibt oder leicht anzustoßen ist (vgl. Reinhardt 1999, 72-74). Dieselbe Erfahrung wird auch durch das Heinz-Dilemma provoziert: Häufig „sprengt" die Diskussion das moralische Dilemma hin zu einer politischen Frage.

Konflikte um und Reflexionen über moralische Dilemmata von Personen öffnen einen dynamischen Weg zur Erörterung politischer Entscheidungen und tragen zur politischen Urteilsbildung bei (vgl. dazu Massing 1999, Henkenborg 1999, 2000, 265). Diese Dynamik ist besonders in einer Zeit der Politik-Distanz und der Politiker-Verdrossenheit auch bei Schülerinnen und Schülern didaktisch wichtig. Zugleich wird der moralische Konflikt des Individuums in den gesellschaftlich-politischen Zusammenhang gefügt (vgl. das Unterrichtsbeispiel zum Embryonenschutz von Schulz 2000).

## 2.2 Reflexion der Gründe (Meta-Phase)

Die gemeinsame Reflexion der vorgebrachten Gründe bei moralischen Streitfragen ermöglicht Distanz und fördert die Entscheidungsfähigkeit. Diese Reflexion bedarf der Instrumente und Verfahren. Das – ursprünglich entwicklungspsychologische – Stufen-Modell von Kohlberg (vgl. 1987, 2001/1976) stellt ein Instrument dar, dessen Einsatz die soziale Reichweite von Argumenten klären hilft. Diese Verwendung ist nicht von Kohlberg beabsichtigt worden, sondern wurde für den Unterricht entwikkelt. Das Instrument dient entweder dem Lehrer bei der Planung und Durchführung der Analyse oder es wird den (Oberstufen-)Schülern bekannt gemacht, so dass sie es selbst nutzen können und als Instrument handhaben lernen (s. Grafik nächste Seite).

Stufen-Modell von Kohlberg

Die Abfolge der Niveaus (Präkonventionell – Konventionell – Postkonventionell) zeigt eine Entwicklung der Außen- zur Innenlenkung, von konkret zu abstrakt, von Straforientierung über Verinnerlichung zu moralischer Autonomie, von Egozentrismus über Konventionsabhängigkeit zu einer umgreifenden sozialen Perspektive.

Diese Stufen können auch als Klassifikationen aufgefasst werden, die zur Analyse der Argumente beitragen, die die Lerner im Unterricht vorgebracht hatten. Den Streit um eine moralisch relevante Streitfrage muss der Lehrer in Stichworten protokollieren; dieses Protokoll der Argumente ist das Material für die gemeinsame Reflexion. Dabei geht es um die Wertigkeit der Argumente (welche tragen besser?), um den Widerspruch der Argumente (wo widersprechen sich die Argumente: im moralischen

| | |
|---|---|
| *I. Das präkonventionelle Stadium* Moralische Wertung beruht auf äußeren, quasi-physischen Geschehnissen, schlechten Handlungen, oder auf quasi-physischen Bedürfnissen statt auf Personen und Normen. | *Stufe 1:* Orientierung an Bestrafung und Gehorsam. Egozentrischer Respekt vor überlegener Macht oder Prestigestellung bzw. Vermeidung von Schwierigkeiten. Objektive Verantwortlichkeit. |
| | *Stufe 2:* Naiv egoistische Orientierung. Richtiges Handeln ist jenes, das die Bedürfnisse des Ich und gelegentlich die der anderen instrumentell befriedigt. Bewusstsein für die Relativität des Wertes der Bedürfnisse und der Perspektive aller Beteiligten. Naiver Egalitarismus und Orientierung an Austausch und Reziprozität. |
| *II. Das konventionelle Stadium* Moralische Wertung beruht auf der Übernahme guter und richtiger Rollen, der Einhaltung der konventionellen Ordnung und den Erwartungen anderer. | *Stufe 3:* Orientierung am Ideal des „Guten Jungen". Bemüht, Beifall zu erhalten und anderen zu gefallen und ihnen zu helfen. Konformität mit stereotypischen Vorstellungen vom natürlichen oder Mehrheits-Verhalten, Beurteilung aufgrund von Intentionen. |
| | *Stufe 4:* Orientierung an Aufrechterhaltung von Autorität und sozialer Ordnung. Bestrebt, „seine Pflicht zu tun", Respekt vor der Autorität zu zeigen und die soziale Ordnung um ihrer selbst willen einzuhalten. Rücksicht auf die Erwartungen anderer. |

| | |
|---|---|
| *III. Das postkonventionelle Stadium*<br>Moralische Wertung beruht auf Konformität des Ich mit gemeinsamen (oder potenziell gemeinsamen) Normen, Rechten oder Pflichten. | *Stufe 5:* Legalistische Vertrags-Orientierung. Anerkennung einer willkürlichen Komponente oder Basis von Regeln und Erwartungen als Ausgangspunkt der Übereinstimmung. Pflicht definiert als Vertrag, allgemein Vermeidung der Verletzung von Absichten oder Rechten anderer sowie Wille und Wohl der Mehrheit. |
| | *Stufe 6:* Orientierung an Gewissen oder Prinzipien. Orientierung nicht nur an zugewiesenen sozialen Rollen, sondern auch an Prinzipien der Entscheidung, die an logische Universalität und Konsistenz appellieren. Orientierung am Gewissen als leitendes Agens und an gegenseitigem Respekt und Vertrauen. |

Aus: Kohlberg, L. 1974: Zur kognitiven Entwicklung des Kindes. Frankfurt/M., S. 60 f.

Punkt, in der Einschätzung von Tatsachen, in der Abschätzung von Folgen, in den beteiligten Interessen o.a.m.?) und schließlich um eine zusammenfassende Würdigung der Argumente. Diese Phase schafft Distanz zur vorhergegangenen (auch emotionalen) Auseinandersetzung.

Differenzen deutlich machen

Erfahrungen aus dem Unterricht zeigen (Reinhardt 1999 zu Wehrdienstverweigerung und Todesstrafe), dass Schüler und Schülerinnen die – auch inhaltlich entgegengesetzten – Argumente anderer ernster nehmen, wenn sie realisieren, an welchem Punkt die Positionen differieren. Der strukturelle Bezug eines Argumentes kann gleich sein (z.B. Egoismus oder Gruppenkonformität oder ein universalisierungsfähiges Prinzip), und doch kann die inhaltliche Antwort unterschiedlich sein. Das kann am Konflikt zwischen gleichwertigen Werten liegen (moralisches Dilemma), das kann aus unterschiedlichen Interessen oder aus verschiedenen Realitätsannahmen (Tatsachen, Vermutungen) oder aus der unterschiedlichen Gewichtung von Gesinnungs- und Verantwortungsethik resultieren.

Die Analyse der Argumentationen auf die Punkte von Konsens und Dissens hin fördert Toleranz; nicht gleichgültiges Desinteresse lässt die andere Meinung wie ein beliebiges Geschmacksurteil stehen, sondern der Nachvollzug der sozialen Logik des Urteils führt zur reflektierten Akzeptanz auch bei Verschiedenheit oder zur begründeten Zurückweisung. Moralische Verdächtigungen werden seltener; der Unterschied zwischen moralischen und sozialwissenschaftlichen Bezügen wird deutlicher. Dieser Prozess des Analysierens kann, da er selbst produzierte Äußerungen der Lernenden zum Gegenstand hat, auf großes Interesse stoßen.

Instrument und Verfahren sind – da sie als Versatzstücke einsetzbar sind – vielseitig verwendbar (vgl. auch May 1999). Eine komplizierte Grammatik der politisch-moralischen Urteilsbildung in sechs Phasen schlägt Sander, dessen Intentionen ich teile, vor (1988).

### 2.3 Analyse der moralischen Qualität

Beispiel: marktwirtschaftliche Strukturen

Erscheinungen der Realität und auch Theorien provozieren u.U. die Frage, ob sie moralisch seien. Falls Lernende das Stufen-Modell von Kohlberg kennen, bietet es sich als Instrument für die Analyse an. Ein Beispiel (vgl. Reinhardt 1999, 78-87): Die Behandlung marktwirtschaftlicher Strukturen zeigt zuerst, dass die Interaktion auf dem Markt die Regel der Tauschgerechtigkeit befolgt, also der Gerechtigkeitsvorstellung auf Stufe 2 bei Kohlberg entspricht. Weiterhin zeigt sich, dass dieses Handeln in gesetzliche Rahmenbedingungen z.B. des Strafrechts gefasst ist, so dass der Gesetzesgehorsam nach Stufe 4 wichtig wird. Schließlich kann sich die Überlegung anschließen, ob nicht die Gesamtqualität des Systems (der „unsichtbaren Hand“) möglicherweise eine allgemeinere Wohlfahrt befördert, die mit Stufe 5 bei Kohlberg zu interpretieren wäre. Unterrichtserfahrungen zeigen, dass solche Analysen möglich sind und zu differenzierten Ergebnissen führen.

Die Untersuchung von Grundwerten – z.B. Solidarität – könnte mit dem Einsatz eines solchen Instrumentes offen legen, dass der abstrakte Begriff konkretisiert werden muss und unterschiedlich konkretisiert wird (vgl. Reinhardt 2000): Es kann die Solidarität des Nahraums (der partikularen Gruppenzugehörigkeit) gemeint sein, ja sogar die Solidarität, die nur dem Eigeninteresse zuarbeitet (taktisch-strategische Bündnisse), aber Solidarität kann auch den Einbezug der Interessen fernstehender Unbekannter meinen. Alle Spielarten sind politisch legitim, sie verwenden aber unterschiedliche Begriffe von Solidarität. Strittig ist die Frage, welcher Begriff wann als gerechtfertigt gelten kann.

### 2.4 „Datenschutz" statt Öffentlichkeit

Moralische Urteile sind objektiv relevant, weil sie das In-Beziehung-Setzen von Menschen zueinander auf der personalen, institutionellen und gesellschaftlichen Ebene betreffen. Diese Urteile sind deshalb auch subjektiv relevant, weil sie zugleich das Individuum zu anderen und zu sich selbst in ein Verhältnis setzen. Moralische Identifikation ist zentral für die Frage nach der Identität.

In der Schule darf ausprobiert werden

Diese subjektive Relevanz einer Diskussion zum Beispiel zum Schwangerschaftsabbruch macht es nötig, dass Schüler und Schülerinnen sich „verstecken" können. Urteile und Einschätzungen sind zudem – dies ist ein Merkmal von Bildungsprozessen – nicht endgültig; in der Schule darf vieles ausprobiert werden, ohne dass damit eine Festlegung erfolgen muss – dies ist der Vorteil der Handlungsentlastetheit in institutionalisierten Lernprozessen.

Schüler vor Veröffentlichung ihrer Urteile schützen

Schüler und Schülerinnen müssen vor der Veröffentlichung ihrer persönlichen Urteile u.U. geschützt werden, damit sie nicht (selbst-)etikettiert und damit verfestigt werden können. Durch entsprechende Verfahren kann die Diskussion dem „Ich" entzogen werden, wobei das Ich sich trotzdem einbringen kann – aber u.U. in distanzierter, verfremdeter Form. (Vgl. Reinhardt 1999, 101 ff.)

Entscheidungen können über anonyme Zettel mitgeteilt und per Losverfahren vorgetragen werden. Das moralische Dilemma kann durch einen Fall konkretisiert werden (statt der Frage: „Was würde ich tun?“) und durch die Diskussion gegebener Argumente (und nicht des Falls selber) noch weiter distanziert werden. Argumente können über anonyme Befragungen erhoben werden und dann – genügend verfremdet – untersucht werden.

### 2.5 Schulkultur – „Just Community“

Just community

Schon Kohlberg hatte sich dem Problem zugewandt, dass Dilemmadiskussionen und andere Verfahren im Unterricht das Handeln der Schüler zwar als Denk-Handlung erreichen, dass die Umsetzung moralischer Grundsätze in die Tat aber durch Verfahren der demokratischen Mitbestimmung in der Schule erfolgen müsste. Die Just Community (demokratische Schulgemeinde) ist ein Verfahren, bei dem sich eine Schule zur basisdemokratischen Bearbeitung jener Fragen und Probleme, die in ihre Kompetenz fallen, entscheidet. Über mehrere Institutionen (wie Schulversammlung, Fairness-Komitee, Klassenberatungen, Fachunterricht, Steuerungsgruppe) wird die Integration der Schule in ein Entscheidungsorgan organisiert, in dem jede(r) eine Stimme hat. Ergänzend sind Lehrer- und Elternfortbildungen sowie beim jetzigen geringen Stand der Routinisierung auch wissenschaftliche Begleitung notwendig (vgl. Landesinstitut 1993, Lind 2003, Oser/Althof 2001).

## 3. Kritik, Probleme

Auf Problempunkte bei der o.g. Konzeption moralischen Lernens haben besonders Sutor (1980, 1989, 2000) und Detjen (2000) hingewiesen, von denen hier zwei angeführt und kommentiert werden:

Alle Stufen des Modells von Kohlberg beachten

- Alle Stufen haben ihren Sinn! Die Entwicklungslogik des Modells von Kohlberg kann zu einer Geringschätzung der niedrigeren Stufen moralischen Urteilens verleiten; stattdessen sei hervorzuheben, dass die niederen in den höheren Stufen „aufgehoben“ sind im dialektischen Sinne. – Dieser Punkt ist wichtig, denn andernfalls würde das Alltagsleben verfehlt (wir handeln im Alltag häufig und vorbewusst auf Stufe 2 – und das macht Sinn) und es würde auch nicht erfasst, dass unterschiedliche Kontexte unterschiedliche Gerechtigkeitsbezüge verwirklichen (vgl. die Soziologie der Gerechtigkeit, z.B. Müller/Wegener 1995).

– Politik ist komplexer als Moralische Reflexion! Im Prozess der politischen Auseinandersetzung gehe es nicht allein um die moralische Frage der Verallgemeinungsfähigkeit von Interessen, sondern auch um Fragen der Interessenkonflikte, der konkreten Lebensgeschichten und Bindungen, der Folgen und Nebenfolgen beabsichtigter und unbeabsichtigter Art, der Ungewissheit der Tatsachen, der gegebenen Spielregeln und Institutionen, der Kompromissmöglichkeiten, der Machtverhältnisse u.a.m. – Auch dieser Punkt ist wichtig. Es wäre kurzschlüssig zu meinen, politisches Denken und Handeln könne reduziert werden auf die moralischen Fragen nach z.B. Freiheit, Gerechtigkeit und Solidarität. Aber die moralische Frage braucht für ihre Behandlung im Unterricht Verfahren und Instrumente – und dem dienen die o.g. Vorschläge.

Politik ist komplexer als moralische Reflexion

Anders als Detjen und Sutor gehe ich davon aus, dass diese Problempunkte den Unterricht nicht beherrschen müssen und deshalb den Ertrag nicht verhindern würden.

## 4. Allgemeine pädagogische Konsequenzen: Werte-Reflexion

1. „Werte-Erziehung“ kann in einer modernen Gesellschaft nicht Werte-Vermittlung im Sinne von Werte-Indoktrination sein; der Vorgang muss reflexiv sein.
2. „Werte-Reflexion“ muss sachgebunden erfolgen. Die Isolierung der Wertedimension von den Dimensionen der Realität würde die Gefahr von bloßer Gesinnungsethik und sachfremder Emotionalität provozieren.
3. Die Beschäftigung mit Normen und Werten in reflexiver Einstellung muss als Teil der Allgemeinbildung erfolgen und nicht in (z.B. konfessionell) segmentierter Form.

4. Der Werte-Bezug ist der Beschäftigung mit allen Gegenständen immanent. Deshalb ist Werte-Reflexion ein Unterrichtsprinzip und nicht die Sache von Spezialfächern.
5. Reflexivität als Merkmal der Moderne und des ihr gemäßen Lernens verlangt ein inter-aktionistisches Lernkonzept, in dem die lernenden Subjekte den Prozess aktiv mit konstruieren.
6. Dem Werte-Bezug einer Demokratie muss auch das Schulleben entsprechen. Schülervertretung, „just community", Verkehrs- und Interaktionsformen in Schule und Unterricht sind Weisen des Handelns, die das Urteilen verwirklichen sollen und nicht dementieren dürfen.

## Literatur

Beck, Ulrich 1986: Auf dem Weg in eine andere Moderne. Frankfurt/M.

Beck, Ulrich 2001: Das Zeitalter des „eigenen Lebens". Individualisierung als „paradoxe Sozialstruktur" und andere Fragen. In: Aus Politik und Zeitgeschichte, B 29, S. 3-6

Breit, Gotthard/Schiele, Siegfried (Hrsg.) 2000: Werte in der politischen Bildung. Schwalbach/Ts.

Detjen, Joachim 2000: Werteerziehung im Politikunterricht mit Lawrence Kohlberg? Skeptische Anmerkungen zum Einsatz eines Klassikers der Moralpsychologie in der Politischen Bildung. In: Breit/Schiele (Hrsg.), S. 303-335

Edelstein, Wolfgang/Oser, Fritz/Schuster, Peter (Hrsg.) 2001: Moralische Erziehung in der Schule. Entwicklungspsychologie und pädagogische Praxis. Weinheim und Basel

Habermas, Jürgen 1988: Individuierung durch Vergesellschaftung. Zu G. H. Meads Theorie der Subjektivität. In: ders.: Nachmetaphysisches Denken. Philosophische Aufsätze. Frankfurt/M., S. 187-241

Habermas, Jürgen 1992: Faktizität und Geltung. Beiträge zur Diskurstheorie des Rechts und des demokratischen Rechtsstaats. Frankfurt/M.

Henkenborg, Peter 1999: Ethik. In: Mickel, Wolfgang W. (Hrsg.): Handbuch zur politischen Bildung. Bonn, S. 610-616

Henkenborg, Peter 2000: Werte und kategoriale Schlüsselfragen im Politikunterricht. In: Breit/Schiele (Hrsg.), S. 263-287

Hradil, Stefan 2002: Der Wandel des Wertewandels. Die neue Suche nach Sicherheit, Ordnung und Gemeinschaft in einer individualisierten Gesellschaft. In: Gesellschaft – Wirtschaft – Politik, H. 4, S. 409-420

Klages, Helmut 2001: Brauchen wir eine Rückkehr zu traditionellen Werten? In: Aus Politik und Zeitgeschichte, B 29, S. 7-14

Kohlberg, Lawrence 1974: Zur kognitiven Entwicklung des Kindes. Frankfurt/M.

Kohlberg, Lawrence 1987: Moralische Entwicklung und demokratische Erziehung. In: Lind/Raschert (Hrsg.), S. 25-43

Kohlberg, Lawrence 2001/1976: Moralstufen und Moralerwerb. Der kognitiv-entwicklungstheoretische Ansatz. In: Edelstein/Oser/Schuster (Hrsg.), S. 35-61

Landesinstitut für Schule und Weiterbildung (Hrsg.) 1991: Schule und Werteerziehung – ein Werkstattbericht. Soest

Landesinstitut für Schule und Weiterbildung (Hrsg.) 1993: Werteeerziehung in der Schule – aber wie? Soest

Lind, Georg/Raschert, Jürgen (Hrsg.) 1987: Moralische Urteilsfähigkeit. Eine Auseinandersetzung mit Lawrence Kohlberg. Weinheim

Lind, Georg 2003: Moral ist lehrbar. Handbuch zu Theorie und Praxis moralischer und demokratischer Bildung. München

Lutter-Link, Christine/Reinhardt, Sibylle 1993: „Export einer Chemiefabrik" – Schüler/innen diskutieren eine moralische Frage. In: Grammes, Tilman/Weißeno, Georg (Hrsg.): Sozialkundestunden. Politikdidaktische Auswertungen von Unterrichtsprotokollen. Opladen, S. 35-51; Wiederabdruck in Landesinstitut (Hrsg.) 1993, S. 114-130

Massing, Peter 1999: Politische Urteilsbildung. In: Richter/Weißeno (Hrsg.), S. 199-201

May, Michael 1999: Intervention aus Humanität? Moralisch-politische Urteilsbildung am Beispiel des Kosovo. In: Gegenwartskunde, H. 1, S. 85-97

Meyer, Thomas 1999: Werte. In: Richter/Weißeno (Hrsg.), S. 259-260

Müller, Hans-Peter/Wegener, Bernd (Hrsg.) 1995: Soziale Ungleichheit und soziale Gerechtigkeit. Opladen

Oser, Fritz 1987: Möglichkeiten und Grenzen der Anwendung des Kohlberg'schen Konzepts der moralischen Erziehung in unseren Schulen. In: Lind/Raschert (Hrsg.), S. 44-53

Oser, Fritz 2001: Acht Strategien der Wert- und Moralerziehung. In: Edelstein/Oser/Schuster (Hrsg.), S. 63-89

Oser, Fritz/Althof, Wolfgang 2001: Die Gerechte Schulgemeinschaft: Lernen durch Gestaltung des Schullebens. In: Edelstein/Oser/Schuster (Hrsg.), S. 233-268

Reinhardt, Sibylle 1999: Werte-Bildung und politische Bildung. Zur Reflexivität von Lernprozessen. Opladen

Reinhardt, Sibylle 2000: Bildung zur Solidarität. In: Breit/Schiele (Hrsg.), S. 288-302

Richter, Dagmar/Weißeno, Georg (Hrsg.) 1999: Lexikon der politischen Bildung, Band 1. Schwalbach/Ts.

Sander, Wolfgang (Münster) 1988: Methoden der politischen Entscheidungsanalyse und der politisch-moralischen Urteilsbildung. In: Gagel, Walter/ Menne, Dieter (Hrsg.): Politikunterricht. Handbuch zu den Richtlinien NRW. Opladen, S. 189-199

Schulz, Anke 2000: Das Embryonenschutzgesetz (EschG). Fächerverbindende Fallstudie zur moralisch-politischen Urteilsbildung. In: Gegenwartskunde, H. 2, S. 227-234

Sutor, Bernhard 1980: Das Konzept der moralischen Entwicklung in der politischen Bildung – Fragen aus der Sicht der Fachdidaktik. In: Schmitt, Gisela (Hrsg.): Individuum und Gesellschaft in der politischen Sozialisation. Tutzing, S. 242-257

Sutor, Bernhard 1989: Politikunterricht und moralische Erziehung. Zum Verhältnis von politischer Bildung und politischer Ethik. In: Aus Politik und Zeitgeschichte, B 46, S. 3-14

Sutor, Bernhard 2000: Zwischen moralischer Gesinnung und politischer Urteilskraft – Ethik als Dimension politischer Bildung. In: Breit/Schiele (Hrsg.), S. 108-120

Thome, Helmut 2003: Soziologische Wertforschung. Ein von Niklas Luhmann inspirierter Vorschlag für die engere Verknüpfung von Theorie und Empirie. In: Zeitschrift für Soziologie, H. 1, S. 4-28

*Klaus Ahlheim*

# Prävention von Rechtsextremismus, Fremdenfeindlichkeit und Antisemitismus

## 1. Das Problem

Seit über einem Jahrzehnt, seit den Mordanschlägen in Hoyerswerda, Hünxe, Rostock-Lichtenhagen, Solingen und Mölln, gehören rechtsextreme Agitation und Gewalt zum deutschen Alltag, sind ein allgegenwärtiges Phänomen. Die öffentlich-politische Wahrnehmung dieser Situation unterliegt in all den Jahren einer erstaunlich konstanten Inkonsequenz: Unmittelbar nach größeren rechtsextrem motivierten Anschlägen gegen Flüchtlinge, Asylbewerber, Fremde macht sich allenthalben Empörung und Entsetzen breit, werden auch kurzfristig und kurzatmig Gegenprogramme – mit meist eher geringer Wirkung – „aufgelegt" und finanziert, ehe das Problem rechtsextremer Gewalt und Propaganda wieder im alltäglichen Verschweigen verschwindet. Dabei haben sich rechtsextreme, fremdenfeindliche Gewalttaten, so kann man die Entwicklung der letzten Jahre bilanzieren, auf hohem Niveau „stabilisiert", sind alltäglich, ohne noch im Alltag zu irritieren. 93 Todesopfer von 1990 bis zum September 2000 dokumentiert die „Chronik der Übergriffe", die die „Frankfurter Rundschau" am 23.9.2000 unter dem Titel „Den Opfern einen Namen geben" veröffentlichte, und die Zahlen in den Verfassungsschutzberichten, hinter denen sich stets noch eine größere Dunkelziffer nicht angezeigter und damit nicht erfasster Taten (Einschüchterung, Bedrohung, Beschimpfung und Diskriminierung) verbirgt, geben nach wie vor keinen Anlass zur Entwarnung. Auch für das Jahr 2003 weist der Verfassungsschutzbericht wieder 759 Gewalttaten mit „extremistischem Hintergrund aus dem Bereich ‚Politisch motivierte Kriminalität – rechts'" aus, darunter sieben „versuchte Tötungsdelikte", 637 Körperverletzungen und 24 Brandstiftungen. Ein großer Teil der Gewalttaten (57 Prozent) richtete sich

Stabilisierung auf hohem Niveau

Rechtsextremismus ist nicht nur ein Problem der neuen Länder

– wie schon in den Jahren zuvor – gegen Ausländer. Und diese alltägliche rechtsextreme Gewalt ist nicht, wie es in der öffentlichen Debatte bisweilen den Anschein hat, auf den Osten der Republik beschränkt. Zwar führen die neuen Bundesländer die „Rangreihe" an, wenn man die Zahl der Gewalttaten auf die Einwohnerzahl bezieht, absolut betrachtet jedoch fanden die meisten rechtsextremen Übergriffe im Westen statt (vgl. Bundesministerium des Innern 2004, 31 ff.).

## 2. Politische Bildung ist keine Feuerwehr

Schützt, bewahrt politische Bildung vor rechtsextremen Einstellungen und Denkmustern, hilft sie gar gegen rechtsextrem motivierte Gewalt? Es gibt – typisiert – zwei Antworten auf diese Frage.

Politische Bildung als „Feuerwehr"

Die *erste Antwort* taucht immer wieder, mehr oder weniger offen und offensiv formuliert, im politischen Diskurs auf. Auf den Höhepunkten der eigenartig wellenförmigen politischen Erregung erlangen Pädagogik und politische Bildung dann jeweils eher fragwürdige Popularität: Sie werden beschworen – und kurzzeitig auch finanziell unterstützt – als wohlfeil und scheinbar problemlos und wirkungsvoll einsetzbare Präventionsmittel gegen eine (weitere) Ausbreitung rechtsextremer Gewalt. Wolfgang Clement hat, noch als Ministerpräsident von Nordrhein-Westfalen und sicher gut meinend, solche Erwartung an (historisch-)politische Bildung exemplarisch und inzwischen viel zitiert auf den Begriff gebracht, als er bei einem gemeinsamen Besuch mit Jugendlichen in der Gedenkstätte Auschwitz dafür plädierte, durch frühzeitige Aufklärung dem Rechtsextremismus vorzubeugen: „Jeder Jugendliche aus NRW sollte während seiner Schulzeit einmal Gelegenheit haben, Auschwitz oder eines der anderen Schandmäler zu sehen". Denn: „Wer hier gewesen ist, wird nie wieder Fremdenhass empfinden oder Gewalt ausüben können" („Westdeutsche Allgemeine Zeitung" vom 4.9.2000). Diese im öffentlichen Diskurs sonst eher seltene Hochschätzung der politischen Bildung erweist sich bei genauerem Hinsehen als politische Entlastungsstrategie, mit gravierenden Folgen für Theorie und Praxis politischer Bildung. Was zunächst als Hochschätzung daherkommt, ist eher eine Überschätzung und Überforderung mit problematischer Wirkung, zumindest mittelfristig und auf längere Sicht. Denn wenn es der politischen Bildung nun schon seit Jahren und Jahrzehnten nicht gelingt, rechtsextreme Tendenzen einzudämmen und rechtsextreme Gewalt zu bekämpfen, hat sie sich dann nicht als nutzlos, gar überflüssig erwiesen?

Die *zweite Antwort* ist ungleich pessimistischer und traut der politischen Bildung, zumindest was den Kern rechtsextremistischer Gewalttäter angeht, kaum etwas zu. Und sie ist unter den pädagogischen Praktikern und den erziehungswissenschaftlichen und soziologischen Theoretikern wohl weitgehend konsens- bzw. mehrheitsfähig. Spätestens seit Wilhelm Heitmeyers Verdikt von 1987 (Heitmeyer 1987, 200 ff.) gilt es als ausgemacht, dass die Bemühungen einer aufklärend-politischen Bildung angesichts des aktuellen Rechtsextremismus notwendig ins Leere gingen. Das ist zunächst richtig. Politische Bildung ist keine gesellschaftspolitische Feuerwehr, keine Umerziehungsmaßnahme mit Sofortgarantie, kein Wunder- und schon gar kein Beruhigungsmittel für jene Politiker, die oft so eifrig nach ihr rufen. Politische Bildung ist keine Blitzbude zur Vermittlung von Werten (an die Jüngeren vor allem, wie das öffentliche Urteil meist meint), keine Gewaltverhinderungsanstalt, kein Umformungsprogramm für jugendliche Abweichler. Politische Bildung – schulische wie außerschulische – setzt eher auf mittel- und langfristige Lern- und Veränderungsprozesse, lässt den Lernenden Raum, neue An- und Einsichten auszuprobieren, Um- und Abwege zu gehen, will Einstellungen, Orientierungen, Überzeugungen vermitteln, beeinflussen, initiieren, korrigieren, problematisieren. Das alles aber ist – auch mit dem größten didaktischen Geschick – nicht einfach vorzuprogrammieren, entzieht sich weitgehend Versuchen der unmittelbaren Erfolgskontrolle (vgl. Ahlheim 2003 b) und ist eben – wenn überhaupt – nicht im Schnellverfahren zu haben. Vor allem den „Kern" rechtsextremer Täter und Unterstützer wird politische Bildung kaum erreichen. Freiwillig werden überzeugte Rechtsextreme zu Veranstaltungen der politischen Jugend- und Erwachse-

Politische Bildung ist kein Wunder- und Beruhigungsmittel

Mittel- und langfristige Perspektive

Kern rechtsextremer Täter erreicht man nicht

nenbildung erst gar nicht hingehen, und wenn sie hingehen müssen – in der Schule etwa, bei der Polizei oder bei der Bundeswehr –, werden sie beharrlich weghören. Sie werden sich allen Bemühungen politischer Bildung – innerlich wie äußerlich – entziehen. Man mag rechtsextremistischen Jugendlichen mit bestimmten Konzepten verstehender, akzeptierender Jugendarbeit (vgl. Krafeld 1996) nahe- und mit klarer „negativer Sanktionierung" auf allen Ebenen der Gesellschaft auch beikommen, politische Bildung hilft da eher wenig.

Interessanterweise gibt es gerade auf dem Gebiet der historisch-politischen Bildung, in der von Clement ja bemühten Gedenkstättenpädagogik, zumindest einige praktische Versuche, die sich ausdrücklich an die Zielgruppe rechtsextremer, oft schon wegen rechtsextremer Gewaltdelikte verurteilter junger Männer wendet (vgl. dazu Bistrich 2002; Nickolai/Lehmann 2002), aber das sind eher Ausnahmeangebote mit recht ungewissem Ausgang, und am erfahrungsgesättigten Grundbefund ändern sie wenig: Als treffsicheres Instrument gegen rechtsextreme Gewalttäter und Gruppen eignet sich politische Bildung kaum.

Aber das letzte Wort ist das noch nicht. Wenn wir die ideologischen Elemente des Rechtsextremismus genauer in den Blick nehmen, stoßen wir auf ein Umfeld von Einstellungen, Vorurteilen und aggressiven Abgrenzungen, das weit über den rechtsextremen Kern hinausreicht – und vor diesem Hintergrund stellt sich die Frage nach der präventiven Potenz politischer Bildung noch einmal neu und ganz anders.

## 3. Die Herausforderung aus der Mitte der Gesellschaft

Ideologie der Ungleichheit

Die ideologischen Besonderheiten des Rechtsextremismus, seine völkischen, rassistischen und antidemokratischen Agitations- und Argumentationsweisen, lassen sich – auch darin ist sich die Forschung weitgehend einig – in ihrem Kern auf ein wesentliches Ideologie-Element zurückführen: die Ideologie der Ungleichheit (vgl. Heitmeyer 1987, 15 f.; Pfahl-Traughber 1999, 14 f.). Es ist gerade diese Ideologie der Ungleichheit mit ihren impliziten rassistisch-völkischen Diskriminierungen und Denkfiguren, die die rechtsextreme Ideologie „anschlussfähig" macht an einen weitverbreiteten, in der Mitte der Gesellschaft verankerten „Alltagsdiskurs" mit seiner fremdenfeindlichen Ausgrenzungsideologie. Das ist angesichts der vor allem von jungen Männern verübten rechtsextremen Gewalt der wirklich beunruhigende Befund: dass sich die jugendlichen Gewalttäter sehr oft auf die ganz „normale" Fremdenfeindlichkeit in weiten Teilen der Bevölkerung berufen und in gewisser Weise auch berufen können. Und der für rechtsextreme Selbstverständigung und Propaganda typische Geschichtsrevisionismus, der Versuch, die NS-Geschichte wegzuschieben, den Holocaust zu leugnen, zumindest zu relativieren, ist ebenfalls anschlussfähig an einen breiten Konsens in der Gesamtbevölkerung, der unter die deutsche Vergangenheit einen Schlussstrich ziehen will, Normalität einklagt und nicht selten mit bestimmten Formen eines „sekundären Antisemitismus" einhergeht.

Fremdenfeindlichkeit ist in weiten Teilen der Gesellschaft verankert

Fremdenfeindliche Vorurteile und aggressive Abgrenzungen gegen alle Fremden und Anderen haben – das belegen empirische Studien und aktuelle Daten – in gewisser Weise den Charakter des „Normalen" in der Gesellschaft erreicht, bieten sich so als Folie für rechtsextremes Agieren an. Wir haben das in einer repräsentativen empirischen Studie über Fremdenfeindlichkeit in Deutschland (Ahlheim/Heger 2000) ausführlich beschrieben und erläutert. Nach unseren Analysen sind ausgeprägte fremdenfeindliche Vorurteile bei 27 Prozent der West- und bei 47 Prozent der Ostdeutschen anzutreffen. Wir haben diesen Befund weiter differenziert, u.a. nach Alter und Geschlecht, nach Parteienpräferenz und Gewerkschaftsmitgliedschaft. Das regelmäßige Ergebnis: Zwar lassen sich durchaus Bevölkerungsgruppen finden, bei denen fremdenfeindliche Orientierungen besonders stark ausgeprägt sind, gleichwohl sind fremdenfeindliche Einstellungen keineswegs auf diese Gruppen beschränkt. So ist etwa der Anteil fremdenfeindlich eingestellter Personen unter den (potenziellen) Wählern der „Republikaner" mit 79 Prozent weit größer als bei den

Ergebnisse empirischer Studien

Anhängern anderer Parteien (zwischen 15 Prozent bei den Wählern von Bündnis 90/Die Grünen und 32 Prozent bei den CDU-Wählern). Dennoch sind fremdenfeindliche Einstellungen nicht nur oder vor allem am rechten Rand des Wählerspektrums zu finden. Vielmehr würde die Mehrheit der fremdenfeindlich eingestellten Befragten eine der „großen Volksparteien" wählen, 34 Prozent die CDU/CSU und 29 Prozent die SPD.

Beunruhigender Trend

Wilhelm Heitmeyer hat in der zweiten Folge seiner Studie „Deutsche Zustände" eine weitere Zunahme fremdenfeindlicher Einstellungen für das Jahr 2003 konstatiert (vgl. Heitmeyer 2003, 21 u.ö.) und einen beunruhigenden Trend beschrieben: „Abnehmende soziale Integrationsqualität geht mit einer Zunahme bei verschiedenen Elementen der Gruppenbezogenen Menschenfeindlichkeit und einer Ausbreitung des rechtspopulistischen Potenzials einher, das am ehesten gegen schwache, als belastend oder störend wahrgenommene Gruppen mobilisiert werden kann" (ebd., 29). Zu den Elementen dieses fast schon normalen „Syndroms Gruppenbezogene Menschenfeindlichkeit", wie es Heitmeyer nennt, gehören Rassismus, Fremdenfeindlichkeit, Islamphobie, Etabliertenvorrechte, klassischer Sexismus, Heterophobie und Antisemitismus (vgl. ebd., 19 ff.). Jeder gegen jeden und alle gegen die Anderen, so könnte man den Befund zusammenfassen. Und solcher Befund gilt offenkundig auch für die selbst Ausgegrenzten, die sich nicht selten in Fundamentalismus und Vorurteile zu retten suchen (vgl. Heitmeyer/Müller/Schröder 1997). Eine seit dem 11. September 2001 sich ausbreitende Islamophobie ist unübersehbar, aber der Antisemitismus unter vielen der so von Diskriminierung bedrohten Muslime auch, wie eine zunächst zurückgehaltene, Ende 2003 aber schließlich veröffentlichte, vieldiskutierte EU-Studie über den Antisemitismus in Europa zeigt (vgl. Bergmann/Wetzel 2003). Diese Studie macht brisante Koalitionen aus: „... it can be said that the anti-Semitic incidents in the monitoring period were committed above all by right-wing extremists and radical Islamists or young Muslims; but also that anti-Semitic statements came from the pro-Palestinian left as well as politicians and citizens from the political mainstream" (ebd., 24).

Antisemitismus

„Sekundärer Antisemitismus“

In der deutschen Mehrheitsgesellschaft ist im Übrigen eine spezifische Ausprägung des Antisemitismus virulent. In der Form des so genannten „sekundären Antisemitismus“ nämlich zeigt sich eine moderne Variante der Judenfeindlichkeit, die mit der allgegenwärtigen Rede vom notwendigen Schlussstrich-Ziehen einhergeht und immer mehr zunimmt. 1994 hatte eine Emnid-Untersuchung im Auftrag des Amerikanischen Jüdischen Komitees herausgefunden, dass 54 Prozent der West- und 25 Prozent der Ostdeutschen die Ansicht vertraten, die Juden nutzten „den nationalsozialistischen Holocaust für ihre eigenen Absichten aus“ (nach: Emnid-Institut 1994, Tab. 19). Ganz ähnlich äußerten sich die Befragten in der ALLBUS-Erhebung von 1996, wo 50 Prozent der West- und 35 Prozent der Ostdeutschen meinten, viele Juden versuchten, „aus der Vergangenheit des Dritten Reiches heute ihren Vorteil zu ziehen und die Deutschen dafür zahlen zu lassen“ (vgl. Ahlheim/Heger 2000, 103). In seiner Umfrage von 2003 nun erhielt Heitmeyer fast 55 Prozent Zustimmung zu dieser Aussage. Außerdem „ärgerten“ sich 70 Prozent der Befragten darüber, „dass den Deutschen auch heute noch die Verbrechen an den Juden vorgehalten werden“ (vgl. Vornbäumen 2003). Das Thema „Entschuldung“ (im Blick auf die deutsche Geschichte, auf NS-Zeit und Holocaust) sei, so Heitmeyer, „in allen Schattierungen dieser Gesellschaft angekommen“ und könne die Basis für einen neuen „unverkrampften“, gar „entschuldeten“ Antisemitismus bilden (ebd.). Heitmeyer bestätigt in seiner Studie für die Gesamtbevölkerung einen Befund, den wir in einer Befragung Essener Studierender erhoben haben. Auch dort hatten wir – wenn auch in einem geringeren Maße als in der Gesamtbevölkerung – einen spürbaren „sekundären Antisemitismus“ ausgemacht, der ganz eng verbunden ist mit dem Wunsch, unter die deutsche (NS-)Vergangenheit einen Schlussstrich zu ziehen (vgl. Ahlheim/Heger 2003, 48 ff.).

All diese fast schon „normalen“ Vorurteile und Abgrenzungsstrategien geben rechtsextremer Agitation und Propaganda Anknüpfungspunkte in Hülle und Fülle, verweisen aber zugleich die politische Bildung auf ihre zentrale Zielgruppe.

## 4. Chancen und Grenzen politischer Bildung

Auf Mitte der Gesellschaft zielen

Wenn politische Bildung überhaupt einen Beitrag leisten will und soll zur Prävention von Rechtsextremismus, dann darf sie nicht wie gebannt auf die schon organisierten, gar gewaltbereiten und gewalttätigen rechtsextremen Personen und Gruppen starren. Sie muss vielmehr die Auflösung, wenigstens Problematisierung und Infragestellung jenes „Syndroms Gruppenbezogene Menschenfeindlichkeit" in der Mitte der Gesellschaft zu einem zentralen Lernziel erheben. Das eröffnet dann durchaus Möglichkeiten und realistische Perspektiven für ein pädagogisches Gegensteuern, für Prävention durch eine durchaus aufklärende politische Bildung in Schule, Jugend- und Erwachsenenbildung.

Schüler, die noch keinem rechtsextremistischen Weltbild anhängen

Politischer Unterricht in der Schule hat es ja vor allem mit jener großen Gruppe von Schülerinnen und Schülern zu tun, die noch keinem ganz und gar gefestigten Weltbild, auch keinem geschlossen rechtsextremen anhängen, die vielmehr – ihrer Lebensphase gemäß – Einstellungen und Haltungen erst noch erproben und deshalb stärker als die Erwachsenen zwischen rigiden Denkstereotypen und flexibleren, vorurteilsfreien, liberalen Einstellungen schwanken, deren Selbstideal also demokratische Züge mit umfasst, aber Vorurteilsfreiheit nicht garantiert. Eine politische Bildung, die durch die Vermittlung politischen Wissens eine als bedrohlich und unüberschaubar erlebte Wirklichkeit analysiert und strukturiert, die ideologiekritisch Wirklichkeitsverklärungen und -verfälschungen entgegenarbeitet, macht tendenziell den Rückgriff auf Vorurteile überflüssig, wehrt schließlich dem bequemen (Nicht-)Denken, das ohne Stereotype und Schwarz-Weiß-Malerei nicht auskommt.

Dem „psychischen Vorteil" des Vorurteils, dem bequemen Nicht-denken-Müssen in unbequemer Lage und Zeit, dem Abwälzen der eigenen Schwächen und Schwierigkeiten auf den Anderen und Fremden, kann aufklärende politische Bildung (das wird in der Diskussion um neue, erlebnisorientierte Formen der politischen Bildung zu schnell vergessen) eine ganz andere psychische Gratifikation entgegensetzen: Auch Denkperspektiven können befreiend wirken. Es ist besser, die Welt, die eigenen Ängste und Konflikte zu verstehen, wissend zu durchschauen, statt alles begriffslos zu erdulden. Und solches Begreifen der Dinge und der Zusammenhänge kann – der alltägliche Schulfrust lässt das Lehrende wie Lernende allzu leicht vergessen – durchaus lustvoll, ja erregend sein. Nicht zuletzt: Was die politische Bildung im Gespräch hält, der politischen Tabuisierung absichtsvoll entreißt, ist von großer Bedeutung für das gesellschaftlich-kulturelle Klima hierzulande. Und dieses gesellschaftliche Klima kann, ebenso übrigens wie das „Binnenklima" in Institutionen (eben in der Schule beispielsweise), mitentscheiden, ob rechtsextreme Welt- und Feindbilder latent bleiben oder sich in aggressivem Hass gegen alles Andere und Fremde entladen.

Kontinuierliche Auseinandersetzung ist nötig

Rechtsextremismus und Gewalt, antisemitische Vorurteile und Fremdenfeindlichkeit, auch religiös motivierter Fundamentalismus müssen über die aktuellen Anlässe hinaus zentrale Themen der politischen Bildung sein, nicht nur in „Konjunkturen", wenn einmal die öffentlich-politische Empörung hochkocht. Dabei geht es stets um mehrere Dimensionen, um die Herausarbeitung etwa der politischen Strukturen und Strategien des organisierten Rechtsextremismus und um die Analyse der Entstehung fremdenfeindlicher, autoritärer Handlungs- und Orientierungsmuster in der Mitte der Gesellschaft, um die Wirkung und Funktion von Vorurteilen, um Sündenbockpraktiken und öffentlich-politische Diskurse der Ausgrenzung, um Migrationspolitik und Multikulturalität, um das Erinnern nicht zuletzt der nationalsozialistischen Barbarei, um die Widerlegung des rechtsextremen Geschichtsrevisionismus, der mit dem Leugnen der Greuel von Auschwitz neuer Barbarei den Boden bereiten könnte. Erinnerungsarbeit in Verbindung mit lokalen Kultur- und Geschichtsinitiativen etwa und Gedenkstättenarbeit gehören zum Kern jeder politischen Bildung.

Neuere Veröffentlichungen

Inzwischen gibt es eine Anzahl von Veröffentlichungen zum pädagogischen Umgang mit Rechtsextremismus, Vorurteilen und Fremdenfeindlichkeit. Neben didaktischen Erörterungen und Anregungen (z.B. Ahlheim 2001; Scherr 2001) finden sich Erfahrungsberichte und Beispiele gelungener Praxis aus verschiedenen pädagogischen Feldern (z.B. Schacht u.a. 1995, 176 ff.; Butterwegge/Lohmann 2001, 131 ff.; Ahlheim 2003a, 133 ff.) und Unterrichtsmaterialien und Seminarmodelle (u.a. Fundamentalismus 2000; Nein zur Gewalt 2001; Ahlheim/Heger 2001; Hufer, 2002). Die verschiedenen Entwürfe zeigen, dass und wie man auch mit pädagogischen Interventionen und politischer Bildung fremdenfeindlichen Vorurteilen und rechtsextremer Gewalt ein wenig entgegensteuern und vorbeugen kann. Aber eine politische Bildung, die ihre Chancen realistisch einschätzt und wahrnimmt, weiß auch um ihre Grenzen, verweigert sich dem Schwarz-Weiß-Denken auch im Blick auf ihr eigenes Unterfangen, lässt Widersprüche, Dialektik, Uneindeutigkeit zu und wird so erst wirklich glaubwürdig. Die Präventions- und Interventionsmöglichkeiten der Pädagogik im Allgemeinen und der politischen Bildung im Besonderen sind auch im Blick auf fremdenfeindliche und antisemitische Einstellungen in der Mitte der Gesellschaft – und nicht nur im Blick auf den rechtsextremen Kern – begrenzt. Zum einen werden politisch-soziale Grundeinstellungen, gerade vorurteilsvolle Haltungen, schon in früher familialer Sozialisation geprägt, durch das gesellschaftspolitische Klima bisweilen gefördert und durch die Angst vor Arbeitslosigkeit und sozialem Abstieg immer wieder aktualisiert. Zum andern sind politische Bildung und politischer Unterricht nur ein kleines Segment im Schulalltag, in der Realität politischer Jugend- und Erwachsenenbildung, ein kleiner Teil nur einer arbeitsteilig organisierten Pädagogik, die in ihren Hauptthemen und -zielen immer deutlicher und ausschließlicher das (beruflich) Verwertbare und ökonomisch Nützliche favorisiert.

Kein Schwarz-Weiß-Denken

Grenzen politischer Bildung

Vor allem aber: Gegen rechtsextreme Denk- und Handlungsmuster, gegen tief verankerte Vorurteilsstrukturen, gegen aggressiven Fremdenhass und Antisemitismus kommt kein Konzept politischer Bildung ganz einfach an, denn Vorurteile sind weitgehend aufklärungsresistent. Gegen die Macht des Vorurteils, das von der Macht der Verhältnisse provoziert wird, argumentiert aufklärende Bildung zunächst vergebens. Fremdenfeindlichkeit und Vorurteile entziehen sich immer wieder aufklärender Bildung, bauen jedes Gegenargument in ihr krudes Welt- und Feindbild ein. An Aufklärung und politisch-aufklärender Bildung festzuhalten heißt, nach Auschwitz und dem „Jahrhundert der Barbarei" (Karlheinz Deschner) auch die Grenzen der Aufklärung stets vor Augen zu haben. In seiner inzwischen berühmten Rundfunkrede über die „Erziehung nach Auschwitz", die er 1966, wenige Monate nach dem Ende des Frankfurter Auschwitz-Prozesses gehalten hat, formulierte Theodor W. Adorno ebenso entschlossen wie skeptisch: „Aller politische Unterricht ... sollte zentriert sein darin, daß Auschwitz nicht sich wiederhole" (Adorno 1970, 109). Und er hat dabei – als erfahrener empirischer Vorurteilsforscher – einen höchst skeptischen, gewissermaßen minimalen, gleichwohl unaufgebbaren pädagogisch-professionellen Grundgedanken formuliert: „Wenn rationale Aufklärung auch – wie die Psychologie genau weiß – nicht geradeswegs die unbewußten Mechanismen auflöst, so kräftigt sie wenigstens im Vorbewußtsein gewisse Gegeninstanzen und hilft ein Klima bereiten, das dem Äußersten ungünstig ist" (ebd., 108).

„Erziehung nach Auschwitz"

Die Dialektik des Adornoschen Diktums verlangt vom professionellen Pädagogen in der politischen Bildung viel: Er handelt voller Optimismus – am Rande stets der Resignation.

## Literatur

Adorno, Theodor W. 1970: Erziehung nach Auschwitz. In: Erziehung zur Mündigkeit. Vorträge und Gespräche mit Hellmut Becker. 1959-1969, hrsg. von Gerd Kadelbach. Frankfurt/M., S. 92-109

Ahlheim, Klaus 2001: Pädagogik mit beschränkter Haftung. Politische Bildung gegen Rechtsextremismus. Schwalbach/Ts.

Ahlheim, Klaus (Hrsg.) 2003a: Intervenieren, nicht resignieren. Rechtsextremismus als Herausforderung für Bildung und Erziehung. Schwalbach/Ts.

Ahlheim, Klaus 2003b: Vermessene Bildung? Wirkungsforschung in der politischen Erwachsenenbildung. Schwalbach/Ts.

Ahlheim, Klaus/Heger, Bardo 2000: Der unbequeme Fremde. Fremdenfeindlichkeit in Deutschland – empirische Befunde. 2., durchges. Aufl., Schwalbach/Ts.

Ahlheim, Klaus/Heger, Bardo 2001: Vorurteile und Fremdenfeindlichkeit. Handreichungen für die politische Bildung. 3. Aufl., Schwalbach/Ts.

Ahlheim, Klaus/Heger, Bardo 2003: Die unbequeme Vergangenheit. NS-Vergangenheit, Holocaust und die Schwierigkeiten des Erinnerns. 2. Aufl., Schwalbach/Ts.

Bergmann, Werner/Wetzel, Juliane 2003: Manifestations of anti-Semitism in the European Union. First Semester 2002. Synthesis Report, im Auftrag des European Monitoring Centre on Racism and Xenophobia (EUMC). Wien

Bistrich, Pia 2002: Gedenkstättenarbeit und rechtsextreme Jugendliche – Eine Bestandsaufnahme, Diplomarbeit. Universität Essen

Bundesministerium des Innern (Hrsg.) 2004: Verfassungsschutzbericht 2003. Pressefassung. Berlin

Butterwegge, Christoph/Lohmann, Georg (Hrsg.) 2001: Jugend, Rechtsextremismus und Gewalt. Analysen und Argumente. 2. Aufl., Opladen

Emnid-Institut 1994: Die gegenwärtige Einstellung der Deutschen gegenüber Juden und anderen Minderheiten. Ein Überblick über die öffentliche Meinung, durchgeführt im Auftrag des Amerikanischen Jüdischen Komitees. Bielefeld

Fundamentalismus. Wochenschau für politische Erziehung, Sozial- und Gemeinschaftskunde, Sek. II, Nr. 6/2000, bearbeitet von Klaus Ahlheim und Bardo Heger. Schwalbach/Ts. 2000

Heitmeyer, Wilhelm 1987: Rechtsextremistische Orientierungen bei Jugendlichen. Empirische Ergebnisse und Erklärungsmuster zur politischen Sozialisation. Weinheim/München

Heitmeyer, Wilhelm (Hrsg.) 2003: Deutsche Zustände. Folge 2. Frankfurt/M.

Heitmeyer, Wilhelm/Müller, Joachim/Schröder, Helmut 1997: Verlockender Fundamentalismus. Türkische Jugendliche in Deutschland. Frankfurt/M.

Hufer, Klaus-Peter 2002: Argumentationstraining gegen Stammtischparolen. Materialien und Anleitungen zum Selbstlernen. 5. Aufl., Schwalbach/Ts.

Krafeld, Franz Josef 1996: Die Praxis akzeptierender Jugendarbeit. Konzepte, Erfahrungen, Analysen aus der Arbeit mit rechten Jugendcliquen. Opladen

Nein zur Gewalt. Rechtsextremismus, Fremdenfeindlichkeit, Antisemitismus, Rassismus (Multiplikatorenpaket politische Bildung). Schwalbach/Ts. 2001

Nickolai, Werner/Lehmann, Henry (Hrsg.) 2002: Grenzen der Gedenkstättenpädagogik mit rechten Jugendlichen. Freiburg im Breisgau

Pfahl-Traughber, Armin 1999: Rechtsextremismus in der Bundesrepublik. München

Schacht, Konrad/Leif, Thomas/Janssen, Hannelore (Hrsg.) 1995: Hilflos gegen Rechtsextremismus? Ursachen – Handlungsfelder – Projekterfahrungen. Köln

Scherr, Albert 2001: Pädagogische Interventionen. Gegen Fremdenfeindlichkeit und Rechtsextremismus – eine Handreichung für die politische Bildungsarbeit in Schulen und der außerschulischen Jugendarbeit. Schwalbach/Ts.

Vornbäumen, Axel 2003: Hat der Antisemitismus die Mitte erreicht? In: „Frankfurter Rundschau" vom 12.12.2003, S. 2

*Alfred Holzbrecher*

# Interkulturelles Lernen

## 1. Geschichte und Konzept interkulturellen Lernens

Migration als Kennzeichen europäischer Geschichte

Interkulturelles Lernen wird heute als die Antwort des Bildungssystems auf die Multikulturalität der Gesellschaft verstanden. Die Geschichte des Begriffs spiegelt dabei die zentralen Phasen gesellschaftspolitischer Entwicklungen und Diskurse wider. Zunächst gilt festzuhalten, dass Migration zu den zentralen Kennzeichen europäischer Geschichte gehört. Überschritten die einen „freiwillig" regionale und nationale Grenzen, um nach Arbeit zu suchen, sahen sich andere dazu gezwungen, weil sie sonst verhungert wären. Wieder andere mussten fliehen, weil sie auf Grund ihrer religiösen oder politischen Überzeugungen verfolgt wurden. Ehemals kleinräumige Stadt-Land-Gefälle mit der typischen „Landflucht" erreichten v.a. in den letzten 200 Jahren immer mehr europäische Ausmaße und verschärften die regionalen Ungleichheiten auf kontinentaler Ebene: „Zentren" der Entwicklung wurden immer reicher – mit Hilfe der Arbeitskräfte aus den Randregionen, der „Peripherie". Regionen der Emigration gerieten immer mehr in den Machtbereich der Zentren, so dass bisherige Peripherieländer, etwa Italien oder Spanien, ihrerseits immer mehr zum Ziel der Einwanderung werden: Von Zentralafrika über Nordafrika, Süditalien und Norditalien bis nach Deutschland ergibt sich somit in jüngster Zeit eine Stufenleiter der Arbeitsmigration, Ausdruck eines globalen Entwicklungsgefälles und sich verschärfenden Ungleichheiten.

Weltweite Migration wird zunehmen

Es ist davon auszugehen, dass die weltweite Migration als Folge des Globalisierungsprozesses noch stärker wird, dies aus mehreren Gründen:

– Mit der ökonomischen und politischen Globalisierung entsteht ein *globaler Arbeitsmarkt*, von der die international arbeitenden Unternehmen in den über die ganze Welt verteilten Entwicklungszentren profitieren – und vermutlich das *internationale Wohlstandsgefälle* weiter verschärfen.

– Nach Einschätzung von Experten wird die Zahl der *Flüchtlinge* stark ansteigen, v.a. aus Kriegsgebieten, aus Gründen politischer Repression oder religiöser Verfolgung, wegen ökologischer Katastrophen oder um der Armut und dem Hunger zu entfliehen (vgl. Nuscheler 1995, 68 f).

„Gastarbeiter“

In den 1960er-Jahren nannte man sie „Gastarbeiter“, das deutsche „Wirtschaftswunder“ in den Jahrzehnten nach Kriegsende wäre undenkbar gewesen ohne den ständigen Zustrom von arbeitswilligen und -fähigen Migranten. Bis zum Bau der Berliner Mauer 1961 befriedigte ein nicht versiegender Strom von DDR-Flüchtlingen den Bedarf der westdeutschen Wirtschaft an Arbeitskräften. Danach wurden verstärkt Anwerbeverträge mit den Staaten Südeuropas abgeschlossen. Die umgangssprachliche Bezeichnung für die Arbeitsmigranten machte deutlich, dass sie als „Gäste“ willkommen waren, aber nach Erfüllung ihrer Aufgabe wieder in ihr Heimatland zurück sollten. Wirtschaftstheoretiker sprachen von einer „industriellen Reservearmee“, die je nach Bedarf mobilisiert und wieder zurückgeschickt werden konnte. In Zeiten wirtschaftlicher Rezession ging die Beschäftigung von Arbeitsmigranten stark zurück und der Anfang der 1970er-Jahre verhängte „Anwerbestopp“ hatte zur Folge, dass die Zahl der „neuen“ Arbeitsmigranten stark schrumpfte, während die Zahl derjenigen stieg, die blieben und ihre Familien nachzogen: Es verstärkte sich die Tendenz zum Daueraufenthalt, obwohl im politischen Diskurs die Tatsache, das Deutschland sich zum Einwanderungsland entwickelte, geleugnet wurde. In den 1970er-Jahren war die deutsche Schule erstmals mit „Gastarbeiterkindern“ konfrontiert, die folgendermaßen wahrgenommen wurden: Sie stellen ein *Problem* dar, sie haben *Defizite*, v.a. sprachliche, und können zur *Belastung* werden. Aus einem solchen Wahrnehmungsmuster ergibt sich fast von selbst die Forderung nach Fürsorge, beratender Hilfe und Behebung der Defizite (vgl. Hamburger 1994, 73 ff.).

Von der „Ausländerpädagogik“

Der gesellschaftliche Wandel und die Kritik an der so konzipierten „Ausländerpädagogik“ führten Anfang der 1980er-Jahre zu einer Transformation dieses Ansatzes zum Konzept der „Interkulturellen Pädagogik". Kritisiert wurde v.a. an dem „Ausländerpädagogik"-Konzept

zur „Interkulturellen Pädagogik"

- dass mit einer Fixierung auf die Behebung sprachlicher Defizite gesellschaftliche Ursachen der Marginalisierung von Migranten aus dem Blickfeld gerieten;
- eine Pädagogisierung gesellschaftlicher Probleme stattfindet, d.h. die Illusion produziert wird, gesellschaftliche Probleme ließen sich mit pädagogischen oder gar therapeutischen Mitteln lösen;
- dass „Ausländerpädagogik" eine defizitorientierte Sonder-Pädagogik ist, insofern sie sich nur an die Migrantenkinder richtet und die Gefahr einer Entmündigung dieser Kinder und Jugendlichen in sich birgt (vgl. Roth 2002, 44 ff.);
- dass der monokulturelle und -linguale Charakter der Schule unhinterfragt bleibt (Gogolin 1994).

Gesellschaftlicher Umbruch nach 1990

Der gesellschaftliche Umbruch nach dem Fall der Berliner Mauer brachte zu Beginn der 1990er-Jahre Herausforderungen von bislang nicht gekannter Dramatik. Nicht zuletzt der Wegfall der seit Kriegsende verinnerlichten Denkkategorie „Ost-West", die große Zahl von Migranten aus bislang „dem Osten" zugeordneten Ländern und Regionen und ein starker ökonomischer Globalisierungsschub führten zu einer gesellschaftlichen Ambivalenzerfahrung, die in rechtsextremistischen Anschlägen ihren Ausdruck fand. Interkulturelle Pädagogen sahen sich vor der Aufgabe einer Auseinandersetzung mit Rassismus und Rechtsextremismus, d.h. auch mit deren politischen und gesellschaftlichen Ursachen. Es kam zu einer verstärkten Auseinandersetzung mit Ansätzen einer „antirassistischen Erziehung" (vgl. Rinke 2000, 101 ff.) bzw. mit Theorien, die die Kritik einer strukturell bedingten, institutionell verankerten Diskriminierung von Minderheiten zum Kern hatten. Folgerichtig fand auf didaktischem Terrain einerseits eine Ausdifferenzierung der Konzepte und Ansätze statt, andererseits deren Integration unter den Vorzeichen einer Globalisierung von Bildung und Erziehung.

Zusammenfassend kann interkulturelles Lernen durch folgende Merkmale charakterisiert werden:

- Es richtet sich in gleicher Weise an Kinder und Jugendliche aus den Zuwandererfamilien und an die der Mehrheitsgesellschaft.
- Es ist ein offenes und für multikulturelle und globalisierte Gesellschaften zentrales Handlungskonzept, mit dem auf gesellschaftliche Veränderungen konstruktiv reagiert werden kann und soll. Es bietet einen Beitrag zu Friedenserziehung und Konfliktlösung bzw. zu einem Verständnis von gesellschaftlicher Integration, bei dem die Gestaltung des Spannungsverhältnisses zwischen Assimilierung einerseits und ethnischer Segregation andererseits als politische Aufgabe begriffen wird.
- Interkulturelle Erziehung basiert auf einer subjekt- bzw. biografiebezogenen Pädagogik, der Erfahrungs- bzw. Lebensweltbezug ist konstitutiv.
- Interkulturelle Pädagogik versteht sich als Anwältin der Mehrsprachigkeit in einer Gesellschaft.
- Interkulturelle Pädagogik ist keine Institution oder ein Schulfach, sondern ein Prinzip, das auf verschiedenen Ebenen in der schulischen wie in der außerschulischen Bildungsarbeit wirksam werden soll.
- Interkulturelle Pädagogik basiert auf einem erweiterten Kulturbegriff, im Sinne eines gemeinsam geteilten Systems von symbolischen Bedeutungen, das in allen Lebensbereichen und Lebensvollzügen stets mit(re)produziert wird, als soziales Orientierungssystem fungiert und damit grundlegend für die subjektbezogene „Sinnkonstitution und Identitätsbildung" (Auernheimer) ist.
- Interkulturelle Pädagogik ist „eine europäische und internationale Perspektive in einer immer mehr zusammenrückenden und sich austauschenden Welt, das zu Verständigung einer Weltgesellschaft beitragen soll" (Roth 2002, 88-92).

Merkmale interkulturellen Lernens

*Interkulturelle Kompetenz* ist damit auf drei Ebenen zu beziehen:

- Erstens auf die *gesamtgesellschaftliche bzw. makrostrukturelle Problematik*: Angesichts der strukturellen Koppelung von globalisierten Marktstrukturen und denen der eigenen Lebenswelt gilt es den zunehmenden Ohnmachts- und Desintegrationserfahrungen solche der Selbstwirksamkeit entgegenzusetzen.

Ebenen interkultureller Kompetenz

Gesamtgesellschaftliche Problematik

Die Auflösung Sicherheit vermittelnder sozialer und politischer Strukturen wird die sozialpsychologische *Dynamik der Ein- und Ausschließung des Anderen* verstärken und damit dem Einzelnen Entscheidungen abfordern, deren Legitimation immer weniger unter Verweis auf Traditionen oder „höhere Werte" gelingen mag, sondern diskursiv hergestellt werden muss. Demokratiegefährdend sind in diesem Prozess der Modernisierung weniger der „Werteverlust" als die sich verstärkende Tendenz zu religiösem und/oder politischen Fundamentalismus: Ihm erscheint die Vielstimmigkeit und Dynamik globalisierter Gesellschaften als „bedrohlich", eine Fremdheits- und Ambivalenzerfahrung, die durch Rückgriff auf autoritäre Politik-Muster zu vernichten versucht wird, etwa indem das Prinzip „Gemeinschaft" („Nation") favorisiert wird – gegen das konfliktträchtigere der „Gesellschaft", die Sphäre des „Eigenen" scharf gegen die „des Fremden" abgegrenzt und verteidigt wird, meist verbunden mit klaren Freund-Feind-Konstruktionen, Vorstellungen von einer „Höherwertigkeit" der Eigengruppe bzw. entsprechenden Größen- und Machtphantasien.

Lebensweltbezug

– Zweitens ist interkulturelle Kompetenz auf die *überschaubare Lebenswelt,* den konkreten Interaktions- und Handlungsraum im Alltag der Lernenden, zu beziehen. Handlungspropädeutisch ist damit v.a. die Befähigung gemeint, im eigenen überschaubaren, multikulturellen Lebensraum, z.B. der Region, kompetent politisch handeln zu lernen: Im gestaltbaren Lebensraum kann die Fähigkeit entwickelt werden, mit den vielfältigen Spannungen, Brüchen und Veränderungen des sozialen Systems selbstreflexiv umzugehen. Gleichzeitig bieten Sicherheit und Vertrautheit vermittelnde Wir-Identitäten – auch über Grenzen hinweg – das notwendigerweise stabilisierende Moment. Nur so kann die Erfahrung von Selbstwirksamkeit entwickelt werden, die es ermöglicht, sich weniger als ohnmächtiges Opfer und eher als selbstbewusstes, weil gestaltendes Subjekt wahrzunehmen.

Psychosoziale Subjektentwicklung

– Drittens gilt es, die *Ebene der psychosozialen Subjektentwicklung* zu berücksichtigen: Aus der Auseinandersetzung des Subjekts mit inneren und äußeren Widerständen, mit Ängsten, Wünschen und möglichen Zukunftsperspektiven sowie mit der eigenen Krisenwahrnehmung dürfte sich psychische Stärke entwickeln, die als Bedingung dafür gesehen werden kann, mit Mehrdeutigkeit, mit Veränderungen und Verwandlungen kreativ umgehen zu können: Damit kann die Fähigkeit entwickelt werden, auf den Ebenen 1 und 2 zu agieren.

## 2. Sind alle Werte gleich gültig? Kulturelle Relativität und Normenproblem

„All equal – all different"

„All equal – all different". In dieser Formel ist sowohl beschreibend als auch normativ das Bemühen interkultureller Bildung verdichtet. Doch die Differenz des Anderen wird, weil ein Leben in „kulturell homogenen" Räumen sich mehr denn je als (politisch gefährliche) Fiktion entpuppt, für soziale Gruppen wie für das einzelne Subjekt zu einer immer größer werdenden Herausforderung, weil sich früher oder später das Problem der Gültigkeit von gesellschaftlichen bzw. kulturellen Regeln stellt: Wenn ein streng gläubiger muslimischer Vater seiner Tochter die Klassenfahrt oder die Teilnahme am gemischtgeschlechtlichen Sportunterricht verbieten will, gelten dann „kulturrelativistisch" die Regeln der ethnischen community oder die eines „universalistischen" Normengefüges? Können wir im Umgang mit dem Fremden von kulturübergreifenden und für alle Menschen geltenden Wert- und Normvorstellungen ausgehen, oder gilt es sie jeweils „relativ", d.h. im Kontext ihrer spezifischen historisch-gesellschaftlichen Entwicklung, zu verstehen und anzuerkennen? Während die universalistische Position lange Zeit unbestrittene Gültigkeit beanspruchen konnte, wurde dieses Deutungsmuster vor allem durch kulturanthropologische Forschungen in Frage gestellt. Einen besonderen Akzent erhielt die „relativistische" Position durch die politisch-ökonomisch fundierte Kritik am eurozentrischen Weltbild, in dem die Jahrhunderte lange Herrschaftsgeschichte Europas in Gestalt rassistischer Einstellungen verdichtet erscheint.

Universalistischer Ansatz

Vertreter *universalistischer Ansätze* gehen davon aus, dass es unabhängig von der Zugehörigkeit zu einer Gesellschaft oder

Kultur „Universalien" im menschlichen Zusammenleben *gibt*, das „essenziell Humane" sei in allen Menschen präsent. Problematisch erscheint dabei, dass diese Ansätze blind gegenüber historisch und kulturbedingten Differenzen sind, v.a. aber dass die Annahme universaler Prinzipien zwangsläufig so etwas wie eine „evolutionäre Entwicklungslinie" beinhaltet, an deren Ende sich die „entwickelten Gesellschaften" positionieren und andere entsprechend abwerten und ausgrenzen. Festzuhalten bleibt auch, dass es keinen außerhalb der Kultur liegenden Standpunkt zur Entwicklung „universaler" Prinzipien gibt.

Kulturrelativistische Ansätze

Mit *kulturrelativistischen Ansätzen* wird vor dem Hintergrund des Postulats der Gleichwertigkeit der Kulturen die Einsicht in die Zwangsläufigkeit ethnozentrischer Sichtweisen gefordert, was gleichzeitig ein Erkennen der Begrenztheit der eigenen Wahrnehmung und des Verstehens beinhaltet. Ethnische Differenz und kulturelle Vielfalt gelte es in ihrer Eigen-Wertigkeit vor dem Hintergrund der jeweiligen historisch-gesellschaftlichen und kulturellen lebensweltlichen Kontexte anzuerkennen. Doch gerade dies kann zu einem Werterelativismus und damit zu Handlungsunfähigkeit führen; im Extremfall besteht die Gefahr einer Rechtfertigung von Menschenrechtsverletzungen als „kulturell bedingt".

So scharf konturiert die beiden Positionen aus philosophischer wie aus erziehungswissenschaftlicher Perspektive sind, in der pädagogischen Praxis dürfte es nicht um ein Entweder-Oder gehen, sondern darum, die Positionen als Spannungsfeld zu begreifen, das keine einfachen Lösungen zulässt. Zu dem wesentlichen Kennzeichen professionellen pädagogischen Handelns gehört die Wahrnehmung und Gestaltung von ambivalenten und sich ständig verändernden Handlungsstrukturen.

## 3. Didaktische Ansätze und Formen interkulturellen Lernens

Im Folgenden soll der Versuch unternommen werden, die Vielzahl von Praxisansätzen und didaktisch begründeten Konzepten durch eine Kategorisierung übersichtlicher zu machen. Bei der

Sichtung der Literatur fallen immer wieder vier Grundthemen oder -motive für interkulturelles Lernen auf:

Grundthemen und -motive interkulturellen Lernens

1. Verstehen des Fremden/Umgang mit Fremdheit;
2. Anerkennung des Anderen/Identität;
3. „Alle anders – alle gleich“: Nicht-wertender Umgang mit Differenz;
4. Grenzüberschreitende Verständigung in globaler Verantwortung.

Diese Grundmotive oder -themen können auch als übergreifende Lehr-Lern-Ziele verstanden werden, die sich in unterschiedlicher Gewichtung in den didaktischen Konzepten wieder finden, unabhängig davon, ob sie für den schulischen oder den außerschulischen Bereich konzipiert wurden.

## 3.1 Ethnische Spurensuche in Geschichte und Gegenwart

Geschichtliche Tiefenstruktur in gegenwärtigen Phänomenen

Zentraler Ansatz dieses Konzepts ist das Anliegen, „Zeichen der Gegenwart“ auf ihre geschichtliche Tiefenstruktur hin zu befragen, um zu entdecken, dass multikulturelle Vielfalt nichts Exotisches und Neues, sondern ein zentrales Kennzeichen unserer Geschichte ist. Solche Zeichen können im weitesten Sinne sein:

- Orte der Erinnerung (Kriegsorte, Friedhöfe, Denkmäler ...);
- Feier-/Gedenktage (vgl. multikulturelle Wurzeln „christlicher“ Feiertage ...);
- Sprache (vgl. Herkunft der Familiennamen, Wanderung von (Fremd-)Wörtern ...);
- Bilder/Fotos („Fremde/s“ in meiner Familiengeschichte, in der Geschichte unseres Ortes/Stadtteils ...);
- Rituale und Gesten (vgl. Begrüßungs-, Abschieds-, Fest- und Trauerrituale ...);
- Symbole und ihre Bedeutung für die Konstruktion sozialer Identitäten (vgl. Kopftuch-Sprache, gruppen-/jugendspezifische Bekleidung ...).

### 3.2 Antirassistische Erziehung, Aufklärung und Ideologiekritik

Antirassistische Erziehung durch ideologiekritische Auseinandersetzung

Das Konzept der Antirassistischen Erziehung entstand in Großbritannien und hat durch die Schärfe der ideologiekritischen Auseinandersetzung zu einer Selbstvergewisserung der interkulturellen Pädagogik geführt (zur politikdidaktischen Perspektive des Diskurses vgl. Rinke 2000, 101 ff.). Das gegenwärtige Profil dieses Konzepts im deutschsprachigen Raum kann folgendermaßen skizziert werden:

- Mit seinem Aufsatz „Erziehung nach Auschwitz" (1966) fordert Theodor W. Adorno dazu auf, über die Mechanismen aufzuklären, die den Nationalsozialismus ermöglicht haben. Dies bedeutet vor allem eine Aufklärung über strukturell bedingte Herrschaftsverhältnisse (vgl. Kolonialismus), weltweit wird *Rassismus identifiziert als Herrschaft legitimierende Ideologie*, die – zumeist in versteckter Form – zu einer institutionellen Diskriminierung von Minderheiten geführt hat.
- Richten sich Aufklärung und Ideologiekritik auf die *analytische Erkenntnis* von strukturellen gesellschaftlichen Zusammenhängen, der sozialpsychologischen Dynamik rassistischer, antisemitischer und fremdenfeindlicher Einstellungen sowie der historischen Bedingtheit des ethnozentrischen Blicks, legen die Vertreter dieses Konzepts auch großen Wert auf die *spielerische Veränderung dieser biografisch und lebensweltlich bedingten Wahrnehmungsmuster.*
- Nach den verstärkten rechtsradikalen Anschlägen Anfang der 1990er-Jahre kann auch das *„Anti-Aggressions-Training"* dem antirassistischen Ansatz zugeordnet werden, geht es dabei doch v.a. darum, einen Täter-Opfer-Ausgleich zu erarbeiten und rassistische Einstellungsmuster zu verändern, indem man lernt, eine Sensibilität für die eigenen Schwächen und ein breites Spektrum an Verhaltensmöglichkeiten zu entwickeln.

### 3.3 Lernen für Europa

Dies war und ist ein nicht unumstrittenes Konzept, schließt es doch per definitionem alle diejenigen aus, die nicht diesem geografischen Bereich zuzuordnen sind. Unverkennbar ist sicherlich das politische Bemühen, mit dem pädagogischen Konzept zur Entwicklung einer „europäische Identität" beizutragen: Ein Identitätsgefühl entsteht zum einen durch Selbstvergewisserung gemeinsamer Werte, zum anderen durch Abgrenzung von denjenigen, die diese Werte nicht teilen. Dem Diskurs über das, was „Europa" ausmacht, dürfte an sich schon interkulturelle Qualität zukommen. Damit könnte das Bewusstsein entwickelt werden, dass

Entwicklung einer europäischen Identität

- Migration, kultureller Austausch und eine Vermischung von „Kulturen" zum zentralen Kennzeichen europäischer Geschichte gehört. Die Entdeckung der vielfältigen und wechselseitigen Einflüsse, ob im Bereich der Alltags-/Esskulturen oder in dem der Wissenschaften (vgl. Mathematik, Philosophie), lässt erkennbar werden, dass „Kultur" nicht als etwas Homogenes denkbar ist. Wer von „Kulturkreisen" spricht oder vom „Zusammenprall von Kulturen", suggeriert das Vorstellungsbild von „Festkörpern mit klaren Grenzen". Realitätsangemessener erscheint daher die Metapher des „Netzes" (vgl. Meyer 1997, 115 f.), in dem es zwar auch Flächen gibt mit „relativer" Einheitlichkeit, meist aber Vermischungen und Übergänge die Regel sind.
- Barbarei wuchs dort, wo Fremdes ausgegrenzt wurde. Positiv und verallgemeinernd formuliert, belegt die europäische Geschichte, dass die Begegnung und Auseinandersetzung mit dem Fremden als Bedingung für die Entwicklung einer Zivilgesellschaft verstanden werden kann: Verwandlungen, Grenz-Übergänge und die Gestaltung von Spannungsverhältnissen sind bei genauerer Betrachtung eine wesentliche Bedingung für die Humanisierung politischer Beziehungen und menschlicher Umgangsformen.
- Mit der Entwicklung einer „citoyenneté", einer „Zivilgesellschaft", werden – auf der Basis der Aufklärung – zentrale Werte der europäischen Ideengeschichte angesprochen, die sich u.a. mit den Begriffen Gleichheit, Solidarität, Bürger- und Menschenrechte umschreiben lassen.

– „Eine globale *Bruchlinie* existiert, aber sie verläuft nicht *zwischen* den Kulturen, sondern *in* ihnen, nämlich zwischen jenen, die nach der politischen Vormacht für ihr eigenes Verständnis der kulturellen Überlieferung streben, und jenen, die einen politisch rechtlichen Rahmen für das Zusammenleben der verschiedenen Kulturen und Zivilisationsstile verlangen" (Meyer 1997, 83).

### 3.4 Sprachliche und kulturelle Allgemeinbildung

Interkulturelles Lernen durch Sprachkompetenz

Interkulturelle Kontakte realisieren sich im Raum sprachlicher und nichtsprachlicher Zeichen. Wörter wecken Gefühlswelten, und zwar solche, die diese kulturelle Kodierung deutlich werden lassen und damit die Essenz „kultureller Identität" berühren, zum anderen solche, die mit den individuellen Lebensgeschichten zu tun haben. Diese Gemengelage macht Kommunikation im Allgemeinen und interkulturelle im Besonderen so störungsanfällig. Dieser didaktische Ansatz ist daher in einem umfassenden Sinn „allgemeinbildend". Seine zentralen Profilmerkmale sind:

- *Verständnis von Sprache als Medium der persönlichen und kollektiven Identitätskonstruktion:* Die Erfahrung von Zugehörigkeit in einem vertrauten Raum, das Sich-Heimisch-Fühlen („Identität") erfolgt wesentlich über das Medium Sprache, eben weil in ihr bestimmte kulturelle Erfahrungen verdichtet erscheinen. Interkulturelles Lernen findet statt, wenn eben diese Codes erkennbar werden, die Codes der eigenen Sprache und Gesten wie auch die der fremden. Die pädagogische Bedeutung dieses Ansatzes zeigt sich nicht nur in den modernen Fremdsprachen (vgl. „language awareness"), sondern auch im Umgang mit den Sprachen der Zuwanderer, deren soziale und personale Identität sich im Medium ihrer Sprache bildet.
- *Mehrsprachigkeit als Entwicklungsperspektive:* Jenseits der Debatte um den Sinn eines „muttersprachlichen Unterrichts" für Schüler und Schülerinnen mit Migrationshintergrund gilt: Das Erlernen mehrerer Sprachen dürfte eine plausible Entwicklungsperspektive sein, und zwar nicht nur der Weltsprachen Englisch oder Französisch, sondern auch die der türkischen Nachbarn.

– *Nonverbale Aspekte interkultureller Kommunikation:* Ob als Vorbereitung einer internationalen Jugendbegegnung oder als Rückblick auf eine misslungene Kommunikation im Betrieb – die Sensibilisierung für die kulturelle Codierung von Gesten, Körperhaltungen oder Begrüßungsritualen erscheint unabdingbar in einer „globalisierten Gesellschaft", eben weil der Kontakt zwischen („inter"-) Kulturen vermutlich in erster Linie von der Deutung nichtsprachlicher Zeichen bestimmt ist.

## 3.6 Globales Lernen

Angesichts rasanter Prozesse der Globalisierung von Finanz- und Informationsströmen und der drohenden Gefahr, dass soziale Standards, das Recht auf humane Arbeits- und Lebensbedingungen, auf Bildung und die Einhaltung von Menschenrechten dem Diktat des „freien Markts" geopfert werden, scheint Globales Lernen als angemessene Antwort der Pädagogik auf diese Herausforderungen (vgk. auch Asbrand/Scheunpflug in diesem Kapitel). „Global denken – lokal handeln" war der Slogan, der schon Anfang der 1980er-Jahre auftauchte und signalisierte, dass gesellschaftliche Problem- und Handlungsfelder vor Ort *im Kontext* weltweit wirksamer ökonomischer Strukturprozesse zu sehen sind. Grundlage dieser Bewegung war der ethische Anspruch, der im Begriff der „sozialen Gerechtigkeit" zum Ausdruck kommt: Strukturell benachteiligten Bevölkerungsgruppen in den Ländern des Südens („Dritte Welt") wollte man eine Stimme geben, und nach der Jahrhunderte langen Ausbeutung sollten gerechtere Weltmarktstrukturen faire Entwicklungsbedingungen für die Länder des Südens ermöglicht werden.

„Global denken – lokal handeln"

„Dritte Welt"

Ein wesentliches Merkmal dieser Bewegung war das Zusammen-Denken lebensweltlicher Probleme im Nahbereich mit denen im internationalen Bereich. So wurde die Thematisierung der Problembereiche „Alltagsprodukte aus Dritte Welt-Ländern" (Bananen, Kaffee, Baumwolle ...), „Menschenrechte und Demokratie" und „Klimaschutz" nicht nur zu einer Aufklärung über strukturelle Zusammenhänge zwischen Nah- und Fernbereich, sondern auch mit dem Appell verbunden, den eigenen Lebensstil den Prinzipien einer „nachhaltigen Entwicklung" und „Zukunftsfähigkeit" anzupassen. Die „Verantwortung für die Eine Welt" sollte zur ethischen Basis für eine Verknüpfung der Bereiche Entwicklung/Soziale Gerechtigkeit, Demokratie/Menschen- und Bürgerrechte sowie Ökologie werden.

Vier Perspektiven globalen Lernens

Die vorliegenden Ansätze können nach dem Kriterium unterschieden werden, welche der folgenden thematischen Perspektiven jeweils dominiert.

- *Problemorientierung*: Die zentrale Perspektive ist hier ein Sachthema, das eine kultur- und länderübergreifende Erarbeitung und Erkenntnisse über strukturelle Zusammenhänge ermöglicht.
- *Personen-/Subjektorientierung*: Eine erzählte Geschichte eines Indiojungen aus Bolivien wirkt motivierender als eine sachliche Darstellung, ein Spielfilm ist spannender als jede Unterrichtsdramaturgie. Didaktischer Kern dieses Ansatzes ist die Erfahrung, dass Lernen meist über Identifikationsprozesse verläuft: Man möchte sich vergleichen mit anderen, einen Einblick in ihren Alltag bekommen, sich freuen oder Gefühle der Angst, Trauer oder Hoffnung mit ihnen teilen. Neben Spielfilmen bieten sich hier Kinder- und Jugendbücher an, um über Identifikationsprozesse ein Verstehen der Situation von Kindern und Jugendlichen in den Ländern des Südens und von Migranten-/Flüchtlingskindern vor Ort zu ermöglichen.
- *Produktorientierung:* Obst, Gewürze und andere Alltagsprodukte bieten ein großes didaktisches Potenzial, um sich einerseits Informationen über Produktionsbedingungen, Vertriebsstrukturen und geschichtliche Kontexte zu erarbeiten und andererseits ein kritisches und politisch fundiertes Konsumentenverhaltens zu entwickeln.
- *Länderorientierung:* Der Vollständigkeit halber sei die v.a. aus der Geografiedidaktik kommende Orientierung an spezifischen Problemen bestimmter Länder genannt, die natürlich mit jeder der genannten Perspektiven kombinierbar ist.

## 3.7 Bilder vom Fremden und vom Eigenen wahrnehmen und gestalten

Bevor wir fremden Personen begegnen, sind schon die Bilder da, Bilder aus der eigenen Lebensgeschichte, aus Kinderbüchern, Filmen, aus der Tagespresse oder aus Geschichten, die die Wahrnehmung und Wirklichkeitskonstruktion mit all ihren Gefühlsqualitäten nachhaltig eingefärbt haben. Neben lebensweltlichen Einflüssen sind noch kulturgeschichtlich bedingte Deutungsmuster wirkungsmächtig, die ihre Dynamik aus dem „gesellschaftlich unbewusst Gemachten“ (Erdheim) erhalten. Bei diesem Konzept geht es um eine Artikulation derartiger Bilder, um sie kommunizierbar und veränderbar zu machen. In welcher Weise wird „Fremdes“ wahrgenommen: Macht es Angst oder löst es Faszination aus? Wie weit lasse ich die Befremdung zu? Wo ziehe ich die Grenze, um mein Selbst- und Weltbild, meine Identitätskonstruktion zu sichern? Diese Fragen verweisen auf die Selbstwahrnehmung in kommunikativen Prozessen und lassen die projektiven Anteile des Beobachters erkennen, die Bestandteile seines Bildes vom Fremden sind. Vor allem eine kreative, erlebnis- und wahrnehmungsorientierte Arbeit soll unbewusste Vorstellungsbilder „zur Sprache“ bringen, die Fähigkeit zur Selbstreflexion entwickeln helfen und zu erkennen, dass Fremdheit eine biografisch und gesellschaftlich bedingte Konstruktion ist, ein Bildungsprozess, zu dem notwendigerweise die in den öffentlichen Raum reichende politischen Aktion gehört (vgl. Holzbrecher 1997, 2004).

Fließende Grenzen in pädagogischer Praxis

Was hier analytisch zu trennen versucht wurde, präsentiert sich in der pädagogischen und politischen Praxis in Form vielfältigen Übergänge, Schnittmengen bzw. fließender Grenzen, je nach Zielgruppe (Kinder, Jugendliche, Erwachsene), institutioneller Rahmung (Schule, Jugendarbeit, VHS-Seminar ...), Organisationsform (Fachunterricht, Projekt, Studienreise, Begegnungsseminar, Kulturprojekt) oder gewähltem Kommunikationsmedium (personale Begegnung, eMail-/Internet-Projekt etc.).

## Literatur

Auernheimer, Georg 2003: Einführung in die Interkulturelle Pädagogik. Darmstadt

Auernheimer, Georg 1998: Grundmotive und Arbeitsfelder interkultureller Bildung und Erziehung. In: Bundeszentrale für politische Bildung (Hrsg.): Interkulturelles Lernen. Arbeitshilfen für die politische Bildung. Bonn, S. 18-28

Bade, Klaus J. (Hrsg.) 1992: Deutsche im Ausland – Fremde in Deutschland. Migration in Geschichte und Gegenwart. München

Bauman, Zygmunt 1992: Moderne und Ambivalenz. Das Ende der Eindeutigkeit. Hamburg

Gogolin, Ingrid 1994: Der monolinguale Habitus der multilingualen Schule. Münster

Hamburger, Franz 1994: Pädagogik der Einwanderungsgesellschaft. Frankfurt/M.

Holzbrecher, Alfred 1997: Wahrnehmung des Anderen. Zur Didaktik interkulturellen Lernens. Opladen

Holzbrecher, Alfred 2004: Interkulturelle Pädagogik. Berlin

Kiesel, Doron 1996: Das Dilemma der Differenz. Zur Kritik des Kulturalismus in der Interkulturellen Pädagogik. Frankfurt/M.

Meyer, Thomas 1997: Identitätswahn. Die Politisierung des kulturellen Unterschieds. Berlin

Nuscheler, Franz 1995: Internationale Migration, Flucht und Asyl. Opladen

Rinke, Kuno 2000: Politische Bildung: In: H.H. Reich/A. Holzbrecher/H-J. Roth: Fachdidaktik interkulturell. Ein Handbuch. Opladen, S. 93-130

Roth, Hans-Joachim 2002: Kultur und Kommunikation. Systematische und theoriegeschichtliche Umrisse Interkultureller Pädagogik. Opladen

Schöfthaler, Traugott 1983: Kultur in der Zwickmühle zwischen Relativismus und Universalismus. In: Das Argument 139/1984, S. 333-347

*Dagmar Richter*

# Geschlechtsspezifische Aspekte politischen Lernens

## 1. Geschlecht und Gesellschaft – zum theoretischen Stand

Politisches Lernen ist im Zusammenhang zu sehen mit Geschlechterdifferenzen, -beziehungen, -ordnungen und -verhältnissen (Knapp 2001), dem Denken über *sex* und *gender* sowie den verschiedenen erkenntnistheoretischen Grundpositionen, die das Wahrnehmen einer Vielfalt von möglichen Ausgestaltungen von Frau-sein und Mann-sein, von Geschlechterrollen oder der Queer-Bewegung (Engel 2002) mit beeinflussen (vgl. Bührmann u.a. 2000; Althoff u.a. 2001; Hark 2001). Geschlecht und das entsprechende Verhalten werden heute kaum noch als etwas gedeutet, das wir haben oder sind, sondern als etwas, das wir tun: „*Doing gender*". Gender wird immer wieder situativ konstruiert und gewandelt. Diese theoretische Position entspricht dem empirisch bestätigten Trend, dass junge Frauen und Männer die konkrete Formung ihrer Geschlechtsidentität weniger als frühere Generationen als „eindeutig" und „fremdbestimmt", sondern als kontingent und variabel ansehen, je nach Kontext betont oder auch (fast) „geschlechtsneutral". Das Geschlecht wird seltener als relevante Kategorie für die eigene Biografie oder die Gesellschaft angesehen (Oechsle 2000, 15; Meyer 1999) – zu Unrecht.

Trend zu variabler Geschlechtsidentität

Theoretisch ist mit dem Aufzeigen und Analysieren von *Regeln des Konstruierens* des Geschlechts in Kontexten und seiner Geschichtlichkeit die Hoffnung verknüpft, vielfältige Varianten nicht nur innerhalb der Geschlechtergruppen (u.a. durch Beachtung weiterer Kategorien wie race oder sexuelle Orientierung) in den Blick nehmen zu können, sondern das Geschlecht von Individuen generell zu *dekonstruieren* und somit den Geschlechterdualismus zu überwinden. Zentraler Fokus sind hier Prozesse der Interaktion.

Geschlechterdualismus überwinden

Da Interaktionen in gesellschaftliche, institutionelle, soziale oder familiale bzw. private Kontexte eingebettet sind, also historisch gewachsenen strukturierenden Bedingungen unterliegen, gibt es zwar Gestaltungs- und Handlungsmöglichkeiten für Veränderungen, aber keine völlige „Freiheit“ im Doing gender. Erwartungshaltungen von anderen oder auch biografische Faktoren wie die eigene lebensgeschichtliche Kontinuität mit ihren Gewohnheiten und entwickelten Fähigkeiten sind ebenso wirksame Faktoren wie gesellschaftliche, politische oder wirtschaftliche Strukturen. Mögliche plurale Formen der Ausgestaltung von Geschlechtlichkeit sind faktisch weiterhin auf zwei Grundformen reduziert.

Grenzen der Veränderung

Gesellschaftlicher Wandel

Während in den letzten Jahrzehnten auf den Ebenen der individuellen Geschlechtsidentität und des Symbolismus (Sprache, Normen etc.) Veränderungen festzustellen sind, bleiben die Auswirkungen des derzeit stattfindenden *gesellschaftlichen Strukturwandels* auf das Strukturierungsprinzip Geschlecht unklar und werden kontrovers diskutiert. In der Dienstleistungs-, Informations- und Wissensgesellschaft scheint sich die Vergesellschaftung von Frauen widersprüchlicher als zuvor zu zeigen als „Gleichzeitigkeit von Integration und Ausgrenzung, von Partizipation und Segregation, von Differenzierung und Hierarchisierung, von Anerkennung und Diskriminierung“ (Knapp/Wetterer 2001, 9). Der Politikwissenschaft und politischen Bildung kommen weiterhin wichtige Rollen für die Analyse und Aufklärung über und für die Gestaltung der Geschlechterverhältnisse zu, da die Bedeutung des komplexen Zusammenspiels „von Familienpolitik, Sozialpolitik, Steuer- und Fiskalpolitik sowie den gesellschaftlichen Leitbildern oder Arrangements bezüglich der Rolle der Frauen in der Erwerbs- und Hausarbeitssphäre“ (Maier 1997, 20) auf die Geschlechterrollen als wesentlich festgestellt wird.

Verschiedene Studien widerlegen die Behauptung, dass Frauen *politisches Interesse* oder Bewusstsein im Vergleich mit Männern fehle; ihr Interesse kann jedoch unterschiedlich ausgeformt sein. Dies lässt sich mit unterschiedlichen *Sozialisationsfaktoren* in den jeweils typischen Lebenszusammenhängen erklären (vgl. Metz-Göckel 2000). Frühere Zuschreibungen von typischen „Denkstilen" oder Formen moralischer Bewertungen (als irgendwie genetisch gesteuert) sind mittlerweile theoretisch und empirisch widerlegt (Nunner-Winkler 1994). Dies heißt jedoch nicht, dass sich diese Typiken nicht mehr finden – insofern können sie mit heuristischem Interesse für die Analyse und Aufklärung von Symbolisierungen, Selbst- und Fremdbildern oder Interaktionen genutzt werden. Neuere psychologische Forschungen zur Sozialisation gehen von einem Konzept des Selbst-in-Beziehung aus, mit dem auch Lernprozesse erklärt und verstanden werden sollen: Selbst-in-Beziehung (Bezogenheit auf andere Menschen), Selbst-in-der-Welt (Entfaltung der Persönlichkeit) und Verortung in der Zweigeschlechtlichkeit (als symbolisches System) sind bedeutsam (Hagemann-White 1998). Diese drei Bereiche können unterschiedliches politisches Interesse mit unterschiedlichen Beziehungsformen in den Lebenszusammenhängen erklären, die beeinflusst werden vom Spannungsdreieck Familie/Ehe, Kapital/Markt und Sozialstaat. Sie binden Frauen und Männer unterschiedlich in den Staat ein bzw. setzen sich zu ihnen in unterschiedliche Beziehungen, was sich auf die jeweilige Bereitschaft zu Partizipation und Engagement im Staat und auf das politische Interesse auswirkt. Schon bei Jugendlichen scheinen die Antizipationen zum erwarteten Eingebundensein in Öffentlichkeit und gesellschaftliche Institutionen das Interesse zu beeinflussen. Diese Zusammenhänge sind in der politischen Bildungsarbeit thematisch zu berücksichtigen, da sie den Blick von den Individuen hin zu den gesellschaftlichen Verhältnissen lenken.

Neuere Forschungsergebnisse

Das Wechselspiel von Fremd- und Selbstsozialisation kann zu unterschiedlichen Lebens-, Arbeits-, Denk- und Kommunikationsweisen sowie Lernverhalten (Lernniveau, -tempo und -stil) der Geschlechter führen – muss aber nicht (vgl. Richter 2001). Je differenzierter Lernende als Persönlichkeiten in den Blick kommen, desto weniger lassen sie sich zu zwei Geschlechtergruppen verallgemeinern und desto schwieriger ist es, allein die Kategorie Geschlecht für Diskriminierungen verantwortlich zu machen. Daher ist es für Lehrende wichtig, Mechanismen und Prozesse von geschlechtsspezifischen Diskriminierungen zu kennen und durch entsprechendes didaktisch-methodisches Handeln möglichst zu verhindern, nicht aber Individuen zu typisieren oder die Analysen von Beziehungen bzw. Interaktionen mit oberflächlicher Geschlechtsrhetorik zu simplifizieren (zu feministischen Reflexionsdilemmata siehe Knapp 2001, 43 f).

## 2. Geschlechterverhältnisse in pädagogischen und didaktischen Diskussionen

Feste Verankerung in Fachdiskussion

In *Fachdiskussionen politischer Bildung* hat geschlechterdifferenzierende politische Bildung mittlerweile ein festes Plätzchen erhalten, ohne sich jedoch stets durch Differenziertheit auszuzeichnen; feministische Bildung hingegen findet sich nur in der außerschulischen politischen Bildung (Überblicke in Boeser 2002; Oechsle 2000; Richter 2001). Sie wurden und werden beeinflusst insbesondere von der *Schulpädagogik*. Die Koedukationsdebatte entwickelte sich von Ansätzen zu „Gleichheit oder Differenz" zu einer „Dialektik von Gleichberechtigung und Verschiedenheit". Da Überwindungen von Geschlechtsdiskriminierungen beide Geschlechter betreffen, entstanden im Zuge der Koedukationsdebatten (zunächst spiegelbildlich konzipierte) Ansätze zur *Jungen- bzw. Männerbildung* (vgl. Nuissl 1999). Heute wird primär über so genannte geschlechtergerechte Didaktiken bzw. Reflexive Koedukation sowie Gender Mainstreaming in Bildungseinrichtungen nachgedacht. Zur *geschlechtergerechten Didaktik* gehört, Geschlechterorientierung als *didaktisches Prinzip* zu verstehen und zu versuchen, dies für die verschiedenen didaktischen Ebenen zu konkretisieren (vgl. Derichs-Kunstmann 1999; Richter 2000). Die normativen Bezugspunkte, was jeweils als weibliches oder männliches Interesse, Bedürfnis, Stärke oder Schwäche gelten soll, sind allerdings häufig unklar und werden durch Kontextualisierungen versucht zu klären; für außerschulische Bereiche auch durch Zielgruppenorientierung oder Methoden der Selbstevaluation. Zur Geschlechtergerechtigkeit gehören des Weiteren *fachdidaktische Analysen* (vgl. Reinhardt 1996), *Reflexionen der Kommunikations- und Interaktionsstrukturen* im Unterricht (vgl. Kroll

Koedukationsdebatte

2000) sowie des Verständnisses und der Ausübung der *Lehrrolle*. Als umfassende politische Handlungsstrategie kam *Gender Mainstreaming* in den Blick von Bildungspraxis (vgl. Jansen u.a. 2003), da geschlechtsspezifisches Lernen neben *individuellen Wertorientierungen* (mit abnehmender Tendenz) auch durch das Wahrnehmen von Personalhierarchien oder Konzentrationen eines Geschlechts in bestimmten Arbeitsbereichen der Bildungsinstitutionen stattfindet; *institutionell verankerte Diskriminierungen* sind als Teile der *Sozialstruktur* der Gesellschaft primär strukturell bedingt. Von den Lernenden werden sie oftmals den persönlichen Interessen oder Kompetenzen der Lehrenden zugeschrieben. Aufzuklären sind Lernende über geschlechtsdiskriminierende Aspekte auf allen drei Ebenen sowie über Möglichkeiten und Strategien der Veränderung.

Gender Mainstreaming

## 3. Ansätze geschlechtergerechter politischer Bildung

Aufklärungen über geschlechtsspezifische Diskriminierungen im Gesellschafts- und Bildungssystem sowie die Beachtung von Geschlecht als Querschnittskategorie auf allen Ebenen didaktisch-methodischer Planungen und Reflexionen kennzeichnen eine geschlechtergerechte politische Bildung. Fachdidaktische Kategorien sind den gesellschaftlichen Modernisierungsprozessen anzupassen; „die Bedeutung normativer Fragen, ... das feministische Politikverständnis und ... die Aktualität der Herrschaftskritik" stellt Henkenborg heraus (2000, 229). Bislang liegen weder ausformulierte feministische Didaktiken noch für politische Bildung ausgearbeitete geschlechtergerechte Konzeptionen vor. Ohne Anspruch auf Vollständigkeit sind folgende idealtypischen Ansätze zur Thematisierung von Geschlechterverhältnissen in schulischer und außerschulischer Bildungsarbeit zu finden (vgl. Gieseke 2001; Richter 2001) bzw. möglich in der eigenen Lehrpraxis zu entwickeln:

Ansätze, die ...

- Konzeptionen, die (erkenntnis-)theoretische *Grundpositionen* zum Thema Geschlecht oder entsprechende (feministische) politische *Forschungen* aufgreifen, explizit die Strukturkategorie,

... (erkenntnis-)theoretische Grundpositionen aufgreifen

Herrschafts- und Machtverhältnisse thematisieren und primär auf Aufklärung und Ideologiekritik, Begriffsarbeit, Reflexionen und Urteilsfähigkeiten sowie soziale Fantasie zielen.

... aktuelle gesellschaftliche Entwicklungen aufarbeiten

– Angebote, die *aktuelle gesellschaftliche Entwicklungen* unter dem Aspekt der besonderen Betroffenheit oder besonderer Formen der Benachteiligung von Frauen – oder Männern – aufarbeiten (auf privaten und öffentlichen Ebenen). Sie können parteilich (feministisch) sein oder – im Sinne des Gender Mainstreaming – emanzipatorische Ziele für beide Geschlechter verfolgen. Manche bieten praktische Handlungsstrategien zur Überwindung der Diskriminierungen an, andere fördern den Möglichkeitssinns in Zukunftswerkstätten.

... alltägliche Problemstellungen thematisieren

– Ansätze zu *alltäglichen Problemstellungen* im Geschlechterverhältnis (für Frauen: Gewalt, Frauen lernen sich durchzusetzen, Rhetorik für Frauen, Konfliktverhalten und Selbstbehauptung; für Männer: Entdeckung neuer Lebensbereiche, neuer Rollen etc.). Vorbilder können Angebote zur Orientierung geben (z.B. das „affidamento“; Liberia delle donne 1989). Sie gehen entweder von einer Defizitorientierung auf die Lernenden aus und bieten kompensierende Förderungen zur besseren allgemeinen Qualifizierung (z.B. Förderungen der Kommunikations- oder Managementqualitäten) oder zu speziellen Fähigkeiten an. Oder sie versuchen, an vorhandene Kompetenzen und Selbstkonzepten anzusetzen und sie zu erweitern bzw. zu stärken. Möglich ist es auch zu lernen, sich von eigenen Betroffenheiten reflexiv zu distanzieren, also Wertungen zu verändern.

... vergessene weibliche Anteile in Goschichte und Politik vergegenwärtigen

– Ansätze, die im Zusammenhang mit der Vergegenwärtigung des „vergessenen“ *weiblichen Anteils* in Geschichte oder Politik stehen. Sie sind oft verknüpft mit Methoden des forschenden Lernens, z.B. in Geschichtsseminaren. Ihr Ziel kann sein, Vorbilder oder Möglichkeiten vielfältiger Lebensgestaltungen aufzeigen oder Strategien der Diskriminierung von Frauen zu entlarven.

Mit diesen Ansätzen verknüpft sein können folgende didaktische Prinzipien:

- *Expertinnen befragen/Coaching*: Erfahrungsberichte erfolgreicher Frauen, z.B. Expertinnen wie Politikerinnen, die zur Entwicklung subjektiv neuer Fähigkeiten anregen, werden gehört oder gelesen und diskutiert. „Wie" sie traditionelle Rollenmuster durchbrochen oder unkonventionelle Lösungsmöglichkeiten für damit zusammenhängende Schwierigkeiten entwickelt haben und wie Lernende sich Ähnliches aneignen können, ist Fokus dieser Richtung. Wichtig ist, das Wissen um die Möglichkeiten des eigenen Einflusses im Öffentlichen zu stärken, indem konkrete Beispiele gegeben werden. Auch Coaching (als professionelle Beratung) wird häufig als sehr unterstützend erachtet (Weber 1998), da es persönlichkeitsstärkende Wirkung haben und eine Hilfe für erste Schritte des politischen Handelns sein könne. Expertinnenbefragung
- *Konzepte biografischen Lernens* bis hin zu individualisierten Selbsterfahrungsansätzen setzen an der persönlichen Erfahrungswelt und Lebenssituation sowie den Lebensentwürfen der Lernenden an und klären darüber auf (vgl. Hoppe 1996). Ausgehend von den eigenen Biografien werden gesellschaftliche Strukturen erarbeitet (Gemeinsamkeiten von Unterdrückungsmechanismen entdecken etc.). Ziel ist, die eigenen Lebensgeschichten zu „entprivatisieren" (offenes Curriculum). Biografisches Lernen
- Ansätze, die konkrete *Teilhabepraxis aktiv fördern* durch „Exkursionen" oder „Praktika" in öffentlichen Räumen, damit konkrete Erfahrungen gesammelt, Rollen entwickelt und Selbstreflexionsprozesse über das Handeln unterstützt werden können. Exkursionen und Praktika
- Neben kognitiven Lernprozessen kann auch *körperorientiertes Lernen*, d.h. Körperarbeit als Methode eingesetzt werden (Rollenspiele, Theaterarbeit usw.). Geschlechtsstereotype sind auch in die Körper „eingeschrieben" (Verhalten, Habitus, Gestik usw.). Ästhetisches Lernen kann stereotype Formen des „Denken in Bildern" auflösen (z.B. Richter/Sievert-Staudte 1998). Körperorientiertes Lernen

Zum didaktisch-methodischen „Handwerkszeug" gehören außerdem allgemeinere Reflexionsfähigkeiten über Vor- bzw. Nachteile von Phasen der Ko- oder Monoedukation, Unterrichtsmaterialien sowie Kenntnisse über Formen der Evaluation und Selbstevaluation der eigenen Lehre (u.U. im Zusammenhang mit der Fort- und Weiterbildung von Lehrenden). Das Lernen an Fallstudien (vgl. Kreienbaum 1994) unterstützt die Reflexionen und hilft beim Entwickeln von Interventionsstrategien oder beim Verändern von Lehrmodellen für die eigene Praxis.

Konzeptioneller Nachholbedarf

Der konzeptionelle Nachholbedarf politischer Bildung liegt mittlerweile weniger auf allgemeinpädagogischen Ebenen wie Analysen von Interaktionsstrukturen in Lehr-Lern-Prozessen oder auf Reflexionsprozessen zum eigenen Selbstverständnis über Geschlechterrollen und -bilder. Die besonderen Aufgaben und Möglichkeiten geschlechtergerechter politischer Bildung zeigen sich m.E. künftig auf der Ebene der gesellschaftsanalytischen Inhalte, ihrer Kritik und ihrer Verknüpfung mit alltagsweltlichen, biografischen Orientierungen (z.B. Berufsplanungen) der Lernenden: Trotz veränderter Rollenverständnisse (s.o.) und besserer Schulleistungen von Mädchen zeigen Studien zur Ausbildungseinmündung, dass das geschlechtsspezifisch segmentierte Berufssystem fortdauert; die „unterschiedlichen Verwertungschancen von Bildungsressourcen“ tradieren Geschlechtsdiskriminierungen, obwohl sich die Einzelnen am Prinzip der Geschlechtergerechtigkeit orientieren (Krüger 2001, 72). Nach den Ergebnissen oben zitierter Arbeiten liegt die Bedeutung zukunftsorientierter geschlechtergerechter politischer Bildung auf der Wissensebene und der Entwicklung entsprechender inhaltspezifischer Kategorien, mit denen über die komplexe Gemengelage aufgeklärt werden kann, welche „die Ordnungsmacht von Geschlecht im gesamtgesellschaftlichen Maßstab“ konstituiert (Krüger 2001, 80 f.). Die Ebenen der Sozialstruktur der Gesellschaft, der Funktionslogik einzelner Institutionen und ihres Zusammenspiels sind mehrdimensional und dynamisch aufeinander bezogen. Historische und internationale Vergleiche der Geschlechterverhältnisse verdeutlichten Ent- und Re-Hierarchisierungen, Vor- und Rückschritte sowie Aufklärung über ihre Gesetzlichkeiten (a.a.O., 83). Um die Bildungsaufgaben leisten zu können, ist die Wissensdimension künftig verstärkt in den kritischen Blick zu nehmen (Richter 2004).

## 4. Ein thematisches Beispiel zur Geschlechterdemokratie

Gender Mainstreaming

Aktuelle Begriffe wie Gender Mainstreaming, die in öffentlichen Diskussionen und politischen Programmen auftauchen, sind interessant zu klären, wenn sie mit der eigenen Situation und eigenen Perspektiven verknüpft werden. Sie können zunächst für die eigene Bildungsinstitution konkretisiert werden. Arbeitsauftrag: Beziehungsnetze zwischen den verschiedenen Ebenen und Faktoren zeichnen, die Geschlechterverhältnisse beeinflussen. Dafür sind Befragungen durchzuführen, Statistiken anzulegen etc. Kann sich auf ein Netz geeinigt werden? Wie bin ich als Lernende/r in das Netz verwoben? Welche Ziele und Perspektiven der Veränderungen der Institution im Hinblick auf eine verbesserte Geschlechtergerechtigkeit lassen sich finden? Welche vertreten wir? Ist diese neue Strategie sinnvoller oder effektiver als die Bisherigen (wie z.B. Gleichstellungsbeauftragte, Richtlinien zur Frauenförderung)?

Bezug auf tagespolitische Themen

Auf einer weiteren Ebene – für intensivere Beschäftigungen mit dem Thema – können sich tagespolitische Themen anschließen. So z.B. eine Analyse des Berichts der Hartz-Kommission und die Frage, was die hier entwickelten Vorstellungen zur Reform der Bundesanstalt für Arbeit zum Gender Mainstreaming beitragen – oder auch nicht: Wer war in der Kommission beteiligt, wer nicht? Was bedeuten einzelne Formulierungen wie „Arbeitslose, die besondere Verantwortung für abhängige betreuungsbedürftige Personen oder Familienangehörige tragen"? Wem wird Mobilität abverlangt, wem Arbeit im Niedriglohnsektor? Welche Pro-/Contra-Positionen zum Konzept finden sich?

Interessant können auch theoretisch orientierte Fragen sein: Welche Ziele vertreten wir für die künftige Gesellschaft – Geschlechtergerechtigkeit oder Geschlechterdemokratie? Was ist das jeweils? Hierzu finden sich kontroverse feministische Diskussionen, die einander kontrastiert werden können. Eine Position zur Geschlechterdemokratie lautet (Kurz-Scherf 2002, 50 f.): „Wenn Geschlechterdemokratie analytisch und konzeptionell bis in die systemische Befestigung männlicher Herrschaft hinein reichen soll, dann muss nicht nur „Geschlecht“ als Strukturkategorie und nicht nur als strukturierende und strukturierte Struktur begriffen werden, sondern „Demokratie“ muss dann auch in strikte Opposition zu „Herrschaft“ gesetzt, und nicht etwa als eine Form derselben verstanden werden. ( ... ) Mit Geschlechterdemokratie allein werden sich Armut, Arbeitslosigkeit, prekäre Lebensverhältnisse, sinnentleerte Lebensweisen, die das Lebensglück von Frauen mindestens in gleicher Weise beeinträchtigen wie die Fremdbestimmtheit ihrer Weiblichkeit ... nicht abschaffen lassen“. Stimme ich den Aussagen zu? Wie veränderte sich mit der Durchsetzung dieser Position unsere jetzige demokratische Gesellschaft? Was veränderte sich an meinen Lebensentwürfen?

## Literatur

Althoff, Martina/Bereswill, Mechthild/Riegraf, Birgit 2001: Feministische Methodologien und Methoden. Traditionen, Konzepte, Erörterungen. Lehrbuchreihe, Band 3. Opladen

Boeser, Christian 2002: „Bei Sozialkunde denke ich nur an dieses Trockene ...“ Relevanz geschlechtsspezifischer Aspekte in der politischen Bildung. Opladen

Bührmann, Andrea/Diezinger, Angelika/Metz-Göckel, Sigrid 2000: Arbeit, Sozialisation, Sexualität: Zentrale Felder der Frauen- und Geschlechterforschung. Lehrbuchreihe, Band 1. Opladen

Derichs-Kunstmann, Doris 1999: Geschlechtsgerechte Didaktik. In: Hufer 1999, S. 95 f.

Engel, Antke 2002: Wider die Eindeutigkeit. Sexualität und Geschlecht im Fokus queerer Politik der Repräsentation. Frankfurt/M., New York

Gieseke, Wiltrud (Hrsg.) 2001: Handbuch zur Frauenbildung. Opladen

Hagemann-White, Carol 1998: Identität – Beruf – Geschlecht. In: Oechsle, Mechtild/Geissler, Birgit (Hrsg.): Die ungleiche Gleichheit. Junge Frauen und der Wandel im Geschlechterverhältnis. Opladen, S. 27-41

Hark, Sabine 2001: Dis/Kontinuitäten: Feministische Theorie. Lehrbuchreihe, Band 3. Opladen

Henkenborg, Peter 2000: Politische Bildung und sozialer Wandel – neue Anforderungen an die Kategorien der politischen Bildung. In: Oechsle/ Wetterau (Hrsg.), S. 223-245

Hoppe, Heidrun 1996: Subjektorientierte politische Bildung. Begründung einer biographiezentrierten Didaktik der Gesellschaftswissenschaften. Opladen

Hufer, Klaus-Peter (Hrsg.) 1999: Außerschulische Jugend- und Erwachsenenbildung. Lexikon der politischen Bildung Band 2, hrsg. v. Georg Weißeno. Schwalbach/Ts.

Jansen, Mechtild/Röming, Angelika/Rohde, Marianne (Hrsg.) 2003: Gender Mainstreaming. Herausforderungen für den Dialog der Geschlechter. München

Knapp, Gudrun-Axeli 2001: Dezentriert und viel riskiert: Anmerkungen zur These vom Bedeutungsverlust der Kategorie Geschlecht. In: Knapp/Wetterer (Hrsg.), S. 15-62

Knapp, Gudrun-Axeli/Wetterer, Angelika (Hrsg.) 2001: Soziale Verortung der Geschlechter. Gesellschaftstheorie und feministische Kritik. Münster

Kreienbaum, Anna Maria 1994: Konsequenzen der Koedukationsdebatte. In: Glumpler, Edith (Hrsg.): Koedukation – Entwicklungen und Perspektiven. Bad Heilbrunn, S. 194-214

Kroll, Karin 2001: Die unsichtbare Schülerin. Eine qualitative Studie zur Wahrnehmung und Deutung der Kommunikations- und Interaktionsstrukturen von Mädchen und jungen Frauen im Politikunterricht. Schwalbach/Ts.

Krüger, Helga 2001: Gesellschaftsanalyse: der Institutionenansatz in der Geschlechterforschung. In: Knapp/Wetterer (Hrsg.), S. 63-90

Kurz-Scherf, Ingrid 2002: Geschlechterdemokratie und Feminismus. Zur Notwendigkeit einer herrschaftskritischen Reformulierung eines Leitbegriffs. In: femina politica, H. 2, S. 42-52

Liberia delle donne di Milano, 1989: Wie weibliche Freiheit entsteht. Eine neue politische Praxis. Berlin

Maier, Friederike 1997: Entwicklung der Frauenerwerbstätigkeit in der Europäischen Union. In: Aus Politik und Zeitgeschichte, B 52, S. 15-27

Metz-Göckel, Sigrid 2000: Sozialisation der Geschlechter: Von der Geschlechterdifferenz zur Dekonstruktion der Geschlechterdualität. In: Bührmann u.a. (Hrsg.), S. 103-116

Meyer, Dorit 1999: Mädchenarbeit – eine Problemskizze. Zur Auswertung der Expertinneninterviews. In: SPI Berlin, Bundesmodell „Mädchen in der Jugendhilfe“ (Hrsg.): Neue Maßstäbe. Mädchen in der Jugendhilfeplanung. Berlin, S. 29-38

Nuissl, Ekkehard 1999: Männerbildung. In: Hufer 1999, S. 162-164

Nunner-Winkler, Gertrud 1994: Eine weibliche Moral? Differenz als Ressource im Verteilungskampf. In: Zeitschrift für Soziologie, H. 6, S. 417-433

Oechsle, Mechthild/Wetterau, Karin (Hrsg.) 2000: Politische Bildung und Geschlechterverhältnis. Opladen

Reinhardt, Sibylle 1996: Männlicher oder weiblicher Politikunterricht? Fachdidaktische Konsequenzen einer sozialen Differenz. In: Politische Bildung, H. 1, S. 59-75

Richter, Dagmar 2000: Aufklärung, Differenzierung und Kompetenzentwicklung – Geschlechterorientierung als didaktisches Prinzip der politischen Bildung. In: Oechsle/Wetterau (Hrsg.), S. 197-222

Richter, Dagmar 2001: Hürdenlauf!? Politisches Lernen und geschlechterspezifische Aspekte. In: Gentner, Ulrike (Hrsg.): Geschlechtergerechte Visionen. Politik in Bildungs- und Jugendarbeit. Königstein/Ts., S. 46-160

Richter, Dagmar 2004: Demokratie braucht Geschlechtergerechtigkeit braucht politische Bildung. In: Breit, Gotthard/Schiele, Siegfried (Hrsg.): Demokratie braucht politische Bildung. Schwalbach/Ts., S. 181-195

Richter, Heidi/Sievert-Staudte, Adelheid (Hrsg.) 1998: Eine Tulpe ist eine Tulpe ist eine Tulpe: Frauen, Kunst und Neue Medien. Königstein/Ts.

Weber, Ulla 1998: Handlungskompetenzen für Frauen in der Politik. In: Foster, Helga/Lukoschat, Helga u.a. (Hrsg.): Die ganze Demokratie. Zur Professionalisierung von Frauen für die Politik. Pfaffenweiler, S. 63-119

*Anja Besand*

# Medienerziehung

Medien als Wirklichkeitsgeneratoren

Dass Medien heute den Alltag von Politik und Gesellschaft prägen, gehört zu den gängigen Selbstverständlichkeiten und Allgemeinplätzen. Medien sind seit langem nicht wegzudenkender Bestandteil gesellschaftlicher wie politischer Kommunikation und üben auf diesem Weg erheblichen Einfluss aus. Denn Medien – auch darüber herrscht seit einiger Zeit weit gehend Einigkeit – dürfen nicht nur im Sinne eines Spiegels der Wirklichkeit als passiver Überträger und Vermittler von Informationen aufgefasst werden, sondern müssen vielmehr als aktives Element im sozialen und politischen Prozess verstanden werden, welches Wirklichkeit nicht nur vermittelt, sondern eben gerade herstellt. Medien verändern die Politik genauso, wie die Politik die Medien verändert. So drängen die Medien der Politik ihre medialen Funktionslogiken auf und zwingen sie beispielsweise zum symbolischen Arrangieren und Inszenieren ihrer Inhalte. Politik muss immer mehr und immer stärker darauf achten, wie sie im medialen Spiegel erscheint und ihre Inhalte und Handlungen sich an diese mediale Erscheinung anpassen (vgl. Meyer 2001).

Doch wie ist eine solche Entwicklung zu bewerten? Auf der einen Seite gibt es nicht Wenige, die diese Medialisierung, Inszenierung oder auch Ästhetisierung von Politik als Entpolitisierung, Entfremdung oder als politischen Verfall bewerten. Dazu müssen allerdings die Bürger als passive Empfänger von hochgradig inszenierten, medialen Informationen verstanden werden, die den Einflüssen und Suggestionen der Medien mehr oder weniger hilflos ausgeliefert sind. Werden jedoch auch andere Möglichkeiten der Medienrezeption unterstellt, so lässt sich die Medialisierung des Politischen auch aus einer gänzlich anderen Perspektive diskutieren.

## Medien als Herausforderung und Chance

Setzt man nämlich eine etwas weniger pessimistische Bewertung des Bürgers als Medienrezipient voraus, müssen die Entwicklungen im Medienbereich nicht zwangsläufig einen Nachteil für Politik oder Demokratie bedeuten. Im Gegenteil: Es finden sich vielfältige Anhaltspunkte dafür, die zunehmende Verflechtung von Medien und Politik *auch* als Chance zu begreifen. Nie zuvor standen politische Institutionen und Akteure beispielsweise unter einem vergleichbaren Druck, ihr Handeln gegenüber einer Medien-Öffentlichkeit zu rechtfertigen und zu begründen. Dies kann durchaus als Gewinn an Transparenz und damit auch an Demokratie gewertet werden. Zudem stehen durch die Vervielfältigung medialer Kanäle dem einzelnen Bürger oder Rezipienten heute über jedes beliebige politische Problem nicht nur mehr Informationen zur Verfügung, sondern durch Medien wie das Internet werden auch Informationen aus extrem unterschiedlichsten Standorten und Perspektiven zugänglich, womit nicht zuletzt auch dem Pluralismus funktional differenzierter Gesellschaften Rechnung getragen wird. Vor allem zu Beginn der medienwissenschaftlichen Debatte wurde deshalb der politische oder demokratische Gehalt von digitalen Medien wie dem Internet sogar überaus euphorisch eingeschätzt. Elektronische Marktplätze, globale virtuelle Diskursgemeinschaften u.Ä. schienen zu Beginn der Auseinandersetzung basisdemokratische Ideale und weltumspannende Verständigung geradezu herbeiführen zu können (vgl. Bühl 1996, 234). Gegenwärtig werden die Potenziale des Netzes zwar vorsichtiger bewertet (vgl. Leggewie/Maar 1998) – ganz sind sie allerdings auch heute nicht von der Hand zu weisen. Denn auch wenn das Internet nicht als gänzlich schrankenlose und hierarchiefreie Struktur bewertet werden kann, zu der jeder und jede dieselben Zugangschancen hat, befördert es doch vor allem lockere Organisationsformen, bei denen viele mit vielen in Kontakt treten und sich abstimmen können. Das alte, zum Reiz-Reaktions-Schema analoge Sender-Empfänger-Modell wird hier gründlich widerlegt, denn wie kein anderes Medium befördert das Internet eine breit ange-

Mehr Demokratie

legte Kommunikation und dialogische Strukturen. Dabei bleiben heute solche Einflussmöglichkeiten nicht nur auf das Internet begrenzt, selbst bei an sich interaktionsarmen Medien wie dem Fernsehen lassen sich vielfache Unschärfen und Übergänge zwischen Sendern und Empfängern erkennen (vgl. Wehner 1997).

Vervielfältigung von Informationen und Perspektien

> Zu den Chancen der Entwicklungen im Medienbereich gehört es demnach, dass sich die Wahrnehmungsräume der Individuen vergrößert, die Informationsmenge und -geschwindigkeit vervielfacht und die Rückkopplungs- und Einflussmöglichkeiten der Rezipienten vermehrt haben.

## Orientierungsprobleme – mediale Unübersichtlichkeit

Informationsflut

Die Kehrseite dieser Entwicklung bleibt die Unübersichtlichkeit. Denn tatsächlich schafft die Vielfalt der (neuen) medialen Erscheinungsweisen von Politik *weniger* Übersicht als Unübersichtlichkeit, *weniger* Eindeutigkeit und Orientierung. Bei allen Darstellungs- und Inszenierungsbemühungen im Feld der Politik wird deshalb auch das Politische nicht fortlaufend deutlicher und klarer, sondern vielfach undurchsichtiger und unschärfer. So stehen durch die Vervielfältigung medialer Kanäle in Zeitungen, Fernsehprogrammen oder den unzähligen Seiten des Internets zwar grundsätzlich betrachtet immer mehr Informationen und immer mehr Perspektiven zu einem Problem zur Verfügung, sie alle zu verfolgen kann den durchschnittlichen Bürgerinnen und Bürgern aber kaum noch gelingen. Im Gegenteil: Da die Herausforderung heute nicht mehr darin besteht, *zur* Information zu gelangen, sondern *in* der Informationsflut das Wesentliche vom Unwesentlichen zu unterscheiden, entscheidet der Einzelne heute zunehmend selbst, was er wahrnehmen möchte und wann er es wahrnehmen möchte. Ein Klick und der Kanal ist weg, die Seite verschwunden oder die Sendung gewechselt. Das heißt, nicht nur auf der Seite der Medienangebote, sondern auch im Bereich ihrer Wahrnehmung kommt es zu einer Vervielfältigung von Perspektiven und Einschätzungen. Von *einer* Öffentlichkeit, noch dazu von einer *politischen* Öffentlichkeit zu sprechen, wird in diesem Zusammenhang immer schwieriger. Vielmehr kommt es zu einer Fülle von Öffentlichkeiten und Wahrnehmungswelten, die sich in ihren Einschätzungen, Meinungen und auch in deren Begründungen oft erheblich unterscheiden können. Der Politik bleibt nichts anderes übrig, als sich in diesem Kaleidoskop medialer Reize mit immer schillernderen Inszenierungen und immer lauteren Aktionen Gehör zu verschaffen, womit die Medialisierung von Politik allerdings nur weiter an Dynamik gewinnt.

Doch was bedeutet das für die politische Bildung? Muss unter diesen Bedingungen nicht wenigstens die politische Bildung versuchen, eine Grundlage für einen *gemeinsamen* gesellschaftlichen oder politischen Meinungsaustausch zu schaffen? Muss Politik nicht zumindest im politischen Unterricht von ihren medialen Verunstaltungen gelöst und unter nüchternen, rationalen Gesichtspunkten betrachtet werden? Muss sich nicht wenigstens die politische Bildung bemühen, ein Fundament gesicherten Wissens über Politik, ihre Institutionen, Kategorien und Funktionsweisen herzustellen, auf dessen Basis wir uns über das, was Politik ist (oder sein sollte), verständigen können?

## Politische Bildung in der Mediengesellschaft

Medienpädagogik statt Medienkunde

Sicherlich kommt die politische Bildung angesichts der Vervielfältigung und Fragmentierung medialer Wahrnehmungswelten auch in Zukunft nicht um die Vermittlung basaler Kenntnisse etwa der Grundfragen oder Kernprobleme des Politischen herum. Gleichzeitig muss sie sich aber auch davor hüten, das Politische angesichts der Flut medialer Erscheinungen *einzig* auf abstrakte, institutionelle oder rational steuerungstheoretische Aspekte reduzieren zu wollen und dabei die verwirrenden und uneindeutigen medialen Aspekte außen vor zu lassen. In der Mediengesellschaft kann Politik ohne ihre medialen Erscheinungen nicht mehr verstanden werden. Die Vermittlung von Institutionenkunde, politischen Zyklen und dem Idealbild demokratischer Repräsentation hätte in diesem Zusammenhang zwar den Vorteil der Eindeutigkeit, doch wird sie der Vielfältigkeit und Vieldeutigkeit moderner Mediendemokratien schlichtweg nicht mehr gerecht. Denn in dem Maße, in dem Politik in den modernen, hochgradig fragmentierten Gegenwartsgesellschaften nicht mehr zu trennen ist von der medialen und symbolischen Vermittlung ihrer Inhalte, können auch die Medien selbst nicht als oberflächliche, verfälschende Entfremdungsinstrumente verstanden werden und dürfen dementsprechend auch nicht aus der Beschäftigung mit Politik und damit aus der politischen Bildung verbannt bleiben. Und mehr als das: Medien können unter diesen Bedingungen auch kein gesondertes Thema sein, das sich im politischen Unterricht in speziellen Unterrichtsstunden unter speziellen Überschriften betrachten lässt. Medien lassen sich im Rahmen politischer Bildung kaum *durchnehmen* und schon gar nicht *abhaken.* Im Medienzeitalter ist die Beschäftigung mit Politik vielmehr zu keiner Zeit von der Beschäftigung oder zumindest der Berücksichtigung ihrer medialen Aspekte zu trennen, denn sowohl im Bereich von *polity, policy und politics* spielen neue Darstellungen, Politikstile und Inszenierungen eine relevante Rolle, die eine Leugnung der medialen Dimension nur um den Preis einer Ausblendung unverzichtbarer politischer Elemente zulässt.

Das alles heißt: Im Rahmen politischer Bildung kann in einer solchen Situation keine belehrende oder bewahrende und vor allem klar abgegrenzte Medienkunde, sondern einzig eine auf Partizipation und Teilhabe gerichtete kritische Medienerziehung angemessen sein.

## Medienerziehung in der politischen Bildung

Integration von Medien bleibt begrenzt

Leider wird die politische Bildung diesem Anspruch bislang nur ungenügend gerecht. Denn obwohl man sich auch hier bereits geraume Zeit mit Medien als Gegenstand und Thema im Fach auseinander setzt und obwohl man im politischen Unterricht

– wie oben bereits deutlich wurde – eigentlich zu keiner Zeit umhin kam, verschiedenste Medien als Quellen oder Materialien zu benutzen, bleibt die Integration von Medien doch häufig sehr begrenzt.

Medien als isoliertes Thema

Betrachtet man beispielsweise die Lehrpläne und Schulbücher des Faches, stößt man auf das Stichwort Medien bis heute nicht selten im Sinne des klassischen Themas *Medien als vierte Gewalt.* Ein solches – tatsächlich eher medienkundlich orientiertes – Thema suggeriert ganz im Gegensatz zu den oben dargestellten Zusammenhängen, dass sich das Verhältnis von Medien und Politik in einem separaten Kapitel oder einer gesonderten Unterrichtseinheit durchnehmen lässt. Das Problem ist hier nicht, dass der bisweilen aufklärerische Effekt investigativer Medienarbeit als demokratiefördernd dargestellt wird – wer würde dies bestreiten wollen – sondern vielmehr, dass die Medien hier auf Instrumente zur Herstellung von Eindeutigkeit und Mittel zur Aufklärung reduziert werden, während der eher untergründige – immer mitlaufende – Effekt medialer Wirkungen ausgeblendet oder lediglich als Verfallssymptom behandelt wird.

Dominanz von Printmedien

Bliebe es bei dieser Form der thematischen Integration, könnte der politische Unterricht dem Stellenwert von Medien im politischen wie sozialen Prozess keinesfalls gerecht werden. Allerdings findet die Integration von Medien in den politischen Unterricht nicht nur im Sinne solcher thematischen Auseinandersetzung statt. Da Politik immer an ihre Übertragung und Darstellung in Medien gebunden ist und von diesen kaum getrennt werden kann, finden Medien geradezu selbstverständlich als Quelle und Material, zuweilen auch als Unterrichtsprodukt Eingang in den politischen Unterricht. Kopien von Artikeln aus Zeitungen oder Zeitschriften, Materialhefte und Bücher, hin und wieder auch Materialien aus dem Internet, Fernsehreportagen und Unterrichtsfilme werden erwiesenermaßen im politischen Unterricht genutzt.

Aber auch hier verrät ein näherer Blick Defizite. Denn quantifiziert man den Material- und Medieneinsatz in der politischen Bildung, wird sehr schnell deutlich, dass sich die politische Bildung bis heute hauptsächlich an text- oder schriftorientierten

Medien orientiert. Medien in der politischen Bildung, das sind eben Kopien von Zeitungsartikeln, Texthefte und Materialsammlungen, daneben noch mehr oder weniger textlastige Schulbücher (vgl. Besand 2004, 185 ff.). Mit audiovisuellen oder multimedialen Medien tut man sich dagegen im Fach bis heute noch eher schwer. So findet zwar die Karikatur als Eröffnungsgag durchaus Eingang in den Unterricht – das Fernsehen, Filme oder andere zeitgenössischere, visuell- und vor allem unterhaltungsorientierte Medienformate bleiben in der politischen Bildung aber eher Randerscheinungen und werden, wenn überhaupt, häufig im Sinne eines politischen Verfalls thematisiert (vgl. ebd.).

Überspitzt ließe sich formulieren: Medienerziehung in der politischen Bildung besteht noch immer vor allem in der Anleitung zur kompetenten Zeitungslektüre und einer Abgrenzung gegenüber den Bilderfluten der elektronischen Kommunikationsmedien.

Medien als Herausforderung für die ganze Schule

Solche medienkritischen und anachronistischen Einstellungen sind natürlich nicht nur in der politischen Bildung, sondern in der ganzen Schule wieder zu finden. Leider offenbart sich allerdings gerade in solchen kulturpessimistischen Haltungen die Unflexibilität von Schule und politischer Bildung, auf mediale Herausforderungen adäquat zu reagieren. Denn *„[h]inter solchen Verfallsbeschreibungen steht nicht nur die theoretische Hilflosigkeit gegenüber der Medien- und Konsumwelt der Kinder. Schule verteidigt hier auch ihr Konzept des Lernens in einer sich grundlegend verändernden kulturellen Welt“* (Bachmair 1998, 276). Tatsächlich würde durch die Integration neuer Medien in die politische Bildung oder in Schule allgemein nicht nur ein altes Medium gegen ein neues ersetzt. Die Integration würde vielmehr die Vorstellungen von Schule und Unterricht in viel direkterer Weise betreffen. Zwar konnte in der Schule im Prinzip immer schon jedes Buch, jede Zeitschrift und jeder Text in den Unterricht einbezogen werden – aber nur im Prinzip und nicht auf Knopfdruck. Das Internet konfrontiert die Schule dagegen beispielsweise mit einer neuen quantitativen wie qualitativen Informationsmenge, die ihresgleichen sucht. Das stellt das traditionelle Bild von Schule, das zumindest zum Teil vom Wissensmonopol oder zumindest Orientierungswissen der Lehrkräfte gelebt hat, auf eine harte Probe. Das heißt: Wenn wir über die Herausforderungen und Chancen reden, die durch die Integration von Medien für die politische Bildung entstehen, geht es deshalb um mehr als um die Frage, warum, wann und welche Medien in den politischen Unterricht aufgenommen werden müssen und wie dies am praktikabelsten geschehen kann. Und auch für die politische Bildung geht es an dieser Stelle nicht nur darum, die Veränderungen, die Politik und Gesellschaft durch neue Medien erfahren, zu thematisieren, noch ausschließlich darum, den Umgang mit neuen Technologien zu üben oder anzuleiten. Viel grundsätzlicher ist vielmehr die Frage zu stellen, auf welche Welt die nachwachsende Generation eigentlich vorbereitet werden muss.

Antworten auf diese Fragen können an dieser Stelle natürlich nur angedeutet werden, sicher scheint lediglich zu sein, dass sich der Stellenwert der Vermittlung von Daten und Fakten zugunsten der Förderung selbstständiger Urteils-, Interpretations- und Diskursfähigkeiten verringern wird.

Veränderungen neugierig und kritisch nachgehen

In diesem Sinn geht es eben nicht nur darum, den Umgang mit alten wie neuen Medien technisch anzuleiten und zu trainieren, sondern den Veränderungen, die sich für den Einzelnen und für Politik und Gesellschaft ergeben, neugierig und kritisch nachzugehen. Dies gilt natürlich für die politische Bildung selbst auch. Auch sie muss überlegen, wie sie ihre Inhalte und Ziele den Veränderungen im medialen-sozialen Bereich anpassen kann. Angesichts der Vervielfältigung von Wahrnehmungswelten geht es in der politischen Bildung beispielsweise mehr denn je um die Förderung von Ambiguitätstoleranz und Perspektivwechsel, um Neugier auf Neues und das Aushalten kognitiver Dissonanzen. Im Hinblick auf die gewachsene Informationsmenge und -geschwindigkeit geht es um die Entwicklung von Flexibilität und Reaktionsfähigkeit, aber auch die Fähigkeit, Quellen schnell und sicher zu bewerten, sowie neue Themen und Probleme zu identifizieren und auf Politik und Gesellschaft beziehen zu können. Im Kontext der fachdidaktischen Diskussion über Medienerziehung gilt es, in der politischen Bildung im Medienzeitalter, neben solchen eher rezeptiven Kompetenzen auch kommunikative, aktive oder gestalterische Kompetenzen zu berücksichtigen: So muss sich die politische Bildung auch im Kontext von Überlegungen zur politischen Handlungsfähigkeit einem komplexeren Begriff von Kommunikation öffnen, in dem die symbolische Struktur medialer Kommunikation nicht ausgespart bleibt und mit dem auch mediale Handlungskompetenzen gefördert werden können. Politische Bildung endet nicht beim Lesen und Sprechen. Vielmehr muss es im Rahmen politischer Bildung auch darum gehen, sich darzustellen, sich in Szene zu setzen, Aufmerksamkeit zu erregen, einen Skandal zu provozieren, zu irritieren, Erstaunen zu erwecken u.Ä.m. Ob man es nun mediale Inszenierungs-, Thematisierungs- oder Handlungskompetenz nennt, in jedem Fall geht es darum, Strategien zu erproben, die die Voraussetzung dafür schaffen, Aufmerksamkeit für eigene Anliegen zu erhalten.

Politische Handlungsfähigkeit

Aber am wichtigsten von allem bleibt: Medien dürfen im politischen Unterricht nicht als isoliertes Thema behandeln werden, obwohl das in den Lehrplänen des Faches noch vielfach vorgeschlagen wird. Medien sind integrativer Bestandteil sozialer wie politischer Kommunikation und müssen bei *jedem* Thema des politischen Unterrichts mit gedacht und mit reflektiert werden (vgl. Sarcinelli 1995, 445). „*Ohne die systematische Beschäftigung mit der Mediatisierung von Politik steht die politische Bildung in der latenten Gefahr eines unpolitischen An-sich-Institutionalismus*“ (Sarcinelli 1996, 205). Politische Bildung muss den vielfältigen Interdependenzen zwischen politischen Entscheidungen, *medialen Erscheinungen* und *politischen Wirkungen* viel ausdauernder nachgehen, sie muss *Inhalte* mit *Formen* ebenso in Beziehung setzen wie *Erscheinungen* mit *Wirkungen.* Wenn der politischen Bildung ihr Anspruch auf die Vermittlung von Urteils-, Orientierungs- und Handlungskompetenzen ernst ist, kommt sie um Medien – und d.h. auch digitale und unterhaltungsorientierte Medien – nicht herum. Vielmehr käme es angesichts der vielfältigen medialen

Entwicklungen gerade darauf an, auch die Bildlichkeit und Sichtbarkeit von Politik zu thematisieren und so die *neue Unübersichtlichkeit* eben nicht *übersichtlich oder durchsichtig* machen zu wollen, sondern im medialen Spiel von Bildern, Symbolen, Zitaten, Inszenierungen und Andeutungen *das Politische* ernst zu nehmen und seine Vieldeutigkeit und *Undurchsichtigkeit* auszuhalten.

## Literatur

Bachmair, Ben 1998: Lernen in individuellen Bildwelten. In: Duncker, Ludwig/ Popp, Walter: Kind und Sache. Weinheim, S. 275-296

Besand, Anja 2004: Angst vor der Oberfläche. Zum Verhältnis ästhetischen und politischen Lernens im Zeitalter Neuer Medien. Schwalbach/Ts.

Bundeszentrale für politische Bildung (Hrsg.) 2001: Politik im Informationszeitalter. Bonn

Bühl, Achim 1996: CyberSociety. Mythos Und Realität der Informationsgesellschaft. Köln

Dörner, Andreas 2001: Politainment. Politik in der medialen Erlebnisgesellschaft. Frankfurt/M.

Friedrichs, Werner/Sander, Olaf (Hrsg.) 2002: Bildung/Transformation. Kulturelle und gesellschaftliche Umbrüche aus bildungstheoretischer Perspektive. Bielefeld

Kloock, Daniela/Spahr, Angela 2000: Medientheorien. Eine Einführung. München

Leggewie, Claus/Maar, Christa (Hrsg.) 1998: Internet und Politik. Köln

Meyer, Thomas 2001: Mediokratie. Die Kolonisierung der Politik durch die Medien. Frankfurt/M.

Sarcinelli, Ulrich/Wissel, Manfred 1998: Mediale Politikvermittlung, politische Beteiligung und politische Bildung: Medienkompetenz als Basisqualifikation in der demokratischen Bürgergesellschaft: In: Sarcinelli, Ulrich (Hrsg.): Politikvermittlung und Demokratie in der Mediengesellschaft. Bonn

Sarcinelli, Ulrich 1996: Mediatisierung von Politik als Herausforderung für eine Neuorientierung – politische Bildung zwischen Antiquiertheit und Modernitätsdruck. In: Deutsche Vereinigung für Politische Bildung: Politische Bildung in der Bundesrepublik. Opladen, S. 202-208

Sarcinelli, Ulrich 1995: Politikvermittlung durch Massenmedien – Bedingung oder Ersatz für politische Bildung? In: Bundeszentrale für politische Bildung (Hrsg.): Verantwortung in einer unübersichtlichen Welt. Bonn, S. 443-458

Wehner, Josef 1997: Interaktive Medien – Ende der Massenkommunikation? In: Zeitschrift für Soziologie. Jg. 26, H. 2, S. 96-114

*Joachim Kahlert*

# Umweltbildung

## 1. Zur Entwicklung der Umweltbildung

### 1.1 Umweltschutz als Aufgabe der Daseinsvorsorge

Vielfalt unerwünschter Nebenwirkungen

Wer produziert, konsumiert oder etwas transportiert, nutzt Rohstoffe und Flächen, hinterlässt Abfälle sowie stoffliche Emissionen, wie Abgase, Abwässer, Stäube. Hinzu kommen Schallemissionen, die als Lärm die Umweltqualität beeinträchtigen, sowie Strahlungsemissionen aus verschiedenen technischen Quellen.

Diese Nutzung von Umweltressourcen kann vielfältige unerwünschte Wirkungen hervorrufen: unmittelbare Beeinträchtigungen des Wohlbefindens und der Gesundheit, Verringerung nutzbarer Rohstoffe für die zukünftige Versorgung, Schädigung der Lebensbedingungen von Tieren und Pflanzen, Bedrohung der Artenvielfalt, Verlust an landschaftlicher Schönheit, mittel- und langfristige Klimaänderungen mit möglicherweise einschneidenden Folgen für die Trinkwasser- und Nahrungsmittelversorgung, für die Besiedelbarkeit von Gebieten und für die soziale Stabilität.

Von wenigen Ausnahmen abgesehen (Lärm, Eingriffe in die Landschaft, akute Krankheitssymptome bei hohen Schadstoffkonzentrationen) lassen sich die unerwünschten Folgen der Umweltnutzung nicht unmittelbar wahrnehmen. Die Risiken drohender globaler Schäden (Ozonschwund, zusätzlicher Treibhauseffekt) sind nur als mehr oder weniger gesicherte Prognosen zu erfassen. Gesundheitliche Auswirkungen stellen sich oft erst lange nach der Belastung ein. Diese ist als Ursache dann oft nicht mehr erkennbar, weil Schadstoffwirkungen nicht nur von chemisch-biologischen und physikalischen Eigenschaften der Stoffe, ihrer Konzentration und der zeitlichen Dauer der Belastung beeinflusst sind, sondern auch vom Lebensalter, vom allgemeinen Gesundheitszustand, von der individuellen Empfindlichkeit sowie von anderen körperlichen und psychischen Belastungen (vgl. Rat von Sachverständigen für Umweltfragen 1999, 30 ff.).

Umweltschutz als Daseinsvorsorge

Vielfalt und Ungewissheit möglicher Auswirkungen von Umweltbelastungen machen Umweltschutz zu einer Aufgabe der Daseinsvorsorge. Dabei kommen unterschiedliche Risikowahrnehmungen, Interessen und Kosten-Nutzen-Kalküle ins Spiel. Deshalb ist Umweltschutz ein grundlegendes Aufgabenfeld der Politik – und damit auch der politischen Bildung.

## 1.2 Vom Umweltschutz zur Zukunftsgestaltung

Seit Beginn der 1970er-Jahre beeinflusst die Einsicht, dass sich Umweltressourcen auf Dauer nicht ohne gravierende Rückwirkungen auf die Lebensqualität heutiger und zukünftiger Generationen nutzen lassen, die öffentliche Aufmerksamkeit. Beigetragen haben dazu neben weltweit beachteten Krisenszenarien (z.B. Meadows u.a. 1972) unter anderem die Energiekrise, Auseinandersetzungen um die Nutzung der Kernkraft und nicht zuletzt auch ein Individualisierungsschub. Traditionelle Wertorientierungen, wie z.B. die Hochschätzung materiellen Wohlstandes, verloren ihre konsensstiftende Wirkung und konkurrieren seither mit vielfältigen Vorstellungen und Entwürfen von Lebensqualität (vgl. Inglehart 1977). Das 1971 erschienene erste Umweltprogramm einer deutschen Regierung, die Gründung zahlreicher Bürgerinitiativen und der grünen Partei im Verlauf der 1970er-Jahre sowie eine umfangreiche Gesetzgebung in Bund und Ländern begleiteten die Entwicklung des Umweltschutzes zu einem zentralen Aufgaben- und Konfliktfeld.

Nachhaltige Entwicklung als Leitbild

Angestoßen vom Brundtland-Bericht (Hauff 1987) der von der UNO im Jahre 1983 eingesetzten „Weltkommission für Umwelt und Entwicklung" wurde auf der Konferenz der Vereinten Nationen für Umwelt und Entwicklung 1992 in Rio de Janeiro die dauerhaft-umweltgerechte Entwicklung (sustainable development) zu einem weltweit anerkannten Leitbild staatlichen Handelns erklärt. Zwar gibt es keine allgemein gültige Definition für Nachhaltigkeit. Doch weitgehend Einigkeit herrscht über die Grundregel, nach der die Nutzung von Ressourcen deren Regenerationsmöglichkeit und der Eintrag von Schadstoffen in die Umwelt deren Verarbeitungskapazität nicht überschreiten dürfen.

Nachhaltigkeit erfordert auch Orientierung an sozialer Gerechtigkeit

Nachhaltigkeit erfordert nicht nur die Einhaltung von Standards für Umweltqualität, sondern auch die Orientierung an sozialer Gerechtigkeit und an unterschiedlichen Entwürfen für Lebensqualität (vgl. Rat von Sachverständigen für Umweltfragen 1996, 50). Verknüpft mit dem Leitbild einer dauerhaft-umweltgerechten Entwicklung hat sich der „ökologische Diskurs" daher zu einem „gesellschaftspolitischen Diskurs" ausgeweitet (Rat von Sachverständigen für Umweltfragen 1996, 50; siehe auch Lalli 2000). Der Umgang mit unterschiedlichen Risiken versteht sich nicht von selbst, sondern muss ausgehandelt und schließlich politisch entschieden werden. Vertraute Überzeugungen büßen ihre orientierende Wirkung ein; Eingriffe in gewohnte Lebensweisen sind zu rechtfertigen oder abzuwehren. Entsprechend groß ist die Nachfrage nach Verständigung (vgl. Wissenschaftlicher Beirat der Bundesregierung Globale Umweltveränderungen 1997, 316-322). Dies bringt auch einen Wandel der Umweltbildung mit sich, die sich zunehmend als politisch bedeutsame Bildung erweist.

### 1.3 Vom Naturschutz zur politischen Bildung

Nachdem bereits das erste Umweltprogramm der Bundesregierung im Jahre 1971 darauf zielte, Umweltschutz und Umweltgestaltung in die Lehrpläne aller Schularten und Schulstufen aufzunehmen, schuf die Kultusministerkonferenz mit ihrem Beschluss „Umwelt und Unterricht" (vgl. Kultusministerkonferenz 1980) einen Rahmen für die Umsetzung dieses Anspruchs.

Ausdifferenzierung umweltpädagogischer Ansätze

Das Spektrum umweltpädagogischer Ansätze und Konzeptionen differenzierte sich im Laufe der folgenden Jahrzehnte aus. Es reichte von dem Versuch, Lernende durch Naturerfahrung zu umweltschonendem und -schützendem Handeln zu motivieren (z.B. Göpfert 1987), über handlungs- und situationsorientierte Ansätze des Umweltlernens (Eulefeld u.a. 1981), „ökopädagogischen" Krisenszenarien (z.B. Beer/de Haan 1984) bis hin zu reflexions- (z.B. Schreier 1991) und verständigungsorientierten

Ansätzen (z.B. Kahlert 1991). Diese warnten vor allzu weitreichenden Erwartungen an die handlungsbedeutsamen Folgen von umweltpädagogischen Maßnahmen und strebten vor allem an, die Urteilsfähigkeit über Risikolagen und über Wege zur Risikominderung zu verbessern sowie Kompetenz zur Mitgestaltung des Zusammenlebens unter besonderer Berücksichtigung von Interessenunterschieden und Möglichkeiten der Konfliktregelung grundzulegen und weiterzuentwickeln.

Im Rahmen der politischen Bildung spiegelte sich der Grundsatz, Gestaltungskompetenz durch Aufklärung zu gewinnen, z.B. in Ansätzen wider, die Umweltbildung als Hilfestellung für eine vernunftorientierte Lebenspraxis (vgl. z.B. Siebert 1993), für den souveränen Umgang mit offenen und konfliktreichen Entscheidungssituationen (vgl. z.B. Claußen & Wellie 1996) oder für umsichtige Zukunftsgestaltung (vgl. z.B. Weinbrenner 1995) verstehen.

Seitdem Umweltschutz, eingebettet in den Nachhaltigkeitsdiskurs, als eine gesellschaftspolitische Gestaltungsaufgabe begriffen wird, hat sich das Verständnis, Umweltbildung solle einen Beitrag zur Entwicklung von Partizipationskompetenz leisten, weitgehend durchgesetzt (vgl. de Haan 1999; 2002).

## 2. Kernziele einer verständigungsorientierten Umweltbildung

Ernüchternde Ergebnisse

Auf den ersten Blick sind die Erfolge umweltpädagogischer Bemühungen der Vergangenheit ernüchternd. Die wenigen vorliegenden Studien über Effekte schulischer und außerschulischer Umweltbildung geben nur schwache Hinweise auf verhaltensändernde Wirkungen (vgl. Gräsel 2002, 681 ff., Leeming et al. 1993).

Dennoch kommt Umweltbildung ein hoher Stellenwert zu. Pädagogisches Handeln als intentionale Einflussnahme auf die Entwicklung des Einzelnen ist nur zu rechtfertigen, wenn es, verbunden mit Bildungsvorstellungen, dazu beiträgt, den Einzelnen zu befähigen, zunehmend selbständig, einsichtig, eigenverantwortlich und in einer dem Zusammenleben mit anderen dienlichen Weise zu handeln. Umweltbildung dient damit nicht der Herbeiführung eines Verhaltens, sondern der Befähigung zu einem Verhalten (vgl. Rost 1999, 214) und zur aufgeklärten Teilhabe an der „ökologischen Kommunikation“ (Luhmann 1986). Unbeschadet von Überlegungen über die Effektivität des Wissens für Veränderungen des Handelns ist diese aufklärende Dimension der Umweltbildung unverzichtbare Forderung einer pädagogischen Ethik.

Versteht man unter Umweltbildung den Versuch, auf eine pädagogisch vertretbare Weise die Entwicklung von Wissen, Moral, Bedürfnissen und Fähigkeiten Lernender so zu beeinflussen, dass sie bereit und in der Lage sind, in ihrem gegenwärtigen und zukünftigen Handeln auch Anforderungen zu berücksichtigen, die als ökologisch wünschenswert gelten, dann gehört dazu auch die Auseinandersetzung mit Vorstellungen und Wissen über den Handlungsbedarf, über die Handlungsmöglichkeiten, über Erfolgsbedingungen des Handelns sowie über unerwünschte Nebenwirkungen des Handelns. Umweltbildung als politische Bildung muss daher Lernende dabei unterstützen,

Umweltbildung als politische Bildung

- sich ein reflektiertes und altersangemessenes Urteil über Umweltrisiken zu bilden (Beurteilung der Umweltqualität und des umweltpolitischen Handlungsbedarfs);
- Rahmenbedingungen für umweltverbessernde Maßnahmen zu erkennen, zu verstehen und zu beurteilen (Handlungsvoraussetzungen);
- die Angemessenheit von umweltverbessernden Maßnahmen unter Berücksichtigung ihrer möglichen, wahrscheinlichen, beabsichtigten und unbeabsichtigten Folgen zu beurteilen (Kalkül von Handlungsfolgen).

Weil Umweltbildung es mit Problemlagen zu tun hat, die zahlreiche Dimensionen des Zusammenlebens berühren, können diese Aufgaben nicht aus der Perspektive einiger oder weniger Wissensbereiche bearbeitet werden. Eine wichtige Zukunftsaufgabe und -perspektive der politischen Umweltbildung ist es daher, die Komplexität der von ihr aufgegriffenen Problemlagen didaktisch verfügbar zu machen. Gerade mit Blick auf Nachhaltigkeit gilt der fächerübergreifende (vgl. Gräsel 1999) und vielperspektivische (vgl. Wehrspaun & Schoembs 2002, 159 f.) Zuschnitt von Umweltbildung als notwendig; von Teilnehmern an außerschulischen Angeboten zur Umweltbildung werden fächerübergreifende Angebote besonders nachgefragt (vgl. Giesel, de Haan & Rode 2002, 149 ff.).

Fächerübergreifende Angebote machen

So nachvollziehbar diese Anforderung ist, so schwierig scheint sie sich in der Praxis umsetzen zu lassen.

## 3. Ausblick auf die Praxis: didaktische Vernetzung der politischen Bildung

Defizite

Obwohl seit Jahrzehnten gefordert, ist die fächerübergreifende Orientierung der Umweltbildung noch nicht zufriedenstellend gelungen. Bemängelt wird zum Beispiel, es fehle in der Praxis bei einem Übergewicht eher naturbezogener Inhalte an ökonomischen und sozialwissenschaftlichen Inhalten (de Haan 1999, 78 f.). Nur in geringem Maße würde es gelingen, die Perspektive verschiedener Fächer zusammenzubinden (vgl. dazu Gräsel 2002, 685).

Verantwortlich dafür dürften viele Bedingungen sein. Die eher fachspezifische Ausbildung der Lehrenden schränkt den Blick für die Kooperationspotenziale anderer Fächer ein. Der Stundenplan begünstigt fachspezifische Arbeitsweisen. Übergreifende Projekte sind mit hohem organisatorischem Aufwand verbunden.

Um Lehrende in der schulischen und außerschulischen Umweltbildung nicht von vorneherein mit schwer einlösbaren Ansprüchen an ihre fächerübergreifende Kompetenzen und an ihre Kooperationsbereitschaft und -fähigkeit zu konfrontieren, wird vorgeschlagen, die politische Umweltbildung an einem Modell „didaktischer Netze" zu orientieren (vgl. zum didaktischen Grundkonzept Kahlert 2002, 219 ff.). Dieses Modell soll helfen, die politisch-bildende Potentiale der für Umweltbildung bedeutsamen Fächer an Hand konkreter Inhalte zu erschließen.

Übersicht I veranschaulicht an einem Beispiel die Vorgehensweise mit Hilfe dieses didaktischen Planungsinstruments. Dabei wird der Unterrichtsgegenstand sowohl mit Bezug auf die Zieldimensionen politischer Umweltbildung (Kopfzeile) als auch mit Bezug

**Beispiel für didaktische Vernetzung**
**Schwerpunktthema: Reglementierung von Getränkeverpackungen (Dosenpfand)**

| **Zieldimensionen nachhaltiger politischer Umweltbildung**[1] / **Fachperspektiven**[2] | a) Beurteilung der Umweltqualität, des Umweltzustandes (**Handlungsbedarf**) | b) Rahmenbedingungen für umweltverbessernde Maßnahmen (**Handlungsvoraussetzungen**) | c) Angemessenheit von Umweltmaßnahmen (**Kalkül von Handlungsfolgen**) |
|---|---|---|---|
| **1. Politische Perspektive** greift an Hand von Umweltproblemen unterschiedliche Interessen auf; thematisiert Interessenaushandlung (Polity), reale Willensbildungs- und Entscheidungsprozesse (Politics) und politische Programme (Policy) | – multikriteriale Beurteilungsgrundlage: Belastungen durch Transport, Herstellung, Entsorgung bei verschiedenen Verpackungen (s. auch 2a) ... | – Einflussmöglichkeiten der Politik auf Verbraucher, auf Produzenten<br>– Reichweite und Grenzen von Vereinbarungen und von Ordnungsmaßnahmen<br>– Einflüsse von Verbänden | – Mit welchen Widerständen ist zu rechnen? Wer wird sich benachteiligt fühlen?<br>– Politisches Risiko unpopulärer Maßnahmen ... (s. auch 2b)<br>– Alternativen |
| **2. Ökonomische Perspektive** rückt den Umgang mit knappen Ressourcen in das Blickfeld (u.a. wirtschaftliche Entwicklung und Umweltbelastung; ökonomische Steuerungsmöglichkeiten; Modelle zur Berechnung des Wachstums; externe und interne Kosten; Instrumente für die Internalisierung von Kosten) | – Kosten-Nutzen-Analyse von verschiedenen Maßnahmen<br>– Möglichkeiten der Kostenabwälzung für Dosenpfand und Alternativen<br>– soziale Verteilung von Kosten und Nutzen ... | – ökonomische Belastbarkeit von Produktion, Handel, Verbraucher ... | – Auswirkungen des Dosenpfands auf Preise<br>– zu erwartende Auswirkung auf Verbraucherverhalten und auf Produktionsentscheidungen ... |
| **3. Soziologische Perspektive** focussiert grundlegende soziale Bedingungen und Folgen individuellen Handelns (u.a. Ursachen der Umweltkrise; Merkmale für Lebensqualität; Lebensstile; Rolle der Medien; Entwicklung von Bedürfnissen; psycho-soziale Kosten von Umweltbelastungen) | – unterschiedliche Ansprüche an Umweltqualität<br>– Getränkekonsum und Lebensqualität ... | – sozial unterschiedliche Risikowahrnehmung und -bewertung<br>– Lebensstile und Getränkekonsum<br>– sozio-kulturelle Leitbilder<br>– Getränkeverpackung als Kultobjekt ... | – Folgen für wahrgenommene Lebensqualität<br>– Akzeptanz der verschiedenen möglichen Folgen für das Alltagshandeln ... |
| **4. geschichtliche Perspektive** stellt den Umgang mit Umweltressourcen in der Vergangenheit sowie Folgen unzureichenden Umweltschutzes heraus (u.a. Beispiele für Umweltbelastungen in der Geschichte; kulturelle Traditionen, die Nachhaltigkeit erschweren, begünstigen) | – exemplarischer Vergleich mit Belastungen früher (z.B. offener Transport von Getränken)<br>– Arbeitsbedingungen in der Getränkeindustrie früher ... | – Traditionen des Feierns, Trinkens, Konsumierens<br>– Stabilität und Veränderbarkeit traditioneller Orientierungen | – exemplarische Rekonstruktion der Entwicklung von Verpackungen ausgewählter Getränke<br>– Was hat die Entwicklung beeinflusst? ... |
| **5. geografische Perspektive** bearbeitet unterschiedliche lokale u. regionale Entwicklungsbesonderheiten (u.a. klimatische Bedingungen; Boden- und Vegetationsarten; Siedlungsformen; Transportwege; Stoff-, Warenströme ...) | – Produktionsstandorte und Transportwege<br>– Arbeits- und Lebensbedingungen an den Standorten ... | – Vergleich von Ansprüchen an Umwelt- und Arbeitsqualität in Produktions- und Konsumregionen | – Auswirkungen hiesiger Gesetze, Verordnungen in anderen Ländern, Regionen |

| | | | |
|---|---|---|---|
| **6. naturwissenschaftliche Perspektive** thematisiert stoffliche und energetische Merkmale sowie Folgen von Umweltbelastungen für Lebewesen und für Ökosysteme (u.a. Schadstoffarten, -wirkungen; Ökobilanzen; Leistung und Grenzen von Verfahren zur Schadens- und Risikoermittlung) | – Schadstoffe bei Herstellung, Transport und Entsorgung von Getränkeverpackungen<br>– weitere Belastungen<br>– ausgewählte Wirkungen ... | | – Auswirkungen des Dosenpfands auf Belastungen durch Schadstoffe sowie auf andere Belastungen<br>– Gewinn/Verlust an Umweltqualität |
| **7. technische Perspektive** stellt Verfahren der Herstellung, Produktion und Entsorgung in den Mittelpunkt (u.a. Belastungen durch heutige Technologien; Material- und Energiesparmöglichkeiten neuer Technologien; Kriterien nachhaltiger Technikentwicklung) | – Möglichkeiten der Wiederverwertung verschiedener Verpackungen | – Innovationspotenziale durch technischen Fortschritt | – Auswirkungen des Dosenpfands auf Blockierung oder Anregung der technischen Innovationspotenziale |
| **8. ethisch-philosophische Perspektive** Fragen nach Sinnhaftigkeit des Handelns u. nach Verantwortung (u.a. Verantwortung vor Gott, anderen Menschen, anderen Lebewesen, späteren Generationen; inter- und intragenerationelle Gerechtigkeit; Bedeutung von Freiheit, Gleichheit und Gerechtigkeit für das Zusammenleben unter dem Gesichtspunkt von Nachhaltigkeit) | – Beeinträchtigungen anderer durch eigenes Konsumverhalten<br>– Nutzung von Ressourcen für Bequemlichkeit? ... | – ethischer Standard von Werbebotschaften für Getränke<br>– ethische Potenziale der Getränkewerbung ... | – Auswirkungen der als ungerecht wahrgenommenen Freiheitseinschränkungen auf moralisches Handeln |
| **9. ästhetische Perspektive** trägt der Einsicht Rechnung, dass Menschen Umweltgegebenheiten unterschiedlich wahrnehmen (Vergleich v. Wahrnehmungsgewohnheiten; Ausdrucksformen für Unbehagen, Sehnsüchte; Einfluss von Medien auf Wahrnehmung ...) | – Ansprüche an das Stadt- und Landschaftsbild<br>– Ansprüche an die ästhetische Qualität des Konsumgutes Getränke | – Werbung und ästhetisches Geschmacksurteil am Beispiel Getränkewerbung, Verpackung<br>– Entwürfe für Getränkeverpackungen ausarbeiten, Verpackungen als Träger von Botschaften | – Auswirkungen verschiedener Maßnahmen auf Stadt- und Landschaftsbild |

**Anmerkungen**
1 Zur Begründung der Zieldimensionen siehe Teil 2.
2 Die Spalte gibt in Stichworten den didaktischen Gehalt dieser Fachperspektive wieder.

auf das besondere Potenzial von fachlichen Perspektiven (Leitspalte) entfaltet. Die in der Leitspalte operationalisierte Leitidee der jeweiligen Fachperspektive soll Lehrende dabei unterstützen, den Unterrichtsgegenstand didaktisch zu erfassen, geeignete Ideen zu generieren und zu strukturieren. Das Modell führt so zu ergiebigen Inhalten, ohne der Forderung nach curricularer Offenheit (vgl. dazu Schiele 2002) zu widersprechen.

Die Perspektiven grenzen sich weder scharf voneinander ab, noch sollen sie garantieren, einen Sachverhalt vollständig zu erschließen. Es geht nicht um die eindeutige Kategorisierung aller bedeutsamen Facetten eines Themenfeldes und schon gar nicht darum, alle so gefundenen Teilinhalte auch aufzugreifen. Vielmehr kommt es darauf an, die inhaltlichen Möglichkeiten eines interessierenden Themenbereichs zu erschließen. Damit wächst die Chance, die umweltpädagogische Kommunikation in multiple Perspektiven einzubinden, die teilnehmerorientiert konkretisiert werden können.

So könnte es in einer Lerngruppe sinnvoll sein, anhand eigenen (Getränke-)Konsumverhaltens für unterschiedliche Ansprüche an Umweltqualität zu sensibilisieren (Übersicht I, Zelle 3a). Eine Bearbeitung möglicher und wahrscheinlicher Auswirkungen der Einführung von Dosenpfand öffnet den Blick für vielfältige Folgen der umweltpolitischen Maßnahme (Zelle 2c). Daran könnten sich umweltethische Reflexionen über Freiheitseinschränkungen anschließen (Zelle 8c).

Eine andere Schwerpunktsetzung würde mit Zeitungsausschnitten über Widerstände gegen die Einführung des Dosenpfands beginnen (Zelle 1c), sich mit ökonomischen Belastungen für Handel und Verbraucher beschäftigen (Zelle 2b) und nach technischen Alternativen fragen (Zelle 7b).

Was sinnvoll und ergiebig ist, hängt von den konkreten Lernvoraussetzungen in der Lerngruppe ab. Didaktisches Denken zielt nicht auf die Enthüllung einer (ohnehin nicht gegebenen) objektiven Sachstruktur, sondern auf die Erschließung sinnvoller Zugänge zum Themenbereich. Indem didaktische Netze ein Themengebiet in „multiple Perspektiven" (Gerstenmaier/Mandl 1995, 879) einbinden, erleichtern sie die Beachtung des Retinitätsprinzips, also der bewussten Einbeziehung unterschiedlicher Perspektiven, in der umweltpädagogischen Kommunikation. Dieses Prinzip wird als „entscheidende umweltethische Bestimmungsgröße" (Rat von Sachverständigen für Umweltfragen 1994, 12) für den politischen Diskurs über Nachhaltigkeit bewertet. Und schließlich ermöglichen didaktische Netze strukturierenden Zugang zu den „Netzwerken der Handlungsverflechtungen" (Joas 1992, 343), in die Menschen in ihrem Alltag eingebunden sind. Diese bewusst und damit einer rationalen Analyse zugänglich zu machen, ist seit jeher Anliegen einer um Aufklärung bemühten politischen Bildung.

## Literatur

Beer, Wolfgang/Haan, Gerhard de 1984: Ökopädagogik. Aufstehen gegen den Untergang der Natur. Weinheim

Beer, Wolfgang/Kraus Jobst/Markus, Peter/Terlinden, Roswitha (Hrsg.): Bildung und Lernen im Zeichen der Nachhaltigkeit. Konzepte für Zukunftsorientierung, Ökologie und soziale Gerechtigkeit. Schwalbach/Ts.

Claußen, Berhard/Wellie, Birgit (Hrsg.) 1996: Umweltpädagogische Diskurse. Sozialwissenschaftliche, politische und didaktische Aspekte ökologiezentrierter Bildungsarbeit. Frankfurt/M.

Eulefeld, Günter u.a. 1981: Ökologie und Umwelterziehung. Ein didaktisches Konzept. Stuttgart

Gerstenmaier, Jochen/Mandl, Heinz 1995: Wissenserwerb unter konstruktivistischer Perspektive. In: Zeitschrift für Pädagogik , H. 41, S. 867-888

Giesel, Katharina D./Haan, Gerhard de/Rode, Horst 2002: Umweltbildung in Deutschland. Stands und Trends im außerschulischen Bereich. Berlin u.a.

Göpfert, Hans 1987: Naturbezogene Pädagogik. Weinheim

Gräsel, Cornelia 1999: Die Rolle des Wissens beim Umwelthandeln – oder: Warum Umweltwissen träge ist. In: Unterrichtswissenschaft, H. 3, S. 196-212

Gräsel, Cornelia 2002: Umweltbildung. In: Tippelt, Rudolf (Hrsg.): Handbuch Bildungsforschung. Opladen, S. 675-689

Haan, Gerhard de 1999: Zu den Grundlagen der „Bildung für nachhaltige Entwicklung" in der Schule. In: Unterrichtswissenschaft, H. 3, S. 252-280

Haan, Gerhard, de 2002: Schule und Bildung in der Wissensgesellschaft. In: Beer u.a., a.a.O., S. 81-101

Hauff, Volker (Hrsg.) 1987: Unsere gemeinsame Zukunft. Der Brundtland-Bericht der Weltkommission für Umwelt und Entwicklung. Greven

Heid, Helmut/Hoff, Ernst-H./Rodax, Klaus (Hrsg.) 2000: Ökologische Kompetenz. Opladen

Inglehart, Ronald 1977: Die Stille Revolution. Königstein/Ts.

Joas, Hans 1992: Die Kreativität des Handelns. Frankfurt/M.

Kahlert, Joachim 1991: Die missverstandene Krise. Theoriedefizite in der umweltpädagogischen Kommunikation. In: Zeitschrift für Pädagogik, H. 1, S. 97-122

Kahlert, Joachim 2002: Sachunterricht und seine Didaktik. Bad Heilbrunn

Kultusministerkonferenz (Hrsg.) 1980: Umwelt und Unterricht. Beschluss vom 17. Oktober 1980. Bonn

Lalli, Pina 2000: Representing Ecology. Nature and Risk in Contemporary Social Communication. In: Heid u.a., a.a.O., S. 39-50

Leeming, F./Dwyer, W./Porter, B./Cobern, M. 1993: Outcome Research in Environmental Education: A Critical Review. In: Journal of Environmental Education 24, No. 4, S. 8-21

Luhmann, Niklas 1986: Ökologische Kommunikation. Opladen

Meadows, Dennis/Meadows, Donella/Zahn, Erich/Milling, Peter 1972: Die Grenzen des Wachstums. Bericht an den Club of Rome. Stuttgart

Rat von Sachverständigen für Umweltfragen (Hrsg.) 1994: Umweltgutachten 1994. Stuttgart

Rat von Sachverständigen für Umweltfragen (Hrsg.) 1996: Umweltgutachten 1996. Stuttgart

Rat von Sachverständigen für Umweltfragen (Hrsg.) 1999: Umwelt und Gesundheit. Risiken richtig einschätzen. Sondergutachten. Wiesbaden

Rode, Horst 1996: Schuleffekte in der Umwelterziehung. Mehrebenenanalyse empirischer Daten und pädagogische Folgerungen. Frankfurt/M.

Rost, Jürgen 1999: Was motiviert Schüler zum Umwelthandeln. In: Unterrichtswissenschaft, H. 3, S. 213-231

Schiele, Siegfried 2002: Möglichkeiten der politischen Bildung im 21. Jahrhundert. In: Butterwegge, Christoph/Hentges, Gudrun (Hrsg.): Politische Bildung und Globalisierung. Opladen, S. 297-310

Schreier, Helmut 1991: Umweltethik. In: Gesing, Harald/Lob, Reinhold (Hrsg.): Umwelterziehung in der Primarstufe. Heinsberg, S. 64-89

Siebert, Horst 1993: Psychologische Aspekte der Umweltbildung. In: Apel, Heino u.a.: Orientierungen zur Umweltbildung. Bad Heilbrunn, S. 79-118

Wehrspaun, Michael/Schoembs, Harald 2002: Die „Kluft" zwischen Umweltbewusstsein und Umweltverhalten als Herausforderung für die Umweltkommunikation. In: Beyer, Axel (Hrsg.): Fit für Nachhaltigkeit? Biologisch-anthropologische Grundlagen einer Bildung für nachhaltige Entwicklung. Opladen, S. 141-162

Weinbrenner, Peter 1995: Didaktische Konzepte zur Bearbeitung ökologischer und zukunftsorientierter Themen. In: Schmidt-Sinns, Dieter u.a.: Verantwortung in einer unübersichtlichen Welt. Aufgaben wertorientierter politischer Bildung. Bonn, S. 379-421

Wissenschaftlicher Beirat der Bundesregierung Globale Umweltveränderungen (Hrsg.) 1997: Welt im Wandel. Wege zu einem nachhaltigen Umgang mit Süßwasser. Jahresgutachten 1997. Heidelberg

*Wolfgang Sander*

# Friedenserziehung

## 1. Zur Einführung: Frieden – normativer Konsens auf unsicherer Grundlage

Normative Vorgaben

Bei keinem anderen Politikbereich gibt es so eindeutige normative Vorgaben wie bei Fragen von Krieg und Frieden. Die Charta der Vereinten Nationen bekennt sich zum Ziel des Weltfriedens und die Allgemeine Erklärung der Menschenrechte der Vereinten Nationen von 1948 legt in Artikel 3 fest: „Jedermann hat das Recht auf Leben ...". Nicht anders das deutsche Grundgesetz: Schon die Präambel erklärt den Willen des deutschen Volkes, „dem Frieden der Welt zu dienen"; Artikel 1 bekennt sich zu den Menschenrechten, in Artikel 2 heißt es analog zur Menschenrechtserklärung „Jeder hat das Recht auf Leben und körperliche Unversehrtheit". Artikel 26 (1) legt fest: „Handlungen, die geeignet sind und in der Absicht vorgenommen werden, das friedliche Zusammenleben der Völker zu stören, insbesondere die Führung eines Angriffskrieges, sind verfassungswidrig. Sie sind unter Strafe zu stellen."

Zwar weiß jeder, dass der nach 1945 in vielen Deklarationen bekundete Wille zum Frieden den Krieg nicht zum Verschwinden gebracht hat. Nach den Erfahrungen der Weltkriege im 20. Jahrhundert gilt aber der Krieg nicht mehr als legitimes Mittel staatlicher Interessenpolitik – mit der Ausnahme der Verteidigung gegen einen Angreifer. Aber selbst dieser Fall musste, jedenfalls aus deutscher und europäischer Sicht, in der Zeit des Ost-West-Konflikts um fast jeden Preis verhindert werden, war doch angesichts des Standes der Militärtechnik, insbesondere der atomaren Rüstung, und angesichts der denkbaren Kriegsszenarien auch im Verteidigungsfall mit der Zerstörung der Lebensgrundlagen von Angreifer und Verteidiger gleichermaßen zu rechnen. Deshalb begründete sich die militärische Rüstung letztlich auch nicht mit der Legitimität der Verteidigung, sondern mit dem Abschreckungsgedanken – Abschreckung als besondere Form der Friedenspolitik, oder, mit einem viel zitierten alten Satz: Si vis pacem para bellum („Wenn du den Frieden willst, rüste zum Krieg").

Es schien daher nahezu selbstverständlich zu sein, dass der Friede, mit dem bekannten Wort Carl Friedrich von Weizsäckers, die Lebensbedingung der technischen Zivilisation ist. Kriege schienen nur noch in und zwischen weniger entwickelten Gesellschaften möglich zu sein, und wer Optimist war, sah dies als ein Übergangsphänomen auf dem Weg zu einer weltweiten Friedensordnung.

Abschied von der Kriegserziehung

Die Pädagogik hat diesen normativen Bezug auf den Frieden nach 1945 in Deutschland übernommen. Sie hat sich damit von einer unheilvollen Tradition der Kriegserziehung verabschiedet, von einer Verherrlichung des Militärischen und einer „Erziehung zur Wehrhaftigkeit", die die Geschichte der politischen Erziehung an deutschen Schule lange geprägt hat – im Westen bis 1945 und in gewisser Weise mit der Wehrerziehung in der DDR im Osten Deutschlands auch noch bis 1989 (vgl. Pöggeler 1985, Sander 2004). Gewiss hat dieser Abschied von der Kriegserziehung zur Demokratisierung, Humanisierung und Zivilisierung der Schule in Deutschland beigetragen. So umstritten die konzeptionellen Ansätze der Friedenserziehung in der Bundesrepublik zeitweise waren, so unbestritten war doch Frieden als „Grundwert", als eine normative Orientierung für die Schule. Allerdings zeigt sich am Beginn des 21. Jahrhunderts, dass dieser Grundkonsens auf Vorannahmen beruhte, die der politischen Situation nach dem Ende des Ost-West-Konflikts zu erheblichen Teilen nicht mehr entsprechen. Damit steht die Friedenserziehung vor fundamental neuen Herausforderungen.

## 2. Traditionen und Konflikte der Friedenserziehung in der Bundesrepublik

Die Diskussion um die Möglichkeiten und Grenzen friedenspädagogischen Handelns seit 1945 kann hier nicht im Einzelnen nachgezeichnet werden (vgl. die hierzu die Dokumentation bei

Heck/Schurig 1991). Lediglich auf zwei besonders einflussreiche Strömungen und auf einen markanten Konflikt soll in diesem Abschnitt etwas näher eingegangen werden.

Idealistischer Zugang bis in die 1960er-Jahre

Bis in die 1960er-Jahre prägte ein idealistischer, sozialwissenschaftlich und politiktheoretisch wenig reflektierter Zugang die Debatte über die Friedenserziehung. Oft erschienen in entsprechenden Texten Weltkrieg und Atomrüstung als existenzielle Erfahrung und als weltgeschichtliche Zäsur, die eine sofortige und grundlegende Neuorientierung der Pädagogik (heute würde man wohl sagen: einen „Paradigmenwechsel") verlangen: Die Erziehung sollte die Voraussetzungen für den Frieden durch die Hervorbringung des friedlichen und friedliebenden Menschen schaffen. Einige Sätze aus einem Vortrag von Friedrich Otto Bollnow auf dem XIII. Internationalen Montessori-Kongress im Jahr 1964 mögen diese Denkweise illustrieren:

„Wir sind heute nicht mehr, wie Kant, in der glücklichen Lage, die Erreichung eines ewigen Friedens vertrauensvoll einer unendlichen Zukunft vorzubehalten. Die Bedrohung durch einen Krieg, mit der in ihm gegebenen Gefahr einer totalen Vernichtung, hat heute ein solches Ausmaß angenommen, daß wir mit seiner Verwirklichung nicht mehr auf eine spätere Zukunft warten können. Heute noch, in unserer eigenen Generation, muß der ewige Friede verwirklicht werden, wenn wir nicht das Schicksal der gesamten Menschheit aufs Spiel setzen wollen. ( ... ) Man sollte ... den ehrlichen Abscheu vor dem Krieg wecken, um davor dann (im positiven Sinn) das Bild des Friedens als des einträchtigen Zusammenwirkens aller Menschen und aller Völker zur gemeinsamen Verwirklichung eines würdigen Lebens und einer hohen Kultur in allen leuchtenden Farben zu zeichnen. ( ... ) Tiefer aber als diese erste Aufgabe, das Ziel des Friedens im Bewußtsein der Jugend zu erwecken und zu befestigen, geht die zweite Aufgabe, den Menschen selber zu einem friedfertigen Wesen zu erziehen, das seinem ganzen Wesen zufolge gar nicht anders kann als im Sinne des Friedens zu handeln" (zit. nach Heck/Schurig 1991, 62 ff.).

Zurückhaltender und verbunden mit einem Hinweis auf „Grenzen der pädagogischen Friedensbemühungen", aber im Kern doch einer ähnlichen Argumentationslogik getragen war Karl Friedrich Roths Antwort auf die Frage „Warum Friedenserziehung?"; die entsprechenden Überschriften bei ihm lauteten 1967: „Das Ende der Menschheit ist möglich" – „Den Krieg als unzweckmaßig und unmoralisch erkennen" – „Wandel im Denken als Anfang gefordert" (zit. nach Heck/Schurig 1991, 94 ff.).

Kritische Friedenserziehung in den 1970er- und 1980er-Jahren

Von konkreten politischen Analysen der Bedingungen der Möglichkeit des Friedens waren solche pädagogischen Überlegungen recht weit entfernt. Hier setzte denn auch die Kritik der „Kritischen Friedenserziehung" ein, die in den 1970er- und 1980-Jahren in der Erziehungswissenschaft und bei vielen damals jungen Lehrerinnen und Lehrern populär war. Diese Richtung der Friedenerziehung verstand sich als dezidiert politisch und sah sich in der Tradition einer kapitalismuskritischen Gesellschaftstheorie. Friedenserziehung sollte hiernach den sozialstrukturellen Wurzeln von Friedlosigkeit und Gewalt nachgehen: „Sie zielt auf die Herausbildung *gesellschaftskritischen Bewußtseins*, die Schaffung neuer *Handlungsdispositionen* und die Entwicklung eines entsprechenden *politischen Engagements*, die ihrerseits wieder dazu führen, die Erscheinungen und Voraussetzungen ‚struktureller Gewalt' und ‚organisierter Friedlosigkeit' aufzudecken und nach Möglichkeit an ihrer Verringerung mitzuwirken", so Christoph Wulf in seiner Einleitung zu dem 1973 erschienenen Sammelband „Kritische Friedenserziehung" (zit. nach Heck/Schurig 1991, 178). Diesem Verständnis von Friedenserziehung lag eine folgenreiche Unterscheidung zugrunde, die Johan Galtung vorgenommen hatte: die zwischen einem „negativen Frieden", der als bloße und letztlich immer nur vorübergehende Abwesenheit von Krieg verstanden wurde, und dem „positiven Frieden", der die Überwindung „struktureller Gewalt" bedeuten sollte. Unter „strukturelle Gewalt" wurden alle sozialen Verhältnisse verstanden, die Menschen durch vermeidbare Herrschaft, Unterdrückung und Ausbeutung an der Entfaltung ihrer Möglichkeiten hindern; im Umkehrschluss folgte daraus, dass „Frieden" erst dauerhaft möglich sei, wenn diese Formen struktureller Gewalt im einem Zustand weltweiter sozialer Gerechtigkeit beseitigt seien. In dieser

Positiver und negativer Frieden

Denktradition konnte nahezu jede Form von Hierarchie und Ungleichheit als Ausdruck struktureller Gewalt interpretiert werden, von der Armut in der „Dritten Welt" über das Konkurrenzprinzip der Marktwirtschaft bis zum lehrerzentrierten Unterricht und zur Notengebung in der Schule.

Es ist sicher ein Verdienst dieser Richtung der Friedenspädagogik, auf mögliche Zusammenhänge zwischen Innen- und Außenpolitik, Sozialstruktur und Friedensbereitschaft einer Gesellschaft, sozialen Mikroverhältnissen und manifester Gewaltbereitschaft großer Gruppen hingewiesen zu haben. Aber zugleich wurden diese möglichen Zusammenhänge mit dem analytisch äußerst unscharfen Begriff der „strukturellen Gewalt" auch auf höchst problematische Weise pauschalisiert und trivialisiert. Einen begrifflichen Bogen von Konkurrenzspielen im Kindergarten bis zum Atomkrieg zu schlagen, trivialisiert ungewollt den Krieg. Gleichzeitig kann eine solche Theorie der Friedenserziehung für die Friedenspolitik wesentliche Fragen überhaupt nicht klären, wie beispielsweise die Frage, warum kulturell und sozialstrukturell ähnliche Staaten wie etwa das Deutsche Reich, die Schweiz, Österreich und Schweden sich friedenspolitisch in den vergangenen Jahrhunderten extrem unterschiedlich verhalten haben. Am Ende erwies sich die „kritische Friedenspädagogik" als nicht viel weniger idealistisch als ihre Vorgänger: Indem sie jede Gewalt als Produkt gesellschaftlicher Verhältnisse ansah, war sie anthropologisch naiv, und indem sie als „Frieden" letztlich nur einen Zustand völliger Gewaltlosigkeit und vollendeter Gerechtigkeit gelten ließ, verlegte sie das Ziel der Friedenserziehung in eine unendlich ferne Zukunft und verlor dabei die konkreten Handlungsprobleme, Alternativen und Dilemmata, vor denen die Friedenspolitik in der Gegenwart stand und steht, weitgehend aus dem Blick.

Kontroverse in der Kultusministerkonferenz

Es gehört den bemerkenswerten Ereignissen in der friedenspädagogischen Diskussion der Bundesrepublik, dass Anfang der 1980er-Jahre bei diesem Thema die Kultusministerkonferenz sich erstmals nicht auf eine gemeinsame Empfehlung für die Schulen einigen konnte. Stattdessen kam es nach längerem internen und öffentlichen Streit 1983 schließlich zu zwei konträren Empfehlungen der damals von der SPD und von der CDU/CSU regierten Bundesländer (vgl. zu diesem Konflikt ausführlich Lutz 1984). Kurioserweise dürfte das Papier der CDU-Länder eher den Vorstellungen des damaligen sozialdemokratischen Verteidigungsministers Apel entsprochen haben, der eine solche Empfehlung der KMK angeregt hatte mit der unverhüllten Absicht, die Schulen angesichts des kritischen Meinungsklimas in der jungen Generation gegenüber der Politik der militärischen Abschreckung für eine Stärkung der Legitimation der Bundeswehr zu gewinnen. Das Papier der SPD-Länder basierte dagegen auf den Friedensbegriff der „kritischen Friedenserziehung" und zeigte eine deutliche Offenheit für die Perspektiven der damaligen Friedensbewegung. In gewisser Weise war dieser Konflikt ein Anachronismus, denn der Beutelsbacher Konsens von 1976 hätte mit dem Überwältigungsverbot und dem Kontroversitätsgebot brauchbare Leitlinien für eine Empfehlung an die Schulen, wie mit den damals aktuellen friedenspolitischen Kontroversen umzugehen sei, geben können. So aber blieb dieser Streit ein Nachhall der parteipolitischen Polarisierung in der Bildungspolitik, an der zuvor schon die Bildungsreform in den 1970er-Jahren letztlich gescheitert war.

## 3. Neue Herausforderungen für Friedenspolitik und Friedenserziehung am Beginn des 21. Jahrhunderts

Neue Situation nach 1990

Am Beginn des 21. Jahrhunderts ist von den Hoffnungen und Erwartungen in Deutschland und Europa, mit dem Ende der Ost-West-Konfrontation 1989 sei im Grunde jede Kriegsgefahr für die Europäer gebannt, die sicherheitspolitischen Streitfragen seien entschieden und jetzt breche die Epochen eines gesicherten Friedens aus, nicht viel übrig geblieben. Zwar besteht in absehbarer Zeit wohl in der Tat in Europa nicht mehr die Gefahr eines großen Krieges zwischen Staaten oder gar Militärblöcken, scheint das Damoklesschwert einer denkbaren Vernichtung binnen weniger Minuten in einem atomaren Konflikt vorerst verschwunden zu sein. Aber dass die NATO ihren ersten Krieg geführt hat, *nachdem* ihr Gründungsgrund, die Bedrohung durch die Sowjetunion, sich gewissermaßen in Luft aufgelöst hatte, musste die Öffentlichkeit irritieren. Mehr noch aber mussten Grund und Ziel für diesen militärischen Einsatz, die Beendigung des Bürgerkrieges in Jugoslawien, die Deutungsmuster verstören, die der friedenspolitischen und friedenspädagogischen Debatte in der Bundesrepublik zugrunde gelegen hatten. Die Renaissance eines längst überwunden geglaubten aggressiven Nationalismus, Massenmorde und so genannte ethnische Säuberungen in einem ehemals sozialistischen Land, das Scheitern vielfältiger Vermittlungsversuche von außen, schließlich die (zumindest vorläufige) Beendigung des Bürgerkrieges durch einen militärischen Angriff, der zumal noch dank der militärtechnischen Überlegenheit der USA ohne eigene Verluste an Menschenleben geführt werden konnte – dies waren Situationen und Ereignisse, die in keinem der in Deutschland kontrovers diskutierten sicherheits- und friedenspolitischen Szenarien vorgesehen waren.

„Neue Kriege“

Dies gilt auch für die „neuen Kriege“ (Münkler 2002a, 2003), die mit den Terroranschlägen vom 11. September 2001 ins Bewusstsein der Öffentlichkeit gerückt sind. Entstaatlichung des Krieges, private Kriegsunternehmer, global vernetzte Organisationen wie Al Qaida, die als nicht-staatliche Akteure gestützt auf eine totalitäre Ideologie mit einer globalen Perspektive einen Krieg gegen die westlichen Gesellschaften führen – dies sind Signaturen einer völlig veränderten sicherheitspolitischen Landschaft, zu der die Denkmuster aus der Zeit des Ost-West-Konflikts nicht mehr passen. Die Doktrin der Friedenssicherung durch Abschreckung, die ein Mindestmaß an rationalem Handeln und Berechenbarkeit der Gegenseite voraussetzt, kann Selbstmordattentäter wenig beeindrucken. Aber auch und gerade die Deutungsmuster aus dem Bereich der „kritischen Friedenserziehung“ versagen nahezu vollständig angesichts der neuen Bedrohungen des Friedens: Weder lässt sich der jugoslawische Bürgerkrieg aus den vorgeblich Gewalt fördernden Strukturen kapitalistischer Ökonomie erklären, noch ist – auch wenn dieses Klischee sich in der öffentlichen Wahrnehmung gehalten hat – der islamisch-fundamentalistische Terrorismus ein Aufstand der Unterdrückten und Ausgebeuteten. Auf der anderen Seite bedarf es keiner besonders ausgeprägten, womöglich durch eine verfehlte Erziehung geförderten Aggressionsbereitschaft, um z.B. als Bomberpilot einen Einsatz im Jugoslawien- oder im Afghanistankrieg zu fliegen, eher ist im Gegenteil eine reflektierte und „abgeklärte" Grundhaltung gefordert. Keinesfalls lässt sich etwa der Einsatz oder Nicht-Einsatz der Bundeswehr in einem dieser Kriege aus der Erziehungsgeschichte der beteiligten Soldaten erklären.

Moralischer Status des Krieges hat an Eindeutigkeit verloren

Nicht einfacher wird die Lage für die Friedenserziehung dadurch, dass angesichts dieser neuen Konflikte der moralische Status des Krieges seine Eindeutigkeit, die er in Deutschland in der Zeit der Blockkonfrontation hatte, verloren hat. Die friedenspädagogische Debatte vor 1989 war von der – damals ja auch gut begründeten – Überzeugung geprägt, dass ein moderner Krieg die größte anzunehmende Katastrophe darstellen würde. Aber kann man heute noch ohne jede Einschränkung und Relativierung Roths oben zitierter Zielvorgabe für die Friedenserziehung zustimmen: „Den Krieg als unzweckmäßig und unmoralisch erkennen"? Gilt dies wirklich für *jede* militärische Intervention? Kann man die ganze Problematik humanitär begründeter Interventionen mit einem solchen Verdikt erledigen oder ließe sich nicht aus moralischer Sicht kritisieren, dass beispielsweise in den Bürgerkrieg in Ruanda, der rund eine Million Menschen das Leben gekostet hat, *nicht* militärisch von außen mit dem Ziel der Befriedung eingegriffen wurde? War es wirklich „unzweckmäßig und unmoralisch", die Verbindung von Al Qaida und Taliban in Afghanistan zu zerschlagen und einen Regimewechsel herbeizuführen? Und zeigt nicht gerade der Irakkrieg 2003 (wie auch immer man die politischen Motive der USA beurteilen mag), dass die heutige Militärtechnik keineswegs die Opferzahlen in Kriegen zwangsläufig immer mehr nach oben treiben muss, sondern dass es durchaus möglich ist, mit im Vergleich zu früheren Kriegen geringen Opferzahlen ein tyrannisches Regime zu beseitigen? Damit wird selbstverständlich die Frage aufgeworfen, unter welchen politischen, rechtlichen und moralischen Bedingungen dies legitim sein soll – aber schon die Frage zu stellen impliziert die mögliche Antwort, dass solche Kriege nicht grundsätzlich und unter allen Umständen zu verurteilen sind.

Trotzdem: Normalisierung des Krieges darf nicht erfolgen

Selbstverständlich soll mit diesen Fragen die prinzipielle Ächtung des Krieges, die sich nach 1945 erstmals in der Geschichte in den Vereinten Nationen als gewissermaßen kontrafaktischer kultureller Standards durchgesetzt hat, nicht aufgegeben werden. Ein Zurück zu einer kulturellen Normalisierung des Krieges, zu seiner Wiedereinsetzung als legitimes Instrument staatlicher Machtpolitik wie zu Zeiten der europäischen Kabinettskriege, kann es aus vielerlei Gründen nicht geben – schon wegen des Endes der klassischen staatlichen Souveränität, erst recht aber wegen der ja nach wie vor vorhandenen Möglichkeit, dass zwischenstaatliche Kriege angesichts der modernen Waffenarsenale zu Massenvernichtungsaktionen eskalieren können. Es kann auch keinen Zweifel daran geben, dass ein Krieg, gleich welcher Art, ohne Verletzungen des Menschenrechts auf Leben und körperliche Unversehrtheit wohl kaum zu führen ist. Aber es ist heute nicht mehr von vornherein sicher, dass die Anwendung militärischer Gewalt ein höheres Maß an Menschenrechtsverletzungen mit sich bringen muss als der Verzicht auf den Einsatz militärischer Mittel.

Die Friedenspädagogik wird sich damit von manchen als sicher geglaubten Überzeugungen verabschieden müssen. Friedenserziehung ist nur im Durchgang durch Dilemmata möglich – und in der Auseinandersetzung mit alten Fragen des politischen Denkens, die in der deutschen pädagogischen Diskussion durch den Ost-West-Konflikt zwar verschüttet wurden, die sich aber nicht erledigt haben.

## 4. Friedenserziehung als Aufgabe der politischen Bildung

In einem nachdenklichen, differenzierten und sowohl skeptischen wie optimistischen Aufsatz über „Erziehung zum Frieden“ hat Hartmut von Hentig bereits 1967 die zentrale Perspektive benannt, unter der jede Friedenserziehung sinnvollerweise konzipiert werden muss:

„Wir sollten von der pädagogischen ‚Pflege', von Einstellungen nicht zuviel erwarten, ja, die Einstellungen der Menschen möglichst nicht direkt angehen und statt dessen lieber lehren, wie man *Tatbestände* beurteilt und verändert. ( ... ) Erziehung zum Frieden heißt darum in erster Linie Erziehung zur Politik. Politik ist eine Verfahrensweise, ein System von Regeln, Institutionen und Prozeduren, die das Verhältnis der Menschen zueinander *beweglich* ordnen. ( ... ) Wehe dem, der nicht weiß, was er in diesem System vermag und nicht vermag: Er wird keine Entscheidung mitbestimmen und doch alle Schuld mit davontragen. ( ... ) Die bloß Friedliebenden haben noch keinen Krieg verhindert. Das Friedenschließen ist eine Technik, keine Gesinnung" (zit. nach Heck/Schurig 1991, 112 ff.).

Erziehung zum Frieden als Erziehung zur Politik

Zwar nennt von Hentig auch weitere Aufgaben der Friedenserziehung wie eine „Erziehung zur Empfindsamkeit", zur Abneigung gegen Gewalt und zum Leben mit Konflikten, sehr deutlich werden dieser weiter gefassten Aufgaben jedoch der Kernaufgabe der politischen Bildung zugeordnet. Ähnlich spricht Bernhard Sutor aus heutiger Sicht von der „Friedenserziehung durch Urteilsbildung"; politische Bildung setze zwar eine Friedenserziehung „in dem Sinne voraus, dass ihre Teilnehmer in ihrer Sozialisation befähigt wurden, in Konflikten gewaltfrei miteinander umzugehen", aber die eigentliche Aufgabe bestehe „dann im Einüben politischer Urteilsbildung in der dialogisch-kommunikativen Auseinandersetzung mit Konflikten", und bezogen auf die aktuelle Friedenspolitik: „So muss sich politische Bildung heute verstehen als Versuch, das Ringen um eine neue Ordnung der Staatenwelt realistisch, reflexiv und kritisch zu begleiten" (Sutor 2003, 32 ff.).

„Friedenserziehung" ist sinnvoll nur als Teilaufgabe politischer Bildung möglich, weil die Sicherung und Entwicklung des Friedens eine *politische* Aufgabe ist. Dies heißt nicht, dass die Friedenspolitik alleine als Problem zwischenstaatlichen Verhaltens, der klassischen Außenpolitik, betrachtet werden kann; selbstverständlich gehören beispielsweise wirtschaftliche Interessen, sozial-strukturelle und innenpolitische Bedingungen und kulturelle Begründungsmuster in den Reflexionshorizont jeder differenzierter Auseinandersetzung mit kriegerischen Konflikten und Möglichkeiten der Friedensstiftung. Aber zugleich wird damit für einen eher engeren Friedensbegriff als inhaltlichen Bezugspunkt der Friedenserziehung plädiert. Eine Ausweitung des Friedensbegriffs auf alle sozialen Beziehungen ist problematisch, weil sie Zusammenhänge zwischen sozialen Mikrobereichen und der internationalen Politik unterstellt, die entweder überhaupt nicht oder nur über von Fall zu Fall höchst unterschiedliche Wirkungsketten plausibel nachvollziehbar sind. Dies spricht keineswegs gegen absichtsvolles soziales Lernen in Schule und Jugendbildung, das beispielsweise der Förderung von Empathie und der Fähigkeit zur zivilen und produktiven Konfliktregelung im Alltag dient. Solche Ansätze sozialen Lernens leisten einen Beitrag zu einer zivilisierenden Wirkung des Lernens in Bildungseinrichtungen und sie können gewiss helfen, das Zusammenleben angenehmer zu gestalten. Aber für sich genommen sind sie weder Friedenserziehung noch politische Bildung.

Thematisch geht es in der Friedenserziehung um Krieg und Frieden. Dies ist nur auf den ersten Blick eine sehr enge thematische Festlegung. Bei genauerem Hinsehen eröffnet sich hier ein weites, vielschichtiges und komplexes Problemfeld, das die menschliche Geschichte von Anfang an begleitet hat, das auf grundlegende Fragen des Politischen führt und in dem Beiträge der Politischen Bildung als Fachunterricht in der Schule und eigenständiges Fachgebiet in der außerschulischen Bildung auf vielfältige Weise mit anderen Fächern und Fachgebieten verknüpft werden können: insbesondere mit Geschichte, Geografie und Religion, aber auch mit Literatur und Kunst, die sich immer schon mit diesem Problemfeld befasst haben, und mit den Naturwissenschaften unter technologischen Aspekten moderner Waffensysteme. Auch ist Friedenserziehung in diesem Sinn keineswegs den höheren Klassen und der außerschulischen Bildung vorbehalten, sondern beginnt schulisch bereits in der Grundschule, weil auch kleinere Kinder sich für dieses Problemfeld interessieren und über die Medien und manchmal auch über den Kontakt mit Kriegsflücht-

Verknüpfung mit anderen Fächern

lingen mit ihm konfrontiert werden (vgl. Dettmar-Sander/Sander 1996).

Es soll hier kein Curriculum zur Friedenserziehung entwickelt werden. Es ist auch durchaus fraglich, ob ein solches sinnvoll wäre, denn in der Praxis der politischen Bildung werden sich Zugänge und thematische Schwerpunkte in vielen Fällen aus Anlässen aktueller Politik ergeben, aus Kriegsereignissen etwa, die Interesse, auch Angst oder Empörung hervorrufen, die aber auch Gesprächs- und Lernbedürfnisse wecken. Diese Anlässe kann und muss politische Bildung aufgreifen, allerdings mit der Absicht, ihren Adressaten Lernzuwächse zu ermöglichen, die ihre politische Urteils- und Handlungsfähigkeit stärken (vgl. zu diesen allgemeinen Zielen politischer Bildung Sander 2001, GPJE 2004). Hierbei ist es gewiss notwendig „zu lehren, wie der Krieg ist" (von Hentig, zit. nach Heck/Schurig 1991, 117), denn es geht bei diesen Themen um Lebens- und Überlebensfragen, deren Ernstcharakter verstanden haben muss, wer die möglichen Folgen verfehlter Politik in diesem Feld angemessen abschätzen will. Aber politische Bildung muss sich gerade bei diesem Themenfeld vor den Gefahren überzogener Moralisierung hüten. An kaum einen Themenbereich politischer Bildung lässt sich Max Weber Unterscheidung zwischen Gesinnungs- und Verantwortungsethik so gut verstehen wie an dem der Friedenserziehung – den Frieden bloß zu *wollen* und ihn deshalb gewissermaßen auf direktem Wege, durch friedliches Verhalten und Entgegenkommen anzusteuern, sichert ihn keineswegs zwangsläufig, ja es kann Situationen geben (wie die britische Appeasement-Politik gegenüber Hitler), in denen damit das genaue Gegenteil erreicht wird.

Gefahr überzogener Moralisierung

Friedenserziehung ist daher nicht möglich ohne Auseinandersetzung mit den Dilemmata, in die Friedenspolitik häufig gerät. Es ist ja eher selten der Fall, dass in Konflikten, die zu Kriegen eskalieren oder zu eskalieren drohen, sowohl die Schuldigen wie auch das richtige Handeln derer, die ihnen in friedensfördernder Absicht entgegentreten wollen oder müssen, eindeutig zu identifizieren sind. Auch sind Anlass und Ursache eines Krieges in der Regel nicht identisch und werden zudem meist kontrovers diskutiert. Moralische Urteilsbildung ist zwar bei der Auseinandersetzung mit exzessiver Gewalt, wie sie jeder Krieg darstellt, notwendig und unvermeidlich, aber die von den Lernenden am Beginn eines Lernvorhabens „mitgebrachten" moralischen Einschätzungen zum Thema der Konfrontation mit sachbezogenen, differenzierten und multiperspektivischen Analysen auszusetzen, ist die zentrale Aufgabe politischer Bildung. Das Fach wird sich dazu auf Fragestellungen (rück-)besinnen müssen, die nach allen Beobachtungen nur eine sehr geringe Rolle in der Praxis der politischen Bildung in Deutschland spielen: auf strategische, auch militärstrategische Fragen, außenpolitische Handlungslogiken und Theorien des Krieges (vgl. Münkler 2002b). Wer nicht versucht, die Logiken des Krieges zu entschlüsseln, wird auch die Logiken der Friedensstiftung nicht verstehen.

## Literatur

Brose, Karl 1996: Friedensphilosophie und Friedenserziehung. Von Kant bis Adorno. Essen

Dettmar-Sander, Christiane/Sander, Wolfgang 1996: Friedenserziehung in der Grundschule – Aufgaben und didaktische Zugänge. In: Siegfried George/Ingrid Prote (Hrsg.): Handbuch zur politischen Bildung in der Grundschule. Schwalbach/Ts.

GPJE 2004: Nationale Bildungsstandards für den Fachunterricht in der Politischen Bildung an Schulen. Ein Entwurf. Schwalbach/Ts.

Gugel, Günther/Jäger, Uli 2003: Friedenspädagogik nach dem Irak-Krieg: Kontinuität und neue Ansätze. In: kursiv – Journal für politische Bildung, 4/2003

Heck, Gerhard/Schurig, Manfred (Hrsg.) 1991: Friedenspädagogik. Theorien, Ansätze und bildungspolitische Vorgaben einer Erziehung zum Frieden. Darmstadt

Lutz, Dieter S. (Hrsg.) 1984: Weder Wehrkunde noch Friedenserziehung? Der Streit in der Kultusministerkonferenz 1980/83 – Arbeitsmaterialien zum Thema Frieden in Unterricht und Politischer Bildung. Baden-Baden

Münkler, Herfried 2002a: Die neuen Kriege. Reinbek

Münkler, Herfried 2002b: Über den Krieg. Stationen der Kriegsgeschichte im Spiegel ihrer theoretischen Reflexion. Weilerwist

Münkler, Herfried 2003: Die neuen Kriege und ihre Folgen. In: kursiv – Journal für politische Bildung, 4/2003

Pöggeler, Franz (Hrsg.) 1985: Politik im Schulbuch. Bonn

Röhrs, Hermann 1995: Modelle der Friedenserziehung in Kindergarten und Schule. Weinheim

Sander, Wolfgang 2001: Politik entdecken – Freiheit leben. Neue Lernkulturen in der politischen Bildung. Schwalbach/Ts.

Sander, Wolfgang 2004: Politik in der Schule. Kleine Geschichte der politischen Bildung in Deutschland. Marburg

Sutor, Bernhard 2003: Friedenserziehung und politische Bildung. Überlegungen anlässlich neuer Friedlosigkeit. In: kursiv – Journal für politische Bildung, 4/2003

Weiß, Edgar 1998: Diskurs – Frieden – Pädagogik. Reflexionen zur Friedenserziehung und politischen Bildung. Kiel

Winterstein, Werner 1999: Pädagogik des Anderen. Bausteine für eine Friedenspädagogik der Postmoderne. Münster

*Stefan Rappenglück*

# Europabezogenes Lernen

## 1. Europäisierung des Alltags

Europa betrifft die Bürger

Der Euro lässt die zunehmende Europäisierung der Alltagswelt plastisch werden. Ob es um die bevorstehende Erweiterung, eine gemeinsame Außenpolitik, Verbraucherschutz, Förderprogramme, Städtepartnerschaften, Klagen der EU-Kommission gegenüber den Mitgliedsstaaten geht: Schon jetzt sind über 50 % aller nationalen Gesetze Ausdruck europäischer Rechtssetzung. Die Europäische Union (EU) betrifft die einzelne Bürgerin bzw. den einzelnen Bürger immer stärker als das bisher allgemein wahrgenommen wurde. Die EU stellt daher ein hochkomplexes, dynamisches und kontrovers diskutiertes Politikfeld der Politikwissenschaft und der politischen Bildung dar.

Von der Europäisierung sind besonders Jugendliche betroffen, die das Europa von morgen gestalten werden. Sie bedeutet für Jugendliche und die Bildungsarbeit u.a.:

- Europäisches Lernen und der interkulturellen Austausch werden im zusammenwachsenden Europa immer wichtiger und zu einer Selbstverständlichkeit.
- Schule, Ausbildung, Beruf und Freizeit werden europäisch ausgerichtet.
- Der Umgang mit europäischer Komplexität muss erfahren und vermittelt werden.

Chancen und Gefahren für Jugendliche

In starker Diskrepanz zur Bedeutung europäischer Entscheidungen und des dreißigprozentigen Anteils Jugendlicher und Junger Erwachsener an der EU-Bevölkerung stehen jedoch deren mangelndes Wissen über Europa und ambivalenten Einstellungen zu Europa. Die EU steckt hinsichtlich ihrer Akzeptanz bei Jugendlichen und jungen Erwachsenen in einem Dilemma, das sich als Erfolgsfalle bezeichnen lässt. Die mit dem Integrationsprozess verbundenen Folgen – wie z.B. die offenen Grenzen, der freie

Warenaustausch, die EU-Mitgliedschaft – betrachten Jugendliche als Selbstverständlichkeit. Andererseits entstehen auch Risiken für ihre Alltagsbewältigung, z.B. wachsende Mobilität und Freizügigkeit bei der Arbeitsuche, aber auch steigender technologischer Wandel und immer häufiger notwendige berufliche Umorientierungen. Im erweiterten Europa wird eine umfangreiche Qualifizierung entscheidend. Nicht umsonst spricht die Europäische Kommission von einem „Europa des Wissens“. Politische Orientierung und berufliches Fortkommen der Jugendlichen in der EU werden davon abhängen, ob sie die Möglichkeiten nutzen können und auf die vorhandenen Risiken vorbereitet sind (vgl. Rappenglück 1999b, 98). Für viele Jugendliche wird es immer schwieriger, die besonderen Vorteile der EU wahrzunehmen, eine notwendige affektive und kognitive Bindung ist selten gegeben (vgl. Henschel/Tham 2000,10; Rappenglück 1999a, 79).

Jugendliche werden als Zielgruppe der EU-Politik immer wichtiger

Bilanziert man die letzten Jahre der europapolitischen Debatte in Hinblick auf die Jugend, lässt sich feststellen, dass Jugendliche und deren Interessen als Zielgruppe der EU-Politik immer wichtiger werden. So geht die aktuelle 14. Shell-Studie von einer „Europa-Orientierung“ aus, die für die Mehrheit der Jugendlichen in Deutschland inzwischen charakteristisch ist (vgl. Schneekloth 2002, 128). Zugleich befindet sich die Bildungs- und Jugendarbeit in einem Paradigmenwechsel: ihrer Europäisierung. Die Grenzen zwischen nationaler und internationaler Jugendbildungsarbeit werden fließend: europäische Entwicklungen und Lernerfahrungen sowie interkulturellen Lehr- und Lernräume finden sich zusehends „vor Ort“: Europabezogenes Lernen muss daher selbstverständlicher in der Alltagspraxis der Bildungsarbeit verankert werden.

## 2. Didaktik europabezogenen Lernens

Europabezogene Didaktik leitet sich ab aus dem Rückbezug auf wissenschaftliche Disziplinen (Wissenschaftsorientierung), der Beschreibung und Analyse von Funktionen von Institutionen und Entscheidungsträgern (Funktions- und Institutionsorientierung)

sowie der Darstellung der Situationen des gesellschaftlichen und individuellen Lebens (Situationsorientierung) (vgl. Mickel 1993, 13).

Der Fachdiskurs ist von einer vielschichtigen Terminologie bzw. Zielsetzung geprägt. Häufig werden Begriffe wie europäische Bildung, europapolitische Bildung, europabezogene politische Bildung, politische/europapolitische Bildung, gemeinschaftliche europäische Bildung, Europabildung, europäische Bildung benützt.

Mehrdeutigkeit europabezogenen Lernens

Die weiteste Sichtweise geht davon aus, dass „jedes Lernen auf diesem Kontinent im weiteren Sinne traditionell europabezogen (ist), weil Europa – wie immer es geographisch oder politisch und kulturell definiert wird – den unmittelbaren Bezugsrahmen hergibt“ (Mickel 1998, 32). Die Mehrdeutigkeit ergibt sich dadurch, dass entweder „Bildung“ oder „Lernen“ im Mittelpunkt pädagogischer Reflexion steht:

- „Bildung in Europa/Europäische Erziehung;
- Bildung über bzw. von Europa/Erziehung über Europa;
- Bildung für Europa/Erziehung zu Europa;
- gemeinschaftliche europäische Bildung/Europabildung“ (vgl. Mickel 1993, 17-20 und 117-120).

„Bildung in Europa“ analysiert vor allem die Bildungssysteme in den europäischen Ländern und fördert die gegenseitige Kenntnis und Zusammenarbeit, während „Bildung über Europa“ sich primär auf die Vermittlung der geografisch-geschichtlichen Aspekte und des politischen Systems bezieht (vgl. Janssen 1991, 51-60). „Bildung für Europa“ wird als Vorbereitung auf das Leben in einem zunehmend komplexen Europa verstanden. Als Brücke zwischen diesen Vorstellungen bietet sich der Begriff der europäischen Dimension an:

Begriff der europäischen Dimension

„Die europäische Dimension im Bildungswesen bezeichnet diejenigen Ziele, Inhalte und Methoden, die es dem Lernenden ermöglichen,

- den Prozess der zunehmenden politischen, wirtschaftlichen, sozialen Einigung und Entzweiung in Europa wahrzunehmen (=europäisches Bewusstsein entwickeln);

- wahrzunehmen, dass er persönlich in seinem Alltag und für seine Zukunft unmittelbar von diesem Prozess betroffen ist (=europäisches Bewusstsein entwickeln);
- wahrzunehmen, dass er dies mit allen Menschen in Europa gemeinsam hat, dass er also Mitglied einer größeren, grenzüberschreitenden Gemeinschaft ist (=europäische Identität entwickeln): sich als ‚dazugehörig' identifizieren;
- Informationen über Motive, Stand und Perspektiven dieses Prozesses aufzunehmen (Orientierungswissen erwerben);
- sich mit diesen Informationen auf der Grundlage reflektierter Wertungen auseinander zusetzen und schließlich;
- zur Entscheidung, sich aktiv ‚einzumischen' – oder auch nicht – zu kommen" (Janssen 1994, 104).

Aus dem Einigungsprozess lassen sich eine Vielzahl direkter und allgemeiner didaktisch vermittelbarer Einsichten bzw. Lernziele ableiten: „Als generelles Lernziel gilt der kritische, rational urteilende und handelnde ‚Bürger in Europa', der in der Lage ist, europäische Entscheidungen und Strukturen zu analysieren, die europäische Einheit und Vielfalt in ihren mannigfachen Ausprägungen zu beurteilen, seine Rechte und Pflichten innerhalb europäischer Gesetzgebung wahrzunehmen, gemeinsame Normen und Werte zu erkennen und darauf zu reagieren" (Mickel 1993, 20). Angesichts der zunehmenden Europäisierung bilden die Vermittlung einer erlebbaren europäischen Wirklichkeit und die Herausarbeitung des europaspezifischen Lebensweltbezuges die vorrangigen Ziele europabezogenen Lernens. Ausgehend vom gegenwärtigen europäischen Integrationsprozess soll die Notwendigkeit supranationaler Vernetzung und die Bereitschaft zur internationalen Kooperation, Koordination, Partizipation und Konfliktaustragung als zukunftsweisendes Modell vermittelt werden (vgl. Mickel 2000, 257 f.). Lernziele

Europabezogene Didaktik bezieht sich auf kognitive und emotionale Elemente des Lernprozesses. Aufgrund der mangelhaften systematischen Informationspolitik müssen im kognitiven Bereich in erster Linie Informationen über Europa bereitgestellt werden. Da Europa für eine Mehrzahl der Bürgerinnen und

Bürger (immer noch) kein Gesprächsthema darstellt, müssen emotionale Zugänge geschaffen werden. Funktional ist für die Verständigung im zusammenwachsenden Europa die Sprachverständigung notwendig, zudem erfordert die zunehmende Europäisierung eine interkulturelle Toleranzerziehung (vgl. Hettlage 2000, 395-397).

Didaktische Prinzipien europabezogenen Lernens

Europäische Themen werden den didaktischen Prinzipien des Exemplarischen Lernens, der Problemorientierung, der Kontroversität, der Zukunfts- sowie der Wissenschaftsorientierung gerecht (vgl. Mickel 1997, 424-429). Zugleich werden Fragen der politischen Rückkoppelung dieser Entwicklungen auf den einzelnen Bürger und seiner Möglichkeiten, diese zu beeinflussen, aufgeworfen – die Frage nach dem Politischen in den Politikfeldern.

## 3. Anforderungen an europabezogenes Lernen

Europabezogenes Lernen hat sich als Querschnittsaufgabe politischer Bildung zu verstehen. Politische (nationale) Fragestellungen – wie z.B. Umweltschutz, internationale Friedensschaffungs- und Erhaltungseinsätze, Verbraucherschutz – sind aus einem europäischen Blickwinkel zu reflektieren.

Europa kategorial aufschlüsseln

Die Vermittlung Europas in schulischen und außerschulischen Bildungsprozessen verläuft besonders erfolgreich, wenn Europa kategorial aufgeschlüsselt wird, d.h. der Lerngegenstand auf der Basis politikwissenschaftlicher Theorien zur internationalen Politik analysiert und der Bildungsprozess nach politikdidaktischen Prinzipien gegliedert wird (vgl. Detjen 2000, 195).

Erfahrungsräume schaffen

Europabezogenes Lernen als habituelle Intervention muss interaktives und handlungsorientiertes Lernen ermöglichen. Es müssen Erfahrungsräume geschaffen werden, in denen die Lehrenden und Lernenden gemeinsam die Bedeutung der europäischen Politik für ihre Lebenswelt erfahren. In diesem Kontext stellen Spiele und neue Medien vielfältige Möglichkeiten für eine ebenso abwechslungsreiche wie nachhaltige Bildung dar.

Wesentliche Aufgabe europabezogenen Lernens ist auch heute noch die Wissensvermittlung: „( ... )Wissensvermittlung meint hier die pädagogisch-didaktisch möglichst phantasievolle Auseinandersetzung mit der „Mechanik" des europäischen politischen Systems. ( ... ) Damit ist nun nicht eine Institutionenkunde im herkömmlichen Sinne gemeint, in der etwa verfassungsrechtliche Kompetenzzumessungen in vereinfachter Form pädagogisch popularisiert und junge Menschen damit gelangweilt werden" (Herman/Sarcinelli 1998, 517).

Kontroversität

Kontroverse politikwissenschaftliche Positionen über den Politikgegenstand „Europa", Europabilder und Konzeptionen (z.B. geographisch-politisch) müssen auch in der Bildungsarbeit ambivalent dargestellt werden. Um ihre Zielgruppen zu erreichen, muss an bestehenden Einstellungsmustern, Vorurteilsstrukturen und Europabildern angesetzt werden. Die Vermittlung nationaler, europäischer und internationaler Zusammenhänge bedeuten nicht eine kritiklose Akzeptanz der aktuellen europäischen Entwicklungen: „Europapolitische Bildung hat nicht die Aufgabe, für die EU zu werben, sie muss aber die tatsächliche, im letzten halben Jahrhundert ständig gewachsene politische Bedeutung der europäischen Integration verstehbar machen, Probleme und offene Zukunftsfragen herausarbeiten und die reflektierte Urteilsbildung der Teilnehmerinnen und Teilnehmer über teilnehmer-, problem- und kontroversitätsorientierte Zugänge u.a. – Seminarveranstaltungen, Erkundungen und Planspiele – fördern" (Sander 1999, 69).

Interkulturelle Dimension

Europa im Unterricht und in der außerschulischen Arbeit ist vor allem als interkulturelle Erziehung (vgl. auch Holzbrecher in diesem Kapitel) und als lebensnahes Unterrichtsprinzip zu verorten: „methodisch gesehen hat die ‚*europäische Dimension*' in einem anspruchsvollen Unterricht eine nationale, multi- und internationale, möglichst an ‚Fällen' und ‚Projekten' orientierte, multi- und interkulturelle, d.h. polyvalente Perspektive. Sie geht von einer nationalen zur übernationalen Betrachtungsweise über bzw. schreitet von der eindimensionalen zur multiperspektivischen Analyse und Beurteilung fort "(Mickel 1998, 44).

Der Politikgegenstand und auch die Lebenswirklichkeit „Europa" müssen früher als bisher Thema für die schulische und außerschulische Bildung werden, damit Jugendliche rechtzeitig auf den Bildungs- und Arbeitsraum Europa vorbereitet sind. Im Vordergrund müssen ihre spezifischen Lebensbedingungen, Hoffnungen und Erwartungen als Subjekte der zukünftigen Gestaltung der Europäischen Union gerückt werden.

Partizipation Jugendlicher verbessern

Um Jugendliche und junge Erwachsene an die EU heranzuführen, reicht es nicht nur, ihren Informationsstand zu fördern. Denn eine verbesserte Informationspolitik führt nicht automatisch zu einer stärkeren Unterstützung der Europäischen Union. Vielmehr bedarf es einer verbesserten Partizipation Jugendlicher in Europa am politischen Entscheidungsprozess, zumindest an einer kritischen Betrachtung desselben. Die Jugendlichen sollen ihren Standort in einem zusammenwachsenden Europa erkennen und darauf vorbereitet werden, ihre Rechte und Pflichten als Bürgerinnen und Bürger wahrzunehmen, eine gemeinschaftsbürgerliche Kompetenz zu erlangen und ihre Interesse vertreten zu können.

## 4. Europabildung in der Schule

Verschiedene Ansätze in den Mitgliedsstaaten

Da die Bildungspolitik in der Union nicht gemeinschaftlich, sondern in erster Linie durch die einzelnen Staaten mit ihren jeweilig geschichtlich gewachsenen Bildungssystemen erfolgt, ist auch die Vermittlung des europäischen Integrationsprozesses in den EU-Mitgliedsstaaten nicht einheitlich. Basis der unterschiedlichen bildungspolitischen Überlegungen der EU-Länder bildet die Entschließung des Rates und der im Rat vereinten Minister für das Bildungswesen zur europäischen Dimension im Bildungswesen vom 24. Mai 1988, die erstmalig die Notwendigkeit entsprechender didaktischer Angebote unterstreicht und u.a. fordert, „die junge Generation auf ihre Beteiligung an der wirtschaftlichen und sozialen Entwicklung der Gemeinschaft und an der Erzielung konkreter Fortschritte zur Verwirklichung der Europäischen Union vorzubereiten"(Entschließung 1990, 89). Der Beschluss der Kultusministerkonferenz „Die Europäische Dimension im Unterricht" (1990) hat diese Zielsetzungen aufgegriffen und entsprechende Lernziele abgeleitet, beispielsweise „die Bereitschaft zur

Verständigung zum Abbau von Vorurteilen und zur Anerkennung des Gemeinsamen unter gleichzeitiger Bejahung der europäischen Vielfalt" (zitiert nach Mickel 1993, 85).

Die europäische Dimension wird vor allem in den sozialwissenschaftlichen Fächern umgesetzt (vgl. Mickel 1993, 173-204). Der pädagogische Auftrag ist vielfältig: von der Wissensvermittlung und der Vermittlung europäischer Werte bis zur Vermittlung der Alltagsrelevanz, ihrer Zukunftsbedeutung und der notwendigen politischen Beteiligung an der Einigung Europas (vgl. Mickel 2000, 257). Zur Europäisierung wurden und werden eine Vielzahl von Vorschlägen unterbreitet, u.a. der intensivere Schulaustausch mit europäischen Ländern, längere Auslandsaufenthalte oder Erweiterung des Sprachenangebotes (vgl. Böttcher/Wunder 2000, 304). Flankierend zu einer frühen Spracherziehung sollten europäische Fragestellungen bereits in der Grundschule mitberücksichtigt werden (vgl. Thümmel 2000, 254). Weil die Europäische Dimension nur unzureichend im 45 Minuten-Takt der Schulstunden vermittelt werden kann, sollte Europa im Unterricht vor allem als interkulturelle Erziehung und als lebensnahes fächerübergreifendes Unterrichtsprinzip unter Nutzung interkultureller Ansätze der außerschulischen Bildungsarbeit und außerschulische Lernorten umgesetzt werden. Auch sollte die jeweilige Schülerpopulation – die bereits zunehmend europäisch gemischt ist – Ausgangspunkt europäischen Lernens und Begegnens werden.

Vielfältiger pädagogischer Auftrag

Zwar wird die europäische Dimension seit Beginn der europäischen Integration in den Schulen der EU-Mitgliedsstaaten rechtlich berücksichtigt. Dennoch ist ein gemeinsamer europäischer Inhalt in den Curricula als „Normalverfassung" der Fächer bzw. der Ausbildungen von Schülern und Lehrern noch nicht entstanden (vgl. Hettlage 2000, 399 f.). Dies gilt auch für Deutschland: „Wenn man sich jedoch die von Bundesland zu Bundesland auch noch unterschiedlichen Lehrpläne anschaut, so wird rasch klar, dass Europa zumeist nicht explizit, sondern eher implizit – eben unspektakulär – im Unterricht behandelt wird" (Interview 2002, 24). Trotz vieler Verlautbarungen, bildungspolitischer Bemühungen und des zunehmenden europäischen Arbeits- und Bildungs-

Möglichkeiten noch nicht ausgeschöpft

raumes sind die schulischen Möglichkeiten einer europäisch-interkulturellen Verständigung, des Schüleraustauschs, zur Förderung stärkerer Mobilität in der Lehrerausbildung und die Chancen zu Lehreraustausch und europäischen Lehrerfortbildungsprogrammen noch lange nicht ausgeschöpft. Europabezogene Bildungsarbeit mit Schülern sollte zudem bereits vor einen für die politische Sozialisation bedeutsamen Zeitpunkt, also vor der 10. oder 11. Klasse stattfinden (vgl. Hermann/Sarcinelli 1998, 517). Auch liegt es „offenkundig ( ... ) an den Lehrern, der Schulleitung, der Elternschaft und den Schülern selbst, Europa im schulischen Alltag selbstverständlich und lebendig werden zu lassen" (Baumer-Weissmann 2000, 52).

## 5. Europabezogenes Lernen im außerschulischen Praxisfeld

Internationale Jugendarbeit

Europabezogenes Lernen findet vor allem in Maßnahmen der internationalen Jugendarbeit statt, die zur Stärkung internationaler Kompetenz in den Schlüsselbereichen: soziale Kompetenz, interkulturelle Kompetenz und berufliche Kompetenz beitragen (vgl. Rappenglück 1999b, 104). Junge Menschen mit Auslandserfahrungen haben nicht nur größere berufliche Chancen, sondern sind auch in aller Regel nicht anfällig für Rassismus und Fremdenfeindlichkeit. Wie Untersuchungen zeigen, können durch entsprechende moderierte Angebote Vorurteile und Stereotypen abgebaut sowie Wege des gegenseitigen Verstehens initiiert werden (vgl. Mester 1998). Der Jugendaustausch besitzt staatlicherseits einen hohen Stellenwert. Mit ca. 60 Millionen DM (2000) stellt kein anderer Staat so viele Mittel für die internationale Jugendarbeit zur Verfügung, der Schwerpunkt liegt auf den europäischen Staaten und hier vor allem mit dem mittelosteuropäischen Staaten, denn „Jugendliche müssen fit für Europa werden" (Zukunft gestalten 2001, 25).

In den aktuellen „Leitlinien der Internationalen Jugendpolitik und Jugendarbeit von Bund und Ländern" wird die Zielsetzung europabezogenen Lernens klar formuliert:

Zielsetzung europabezogenen Lernens

„Im Rahmen der EU sind der internationalen Jugendarbeit fast unbemerkt neue und anspruchsvolle Aufgaben zugewachsen. Sie kann und soll
- europäisches Bewusstsein schaffen;
- dazu beitragen, die Idee der Unionsbürgerschaft (...) mit Leben zu füllen;
- junge Menschen ermutigen, sich aktiv am Aufbau eines Europas der Bürger zu beteiligen und selbst eine europäische Identität zu entwickeln;
- sie befähigen, ihre Rechte und Chancen im größeren europäischen Lebens- und Wirtschaftraum wahrzunehmen ( ... ).

Durch die bevorstehende Erweiterung der Europäischen Union wird die interkulturelle Pädagogik im Hinblick auf den Ost-West-Transfer umso wichtiger, denn nach wie vor prägen Vorurteile und Stereotype die Vorstellungen vieler jungen Menschen gegenüber den mittel- und osteuropäischen Beitrittsländern (vgl. Feldmann-Woitachnia 2003, 200-206).

## 6. Partizipation und Information als zukunftsweisende Säulen europabezogenen Lernens

Die Europäische Kommission hat nach einem fast zweijährigen Beratungsprozess mit Jugendlichen, der Administration in den EU-Mitgliedsstaaten sowie der Jugendforschung am 21. November 2001 das Weißbuch „Neuer Schwung für die Jugend Europas" veröffentlicht. Dieser so genannte „Weißbuch-Prozess" stellt den erstmaligen Versuch der EU im Rahmen einer breiten Forschungs- und Befragungstätigkeit dar, die Lebenslagen der Jugendlichen in den Mitgliedstaaten systematisch zu erfassen, deren Wünsche und Hoffnungen zu thematisieren und durch Empfehlungen an die Politik der Mitgliedsstaaten dem Thema Jugend künftig ein stärkeres Gewicht auf der europäischen Agenda einzuräumen. Das Weißbuch identifiziert u.a. fünf Themenbereiche, betont die Bedeutung außerschulischer Bildung und ermittelt Mängel schulischer Bildung, gerade im Hinblick auf die europäische Dimension.

Auf der Grundlage des Weißbuches haben die Jugendministerinnen und Minister der EU in einer Entschließung eine engere jugendpolitische Zusammenarbeit beschlossen. Neben der verstärkten Berücksichtigung der Jugend in anderen Politikbereichen wurden die Förderung der Partizipation Jugendlicher am öffentlichen Leben und die Information von Jugendlichen als prioritäre Aufgabe der Politik im Jugendbereich festgelegt. Im Rahmen eines „Syntheseberichts" hat nun die Europäische Kommission die vorliegenden Berichte ausgewertet und eine erste Bilanz gezogen. Zu den wichtigsten Schlussfolgerungen zählen u.a.:

Partizipation und Information

- Partizipation ist in der Schule unzureichend;
- junge Erwachsene sollen stärker in die Ausarbeitung und Verbreitung von Informationen für Jugendliche einbezogen werden.

Bezogen auf europabezogenes Lernen sollte daher vor allem die Formen der peer group education – d.h. der Informationsvermittlung durch Jugendliche für Jugendliche – in den bisherigen Methoden stärkere Berücksichtigung finden.

## Literatur

Baumer-Weissmann, Liesel 2000: Europa im Unterricht. In: Bayerische Landeszentrale für politische Bildungsarbeit (Hrsg.): Jugend in Europa. 2. Aufl., München, S. 52-56

Böttcher, Wolfgang/Wunder, Dieter 2000: Die Bedeutung der Bildungsgewerkschaften bei der Gestaltung einer europäischen Bildungspolitik: In: Schleicher, Klaus/Weber, Peter J. (Hrsg.): Zeitgeschichte europäischer Bildung 1970-2000. Münster, S. 279-310

Detjen, Joachim 2000: Internationale Beziehungen: Zum Stand der didaktischen Diskussion. In: Frech, Siegfried/ Hesse, Wolfgang/Schinkel, Thomas (Hrsg.): Internationale Beziehungen in der politischen Bildung. Schwalbach/ Ts., S. 172-202

Entschließung des Rates und der im Rat vereinigten Minister für das Bildungswesen zur europäischen Dimension im Bildungswesen vom 24. Mai 1988. In: Zentrum für Europäische Bildung (Hrsg.) 1990: Die Europäische Dimension in Unterricht und Erziehung. Bonn

Feldmann-Woitachnia, Eva 2003: Perspektivenwechsel und Differenzierung des Blicks. Anforderungen der EU-Erweiterung an die interkulturellen Kompetenzen Jugendlicher. In: IJAB (Hrsg.): Forum Jugendarbeit International 2003 Bonn, S. 200-206

Forschungsgruppe Jugend und Europa (Hrsg.) 2004: Das junge Europa. Plädoyer für Jugendpartizipation. München

Henschel, Thomas R./Tham, Barbara 2000: Jugend& Europa – Ein schwieriges Verhältnis. In: Bayerische Landeszentrale für politische Bildung (Hrsg.): Jugend in Europa. 2. Aufl., München, S. 10-22

Hermann, Michael C./Sarcinelli, Ulrich 1998: Europa in der Perzeption junger Menschen – Bedingungen und Konsequenzen für Politikvermittlung und Politische Bildungsarbeit. In: Joop/Maurer/Schneider (Hrsg.): Europapolitische Grundverständnisse im Wandel – Analysen und Konsequenzen für die politische Bildung. Bonn, S. 499-518

Hettlage, Robert 2000: Politik und Wertewandel sowie Vermittlung der „Europäischen Dimension". In: Schleicher, Klaus/Weber, Peter J. (Hrsg.): Zeitgeschichte Europäischer Bildung 1970-2000. Band I: Europäische Bildungsdynamik und Trends. Münster, S. 371-409

Interview mit den Präsidenten der FIME, Arno Krause: Europa muss in der Schule anfangen. In: Europäische Zeitung, Dezember 2002, S. 24

Janssen, Bernd 1994: Europa im Unterricht. In: Bundeszentrale für politische Bildung (Hrsg.): Lernen für Europa. Bonn (Arbeitshilfe der Bundeszentrale), S. 104-106

Janssen, Bernd 1991: Europäische Bildung. In: Cremer, Willy/Schmuck, Otto: Politische Bildung für Europa. Bonn, S. 51-60

Kommission der Europäischen Gemeinschaften: Arbeitsdokument der Kommissionsdienststellen. Auswertung der Antworten der Mitgliedsstaaten auf die Fragebögen der Kommission zur Partizipation und Information Jugendlicher. Brüssel Sek (2003) 465 vom 11.04.2003

Mester, Jens 1998: Europa wächst zusammen. Interkulturelles und politisches Lernen in europäischen Jugendbegegnungen. Bonn

Mickel, Wolfgang W. 2000: Zur Funktion transnationaler Lehrerverbände. In: Schleicher, Klaus/Weber, Peter J. (Hrsg.): Zeitgeschichte Europäischer Bildung 1970-2000. Band I: Europäische Bildungsdynamik und Trends. Münster, S. 249-278

Mickel, Wolfgang W. 1998: Europäische Integration – eine zentrale Thematik politischer und kultureller Bildung. In: Tuyaerts, A./Hagemann, W./Tulodziecki, G. (Hrsg.): Lernen und Lehren für Europa. Festschrift für Waltraud Schöler. Frankfurt/M., S. 31-45

Mickel, Wolfgang W. 1997: Europabezogenes Lernen. In: Sander, Wolfgang (Hrsg.): Handbuch politische Bildung. Schwalbach/Ts., S. 415-428

Mickel, Wolfgang W. 1993: Lernfeld Europa. Didaktik zur europäischen Erziehung. 2. Aufl., Opladen

Rappenglück, Stefan 1999a: Jugend in Europa- Bildung für Europa. In: Das Baugerüst. Zeitschrift für Mitarbeiterinnen und Mitarbeiter der Evangelischen Jugendarbeit, H. 3, S. 78-82

Rappenglück, Stefan 1999b: Dimensionen der europäischen Jugendarbeit. In: Deutscher Bundesjugendring (Hrsg.): Jugendverbände. Werkstätte der Demokratie zwischen Lagerfeuer, World Wide Web und AGENDA 21. Bonn (Schriftenreihe des Deutschen Bundesjugendringes, Nr. 32), S. 98

Rappenglück, Stefan 2003a: Europäische Jugendarbeit als Investition in die Zukunft. Festschrift zum 50-jährigen Bestehen der Europa-Union München. München, S. 189-204

Rappenglück, Stefan 2003b: Die EU-Erweiterung als Planspiel. In: Institut für Internationale Zusammenarbeit des Deutschen Volkshochschulverbandes (Hrsg.): Bewusstein für ein Europa von Morgen. Bonn, S. 62-70

Rappenglück, Stefan 2004a: Das Juniorteam Europa – ein innovatives Modell zur Partizipationsförderung Jugendlicher. In: Schiele, Siegfried/Breit, Gotthard: Demokratie braucht politische Bildung. Schwalbach/Ts., S. 351-362

Rappenglück, Stefan 2004b: Wie kann politische Bildung Europa den Jugendlichen verkaufen? In: Praxis Politische Bildung, H. 2, S. 95-100

Richtlinien zum Kinder- und Jugendplan des Bundesministeriums für Familie, Senioren, Frauen und Jugend 2001. In: Gemeinsames Ministerialblatt vom 10. Januar 2001

Sander, Wolfgang 1999: Europa. In: Hufer, Klaus-Peter (Hrsg.): Außerschulische Jugend- und Erwachsenenbildung. (Lexikon der politischen Bildung, Band 3). Schwalbach/Ts., S. 68-69

Schneekloth, Ulrich 2002: Einstellungen Jugendlicher zur Politik. In: Deutsche Shell (Hrsg.): Jugend 2002. Opladen, S. 128

Tham, Barbara 2002: Jugendpolitik. In: Weidenfeld, Werner/Wessels, Wolfgang (Hrsg.): Europa von A-Z. 8. Aufl., Bonn, S. 271-273

Thimmel, Andreas 2002: Internationale politische Jugendarbeit In: kursiv, H. 2, S. 12-17

Thümmel, Ingeborg 2000: Lernen für Europa – eine bildungspolitische oder eine (grund-)schulpädagogische Forderung? In: Gegenwartskunde, H. 1, S.101-108

Weißbuch der Europäischen Kommission 2002: Neuer Schwung für die Jugend Europas. Luxemburg

Zukunft gestalten – Kinder und Jugendliche stärken 2001: Auszug aus der Antwort auf die Große Anfrage der Bundestagsfraktionen SPD und Bündnis 90/Die Grünen. Berlin (Bundesministerium für Familie, Senioren, Frauen und Jugend)

*Barbara Asbrand/Annette Scheunpflug*

# Globales Lernen

## Einleitung

Unter Globalem Lernen wird ein pädagogisch-didaktisches Konzept verstanden, mit dem auf die Herausforderungen reagiert wird, die sich aus den fortschreitenden Globalisierungsprozessen ergeben. Globales Lernen definiert sich in sachlicher Perspektive über seine Themenbereiche, die bezogen sind auf globale Zusammenhänge – wie Entwicklung, Umwelt, Migration und Frieden – und unter dem Leitbild weltweiter Gerechtigkeit bearbeitet werden. Globales Lernen wird über die thematische Definition hinaus bestimmt durch die räumliche Perspektive, nämlich die Berücksichtigung globaler, regionaler und lokaler Zusammenhänge, und in sozialer Perspektive durch das Ziel, Lernenden den Erwerb von Kompetenzen für das Leben in der Weltgesellschaft zu ermöglichen (Scheunpflug/Schröck 2002, 15 ff.; Scheunpflug 2003). Globales Lernen nimmt die globalen Herausforderungen und Probleme, denen sich die Menschheit am Beginn des 21. Jahrhunderts gegenüber sieht, zum Ausgangspunkt pädagogischer Konzepte. Globale Umweltprobleme, die weltweiten sozialen Disparitäten, das Zusammenleben in einer multikulturellen und pluralistischen Weltgesellschaft und die Transformationsprozesse im Gefolge der wirtschaftlichen und kulturellen Globalisierung werden als Anlass notwendiger Lernprozesse angesehen (vgl. z.B. Scheunpflug/Schröck 2002, 6). Konzepte Globalen Lernens fassen ihren Gegenstand also weiter als die Beschäftigung mit der „Dritten Welt"; vielmehr ist Globales Lernen im Sinne des Nachhaltigkeitsdiskurses auf die politischen, sozialen und ökologischen *Zusammenhänge* zwischen so genannter „Dritter Welt" und Industrieländern des Nordens sowie auf das Zusammenleben unterschiedlicher Menschen in einer globalisierten Welt bezogen.

Globalisierungsprozesse

In diesem Beitrag sollen im Anschluss an einen Exkurs zur historischen Entwicklung des Lernbereichs (1) ein Überblick über die konzeptionelle Debatte zum Globalen Lernen geleistet (2) sowie ausgewählte Praxisfelder Globalen Lernens vorgestellt werden (3). Abschließend werden Herausforderungen der Zukunft für Theorie und Praxis Globalen Lernens formuliert (4).

## 1. Von der Entwicklungspolitischen Bildung zum Globalen Lernen: zur Geschichte eines Lernbereichs der politischen Bildung

Der Begriff „Globales Lernen" ist seit Beginn der 1990er-Jahre im deutschsprachigen Raum gängig. Die Konzeption hat sich aus verschiedenen pädagogischen Theorien entwickelt (vgl. ausführlich Scheunpflug/Seitz 1995).

Entwicklungspolitische Bildung und Dritte-Welt-Pädagogik

Der wichtigste – und historisch älteste – Bezugsrahmen sind die *entwicklungspolitische Bildung* und die so genannte *Dritte-Welt-Pädagogik*. Diese geht letztlich auf die pädagogische Vermittlung eines paternalistischen Konzepts der Kolonialzeit zurück, als es darum ging, für die Kolonialpolitik in Schule und Gesellschaft zu werben. In den 1950er-Jahren entstehen aus der Erfahrung des Zweiten Weltkriegs, der Wiederkehr Deutschlands in die Völkergemeinschaft und der Gründung entwicklungspolitischer Hilfswerke erste Konzepte einer Dritte-Welt-Pädagogik. Während der Entkolonialisierung der 1950er- und 1960er-Jahre erscheinen die so genannten Entwicklungsländer didaktisch zunächst als neues Bildungsgut: „Für den Schulgeografen ist unser Problem zunächst einmal ganz einfach das der Bewältigung von zusätzlichem Stoff" (Schiffers 1960, 385). Durch die Erfahrungen der Biafra-Krise, den Cabora-Bassa-Staudamm und den Vietnam-Krieg setzt Ende der 1960er-Jahre eine deutliche *Politisierung* der entwicklungspolitischen Debatte ein. Erstmals rücken die Abhängigkeitsstrukturen internationaler Wirtschaftsverflechtungen in den Blick sowie der *Zusammenhang* zwischen der Entwicklung in der so genannten Ersten Welt und der Dritten Welt. Diese Perspektive wird in der Konzeption der *Entwicklungspädagogik* aufgegriffen als „( ... ) der

Entwicklungspädagogik

Versuch, auf (globale, lokale und individuelle) Probleme von Unter- und Überentwicklung eine pädagogische Antwort zu geben ( ... )" (Treml 1980, 13). Mit der „Aktion e" (Einfacher leben, damit andere überleben können) von Brot für die Welt Anfang der 1980er-Jahre wurde erstmals als große Bildungskampagne auf den Zusammenhang zwischen dem Ressourcenverbrauch im Norden und den Entwicklungsmöglichkeiten im Süden hingewiesen; ein Gedanke, der später durch die Bildung für nachhaltige Entwicklung mit Rückgriff auf die Agenda 21 wieder aufgegriffen und weitergeführt wird.

Ökumenisches Lernen

Eine besondere Rolle spielt gerade in kirchlichen Kreisen das Programm des *„ökumenischen Lernens"*, eine aus der Multikulturalität der Kirchen und der besonders durch das Anti-Rassismus-Programm des Weltkirchenrates im gemeinsamen Widerstand gegen die südafrikanische Apartheid gespeiste Bewegung mit theologischer Begründung und Fundierung entwicklungspolitischer Bildung. Aus der katholischen Kirche wird die *Befreiungstheologie* mit ihren Repräsentanten Ernesto Cardenal und Leonardo Boff zu einem wichtigen Bezugspunkt entwicklungspolitischen Lernens und der Vision einer gerechten Welt.

Globales Lernen

Bereits in den 1970er-Jahren entsteht im angloamerikanischen Sprachraum der Begriff „Global Education" für alle diejenigen pädagogischen Konzeptionen, denen es um die Gestaltung der Globalisierung im Kontext von moralisch-ethischen Zielen wie Gerechtigkeit und Nachhaltigkeit geht (vgl. im Überblick Seitz 2002, 366 ff.). Der Begriff „Globales Lernen" wurde in der deutschsprachigen Debatte durch ein programmatisches Papier des Schweizer Forums „Schule für Eine Welt" (1995) eingeführt und verbreitet. Auch die konzeptionellen Grundgedanken des Papiers sind vielfältig rezipiert worden und finden sich in anderen handlungstheoretischen Konzepten in dieser oder ähnlicher Form (z.B. Bühler 1996; Fountain 1996; VENRO 2000; Seitz 2002). Globales Lernen wird hier als Querschnittsaufgabe aller Bildungsprozesse betrachtet. Ausgangspunkt ist die Annahme, dass Bildung und Erziehung eine entscheidende Bedeutung bei der Entwicklung einer nachhaltigen Gesellschaft und Politik zukommen.

Agenda 21 als Bezugspunkt

Argumentiert wird mit der Agenda 21, die auf dem UN-Gipfel für Umwelt und Entwicklung 1992 in Rio de Janeiro beschlossen wurde, und der darin formulierten Notwendigkeit, den Lebensstil des Einzelnen im Sinne des Nachhaltigkeitskonzepts zu verändern. Bildung und Erziehung sollen hierzu einen Beitrag leisten (vgl. VENRO 2000; kritisch Asbrand/Lang-Wojtasik 2002a; vgl. auch Bund-Länder-Kommission 1998; de Haan/Hardenberg 1999; kritisch Seitz 1999). Zum UN-Gipfel für Umwelt und Entwicklung im Jahr 2002 in Johannesburg legt die Bundesregierung erstmals einen „Bericht zur Bildung für eine nachhaltige Entwicklung" vor (BMBF 2001; vgl. kritisch Asbrand/Lang-Wojtasik 2002b).

Globale und lokale Dimension

Globales Lernen im Sinne der genannten Konzepte verbindet die globale Perspektive mit dem persönlichen Nahbereich der Lernenden; es geht um Persönlichkeitsbildung bzw. „Bewusstseinsbildung", um Veränderung der Einstellungen und des persönlichen Lebensstils im Rahmen ganzheitlicher Lernprozesse. Aus diesem Grund umfasst Globales Lernen die globale und die lokale Dimension und vereint Umwelt-, Dritte-Welt-, Friedens-, Menschenrechts- und interkulturelle Pädagogik in einem pädagogischen Konzept. Das Ziel Globalen Lernens ist verantwortliches Handeln der Lernenden im Sinne des Leitbilds Nachhaltigkeit. Es geht darum, Perspektivübernahme und Empathie zu lernen, die eigene Identität und Urteilsfähigkeit zu bilden, Handlungs- und Entscheidungsfähigkeit zu gewinnen (vgl. Schweizer Forum 1995).

Globales Lernen/Global Education heute versteht sich als „pädagogische Reaktion auf die Entwicklungstatsache zur Weltgesellschaft" unter der normativen Perspektive der Überwindung von Ungleichheit bzw. orientiert am Leitbild globaler Gerechtigkeit (vgl. im internationalen Kontext Bourn 2001; The Development Education Journal 2000 ff.; Development Education Association 2001; North-South Center of Council of Europe 2002; Osler/Vincent 2002; für den deutschen Sprachraum Global Lernen 1996; VENRO 2000; Seitz 2002).

## 2. Aktuelle Diskurse zur Konzeption Globalen Lernens

Die aktuellen Diskurse zum Globalen Lernen sind durch den Umgang mit der Normativität des Gegenstandes geprägt und lassen sich grob zwei Richtungen zuordnen: Auf der einen Seite so genannte handlungstheoretische Entwürfe, die häufig ein holistisches Welt- und Menschenbild zugrunde legen (Schweizer Forum 1995; Bühler 1996; Selby 2000; Selby/Rathenow 2003) und normative Bildungsziele und Inhalte Globalen Lernens formulieren, die mittels Bildung erreicht werden sollen, wie z.B. solidarisches Handeln, Toleranz, Empathie, ganzheitliche Weltsicht usw. (Schweizer Forum 1995; Bühler 1996; Fountain 1996, Führing 1996, 1998; Selby 2000; VENRO 2000; Seitz 2002). Auf der anderen Seite hat sich ein Theoriediskurs entwickelt, der Globales Lernen aus der Perspektive evolutionärer Theorie reflektiert (Treml 1993, 1996a, b; Scheunpflug 1996; Scheunpflug/Schröck 2002; Asbrand 2003). In diesem Ansatz geht es Globalem Lernen darum, Lernende auf das Leben in einer Weltgesellschaft und einer ungewissen Zukunft vorzubereiten, den Umgang mit Komplexität zu lernen und entsprechende Kompetenzen zu erwerben.

Zwei Richtungen im Diskurs um Globales Lernen

Die beiden Diskurse entwickeln sich aus der Kritik aus evolutions- bzw. systemtheoretischer Perspektive (vgl. Treml 1993a, b, 1996a, b) an den herrschenden Theorieansätzen Globalen Lernens zu Beginn der 1990er-Jahre, die als normative „Postulativpädagogik", aufgrund ihres hohen „Moralingehalts" ihre Anliegen verfehlten (Scheunpflug/Seitz 1993). Aus der Gegenkritik aus einer normativen Perspektive (Bühler/Datta/Karcher/Mergner 1996) entwickelte sich eine Kontroverse, die als Paradigmenstreit bezeichnet werden kann (vgl. Scheunpflug/Hirsch 2000).

Das was Globales Lernen im Sinne des *handlungstheoretischen Paradigmas* ausmacht, fasst ein neueres Papier (VENRO 2000) in vier Grundsätzen zusammen:

Handlungs-theoretisches Paradigma

1. Das *Leitbild* Globalen Lernens ist das der zukunftsfähigen bzw. nachhaltigen Entwicklung. Das zugrundeliegende Menschenbild bestimmt das Ziel Globalen Lernens, Emanzipation der

Individuen, ihre Partizipationsfähigkeit und Selbstkompetenz zu fördern (ebd.). Die normative Grundlage Globalen Lernens ist das „Leitbild menschlicher Entwicklung und sozialer Gerechtigkeit“ und die „Parteinahme für die Leidtragenden des Globalisierungsprozesses“ (VENRO 2000, 11).

2. Der *Gegenstand* Globalen Lernens ist die zukunftsfähige Entwicklung in globaler und lokaler Perspektive. Es geht nicht nur um Probleme in der „Dritten Welt“ sondern um die weltweiten Zusammenhänge und das Erkennen der Verflechtungen des eigenen lokalen Handelns im globalen Kontext. Dazu zählt auch das Erkennen der eigenen partikularen kulturellen Identität und die Fähigkeit des Perspektivenwechsels (VENRO 2000, 10).
3. Die *Methoden* Globalen Lernens sind vielfältig, ganzheitlich und partizipatorisch. Perspektivenwechsel sollen Komplexität durchschaubarer machen. Neben die Erkundung des Nahbereichs und sinnliche Erfahrung tritt Medienerziehung. Globales Lernen soll auch positive, kulturelle und kreative Zugänge zur „Dritten Welt“ eröffnen und von den Erfahrungen und Zugängen der Lernenden ausgehen (ebd.).
4. Das *Lernziel* Globalen Lernens ist die „Stärkung selbstgesteuerten Lernens und die Fähigkeit zur Mitgestaltung der Weltgesellschaft: Globales Lernen hat zum Ziel, Menschen darin zu unterstützen, Globalität wahrzunehmen, sich selbst mit seinen Fähigkeiten und Möglichkeiten im weitgespannten Netz sozialer und wirtschaftlicher Entwicklung zu verorten und individuelle sowie gesellschaftliche Lebensgestaltung an offenen und zu reflektierenden Wertvorstellungen zu orientieren. Globales Lernen zielt auf die Ausbildung individueller und kollektiver Handlungskompetenz im Zeichen weltweiter Solidarität“ (ebd.).

Evolutions-theoretischer Ansatz

Der *evolutionär begründete Ansatz* Globalen Lernens (vgl. zusammenfassend Scheunpflug/Schröck 2002) basiert hingegen auf einer systemtheoretischen Analyse der Globalisierung, der diese im Anschluss an Luhmann als Entwicklung zur Weltgesellschaft beschreibt, und ist mit anthropologischen und lerntheoretischen Überlegungen unterfüttert:

*1. Komplexität der Weltgesellschaft:* Wesentliches Merkmal der Weltgesellschaft vor dem Hintergrund fortschreitender Globalisierungsprozesse ist die Entgrenzung des Raums und eine Komplexitätssteigerung in sachlicher, zeitlicher und sozialer Perspektive: Wachstum ist begrenzt und birgt globale Risiken; Wissen verliert innerhalb immer kürzerer Zeitspannen seine Bedeutung; und durch den beschleunigten sozialen Wandel stoßen Fremdes und Vertrautes im Nahbereich aufeinander.

*2. Orientierung im Nahbereich:* Komplexe globale Zusammenhänge wahrzunehmen ist schwierig, weil die Wahrnehmungsfähigkeit des Menschen von seiner Natur her auf den Mesokosmos, auf die unmittelbare – sinnlich wahrnehmbare – Umgebung beschränkt ist. Problemlösefähigkeit ist deshalb am sozialen Nahbereich, an überschaubaren Gruppen orientiert; Probleme, die sinnlich erfahrbar sind, werden vorrangig gelöst. Insbesondere im Blick auf ethisches Handeln ist die Nahbereichsorientierung des Menschen problematisch. In globalen Zusammenhängen bezieht sich ethisch verantwortliches Handeln auf weit entfernte Menschen, auf zukünftige Generationen und die natürlichen Lebensgrundlagen der Menschheit (Treml 1993b; Scheunpflug/Schmidt 2002). Notwendig ist das Einüben abstrakten Denkens und einer abstrakten Sozialität (Scheunpflug/Schröck 2002, 7).

*3. Lerntheoretische Aspekte:* Das evolutionäre Konzept Globalen Lernens berücksichtigt den Umstand, dass Lernen nicht als Vermittlung von Wissen oder Werten sondern als selbstorganisiertes Lernen der Lernenden verstanden werden muss, dass die Pädagogik keinen Zugriff auf das Bewusstsein der Lernenden hat (Scheunpflug/Seitz 1993; Treml 1993a, b). Zugrunde gelegt wird statt dessen ein Lernverständnis, dass Lernen als einen individuellen, autopoietischen Vorgang auffasst, der durch Lernangebote in der Umwelt angeregt, aber nicht durch sie determiniert wird (vgl. Scheunpflug 2001, 74 ff.). Vor diesem Hintergrund ist Zurückhaltung gegenüber der Annahme geboten, normativ orientierte Bildungsangebote könnten direkt in Lernprozesse im Sinne von Einstellungs- und Verhaltensänderungen führen.

Globales Lernen und eine Bildung für nachhaltige Entwicklung

Ein weitere konzeptionelle Auseinandersetzung zeigt sich – wenngleich auch eher unterschwellig – in der Auseinandersetzung zwischen den Konzepten einer Bildung für Nachhaltigkeit und Globalem Lernen. Seitens der Vertreter einer Bildung für nachhaltige Entwicklung wird den Protagonisten Globalen Lernens vorgeworfen, sie verträten ein „traditionalistisches" Konzept, das „dem Stand der Entwicklung und dem, was in den Schulen geschieht, nicht mehr gerecht" würde (de Haan 2002, 76). Der Vorwurf besteht darin, Themen nicht integrativ zu sehen und mit der Betonung des regionalen Bezugs sowie der Perspektive auf Gerechtigkeit ein Konzept zu vertreten, das den Anforderungen an Schlüsselkompetenzen im Hinblick auf den Umgang mit Problemen der Nachhaltigkeit nicht gerecht würde. Die Vertreter Globalen Lernens hingegen befürchten, dass unter der Perspektive der Nachhaltigkeit wiederum ökologische Probleme in den Vordergrund rücken und Fragen weltweiter Gerechtigkeit vernachlässigt werden – damit befinden sie sich in Übereinstimmung mit dem Deutschen Bundestag, der in seiner Entschließung im Juni 2000 (Bundestagsdrucksache 14/3319) gefordert hat, die Entwicklungsdimension der Bildung für nachhaltige Entwicklung zu forcieren.

## 3. Praxisfelder

### 3.1 Schule

Globales Lernen im Fachunterricht

Im schulischen Bereich lassen sich Inhalte Globalen Lernens einerseits in schulischen Fächern finden, andererseits als Querschnittsaufgaben (vgl. Sekretariat der Kultusministerkonferenz 1997; Seitz 1996). Globales Lernen kommt in den Lehrplänen der Grundschule in den Fächern Sachunterricht und Religionsunterricht vor (vgl. Schmitt 1989; 1997), in weiterführenden Schulen in den Fächern Religion, Ethik, Politik/Sozialkunde, Geografie und Wirtschaftslehre (vgl. für die Entwicklung in den Jahren 1950 bis 1990 Scheunpflug/Seitz 1995, Band 2). Auch im Kontext der beruflichen Bildung sind Inhalte Globalen Lernens sowohl in allgemeinbildenden wie in berufsbildenden Fächern zu finden;

freilich ohne dass dieser Themenbereich in der beruflichen Bildung wirklich ausdifferenziert wäre (vgl. Scheunpflug 1994; Scheunpflug/Toepfer 1996). Während allerdings in Schulbüchern immer noch der Gedanke der Entwicklungshilfe betont wird, hingegen die bilaterale wirtschaftliche Zusammenarbeit sowie die Verflechtungen der Einen Welt vernachlässigt werden (vgl. Scheunpflug/Seitz 1995; Poenicke 2002), ist ein Markt an didaktisch aufbereiteten Unterrichtsmaterialien entstanden, der dieses Desiderat kompensiert (vgl. z. B. Lohrmann 2002; Hildebrandt/Kuntz/Schröck o.J.; Schmitt 1997; Krämer 1997; Führing 1998; Geisz/Melcher 2002).

Globales Lernen als Querschnittsaufgabe

Diese inhaltsorientierten Zugehensweisen berücksichtigen zum Teil nicht hinreichend die Notwendigkeit, Kompetenzen zur Gestaltung globaler Zusammenhänge in der Schule anzubahnen. Im Land Hamburg wird „Globales Lernen“ als Aufgabengebiet in der Sekundarstufe I curricular verankert, um als Querschnittsthema diesen Aspekt stärker in den Mittelpunkt zu rücken (vgl. www.globales-lernen.de).

Die Vermittlung komplexer und integrierter Kompetenzen ist auch der Fokus des BLK-Modellversuchs „Bildung 21“ im Kontext des bereits erwähnten Konzepts einer Bildung für nachhaltige Entwicklung (vgl. www.transfer-21.de).

## 3.2 Entwicklungspolitische Bildungsarbeit von Nichtregierungsorganisationen

Nichtregierungsorganisationen als Akteure Globalen Lernens

Ein zweites Praxisfeld Globalen Lernens zeigt sich in der Arbeit von *entwicklungspolitischen Nichtregierungsorganisationen.* Der Verband Entwicklungspolitik Deutscher Nichtregierungsorganisationen (VENRO) unterhält eine Fachgruppe Bildung, die sich diesem Praxisfeld widmet. Schätzungsweise dreihundert Multiplikatoren arbeiten bei kirchlichen und nichtkirchlichen Nichtregierungsorganisationen zum Globalen Lernen – ein Praxisfeld das bisher von der Erwachsenenbildung und Wissenschaft nur peripher wahrgenommen wird.

Zwei für das Globale Lernen wesentliche Bereiche innerhalb des Praxisfeldes entwicklungspolitischer Initiativen und Nicht-

Fairer Handel und entwicklungspolitische Kampagnen als Lernort

regierungsorganisationen sind der Faire Handel und entwicklungspolitische Kampagnen. Fairer Handel versteht sich seit seinen Anfängen als Lernbewegung, er wird in Deutschland von ca. 750 lokalen Weltläden getragen und u.a. von den beiden großen Kirchen beispielsweise durch den Verein TransFair unterstützt. Globales Lernen findet hier in zweifacher Hinsicht in einem Spannungsfeld statt: zum einen zwischen Handel bzw. Marketing einerseits und Bildungsanspruch andererseits, zum anderen in der Balance zwischen politischen Interessen einer Kampagne und Bildungszielen (vgl. insgesamt Schößwender 2003). Die Unterscheidung zwischen Politik, Ökonomie und Lernen muss hier im Auge behalten werden, gleichzeitig können Schnittfelder für Globales Lernen fruchtbar gemacht werden. Als Lernmöglichkeit Globalen Lernens zeichnet sich der Faire Handel dadurch aus, dass er in der Auseinandersetzung mit fair gehandelten Produkten und im Zusammenhang mit entwicklungspolitischen Kampagnen vielfältige Lerngelegenheiten bietet. Da abstrakte Zusammenhänge der Weltwirtschaft und globaler Politik mit konkretem Handeln und anschaulichem Erleben verbunden sind, kann so der Umgang mit Komplexität eingeübt werden (Asbrand 2003). Fairer Handel ist zum einen ein Lernort für die im Fairen Handel Tätigen, für die in Weltläden und Aktionsgruppen überwiegend ehrenamtlich Engagierten. Zum anderen bieten sich Weltläden an als Kooperationspartner für Schulen und andere Bildungseinrichtungen und als außerschulische Lernorte im Kontext Globalen Lernens.

## 4. Die Herausforderung der Zukunft

### 4.1 Herausforderungen des Praxisfeldes

Bildungsstandards

Im *schulischen Kontext* ist die beginnende Debatte um Bildungsstandards für ein nicht besonders etabliertes Arbeitsfeld wie das Globale Lernen von besonderer Bedeutung. Die Bedeutungsverschiebung von Curricula hin zu ergebnisorientierten Leistungsuntersuchungen bedeutet für kaum etablierte Inhalte wie die des Globalen Lernens eine Herausforderung. Inhalte Globalen Lernens werden bisher in gängigen Leistungsüberprüfungen – auch in internationalen Vergleichsuntersuchungen zur politischen Bildung wie der internationalen Civic-Education-Studie (Oesterreich 2002) – nicht berücksichtigt. Es bleibt abzuwarten, inwiefern es der Evaluation des BLK-Modellversuches „Bildung 21“ gelingt, hier richtungsweisende Schritte zu gehen.

Institutionelle Verankerung

Eine bleibende Herausforderung im Praxisfeld Schule ist ferner die institutionelle Verankerung. Globales Lernen spielt bisher sowohl in der Lehrerausbildung als auch in der Fortbildung keine große Rolle, notwendig ist deshalb die Stärkung des Lernbereichs in der universitären Lehre und Forschung. Im Hinblick auf die Schule selbst reicht die Berücksichtigung in den Lehrplänen nicht aus, sondern es bedarf außerdem der sachlich angemessenen Thematisierung Globalen Lernens in Schulbüchern und Unterrichtsmaterialien.

Förderstrukturen im außerschulischen Bereich

Im *außerschulischen Bereich* ist die Frage der *Förderstrukturen* in den nächsten Jahren von großer Bedeutung. Anders als im Bereich der Umweltbildung, in dem ein ausdifferenziertes Förderinstrumentarium unter anderem über das Umweltbundesamt und die Deutsche Bundesstiftung Umwelt vorhanden ist (vgl. BMBF 2001), gibt es im Kontext Globalen Lernens für Nichtregierungsorganisationen sowie schulische und außerschulische Bildungsinstitutionen ein unübersichtliches und finanziell schwaches Förderangebot der beiden großen Kirchen sowie des Bundesministeriums für wirtschaftliche Zusammenarbeit und Entwicklung (ebd.). Eine bessere finanzielle Ausstattung des Feldes und klarere Förderrichtlinien über eine entsprechende Stiftung stellten eine wichtige Verbesserung für das Arbeitsfeld dar und sind eine der drängenden Herausforderungen. Ebenso bedarf es einer qualitativen, inhaltlichen Unterstützung durch gezielte didaktische *Fortbildungsangebote* für das junge und nicht immer professionalisierte Handlungsfeld.

## 4.2 Konzeptionelle und theoretische Herausforderungen

Die wichtigen Herausforderungen Globalen Lernens liegen auf der Ebene der Theoriebildung. Sowohl hinsichtlich der theoretischen Rahmung als auch empirischer Fundierung ist in diesem Arbeitsfeld noch Forschungsbedarf zu konstatieren:

Theoretischer und empirischer Forschungsbedarf

- In vielen Konzepten, auch den neueren des BLK-Modells zur Bildung für nachhaltige Entwicklung wird von einem direkten *Zusammenhang* zwischen individuellem Lernen und gesellschaftlicher Entwicklung ausgegangen. Beispielsweise die Annahme eines „Bewusstseinswandels" durch Bildung (vgl. z.B. VENRO 2000) unterstellt, dass Lernen in veränderte Einstellungen und Verhaltensweisen der Individuen mündet und so zu gesellschaftlichen Veränderungen beiträgt. Es ist fraglich, ob hier ein solch direkter Zusammenhang unterstellt werden kann, oder ob es nicht anspruchsvollerer Theoriebildung bedarf: einerseits um den Zusammenhang angemessen zu beschreiben, andererseits aber auch um eine Instrumentalisierung des Lernens für gesellschaftspolitische Ziele zu vermeiden (vgl. Asbrand 2002).
- Bedeutung dürfte die Frage haben, wie sich die *normativen Ziele* Globalen Lernens angemessen begründen und in ein Lernkonzept überführen lassen, das ethisches Lernen ermöglicht. Das Thema „Lernen in der Globalisierung" bedarf einerseits dringend empirischer Forschung (wie erfahren Jugendliche Globalisierungsprozesse? Wie werden wichtige Kompetenzen zu deren Gestaltung gelernt?) wie auch theoretischer Bearbeitung, zum Beispiel im Hinblick auf den Lernbegriff.
- Reflexionsbedarf besteht auch hinsichtlich des für dieses Konzept so zentralen Begriffs der *„Entwicklung"*. Visionen und Konzepte dessen, was lange Jahre mit „Entwicklung" gemeint war, haben sich verändert und verschoben. Beispielsweise ist die Vorstellung, über Entwicklung Gerechtigkeit zu verwirklichen, tief im Diskurs der Nachkriegszeit verankert. Durch die Globalisierung wird es immer schwieriger, Ungerechtigkeit in ihren Ursachen eindeutig zuzuordnen und entsprechende Entwicklungstheorien zu formulieren. Spätestens seit der UN Konferenz für Umwelt und Entwicklung in Rio de Janeiro 1992 wurde deutlich, dass der Norden kein Entwicklungsmodell für den Süden mehr sein kann. Vielmehr geht es darum, ökologisch unverträgliche Fehlentwicklungen zu revidieren und Zukunftsfähigkeit weltweit zu erreichen. In diesem Prozess

eines sich radikal verändernden Entwicklungsbegriffes, der Veränderungen im Norden als unumgänglich einschätzt und gleichzeitig inhaltlich immer differenzierter und komplizierter wird, verändert sich auch das grundlegende Verständnis entwicklungsbezogener Bildungsprozesse im Kontext Globalen Lernens.

## Literatur

Asbrand, Barbara 2002: Globales Lernen und das Scheitern der großen Theorie. Warum wir heute neue Konzepte brauchen. In: Zeitschrift für internationale Bildungsforschung und Entwicklungspädagogik, 25. Jg., H. 3, S. 13-19

Asbrand, Barbara 2003: Keine Angst vor Komplexität. Fairer Handel als Lernort und Gegenstand Globalen Lernens. In: Zeitschrift für internationale Bildungsforschung und Entwicklungspädagogik, 26. Jg., H. 2, S. 7-13

Asbrand, Barbara/Lang-Wojtasik, Gregor 2002a: Globales Lernen als gesellschaftlicher Auftrag – es wird Zeit zu handeln. Anmerkungen zum VENRO-Papier „Globales Lernen" als Aufgabe und Handlungsfeld entwicklungspolitischer Nicht-Regierungsorganisationen. In: Zeitschrift für internationale Bildungsforschung und Entwicklungspädagogik, 25. Jg., H. 1, S. 42-44

Asbrand, Barbara/Lang-Wojtasik, Gregor 2002b: Gemeinsam in eine nachhaltige Zukunft? Anmerkungen zum „Bericht der Bundesregierung zur Bildung für eine nachhaltige Entwicklung". In: Zeitschrift für internationale Bildungsforschung und Entwicklungspädagogik, 25. Jg., H. 2, S. 31-34

Bourn, Douglas 2001: Global Perspectives in Lifelong Learning. In: Research in Post-Compulsery Education, Vol. 6, I. 3, S. 325-338

Bühler, Hans 1996: Perspektivenwechsel. Unterwegs zum Globalen Lernen. Frankfurt/M.

Bühler, Hans/Datta, Asit/Karcher, Wolfgang/Mergner, Gottfried 1996: Ist die Evolutionstheorie erziehungswissenschaftlich brandgefährlich? In: Zeitschrift für internationale Bildungsforschung und Entwicklungspädagogik, H. 2, S. 27-29

Bund-Länder-Kommission für Bildungsplanung und Forschungsförderung BLK 1998: Bildung für eine nachhaltige Entwicklung. Orientierungsrahmen. Bonn

Bundesministerium für Bildung und Forschung (BMBF) 2001: Bericht der Bundesregierung zur Bildung für eine nachhaltige Entwicklung. Bonn

Development Education Association 2001: Global perspectives in education. The contribution of development education. London

Development Education Journal 2000 ff.: London

Forum Schule für Eine Welt 1995: Lernziele für eine Welt. Jena

Fountain, Susan 1996: Leben in Einer Welt. Anregungen zum globalen Lernen. Braunschweig

Führing, Gisela 1996: Begegnung als Irritation. Ein erfahrungsgeleiteter Ansatz in der entwicklungsbezogenen Didaktik. Münster

Führing, Gisela 1998: Globales Lernen. Arbeitsblätter für die entwicklungspolitische Bildungsarbeit. Herausgegeben vom Deutschen Entwicklungsdienst. Berlin

Geisz, Martin/Melcher, Nina (Red.) 2002: Praxisbuch Globales Lernen. Handbuch für Unterricht und Bildungsarbeit. Hrsg.: Solidarisch leben lernen e.V. Frankfurt/M.

Global Lernen H. 3/1996. Hrsg.: Brot für die Welt in Zusammenarbeit mit Arbeitskreis Pädagogik und Schulprojektstelle Globales Lernen. Stuttgart/Tübingen

Haan, Gerhard de 2002: Vorläufiger Bericht zur summativen Evaluation des BLK-Programms „21". Berlin

Haan, Gerhard de/Hardenberg, Dorothee 1999: Bildung für eine nachhaltige Entwicklung. Gutachten zum Programm. Bonn

Hildebrandt, Ursula/Kuntz, Gerhard/Schröck, Nikolaus: Zukunft denken – Zukunft gestalten. Bausteine für einen handlungsorientierten Unterricht zum Thema Umwelt und Entwicklung. Hrsg.: Brot für die Welt. Stuttgart o.J.

Krämer, Georg 1997: Entwicklungsland Deutschland: Umkehr zu einer global zukunftsfähigen Entwicklung; ein Schaubilderbuch. Hrsg.: Dritte-Welt-Haus Bielefeld/BUND/Misereor. Wuppertal (2. Aufl.)

Lohrmann, Katrin 2002: Kinder haben Rechte! Unterrichtsbausteine zum Thema „UN-Kinderrechtskonvention" für die Grundschule und Orientierungsstufe. Herausgegeben von Brot für die Welt. Stuttgart

North-South-Center of Council of Europe (Hrsg.) 2002: A European Strategy Framework. For Improving and Increasing Global Education to the Year 2015. Maastricht

Poenicke, Anke 2002: Afrika in deutschen Schulbüchern. In: Internationale Schulbuchforschung, S. 97-104

Oesterreich, Detlef 2002: Politische Bildung von 14-jährigen in Deutschland. Studien aus dem Projekt Civic Education. Opladen

Osler, Audrey/Vincent, K. 2002: Citizenship and the Challenge of Global Education. London

Scheunpflug, Annette 1994: Eine Welt in beruflichen Schulen. Bestandsaufnahme und Perspektiven entwicklungsbezogenen Lernens. Forschungsberichte des Bundesministeriums für wirtschaftliche Zusammenarbeit und Entwicklung, Band 113. Köln

Scheunpflug, Annette 1996: Die Entwicklung zur globalen Weltgesellschaft als Herausforderung für das menschliche Lernen. In: Zeitschrift für internationale Bildungsforschung und Entwicklungspädagogik, 19. Jg., H. 1, S. 9-14

Scheunpflug, Annette 2001: Biologische Grundlagen des Lernens. Berlin

Scheunpflug, Annette 2003: Stichwort: Globalisierung und Erziehungswissenschaft. In: Zeitschrift für Erziehungswissenschaft, 6. Jg., H. 2, S. 159-172

Scheunpflug, Annette/Hirsch, Klaus (Hrsg.) 2000: Globalisierung als Herausforderung für die Pädagogik. Frankfurt/M.

Scheunpflug, Annette/Seitz, Klaus 1993: Entwicklungspädagogik in der Krise? In: dies. (Hrsg): Selbstorganisation und Chaos. Entwicklungspolitik und Entwicklungspädagogik in neuer Sicht. Tübingen/Hamburg, S. 57-75

Scheunpflug, Annette/Seitz, Klaus 1995: Die Geschichte der entwicklungspolitischen Bildung. 3 Bände. Frankfurt/M.

Scheunpflug, Annette/Schmidt, Christine 2002: Auf den Spuren eines evolutionstheoretischen Ansatzes in der Erziehungswissenschaft und dessen Anregungen für eine Bildung für nachhaltige Entwicklung. In: Beyer, Axel (Hrsg.): Fit für Nachhaltigkeit? Biologisch-anthropologische Grundlagen einer Bildung für nachhaltige Entwicklung. Opladen

Scheunpflug, Annette/Schröck, Nikolaus 2002: Globales Lernen. Stuttgart

Scheunpflug, Annette/Toepfer, Barbara (Hrsg.) 1996: Entwicklungsbezogene Bildung in beruflichen Schulen. Ein fachdidaktisches Handbuch zum globalen Lernen. Frankfurt/M.

Schiffers, Heinrich 1960: Der Schulgeograph vor dem Problem „Entwicklungsländer". In: Geographische Rundschau, H. 10, S. 385-390

Schmitt, Rudolf (Hrsg.) 1989: Dritte Welt in der Grundschule. Unterrichtsbeispiele. Lehrplanübersicht. Material. Frankfurt/M.

Schmitt, Rudolf (Hrsg.) 1997: Eine Welt in der Schule. Klasse 1-10. Frankfurt/M.

Schößwender, Birgit 2003: Lernanlass, Lernort, Lerninhalt. Bildung aus der Perspektive der Fair-Handels-Bewegung. In: Zeitschrift für internationale Bildungsforschung und Entwicklungspädagogik, 26. Jg., H. 2, S. 2-6

Seitz, Klaus 1996: „Sieh, das Ferne ist so nah!" Zu den Empfehlungen der Ständigen Konferenz der Kultusminister über den „Unterricht über die ‚eine/ Dritte Welt'". In: Zeitschrift für internationale Bildungsforschung und Entwicklungspädagogik – ZEP, H. 1, S. 28-31

Seitz, Klaus 1999: Bildung für eine nachhaltige Entwicklung – Paradigmenwechsel oder Mogelpackung? In: ZEP, H. 2, S. 32-35

Seitz, Klaus 2002: Bildung in der Weltgesellschaft. Gesellschaftstheoretische Grundlagen Globalen Lernens. Frankfurt/M.

Sekretariat der Kultusministerkonferenz 1997: Unterricht zum Thema Dritte Welt/Eine Welt. Bonn

Selby, David 2000: Global Education as Transformative Education. In: Zeitschrift für internationale Bildungsforschung und Entwicklungspädagogik, H. 3, S. 2-10

Selby, David/Rathenow, Hanns-Fred 2003: Globales Lernen. Praxishandbuch für die Sekundarstufe I und II. Berlin

Treml, Alfred K. 1980: Was ist Entwicklungspädagogik? In: Treml, Alfred K. (Hrsg.): Entwicklungspädagogik. Unterentwicklung und Überentwicklung als Herausforderung für die Erziehung. Frankfurt/M., S. 3-17

Treml, Alfred K. 1993a: Desorientierung überall – oder Entwicklungspolitik und Entwicklungspädagogik in neuer Sicht. In: Scheunpflug, Annette/ Seitz, Klaus (Hrsg.): Selbstorganisation und Chaos. Entwicklungspolitik und Entwicklungspädagogik in neuer Sicht. Tübingen, Hamburg, S. 15-36

Treml, Alfred K. 1993b: Entwicklungspolitik und Entwicklungspädagogik in evolutionstheoretischer Sicht. In: Scheunpflug, Annette/Seitz, Klaus (Hrsg.): Selbstorganisation und Chaos. Entwicklungspolitik und Entwicklungspädagogik in neuer Sicht. Tübingen, Hamburg, S. 111-134

Treml, Alfred K. 1996a: Die pädagogische Konstruktion der „Dritten Welt“: Bilanz und Perspektiven der Entwicklungspädagogik. Frankfurt/M.

Treml, Alfred K. 1996b: Die Erziehung zum Weltbürger. Und was wir dabei von Comenius, Kant und Luhmann lernen können. In: Zeitschrift für internationale Bildungsforschung und Entwicklungspädagogik, H. 1, S. 2-8

VENRO 2000: „Globales Lernen“ als Aufgabe und Handlungsfeld entwicklungspolitischer Nicht-Regierungsorganisationen. Grundsätze, Probleme und Perspektiven der Bildungsarbeit des VENRO und seiner Mitgliedsorganisationen. (VENRO-Arbeitspapier Nr. 10). Bonn

# V.
# Methoden und Medien politischer Bildung

*Johannes Greving/Liane Paradies*

# Methoden des Beginnens: Unterrichtseinstiege und Anfangssituationen

„Wie bringe ich den Gegenstand in den Fragehorizont des Kindes? Wie mache ich ihn für das Kind fragenswert? Wie mache ich den Gegenstand, der als Antwort auf eine Frage zustande kam, wieder zur Frage? ( ... ) Durch Rückverwandlung toter Sachverhalte in lebendige Handlungen, aus denen sie entsprungen sind: Gegenstände in Erfindungen und Entdeckungen, Werke in Schöpfungen, Pläne in Sorgen, Verträge in Beschlüsse, Lösungen in Aufgaben, Phänomene in Urphänomene" (Roth 1962, S. 123 f.).

## Vorweg

Unterricht ist eine künstliche Situation

Unterricht im weitesten Sinne – in der Schule, der Universität, den Institutionen der Erwachsenenbildung und der beruflichen Fort- und Weiterbildung – ist kein natürlich sich entwickelnder Prozess, sondern etwa ganz und gar Künstliches, Konstruiertes, pointiert ausgedrückt sogar ein Zustand, der den Lernenden Zwang auferlegt. Daher ist streng genommen alles, was im Unterricht „passiert", eine bewusst geschaffene „Situation". Selbstverständlich lebt jeder (gute) Unterricht von einer Portion Spontaneität, wie sie jede kommunikative Interaktion auszeichnet, aber grundsätzlich ist alles das, was zwischen dem Anfang und dem Ende jeder Unterrichtsstunde abläuft, mit einer speziellen didaktischen Absicht vorgeplant. Mit anderen Worten: Jeder Unterricht schafft bewusst antizipierte Situationen. Daher muss jede „Methode des Beginnens" eigentlich auch von Anfang an das mögliche Ende bedenken. Die Trennung in einen Einstiegs-, einen Haupt- und einen Schlussteil ist also im Grunde genommen eine rein analytische – und dies gilt für die politische Bildung in sicher noch stärkerem Maße als beispielsweise im naturwissenschaftlichen Bereich, denn der politischen Bildung kann es ja nie nur um bloß kognitives Faktenwissen gehen, sondern genuin auch immer um Einstellungen, Verhalten und Engagement. Dennoch kommt dem Einstieg in ein politisches Thema eine andere didaktische Funktion zu als beispielsweise den Methoden der Vertiefungs- oder Ergebnissicherungsphase.

## 1. Welche didaktische Funktion hat der Unterrichtseinstieg oder die Anfangssituation in der politischen Bildung?

Einstiege in neue Unterrichtsthemen

Unterrichtseinstiege sollen die Lernenden für das Thema und das Thema den Lernenden erschließen. Es geht also nicht um die Frage „Wie beginne ich eine Unterrichtsstunde?", sondern um die methodischen Möglichkeiten zur Eröffnung einer neuen thematischen Einheit und deren didaktische Konsequenzen. Es geht in diesem Beitrag also primär nicht um „Stundeneröffnungen", sondern um „Einstiege in neue Unterrichtsthemen".

Nicht jede Unterrichtsstunde wird mit einem neuen Thema begonnen, im Gegenteil, schon in der Primarstufe, spätestens aber mit Beginn der Sekundarstufe sind thematische Unterrichtssequenzen so gestaltet, dass sie über mehrere Stunden oder Wochen reichen. Dennoch hat jede Unterrichtsstunde einen Einstieg, eine Mitte und einen Ausstieg. Der Unterrichtseinstieg kann daher zusammenfallen mit dem thematischen Einstieg, wird dies aber im Regelfall nicht. Die Hausaufgabenkontrolle beispielsweise, die die Funktion des Anknüpfens an die vorige Stunde hat, stellt die weitaus häufigste Art des Stundeneinstiegs dar (vgl. etwa Hage 1985).

Die aufwändigeren und teilweise wohl auch „exotischen" methodischen Einstiege in neue Thematiken, die selber durchaus eine ganze Unterrichtsstunde, häufig sogar mehr, in Anspruch nehmen können, müssen sich der fachdidaktischen Reflexion unterziehen. Sie sind mehr als bloße Interaktionsrituale, auch wenn Unterrichtsinteraktion ein wesentlicher Aspekt der Einstiege ist. Sie müssen ihre jeweils spezifische „Leistung" entfalten und letztlich ihre Legitimation im Zusammenhang von Methode und

Inhalt erhalten, daher werden wir an das Ende jedes der zwei vorgestellten Beispiele einen knappen didaktischen Kommentar setzen.

Begriff „Unterrichtseinstieg“ taucht erstmals in 1950er-Jahren auf

Der Begriff „Unterrichtseinstieg“ taucht in der pädagogischen Literatur erstmals in den 1950er-Jahren auf und ist zunächst verknüpft mit der Didaktik Martin Wagenscheins (Wagenschein 1975). In der bis dahin vorherrschenden Formalstufenkonzeption der Herbartianer hat er keinen Platz gehabt, dort war allenfalls von „Hinführung“ oder „Vorbereitung“ als erstem Schritt des streng gegliederten Lernkonzepts (eigentlich eher Lernkorsetts) die Rede (Rein/Pickel/Scheller 1903).

Auch in der didaktischen Diskussion der letzten Jahrzehnte spielt der Unterrichtseinstieg als eigenständige Phase keine Rolle. So geht es beispielsweise sowohl der bildungstheoretischen Didaktik Klafkis wie der lerntheoretisch orientierten „Berliner Schule“ in erster Linie um die Auswahl, Begründung und Strukturierung von Inhalten in ihrem bildungs- und gesellschaftspolitischen Kontext und weniger um deren Umsetzung im Schulalltag.

Ebenso wenig hatte die in der DDR gebräuchliche „Ziel-Inhalt-Methode-Organisation“-Relation von Klingberg dem Unterrichtseinstieg theoretischen Raum oder praktische Aufmerksamkeit gewidmet (vgl. im Überblick Jank/Meyer 2002).

Einstieg als eigenständige Phase

Im Begriff „Einstieg“ dagegen steckt die Selbstständigkeit dieser Phase und die hierbei notwendige Aktivität von Lehrer- und Schülerseite. Wer in etwas einsteigt, und sei es nachts in eine Bank, ist aktiv, übernimmt Verantwortung für das, was er tut, und trägt ein gewisses Risiko, dass die Sache auch schief gehen kann. Die Bezeichnung Einstieg macht die Eigenständigkeit dieser ersten Phase des neuen Unterrichtsthemas deutlich. Der Einstieg wird so nicht reduziert auf ein bloßes Anhängsel des Unterrichtsinhalts.

Wir sind allerdings der Meinung, dass das Erschließen neuer Inhalte auch im politischen Unterricht häufig auf den Sachaspekt und die kognitive Lerndimension verengt wird, wobei es allerdings recht deutliche Unterschiede zwischen den einzelnen Schulstufen und auch den Schulformen zu geben scheint. Schülerinteressen, Emotionen, Vorlieben, Werthaltungen, Fähigkeiten und psycho-motorische Kompetenzen spielen häufig nur eine untergeordnete Rolle.

Aufgaben des Einstiegs

Der Einstieg soll zunächst allgemein
- neugierig machen;
- die Verantwortungsbereitschaft der Lernenden für das, was und wie sie selber lernen wollen, ansprechen und wecken;
- die Lernenden in dem Sinne disziplinieren, dass eine erfolgreiche und effektive Zusammenarbeit ermöglicht wird (ein Aspekt, der in der Schule sicher eine wesentlichere Rolle spielt als in der Erwachsenenbildung, aber auch hier sollte man ihn nicht völlig vernachlässigen);
- das Verständnis um die Notwendigkeit regelgeleiteten Zusammenarbeitens hervorrufen und fördern;
- den Lernenden zur Selbsterfahrung innerhalb einer Gruppe verhelfen und damit sowohl das Selbstvertrauen als auch die Sicherheit im Umgang mit anderen stärken;
- den Lernenden einen methodensicheren und handlungsorientierten Umgang mit dem neuen Thema ermöglichen oder diesen sogar fordern.

Darüber hinaus sollte die Einstiegssituation
- eine Fragehaltung bei den Lernenden hervorrufen;
- zum Kern der Sache führen, also zentrale Aspekte des neuen Themas ansprechen;
- die Lernenden über den geplanten Verlauf der weiteren Einheit informieren und ihnen damit einen genauen Orientierungsrahmen geben;
- die Lust am Lösen von Rätseln wecken;
- an die Vorerfahrungen und Vorkenntnisse anknüpfen und eine Verbindung zu den neuen Inhalten herstellen, Altes und Neues also vernetzen;
- vertraute und „lieb gewordene“ Gewohnheiten und Kenntnisse in Frage stellen, verfremden, sogar (scheinbar) abwerten und ablehnen, aber auch aufwerten;
- allen Lernenden möglichst individuelle Zugänge zum Lernstoff ermöglichen;
- Lernprozesse durch Verlangsamung intensivieren.

Im Folgenden soll anhand von zwei Beispielen (eines für die Schule, eines für die Erwachsenenbildung) exemplarisch gezeigt werden, wie Einstiegsphasen so gestaltet werden, dass sie zumindest einer Mehrzahl der oben genannten Ansprüche genügen können.

## 2. Schulische Einstiegsphase: Spielen im Unterricht – das „Bund-Länder-Gemeinden-Chaos-Spiel“ (bezogen auf die mittlere Sekundarstufe I, also etwa 7.-9. Klasse)

Beispiel: Spielen im Unterricht

Spielen im Unterricht ist niemals zweckfreies, sondern zweckgerichtetes Handeln in vorgestellten Situationen, hierbei sind grundsätzlich folgende Dimensionen realisierbar (vgl. auch Scholz in diesem Kapitel):

- Das Spielen kann eine Intensivierung des Lernprozesses durch dessen Verlangsamung bewirken. Das Spiel schafft ein anderes Lerntempo als zum Beispiel der Lehrervortrag. Muße und Konzentration, Spannung und Lösung, Spaß und Ärger sind die Pole, die man der Flüchtigkeit anderer, vordergründig ökonomischerer Aneignungsmethoden entgegensetzen kann.
- Im Spiel wird das Methoden- und Regelbewusstsein gestärkt. Spielen erfordert die Einhaltung klarer Regeln, die ihrerseits die Bearbeitung eines Themas erst ermöglichen.
- Spielen ist eine zielgerichtete Tätigkeit und daher handlungs- und produktorientiert. Am Ende einer Einstiegsphase, die aus einem Spiel besteht, steht ein Ergebnis, etwa eine Aufführung, ein Planspielprotokoll etc. – oder auch nur schlicht ein Gewinner. Die in der Schule üblicherweise herrschende Fremdkontrolle kann durch Selbstdisziplin abgelöst werden, das Spiel produziert seine eigene Dynamik, die die Spieler vorwärtstreibt.
- Spiele können zum sozialen Lernen erziehen und so mehr als nur die bloße Beherrschung des Stoffes vermitteln.

Viele Spiele sind – allerdings in sehr verschiedenem Grade – mehrdeutig und offen. Der Verlauf und das Ergebnis können in vielen Fällen nicht genau vorhergesagt werden, aber gerade das macht die Spannung und den Reiz des Spielens aus.

„Bund-Länder-Gemeinden-Chaos-Spiel“

**Beschreibung**

Das Spiel bezieht sich auf den in dieser Jahrgangsstufe zu erarbeitenden Stoff – nämlich die Erarbeitung grundlegender Kenntnisse über die bundesrepublikanischen politischen Institutionen und deren Funktionsträger: Auf einem großen Spielbrett aus Holz (auf das man Motive des gewählten Themas wie z.B. den Reichstag kleben kann) befindet sich eine Würfelstraße mit insgesamt ca. 150 Feldern. Jedes Feld besteht aus einem bestimmten Symbol (Tiere, Gegenstände etc.). Jedes dieser Symbole taucht in vergrößerter Form noch einmal auf der Vorderseite einer etwa 10 mal 5 cm großen Karte auf, die irgendwo im Klassenraum (in der Turnhalle, auf dem Schulhof) mehr oder weniger versteckt liegt. Auf der Rückseite jeder Karte ist ein bestimmtes und völlig willkürlich gewähltes „Codewort“. Der Spielleiter hat eine Liste von Aufgaben, die jeweils einem dieser Codewörter zugeordnet sind.

Der grundlegende Ablauf des Spieles ist wie folgt: Die Klasse wird in vier- bis sechsköpfige Gruppen geteilt, jede Gruppe erhält eine Spielfigur, dann wird gewürfelt. Die Gruppe „schwärmt aus“, um die Karte mit dem Symbol, auf dem die Spielfigur gelandet ist, zu suchen. Ist die Karte gefunden, wird das Codewort gelesen und die Karte zurückgelegt. Die Gruppe läuft zum Spielleiter, nennt das Codewort und bekommt eine Aufgabe gestellt. Diese Aufgaben sind so gestaltet, dass sie teils aus dem Vorwissen der Schüler heraus beantwortet werden können, teils die Lektüre entsprechender, als Hausaufgaben vorher aufgegebener Texte erfordern. Neben den reinen Wissensfragen stehen aber auch Aufgaben, die Anforderungen an die kreativen Leistungen der Schülerinnen und Schüler stellen – Szenen müssen pantomimisch nachgespielt und von den anderen Gruppenmitgliedern erraten oder Dialoge spontan erfunden und vorgespielt werden (z.B. aus Bundes- oder Landtagstagsdebatten oder aus Gerichtssälen), auch Zeichnungen müssen angefertigt werden. (z.B. zu wichtigen Gebäuden der Bundesrepublik). Löst die Gruppe die Aufgabe, darf weitergewürfelt werden, ansonsten muss die Figur zurückgestellt werden. Die Gruppe, die als erste das Ziel erreicht, hat gewonnen.

**Didaktischer Kommentar**

Das Spiel ist als Einstieg in die Institutionenkunde der Bundesrepublik gedacht, sein didaktisches Ziel ist es, auf ebenso spielerische wie spannende Weise das Vorwissen der Schülerinnen und Schüler zu überprüfen, denn erfolgreich mitspielen kann nur, wer schon erste Kenntnisse hat, die Zeitung oder ein politisches Magazin aufmerksam liest oder sich im Fernsehen informiert. Des Weiteren kann ein Lernspiel der hier beschriebenen Art die Überprüfung der Vorbereitungsarbeit auf ebenso spielerische wie effektive Weise gewährleisten. Spätestens nachdem die Schülerinnen und Schüler die Methode das erste Mal kennen gelernt haben, wissen sie, dass ihr eigener Spielerfolg unmittelbar abhängt von der Sorgfalt, mit der sie die Vorbereitung erledigt haben. Da nach unserer Erfahrung alle Schülerinnen und Schüler Spaß an dieser Art Spiele haben und sie zudem gerne gewinnen möchten, sind sie allein durch die Sache motiviert.

Überprüfung von Vorwissen und Vorbereitungsarbeit

Der Vorteil gegenüber reinen Wissensspielen und Spielen vom „Activity"-Typus besteht in der Kombination aus sportlicher Betätigung (Suchen der Karten), (schau-) spielerisch-kreativer Aktion und kognitivem Wissen.

## 3. Einstiegsphase für ein Seminar im Bereich der Erwachsenbildung: die Sprechmühle

Ein Wochenend- oder Wochenseminar – etwa im Bereich der Lehrerfortbildung – unterscheidet sich von der Einstiegssituationen in der Schule ganz erheblich, denn hier gilt es immer, neben der Ebene des sachlichen Arbeitens auch die der Gruppenbildung, des Kennenlernens, der gruppendynamischen Prozesse in die didaktische Planung mit einzubeziehen. Wir haben daher eine Einstiegsmethode aus dem Bereich der „Themenzentrierten Selbstdarstellung" gewählt und möchten die didaktische Bedeutung dieses Begriffes zunächst knapp erläutern:

Beispiel: Themenzentrierte Selbstdarstellung in der Erwachsenenbildung

Jeder Lernprozess ist sehr direkt und unmittelbar verknüpft mit der jeweils eigenen Persönlichkeit und dem eigenen Selbst. Viele Untersuchungen haben gezeigt, dass für das Lernen die Erfahrung des eigenen Ichs innerhalb einer Gruppe von erheblicher Bedeutung ist (Gudjons 1986). Daher hat alles, was in einer Gruppe an Lernprozessen stattfindet, eine selbstdarstellerische Seite. Allerdings sollte diese Selbstdarstellung „themenzentriert" sein, um nicht in die Gefahr des bloßen Exhibitionismus abzugleiten. Dies unterscheidet die Sprechmühle von allen gruppendynamischen und kommunikativen Übungen und „warming-ups", die wir damit aber keineswegs abqualifizieren wollen. Im Gegenteil, es gibt wunderbare Kooperationsspiele, die das soziale „Einstiegsklima" und damit auch die Lernvoraussetzungen deutlich verbessern können. Eine Fülle von Anregungen finden Sie in der „Remscheider-" und der „Mainzer Spielkartei" (Baer o.J.; Fritz o.J.).

Themenzentriert bedeutet, dass es vor Beginn des eigentlichen Unterrichts keine vom Inhalt unabhängige Aufwärmphase gibt, sondern dass von Anfang an thematisch orientiert gearbeitet wird.

**Beschreibung**

Die „Sprechmühle"

Die Sprechmühle als themenzentrierte Selbstdarstellung verfolgt grundsätzlich zwei Ziele mit jeweils unterschiedlicher Gewichtung: Einerseits können sich die Seminarteilnehmer auf relativ ungezwungene Weise kennen lernen, andererseits werden bei dieser Einstiegsmethode erste inhaltliche und sachliche Ergebnisse produziert, auf denen das weitere Seminar aufbauen kann.

Entwickelt wurde die Methode in den USA von Psychologen, uns ist sie zuerst innerhalb der Universität Oldenburg als „milling" begegnet. Unsere deutsche Übersetzung „Sprechmühle" soll einerseits das Mahlen verdeutlichen, also das kreisförmige Sich-Durcheinander-Bewegen während der Musikphase (dazu gleich), andererseits klarstellen, dass es hier ausschließlich um Sprache und sprachliche Darstellungen geht.

Die Vorbereitung ist sehr einfach: Der Seminarleiter hat sich zu Hause drei bis fünf Fragen überlegt, die in Bezug auf das Thema wichtig sind, und eine Kassette mit passender Musik mitgebracht. Bei Seminarbeginn wird in der Raummitte ein möglichst großer freier Platz geschaffen. Der Seminarleiter erklärt den Ablauf: Alle Teilnehmer sollen, während die Musik spielt, auf dem Platz umherschlendern wie auf einem Marktplatz. Sobald die Musik aussetzt, wendet sich jeder dem Partner zu, der gerade neben ihm steht. Dann wird bestimmt, wer Partner A und wer Partner B ist (dazu weiter unten). Danach stellt der Spielleiter die Aufgabe vor, und der Partner A hat ein bis zwei Minuten Zeit, seinem Gegenüber seine Lösung zu präsentieren. Danach wechseln nach einem Signal des Spielleiters die Positionen und Partner B ist derjenige, der redet. Der jeweils Zuhörende übt aktives Zuhören, er unterbricht den Redenden nicht und stellt keine problematisierenden und keine Verständnisfragen. Nach etwa ein bis zwei Minuten setzt die Musik wieder ein, das Umherschlendern beginnt wieder, wird nach einiger Zeit unterbrochen und der oben beschriebene Ablauf fängt erneut mit der nächsten Aufgabe an. Nach drei bis fünf Durchgängen ist die Sprechmühle beendet.

Nach unseren bisherigen Erfahrungen mit der Sprechmühle ist die Festlegung, wer Partner A und Partner B ist, keineswegs ein nebensächlicher Bestandteil der Methode, sondern bei der Vorbereitung sollten möglichst witzige und originelle Prozeduren gefunden werden, um die jeweiligen Zuordnungen vorzunehmen. Dies ist wichtig, um einerseits den Seminarteilnehmern Spaß an der Sache zu vermitteln und ihnen andererseits Hemmungen zu nehmen. Je aufgelockerter und phantasievoller diese Phase ist, desto eher sind sie bereit, in der folgenden inhaltlichen Phase engagiert mitzumachen. Selbstredend darf diese Phase aber nicht zum Selbstzweck werden oder übermäßig viel Zeit in Anspruch nehmen.

**Didaktischer Kommentar**

Hohe Bereitschaft, etwas zum Thema beizutragen

Nach unseren Erfahrungen finden die meisten Seminarteilnehmer nach in der Regel eher zögerlichem Beginn bald Gefallen an der Methode. Trotz des deutlich erfahrbaren Inszenierungscharakters der Sprechmühle ist die Bereitschaft und die Bemühung, etwas zum Thema beizutragen, beachtlich hoch. Das Bedürfnis, eine einmal angefangene Geschichte auch zu Ende zu bringen, wurde uns immer wieder deutlich. Die Sprechmühle verstärkt so die erzählerischen Fähigkeiten der Seminarteilnehmer, denn dem

Zwang der Zweiersituation kann sich niemand entziehen! Diese Rigidität wird allerdings auch des Öfteren als negativ gesehen – damit muss man also rechnen.

Auswertung mit Methode des Blitzlichts

Auswerten kann man die Sprechmühle z.B. mit der Methode des Blitzlichts. Hierfür erhalten alle Teilnehmer vor Beginn der Sprechmühle den Arbeitsauftrag, sich besonders wichtige oder beeindruckende Aussagen der jeweiligen Partner zu merken. Nach Ende der Sprechmühle wird ein Sitzkreis gebildet, und jeder sagt in einem Satz das, was ihm am wichtigsten erschien. Diese Aussagen können dann den sachlichen Hintergrund für die nachfolgende Diskussion ergeben.

Das kann natürlich auch schriftlich geschehen, und der Seminarleiter kann in der ersten Pause mit diesen schriftlich fixierten Ergebnissen ein Arbeitsblatt für die nächste Phase erstellen. Dieses empfiehlt sich besonders dann, wenn man alle auffordert, zu jeder der Fragen eine Aussage zu notieren, man gewinnt auf diese Weise häufig einen nicht unbeträchtlichen „Steinbruch" als Diskussionsgrundlage für die folgende Phase!

Die Sprechmühle eignet sich als Einstieg in neue Thematiken allerdings nur dort, wo die Seminarteilnehmer bereits Vorkenntnisse mitbringen, denn selbstredend kann man sich nicht mit einem Partner über ein Gebiet unterhalten, von dem beide keine oder nur spärliche Ahnung haben. Da in der Sprechmühle keinerlei sachliche Grundlagen für den Erwerb faktischen Wissens gelegt oder methodisch vorbereitet werden, ist diese Methode denkbar ungeeignet in all den Fällen, die dasjenige fundierte Wissen voraussetzen, das die Teilnehmer sich im Verlauf des Seminars erst erarbeiten sollen. Nur dort, wo sich die rein kognitive Wissensebene mit der emotionalen, affektiven und pragmatischen Sozialisations- und Erfahrungsebene mischt, verlieren alle die Scheu, mit der eigenen Meinung und dem eigenen Wissen herauszurücken, und nur so wird die angestrebte Ganzheitlichkeit, die Verbindung der kognitiven mit der emotionalen und pragmatischen Dimension, erreicht.

## Literatur

Baer, Ulrich u.a. o.J.: Remscheider Spielkartei. Lichtenau

Fritz, Jürgen o.J.: Mainzer Spielkartei. Mainz

Greving, Johannes/Paradies, Liane 1996: Unterrichts-Einstiege. Berlin

Gudjons, Herbert 1986: Handlungsorientiert lehren und lernen. Bad Heilbronn

Hage, Klaus u.a. 1985: Das Methodenrepertoire von Lehrern. Opladen

Jank, Werner/Meyer, Hilbert 2002: Didaktische Modelle. Neuauflage, Berlin

Rein, W./Pickel, A./Scheller, E. 1903: Theorie und Praxis des Volksschulunterrichts nach Herbartschen Grundsätzen (3 Bde.). 7. Aufl. Leipzig

Roth, Heinrich 1965: Pädagogische Psychologie des Lehrens und Lernens. 5. Aufl. Hannover

Wagenschein, Martin 1975: Verstehen lernen. 5. Aufl. Weinheim und Basel

*Peter Massing*

# In Gesprächen lernen: Gesprächsformen in der politischen Bildung

## 1. Vorbemerkung

Lernprozesse bestehen aus sprachlicher Interaktion

„Sprechen" in der Gesamtgruppe ist nach wie vor der Normalfall in Veranstaltungen zur politischen Bildung, auch wenn die Häufigkeit und die dominierende Rolle des Gesprächs zwischen der schulischen und der außerschulischen politischen Bildung variieren mag. Lernprozesse bedürfen als produktive und nachvollziehbare Auseinandersetzung mit Lerngegenständen einer Verständigung der am Lehren und Lernen Beteiligten. Sie bestehen also im eigentlichen Sinne aus sprachlicher Interaktion. Lehr- und Lernveranstaltungen beinhalten immer einen sprachlichen und sozialen Verständigungsprozess als ein „Miteinander-sprechen" (vgl. Ritz-Fröhlich 1982, 20).

Vernachlässigung des Gesprächs in der Politikdidaktik

Im Widerspruch zu dieser empirischen und normativen Bedeutung des Gesprächs steht die geringe Aufmerksamkeit, die es in Konzeptionen der politischen Bildung und in der Politikdidaktik erfährt. Zwar beschäftigen sich eine Reihe von Veröffentlichungen zu „Methoden der politischen Bildung" mit „Argumentationstraining", „Debattentraining", „Sokratischem Gespräch", „authentischem Gespräch" usw., das *„normale"* Gespräch aber, das den pädagogischen Alltag prägt, ist kaum Gegenstand von Reflexionen und Auseinandersetzungen.

## 2. Das Unterrichtsgespräch – Versuch einer begrifflichen Klärung

Das Gespräch als „normale" Handlungsform in Unterrichtsprozessen ist das *Unterrichtsgespräch*. Das Unterrichtsgespräch begrifflich präzise zu bestimmen ist keine einfache Aufgabe. Die Aussagen dazu sind unübersichtlich und widerspruchsvoll.

In den 1960er-Jahren bestand die starke Tendenz, „das Gespräch" normativ aufzuladen. Man sah darin eine „ontische Grundbefindlichkeit" des Menschen. Ein „echtes" Gespräch sei schon der Anfang politischer Bildung (Mickel 1969, 70) und im Medium des Gesprächs sollte die Humanisierung der Schule erreicht werden (Fina 1978, 15). Heute wird dagegen häufig in Auflistungen von Verfahren im Unterricht das Gespräch gar nicht oder mit negativen Beiklang aufgeführt (vgl. Reinhardt 1999). Innerhalb dieser Bandbreite findet sich eine Vielzahl von Definitionen, die sich vor allem in der Bedeutung unterscheiden, die sie der Aktivität der Lehrerin oder des Lehrers zuweisen. So schreibt etwa Hartmut Thiele: „Im Hinblick auf die sich im Gespräch vollziehenden Lern- bzw. Denkprozesse lässt sich die unterrichtliche Gesprächssituation charakterisieren als gemeinsame Auseinandersetzung mit einer Lernaufgabe oder einem Problem durch gegenseitiges Informieren in Rede und Gegenrede ... In solchen Gesprächen zwischen Lehrern und Schülern findet Austausch, Ausgleich, Vermehrung von Wissen statt " (Thiele 1983, 20). Während in dieser Definition sich Lernende und Lehrende etwa auf der gleichen Ebene bewegen, geht Giesecke von einem starken Gefälle zwischen diesen aus. „Das Unterrichtsgespräch besteht darin, dass der Lehrer ein von ihm entworfenes Konzept nicht einfach vorträgt, sondern die Schüler fragend und ihre Beiträge aufgreifend, entwickelt. Das Gespräch wird vom Lehrer geführt; er kennt zumindest in groben Zügen das Ergebnis, während die Schüler nicht wissen, worauf das ganze hinaus soll" (Giesecke 1973, 128). Versucht man bei allen Unterschiedlichkeiten einen Art Minimalkonsens zu finden, bietet sich die Definition von Sibylle Reinhardt an: „Unterrichtsgespräch ist eine impulsgesteuerte und breitrahmig strukturierte Kommunikationsform in der die Lernenden selbsttätig, kooperativ und ertragreich einen Gegenstand (Thema, Material, Problem, Eigenerfahrungen u.a.m.) im Medium des sprachlichen Austauschs bearbeiten. Dieses Unterrichtsgespräch ist zugleich strukturiert und offen (der Widerspruch ist pädagogisch konstitutiv): die Lehrerin bzw. der Lehrer klärt einen Rahmen (z.B. das Fach, den Gegenstand, die interaktive Struktur der

Vielzahl von Definitionen

Situation) und regt durch Impulse (Anstöße) und – wenn nötig – auch durch engere Fragen an. In diesem Rahmen und mit dieser Hilfe kommunizieren die Lernenden selbstständig und produktiv" (Reinhardt 2000, 199).

Unterrichtsgespräch als Kommunikationssituation

Darüber hinaus ist das Unterrichtsgespräch eine Kommunikationssituation und hat neben dem Inhalts- auch einen Beziehungsaspekt, wobei letzterer den ersteren beeinflusst. Ist der Beziehungsaspekt zwischen Lehrenden und Lernenden weitgehend komplementär und konfliktfrei, steht im Unterrichtsgespräch der Inhalt im Vordergrund und der Beziehungsaspekt wird wenig Störungen produzieren. Da im Unterrichtsgespräch die Parteien ungleich sind, kommt den Lehrenden eine besondere Verantwortung für den Beziehungsaspekt zu, mit dem es sich bei Störungen selbstkritisch und selbstreflexiv auseinander zu setzen gilt. In konfliktreichen Beziehungen kann die Inhaltsdimension fast völlig an Bedeutung verlieren. Hier ist es Aufgabe des Unterrichtsgesprächs als „Metagespräch" erst die eigenen Voraussetzungen zu schaffen. Zu den Beziehungsaspekten des Unterrichtsgesprächs gehören auch geschlechtsspezifische Aspekte der Kommunikation, deren Auswirkungen gerade in der politischen Bildung immer mitreflektiert und problematisiert werden müssen. Denn je nach den Leitbildern von Männlichkeit und Weiblichkeit der Lehrenden und Lernenden werden in der politischen Bildung Handlungsspielräume eröffnet oder begrenzt (vgl. Kroll 2001, 252; Werner 1983, 253 f.)

Bevor im Folgenden unterschiedliche Formen des Unterrichtsgesprächs in ihrer jeweiligen didaktischen Funktion entwickelt werden, ist noch eine andere Frage zu beantworten. Die Begriffsbestimmungen zum Unterrichtsgespräch, die bisher vorgestellt wurden, waren weitgehend allgemeindidaktisch und fachunabhängig. Wenn aber richtig ist, dass Unterrichtsmethoden nicht unabhängig von Themen, Fächern und Institutionen (Schulen, außerschulische Bildungsstätten u.a.) existieren, sondern diese Methoden in je spezifischer Weise prägen bzw. Methoden jeweils unterschiedliche und davon abhängige Leistungen erbringen, dann ist es erforderlich, zunächst die Rolle des Unterrichtsgesprächs für *politisches* Lernen zu klären.

## 3. Das Unterrichtsgespräch im politischen Lernen

Zusammenhang von Gespräch und Demokratie

Die besondere Bedeutung des Gesprächs für die Entfaltung von Lernprozessen in der politischen Bildung wird in der Regel mit dem engen Zusammenhang von Gespräch und Demokratie begründet. Dies drückt sich unter anderem in Thesen aus, wie: eine lebendige Demokratie lebe vom Gespräch (Mickel 1969, 64) oder: „Je mehr Gespräch, desto mehr Demokratie“ (vgl. Beck 1994, 7).

Nun ist Demokratie natürlich nicht nur Gespräch und Diskussion. Die Betonung dieses Zusammenhangs soll jedoch deutlich machen, dass sprachliche Fähigkeiten einen wichtigen Teil politischer und demokratischer Kompetenz darstellen. Sofern man überhaupt von eine spezifischen politischen Kompetenz ausgehen kann, so ist es die Fähigkeit, konkrete Probleme des Alltags in allgemeine Begriffe zu fassen. Die Fähigkeit zum Dialog zu entwickeln und zu trainieren, dürfte daher die vornehmste Aufgabe politischer Bildung sein (vgl. Fina 1978, 9; Fickel 1982, 253). Da in jüngster Zeit die Kommunikationsabhängigkeit demokratischer Politik noch weiter gewachsen ist (vgl. Sarcinelli 1990, 44 ff.), scheint „kommunikative Kompetenz“ die Schlüsselqualifikation in der Demokratie geworden zu sein. Als eine entscheidende Voraussetzung der politischen Beteiligung des Bürgers, ist sie zentrales Ziel politisches Lernens, das nun wiederum mit Hilfe der Methode des Unterrichtsgesprächs und der Diskussion erreicht werden soll.

Damit ist jedoch die spezifische Bedeutung des Gesprächs im Rahmen politischen Lernens noch nicht ausreichend geklärt. Das Gespräch ist die Methode und sprachliche Kompetenz das Ziel vieler Lernprozesse, denn darin wird eine grundlegende Fähigkeit gesehen, die für die Teilnahme am gesellschaftlichen Leben notwendig ist. Aller „Unterricht“ beeinflusst die Ausbildung sprachlicher und kommunikativer Fähigkeiten. Wenn darin ein wichtiger Bestandteil *politischer* Kompetenz gesehen wird, dann lässt sich daraus zwar der Schluss ziehen, dass aller Unterricht auch zur politischen Bildung beiträgt, aus dem Unterrichtsziel „sprachliche

Kompetenz" kann aber nicht umgekehrt ein Spezifikum politischen Lernens abgeleitet werden. Nun hat jedes Unterrichtsgespräch über die beschriebene intentionale Komponente hinaus auch noch eine funktionale Komponente, die den Bereich der politischen Bildung stärker tangiert. Diese funktionale Komponente ist gemeint, wenn darauf hingewiesen wird, dass in der politischen Bildung das Gespräch ... nicht allein Instrument der Wissensvermittlung ist. „Es ist nicht nur Hilfsmittel der Bildung, es ist diese Bildung selbst. Sozialkunde, Politische Weltkunde, Gemeinschaftskunde u.a. stellen sich im Rahmen einer freiheitlichen Grundordnung dann als verfehlt heraus, wenn versäumt wird, das bessere Argument im Gespräch aller mit allen zu finden und auch tatsächlich einzusetzen" (Fina 1978, 60). Das heißt, das Unterrichtsgespräch in der politischen Bildung muss, wenn es neben dem Ziel „sprachliche Kompetenz" auch einen Beitrag zum „Demokratie lernen" leisten soll, in seiner formalen Struktur bestimmten Anforderungen genügen. Es muss darin die Idee des Diskurses oder des Dialoges erkennbar sein. Das heißt: Ein möglichst geringes Gefälle zwischen den Gesprächsbeteiligten, Offenheit für Alternativen, Wille, den anderen zu verstehen, Bereitschaft, gegnerische Argumente zu bedenken, eigene Positionen in Frage stellen zu lassen, Fragen zu Ende zu denken, den Dingen auf den Grund zu gehen, sich nicht mit Schlagworten begnügen, die eigenen Emotionen zu kontrollieren, sich eigene Vorurteile bewusst zu machen usw. (vgl. Sutor 1971, 284). Politische Bildung, die neben sprachlicher Kompetenz auch Selbstbestimmung und politische Beteiligung anstrebt, muss das Unterrichtsgespräch so organisieren, dass es vor allem ein Ort *gemeinsamen* Problemlösens und *diskursiver* Verständigung ist. In dieser Funktion bewegt sich das Unterrichtsgespräch schon sehr viel näher am Politischen.

Anforderungen an das Unterrichtsgespräch

## 4. Sprache und Gespräch als Medium der Politik und als Gegenstand politischer Bildung

Bisher wurde Sprache in der Form des Unterrichtsgesprächs vor allem unter methodischen Gesichtspunkten als ein Lernweg beschrieben. Sprache gewinnt in politischen Bildungsprozessen aber auch noch in anderer Hinsicht an Bedeutung, nämlich als Gegenstand des Lernens. Insofern Politik selbst ein sprachliches Konstrukt ist, erschließt es sich nur über den Weg von Definitionen (vgl. Rohe 1994). Dies führt in der politischen Bildung zu zwei Problemen: Wenn das, worüber im Unterrichtsgespräch verhandelt wird, das Politische, selbst ein sprachliches Produkt ist, dann hängt die „Qualität dieses Produkts" vor allem von der Gesprächsfähigkeit und vom Sprachniveau der Beteiligten ab. Je höher das Sprachniveau, je differenzierter die Ausdrucksweise, desto präziser erscheint der Gegenstand des Unterrichts und desto klarer wird das „politische Denken". Einsichten in das Politische und in politische Zusammenhänge sind Ergebnisse der Fähigkeit, sie sprachlich angemessen zu fassen. Daraus ergibt sich als zentrale Aufgabe in politischen Lernprozessen: die gemeinsame ständige Kontrolle des sprachlichen Ausdrucksniveaus.

Politik als sprachliches Konstrukt

Die sprachliche Konstruktion des Politischen erfolgt jedoch nicht allein nach semantischen Regeln und wertfrei, sondern wer definiert, wählt aus. Er stellt bestimmte Aspekte, die er für wichtig hält in den Vordergrund und vernachlässigt andere, die ihm weniger charakteristisch erscheinen. Was er für wichtig oder für unwichtig hält, hängt im Wesentlichen von seinen Interessen und Erwartungen ab. Politik als sprachliches Konstrukt ist gruppenbedingt, „gesellschaftliches Produkt" und damit auch Ausdruck von Interessen und Ideologie. Politische Bildung hat danach eine doppelte ideologiekritische Aufgabe. Gegenstand der Ideologiekritik ist zum einen das „Unterrichtsgespräch" selbst, indem es nach Interessen, Vorurteilen, Halbwahrheiten, fehlerhaften Denken, Abhängigkeiten, usw. untersucht wird, zum anderen die Politik als sprachliche Konstruktion und vor allem die Sprache in der Politik. Die ideologiekritische Betrachtung der Sprache in der Politik zielt darauf, ihre Rolle als Medium gesellschaftlicher Implikate zu verdeutlichen, als Instrument der Herrschaftsausübung, der Interessenverschleierung, der Manipulation, der Stabilisierung von Vorurteilen, Denkschemata, Mythen, usw. (vgl. Becker 1999, 481; Mickel 1969, 64). Politische Bildung muss nicht nur

Ideologiekritische Aufgabe politischer Bildung

auf diese Funktion von Sprache aufmerksam machen, sondern sie muss auch für den spezifisch politisch-rhetorischen Sprachstil sensibilisieren. Wenn Sprache in diesem doppelten Sinne als „Unterrichtssprache“ und als „Politiksprache“ ideologiekritisch behandelt wird, ist damit eine weitere Aufgabe des Gesprächs im politischen Lernen genannt, das dieses von anderen Lernprozessen im Kern unterscheidet.

## 5. Formen des Unterrichtsgesprächs und ihr didaktischer Ort

Typen des Unterrichtsgesprächs

So zahlreich die Definitionen des Unterrichtsgesprächs sind, so zahlreich sind auch die Versuche Typologien von Unterrichtsgesprächen zu entwickeln. Die Veranlassung zur Typenbildung ist in der Regel pragmatisch. Die Lehrenden sollen feststellen, welcher Typus des Unterrichtsgesprächs in ihrem Methodenrepertoire bereits vorhanden ist, welcher fehlt, welcher Typus dominiert und welcher zu kurz kommt, um so eine Orientierung für die Professionalisierung ihres methodischen Handelns zu gewinnen. Typenbildende Elemente des Unterrichtsgesprächs sind häufig: die Lehreraktivität bzw. -lenkung, der äußere Gesprächsverlauf, der Umfang der Gesprächsgruppe und das Ziel oder der Inhalt des Unterrichtsgesprächs.

Freie und gebundene Formen

Ordnet man mögliche Formen des Gesprächs nach dem Ausmaß der Lehrerlenkung, gelangt man zu einer Typologie, wie sie sich etwa bei Hilbert Meyer findet. Er unterscheidet zwischen freien und gebundenen Formen. Zu den freien Formen gehören „die Unterhaltung“ (z.B. der Morgenkreis in der Grundschule), „das Schülergespräch“, die Diskussion (Streitgespräch, Pro-Contra-Gespräch, Debatte). Zu den gebunden Formen zählt es das „Gelenkte Unterrichtsgespräch oder Lehrgespräch“, das „Fragend-entwickelnde Gespräch“, das „Sokratische Gespräch“ und das „Prüfungsgespräch“ (H. Meyer 1987, 280 ff.; ähnlich: Fina 1978, 29 f.; Fickel 1982, 254 ff. und Thiele 1983, 18 f.). Ordnet man die Gesprächsarten nach intentional-inhaltlichen Schwerpunkten, lassen sich „sachklärende Gespräche“, „interpretierende

Gespräche", „meinungsbildende Gespräche" und „Metagespräche" von einander abgrenzen. Mickel trifft eine Unterscheidung zwischen dem „Erarbeitungsgespräch", in dem unterrichtliche Aufgabengebiete erschlossen werden, dem „Kontrollgespräch", in dem noch nicht bestätigte Behauptungen überprüft werden, dem „Assoziationsgespräch", das Zusammenhänge evident macht und dem „Koordinierungsgespräch" in dem die Isolierung eines Problems aufgehoben wird (vgl. Mickel 1969, 71). Georg Weißeno schlägt vor dem Hintergrund, dass Unterrichtsgespräche über Politik dem Informationsverständnis, dem Meinungsaustausch, dem systematische Lernen, der Ideologiekritik, der emotionale Auseinandersetzung, der Einübung in öffentliches politisches Diskussionsverhalten dienen sollen, folgende Systematik vor:

- Schüler-Schüler-Gespräch: vor allem im Rahmen handlungsorientierter Methoden;
- Lehrer-Schüler-Gespräch: sachklärend, interpretativ, meinungsbildend, Metagespräch;
- Gesprächsformen mit Dritten (z.B. bei Exkursionen, Erkundungen, Expertenbefragung u.a.), die andere Akteure mit einbeziehen und die neue Erfahrungen in der Gruppe, meist außerhalb traditioneller Lernorte schaffen (Weißeno 2004).

All diese Unterscheidungen, auch die letzte, sind jedoch nur mehr oder weniger trennscharf und nicht frei von Willkür. Sie gewinnen für politisches Lernen erst dann Bedeutung, wenn ihnen bei der Organisation des Lernprozesses der „richtige" didaktische Ort zugewiesen wird.

Gespräche in den Phasen des Unterrichts

Geht man davon aus, dass jeder Unterrichtsprozess sich in seinem Verlauf in folgende Phasen gliedern lässt: Einstiegsphase, Informationsphase, Anwendungsphase, Problematisierungsphase und Urteilsbildung sowie die Phase der Metakommunikation, bieten sich folgende Zuordnungen an:

*Einstiegsphase:* Sie ist der Ort, an dem unterschiedliche Formen des Unterrichtsgesprächs sinnvoll sein können: offene Gespräche wie auch solche mit stärkerer Lenkung. Offene Gesprächsformen bieten sich an, wenn es darum geht, Vorkenntnisse zu aktivieren, Voreinstellungen zu klären, Beziehungen zur Alltagswelt herzustellen. Mit gebundenen Formen, wie dem „divergierenden Gespräch" (Becker) können im Einstieg Einfälle zu einer Fragen- oder Problemstellung gesammelt werden, mögliche Aspekte eines Themas aufgelistet, verschiedene Erarbeitungsmethoden diskutiert werden usw.

*Informationsphase:* Für diese Phase eignen sich Formen des Gesprächs am wenigsten. Bestenfalls kann in Ansätzen das Lehrgepräch eingesetzt werden, das jedoch schon in einem fließenden Übergang zum „Lehrervortrag" steht.

*Anwendungsphase; Problematisierung und Urteilsbildung:* Hier ist das Unterrichtsgespräch in seinen verschiedenen Ausprägungen die maßgebliche Methode und Arbeitsweise. Dabei geht es um die Bearbeitung, Wiederholung, Kritik einen bereits bekannten Sachverhalts, Erkenntnissen oder Positionen, also um *Vertiefung* (vgl. Giesecke 1973, 129) oder *Verallgemeinerung.* In dieser Phase, in der die wichtigsten Informationen bekannt, wo ein Gegenstand unter verschiedenen Perspektiven betrachtet werden soll, ist das „gleichberechtigte Gespräch" sinnvoll, das nur sehr zurückhaltend gelenkt wird. In der Phase der Urteilsbildung, in der die zu beurteilenden Sachverhalte vorgestellt, Werte und Normen als Bewertungsmaßstäbe entwickelt und Beziehungen hergestellt werden müssen, ist dann wieder eine höhere Lenkung in Form des „Bewertungsgespräch" erforderlich, ohne dass die dialogische Struktur des Unterrichtsgesprächs aufgegeben werden darf. Gerade in dieser Phase sollen die Lehrenden die Lernenden als mündige Menschen ansehen und ihre Selbstständigkeit fördern. In der politischen Bildung können die Lehrenden das politische Urteil der Lernenden auch dann akzeptieren, wenn sie selber einen anderen Standpunkt vertreten.

*Metakommunikation:* Wenn über den Unterricht selbst, über die Vorgehensweise, die Brauchbarkeit der Methoden und Materialien, über den Verlauf des Miteinandersprechens usw. geredet wird, bietet sich das offene Unterrichtsgespräch mit starker Schülerzentrierung oder Teilnehmerzentrierung an.

## 6. Zusammenfassung

In alltäglichen Lernprozessen der politischen Bildung können unterschiedliche Varianten des Unterrichtsgesprächs von offen bis eng genutzt werden. Ihr Sinn ergibt sich nicht aus der abstrakten Form, sondern aus ihrem begründeten Einsatz im konkreten Fall (vgl. Reinhardt 1999). Es existieren keine klaren Entscheidungsregeln für eine bestimmte Form des Unterrichtsgesprächs. Die enorme Variabilität der Formen und die notwendige Berücksichtigung des Implikationszusammenhangs von Zielen, Inhalten und Bedingungen des Lernens macht es schwer festzulegen, wann, welche Form des Unterrichtsgesprächs „richtig" ist. Das Unterrichtsgespräch entzieht sich der „sicheren" Planung und ist vielleicht auch mehr der „Kunst" als dem „Handwerk" zu zuordnen (so Reinhardt 1999). Die Entscheidung für eine bestimme Form kann nur von den Lehrenden in der jeweiligen Situation selbst getroffen werden. Dazu sind sie aber nur in der Lage, wenn ihnen alle Formen des Gesprächs als Teil ihres methodischen Repertoires sicher zur Verfügung stehen.

Keine klaren Entscheidungsregeln für bestimmte Gesprächsformen

### Literatur

Beck, Martin 1994: Unterrichtsgespräche. Zwischen Lehrerdominanz und Schülerbeteiligung. Eine sprachwissenschaftliche Untersuchung zur Unterrichtskommunikation. St. Ingbert

Becker, Georg 1999: E. Gesprächs- und Diskussionsformen. In: Wolfgang Mickel (Hrsg.): Handbuch zur politischen Bildung. Bonn, S. 481-485

Fickel, Johanna 1982: Ausgewählte Lernformen im politischen Unterricht: Gespräch – Gruppenarbeit – erkundende Lernwege. In: Volker Nitzschke, Fritz Sandmann (Hrsg.): Neue Ansätze zur Methodik des politischen Unterrichts. Stuttgart, S. 246-301

Fina, Kurt 1978: Das Gespräch im historisch-politischen Unterricht. München

Giesecke, Hermann 1973: Methodik des politischen Unterrichts. München

Kroll, Karin 2001: Die unsichtbare Schülerin. Kommunikation zwischen Geschlechtern im Politikunterricht. Schalbach/Ts.

Meyer, Hilbert 1987: UnterrichtsMethoden, II, Praxisband. 2. Aufl., Frankfurt/M.

Mickel, Wolfgang 1969: Methodik des politischen Unterrichts. 2. Aufl., Frankfurt/M.

Reinhardt, Sibylle, 2000: Unterrichtsgespräch. In: Georg Weißeno (Hrsg.): Lexikon der politischen Bildung, Bd. 3. Hrsg. von Hans-Werner Kuhn/Peter Massing. Schwalbach/Ts.

Ritz-Fröhlich, Gertrud 1982: Das Gespräch im Unterricht, Anleitung, Phasen, Verlaufsformen. Bad Heilbrunn

Rohe, Karl 1994: Politik. Begriffe und Wirklichkeiten. 2. Aufl., Stuttgart, Berlin, Köln

Sarcinelli, Ulrich 1990: Auf dem Weg in eine kommunikative Demokratie? Demokratische Streitkultur als Element politischer Kultur. In: ders. (Hrsg.): Demokratische Streitkultur, Theoretische Grundpositionen und Handlungsalternativen in Politikfeldern. Bonn

Sutor, Bernhard 1971: Didaktik des politischen Unterrichts. 2. Aufl., Paderborn

Thiele, Hartmut 1983: Trainingsprogramm Gesprächsführung im Unterricht. Kognitives Lehrtraining zum Selbststudium. Bad Heilbrunn

Weißeno, Georg 2004: Gespräche führen im Politikunterricht. In: Siegfried Frech/Hans-Werner Kuhn/Peter Massing (Hrsg.): Methodentraining im Politikunterricht. Schwalbach/Ts.

Werner, Fritjof 1983: Gesprächsverhalten von Frauen und Männern. Frankfurt/M.

*Hans-Werner Kuhn*

# Mit Texten lernen: Textquellen und Textanalyse

## 1. PISA, IGLU und die Frage nach der Lesekompetenz: Empirische Befunde

Wie in anderen Fächern haben Texte auch im Politikunterricht eine hervorragende Bedeutung als „Mittel der individuellen wie sozialen Wissenskonstitution“ (Antos 1997, 45). Operative Fertigkeiten wie das Abstrahieren, Vergleichen und Ableiten sowie die Interpretation sprachlicher Modellierungen werden zunehmend wichtiger in einem Unterricht, der auf selbstorganisiertes Lernen abzielt. Letztlich stellt die Textkompetenz (die Lese- und Schreibkompetenz einschließt) eine grundlegende Voraussetzung dafür dar, um am politischen und gesellschaftlichen Leben teilzunehmen.

Ergebnisse der PISA-Studie

Bei der PISA-Studie (Baumert 2001) lag ein Schwerpunkt auf der Untersuchung der Lesekompetenz von 15-Jährigen. Im Blickpunkt steht das Verstehen von authentischen Texten. Diese Texte sind nicht konstruiert, sondern sind im Alltag, in Zeitungen, Zeitschriften, Lehr- und Schulbüchern zu finden. Die PISA-Studie unterscheidet verschiedene Textsorten. Neben kontinuierlichen Texten nennt sie nicht-kontinuierliche Texte, die interessante Kombinationen von Bild und Text darstellen, Diagramme, Tabellen und Grafiken mit einbinden. Auch diese „nicht-kontinuierlichen“ Texte sind für den Politikunterricht relevant und eignen sich besonders für Transformationsaufgaben. Durch die Verwendung verschiedener Textsorten im Politikunterricht ist zugleich ein fächerübergreifendes Moment angesprochen.

In der PISA-Studie werden drei Aspekte der Lesekompetenz unterschieden: 1. Informationen aus diesen Texten zu entnehmen, 2. diese Informationen bzw. die Texte zu interpretieren, die zentralen Botschaften des Textes heraus zu filtern, 3. die Texte zu reflektieren, d.h. auf das zu beziehen, was man noch über den Wissensbereich weiß.

Aus der Ermittlung der Lesemotivation („deutsche Schülerinnen und Schüler sind ausgesprochene Nichtleser") ergibt sich eine weitere Frage an die Arbeit mit Texten im Politikunterricht: Fördert oder blockiert die Textarbeit den Zugang zu den verschiedenen Textsorten?

Ergebnisse der IGLU-Studie

Anders sehen die Ergebnisse zur Lesekompetenz von Grundschülern aus. Nach IGLU, der Internationalen Grundschul-Lese-Untersuchung (Bos 2003), belegen deutsche Schülerinnen und Schüler den 11. Rang von 35 Nationen, liegen also im Mittelfeld. Wenn aber Leseunlust und Lesedefizite in der Sekundarstufe auftreten, welche Konsequenzen hat dies für den Politikunterricht? Und: Wie kommt es, dass Viertklässler aus Deutschland kaum Schwierigkeiten beim Lesen, ja sogar Lust an Büchern und Texten haben, während fünf Jahre später die Schüler angeben, ihnen sei der Spaß am Lesen vergangen?

Kleinere Studien, die sich mit der Alternative zwischen Lernen in authentischen Situationen versus Lernen mit Texten befassen, konnten eine „generelle Überlegenheit" der ersten Form nicht feststellen (vgl. Hartinger 2001, 108). Nicht nur in der Sprachdidaktik ist von „trägem Wissen" die Rede, also von Wissen, das in Anwendungssituationen nicht genutzt werden kann. Hier kann nur begrenzt im Politikunterricht gegengesteuert werden. Eine unmittelbare „Anwendungssituation" politischen Wissens ist im Unterricht nicht vorhanden. Zwar hilft eine deutliche Problemorientierung bei der Auswahl der Texte, aber Anwendung im Sinne von politischer Partizipation wird allenfalls als Disposition grundgelegt. Als ein Ausweg wird der Versuch angesehen, die Texte in einen *Verwendungszusammenhang* zu stellen, also in den Fragestellungen zumindest Ansatzpunkte zu reflektieren, die auf Bezüge zur realen Politik verweisen. Hinzu kommen metakognitive Aspekte: Indem das Lernen mit Texten selbst zum Thema des Unterrichts wird, also die Reflexion einen deutlichen Stellenwert erhält, lässt sich nachhaltige Textarbeit verbessern (vgl. Hartinger u.a. 2001, 123). „Die Reflexionsphase dürfte nach wie vor gerade aufgrund der Funktionen, die von einem Text nicht zu übernehmen sind, ihren Wert behalten: das Gespräch mit dem Partner, das

Bewusstmachen und Abstrahieren des Gelesenen durch Artikulieren und eigenes Paraphrasieren sowie die Dekontextualisierung" (Hartinger u.a. 2001, 127).

Wie lässt sich die Lese- und Schreibmotivation stärken? Dafür wird ein Handlungsrahmen gebraucht, der es den Schülerinnen und Schülern ermöglicht, den Umgang mit Texten sichtbar zu machen, Textsortenvielfalt zu organisieren, Feedback einzufordern bzw. zu geben, die erbrachte Leistung zu veröffentlichen und Arbeitsprozesse und -produkte zu reflektieren. Das sind Maßnahmen, die auf eine veränderte *Schreib- und Lesekultur* abzielen und damit fächerübergreifende Ziele darstellen. Dieser Ansatz umfasst: One-Minute-Papers, Zusammenfassungen, Kommentare, Referate, Hausarbeiten. Dazu zählen: das Verfassen, Umschreiben von Texten (vgl. Becker 1994). Jeder Umgang mit Texten, der auf aktives Lernen abzielt, braucht die Rückmeldung auf Geschriebenes und/oder Gelesenes. Feedback ist der Spiegel des aktuellen Arbeitsstandes und dessen Qualität.

Neue Schreib- und Lesekultur

Welche Schwierigkeiten bieten die verschiedenen Textsorten im Politikunterricht? Hier ist die Politikdidaktik als korrespondierende Fachdidaktik gefragt. Allerdings muss man auch hier feststellen, dass kaum empirisch gesicherte Befunde zur nachhaltigen Textarbeit im Unterricht vorliegen. Die Bewertung der Textarbeit, die Georg Weißeno vor über zehn Jahren formuliert hat, gilt noch immer: „Texte konstituieren vielfach erst politische Erfahrungen. ( ... ) Allerdings ist die politikdidaktische Betrachtung der unterrichtlichen Textarbeit eher ein Desiderat, da man sich derzeit überwiegend mit den so genannten handlungsorientierten Methoden wie Planspiel, Simulationen u.Ä. beschäftigt" (Weißeno 1993, 5).

Kaum empirische Befunde zu nachhaltiger Textarbeit im Unterricht

## 2. Hermeneutische Textinterpretation

Die hermeneutische Textinterpretation besitzt eine lange Tradition und unterliegt eigenen Regeln und Problemen. Sie soll im Folgenden zugespitzt auf die Textinterpretation im Politikunterricht bezogen werden.

Hermeneutik als Kunst der Auslegung und Deutung

Das griechische Wort *Hermeneutik* (hermeneúein = aussagen, auslegen, übersetzen) bedeutet die Kunst der Auslegung und Deutung. Für unseren Zusammenhang meint Hermeneutik das Verstehen von Texten.

Drei Fragen dienen dem Zugang zu einem Text:

- Welche Bedeutung verbindet der Verfasser mit dem Text?
- In welchem Bedeutungszusammenhang steht der Text?
- Welche Zielsetzung war damit beabsichtigt?

Spezifische *Grundbegriffe* der Hermeneutik sind die hermeneutische Differenz, der hermeneutische Zirkel (oder die hermeneutische Spirale), Interpretation und Ideologiekritik.

Hermeneutische Differenz

Der Ausdruck *„hermeneutische Differenz"* oder auch „Distanz" macht darauf aufmerksam, dass das, was in einem Text verstanden bzw. gedeutet werden soll, zunächst fremd ist und im Verstehen und Deuten erst „angeeignet" werden muss. Ohne Bezüge zum „Vorverständnis" bleibt das Fremde allerdings stumm. Hermeneutik findet demnach – einer berühmten Formulierung von Hans-Georg Gadamer folgend – „zwischen Fremdheit und Vertrautheit" statt: „In diesem Zwischen ist der wahre Ort der Hermeneutik" (Gadamer 1995, 279).

Dies erinnert nicht zu Unrecht an Übersetzungen. Zwischen Text und Lernendem bestehen einige Differenzen, die beachtet werden müssen. Wichtig ist hier die historische Differenz, die vielfach erhebliche Schwierigkeiten für Textverständnis und Interpretation mit sich bringt. Daneben existieren auch rhetorische Differenzen, also die Tatsache, dass unterschiedliche Textsorten rhetorische Mittel nutzen, um ihre Botschaft zu vermitteln. Deren Funktion und Bedeutungspotenzial zu erkennen hilft bei der Interpretation. Vielfach spielen diese Differenzen ineinander. Sie können aber auch produktiv genutzt werden. Seit Gadamer hat sich die Auffassung durchgesetzt, den „Abstand der Zeit als eine positive und produktive Möglichkeit des Verstehens" nutzbar zu machen und „immer auch ( ... ) die geschichtliche Situation des Interpreten" zu reflektieren (vgl. 280 f.).

Eine hermeneutische Grundregel besagt, dass das Ganze aus dem Einzelnen und das Einzelne aus dem Ganzen verstanden werden muss. Dieses Prinzip wird traditionell als *hermeneutischer Zirkel* bezeichnet. Für Gadamer beschreibt der Zirkel des Verstehens die Aneignung der Überlieferung durch den Interpreten. Die Vertrautheit, das Vorwissen, die Einstellung zum Gegenstand erlauben es ihm, den Sinn des Textes zu antizipieren, um dieses „Vorausurteil“ mit zunehmendem Verständnis des Textes jeweils zu korrigieren. Komplexeres Textverstehen schließt darüber hinaus noch eine ideologiekritische Komponente ein. Sie berücksichtigt sowohl die Zeitgebundenheit eines Textes als auch seine potenzielle Aktualität. Zum Teil wird der hermeneutische Zirkel auch als hermeneutische *Spirale* gefasst, insofern es sich um eine Aufwärtsbewegung handelt, in der immer mehr Aspekte durch Korrektur vorläufiger Lesarten am Text hinzukommen. Dieser Verstehenszuwachs zielt auf „integratives Verstehen“:

Hermeneutischer Zirkel

„Einen Text verstehen heißt demzufolge, Merkmale der ‚Textstruktur‘ bzw. des ‚-inhaltes‘ und der ‚Textproduktion‘ unter Einbeziehung der ‚Text-‘, und ‚Rezeptionsgeschichte‘ sowie der Reflexion des eigenen ‚Interpretationsstandpunktes‘ im Sinne eines wechselseitigen Begründungsverhältnisses zu begreifen. Dass es dabei weder ‚falsche‘ noch ‚richtige‘, sondern allenfalls mehr oder minder angemessene Interpretationen geben kann, folgt aus der ( ... ) Geschichtlichkeit der Verstehenskonstituenten und der damit zusammenhängenden Unabschließbarkeit der hermeneutischen Spirale. ( ... ) Der Spiralbewegung entsprechend unterliegt die Interpretation hinsichtlich ihrer Hypothesenbildung diesbezüglich einem Mechanismus der Selbstkorrektur. Dass dieses Verfahren stets dem roten Faden eines spezifischen Erkenntnisinteresses folgen und man dementsprechend bei der Behandlung der Interpretationsaspekte nicht methodenpluralistisch-additiv, sondern durchaus selektiv vorgehen sollte, versteht sich von selbst“ (Bolten 1985, 362 f.).

Die in diesem Zitat deutlich werdenden Komponenten einer Textinterpretation lassen sich nicht auf einmal aneignen. Vielmehr können sie als Hintergrundfolie verwendet werden, die bei konkreter Textarbeit sukzessiv beachtet und dann zusammengeführt werden können.

Interpretation

Ein weiterer Grundbegriff ist die *„Interpretation"* (lat. interpretatio, Deutung, Übersetzung, Erklärung). Bezogen auf Texte meint Interpretation ein Verfahren, bei dem die methodisch reflektierte Auslegung oder Deutung eines sprachlichen Textes, aber auch anderer sinntragender Strukturen erfolgt. Die Interpretation wäre demnach ein rational begründetes und kontrollierbares Verfahren zur Verdeutlichung der „Aussage", „Botschaft" oder „Bedeutung" eines Textes. Sie verbleibt meist wieder in der Sprache als Medium und produziert dadurch eine bestimmte Textsorte, die sich als „Interpretation" von anderen Textsorten unterscheidet.

Nicht unerwähnt bleiben sollen *Probleme* der Interpretation, die sich aus subjektiver Willkür, lediglich psychologischem Einfühlen und methodenfreiem Deuten ergeben können. Schon Goethe dichtete deshalb ironisch: „Im Auslegen seid frisch und munter/legt ihr's nicht aus, so legt was unter." Im Kontext von Politik und Politikunterricht relevant bleibt der Hinweis, dass es bei Interpretationen weniger um Erkenntnis als um Interpretationshoheit, um Definitionsmacht, gehen kann.

Im Politikunterricht kann es zu einem „Wettstreit" verschiedener Interpretationen kommen, der einseitige Deutungen relativiert und somit dazu beiträgt, der Komplexität des Gegenstandes Politik gerecht zu werden. Letztlich kommt auch keine Textinterpretation ohne Ideologiekritik aus. Dieser Grundbegriff wird als Wunschbild oder als Zerrbild der Wirklichkeit gefasst. Er dient als kritisches Korrektiv gegen ein affirmatives Verstehenskonzept. Hierbei gilt es, partikularistische Standpunkte, Meinungen und Urteile sowie ideologische Vorstellungen (z.B. von Familie, Heimat, Gemeinschaft) zu entlarven.

Wirkungsgeschichte

Bei historischen Dokumenten (Verfassungstexte, Utopien, Klassikern der politischen Theorie) kann es zudem noch um die *Wirkungsgeschichte* gehen. Dieser Begriff wurde ebenfalls von Gadamer an zentraler Stelle eingeführt. Er zielt darauf ab, dass jeder Lektüre andere Lektüren und Interpretationen vorausgehen. Das bedeutet: die Aussage von Texten entfalten sich immer erst schrittweise, im Durchgang durch verschiedene andere Texte.

Daraus folgt, dass auch die Rezeption von Texten zum Gegenstand der Analyse gemacht werden kann, ebenso wie ihre Produktion.

## 3. Arbeitsschritte bei der Interpretation von Texten

Eine Textinterpretation erfolgt immer unter bestimmten *Fragestellungen,* konkret unter politisch relevanten Kategorien, wie sie beispielsweise im Politikzyklus oder im Modell der Dimensionen des Politischen erfasst sind. Hierin drückt sich dann auch ein bestimmtes, kategoriales Politikverständnis aus. Erst wenn sich der Lehrer/die Lehrerin über sein bzw. ihr eigenes Vor-Verständnis von Politik klar ist, können auch die Schüler und Schülerinnen sich nach und nach ein solches Verständnis mit Hilfe von Textanalysen aufbauen. Vielfach aber bleibt dieses eigene Politikbild unbewusst. Es ist aber konstitutiv für jede Textinterpretation. Damit die Aussagen der verschiedenen Interpreten von anderen geprüft werden können, muss jeweils das Vorverständnis offen gelegt werden. Dabei können Texte auch dazu verhelfen, dieses Vor-Verständnis zu klären oder es am Text zu überprüfen und weiter zu entwickeln.

Vor-Verständnis von Politik

Für die notwendige *Text- und Quellenkritik* sind insbesondere in der Geschichtswissenschaft, aber auch in der Germanistik Verfahren entwickelt worden. Sie beziehen sich auf die Frage nach der Bedeutung einzelner Worte oder Formen des Textes (semantischer Aspekt); hierbei geht es in den Sozialwissenschaften vielfach um Kontroversen, um Stellungnahmen, um Kommentare. Dies bedeutet implizit, dass auch die jeweiligen Gegenspieler in die Interpretation einbezogen werden müssen. Dies führt zu kontrastiven Textvergleichen, die über die immanente Deutung hinausgehen und weitere Quellen mit einbeziehen.

Verfahren der Text- und Quellenkritik

Da es sich bei den Textsorten im Politikunterricht häufig um Argumentationszusammenhänge handelt, haben die syntaktischen Mittel, die Sätze oder Satzteile verbinden, große Bedeutung. Der gesamte Text, aber auch so genannte „Schlüsselpassagen“ (analog zu Schlüsselszenen bei der Filmanalyse), muss bzw. müssen in ihrer Gliederung systematisch rekonstruiert werden. Hinweise der Verfasser können hilfreich sein (advanced organizer, Überschriften, Kursivdruck usw.). Es muss geklärt werden: Was sind Hauptthesen, Begründungen, Erläuterungen, Beispiele, Nebengedanken, Exkurse usw. Erst die Abgrenzung lässt die *Struktur* des Textes deutlich werden. Diese Struktur sollte in einem differenzierten Gliederungsschema schriftlich fixiert werden. Bedeutsam sind bei Argumentationstexten auch die innere Widerspruchsfreiheit und die logische Stringenz. Der Interpret muss die Begründungen, Folgerungen und Herleitungen des Autors nicht nur mit vollziehen, sondern kritisch überprüfen. Immer besteht der methodische Zweifel an der Eindeutigkeit der Aussagen. Hier kommt auch der hermeneutische Zirkel ins Spiel. Einzelne Teile werden verknüpft und aufeinander bezogen.

Ideologiekritik

Ein weiterer Arbeitsschritt besteht darin, die gesellschaftliche Situation des Verfassers zu berücksichtigen. Inwieweit sind seine Auffassungen, Zielsetzungen usw. durch individuelle oder kollektive Interessen bedingt? Hier kommen *ideologiekritische* Fragen ins Spiel.

Texte haben eine lineare innere Struktur, sie werden aber im Unterricht in einen spezifischen Verwendungszusammenhang gestellt, der diese Struktur überlagert – man denke etwa an den Unterschied zwischen „Faust“ als Drama und „Faust“ als Prüfungswissen. In gewisser Weise *verfremdet* Unterricht den Umgang mit Texten.

## 4. Textsorten im Politikunterricht

Beispiel: Zeitungstexte

Texte sind auch im heutigen Medienzeitalter „die wichtigste Informationsquelle im Alltag des Politikunterrichts“ (Weißeno 1993, 5). Exemplarisch sollen aus der Vielfalt von politisch relevanten Textsorten (Zeitungsberichte, Reportagen, Hintergrundberichte, Kommentare, Leserbriefe, Gesetzestexte, Schulbuchtexte u.a.) *Zeitungstexte* herausgegriffen werden.

Die Zeitung als potenzielles Medium im Politikunterricht kann aus einer *dreifachen Perspektive* wahrgenommen werden:

- zum einen aus der *Schüler-Perspektive.* Auf Grund langjähriger Erfahrungen mit den Jugendlichen kann der Lehrer die Interessen und Vorkenntnisse einschätzen. Außerdem kennt er den Stundenrhythmus, dem sich Textumfang und Schwierigkeitsgrad der Texte anpassen müssen;
- zum zweiten aus der Perspektive des *Gegenstandes Politik*, aus einem spezifischen Politikbild. Hier stellt sich die Frage, für welches Politikfeld, welchen Ausschnitt des politischen Systems der Text exemplarische Erkenntnisse ermöglicht;
- zum dritten aus der Perspektive des *Fachlehrers*, der über seine Person beide Perspektiven verknüpft und einen didaktischen Kontext entwirft, in dem dem Text ein bestimmter, eingegrenzter Stellenwert zugewiesen wird. Ziele des Faches, Lernziele der Unterrichtseinheit, fachdidaktische Prinzipien, politologische Kategorien und Schlüsselfragen bilden Auswahlkriterien für eine unterrichtliche Verwendung eines Textes oder für seinen Status als „Altpapier".

## 5. Lesetechniken und Lesestrategien

Um diesen hermeneutisch fundierten Aneignungsprozess zu gestalten, gibt es auf der instrumentellen Ebene einige Vorschläge zu Lesetechniken, die das Lesen intensivieren (vgl. Klippert 1994, 96 f.; vgl. Hornbruch/Flitsch 2001). Auf der *methodischen* Ebene gibt es Stufenmodelle, die z.B. als Textaufnahme, Textauslegung und Texterörterung bezeichnet werden. Die Trennung der Analyseschritte fällt den Schülern und Schülerinnen schwer, da hier ein hohes Abstraktionsvermögen vorausgesetzt wird. Ihre Lesehaltung scheint vielfach auf unterhaltendes Lesen fixiert zu sein. Dies führt bei Fachliteratur oft zu mangelndem Verstehen. „Der trainierte Leser ... verfügt über verschiedene Lesetechniken, die er je *nach Textsorte und Leseinteresse* [Hervorhebung des Verf.] variieren kann" (von Werder/Schulte 1999, 25). Die bewusste Vermittlung und Übung kreativer Lesetechniken im Unterricht bedeutet für die Schüler mehr Aufmerksamkeit beim Lesen, eine höhere Behaltensrate und eine sinnvollere Verarbeitung der Leseergebnisse (ebd. 26).

Stufenmodelle auf methodischer Ebene

Anschlussfähig sind Lesetechniken an Präsentationen, für die sie gute Vorbereitung leisten. Auch die im Text unzureichend beantworteten Fragen können deutlich werden und so zu Textkritik und weiteren Recherchen überleiten. Damit werden Lese*techniken* zur Grundlage von Lese*strategien.*

Politikdidaktische Hermeneutik

Im Zentrum des methodischen Konzeptes zur Textanalyse steht nach den Überlegungen zu den Textsorten und der hermeneutischen Textanalyse ein Vorschlag, im Politikunterricht nach der *„politikdidaktischen Hermeneutik"* vorzugehen (vgl. ausführlich Kuhn 1999, 182-215). Für unseren Zusammenhang konzentrieren sich die Überlegungen auf die drei Stufen der hermeneutischen Rekonstruktion: Verstehen, Auslegen und Anwenden (vgl. Gadamer 1995).

Stufen hermeneutischer Rekonstruktion

*Verstehen* bedeutet zunächst, den Inhalt eines Textes nachzukonstruieren, es bedeutet, sich in einem sozialen Perspektivenwechsel in die Rolle des Journalisten zu versetzen (Binnenperspektive). Ausgehend vom eigenen „Vorverständnis" werden wichtige politische Grundbegriffe geklärt und Zusammenhänge verdeutlicht. Ohne eigenes politisches Vorverständnis und entsprechende Fragen bleibt das Material stumm oder unverständlich.

Nimmt man den zweiten Begriff, das *Auslegen,* wörtlich, so impliziert er, dass bereits ein Rahmen vorhanden ist, der durch den politischen und politikdidaktischen Kontext bestimmt wird. In welchem Politikfeld bewegt sich der Text? Um welche Textsorte handelt es sich? Die Texte werden nicht an sich gesehen, sondern in einem pädagogisch-didaktischen Zusammenhang. Bei der Auslegung bilden bestimmte Fragestellungen, Theorien und Konzepte zum Gegenstand Politik/Gesellschaft sowie der Fachdidaktik die Interpretationsfolie.

*Anwendung* als die dritte Funktion erfährt im Kontext der Textanalyse eine ganz spezifische Ausprägung. Anwendung bedeutet, die Texte unter (gesellschaftspolitischen, fachdidaktischen und methodischen) Kriterien einzuordnen, zu kritisieren und weiterzudenken.

## 6. Ausgewählte Anwendungsbeispiele

Im Folgenden werden einige ausgewählte Anwendungsbeispiele aus dem Politikunterricht skizziert, die ein Spektrum von kreativen Ideen zur Textarbeit widerspiegeln.

**Beispiel 1: Schüler und Schülerinnen vergleichen die Titelseiten verschiedener Zeitungen**

Titelseiten vergleichen

Dabei werden Unterschiede zwischen Abonnement- und Boulevardzeitungen deutlich, sie erkennen unterschiedliche „Aufmacher" und leiten daraus unterschiedliche Verkaufsstrategien ab (vgl. Hembd/Kuhn 1995, 53 ff.; vgl. Duncker 2003, 14 ff.).

**Beispiel 2: Von der Schlagzeile zur Makromethode**

Schlagzeile als Anregung

Bei der Zeitungslektüre fällt dem Fachlehrer die *Schlagzeile* „Gehören straffällig gewordene Kinder hinter Gitter?" auf. Er assoziiert damit nicht nur ein kontroverses Thema, sondern auch die für Pro-Contra-Debatten typische „alternativ formulierte Problemfrage" (sie kann sinnvoll mit Ja oder Nein beantwortet werden; die Begründung macht aber erst das Urteil aus). Der Artikel liefert Akteure, Argumente, Daten und kontroverse Expertenmeinungen, die handlungsorientiert weitergedacht zur politischen Urteilsbildung der Schüler/innen beitragen können (vgl. Kuhn 2003, 162-165).

Das Beispiel kann verallgemeinert werden: Die Textarbeit im Politikunterricht bietet eine Reihe von Anschlussmöglichkeiten: Sie kann nicht nur in handlungsorientierte Methodenkonzepte eingebunden werden, sondern auch der Umgang mit Texten lässt sich im Zusammenspiel von Lesen und Schreiben als Handlungsform informationsverarbeitenden Denkens neu gestalten. So eignen sich Experten-Interviews besonders als Grundlage für eigene Expertenbefragungen, aber auch für Pro-Contra-Debatten, bei denen Experten befragt werden, um Fragetechniken einzuüben (vgl. Klippert 1994, 128 ff.). Gleiches gilt für Talkshows im Politikunterricht. Hier dienen Interview-Texte zur Erstellung eines Gesprächsleitfadens für den Moderator.

**Beispiel 3: Kontrastiver Textvergleich**

Vergleich von Parteiprogrammen

Vor Wahlen können mehrere Parteiprogramme in ausgewählten Politikfeldern (z.B. Bildungspolitik) verglichen werden. Die Konzentration auf die Texte erhöht sich, wenn zentrale Begriffe und Forderungen „vertauscht" werden. In der Auflösung der Verfremdung werden vom Schüler Zusammenhangsdenken und Zuordnungen provoziert.

**Beispiel 4: PISA-Aufgaben**

Aufgaben aus PISA-Studie

Die veröffentlichten PISA-Aufgaben (und deren Interpretation nach Kompetenzstufen) verdeutlichen den Schülern und Schülerinnen, wie funktionsbezogen „nicht-kontinuierliche" Texte entschlüsselt werden können. Die Spiegelung auf das eigene Leseverhalten kann angeregt werden. (z.B. Wissenschaftliche Waffen der Polizei, in: Baumert 2001, 48 ff.)

**Beispiel 5: Vom Zeitungskommentar zur eigenen politischen Urteilsbildung**

Kommentare analysieren und verfassen

Zeitungs-, aber auch Radio- oder Fernsehkommentare stellen professionelle Urteile zu aktuellen politischen Ereignissen dar. Im Politikunterricht können diese meist kurzen Texte analytisch auf immanente Kriterien und Perspektiven untersucht werden. Vor dieser Folie können Schüler und Schülerinnen dann eigene *Kommentare* schreiben und sich eigener Kriterien bewusst werden. Gleiches gilt für politische Karikaturen (vgl. Kuhn 2003, 160-169).

## Literatur

Antos, Gerd 1997: Texte als Konstitutionsformen von Wissen. In: Gerd Antos/ Heike Tietz (Hrsg.): Die Zukunft der Textlinguistik. Tübingen, S. 43-63

Basismethoden der politischen Bildung. kursiv-Themenheft 2/1999

Baumert, Jürgen u.a. (Hrsg.) 2001: PISA 2000. Basiskompetenzen von Schülerinnen und Schülern im internationalen Vergleich, Opladen

Becker, Howard S. 1994: Die Kunst des professionellen Schreibens. Ein Leitfaden für die Geistes- und Sozialwissenschaften. Frankfurt/M. und New York

Bolten, Jürgen 1985: Die Hermeneutische Spirale. Überlegungen zu einer integrativen Literaturtheorie. In: Poetica, Heft 3/4

Bos, Wilfried (Hrsg.) 2003: Erste Ergebnisse aus IGLU: Schülerleistungen am Ende der vierten Jahrgangsstufe im internationalen Vergleich. Münster

Breit, Gotthard 2000: Artikel: Zeitung. In: Hans-Werner Kuhn/Peter Massing (Hrsg.): Methoden und Arbeitstechniken. Band 3 des Lexikons der politischen Bildung, hrsg. v. Georg Weißeno. Schwalbach/Ts., S. 212

Breit, Gotthard/Frank Lesske 2002: Politikunterricht mit Zeitungstexten aus dem Internet – ein Experiment. In: Georg Weißeno (Hrsg.): Politikunterricht im Informationszeitalter. Medien und neue Lernumgebungen. Schwalbach/Ts., S. 145-158

Das Buch. Kursbuch, H. 133. Berlin, September 1998

Duncker, Ludwig: Didaktik und Journalismus. In: kursiv, 1/2003, S.12-17

Gadamer, Hans-Georg 1995: Wahrheit und Methode, Grundzüge einer philosophischen Hermeneutik. 4. Aufl. Tübingen

Hartinger, Andreas u.a. 2001: Lernen in authentischen Situationen versus Lernen mit Texten. Zum Aufbau anwendbaren Wissens in der Schriftsprachdidaktik. In: Unterrichtswissenschaft. Zeitschrift für Lernforschung, H. 2, S. 108-130

Hembd, Jürgen/Hans-Werner Kuhn 1993: „Massenmedien" – Sozialwissenschaftliches Denken am Beispiel einer ersten Sozialkundestunde. In: Tilman Grammes/Georg Weißeno (Hrsg.): Sozialkundestunden. Politikdidaktische Auswertungen von Unterrichtsprotokollen. Opladen, S. 53-90

Hitzler, Roland/Anne Honer (Hrsg.) 1997: Sozialwissenschaftliche Hermeneutik. Eine Einführung. Opladen

Hornbruch, Heike/Ulrich Flitsch 2001: Jeder Klick ein Kick? Den Umgang mit Sachtexten lernen. In: Lernchancen, H. 21, S. 58 (Fünf-Schritt-Lesemethode)

Klippert, Heinz 1994: Methodentraining. Übungsbausteine für den Unterricht. 2. Aufl. Weinheim und Basel

Kuhn, Hans-Werner 1999: Methodische Vorschläge für eine fachdidaktische Unterrichtsanalyse. In: Hans-Werner Kuhn/Peter Massing (Hrsg.): Politikunterricht: kategorial + handlungsorientiert. Ein Videobuch. Schwalbach/Ts.

Kuhn, Hans-Werner 2000: Rekonstruktion einer Textanalyse – anhand eines Wochenschau-Heftes. In: Politische Bildung, H. 4, S. 115-128

Kuhn, Hans-Werner 2002: Verschiedene Textsorten im Politikunterricht. Implikationen. Potenziale. Grenzen. In: Georg Weißeno (Hrsg.): Politikunterricht im Informationszeitalter. Medien und neue Lernumgebungen. Schwalbach/Ts., S. 159-170

Kuhn, Hans-Werner 2003: Professionelle Urteile in Tageszeitungen. In: Ders.: Urteilsbildung im Politikunterricht. Ein multimediales Projekt. Buch – Video – CD-ROM. Schwalbach/Ts., S. 160-169

Massing, Peter 1998: Handlungsorientierter Politikunterricht. Ausgewählte Methoden. Schwalbach/Ts.

Pandel, Hans-Jürgen 2000: Quelleninterpretation. Die schriftliche Quelle im Geschichtsunterricht. Schwalbach/Ts.

PISA. Ein modernes Orakel, PH FR. Zeitschrift der Pädagogischen Hochschule Freiburg, H. 1/2003

Schill, Wolfgang 2000: Artikel: Reportage. In: Hans-Werner Kuhn/Peter Massing (Hrsg.): Methoden und Arbeitstechniken. Band 3 des Lexikons der politischen Bildung, hrsg. v. Georg Weißeno. Schwalbach/Ts., S. 153-154

Schneider, Gerhard 1999: Die Arbeit mit schriftlichen Quellen. In: Hans-Jürgen Pandel/Gerhard Schneider (Hrsg.): Handbuch Medien im Geschichtsunterricht. Schwalbach/Ts., S. 15-44

Weißeno, Georg 1993: Über den Umgang mit Texten im Politikunterricht. Didaktisch-methodische Grundlegung. Politische Bildung Kleine Reihe. Schwalbach/Ts.

Weißeno, Georg 1997: Aus Quellen lernen: Arbeit mit Texten, Grafiken, Karikaturen, Fotos und Film. In: Wolfgang Sander (Hrsg.): Handbuch politische Bildung. 1. Aufl. Schwalbach/Ts., S. 431-445

Weißeno, Georg 2000: Textanalyse. In: Hans-Werner Kuhn/Peter Massing (Hrsg.): Methoden und Arbeitstechniken. Band 3 des Lexikons der politischen Bildung, hrsg. v. Georg Weißeno. Schwalbach/Ts., S. 190-192

Werder, Lutz von/Brigitte Schulte 1999: Lesen – Arbeit mit Texten. In: kursiv – Journal für Politische Bildung, H. 2, S. 24-28

*Carla Schelle*

# Mit Bildern lernen: Foto, Karikatur, Grafik, Gemälde

## 1. Eine Welt voller Bilder – Bilderwelt

Bilder strukturieren Wahrnehmungsprozesse

Permanent sind wir umgeben von Bildern. Bilder sind präsent, sie präsentieren und sie strukturieren Wahrnehmungsprozesse. Dies geschieht auf unterschiedliche Weise und in unterschiedlichen Kontexten, indem mal die „Botschaft" eines Werbeplakates intuitiv erfasst wird, mal ein Erinnerungsfoto (z.B. der Einschulung) nach Spuren eigener Erfahrung abgesucht wird, mal ein Pressefoto die Aufmerksamkeit auf dokumentarisch Bedeutungsvolles lenkt oder neugierig und erwartungsfroh Kunstwerke in einem Museum inspiziert werden. Damit sind Anlässe markiert, die uns mehr und weniger bewusst dazu veranlassen, genauer hinzuschauen. Eine „moderne" Herausforderung stellt das Internet dar, das kommerzialisiert und verwertungsorientiert auf besonders prägnante Visualisierungen und sinnliche Anreize setzt. In zunehmendem Maße müssen einzelne in der Lage sein, visuelle Botschaften kontextangemessen zu entschlüsseln. So wird seit den 1990er-Jahren von einem „iconic-turn" gesprochen, der den in den 1960er-Jahren vollzogenen paradigmatischen Wechsel des „linguistic-turns" abgelöst habe (Stenger/Fröhlich 2003, 13).

Die hier anvisierte Sensibilisierung und systematische Erschließung von Bildbotschaften dient dazu, Wichtiges von Unwichtigem zu unterscheiden, Mechanismen von Verschleierung und Verfremdung aufzudecken sowie zum „Bilddenken" zu befähigen im Sinne „einer Alphabetisierung visueller Kommunikationsformen" (Krügler/Röll 1933, 44).

Bilder wirken auf Selbstbild

Vor allem aber sind Bilder für die Subjektbildung konstitutiv. „Bilder und bildhafte Erzählungen erschließen unser Verständnis von Wirklichkeit, ebenso wie sie unser Selbstbild mitbestimmen. Menschen sind von Beginn ihrer Existenz an mit Bildern konfrontiert, als visuell wahrgenommene, als Vorstellungen, als Phantasien, als Erinnerungen. Sie wirken unmittelbar, bewusst oder unbewusst" (Stenger/Fröhlich 2003, 7). Sichtweisen auf Selbst und Welt sind verwurzelt in frühen szenischen Bildern und darin eingelagerten Interaktionsformen. Bedeutungsvoll sind präsentative Symbole, die als Sozialisationsinstanz hinsichtlich der „‚Identität des einzelnen Menschen'" und der „‚Organisation kollektiver Lebensformen'" (Lorenzer 1984, 44) wirksam sind. Bilder sind also nicht bloß für Einzelne, sondern auch für Gemeinschaften konstitutiv.

## 2. Politisch-ästhetisches Lernen

Bilder haben Macht

Beim politischen Lernen werden ästhetische Ausdrucksformen zielorientiert betrachtet, es gilt bestimmte Inhalte und Kategorien zu dechiffrieren. Denn „Bilder haben Macht, strukturieren und formen Welt- und Selbsterfahrung. Von ihnen geht aber auch eine Suggestionskraft aus, sie bringen Realität und Virtualität hervor" (Stenger/Fröhlich 2003, 10; vgl. Welsch 1993, 18 ff.).

Gefragt werden kann, ob jede (formale, minimalistische) Ausdrucksform immer schon auf Inhalte, auf gesellschaftliche, politische Kategorien und Aspekte verweist. Mindestens – so kann eingeräumt werden – nutzt der Künstler, die Fotografin, der Grafiker die visuell erzeugte Ausdrucksweise, um sich anderen mitzuteilen und um sich in der Gesellschaft zu positionieren. Am ehesten hebt sich davon der Karikaturist ab, der zumeist absichtsvoll auf einen „sozialen und politischen Hintergrund" (George 2000, 86) zielt. Bilder sind auf Öffentlichkeit angewiesen und für Kunstwerke kann – wie George mit Bezug auf Adorno darlegt – gerade der Umstand der Funktionslosigkeit gesellschaftlich relevant sein. „Kunst ist also ein Ärgernis, und zwar durch ihr bloßes Dasein. Sie enthält in sich eine Bewegung gegen die Gesellschaft und wird damit zur kritischen Anfrage an die bestehende Ordnung. Aber sie tut das nicht direkt, sondern wirkt als Alternative und Aufforderung zum Nachdenken über Veränderung" (George 1998, 37).

Kriterien dafür, was als politisches oder unpolitisches Bild bezeichnet werden kann, lassen sich – vor allem für den Bereich der Kunst – also nicht ohne weiteres festlegen. Das konkrete Bildbeispiel kann aber daraufhin befragt werden.

Ästhetische Prozesse für politische Bildung produktiv machen

Hier geht es darum, ästhetische Prozesse für politische Bildung produktiv zu machen. Vorgeschlagen werden didaktisch-methodische Möglichkeiten ästhetisch-politische Lernprozesse zu initiieren. Was die Zielgruppe betrifft, so sollen sich politische Bildnerinnen und Bildner in der Schule und in außerschulischen Institutionen angesprochen fühlen.

Für den Bereich der schulischen politischen Bildung liegen seit den 1990er-Jahren verschiedene Beiträge vor, die didaktisch-methodische Zugänge politisch-ästhetischen Lernens für den Sachunterricht der Grundschule (Richter 2003, 2005) und die Sekundarstufen (George 1998, Schelle 1993, 2002) darlegen und reflektieren. Aspekte, Ideen und Anregungen daraus fließen in den vorliegenden Text ein.

### 2.1 Didaktisch-Methodische Zugänge – Bilder verstehen und politisch deuten

Was politisches Lernen an Bildern anbelangt, so kann auf Voraussetzungen und Zugänge zum Verstehen von Bildbotschaften aufgebaut werden, die im Alltag ohnehin ständig angewendet werden, zumeist allerdings ohne dabei gesellschaftlich relevante, politische Inhalte oder Kategorien bewusst zu rekonstruieren und zu reflektieren.

Auseinandersetzung mit Bildern ist für Kinder und Jugendliche reizvoll

Es kann davon ausgegangen werden, dass eine die Sinne inspirierende ganzheitliche Einlassung auf Bilder als Gegenstände politischen Lernens insbesondere den Ausdrucks- und Artikulationsbedürfnissen von Kindern und Jugendlichen, von Schülerinnen und Schülern entgegenkommt. Insbesondere für diese Zielgruppe können Auseinandersetzungen mit Stil- und Ausdrucksformen reizvolle Anknüpfungspunkte sein für die Bildung eines reflexiven Selbst- und Weltverhältnisses und für die Bildung einer Vorstellung von Gesellschaft und von Politik (George 1998, Schelle 2003).

Bilder setzen auch kognitive Lernprozesse in Gang

Bilder sprechen aber nicht nur die Sinne an, berühren nicht bloß emotional, sie animieren auch zum Nachdenken und setzten damit kognitive Lernprozesse in Gang. Beim Lernen an Bildern können allgemein folgende Arbeitsphasen unterschieden werden: wahrnehmen/betrachten, rezipieren/auf sich wirken lassen, deuten/interpretieren, analysieren, systematisieren, reflektieren und kritisch beurteilen.

Exemplarisch werden im Folgenden zwei Wege der Bildbetrachtung und -rezeption beschrieben (Ähnliche Herangehensweisen und Arbeitsfragen finden sich bei Gugel 2000 sowie bei Richter 2003, 2005).

Vorgeschlagen wird hier zunächst ein Verfahren, das sich an den Grundoperationen hermeneutischen bzw. tiefenhermeneutischen Verstehens orientiert und sinnlich-symbolische Zugänge – assoziativ und unmittelbar – vorzutragen erlaubt, bei dem Deutungen bzw. individuell unterschiedliche Bedeutungszuschreibungen zunächst ausgehandelt werden, bei dem Lesarten aus unterschiedlichen Perspektiven entwickelt werden. Es ermöglicht Lernerinnen und Lernern, latente und manifeste Sinngehalte, subjektive Anfragen und Verstehensbedürfnisse an den Gegenstand heranzutragen, die dann thesengenerierend inhaltlich weiter bearbeitet werden können, um schließlich ein eigenes Urteil über dessen Aussagekraft begründen zu können.

Denn über „eine Umwandlung des sinnlichen-emotionalen Erlebens in Traumdenken oder Phantasieren, in innere Bilder“ kann – so Schäfer – ein reichhaltiger Vorrat als Ausgangspunkt für das weitere Denken gebildet werden (Schäfer 1999, 328). „Aus den bildhaften Strukturen werden Begriffe gewonnen, die das bewusste Denken weiter verarbeiten kann“ (ebenda). Hierbei geht es auch darum, innere Bilder als Sinnstrukturen lesen zu lernen (Schelle 2003). Die eigene Vorstellungskraft und die Imaginationsfähigkeit (Fauser 2002) strukturieren somit die Lernsituation.

Szenisch-verstehender Zugang

Ein solcher szenisch-verstehender Zugang lässt sich initiieren mit Fragen wie:

– An welches Erlebnis erinnert mich das Bild?
– Wie wirkt das Bild auf mich?

- Welche Assoziationen, Vorstellungen, Phantasien werden in mir geweckt?
- Welche emotionalen Reaktionen löst das Bild bzw. lösen bestimmte Bildelemente bei mir aus?
- Was spricht mich an, empört oder erheitert mich?
- An welchen Bildelementen kann ich diese Reaktionen erklären?

Dabei gilt es im Blick zu behalten:

- Welche politisch relevanten Aspekte, Inhalte usf. thematisieren die Lerner/Lernerinnen dabei von sich aus?
- Auf welche politischen Kategorien/Inhalte/Kontexte verweisen die Reaktionen?
- Welche Informationen, Recherchen usf. wären für die Interpretation hilfreich?

Analytisch-formaler Zugang

Im Unterschied dazu ist auch ein Zugang denkbar, der seinen Ausgang an einer analytisch-formalen Betrachtung nimmt (Schelle 1993), mit Fragen wie:

- Was ist abgebildet (optischer Bestand) und wie lässt sich das Abgebildete beschreiben, deuten?
- Auf welche politischen Kategorien/Inhalte/Kontexte verweisen die Bildelemente?
- Inwiefern transportiert/vermittelt/präsentiert das Bild formal und inhaltlich Vorstellungen, Deutungen usf. von Gesellschaft und Politik?
- Welche Informationen, Recherchen usf. wären für die Interpretation hilfreich?

Arbeitsformen und -methoden

Als Arbeitsformen und -methoden sind – nachdem jede/jeder das Bild eingehend betrachtet hat, auf sich hat wirken lassen – Gruppenarbeitsphasen geeignet, in denen möglichst variantenreich und extensiv Deutungen und Interpretationen ausgetauscht und verschriftlicht werden, um dann kontrastierend im Plenum erörtert zu werden. Möglich sind auch Phasen eigener ästhetischer Praxis, etwa indem das Bild verfremdet wird oder eigene Ausdrucksformen für die herausgearbeitete inhaltlichen Botschaften gefunden werden (siehe hierzu George 1998).

Ziele politischen Lernens mit Bildern

Ziele beim politischen Lernen mit Bildern sind:
- Symbolische Ausdrucksformen im kulturellen, gesellschaftlichen, politischen Kontext deuten und beurteilen lernen;
- eigene Sehgewohnheiten hinterfragen und sich sensibilisieren für die Betrachtung, Interpretation, Beurteilung;
- Bilder als Interpretation anerkennen und erkennen, dass diese immer schon auf anderes verweisen;
- Bildinterpretationen als (narrative) Produktion aus der Position des betrachtenden Subjekts einordnen lernen;
- Offenheit für Interpretationen anderer gewinnen;
- Einsicht in die Unabgeschlossenheit von Interpretationen gewinnen;
- sich über die Wirkungsmechanismen bewusst werden (wirksam oder auch wirkungslos, weil ...);
- „Innere Bilder" und Emotionen lesen lernen (Emphase oder gar Abwehr);
- Differenzierungs- und Unterscheidungsvermögen und politische Urteilsfähigkeit entwickeln.

An einem Beispiel aus der bildenden Kunst sollen die aufgezeigten Wege und Zugänge politisch-ästhetischen Lernens veranschaulicht werden. Zwar ist die Kunst „eine besonders wichtige Provinz im Universum der Bedeutungen des Ästhetischen. Aber sie ist nicht die einzige" (Welsch 1993, 32). Geeignet für politische Bildung sind unter modifizierten Fragestellungen auch „Bilder", die nicht dem künstlerischen Bereich zuzuordnen sind (z.B. Zeitungsfotos, Werbeplakate).

## 3. Ein Bild zur Veranschaulichung: „Der Arme und der Reiche" von Wolf Vostell

Beispiel: „Der Arme und der Reiche" von Wolf Vostell

Der in Leverkusen geborene Wolf Vostell (1932-1998) gehört zu den renommierten deutschen Künstlern des 20. Jahrhunderts. Bei dem Bild „Der Arme und der Reiche" handelt es sich um eine Federzeichnung aus dem frühen Werk des Künstlers, dessen avantgardistisches Schaffen seit Anfang der 1960er-Jahren geleitet ist von der These: „Kunst = Leben = Kunst" (siehe dazu den gleichnamigen Ausstellungskatalog, Gera 1994). Der Künstler selber sieht seine Bilder im „Idealfall" als „Störfeuer, Mahnungen, Drohungen, Proteste, Erinnerungen, Fragezeichen" (Vostell zit. nach Fischer 1983, 811).

„Der Arme und der Reiche", Wolf Vostell 1955
(abgedruckt in: Wolf Vostell: Zeichnungen 1952-1976. Museum am Ostwall. Dortmund 1977, 30)

Auf den ersten Blick klare Botschaft

Die Botschaft der Federzeichnung scheint auf den ersten Blick klar und frappierend (auch wenn man den Titel zunächst nicht kennt). Ein beleibter Mann mit grimmiger Miene und mit verschiedenen symbolträchtigen Requisiten ausgestattet sitzt im Reitersitz auf dem Rücken eines anderen Mannes, der offenbar an der Last schwer zu tragen hat. Als Reaktionen auf die Abbildung sind zu vermuten: Empörung, Distanzierung, Zustimmung, Kritik oder gar Mitleid (in Äußerungen wie: das ist aber ungerecht; der eine macht mit dem anderen, was er will; dazu gehören immer zwei).

Erwartet werden können auch Äußerungen, die sich auf die Machart der Zeichnung beziehen und Geschmacksurteile.

Erst bei genauer Betrachtung lassen sich die einzelnen Bildelemente erschließen. Versucht man diese zu systematisieren, dann können als Merkmale unterschieden werden: dick-dünn, oben-unten, arm-reich. Aber: Steuern nicht beide Akteure auf einen Abgrund zu? Was hat es mit der angedeuteten (Dornen-)Krone des knienden Mannes auf sich? Das Bild lässt diesbezüglich Fragen offen.

Abschließendes Urteil bedarf differenzierter Betrachtung

Was auf den ersten Blick also rasch zu dechiffrieren scheint, bedarf, um sich ein abschließendes Urteil bilden zu können, der differenzierteren Betrachtung und begründeten Interpretation. Die vermeintlich einfache Botschaft arm und reich, kann nicht ohne Weiteres in ein Schema von gut und böse übertragen (Schwarz-Weiß-Malerei) werden. Komplexere Überlegungen scheinen den Künstler zum Einsatz bestimmter gestalterischer Mittel bewogen zu haben. Man muss Recherchen anstellen, um die abgebildeten Symbole deuten zu können, um sich ein Urteil darüber bilden zu können, was die Aussage des Bildes sein mag, welche Bedeutung man dem selber beimessen will.

Für einen ersten Zugang kann eine der oben aufgezeigten Herangehensweisen gewählt werden. Aber wie ließe sich nun weiterarbeiten, wie ein Urteil argumentativ entwickeln?

Fragen, die sich an dem Bildbeispiel bearbeiten lassen

Folgende Fragen lassen sich an der vorliegenden Federzeichnung erarbeiten:

- Welche Bildelemente (Requisiten: Melone, Geldsack, Dollarzeichen, Sporen, Dornenkrone), welche Ausdrucksform (Linienführung, Komposition) konstituieren welche inhaltliche Botschaft?
- Wie sehen die abgebildeten Menschen aus, was tun sie, welche Körperhaltung nehmen sie ein (dick, dünn, sitzen, kriechen u.a.)?
- Worauf spielen die Bildelemente, die Symbole an?
- Inwiefern lassen sich die zum Ausdruck gebrachten Verhaltensweisen mit gesellschaftlichen, politischen Zusammenhängen verbinden?

- Ist die Aussage über den Kontext der Abbildung hinaus verallgemeinerbar oder nicht und inwiefern (Symbolik, Mythos, Ideologie)?
- In welchem sozialen, politischen, ökonomischen, historischen oder aktuellen Kontext erscheint die Aussage angemessen, oder nicht angemessen?
- Welche Antworten gibt die Abbildung und welche Fragen bleiben offen?

Inhaltlich können soziale, ökonomische, politische, historische Dimensionen angesprochen werden, in die die abgebildeten Akteure in je unterschiedlichen Rollen/Funktionen verstrickt scheinen (funktional, struktural). Es kann dabei um Armut und Reichtum (lokal und global verstrickt), um Ungleichheit, um Verteilungsgerechtigkeit, um Freiheit und Unterdrückung, um ökonomische Abhängigkeiten (zwischen Einzelnen, zwischen Milieus/Gruppen/Verbänden, zwischen Ländern/Nationen/Kontinenten) gehen.

Mögliche Themen

Thematisiert werden können also:
- Gesellschaftliche Gegensätze und Widersprüche, die Rolle von unterschiedlichen Milieus und Ungleichheit;
- Moral- und Wertvorstellungen (Menschenbild, Schicksal, Ausweglosigkeit, Bestimmung);
- Visionen, Zukunftsvorstellungen (Absturz, Reproduktion, Wandel).

Unter Berücksichtigung sozialer, politischer, ökonomischer Erklärungsmodelle und Theorien etwa über die Widersprüche oder die Reproduktion gesellschaftlicher Ungleichheit (Bourdieu 1987) sowie Fragen von Verteilung und Gerechtigkeit (Walzer 1992) ließe sich die Abbildung erneut deuten und interpretieren, um schließlich ein eigenes politisches Urteil bilden zu können. Im Sinne von einer Angemessenheit oder Nicht-Angemessenheit des Dargestellten für Lernerinnen und Lerner heute.

Des Weiteren können andere Abbildungen/Bilder kontrastierend herangezogen werden. Möglich wäre auch hier, eigene Bilder etwa im Sinne einer Gegendarstellung zu entwerfen und zu überlegen, ob sich die abgebildeten Akteure anders in Szene setzen ließen oder wie „die Geschichte" fortgeschrieben werden kann.

In der Abbildungen wird eine bestimmte Interpretationen von Macht und Herrschaft nahe gelegt (oben und unten), die selber wiederum kritikwürdig ist und damit auch eine Diskussion über die Suggestivkraft, die Freiheit künstlerischer Produktion nahe legt.

Auch wenn oder gerade weil man sich der Botschaft nur schwerlich entziehen kann, wäre die Abbildungen im historischen Kontext der Entstehung zu betrachten. Die Rolle des Künstlers in der Gesellschaft in den 1950er-Jahren und dessen formulierte Absicht (siehe oben) kann dabei hinterfragt, diskutiert und der künstlerischer Werdegang kritisch gewürdigt werden.

Zu Hinterfragen wäre natürlich auch die Wirkung des Kunstwerkes: Überdeckt etwa die ästhetische Machart inhaltliche Botschaften? Regt das Kunstwerk als ästhetischer Impuls überhaupt dazu an, über politische Inhalte nachzudenken? Könnte nicht auch eine Wirkungslosigkeit für politische Bildung konstatiert werden, da die Bildaussage appellativ und moralisierend über eine Mythenbildung nicht hinauskommt (Schelle 1993)?

## 4. Differenz als Anreiz beim politischen Lernen an Bildern?

Das Thema der Ungleichheit bewegt Kinder, Jugendliche und Erwachsene. Vieles hängt davon ab, wie einzelne sich im Verhältnis zu anderen sehen und erleben. Zu erwarten ist daher, dass Lernerinnen und Lerner, um die Aussage des Bildes zu verstehen, eigene Erfahrungen nach analogen Ereignissen, Bildern usf. absuchen, dabei gleichzeitig aber auch an Differenzen orientiert sind, an dem, was sie nicht kennen, was ihnen noch fremd ist (Schelle 2003).

Kategorie der Differenz

So ist die Auseinandersetzung mit Bildern anschlussfähig an die aktuell in den verschiedenen Arbeitsfeldern der schulischen und außerschulischen politischen Bildung diskutierte Kategorie der Differenz, die in „einer zunehmend entgrenzten, globalen, komplexen, multikulturellen und multiperspektivisch gedeuteten Welt" an Bedeutung gewinnt. „Wer soziale Zusammenhänge begreifen und verdeutlichen oder politisch handeln will, wird sich darauf einlassen müssen, zukünftig (noch) weniger Eindeutiges als mehr Dissonantes zur Kenntnis zu nehmen und für sich bzw. gemeinsam mit anderen zu verarbeiten" (Kursiv 1/2000, 12). Die Kategorie der Differenz ist für die Sphäre des Gesellschaftlich-Sozialen und das Ästhetische relevant (Richter 2003; Bilstein 2003).

Einerseits – dies verdeutlicht das Bildbeispiel – können Differenzierungs- und Unterscheidungsvermögen als Voraussetzung für politische Urteilsbildung anhand visualisierter Botschaften geübt und angewendet werden. Andererseits wurde auch deutlich, dass das Bild Fragen offen lässt. Und vor allem dieser zweite Umstand macht das didaktisch Besondere, das Reizvolle politisch-ästhetischen Lernens aus. Lernprozesse an Bildern lassen (didaktische) Spielräume für eigene Vorstellungen, Imaginationen, für emotionale und kognitive Zugänge. Sich treiben lassen und Anerkennen, dass die Interpretation von Bildern kein abgeschlossener Prozess ist, dass von der jeweiligen Subjektposition heraus verschiedene Sichtweisen und Perspektiven möglich sind und die Urteilsbildung auf einen kommunikativen Prozess mit dem Gegenstand, mit dem was mir zunächst als fremd gegenübertritt, angewiesen ist, sind für die Lernerinnen und Lerner bedeutsame Differenzerfahrungen.

Bilder lassen Fragen offen

Dass ästhetische und politische Urteile „sich im Kontinuum zwischen subjektiv relevanten und objektivierten Kategorien bewegen und beide eine Pluralität von Urteilen zu akzeptieren haben, die in Abhängigkeit zur jeweiligen Sichtweise gebildet werden" kennzeichnet zudem die Lernwege (Richter 2003, 219).

Mit dem vorgelegten Kunstwerk als einem ästhetischen Impuls werden Sichtweisen und Interpretationen von Gesellschaft und Politik kommunizierbar und können gegeneinandergeführt werden, kann gesellschaftliche Realität als widersprüchlich begriffen werden. Insofern gesellschaftliche Komplexität und Dynamik aus (auch vermeintlich eingängigen) Bildern und ästhetischen Botschaften herausgearbeitet werden – ohne bei Resignation und moralischen Appellen zu verharren – stellen künstlerische oder im weiten Sinne ästhetische Prozesse ein Medium für politische Bildungs- und Lernprozesse dar.

Herauszustellen ist, dass insbesondere ästhetische Ausdrucksformen dazu geeignet sind, transformatorische Lernprozesse (vgl. Peukert 1998) in Gang zu setzen im Sinne einer nie abschließbaren verstehenden Wahrnehmung von Differenz, im Sinne einer Überschreitung einfacher Analogieschlüsse.

## 5. Schlussbemerkung

Von politischen Bildnern in den verschiedenen schulischen und außerschulischen Arbeitsfeldern können mit Bildern Lernsituationen initiiert werden, in denen diese nicht bloß motivationstaktisch als bunte Aufhänger fungieren, sondern systematisch und methodisch angeleitet politisch gedeutet, interpretiert und beurteilt werden.

Hermeneutische Kompetenz ist nötig

Auseinandersetzungen mit Bildern sind Auseinandersetzungen mit dem Fremden, dem Anderen, dem noch Unbekannten. Bilder erzeugen Gegenwelten, Gegenaufmerksamkeit, können irritieren oder rätselhaft sein (Rumpf 1996). Um sie enträtseln zu können, bedarf es hermeneutischer Kompetenzen wie das Deuten von sozialen, kulturellen, politischen Schemata, das Lesen innerer Bilder und Gefühle. Dies sind gleichsam Kompetenzen, die jede/jeder benötigt, um sich schließlich auch selber positionieren zu können im Klassenzimmer, in der Gesellschaft und in der Sphäre des Politischen.

## Literatur

Bilstein, Johannes 2003: Symbol – Metapher – Bilder. In: Fröhlich, Volker/Stenger, Ursula (Hrsg.): Das Unsichtbare sichtbar machen. Bildungsprozesse und Subjektgenese durch Bilder und Geschichte. Weinheim, München, S. 23-43

Bourdieu, Pierre 1987: Die feinen Unterschiede. Kritik der gesellschaftlichen Urteilskraft. Frankfurt/M.

Fauser, Peter 2002: Lernen als innere Wirklichkeit. Über Imagination, Lernen und Verstehen. In: Neue Sammlung, H. 1, S. 39-68

Fischer, Alfred. M 1983 (2. Aufl.): Wolf Vostell. In: Handbuch Museum Ludwig. Kunst des 20. Jahrhunderts. Köln, S. 811-814

George, Siegfried 1998: Ästhetisches Arbeiten im Politikunterricht. In: kursiv – Journal für politische Bildung, H. 2, S. 36-41

George, Siegfried 2000: Karikatur. In: Kuhn, Hans-Werner/Massing, Peter (Hrsg.): Methoden und Arbeitstechniken. Bd. 3 Lexikon der politischen Bildung. Herausgegeben von Georg Weißeno. Schwalbach/Ts., S. 85-86

Gugel, Günter 2000: Foto- und Bildbeschreibung. In: Kuhn, Hans-Werner/Massing, Peter (Hrsg.): Methoden und Arbeitstechniken. Bd. 3 Lexikon der politischen Bildung. Herausgegeben von Georg Weißeno. Schwalbach/Ts., S. 55-56

Krügler, Karsten/Röll, Franz-Josef 1993: Von der Wort- zur Bild(er)kultur. Video in der Jugendbildung. In: Brenner, Gerd/Niesyto, Horst (Hrsg.): Handlungsorientierte Medienarbeit. Video, Film, Ton, Foto. Weinheim, München, S. 43-47

kursiv – Journal für politische Bildung 2000, H. 1, Schwerpunkt: Lernen durch Differenz. Die Mehrdeutigkeit politischer Bildung. (verantwortliche Redakteure: Klaus-Peter Hufer und Carla Schelle)

Lorenzer, Alfred 1984: Das Konzil der Buchhalter. Die Zerstörung der Sinnlichkeit. Eine Religionskritik. Frankfurt/M.

Peukert, Helmut 1998: Zur Neubestimmung des Bildungsbegriff. In: Meyer, A Meinert/Reinartz, Andrea (Hrsg.): Bildungsgangdidaktik. Denkanstöße für pädagogische Forschung und schulische Praxis. Opladen 1998, S. 17-29

Richter, Dagmar 2003: Politisch-ästhetisches Lernen im Sachunterricht. In: Kuhn, Hans-Werner: Sozialwissenschaftlicher Sachunterricht. Konzepte, Forschungsfelder, Methoden. Freiburg S. 209-228

Richter, Dagmar 2005 Friedenserziehung als ästhetische Auseinandersetzung mit Schreckensbildern. In: Richter, Dagmar: Lernen über Kultur und Gesellschaft. Bad Heilbrunn/Braunschweig (im Erscheinen)

Rumpf, Horst 1996: Abschied vom Stundenhalten. In: Combe, Arno/Helsper, Werner (Hrsg.): Pädagogische Professionalität. Untersuchungen zum Typus pädagogischen Handelns. Frankfurt/M., S. 472-500

Schäfer, Gerd E. 1999: Imagination und Täuschung. Überlegungen zu Bild und Bildung am Beispiel der Traum-Bildung. In: Schäfer, Gerd/Wulf, Christoph (Hrsg.) Bild – Bilder – Bildung. Weinheim, S. 311-330

Schelle, Carla 1993: Künstlerische Prozesse als Medium für sozialkundliches Lernen. In: Henkenborg, Peter/Sander, Wolfgang (Hrsg.): Wider die Langeweile. Neue Lernformen im Politikunterricht. Schwalbach/Ts., S. 113-123

Schelle, Carla 2002: Politisches Lernen an Abbildungen – Bildbotschaften deuten und reflektieren. In: Weißeno, Georg (Hrsg.): Politikunterricht im Informationszeitalter. Medien und Lernumgebungen. Schwalbach/Ts, S. 210-222

Schelle, Carla: 2003: Politisch-historischer Unterricht hermeneutisch rekonstruiert. Von den Ansprüchen Jugendlicher, sich selbst und die Welt zu verstehen. Bad Heilbrunn

Stenger, Ursula/Fröhlich, Volker 2003: Einführung. In: Fröhlich, Volker/Stenger, Ursula (Hrsg.): Das Unsichtbare sichtbar machen. Bildungsprozesse und Subjektgenese durch Bilder und Geschichte. Weinheim, München, S. 7-20

Walzer, Michael 1992: Sphären der Gerechtigkeit. Ein Plädoyer für Pluralität und Gleichheit. Frankfurt/M.

Welsch, Wolfgang 1993: Das Ästhetische – eine Schlüsselkategorie unserer Zeit? In: Welsch, Wolfgang: Die Aktualität des Ästhetischen. München, S. 13-47

*Anja Besand*

# Mit digitalen Medien lernen – Lernprodukte und Lernumgebungen

*„Können wir wirklich annehmen,*
*dieses Gerät lasse sich in unsere Schulen holen –*
*als neuer Unterrichtsgegenstand und*
*als neues Unterrichtsmittel,*
*ohne daß das Folgen für das Ganze,*
*für den ‚Lehrplan des Abendlandes',*
*für unsere Auffassung von Bildung und Kultur hat?"*
(Hartmut von Hentig)

Während man in der Politikdidaktik größtenteils noch darüber debattierte, welchen Stellenwert und welche Bedeutung digitale Medien für den politischen Unterricht haben könnten oder sollten, hatte sich die Frage in der Realität der Schule bereits erledigt. In mehreren großen Ausstattungsoffensiven wurden Schulen mit Computern versorgt. Da steht es nun, das Equipment, z.T. besser ausgerüstet als man es zu nutzen vermag (vgl. Meyer 2002, 14). Und doch kommen wir bei der Frage, was wir mit diesen Geräten eigentlich im Unterricht machen sollen, nicht wirklich weiter. Denn angesichts der medialen wie gesellschaftlichen Veränderungen, die digitale Medien mit sich bringen, reicht es nicht aus, das thematische Spektrum des politischen Unterrichts um einen Aspekt zu ergänzen oder neben der Zeitungslektüre nun auch hin und wieder mit Schülerinnen und Schülern im Internet zu surfen (vgl. Sander 2001, 118). Durch digitale Datenverarbeitung ergeben sich für mediale Informationen und ihre Übertragung vielmehr ganz grundsätzlich neue Möglichkeiten und Chancen. Um diese Potenziale auch für die politische Bildung zu erschließen, müssen deshalb zunächst die grundsätzlichen Veränderungen beschrieben werden, die Medien und Gesellschaft durch Digitalität erfahren haben.

Digitale Medien eröffnen neue Möglichkeiten

## 1. Was sind digitale Medien?

Kennzeichen von Digitalität

Zu den grundlegendsten Kennzeichen von Digitalität zählen vor allem: a) die digitale Medienintegration, b) eine ungeheure Verarbeitungsgeschwindigkeit, die letztendlich die Grundlage für c) eine erhöhte Interaktivität und diverse Rückkopplungseffekte bildet.

a) Medienintegration

Zunächst zum Begriff der Medienintegration: Im Zuge fortschreitender Digitalisierungsprozesse werden sämtliche Medien in ihrem Produktionsprozess zunehmend digital bestimmt und entwickeln sich zu einem Medienverbund, in dem Presse, Radio, Fernsehen, Video und Internet digital miteinander verbunden und verflochten sind. Digitale Datenverarbeitung bleibt demnach nicht auf den Computer beschränkt, obwohl der Computer heute fast alles kann: Er ist das zentrale Medium der *Text*verarbeitung, der *Bild*- und der *Ton*produktion und gewinnt darüber hinaus auch im Feld der Kommunikation und der Simulation zunehmend an Bedeutung. Der Computer steht damit anders als beispielsweise das Buch nicht per se für die eingeschränkte Kommunikation von einem Autor zu vielen Lesern, sondern ermöglicht die Kommunikation von vielen mit vielen, und das in vielen Formen. Durch den Computer werden die Grenzen zwischen vormals getrennten Medien brüchig, und es entwickeln sich vielfältige neue Übergänge. Die Zeitung verweist auf Computer-Links mit weiteren und aktualisierten Informationen oder Diskussionsforen zum Thema, die Fernsehdiskussionsrunde wird erweitert durch einen anschließenden Chat und die Radiosendung kann morgens im Fernsehen angesehen werden. Der digitale Produktionsprozess greift nach und nach in den Produktionsprozess aller anderen Medien ein.

b) Dynamik

Digitale Datenverarbeitung ermöglicht zudem (zusammen mit den Entwicklungen im Bereich der Telekommunikations- und Satellitentechnologie) eine immense Beschleunigung von medialen Kommunikationsprozessen und damit eine Verkürzung von Informationswegen. Digitale Daten können in *Echtzeit* von einer Seite der Erde auf die andere Seite vermittelt werden. Erst durch diese Datenübertragung in Echtzeit besteht die Möglichkeit zu einer ortsunabhängigen Steuerung digitaler Prozesse (von Operationen bis zu Diskussionen) und sie bildet damit die Grundlage für das Prinzip der Interaktivität.

c) Interaktivität

Der Begriff der Interaktivität ist ein viel gebrauchter und deshalb leider etwas abgegriffener Begriff, mit dem allerdings das tief greifenste und wichtigste Kennzeichen digitaler Medien bezeichnet wird. Interaktivität beginnt bei den einfachen Formen der elektronischen Netzkommunikation, wo Botschaften nicht nur von unbegrenzt vielen Teilnehmern erhalten, sondern von ebenso vielen verschickt werden können, und führt bis zum gemeinsamen Agieren in aufwendigen und mehrdimensionalen virtuellen Räumen (vgl. Krämer 1998).

Auch wenn man solchen avancierten technologischen Spielereien wie den Systemen der Virtuellen Realität (VR) skeptisch gegenüber steht und der Begriff der Interaktivität hier zuweilen etwas inflationär gebraucht sieht, muss doch festgehalten werden, dass sich durch digitale Medien – insbesondere durch die Verbindung von Telekommunikation und digitaler Datenverarbeitung – gesteigerte Möglichkeiten zur aktiven medialen Beteiligung, Rückmeldung oder Steuerung ergeben, die das klassische Sender-Empfänger Modell zur Interpretation von Medienkommunikation heute als überholt erscheinen lassen.

Der Computer als Universal- und Kommunikationsinstrument

Kein Wunder also, dass in der jüngeren Diskussion um digitale Medien vor allem das Internet als Beispiel für die heterogenen Nutzungsformen des Computers eine prominente Rolle spielt. Während in den 1980er-Jahren die Debatte um künstliche Intelligenz den Computer als prothesenhafte Verstärkung des menschlichen Gehirns aufgefasst hat, haben sich im Laufe der 1990er-Jahre eher die kommunikationsfördernden Potenziale in den Vordergrund geschoben. Der Computer wird heute vornehmlich als Integrationsmedium verstanden, das durch Digitalität die Fähigkeit hat, sämtliche Medien – insbesondere die Kommunikationsmedien – miteinander zu vereinen und damit gesellschaftliche Kommunikation grundsätzlich neu zu strukturieren. Doch was bedeutet das nun für die politische Bildung?

## 2. Digitale Medien als Herausforderung für die politische Bildung

Digitale Medien als Herausforderung für die politische Bildung

Medien verändern gesellschaftliche Kommunikations- und Informationsprozesse. Durch digitale Medien verändern sich unsere Arbeitswelten, unser Konsumverhalten und nicht zuletzt verändern sie die Formen, Räume und Zeiten für politische wie soziale Entscheidungen (vgl. Bredekamp 2000; Leggewie/Maar 1998). Durch digitale Medien entstehen neue Zeichensysteme, die tief greifenden Einfluss auf das Verhältnis von Sprache, Text und Bild nehmen und damit für die Lese- und Decodierfähigkeiten der Rezipienten gänzlich neue Anforderungen darstellen. Schon allein aus diesem Grund kommt die politische Bildung gar nicht umhin, sich mit den Strukturen und Wirkungen digitaler Medien auch im politischen Unterricht intensiv auseinander zu setzen. Doch über diese veränderten Informationsmuster hinaus nehmen digitale Medien auch ganz grundlegenden Einfluss auf die Kommunikationsstrukturen aller Teilnehmer der Gesellschaft, indem sie die Informationsflüsse massiv beschleunigen und zumindest potenziell interaktiv gestalten.

Durch Medien wie beispielsweise dem Internet stehen zu jedem Zeitpunkt und an jedem Ort, an dem ein vernetzter Rechner den Zugang zum Medium ermöglicht, mehr Informationen zur Verfügung als zu sicherem, das heißt gegründetem Wissen verarbeitet werden können. Das stellt hohe Anforderungen an die Urteilsfähigkeit der Subjekte, beeinflusst unsere Vorstellungen von Wissen und Lernen und es entstehen grundlegend neue Bildungsanforderungen und -aufgaben. Durch digitale Medien entsteht die Notwendigkeit zu einem tief greifenden Wandel der Lernkultur und damit zur Entwicklung neuer didaktischer und methodischer Formen, neuer Lernorte und Materialien (vgl. Harth 2000).

Für die politische Bildung bedeutet das: Medien dürfen nicht nur als inhaltliche Herausforderung in den politischen Unterricht integriert werden, sondern politische Bildung muss sich vor allem der didaktischen Herausforderung neuer Medien stellen und ihren Unterricht auf die gewandelte mediale und gesellschaftliche

Situation anpassen. Natürlich spricht weiterhin auch nichts gegen eine thematische Bearbeitung von Fragestellungen, die sich direkt auf digitale Medien beziehen, daneben ergeben sich aber auch verschiedene andere Integrationsmöglichkeiten und Notwendigkeiten. So sollten digitale Medien ein selbstverständliches Arbeitsmittel des politischen Unterrichts werden. Sie sind notwendige Instrumente und Werkzeuge, mit denen sich sowohl Unterrichtsmaterialien wie -produkte gestalten lassen. Sie können aber auch Lernumgebung sein, in denen Schüler sich selbstständig Informationen suchen, Experimente durchführen oder Wissen trainieren.

Um die Vielfalt der Einsatzmöglichkeiten für die politische Bildung zu illustrieren, sollen im Folgenden einige idealtypisch skizziert werden.

## 3. Digitale Medien als Gegenstand des politischen Unterrichts

Werden digitale Medien als Gegenstand in den politischen Unterricht integriert, geht es zunächst um die reflexive Auseinandersetzung mit ihre sozialen wie politischen Wirkungen, also um ihre bereits angesprochenen gesellschaftsverändernden Potenziale. Diese Auseinandersetzung beginnt mit Fragen, wie sie bereits traditionell unter der Überschrift *Medien als Vierte Gewalt* gestellt worden sind, also mit Fragen nach Machtverhältnissen oder -konzentrationen und dem damit zusammenhängenden Regulierungs- oder Kontrollbedarf in der Medienlandschaft. Thematisch führt dies allerdings weiter zu der Frage, welche Rückkopplungseffekte sich zwischen Medien und Politik ergeben, also wie Politik sich verändert im Spiegel der Medien. Im Kontext solcher Fragen kann es dabei keinesfalls nur darum gehen, Schülerinnen und Schüler anzuleiten, einen Blick hinter die Kulissen zu werfen und somit Medienphänomene lediglich als oberflächliche Verblendungsphänomene darzustellen, wie dies beispielsweise in den 1970er- und frühen 1980er-Jahren durchaus üblich war. Betrachtet man die gegenwärtigen politischen Prozesse in der Mediengesellschaft, gilt es Fragen zur symbolischen, ästhetischen oder auch medialen

Auseinandersetzung mit politischen und sozialen Wirkungen

Dimension der Macht vielmehr im Kontext fast aller Themen der politischen Bildung mit zu bedenken (vgl. Besand 2004).

## 4. Digitale Medien als Unterrichtsmedien

Digitale Unterrichts- medien

Um solchen Fragestellungen gerecht zu werden, muss sich der politische Unterricht selbstverständlich auch auf digitale Medien als Unterrichtsmittel oder Unterrichtsmedium einlassen. Denn so wenig man in der politischen Bildung sinnvoll über die politische Bedeutung der Presse oder des Fernsehens sprechen konnte, ohne Zeitungen zu lesen oder Fernsehbeiträge zu sehen, so wenig lässt sich wohl die Bedeutung des Internet für die globalisierte politische Kommunikation verstehen, ohne im Internet zu surfen (vgl. Sander 2001, 122). Kompetenzen im Umgang mit den neuen Zeichensystemen und veränderten Kommunikationsstrukturen lassen sich letztlich nur erwerben, indem der selbstverständliche Umgang mit ihnen trainiert und geübt werden kann. Soweit erscheint die Integration noch relativ einfach, doch wir werden den Potenzialen digitaler Medien nicht gerecht, wenn wir sie lediglich als Thema oder Arbeitsmittel im politischen Unterricht einzusetzen versuchen. Neue Medien lassen sich weder in 2-3 noch in 20 Schulstunden einfach als Stoff durchnehmen und der Computer lässt sich im Unterricht auch nicht wie ein digitaler Overheadprojektor einfach als Arbeitsmittel einsetzten (vgl. Meyer 2002, 15). Digitale Medien verändern die Struktur politischen Unterrichts, wenn ihre Lernchancen genutzt werden sollen. Das wird vor allem dann deutlich, wenn man sich vergegenwärtigt, für welche Handlungsfelder sich digitale Medien im Politikunterricht am besten eignen. Was kann man im Politikunterricht mit Medien alles machen?

# 5. Digitale Medien als Instrument und Werkzeug im politischen Unterricht

## 5.1 Recherchieren

online

Ein Medium wie das Internet bietet sich in der politischen Bildung auf den ersten Blick vor allem als Recherchegrundlage an, denn durch das Internet stehen für den politischen Unterricht zu jeder Zeit an jedem Ort eine ungeheure Zahl an vielfältigen und aktuellen Informationen zur Verfügung. Diese Vielfalt an Informationen stellt gerade für den politischen Unterricht ein enormes Potenzial dar. So kann über das Internet zu jedem beliebigen politischen Problem oder Konflikt nicht nur der tagesaktuelle Inhalt von Tages- oder Wochenzeitschriften kostengünstig und schnell eingesehen werden, im Internet bietet sich darüber hinaus vor allem auch die Möglichkeit, sich die politischen Positionen und Perspektiven der beteiligten Parteien oder Akteure auch direkt zugänglich zu machen. Das Problem besteht damit nicht mehr darin, *zur* Information zu gelangen, sondern *in* der Information das Wesentliche vom Unwesentlichen zu unterscheiden – das Bedeutungsvolle vom Banalen – das Neue vom Aufgewärmten. Und das stellt eine besondere Herausforderung an die Urteilsfähigkeit der Subjekte dar.

## 5.2 Kommunizieren

Über die Recherche hinaus besteht durch die Kommunikationsdienste des Internet zudem aber auch die Möglichkeit, sich mit Fragen oder Positionen direkt an beteiligte Akteure zu wenden und auf elektronischem Weg eine direkte Kommunikationssituation zu suchen. So können Schülerinnen und Schüler heute durchaus auf eine Reaktion hoffen, wenn sie sich via Email an ihren Abgeordneten im Bundestag, ihren Bürgermeister oder auch einen Minister zu wenden versuchen. Via Email, Chat, Online-Konferenzen oder Online-Seminare ist es des Weiteren auch möglich, Unterrichtsprojekte gemeinsam mit geografisch weit entfernten Schülern oder Schulen gemeinsam durchzuführen, zu koordinieren oder Daten und Ergebnisse auszutauschen.

### 5.3 Simulieren/ausprobieren

offline Der Computer eignet sich heute aber auch in besonderem Maße dazu, Überlegungen oder Prozesse zu simulieren und auszuprobieren – und dieses Potenzial kommt nicht nur der Automobilindustrie zu Gute. Vielfältige Computerspiele machen sich vor allem durch die Simulation komplexer Prozesse interessant. Es existieren diverse Simulations- und Planspiele auf CD-ROM, mit denen ökologische, wirtschaftliche oder auch soziale und sogar historische Prozesse in unterschiedlichster Form simuliert und ausprobiert werden können. Leider sind viele dieser Multimediaprodukte heute stark auf ihre kommerzielle Verwertbarkeit hin ausgerichtet, spezielle multimediale Planspiele für den politischen Unterricht gibt es noch kaum.

### 5.4 Üben

Neben Simulations- und Planspielen können aber auch Lernprogramme und -spiele im politischen Unterricht eingesetzt werden, mit denen Schülerinnen und Schüler sich individuell über verschiedenen Fragestellungen informieren und ihr Wissen trainieren können. Für die politische Bildung können hier einige interessante Produkte aus dem Materialsegment anderer Fächer, wie beispielsweise dem Fach Geschichte, entlehnt werden, denn bislang hinkt die politische Bildung auch in diesem Bereich der Entwicklung multimedialer Materialien eher hinterher. (Weitere aktuelle Anregungen finden sich unter http://www.sodis.de Datenbank für Multimediale Unterrichtsmaterialien.)

### 5.5 Forschen

Neben aufwändigen, multimedialen Lernprogrammen sollen aber auch die werkzeugorientierten Softwareprodukte nicht übersehen werden, die im politischen Unterricht weniger als Lern- oder Übungsprogramme, sondern als Tools für eigene Untersuchungen eingesetzt werden können. GrafStatWin ist ein solches elementares Softwaretool, mit dem in einfacher, aber zugleich professioneller Weise empirische Daten von Schülerinnen und Schülern erhoben, geordnet, archiviert und ausgewertet werden können. Es wurde entwickelt, um auch in der Schule Projekte und Untersuchungen wie Wahlanalysen und Wahlprognosen durchführen zu können und Schülerinnen und Schüler selbst in die Rolle von „Sozialforschern" schlüpfen zu lassen. Aber es lassen sich auch Umfragen zu gänzlich anderen Themen, wie etwa zum Freizeitverhalten oder Umweltschutz, mit diesem Computerprogramm in umfassender Weise auswerten und in attraktiver Form präsentieren.

### 5.6 Gestalten/präsentieren

Neben der Fähigkeit, mediale Produkte verstehen und *lesen* zu lernen, sollte es im Rahmen politischer Bildung unter dem Stichwort *politische Handlungsfähigkeit* auch darum gehen, Medienprodukte selbst herstellen zu können. Dies ist mit digitalen Medien sehr viel einfacher als mit analogen Medien möglich, denn ob als selbst gestaltete Broschüre, Flugblatt oder als Buch, als Multimediapräsentation oder Internetseite, als Webquest oder CD-ROM, als Posterausstellung, oder als digitaler Videoclip, die Möglichkeiten angesichts des immer komplexer werdenden Medienverbundes sind nahezu unbegrenzt. Digitale Technologie vereinfacht und beschleunigt die medialen Produktionsprozesse in einer Weise, die es ermöglicht, dass viele Medien erstmals überhaupt im Rahmen von Schule und Unterricht eingesetzt werden können. Wer jemals ein analoges Video oder Fotoprojekt in der Schule durchgeführt hat, weiß wie viel Zeit und wie viel technischer Sachverstand dafür notwendig waren. Doch trotz massiver Vereinfachung und Beschleunigung ist auch ein digitales Video nicht in zwei 45 min. Stunden geschnitten.

Der Einsatz digitaler Medien stellt für den politischen Unterricht eine erhebliche Herausforderung dar. Sie ermöglichen neue Kommunikations- und Handlungsfelder, in denen sich Lehrende wie Lernende relativ selbstbestimmt bewegen können. Medien wie das Internet relativieren nicht nur das traditionelle Wissensmonopol von Lehrerinnen und Lehrern, mit seiner assoziativen Hypertextstruktur lässt es sich zudem auch kaum von 30 Schülern parallel erkunden. Auch ein digitales Video kann schwerlich von

30 Schülern gemeinsam geschnitten werden. Digitale Medien ermöglichen und begünstigen vielmehr individuelle Lernformen und -chancen. Sie verlangen nach komplexeren Zeitstrukturen und einer sehr viel weitergehenden Individualisierung des Lernens als wir es in der heutigen Schulkultur noch weit gehend gewohnt sind. Digitale Medien verändern unser Verhältnis von Lehren und Lernen, von Schülern, Lehrern und von der Schule als Ganzes (vgl. Sander 2001). Sie im Unterricht einsetzen zu wollen und zu denken, dass sich an diesem Unterricht ansonsten nichts ändern wird, wäre naiv. So gesehen sind Digitale Medien ein Risiko für den traditionellen Unterricht – aber auch eine Chance für die politische Bildung.

## Literatur

Besand, Anja 2004: Angst vor der Oberfläche. Zum Verhältnis ästhetischer und politischer Bildung im Zeitalter Neuer Medien. Schwalbach/Ts.

Bredekamp, Elisabeth (Hrsg.) 2000: Total digital + multimedial. Impulse, Erfahrungen und Materialien für die außerschulische politische Bildung. Schwalbach/Ts.

Bundeszentrale für politische Bildung (Hrsg.) 2001: Politikunterricht im Informationszeitalter. Bonn

Frenz, Wilhelm 1988: Medien in der politischen Bildung. In: Mickel, Wolfgang/ Zitzlaff, Dietrich (Hrsg.): Handbuch zur politischen Bildung. Bonn, S. 359-365

Harth Thilo 2000: Internet als Herausforderung für die politische Bildung. Schwalbach/Ts.

Kloock, Daniela/Spahr, Angela 2000: Medientheorien. Eine Einführung. München

Krämer, Sybille (Hrsg.) 1998: Medien Computer Realität. Wirklichkeitsvorstellungen und Neue Medien. Frankfurt/M.

Leggewie, Claus/Maar, Christa (Hrsg.) 1998: Internet und Politik. Köln

Meyer, Thorsten 2002: Interfaces – Medien – Bildung. Bielefeld

Ruprecht, Gisela 2001: Politische Bildung im Internet. Schwalbach/Ts.

Sander, Wolfgang 2001: Neue Medien in der politischen Bildung – Herausforderungen für Schule und Lehrerausbildung. In: Georg Weißeno (Hrsg.): Politikunterricht im Informationszeitalter. Bonn, S. 118-129

*Lothar Scholz*

# Spielend lernen: Spielformen in der politischen Bildung

## 1. Spiele in der Unterrichtspraxis und in der fachdidaktischen Diskussion der politischen Bildung

Die Praxis der politischen Bildung verfügt über ein breites Methodenrepertoire, in dem Spiele und spielerische Lernformen zum festen Bestandteil gehören. In aktuellen Unterrichtsmaterialien, Schulbüchern und Arbeitsheften finden sich zahlreiche, kreative und variantenreiche Spielvorschläge; hinzu kommen separate Spielvorlagen und Spielmaterialien (Kartenspiele, Brettspiele, Puzzle), die über Verlage oder Träger der politischen Bildung verbreitet werden (vgl. Scholz 2003, 81 ff.). Über ihre Nutzung und Einsatz im Unterricht gibt es keine empirischen Befunde. Studien über die Verbreitung im Unterricht liegen bislang ebenso wenig vor wie über die didaktische Wirksamkeit von Spielen. Aus Untersuchungen zur Methodenvielfalt im Politikunterricht (vgl. Kötters-König 2001) lässt sich schlussfolgern, dass spielerische Lernarrangements eher wenig Berücksichtigung im Unterrichtsalltag finden.

Wenig Berücksichtigung im Unterricht

In der didaktischen Fachdiskussion haben spielerische Lernformen – mit Ausnahme von Simulationsspielen – erst in den letzten zehn Jahren größere Beachtung gefunden. Das „traditionelle" Verständnis von Spielen beschränkte sich bis dahin weit gehend auf Rollenspiele, Planspiele, Entscheidungsspiele, Pro- und Contra-Diskussionen, die in einer Vielzahl von Publikationen vorgelegt wurden. Erweitert wurde das Spielverständnis gegen Ende der 1990er-Jahre durch didaktische Beiträge, die methodische Anregungen aus der Interaktions- und Gruppenpädagogik, Gestaltpädagogik, Theaterpädagogik, der Humanistischen Pädagogik, der ästhetischen Erziehung, aus handlungs- und erfahrungsorientierten Konzepten, vor allem auch Impulse aus der außerschulischen politischen Bildung aufnahmen. Neben „Makromethoden" wie Plan- und Simulationsspielen, die umfangreichere Arrangements erfordern, wurden so viele kleinere „Mikroformen" spielerischen Lernens für den Politikunterricht ausdifferenziert und erschlossen (vgl. Kuhn/Massing 2000). Absicht des spielerisch-kreativen Ansatzes ist es, das in der politischen Bildung seit langem beklagte Defizit an emotionaler, ästhetisch-sinnlicher Erfahrung zu beheben und auf anregende Weise zum Kompetenzerwerb in der politischen Bildung beizutragen.

### Defizite der Unterrichtspraxis

Methodische Monokultur

Neuere Studien zur Wirksamkeit politischer Bildung (s.o.) verweisen auf erhebliche Defizite des Sozialkunde- und Politikunterrichts. So kennzeichnen methodisch eintönige Monokultur, rezeptive Wissensvermittlung, Dominanz der Lehrperson, die einseitige kognitive Ausrichtung der Lernprozesse, ein geringer Grad an Schülerorientierung und Partizipationsmöglichkeiten für Schülerinnen und Schüler den Sozialkunde-/Politikunterricht in weiten Teilen. Die Untersuchungen ergeben allerdings auch produktive Anknüpfungspunkte für eine verstärkte spielorientierte Ausrichtung des Unterrichts. Methodenvielfalt und „Methodenkohäsion" (Kötters-König 2001, 3) bieten Chancen zur Steigerung der Wirksamkeit politischer Bildung, indem Synergieeffekte zwischen den unterschiedlichen methodischen Formen des Sozialkundeunterrichts (z.B. darbietender Unterricht, reales Handeln, simulatives Handeln, produktives Gestalten) herbeigeführt werden.

Durch einen methodisch vielfältig und abwechslungsreich strukturierten Sozialkunde-/Politikunterricht können die Beliebtheit und Akzeptanz des Faches sowie die Aufgeschlossenheit und Zufriedenheit ihm gegenüber, das Interesse und das Verständnis gegenüber politischen Fragen, die Bereitschaft zum Engagement und zur Organisierung in Teilbereichen politischer Partizipation gesteigert werden. Hier stellen Spiele und spielerische Lernformen eine – bislang unterschätzte – Bereicherung des Methodenreper-

Spiele als Bereicherung

toires dar, mit dem Sozialkunde-/Politikunterricht auch unter Einbezug ästhetischer Dimensionen gestaltet werden kann.

Neue Schulkultur

Der an einer Schule vorherrschenden Schulkultur kommt in diesem Zusammenhang eine bedeutende Rolle zu. Die Studien haben ergeben, dass eine stärkere Schülerorientierung sowohl im Unterricht als auch durch die Eröffnung größerer Partizipationsmöglichkeiten für Schüler in der Schule deren Bereitschaft zur Partizipation und ihr Interesse an Politik erhöht. Auch wird die pädagogische Atmosphäre in der Schule insgesamt verbessert. In diesem Kontext kann die empirisch noch zu erhärtende Hypothese formuliert werden, dass spielerische Lernformen produktive Beiträge zu einer Mitbestimmungskultur einer Schule leisten können (vgl. Scholz 2003, 164 ff.). Insbesondere kann davon ausgegangen werden, dass diskursive und simulative Spielformen, die auf eine Befähigung zur Auseinandersetzung und zur Kontroverse abzielen, einen Beitrag zur Transformation sozialer Qualifikationen aus dem privaten Bereich in Konfliktkompetenz leisten können (vgl. Reinhardt 2001, 9).

## 2. Spielpädagogische Grundgedanken

Keine einheitliche Spieltheorie

In der Geschichte der theoretischen Auseinandersetzung mit dem Spiel und dem Spielen sind eine Vielfalt konzeptioneller Ansätze entwickelt worden, an der verschiedene Wissenschaften beteiligt waren. Aus unterschiedlichen Perspektiven werden dabei jeweils bestimmte, auf das erkenntnisleitende Interesse des Wissenschaftlers zurückgehende Aspekte des Spiels betrachtet. Infolgedessen gibt es keine einheitliche oder geschlossene Spieltheorie, die als Grundlage auch eines spielpädagogischen oder politikdidaktischen Verständnisses dienen könnte. Eine einheitliche Definition dessen, was Spiel ist, existiert nicht.

Die wissenschaftliche Betrachtungsvielfalt hat auch zu einer breiten umgangssprachlichen Vieldeutigkeit geführt. „Spiel" ruft zahlreiche, sehr vielschichtige Assoziationen hervor, nicht nur bezogen auf Alltagsphänomene, sondern auch auf dezidiert politische Handlungszusammenhänge. Der Begriff „Spiel" wird in den Medien oft als Bezeichnung für ästhetische Inszenierungsformen in der Politik, als Metapher für symbolisches Politikhandeln sowie für reales strategisches oder taktisches Handeln politischer Akteure benutzt (vgl. Meyer/Ontrup/Schicha 2000; Meyer 2001, Siller/Pitz 2000).

Spiele haben für Menschen existenzielle Bedeutung

Die unterschiedlichen historischen Theorieansätze und -konzepte weisen dem Spiel – von wenigen Ausnahmen abgesehen, wie z.B. das Verständnis von Spiel als unnützes Treiben und Teufelseingebung in der asketischen Ethik des Christentums (vgl. Hermann Francke, 663-727) – eine herausragende und für den Menschen existentielle Bedeutung zu (bezogen auf Verhalten und Handeln, gesellschaftliche kulturelle Entwicklung, Selbst- und Weltverständnis, Erziehung und Sozialisation, persönliche Entwicklung).

Spieltheoretische Traditionen

Aus heutiger Sicht einer politischen Bildung, die die freie selbstbestimmte Entfaltung des Individuums in sozialer Verantwortung als Zentrum einer Demokratieerziehung zum Ziel hat, können spieltheoretische Konzepte aus der Aufklärung (Spiel als Mittel zur Humanisierung der Schule) oder aus Friedrich Schillers „Anthropologie" („der Mensch spielt nur, wo er in voller Bedeutung des Worts Mensch ist, und er ist nur da ganz Mensch, wo er spielt" [nach Scheuerl 1975, 37]), Erziehungsvorstellungen der Reformpädagogik (Selbsttätigkeit des Kindes, Spiel als grundlegendes Element einer umfassenden Schulreform) sowie die New Games der 1970er-Jahre (Konkurrenzfreiheit, Solidarität, Freude am Spielprozess, weniger am -ergebnis) wichtige intentionale Impulse für eine Integration spielerisches Handelns in eine politikdidaktische Konzeption vermitteln. In zentralen Bereichen decken sich die Zielsetzungen von Spiel- und Politikdidaktik (Humanisierung, Demokratisierung, Selbstentwicklung, Sozialität).

Die politische Bildung kann sich vor allem auf die handlungstheoretische Grundlegung des Spiels stützen, wie sie von Rolf Oerter mit den „Tiefenmerkmalen" (Handlung als Selbstzweck, Realitätskonstruktion, Ritual und Wiederholung) für das Spiel beschrieben worden sind (vgl. Oerter 1999). Diese Merkmale lassen sich spielpädagogisch übertragen und mit Erkenntnissen der Interaktions- und Kommunikationstheorien sowie der Kognitions- und Lernpsychologie verbinden. Damit wird für den Politikunterricht ein tragfähiges spieldidaktisches Fundament geschaffen (vgl. Scholz 2003, 52 ff.).

Durch einen Verzicht auf einen universellen Spielbegriff (Definition klar umrissener Spiel-Merkmale) und der Verwendung eines injunkten Begriffsverständnisses wird es möglich, Elemente von sowie gleitende Übergänge zu anderen Verhaltensformen als spielerische Handlungen zu akzeptieren und dennoch die Handlung als Spiel zu verstehen. Eine derartige pragmatische, auf handlungstheoretischer Grundlegung basierende Sicht des Spielens charakterisiert das Spielen in der Schule mit einem weiten Spielbegriff und legt damit auch das Fundament für eine spielakzentuierte politische Didaktik:

Fundament für eine spielzentrierte politische Didaktik

- Spielen ist eine aktive Handlung mit starken kommunikativen und interaktiven Elementen.
- Spielen ist abhängig von dem subjektiven Empfinden und der inneren Einstellung des Einzelnen.
- Die Grenzen zwischen Spiel und Nicht-Spiel sind fließend; Spiel kann in nichtspielerische Tätigkeiten münden bzw. aus ihnen erwachsen.
- Spielen erfolgt ohne äußeren Druck; das Subjekt bestimmt weitgehend über das Spielobjekt.
- Spielen fördert Spontaneität und persönliche Entfaltung.
- Spielen macht Spaß, erlaubt Freude, Abwechslung und Geselligkeit.
- Spielen ist „spannend“, verläuft in Spannungskurven von Anspannung und Entspannung.
- Spielen erfordert Regeln und findet in einer begrenzten Spielwelt statt.
- Spielen ist ganzheitlich angelegt und integriert Emotion und Kognition. Spielen in der Schule unterliegt (fach-)didaktischen Zwecken und bietet motivierende Lernanreize.

Spielen im Unterricht ist damit eine Handlungsform, in der Lernende weit gehend selbstbestimmt, risikofrei und ohne äußeren Zwang mit einem Lerngegenstand umgehen. Sie schafft Lerngelegenheiten für Entfaltung und Engagement, Spaß und Spannung sowie für soziale Kommunikation und Interaktion.

### Lernfreude und Spaß

Wechselwirkung zwischen Emotion und Kognition

Das Merkmal „Lernfreude und Spaß" verweist auf die Wechselwirkung zwischen Emotion und Kognition, die auch in der politischen Bildung diskutiert wird (vgl. Schiele/Schneider 1991). Empirische Befunde belegen ganz allgemein, dass die „Schulfreude" unter den Schülerinnen und Schülern in den letzten Jahrzehnten deutlich zurückgegangen ist, der „Entzug positiver Affekte" (Fend 1996, 61) gestiegen ist. Auch dem Politikunterricht gelingt es selten, „Lust auf Politik" (Arnim 1994) zu vermitteln, stattdessen wachsen Distanz und Verdruss der Jugendlichen gegenüber politischen Parteien und Repräsentanten (vgl. Deutsche Shell 2002, 24). Die Vernachlässigung der affektiven Komponente bei der Vermittlung politischer Bildung wird als ein Grund für die relative Folgenlosigkeit der politischen Bildung gesehen. Insofern muss politische Bildung „als zentraler Bestandteil von Allgemeinbildung ... neben den unverzichtbaren kognitiven Strukturen die affektiven Komponenten im Auge haben, weil sie sonst zur Wirkungslosigkeit verdammt ist" (Schiele 1996, 137).

Die Verbindung von Emotionalität und Rationalität ist für die politische Bildung unerlässlich. Praktische Erfahrungen sowohl im Politikunterricht in der Schule wie auch in der politischen Erwachsenenbildung zeigen, „dass politische Bildung dann am besten gelingt, wenn die Lernenden mit Haut und Haaren beteiligt sind" (Kaiser 1996, 67). „Politische Bildung muss Spaß machen" und „mit abwechslungsreichen Methoden macht politische Bildung Spaß" (Ruprecht 2000, 32 ff.).

## 3. Spiele und Kompetenzen der politischen Bildung

Vor dem gesellschaftlichen Hintergrund stehen Bildungspolitik, Pädagogik und Didaktik der Fächer vor der Aufgabe, selbstkritisch traditionelle Formen des „Schule-Haltens" und des Unterrichtens

Schul- und Lernkultur verändern

(„Script: Unterricht") zu reflektieren und über veränderte Formen des Lehrens und Lernens in einer veränderten Schul-Umwelt nachzudenken (neue Schul- und Lernkultur). Im Mikrofeld von Unterricht entstehen so „neue Unterrichtsmethoden als didaktische Antwort auf veränderte gesellschaftliche Herausforderungen" (Wiechmann 1999, 10). Spiele und spielerische Lernformen gewinnen als Formen methodischer Gestaltung von Lernprozessen eine aktuelle und innovative Funktion.

Aus pädagogischer Sicht kann bei der spielerischen Akzentuierung von Lehr- und Lernstrategien angeknüpft werden an die Diskussion über Schlüsselqualifikationen und Kompetenzen einerseits sowie an die Debatte über den Konstruktivismus andererseits.

Demokratiekompetenz

In der fachdidaktischen Diskussion der politischen Bildung nimmt seit einiger Zeit die Erörterung von Kompetenzen einen wichtigen Raum ein. Aus unterschiedlichen didaktischen Perspektiven werden verschiedene, sich überlappende Kompetenzbereiche als Zielebenen formuliert. Politische Urteilsfähigkeit und Politische Handlungskompetenz, Methodenkompetenzen, Sozial- und Selbstkompetenzen stellen Kompetenzfelder dar, die übergreifend als Demokratiekompetenz bezeichnet werden können (vgl. Massing 2000, 37: „Demokratische Handlungskompetenz" als Minimalkonsens der politischen Bildung). Sie lassen sich konkretisieren in Fähigkeiten wie Konfliktfähigkeit, Kompromissfähigkeit, Kooperationsfähigkeit, Kommunikationskompetenz, Empathie, soziale Perspektivenübernahme, Toleranz. Diese Zielformulierungen zielen auch ab auf Persönlichkeitsentwicklung, Identitätsbildung und -stärkung sowie auf den Erwerb von Kompetenzen im Umgang mit Unsicherheiten und Ambivalenzen.

Bezogen auf diese Kompetenzen kann davon ausgegangen werden, dass spielerische Lernformen aufgrund ihrer Intentionen, ihrer Spielcharakteristik und ihrer didaktischen Potenziale gute Chancen bieten, methodische, personale und soziale sowie im engeren Sinne politische Schlüsselqualifikationen und Kompetenzen anzubahnen.

Lerngelegenheiten, die Spiele im Politikunterricht bieten

Spiele im Politik- und Sozialkundeunterricht bieten Lerngelegenheiten für:
- soziale und demokratische Interaktion, Kommunikation, Kooperation;
- kontroverses Denken, Konfliktlösungsstrategien und Diskursfähigkeit;
- Selbstreflexion und soziale Wahrnehmung;
- Rollenübernahme, -distanzierung, -reflexion;
- Empathie, Solidarität, Akzeptanz, Toleranz;
- Identitätsbildung, Stärkung des Selbstwertgefühls;
- Rhetorik, Inszenierung, Präsentation;
- Festigung und Sicherung politischen Wissens;
- Förderung sozialer und politischer Phantasie und Vision;
- Förderung von Mitwirkung und Mitbestimmung;
- Offenheit im Denken, Verflüssigung von Sichtweisen;
- Denken in Alternativen, strategisches Denken;
- Integration von Emotion und Intuition;
- risiko- und sanktionsfreies Probehandeln.

## 4. Spiele und politisches Lernen

Spielen nach dem konstruktivistischen Lernparadigma

Spielen ist nach dem konstruktivistischen Lernparadigma eine aktive Aneignung der Realität, eine selbst konstruierte Form der Weltaneignung und -deutung sowie prinzipiell das Ergebnis von subjektiven Selbstlernprozessen. Merkmale konstruktivistischen Denkens und Handelns überschneiden sich in vielfacher Hinsicht mit politikdidaktischen und mit spielerischen Elementen: Perspektivenvielfalt und -wechsel, Erfahrung von Pluralität, Vielfalt und Differenz, dialogische und kontroverse Kommunikationsverhältnisse, Alltags-, Anwendungs- und Situationsbezüge, die Integration von Emotionalität, Assoziation und Intuition sowie die Angemessenheit in dem Arrangement von Lernumgebungen kennzeichnen sowohl politisches als auch spielerisches Lernen.

Durch den Einbezug spielerischer Elemente in politische Lernprozesse wird auch ein verändertes Lernverständnis und ein veränderter Lernbegriff generiert. Das „Spiel als Kultur der Annäherung“ (Rumpf 1993, 22) versteht Lernen als eine besondere Art der Kulturaneignung, als einen schöpferischen individuellen Akt, der Spiel, Phantasie und Kreativität verbindet (vgl. Duncker 1995, 4). Spiel ist kein Gegensatz zum Lernen, „sondern meint eher, sich versuchend und probierend, tastend und entdeckend in immer neuen Annäherungen und Umkreisungen zu bewegen und dabei ein Thema oder einen Gegenstand in seinem Aspektreichtum zu erschließen“ (ebd.). Lernen als „‚Zulassen von Erfahrungen‘ durch Ausprobieren, Kreativität und Spiel“ (Miller 1997, 29), als Ausloten von Spielräumen („Spiel ist das Vergnügen daran, sich selbst auszuloten“ [Menzel 1995, 73]), als „Perspektivwechsel und Umstrukturierung des Vertrauten ..., Entdecken und Erproben, Entlastung und Spaß am neuen Einfall“ (Baer/Dietrich/Otto 1995 [Editorial]) – ein solches Lernverständnis steht im Gegensatz zu einem herkömmlichen Lernbegriff, der Lernen als ausschließlich kognitiv ausgerichtete, gradlinig und eindimensional strukturierte Vermittlung von Wissen versteht.

„Spiel als Kultur der Annäherung“

## 5. Spieltypen und Spielformen

Da es bis heute noch keine überzeugende Definition von Spielen gibt, mit der das Gemeinsame aller Spielformen auf einen Begriff gebracht werden könnte, gibt es analog zum Dilemma einer allgemein gültigen Spieldefinition auch in der Frage nach einer einheitliche Systematik von Spielen generell und für die politische Bildung im besonderen keine gemeinhin anerkannte Struktur.

Keine einheitliche Systematik

Der folgende Vorschlag fasst spielerische Lernaktivitäten zu Spieltypen zusammen, die jeweils ähnliche charakteristische Handlungsformen zum Ausdruck bringen. Außerdem verfolgen sie in jedem Typ bestimmte unterscheidbare didaktische Intentionen und zielen schwerpunktmäßig auf den Erwerb bestimmter, spezifischer Kompetenzen (ausführlich in: Scholz 2003, 101 ff.).

Diese Spieltypen können auf zentrale Grobphasen des Unterrichts bezogen werden. Für Einstiegsphasen eignen sich eher Assoziations- und Einstiegsspiele. Diskussions- und Entscheidungsspiele, Simulationsspiele, Wissensspiele und Szenische Spie-

**Strukturierung spielerischer Lernaktivitäten zu Spieltypen**

| *Spielerische Lernaktivitäten* | *Spieltypen* |
|---|---|
| a) Assoziieren, sich einlassen, Empfindungen zum Ausdruck bringen | Assoziations- und Einstiegsspiele |
| b) Auseinandersetzen, argumentieren, streiten, entscheiden | Diskussions- und Entscheidungsspiele |
| c) Simulieren, Rollen spielen, probehandeln | Simulationsspiele |
| d) Interagieren, kommunizieren, kooperieren | Interaktions- und Kooperationsspiele |
| e) Wissen aneignen, festigen, üben | Wissensspiele |
| f) Inszenieren und in Szene setzen | Szenische Spiele |
| g) Produzieren und präsentieren | Spielerische Produktions- und Präsentationsformen |

Spiele in den Phasen des Unterrichts

le haben in Erarbeitungsphasen ihren Schwerpunkt. Für Phasen der Ergebnispräsentation bieten sich Simulationsspiele, Szenische Spiele und spielerische Produktions- und Präsentationsformen an. Interaktions- und Kooperationsspiele nehmen als Formen kommunikativen und sozialen Lernens eine Sonderstellung ein. Sie können in jedem Abschnitt eines Lernprozesses eine wichtige didaktische Bedeutung erlangen.

## 5.1 Assoziations- und Einstiegsspiele

Erhöhung der Komplexität politischer Urteilsfähigkeit

Für Einstiegsphasen des Politikunterrichts eignen sich spielerische Lernformen, die über Assoziationen und Konfrontationen die „eigene Person ins Spiel bringen“. Für politische Bildung ist die Einbeziehung und Thematisierung von Voreinstellungen, Ansichten und Vor-Urteilen von besonderer Bedeutung, da eine reflektierte Urteilsbildung als Ziel der politischen Bildung auf eine Anknüpfung an kognitive und emotionale Strukturen der Lernenden nicht verzichten kann. Spielorientierte assoziative Einstiegsformen können dazu beitragen, kognitive Dissonanzen auszulösen und durch Verfremdungen anscheinende Selbstverständlichkeiten fragwürdig werden zu lassen. Spielerische Zugänge können die Beziehungen zwischen Person und Sache artikulieren helfen und Lernende spielerisch in eine Spannungssituation zum Lerngegenstand zu versetzen.

Mit Impulsmedien wie Bildern, Schrifttexten, akustischen Produktionen und verschiedenen „Spielmaterialien“ (z.B. Spielkarten, „Zauberwürfel“ [vgl. Landeszentrale für politische Bildung Baden-Württemberg 1996]) lassen sich Assoziationen hervorrufen und Lernsituationen spielerisch arrangieren. Assoziative Spielformen können insgesamt gesehen einen Komplexitätszuwachs der politischen Urteilsfähigkeit bewirken und einen Beitrag zu Konfliktfähigkeit, Perspektivenwechsel und Selbstreflexion leisten. Die in den spielerischen Aktivitäten angelegte Steigerung der Kommunikationsfähigkeiten kann politische Handlungskompetenz fördern.

## 5.2 Diskussions- und Entscheidungsspiele

Diskussions- und Entscheidungsspiele strukturieren kontrovers angelegte Kommunikationssituationen und zielen auf die Befähigung zum kontroversen Denken ab. Spielerisch-simulative Lernarrangements wie Pro- und Contra-Debatte oder Streitgespräche bieten Trainingsfelder für das Erlernen von Diskussions- und Argumentationsfähigkeit und letztlich zum Aufbau einer Streitkultur. Neben diesen aufwändigeren und komplexeren Formen bieten sich aber auch eine Reihe kleinerer, über formal strukturierte Arbeitshilfen gestützte Arrangements an, die eher spontane Entscheidungen und Positionierungen verlangen, aber auch eine Spieldynamik entwickeln können. Da immer auch ein sachliches Thema diesen kontroversen Kommunikationssituationen zugrunde liegt, ist eine Befassung mit der „Sache“ bzw. den Sachaspekten des

Erwerb von Konflikt- und Kommunikationsfähigkeit

Themas unerlässlich. Insofern dienen diese Spiele auch der Wissensaneignung.

Die politikdidaktische Bedeutung von Spielformen, die kontroverses Denken spielerisch einüben und simulieren, liegt in der Chance zum Erwerb von Konfliktfähigkeit, von Kommunikations- und Diskurskompetenzen sowie politischer Handlungskompetenz, die auf methodischen Fähigkeiten beruht (dialogische Aufmerksamkeit, Perspektivenwechsel, rhetorische Fähigkeiten).

## 5.3 Simulationsspiele

Erwerb von Handlungs- und Demokratiekompetenz

Ein als traditionell zu bezeichnendes Verständnis zählt Rollenspiele, Planspiele und Tribunal zu den klassischen Simulationsspielen. „Moderne" zum Teil durch TV-Medien verbreitete Kommunikationsformen erweitern auch die Palette der simulativen Lernformen: Talkshow, Hearing, Konferenz- und Entscheidungsspiele, simulierte Befragung, Interview und Podiumsdiskussion.

Der Spielcharakter dieser Simulationsspiele ist sehr ausgeprägt. Meist ist eine problemhaltige, modellhafte Situation vorgegeben, in der durch Übernahme interessengeleiteter Rollen ein Probehandeln („So, als ob"-Handeln) erfolgt. Dies bleibt sanktionsfrei und für den Spieler folgenlos, da es nur ein Spiel ist. Die Spieler können sich je nach dem Grad der Verregelung unterschiedlich entfalten und die Handlungssituation individuell ausfüllen.

Aus politikdidaktischer Sicht werden mehrere Kompetenzbereiche angesprochen. In erster Linie bieten Simulationsspiele didaktisch-methodische Möglichkeiten, politische Handlungskompetenzen zu erwerben: eine Rolle bewusst zu spielen und „im Sinne von Perspektivenwechseln sich in die Interessenlage, Situation und Denkweisen anderer, auch und gerade von Andersdenkenden versetzen zu können" (Sander 2001, 68), fördert letztendlich Demokratiekompetenz. Kommunikative und kooperative Fähigkeiten können in Simulationsspielen ebenso geübt werden wie Konflikt- und Kompromissfähigkeit. Rollenübernahme, Rollenpräsentation und Rollenreflexion können auch zur Stärkung von Selbstbewusstsein und Identität führen. Damit können auch Sozial- und Selbstkompetenzen gefördert werden.

## 5.4 Interaktions- und Kooperationsspiele

Erwerb von Kooperationskompetenz

Ebenso wie Interaktions- und Kommunikationskompetenz zählt Kooperationskompetenz zu den zentralen Schlüsselqualifikationen, deren Erwerb durch Erziehen und Unterrichten angestrebt wird. Heranwachsende sollen in der Schule lernen, Lernprozesse auf einer sachbezogenen Ebene im Hinblick auf die gemeinsame Erarbeitung von Lernergebnissen sowie auf der sozialen Ebene im Hinblick auf den Charakter zwischenmenschlicher Beziehungen befriedigend zu gestalten. Eine „Kultur der Anerkennung" (vgl. Henkenborg 2000) und Elemente des Demokratie-Lernens (vgl. Himmelmann 2001) können dabei aus politikdidaktischer Sicht prägende Prinzipien für Interaktion, Kommunikation und Kooperation sein.

Die Interaktionspädagogik und methodische Konzepte aus dem Bereich der Allgemeinpädagogik bieten eine breite Palette interaktioneller, kommunikativer und kooperativer Spielformen und Übungen an. Sie können in allgemeinpädagogische Interaktions- und Kommunikationsspiele, Spiele zur kooperativen Kommunikation und in Spiele und Übungen, die thematisch sich auf Themenstellungen des Politikunterrichts beziehen, unterschieden werden. Der politikdidaktische Gehalt dieser Spiele, deren Spielcharakter offenkundig ist, liegt in der Stärkung personaler und sozialer Kompetenzen sowie kommunikativer und emotionaler Fähigkeiten, die als Voraussetzung von Demokratiekompetenz angesehen werden können. Diese Kompetenzen werden nicht nebenbei gelernt, sondern müssen in Prozessen sozialen Lernens erfahren werden, die mit inhaltlich orientiertem Lernen verbunden sind.

## 5.5 Wissensspiele

Erwerb und Sicherung von Sachkompetenz

Die hier unter dem Spieltyp „Wissensspiele" zusammengefassten Spiele haben eine ausgeprägte Spielcharakteristik. Sie umfassen neben unterschiedlichen Rätsel- und Quizformen Brett-, Würfel- und Kartenspiele sowie Lege-, Zuordnungs- und Kombinationsspiele (Puzzle, Lückentexte). Als im traditionellen Sinne weitgehend zweckfreie Spiele werden sie außerhalb der Schule in unterschiedlichen Verwendungszusammenhängen und Lebenssituationen meist um des Spielens (oder des Gewinnens) willen gespielt. „Fachdidaktisch aufgeladen" (Weißeno 1998, 220) verzwecken sie das jeweilige Spiel deutlich und können je nach Grad der Intentionalität dem Spiel seine implizite Spielcharakteristik nehmen. Hier kommt es entscheidend auf die didaktische Qualität der mit fachdidaktischen Intentionen „aufgeladenen" Spiele an, ob sie ihren spielerischen Charakter behalten und „beiläufiges" Lernen, en passant, ermöglichen.

Die didaktische Funktion der Spielformen Rätsel, Quiz, Puzzle, Lückentexte ist durch die charakteristische Grundform dieser Spielaktivitäten deutlich eingeschränkt. Die Spieler vollziehen eine vorgegebene Struktur nach und füllen sie aus. Ergebnisse in Form von Antworten, zu suchenden oder zusammenzusetzenden Begriffen oder Bildern (Silbenrätsel, Puzzle) liegen im Vorhinein fest und werden durch den Lösungsvorgang in der Regel nicht weiter problematisiert. Fakten- und Begriffwissen können abgefragt, gefestigt und geübt werden. Insofern dienen diese spielerischen Aktivitäten dem Erwerb und Sicherung von Sachkompetenz.

Vor allem für lernschwächere Schülerinnen und Schüler können diese Spielformen durch ihre sprachentlastende Funktion eine Lernerleichterung und einen Zugang auch zu komplexen Sachverhalten darstellen. Ergänzt werden müssen diese spielerischen Lernaktivitäten durch problemerörternde Reflexionen, um Urteils- und Handlungskompetenz anzubahnen.

### 5.6 Szenische Spielformen

Erwerb von Selbst- und Sozialkompetenz

Von spontanen Stegreifspielen und Sketchen, über Improvisationen und Pantomimen bis hin zu komplexeren Spielprojekten reicht die Palette szenischer Spiele, die eine Verbindung von ästhetischem und politischem Lernen herstellen können. Im Mittelpunkt stehen Haltungen und Handlungen, Wahrnehmungen und Empfindungen, Vorstellungen und Phantasien sowie soziale Interaktionen, die in Szenen umgesetzt und vorgeführt werden. Damit reichen diese Spielformen über Simulationsspiele hinaus.

Im Unterschied zu diesen bieten szenische Spiele breitere Möglichkeiten, Erfahrungen zu gewinnen, Verhalten zu erproben und unterschiedliche Perspektiven einzunehmen.

Szenische Spiele interpretieren konfliktbehaftete soziale Beziehungen und Ereignisse. Die Spielakteure können in einem sanktionsfreien Raum ein hohes Maß an Selbstdarstellung, Selbstentfaltung sowie Subjektivität und Engagement probehandelnd einbringen. Damit können diese Spielformen eine spielcharakteristische Dynamik entfalten. Aus politikdidaktischer Perspektive können eine Vielzahl von sozialen und politischen Themen mithilfe szenischer Spiele problemorientiert erschlossen werden. Dabei müssen nicht immer Konfliktsituationen oder soziales Interaktionsverhalten Gegenstände des Sozialkunde-/Politikunterrichts sein; auch das szenische Spielen und Interpretieren von Textvorlagen aus dem Bereich der politischen Publizistik oder von (fiktiven) gesellschaftlichen oder politischen Ereignissen und Situationen bietet sich an. Sinnlich-ästhetische, körperliche und emotionale Elemente verknüpfen sich im szenischen Spiel und ermöglichen ausdrucksstarke Darstellungen von Handlungen, Einstellungen und Haltungen (z.B. bei dem Standbild oder Statuentheater). Damit können szenische Spiele Beiträge zum Erwerb von Sozialkompetenz (soziales Lernen, soziales Verständnis), Selbstkompetenz (Persönlichkeitsentwicklung und Identität) sowie Methodenkompetenz (Sprach- und Ausdrucksfähigkeit, Kooperation und Verantwortungsbewusstsein) und damit im weiteren Sinne auch zur politischen Handlungs- und Urteilskompetenz leisten.

## 5.7 Spielerische Präsentations- und Produktionsformen

Training interaktioneller und methodischer Fähigkeiten

Die kreativ-spielerische Gestaltung und gegenständliche Ausarbeitung von Lernergebnissen ermöglicht den Lernenden, mit Worten, Bildern, Tönen zu „spielen“, eigene Ausdrucksformen zu realisieren, die abseits herkömmlicher Ergebnispräsentation liegen. Durch die ästhetische und phantasievolle Ausformung von Lernergebnissen können Schüler und Schülerinnen eigene kreative Fähigkeiten entwickeln und zur Geltung bringen. Die Bandbreite möglicher Präsentationsformen ist groß: visuelle, auditive, audiovisuelle Texte oder gegenständliche Produkte können vielfältige Ausdrucks- und Gestaltungsformen annehmen. Ob sachlich-nüchtern, ironisch-überzeichnet, witzig oder tiefsinnig – immer setzen die „Produkte" einen Entscheidungs- und Interpretationsprozess voraus, der auf der Basis einer sachlichen Auseinandersetzung mit dem Thema beruht. Methoden des kreativen Schreibens bieten Anregungen für die kreative Auseinandersetzung mit Textvorlagen, die dann zu publizierbaren Ergebnissen ausgearbeitet werden. Da die Präsentation immer für ein Publikum (Mitschüler, Schulgemeinde, Öffentlichkeit) gedacht ist, müssen auch Wirkung und Rezeptionsweisen der Adressaten antizipiert werden.

Diese Lernformen weisen eine unterschiedlich ausgeprägte Spielcharakteristik auf. Die Grenzen zu nicht-spielerischen Aktivitäten sind fließend. Aus der Sicht der Politikdidaktik bieten diese spielerischen Lernaktivitäten Chancen, interaktionelle und methodische Fähigkeiten zu trainieren.

## Literatur

Arnim, Gabriele (Hrsg.) 1994: Politiklust. München

Baer, Ulrich/Dietrich, Knut/Otto, Gunter (Hrsg.) 1995: Spielzeit. Spielräume in der Schulwirklichkeit. Friedrich Jahresheft XIII. Seelze

Deutsche Shell (Hrsg.) 2002: Jugend 2002. 14. Shell Jugendstudie. Zwischen pragmatischem Idealismus und robustem Materialismus. Hamburg

Dunker, Ludwig 1995: Spiele und Phantasie. Eine kreative Form der Weltaneignung. In Baer/Dietrich/Otto (Hrsg.), S. 4-5

Fend, Helmut 1996: Sozialer Wandel der Jugend- und Schülergenerationen – Rahmenbedingungen für veränderte pädagogische Aufgaben von Bildungssystemen. In: Bund-Länder-Kommission für Bildungsplanung und Forschungsförderung (Hrsg.), S. 44-80

Henkenborg, Peter 2000: Politische Bildung als Kultur der Anerkennung: Skizzen zu einer kritischen Politikdidaktik. In: kursiv – Journal für Politische Bildung, H. 2, S. 32-35

Himmelmann, Gerhard 2001: Demokratie Lernen als Lebens-, Gesellschafts- und Herrschaftsform. Ein Lehr- und Studienbuch. Schwalbach/Ts.

Kaiser, Hansjörg 1996: Handlungsorientierung als didaktisch-methodisches Element im Gemeinschaftskundeunterricht und in der Erwachsenenbildung am Beispiel der Museumsmethode. Frankfurt/M.

Kötters-König, Catrin 2001: Handlungsorientierung und Kontroversität. Wege zur Wirksamkeit der politischen Bildung im Sozialkundeunterricht. In: Aus Politik und Zeitgeschichte, B 50

Kuhn, Hans-Werner; Massing, Peter (Hrsg.) 2000: Methoden und Arbeitstechniken. In: Weißeno, Georg (Hrsg.): Lexikon der politischen Bildung, Bd. 3. Schwalbach/Ts.

Landeszentrale für politische Bildung Baden-Württemberg (Hrsg.) 1996: Zauberwürfel. Bilder für den politischen Unterricht. Stuttgart

Massing, Peter 2000: Kategoriale Bildung und Handlungsorientierung im Politikunterricht. In: kursiv – Journal für Politische Bildung, H. 2, S. 36-39

Menzel, Wolfgang 1995: Spiel ist das Vergnügen, sich selbst auszuloten. In: Baer/ Dietrich/Otto, S. 73

Meyer, Thomas/Ontrup, Rüdiger/Schicha, Christian 2000: Die Inszenierung des Politischen. Zur Theatralität von Mediendiskursen. Wiesbaden

Meyer, Thomas 2001: Mediokratie. Die Kolonisierung der Politik durch das Mediensystem. Frankfurt/M.

Miller, Reinhold 1997: Beziehungsdidaktik. Weinheim und Basel

Oerter, Rolf 1999: Psychologie des Spiels. Weinheim und Basel

Reinhardt, Sibylle 2001: Politische Orientierungen Jugendlicher. Ergebnisse und Interpretationen der Sachsen-Anhalt-Studie „Jugend und Demokratie". In: Aus Politik und Zeitgeschichte, B. 45

Rumpf, Horst 1993: Spielarten der Kulturaneignung. In: Staudte, Adelheid (Hrsg.): Ästhetisches Lernen auf neuen Wegen. Weinheim, Basel, S. 19-30

Ruprecht, Gisela 2000: „Politische Bildung muss Spaß machen". In: kursiv – Journal für politischen Bildung, H. 4, S. 32-34

Sander, Wolfgang 2001: Politik entdecken – Freiheit leben. Neue Lernkulturen in der politischen Bildung. Schwalbach/Ts.

Scheuerl, Hans (Hrsg.) 1975: Theorien des Spiels. Erweiterte und ergänzte Neuausgabe der „Beiträge zur Theorie des Spiels". 10. Aufl., Weinheim und Basel

Schiele, Siegfried/Schneider, Herbert (Hrsg.) 1991: Rationalität und Emotionalität in der politischen Bildung. Stuttgart

Schiele, Siegfried 1996: Quo vadis? In: Weidinger, Dorothea (Hrsg.): Politische Bildung in der Bundesrepublik. Zum 30jährigen Bestehen der Deutschen Vereinigung für Politische Bildung. Opladen, S. 133-139

Scholz, Lothar 2001: Methoden-Kiste. Thema im Unterricht. Karteikarten. Bundeszentrale für politische Bildung (Hrsg.). 2. Aufl., Bonn

Scholz, Lothar 2002: Grundgesetz für Einsteiger und Fortgeschrittene. Bundeszentrale für politische Bildung (Hrsg.): Thema im Unterricht. 8. völlig neubearbeitete Aufl., Bonn

Scholz, Lothar 2003: Spielerisch Politik lernen. Methoden des Kompetenzerwerbs im Politik- und Sozialkundeunterricht. Schwalbach/Ts.

Siller, Peter/Pitz, Gerhard (Hrsg.) 2000: Politik als Inszenierung. Zur Ästhetik des Politischen im Medienzeitalter. Baden-Baden

Weißeno, Georg 1998: Welche Bedeutung haben Ziele und Inhalte im handlungsorientierten Unterricht? In: Breit, Gotthard/Schiele Siegfried (Hrsg.): Handlungsorientierung im Politikunterricht. Schwalbach/Ts., S. 214-225

Wiechmann, Jürgen (Hrsg.) 1999: Zwölf Unterrichtsmethoden. Vielfalt für die Praxis. Weinheim und Basel

*Joachim Detjen*

# Forschend lernen: Recherche, Interview, Umfrage, Expertenbefragung

## 1. Grundsätzliches zum forschenden Lernen

Forschendes versus rezeptives Lernen

Forschendes Lernen ist das genaue Gegenteil des rezeptiven Lernens. Rezeptives Lernen zeichnet sich dadurch aus, dass die Lernenden dargebotene Inhalte passiv aufnehmen, speichern und auf Anforderung wiedergeben können. Rezeptives Lernen findet üblicherweise im darbietenden Unterricht statt. In einem solchen Unterricht wird der zu vermittelnde Wissensstoff vom Lehrer vollständig aufbereitet. Er kennt das Ergebnis, hat die einzelnen Lernschritte hierauf abgestimmt und ist deshalb weit gehend vor Überraschungen sicher. Das rezeptive Lernen hat den großen Nachteil, dass es wenig nachhaltig ist: Das lediglich passiv aufgenommene Wissen bleibt nicht haften. Der darbietende Unterricht unterstellt außerdem, dass das Wissen finit, also gesichert ist. Hiervon kann auf dem Felde von Politik und Gesellschaft in vielen Fällen aber gar keine Rede sein.

Das forschende Lernen ist demgegenüber durch eine weit gehend *offene* Lehr-Lern-Situation gekennzeichnet. Es gibt den Lernenden Gelegenheit, mit ihren eigenen Kräften politische *Einstellungen* zu ermitteln, *Sachverhalte* aus der politisch-sozialen Umwelt zu eruieren oder sich um die Lösung von *Problemen* aus diesem Bereich zu bemühen. Die Einstellungen, Sachverhalte und Probleme sind nicht im Schulbuch aufbereitet, und sie bilden in der Regel auch keinen Bestandteil des von den Lehrplänen vorgeschriebenen Wissenskanons. Was als Ergebnis forschenden Lernens am Ende herauskommt, ist zu Beginn nicht bekannt. Viel hängt von der Fragestellung, der Kommunikation innerhalb der Lerngruppe und der gewählten Forschungsstrategie ab. Forschendes Lernen weist mithin eine Nähe zum *Projektunterricht* auf.

Aus der Sicht der Lernenden ist es unerheblich, ob das zutage geförderte Wissen wirklich neu ist, wie es die wissenschaftliche Forschung für sich beansprucht, oder ob es sich um allgemein bekannte Tatsachen handelt. Entscheidend ist, dass es sich um ein Bemühen handeln muss, mittels eigener Anstrengung über das Vermittelte und Bekannte hinaus zu neuem, erweitertem Wissen zu gelangen. Es geht darum, bisher *subjektiv* Unbekanntes in den eigenen Wissenshorizont zu heben.

Um dem Anspruch forschenden Lernens gerecht zu werden, ist es weiterhin wichtig, dass die gewählten Vorgehensweisen Ähnlichkeiten mit wissenschaftlichen Forschungsmethoden aufweisen. Recherchen als Vorbereitung von Dokumenten- oder Inhaltsanalysen, Interviews und Umfragen sowie Expertenbefragungen gehören zweifellos zu den etablierten Instrumenten sozialwissenschaftlicher Forschungspraxis. Forschendes Lernen leistet mithin einen Beitrag zur *Wissenschaftspropädeutik* (vgl. auch Gagel in Kapitel II).

Wissenschaftspropädeutik

Das forschende Lernen kann sowohl die Makrostruktur (Unterrichtseinheit) als auch die Mikrostruktur (Unterrichtsphase) des Unterrichts bestimmen. Auf der Makroebene prägt es durch und durch die Methodenkonzeption der *Sozialstudie* und ganz erheblich die des *Projekts* und der *Erkundung.* Auf der Mikroebene findet es vorrangig statt als *Recherche*, als *Interview* und als *Expertenbefragung.* Während das Interview und die Expertenbefragung zu Begegnungen mit Personen und deren Sichtweisen von Welt führen, eröffnet die Recherche den Kontakt zu Texten und damit zur symbolisch repräsentierten Wirklichkeit. Gemeinsam haben alle drei Methoden, dass sie vorzugsweise in der *Informationsphase* von Unterrichtseinheiten eingesetzt werden. Man kann sie aber auch in der *Anwendungsphase* einsetzen. In diesem Fall lässt sich mit ihnen überprüfen, ob die vorangegangene Informationsverarbeitung gelungen ist und die Lernenden zu Generalisierungen und Transferleistungen imstande sind (Massing 1999, 433 f.).

Mikro- und Makrostruktur

Allgemein gilt: Forschendes Lernen ist experimentell und einfallsreich. Fragen, Hypothesen und Antworten finden die Lernenden nach Möglichkeit selbst. Dem forschenden Lernen wohnt folglich eine Lernqualität inne, bei welcher die *Eigentätigkeit* und die *aktive Auseinandersetzung* der Lernenden mit ihrer Umwelt ein Maximum erreichen (Terhart 1997, 149). Das forschende Lernen weist somit Gemeinsamkeiten oder Ähnlichkeiten mit einer Reihe anerkannter pädagogischer und didaktischer Prinzipien auf. Zu diesen gehören das entdeckende Lernen, das produktive Lernen, das problemorientierte Lernen, das selbstgesteuerte Lernen, das genetische Lernen, das erfahrungsorientierte Lernen und das handlungsorientierte Lernen (Bönsch 1994, 39). Vorläufer des forschenden Lernens liegen in der Reformpädagogik der 20er-Jahre und in der Lernpsychologie der 60er-Jahre des letzten Jahrhunderts. Zu nennen sind Hugo Gaudigs „freie geistige Tätigkeit" und sein Postulat, dass der Schüler „Methode habe", Georg Kerschensteiners Begriff der Arbeitsschule, John Deweys Projektmethode sowie Jerome Bruners Konzept des entdeckenden Lernens.

Eigentätigkeit und aktive Auseinandersetzung

Die lernpsychologischen Vorzüge forschenden Lernens liegen auf der Hand: Seit Piaget weiß man, dass das Denken des Menschen in der Fähigkeit besteht, geistige Operationen durchzuführen. Der darbietende Unterricht fördert aber nicht das lebendige Spiel der Operationen, er lähmt es eher. Hingegen entwickelt sich das Denken, wenn die Lernenden durch eigenes Forschen und Suchen ihre Begriffe und Operationen selbst aufbauen können (Aebli 1976, 87 ff.). Es spricht viel dafür, dass das forschende Lernen auch die wichtige kognitive Fähigkeit steigert, Informationen so zu erwerben und auszuwerten, dass neue Situationen damit bewältigt werden können. Ebenso fördert es Such- und Findungstechniken, baut also das heuristische Vermögen des Einzelnen auf. Weiterhin ist das durch forschendes Lernen Entdeckte in hohem Grade nachhaltiges, weil situiertes Wissen und steht zum Transfer auf neue Gegenstände bereit. Schließlich erhöht das forschende Lernen das Interesse der Lernenden für das forschende Vorgehen selbst: Sie sind motiviert, neue Aufgaben ebenfalls forschend zu bewältigen (Wilde 1984, 12).

Lernpsychologische Vorzüge forschenden Lernens

Hinsichtlich der unterrichtlichen Arrangements verlangt forschendes Lernen vom Lehrer zunächst ein neues Rollenverständ-

Neue Lehrerrolle

nis. Denn er fungiert hier nicht als Wissensvermittler. Er ist vielmehr Arrangeur einer anregenden Lernumgebung, darüber hinaus ein sich bereithaltender Berater und Helfer. Dann muss dem Lehrer klar sein, dass die Methode des forschenden Lernens eine sehr schwierige Unterrichtsform ist. Denn er gibt nicht nur die straffe Führung des Unterrichts auf, sondern nimmt auch das Wagnis des Misserfolges auf sich. Er muss bereit sein, das Risiko der Ungewissheit zu tragen. So weiß er nicht, was an Denkvorgängen in den Schülern vorgeht. Er kann ihre Fehldispositionen und Umwege nicht vorab einschätzen. Und er hat keine Gewissheit darüber, ob der Gegenstand für die Lernenden so bedeutungsvoll ist, dass sie ihn von sich aus einer Klärung zuführen wollen (Fries/Rosenberger 1981, 13 f.).

Forschendes Lernen setzt bei den Lernenden eine epistemische Haltung der Neugier voraus. Fragen und Probleme stehen am Anfang. Damit nicht blind gehandelt wird, ist ein Plan für das weitere Vorgehen zu entwerfen: Wo kann man etwas nachschlagen? Welche Experten gibt es? Was kann eine Umfrage ergeben? Nach Maßgabe des Plans können die Forschungsaktivitäten allein, in Gruppen, gemeinsam oder arbeitsteilig durchgeführt werden. Die eruierten Daten müssen gesichtet, zusammengeführt und bewertet werden. Das Ergebnis kann gegebenenfalls veröffentlicht werden (Bönsch 2000, 236).

Formen forschenden Lernens

Eine nachahmenswerte Form hat das forschende Lernen in der *Politikwerkstatt* gefunden. Dort erforschen Sekundarstufen-Schüler mit diversen Instrumenten der empirischen Sozialforschung aktuelle politische Probleme ihres Nahbereiches. Bei der Präsentation ihrer Ergebnisse versuchen sie, Öffentlichkeit herzustellen (Moegling 2003, 10 ff.). Auch die jährlich ausgeschriebenen *Schülerwettbewerbe* der Bundeszentrale für politische Bildung verlangen fast immer Forschungsaktivitäten. In der außerschulischen politischen Jugend- und Erwachsenenbildung ist forschendes Lernen ebenfalls nicht unbekannt: *Geschichts- und Planungswerkstätten* sowie *Projekte* zu besonderen Daten und Ereignissen verlangen Recherchen, Interviews und Expertenbefragungen.

## 2. Recherche

Die Recherche ist eine Methode, wohl mehr aber noch eine *basale Arbeitstechnik* im Rahmen des forschenden Lernens. Das Recherchieren bezeichnet das Beschaffen und Auswerten von Informationen. Dies können Lernende einzeln oder in Gruppen, arbeitsteilig oder gemeinsam tun. Recherchieren kann man in Printmedien, Rundfunk- und Fernsehaufzeichnungen, elektronischen Datenbanken sowie im Internet. Orte des Recherchierens können neben dem Personalcomputer Bibliotheken, Archive und Museen sein (Sander 2001, 133). Bestandteile des Recherchierens sind die Ermittlung neuer Informationen, das Überprüfen des Wahrheitsgehaltes dieser Informationen sowie das Eruieren von Hintergrundwissen.

Bestandteile des Recherchierens

Im Informationszeitalter spielen die neuen Medien eine immer größere Rolle (vgl. auch Besand in Kapitel IV und V). Insbesondere das *World Wide Web* im Internet ermöglicht die schnelle Beschaffung von Informationen der unterschiedlichsten Art: Presseartikel, Zeitungsarchive, Selbstdarstellungen, Dokumentationen von Projekten und anderes mehr. Man muss allerdings sehen, dass ausführliche Informationen zur Politik im Internet eher ein Nischendasein führen, denn das Netz ist eher ein Markt- und Spielplatz des Kommerzes als ein Forum der Politik. Dennoch lassen sich zahlreiche politische Informationen aus dem Internet beziehen. Dies gilt vor allem, wenn aktuelle Daten, Verlautbarungen, Diskussionen und Entwicklungsverläufe gesucht werden (Ruprecht 2001, 8). Um im Datenmeer des Internet das Richtige zu finden, benutzt man *Suchmaschinen.* Nur die Eingabe hinreichend präziser Suchbegriffe eröffnet jedoch die Chance, brauchbare Hinweise zu einschlägigen Dokumenten zu erhalten.

Internet

Es gibt keinen Anlass, dem Internet unkritisch gegenüberzustehen. Denn im World Wide Web werden nicht nur Informationen, sondern auch Fehlinformationen ungehindert verbreitet. Die Veröffentlichungsschwelle ist im Internet weitaus geringer als im Buchwesen. Es gibt keine Zensur, aber eben auch keine Qualitätskontrolle. Deshalb enthält ein Internet-Dokument nicht von

Quellen- und Textkritik

vornherein besonders wertvolle Daten. Das Recherchieren ist daher mit *Quellen- und Textkritik* zu verbinden: Ist der Herausgeber eine offizielle oder eher eine unbekannte oder gar dubiose Organisation? Ist eine Email-Adresse angegeben, so dass man gegebenenfalls Rückfragen stellen kann? Ist die Seite gut gepflegt? Ist die Aktualität zu erkennen? Ist der Text seriös oder tendenziös?

## 3. Interview und Umfrage

Das Interview und die Umfrage sind eng verwandt. Beide Methoden kommen in der Regel im Rahmen von *Erkundungen* zum Einsatz. Bei beiden Methoden geht es darum, von den Befragten zu erfahren, wie sie bestimmte Sachverhalte sehen und beurteilen. Es wird also nach *Einstellungen, Erinnerungen* und *Wahrnehmungen* gefragt.

Unterschied zwischen Interview und Umfrage

Das *Interview* ist ein Gespräch mit einer einzelnen ausgewählten Person oder mehreren ausgesuchten Personen. Die *Umfrage* ist anonymer. Sie holt beispielsweise bei Passanten auf der Straße Meinungen und Stellungnahmen ein. Der Kreis der Befragten ist bei einer Umfrage auch deshalb erheblich größer, weil man mit ihrer Hilfe zu repräsentativen Aussagen gelangen möchte. Das Interview unterscheidet sich von der Umfrage weiterhin dadurch, dass es offener gehalten ist: Der Gesprächsablauf wird nicht durch einen festen, unverrückbaren Fragenkatalog gesteuert. Es gibt nur einen Interviewleitfaden.

Wesentlich für das Interview ist die Gesprächssituation, das spontane Reagieren auf Äußerungen des Interviewten. Das Interview setzt schließlich ein gewisses Vertrauen zwischen dem Interviewer und dem Befragten voraus. Sowohl beim Interview als auch bei der Umfrage versteht es sich, dass der Interviewer die Institution nennt, der er entstammt (Schule und Klasse/Kurs bzw. Bildungsinstitution), und erzählt, in welches Thema das Interview eingebunden ist. Er muss allerdings streng vermeiden, die hinter dem Interview stehenden Hypothesen darzulegen. Dadurch würde er das Antwortverhalten unzulässig beeinflussen (Becker 1991, 199).

Das Interview und die Umfrage verlangen eine intensive Vorbereitung, bei der vor allem der Arbeits- bzw. Forschungsplan zu entwickeln ist: Welche Hypothesen gibt es zum Fragegegenstand? Welche Fragen sind vor diesem Hintergrund sinnvoll? Welche Personen bzw. welche Segmente aus der Bevölkerung sollen befragt werden?

Intensive Vorbereitung

Dann sind der *Interviewleitfaden* bzw. der *Fragebogen* zu erstellen (Ackermann/Gassmann 1991, 34, 38). Deren Tauglichkeit sollte durch einen *Pretest* überprüft werden. Als Anhalt gilt: Ein Interview darf höchstens dreißig Minuten dauern. Ein Fragebogen darf maximal fünfzehn Fragen enthalten. Die Interviewtechnik sollten die Lernenden in *Rollenspielen* üben. Bei der Durchführung ist darauf zu achten, dass die Antworten aufgezeichnet werden. Das bereitet bei Fragebögen keine Probleme. Bei Interviews ist es günstig, wenn der Interviewte seine Erlaubnis für eine Tonbandaufzeichnung gibt. Andernfalls gibt es nur die Möglichkeit, sich Stichwortnotizen zu machen. Die Auswertung beginnt mit der Sammlung der Eindrücke der Befrager. Diese Eindrücke bilden die Grundlage für die abschließende Reflexion über die Methode als solche, auf die nicht verzichtet werden sollte. Die gewonnenen Aussagen selbst werden mit den Hypothesen verglichen und daraus Interpretationen entwickelt. Die Ergebnisse werden in einem Bericht zusammengefasst und in der Öffentlichkeit präsentiert.

Bei der Erstellung eines Fragebogens ist der Frageformulierung besondere Beachtung zu schenken: Die Fragen sollen einfache Wörter enthalten. Fremdwörter sind strikt zu vermeiden. Es empfiehlt sich, die Fragen in kurze Sätze einzukleiden. Die Fragen dürfen den Befragten nicht überfordern. Er muss sie vor dem Hintergrund seiner Erfahrungen und Einsichten beantworten können. Die Fragen dürfen keine bestimmte Beantwortung provozieren: Suggestivfragen sind also verboten. Die Fragen sollen neutral formuliert sein, d.h., sie sollen keine „belasteten" Wörter enthalten, wie beispielsweise „Parteienfilz" oder „Bürokrat". Dann ist darauf zu achten, dass die ersten Fragen nicht das Antwortverhalten bei den späteren Fragen beeinflussen.

Offene und geschlossene Fragen

Zu unterscheiden sind offene und geschlossene Fragen. *Offene* Fragen („Was war für Sie im letzten Jahr besonders wichtig?" „Warum reizen Filme, die Gewaltszenen zum Inhalt haben?") schränken den Befragten in seinen Antwortmöglichkeiten nicht ein. Sie bereiten große Schwierigkeiten bei der Auswertung, da die Antworten mittels Interpretation klassifiziert werden müssen. *Geschlossene* Fragen lassen keine eigenen Formulierungen beim Antworten zu. Sie verlangen vom Befragten lediglich eine Entscheidung zwischen vorgegebenen Antwortalternativen. Er braucht seine Option nur anzukreuzen. Geschlossene Fragen sind einfach auszuwerten. Sie verdienen deshalb Bevorzugung. Man unterscheidet Alternativ-, Auswahl-, Multiple-Choice- und Skalenfragen. Die *Alternativfrage* („Sollte das Wahlalter auf 16 Jahre gesenkt werden?") lässt nur Zustimmung oder Ablehnung zu. Die *Auswahlfrage* („Welcher der aufgelisteten Parteien würden Sie Ihre Stimme geben?") bietet mehrere Antworten zur Auswahl an. Für eine muss man sich entscheiden. Die *Multiple-Choice-Frage* („Welche der aufgelisteten Handlungen sind für Sie aggressiv?") lässt dagegen mehrere zustimmende Antworten zu. Die *Skalierungsfrage* („Wie stark interessieren Sie sich für Politik?") misst die Intensität einer Einstellung. Der Befragte muss aus einem Antwortspektrum auswählen, das von „sehr stark" über „stark", „mittel" und „wenig" bis „überhaupt nicht" reicht (Gugel 1994, 162).

Fragetypen

Was immer bei Interviews und Umfragen geantwortet wird: Die Lernenden müssen wissen, dass die Antworten subjektive Einschätzungen, keine objektiven Tatsachenerkenntnisse wiedergeben. Und ihnen muss klar sein, dass man nie weiß, ob die gegebenen Antworten wahrhaftig sind.

## 4. Expertenbefragung

In einer Expertenbefragung werden einem Spezialisten oder Sachverständigen zur Klärung eines Sachverhaltes vorbereitete Fragen gestellt. Erwartet wird, auf diese Weise Informationen zu erschließen, die auf anderen Wegen nur schwer oder gar nicht zu erhalten sind. Die Befragung kann in der Schule stattfinden. Sie kann aber auch am Arbeitsplatz oder Wirkungsort des Fachmannes erfolgen. In beiden Fällen öffnet die Expertenbefragung den Unterricht der politisch-gesellschaftlichen Realität außerhalb der Schule.

Expertenauswahl

Für den Erfolg einer Expertenbefragung kommt der Auswahl des Experten eine besondere Bedeutung zu. Dabei empfiehlt es sich, den Begriff des Experten nicht zu eng zu fassen. Experten sind nicht nur fachlich qualifizierte oder wissenschaftlich ausgebildete Spezialisten. Im Prinzip ist jeder, der in einem Konflikt Partei, d.h. Beteiligter oder Betroffener, ist, Experte in der betreffenden Angelegenheit (Massing 1998, 55). Dennoch greift man im Regelfall auf Personen zurück, die sich professionell in ihrem Metier auskennen, also auf den Leiter des Jugendzentrums, den Drogenberater, den Polizisten, den Jugendrichter, den Jugendoffizier, den Unternehmer, den Betriebsrat, den Gewerkschaftsvertreter, den Vertreter eines Arbeitgeberverbandes, den Bürgermeister, den Stadtkämmerer, den Landrat, den Umweltdezernenten des Landkreises, den Vertreter von „amnesty international", den Lokalredakteur, den Landtags- und den Bundestagsabgeordneten. Es ist durchaus zulässig, auch zwei oder mehr Experten mit unterschiedlichen Auffassungen einzuladen und zu befragen. Sich um ein Wahlmandat bemühende Politiker sollte man in den letzten acht Wochen vor einer Wahl jedoch nicht zum Gespräch einladen. Die Gefahr der Einseitigkeit und der unterschwelligen Wahlwerbung ist zu groß (Wolf 1992, 742 f.).

Intensive Vorbereitung

Eine Expertenbefragung muss intensiv vorbereitet werden. Der Lehrer muss zunächst den Experten gründlich über drei Dinge informieren, nämlich über das *Thema* der Unterrichtseinheit, über das *Vorwissen*, das *Denk- und Abstraktionsvermögen* und die *Einstellungen* der Lerngruppe sowie über den *unterrichtlichen Vorlauf* und die *konkrete Vorbereitung* der Lernenden auf die Befragung. Auf diese Weise soll verhindert werden, dass der Experte über die Köpfe der Lernenden hinweg redet. Der Experte seinerseits weiß, dass er gegebenenfalls mit naiven, unqualifizierten und respektlosen Fragen konfrontiert werden kann. Noch wichtiger ist die Vorbereitung der Lerngruppe. Schüler verhalten sich erfahrungsgemäß zurückhaltend, wenn Fremde im Klassenraum auftreten. Der Lehrer sollte sich also nicht darauf verlassen, dass die Schüler schon irgendwie spontan Fragen stellen werden. Es wäre auch illusorisch anzunehmen, Schüler würden ohne vorheriges Durchdenken vernünftige Fragen zu einem politischen Sachverhalt entwickeln. Deshalb müssen die Fragen im Vorbereitungsunterricht gründlich erarbeitet werden. Es empfiehlt sich, die Abfolge der Fragen festzulegen, die Fragen einzelnen Schülern oder kleinen Gruppen zuzuordnen sowie zu bestimmen, wer die erste Frage stellt. Eine intensive Vorbereitung erhöht darüber hinaus die Wahrscheinlichkeit, dass die Schüler sich nicht mit ausweichenden Antworten zufrieden geben und Nachfragen stellen. Zur Vorbereitung gehört auch, dass der Lehrer die Schüler über die Person des Experten, seinen Werdegang und seine Tätigkeit informiert.

Optimal ist es, wenn nicht der Lehrer, sondern ein Schüler die Rolle des Moderators bei der Befragung einnimmt. Während der Expertenbefragung müssen sich die Lernenden Notizen machen. Es kann auch ein Protokollant eingeteilt werden. Möglicherweise erlaubt der Experte eine Tonband- oder Videoaufzeichnung. Die Antworten müssen im Anschluss an die Befragung ausgewertet und in den thematischen Zusammenhang der Unterrichtseinheit gestellt werden. In der Auswertungsphase sollte auch darüber reflektiert werden, ob und inwieweit die politische Realität durch die „Expertenbrille“ verzerrt oder einseitig erscheint. Es ist auch nicht auszuschließen, dass nebensächlich oder anekdotenhaft vorgetragene Äußerungen viel einprägsamer sind als die wichtigen Aussagen (Massing 1998, 57 f.).

Auswertungsphase

Mögliche Unvollkommenheiten

Die Wirksamkeit von Expertenbefragungen leidet nicht selten unter den folgenden Unvollkommenheiten: Die Lernenden stellen so genannte „Einpunktfragen“, d.h. Fragen sehr geringer Komplexität. Experten reagieren darauf aber häufig nicht mit knappen Antworten, sondern weitschweifig mit allgemeinen Sentenzen und Ausführungen, die das Thema nur am Rande berühren. Eine solche Situation erfordert diplomatisches Fingerspitzengefühl, den Gast zu unterbrechen und ihn zu bitten, zur Sache zurückzukommen. Ähnlich verhält es sich, wenn der Experte, ohne es zu merken oder zu wollen, eine Fachsprache benutzt, die nicht mehr verstanden wird. Manchmal können Experten auch nicht der Verlockung widerstehen, einen Vortrag zu halten. Eine Expertenbefragung ist keine Diskussion mit dem Experten, jedenfalls nicht zu Beginn. Eine Diskussion kann sich jedoch anschließen. Die Versuchung vor allem in der Sekundarstufe II ist jedoch groß, schon frühzeitig in eine Diskussion einzutreten, insbesondere dann, wenn der Experte eine der eigenen Meinung widersprechende Auffassung vertritt. Das Umgekehrte kann aber auch passieren, wenn nämlich die Lernenden trotz der Vorbereitung keinen eigenen Standpunkt gewonnen haben, den sie argumentativ vertreten können. Die Folge ist dann, dass Befragung und Diskussion allenfalls dahinplätschern.

## Literatur

Ackermann, Paul/Gassmann, Reinhard 1991: Arbeitstechniken politischen Lernens kurzgefasst. Stuttgart

Aebli, Hans 1976: Psychologische Didaktik. Didaktische Auswertung der Psychologie von Jean Piaget. 6. Aufl., Stuttgart

Becker, Franz Josef E. 1991: Politisches Lernen durch Realbegegnung. Zur Methode von Erkundung und Befragung. In: Methoden in der politischen Bildung – Handlungsorientierung. Bonn, S. 174-212

Bönsch, Manfred 1994: Schüler aktivieren. Hilfen für die tägliche Unterrichtsgestaltung. 3. Aufl., Hannover

Bönsch, Manfred 2000: Variable Lernwege. Ein Lehrbuch der Unterrichtsmethoden. 3. Aufl., Paderborn

Fries, Eberhard/Rosenberger, Rudi 1981: Forschender Unterricht. Ein Beitrag zur Didaktik und Methodik des mathematischen und naturwissenschaftlichen Unterrichts in allgemeinbildenden Schulen, mit besonderer Berücksichtigung der Sekundarstufen. 5. Aufl., Frankfurt/M.

Gugel, Günther 1994: Praxis politischer Bildungsarbeit. Methoden und Arbeitshilfen. 3. Aufl., Tübingen

Massing, Peter 1998: Handlungsorientierter Politikunterricht. Ausgewählte Methoden. Schwalbach/Ts.

Massing, Peter 1999: Die Expertenbefragung. In: Wolfgang W. Mickel (Hrsg.): Handbuch zur politischen Bildung. Grundlagen, Methoden, Aktionsformen. Schwalbach/Ts., S. 433-436

Moegling, Klaus 2003: Die Politikwerkstatt. Ein Ort politischen Lernens in der Schule. Schwalbach/Ts.

Ruprecht, Gisela 2001: Politische Bildung im Internet. 2. Aufl., Schwalbach/Ts.

Sander, Wolfgang 2001: Politik entdecken – Freiheit leben. Neue Lernkulturen in der politischen Bildung. Schwalbach/Ts.

Terhart, Ewald 1997: Lehr-Lern-Methoden. Eine Einführung in Probleme der methodischen Organisation von Lehren und Lernen. 2. Aufl., Weinheim und München

Wilde, Günter 1984: Aspekte entdeckenden Lernens aus allgemeindidaktischer Sicht. In: Ders. (Hrsg.): Entdeckendes Lernen im Unterricht. 2. Aufl., Oldenburg

Wolf, Heinz-Ulrich 1992: Die Expertenbefragung als Methode im Politik- und Wirtschaftslehre-Unterricht. In: Geschichte, Erziehung, Politik 3, S. 739-748

*Paul Ciupke*

# Reisend lernen: Studienreise und Exkursion

## 1. Zur Einführung

Eine Methode im engeren Sinne stellt das Reisen auf den ersten Blick nicht unbedingt dar, eher scheint der auf die Form zielende und damit unterschiedliche Dimensionen des pädagogischen Handelns integrierende Begriff des Veranstaltungsarrangements angemessen. Die Exkursion darf man aber natürlich zu den Methoden der politischen Bildung zählen, ihr eignet vor allem das Verlassen des Klassenzimmers oder der Tagungsstätte und damit der Ortswechsel zum Zwecke eines besonderen Lernens. Dabei arbeitet man – beispielsweise – mit den originären Qualitäten eines Lernortes. Insofern aber das Reisen aus der Addition von Exkursionen = Ortswechseln besteht, zeigt sich nicht nur eine äußere Verwandtschaft, sondern auch eine innere Beziehung auf der methodischen Ebene. Reisen – unter dem hier relevanten Bildungsaspekt betrachtet – ist die auf Dauer gestellte und in eine didaktische Form gebrachte, potenzierte Form der Exkursion.

Die Reise als potenzierte Form der Exkursion

Zentrale Strukturmomente sind also Raum und Ort. Die Orte stellen eigene Zeugnisse und Lerngegenstände dar und der Raum bildet – insofern er durchmessen wird – eine spezifische und verbindende Erfahrungsdimension. Mit der Entgrenzung des traditionellen Lernraums verbinden sich Möglichkeiten neuer zunächst materiell zu verstehender Perspektiven und Anschauungsoptionen, die aber auch im übertragenen Sinne neue Sichtweisen und Reflexionspotenziale eröffnen. Das Reisen als Bildungsprojekt fördert bei den Teilnehmenden eine investigative Haltung, die motivierend wirkt. Der Reiz und die besonderen Chancen sollen hier vor allem aus Sicht der politischen Jugend- und Erwachsenenbildung im Hinblick auf ihre methodische und didaktische Binnenkonstruktion ausgelotet werden.

Der politische Erwachsenenbildner und Hochschullehrer Erhard Meueler hielt in seiner Werkbiografie fest, dass für seine berufliche Entwicklung die Erfahrungen als Reiseleiter sich besonders nachhaltig auswirkten (Meueler 2001, 18). Hartmut von Hentig kennzeichnete das Reisen als „eine Form der Selbst- und Welterfahrung" und in Anlehnung an das griechische Wort empeiria als „peiratisch leben" und „suchend-versuchendes" Verhalten (von Hentig, 2000, 324 f.). Soviel Anerkennung des Reisens ist sowohl in der Fachwelt als auch bei den fördernden Institutionen der politischen Bildung und Erwachsenenbildung nicht immer selbstverständlich, dort herrscht seit längerem eher das Misstrauen vor, Bildungsreisen seien „unkritisch und unpolitisch" (Sauer 1991, 53). Der Reise wird unter anderem unterstellt, im Gewande einer Bildungsveranstaltung oberflächliche Erlebnisintentionen und Freizeitinteressen zu bedienen, der Begriff der Studienreise wird oft mit purem Kulturtourismus assoziiert. Wolfgang Seitter hingegen zählte kürzlich das Reisen zu den zu Unrecht vergessenen Elementen in der andragogischen Theoriebildung (Seitter 2000). In der Bildungswirklichkeit findet das Lernen durch Bildungsreisen wachsendes Teilnahmeinteresse und es repräsentiert im Zeitalter der Globalisierung und der europäischen Integration wichtige Chancen für die politische und historische Bildung.

Misstrauen gegenüber Bildungsreisen

## 2. Geschichte

Zeitalter der Aufklärung

Schon in der Aufklärungszeit bildete das Reisen eine natürlich aufwändige und vornehme, aber folgenreiche Variante der Welterfahrung und der Selbstbildung. Dieses zunächst okkasionelle Lernen durch das Zutrauen zur eigenen Beobachtung half in der Form des Reiseberichts (man denke z.B. nur an Alexander von Humboldt, Georg Forster, Johann Gottfried Seume, Karl Philipp Moritz oder auch Johann Wolfgang von Goethe) den mythologischen Schleier von den Dingen zu heben und der lesenden Öffentlichkeit die Welt empirisch-rational zu erklären. Der Reisende war Ethnograf, Aufklärer, Kulturwissenschaftler, Poet und

Revolutionär und die Beschreibung des Anderen fungierte als Spiegel, in dem man das Eigene entdecken und identifizieren konnte.

19. Jahrhundert

Im 19. Jahrhundert diente den Handwerkern die Walz oder Wanderschaft nicht nur der Festigung von Identitäten, sondern bildete auch das Medium der Erweiterung von Berufskenntnissen und zugleich der Verbreitung von politischen Ideen, z.B. des Sozialismus.

Das Wandern war auch ein Erkennungszeichen und eine wichtige Gemeinschaftserfahrung der Jugendbewegung. Hier wurden ein neues eigenes Lebensgefühl, ein neuer Lebensstil ausgeprägt und „der neue Mensch" und ein „Jugendreich" sollten in der Gemengelage von Zirkeln und Bünden, Bildung, Lebens- und Sozialreform verwirklicht werden. In diesem Laboratorium gediehen die Ideen und Ansätze der Reformpädagogik mit nachhaltigem Einfluss auf Schulpädagogik und Jugend- und Erwachsenenbildung. Erfahrungsorientiertes und aktivierendes Lernen auch an außerschulischen Lernorten war selbstverständlich, dies zeigt etwa das Beispiel der von Fritz Karsen in den 1920er-Jahren inspirierten Berliner Reformschule, an der zwischen 1926 und 1932 140 Studienfahrten, davon 22 ins Ausland organisiert wurden. Dabei wurde unterschieden zwischen der „romantischen Erlebnisfahrt" für die Unterstufe, der „sachlichen Arbeitsfahrt" für die Mittelstufe und der „spezialisierten Fachfahrt" für die Oberstufe (Radde 1973, 130).

Reformpädagogik der 1920er-Jahre

An den Volkshochschulen Thüringen und Jena wurden in der Weimarer Zeit im Rahmen einer weit ausgelegten politischen Jugend- und Erwachsenenbildung von Adolf Reichwein und Hans von Berlepsch-Valendas Reiseprojekte verschiedenster Art verwirklicht. Während Reichwein Auslandsreisen bevorzugte und neben der Aneignung wirtschaftsgeografischer Informationen die gemeinschaftlich-erzieherischen Aspekte betonte (vgl. Amlung 1993 und 1996 sowie Reichwein 1928), legte Berlepsch-Valendas in seinen reisedidaktischen Reflexionen Wert auf die „Revision festgefahrener Anschauungen" und die „Durchstoßung in sich verfilzter Begriffschemata" (Berlepsch-Valendas 1931, 112 f.).

Reisen in westliche Demokratien nach 1945

Nach 1945 unterstützte das Reisen den Neuaufbau der Erwachsenenbildung und politischen Bildung: Für die Jugend und ihre demokratische Prägung spielten Auslandsbesuche eine sehr wichtige Rolle (Reulecke 1997) und den Lehrerinnen und Lehrern sowie den Mitarbeitern und Mitarbeiterinnen der Erwachsenenbildung sollte das funktionierende Beispiel der westlichen Demokratie durch Aufenthalte in Großbritannien, Schweden, Frankreich oder den USA anschaulich gemacht werden (vgl. z.B. Albrecht u.a. 1999, 387).

Im Bereich der historisch-politischen Bildung sind schließlich die Fortschritte des Gedenkens, Erinnerns und der Aneignung einer schwierigen Zeitgeschichte ohne die seit den 1960er-Jahren stattfindenden Gedenkstättenfahrten nach Mitteleuropa, die Israelreisen und vielfältige internationale Jugendbegegnungen kaum vorstellbar.

## 3. Formen und Kontexte

Bildungsreisen mit organisierter didaktisch-reflektierter Struktur

Die historischen Impressionen vermitteln zugleich einen ersten Einblick in die Formenvielfalt der Bildungsreise. Hier sind jedoch nur solche Veranstaltungen von Relevanz, die eine organisierte und didaktisch-reflektierte Struktur aufweisen. Im Bereich der Schule und politischen Jugendbildung finden wir Klassenfahrten, Klassen- und Schulprojekte oder auch den Schüleraustausch, internationale oder auch verbandliche Jugendbegegnungen, Jugendcamps und andere freiwillige mit Bildungsangeboten durchsetzte Einsätze, Gedenkstättenfahrten bis hin zu auch politisch und vor allem sozial bildenden Ferienmaßnahmen.

In der politischen Erwachsenenbildung dominiert zunächst die Studienreise in europäische Nachbarstaaten und in politisch wichtige Städte, Hauptstädte wie z.B. Berlin oder Orte der europäischen Willensbildung und Verwaltung wie Straßburg und Brüssel. Bedeutende Ziele sind auch seit mehr als 30 Jahren historische Gedenk- und Erinnerungsorte im In- und europäischen Ausland. Oftmals werden die genannten Angebote im Rahmen der durch Bildungsurlaub ermöglichten bezahlten Freistellung durchgeführt.

In allen diesen Formvariationen wird in der Regel mit dem Wechsel von Ort und Methode, also mit einem Angebotsmix gearbeitet: Ortserschließungen z.B. durch thematische Führungen, Besuche von Lernorten verschiedener Art, Gruppenbegegnungen, Gespräche mit und Befragungen von Fachleuten, die Wissenschaftler, Politiker, Journalisten, Gewerkschafter oder Zeitzeugen sein können, Vorträge sowie Austausch- und Diskussionsphasen. Ein solches Ensemble ist durch eine innere Dramaturgie gekennzeichnet, die als ständige Entwicklung und Steigerung in besonders intensiver Weise von den Teilnehmern empfunden wird.

Zu den in der Fachliteratur seit langem immer wieder geforderten Qualitätsmaßstäben gehören Vor- und Nachbereitung (Senzky 1965 und Glaubitz 1997). Die Exkursion (etwa in ein Archiv, Museum, Rathaus oder einen Betrieb) fungiert zumeist als Teil eines größeren Unterrichtsvorhabens oder eines Seminarplans, der diese methodisch und inhaltlich umwirkt und begründet; sie wird also vorbereitet, Arbeitsaufgaben werden verteilt, deren Ergebnisse später ausgewertet, dokumentiert und öffentlich gemacht werden. Während die Exkursion also in der Regel problemlos auf pädagogische Kontexte verweisen kann, ist dies bei Bildungsreisen in der Erwachsenenbildung schwierig geworden. Zu wünschen sind natürlich Vorbereitungstreffen in Form von Wochenendseminaren oder Kursen, sowie Nachbereitungsseminare. In der Praxis ist es aber kaum noch möglich, die zusätzliche Teilnahme an solchen begleitenden Veranstaltungen durchzusetzen, denn Reisen zählen bei einer Dauer zwischen einer und zwei Wochen schon zu den zeitintensivsten Formen, die es in der politischen Erwachsenenbildung noch gibt. So verkürzt sich die Kontextualisierung und Vorbereitung in der Regel auf das Lesen von Texten, die den Teilnehmenden an die Hand gegeben werden, und informelle oder netzgestützte Auswertungskommunikation. Zu bedenken gilt es aber auch, dass Erwachsene auf lebensgeschichtlich früher erworbenes und biografisches Wissen zurückgreifen, das es ihnen erlaubt, das neu Erfahrene in schon bestehende Erzählungen und Wissensordnungen einzufügen.

Vor- und Nachbereitung

## 4. Zur Erschließung von Orten und Räumen

Reisendes Lernen ist zentriert um Raum und Ort, diese werden durchmessen und im doppelten Sinne erfahren. Deren spezifische Materialität und ihr Symbolgehalt sollen erschlossen werden, denn Orte bergen spezifische Lernoptionen. Orte sind Gedächtnisspeicher und materielle Archive, sie bewahren Zeitschichten, die durch Lernhandlungen freigelegt und interpretiert werden müssen.

Orte als Gedächtnisspeicher

Orten haftet auf den ersten Blick eine Aura, eine Zeugnis- und Beglaubigungsqualität an, diese Dimension darf auch nicht ignoriert oder übersprungen werden. Neuere europäisch-vergleichende Untersuchungen zu den Methoden historisch-politischen Lernens bei Schülern zeigen, dass Museen und historischen Stätten (im Vergleich zu den Lehrern, Zeitzeugen, Dokumenten, Romanen, Spielfilmen) das höhere Vertrauen entgegen gebracht wird (von Borries 2001, 11). Dennoch gilt es der Authentizität auch zu misstrauen.

Es gibt natürlich Orte, die eigens für Vermittlungszwecke inszeniert sind, dazu zählen Museen, Gedenkstätten, Denkmale, Geschichtspfade. Ihre Aneignung erfolgt unter anderem durch die diskursive Thematisierung der Vermittlungs- und Rezeptionsästhetik. Andere Stätten scheinen für sich zu sprechen: ein Dorf oder eine Stadt mit ihrem Alltagsleben, eine (ehemalige) Fabrik, eine Zeitungsredaktion oder ein Rathaus.

Aber auch hier geht es um die Erfassung, die Auslegung und den Vergleich von Perspektiven. Die Erschließung von Orten und Räumen ist immer mit Perspektivität und Blickwechseln verbunden. Die besondere Qualität des reisenden Lernens liegt im Wechsel der Standorte und damit der Perspektiven. Reisen nach Osteuropa erlauben so zum Beispiel einen politischen und historischen Blick aus der Peripherie und muten den Teilnehmenden eine Dezentrierung der mittel- oder westeuropäischen Standpunkte zu.

Perspektivenwechsel

Orte und Räume können auf vielfältige Weise erschlossen werden: durch Spurensicherungen und aktive Erkundungen der

Teilnehmenden (Lecke 1983), die hierfür Arbeitsaufgaben und Beobachtungskriterien an die Hand bekommen, durch Besichtigungen und thematisch geleitete Führungen (Stadtführungen können sich u.a. an literarischen Passagen, Personen oder Minderheitengruppen und deren national akzentuierte Narrative orientieren), durch Planspiele, durch das Lesen von Landschaften, durch mediale Erfassungen (Fotos, Videos, Interviewaufnahmen), durch biografische Gespräche und andere Mittel mehr. Für die Teilnehmenden ist dabei eine praktische und investigative Haltung kennzeichnend.

Inzwischen gibt es Erweiterungen des Ortsbegriffs, den Erinnerungsorten werden auch Symbole, wichtige Begriffe und Gegenstände subsummiert (Francois/Schulze 2001). Auch die Medien werden als Aufbewahrungsorte begriffen, und das Reisen durch virtuelle Lernwelten knüpft zumindest semantisch an das traditionelle Reisen an. Hier eröffnen sich jedenfalls Ergänzungs- und Kontextuierungspozenziale, die pädagogisch genutzt werden sollten.

## 5. Themen und Inhalte

Der Form korrespondieren in der Regel affine Themen. So gewinnen bei Reisen ins Ausland länderkundliche Aspekte Relevanz. Ein modernes, erweitertes Verständnis der Länderkunde umfasst neben den geografischen Orientierungen auch die kulturellen Dimensionen und die vielfältigen Fragen des wirtschaftlichen, sozialen und politischen Lebens. Das reisende Lernen entpuppt sich so als Erkundung der gesellschaftlichen und politischen Gegenwart eines Landes, einer Region oder einer Stadt und macht dort einen besonderen Sinn, wo individuelles Reisen erschwert oder unmöglich ist.

Mittel- und Osteuropa

Eine bevorzugte Region waren deshalb seit den 1960er-Jahren die Staaten Mittel-Ost-Europas. Galt es vor 1989 vor allem einen Blick in die Struktur und die Funktionsweisen des „realen Sozialismus" zu tun, so reizte danach die Beobachtung des Transformationsprozesses in eine marktwirtschaftliche und demokratisch verfasste Gesellschaft. In der sich nun vollziehenden europäischen

Erweiterung nach Osten findet sich ein neuer Focus des Lerninteresses (Ciupke 2002).

„Katastrophengeschichte“

Der aber wohl bedeutendste Themenkreis ist der der Katastrophengeschichte des 20. Jahrhunderts. In Westeuropa können die Schlachtfelder von Verdun und Ypern Ziele von Seminaren vor Ort sein (Glaubitz 1997), jedoch weitaus intensiver hat die Phase des Zweiten Weltkrieges und die damit verbundenen nationalsozialistischen Massen- und Menschheitsverbrechen insbesondere an den in Mittel-Osteuropa einst lebenden Juden die Erwachsenenbildung beschäftigt. Dabei geht es aber nicht nur um Spurensuche, Erinnern und Gedenken, sondern auch um die Konfrontation mit historischen Deutungen und ihren politischen Aktualisierungen. Die unterschiedlichen europäischen Haltungen zum Irak-Krieg 2003 etwa indizieren kollektive historische Erfahrungen und ihre entsprechende Verarbeitung in hegemonialen nationalen Geschichtsbildern.

Die Ära des Stalinismus und der kommunistischen Herrschaft nach 1945 wird in den betroffenen Gesellschaften und Staaten nicht nur in nationalen Instituten einer justiziellen, wissenschaftlichen und pädagogischen Aufarbeitung überantwortet, sondern auch in Erinnerungsorten musealisiert. Hier konkurrieren ebenfalls nationale, politische oder auch modernisierungstheoretische Deutungen.

Letztlich sind thematisch keine Grenzen gesetzt, die jeweiligen Ausrichtungen hängen aber auch von regionalen, nationalen und internationalen Problem- und Rezeptionskonjunkturen ab. Mit dem Voranschreiten der Globalisierung nicht nur in wirtschaftlicher, sondern auch in kultureller Hinsicht gewinnen die historische Tiefenstruktur wie moderne Facetten des Kolonialismus und der kulturellen Differenz an neuer Aktualität.

## 6. Zum Lernstil und den methodisch-praktischen Dimensionen des reisenden Lernens

Offenes Lernarrangement

Trotz einer in der Regel dichten Veranstaltungsstruktur bilden Reisen und Exkursionen ein relativ offenes Lernarrangement, das den Teilnehmenden mehr Mündigkeit und eine aktive Rolle zubilligt. Dem entsprechen besondere Formelemente, Aneignungsroutinen und Lernstile, einige werden im Folgenden kurz erläutert.

Erkundungen, Ortserschließungen und Reisen versprechen einen Blick in die Wirklichkeit, die *Anschauung* steht deshalb zunächst im Mittelpunkt des Interesses. Anschauung wird hier nicht im Sinne von Weltanschauung, sondern als schlichter Beobachtungsvorgang und als das „Sich dem Gegenstand überlassen" verstanden. Trotz mancher Reserven und Einwände gegen Aura, Authentizität und Originalität muss genügend Platz und Zeit gegeben werden für die persönliche In-Augenschein-Nahme, so ergeben sich neben Bestätigungen immer auch Überraschungsmomente und Enttypisierungserfahrungen. An die Betrachtung schließen das Stutzen, Staunen, Fragen und Vergleichen an. Das Lernen vor Ort ist ein induktives und genetisches Lernen.

Anschauung

Das Reisen hat selbstverständlich Erlebnisqualitäten. Obgleich das *Erlebnis* in der politischen Bildung in dem Ruf steht, eher universelles Tauschmittel einer Kultur- und Freizeitindustrie zu sein als Geburtshelfer eines kritischen Urteilens, sollte die Pädagogik nicht auf seine animierende und katalytische Funktion verzichten. Das Erlebnis kann in der Nichtalltäglichkeit einer Situation und in einem subjektiven Intensitätsverhältnis bestehen. Der alte Satz, dass wer reist, auch etwas erleben kann, bringt dies zum Ausdruck. Auch organisierte Bildungsreisen bieten Unvorhergesehenes und Beiläufiges. Ein *„Lernen en passant"* und ein „flanierendes Nippen" (Behrens/Ciupke/Reichling 2002, 127) findet in den vielen Nischen und an den touristisch geprägten Rändern des organisierten Veranstaltungsprogramms statt, dieses sollte man fördern und nutzen.

Erlebnisqualität

Die mit der ständigen Ortsveränderung einhergehende Abwechslung verschafft dem Reisen ohnehin den Charakter eines dynamischen Prozesses und eine eigene *Dramaturgie*. Im Aufbau einer Reise bieten die Themen, Personen und Orte nicht nur inhaltliche Ausdifferenzierungen und Verknüpfungen, sondern auch in Erwartung des nächsten Lerngegenstandes Steigerungen,

Dramaturgie

die insgesamt einen besonderen *Zeitrhythmus* unmittelbarer Erfahrung und subjektiver Beteiligung bewirken.

Teilnehmende an Bildungsreisen und Exkursionen imitieren unbewusst den Habitus des Entdeckers, sie bewegen sich als Rechercheure im Kontext der Begegnungen mit Personen, Institutionen und historischen Stätten. Es handelt sich um ein subjektiv ausgesprochen *aktives und investigatives Lernen*, weil die Konfrontation immer auch im Modus der Befragung und des Austausches stattfindet. Damit verbunden organisiert sich auch eine kritische Haltung, denn die Ergebnisse der Befragung von Orten und Personen werden in der Regel mit dem Vorwissen und anderen im Kontext erworbenen Erkenntnissen verglichen.

Aktives und investigatives Lernen

Fremde Orte können Anknüpfungspunkte für biografisches Lernen sein und dementsprechende Erinnerungen und Schilderungen evozieren. Lebensgeschichten und Generationserfahrungen werden anderen Wissensbeständen und Sichtweisen gegenübergestellt.

Die *Konfrontation und Verschränkung von Perspektiven* gehört zu den zentralen Werkzeugen des reisenden Lernens. Diese vollziehen sich insbesondere in der Begegnung mit Gesprächspartnern, die als Wissenschaftler, Journalisten, Engagierte und Professionelle über Gesellschaft, Institutionen, Orte, Verbände oder Initiativen Auskunft geben. In der Diskussionsauseinandersetzung im Ausland kommt es dabei oft zum Rollentausch, denn die angesprochenen Fachleute und Persönlichkeiten sind oft nicht nur an Rückmeldungen zu ihren Ausführungen interessiert, sondern wollen sehr häufig eigene Fragen stellen und beantwortet wissen. Es setzt *ein Wechselspiel von Fremd- und neuer Selbstwahrnehmung* ein, man wird in ungewohnter Weise Identitäten und Kollektiven zugeordnet. Plötzlich ist man Experte für seine Heimatstadt, sein Herkunftsland und dessen Gesellschaft oder für einen Berufsbereich und muss bei den Äußerungen abwägen, ob die Darstellung angemessen ist. Das zu Hause oft kritisierte politische System wird vor dem Hintergrund osteuropäischer Demokratien oder der alltäglichen Gewaltverhältnisse in manchen Schwellenländern ganz neu bewertet. Der Spiegel der realen

Wechselspiel von Fremd- und neuer Selbstwahrnehmung

Verhältnisse anderswo führt manchmal erst zum richtigen Verständnis der vertraut-unbegriffenen demokratischen Strukturen.

Zu den Eigenheiten des reisenden Lernens gehört eine gewisse Leichtigkeit, die nicht nur ein Ergebnis des Primats von Anschauung und Erkunden, sondern auch der *Rollenvielfalt* ist. Die Teilnehmenden verfügen über eine multiple Identität: Sie bewegen sich als Touristen, Flaneure, Entdecker, Lernende, politisch Interessierte, Rechercheure, Experten, Genießende und Gäste auf neuem Gebiet. Und einiges davon gilt auch schon für die Exkursion. Rollenvielfalt

Eine die Selbstbildung betreffende und zum Teil beiläufige Lernebene betrifft die Gesprächskultur, denn vor dem Hintergrund manchmal sehr unterschiedlicher historischer Erfahrungen und Deutungsmuster vollzieht sich die Einübung von *Taktgefühl und Empathie.* Studienreisen bieten darüber hinaus weitere informelle Dimensionen des Lernens, die vielfältigen Anlässe zur Geselligkeit auch im nichtorganisierten Teil des Programms etwa bieten Gesprächs- und Austauschgelegenheiten, in denen die eigenen Beobachtungen nicht nur verglichen, sondern allmählich auch zu einer eigenen *Erzählung* verdichtet werden. Solche Erzählungen werden zu Hause weiter entwickelt und stellen nicht nur ein Produkt des reisenden Lernens sondern oft auch ein Zeugnis gewachsener politischer *Urteilskraft* dar.

## Literatur

Albrecht, Clemens u.a. 1999: Die intellektuelle Gründung der Bundesrepublik. Eine Wirkungsgeschichte der Frankfurter Schule. Frankfurt/M., New York

Amlung, Ullrich u.a. (Hrsg.) 1993: Wir sind jung und die Welt ist schön. Mit Adolf Reichwein durch Skandinavien. Tagebuch einer Volkshochschulreise 1928. Jena und Weimar

Amlung, Ullrich 1996: „Jungarbeitererziehung durch Auslandsreisen". Die Skandinavienfahrt Jenaer Volkshochschüler unter der Leitung von Adolf Reichwein im Jahre 1928. In: Forschungsinstitut für Arbeiterbildung (Hrsg.): Jahrbuch Arbeit – Bildung – Kultur, Band 14. Recklinghausen

Behrens, Heidi/Ciupke, Paul/Reichling, Norbert 2002: Neue Lernarrangements in Kultureinrichtungen. Essen

Borries, Bodo von 2001: Unterrichtsmethoden im europäischen Vergleich. In: Polis, H. 3, S. 11-14

Ciupke, Paul 2002: „Zeitstrände" erkunden – zur historisch-politischen Didaktik von Studienreisen nach Mittelosteuropa. In: kursiv – Journal für politische Bildung, H. 2, S. 26-32

Francois, Etienne/Schulze, Hagen (Hrsg.) 2001: Deutsche Erinnerungsorte, Bd. 1-3. München

Glaubitz, Gerald 1997: Geschichte – Landschaft – Reisen. Umrisse einer historisch-politischen Didaktik der Bildungsreise. Weinheim

Hentig, Hartmut von 2000: Fahrten und Gefährten. Reiseberichte aus einem halben Jahrhundert. München und Wien

Lecke, Detlef (Hrsg.) 1983: Lebensorte als Lernorte: Handbuch Spurensicherung. Skizzen zum Leben, Arbeiten und Lernen in der Provinz. Frankfurt/M.

Meueler, Erhard 2001: Lob des Scheiterns. Methoden und Geschichtenbuch zur Erwachsenenbildung an der Universität. Hohengehren

Radde, Gerd 1973: Fritz Karsen. Ein Berliner Schulreformer der Weimarer Zeit. Berlin

Reichwein, Adolf 1928: Ueber Reisen. In: Volkshochschulblätter für Thüringen, 10. Jahr

Reulecke, Jürgen (Hrsg.) 1997: Rückkehr in die Ferne. Die deutsche Jugend in der Nachkriegszeit und das Ausland. Weinheim und München

Sauer, Ursula 1991: Lernort Studienreisen – Bildung durch Reisen – Reisen bildet? In: Literatur- und Forschungsreport Weiterbildung, Nr. 27, S. 52-59

Seitter, Wolfgang 2000: Lesen, Vereinsmeiern, Reisen. (Vergessene) Elemente einer Theorie lebenslangen Lernens. In: Zeitschrift für Pädagogik, H. 1, S. 81-96

Senzky, Klaus 1965: Studienfahrten – Anlage, Durchführung, Auswertung. In: Volkshochschule im Westen, 17. Jg., S. 134-141

*Dieter Maier*

# Methoden für komplexe Lernvorhaben: Projekt, Sozialstudie und Zukunftswerkstatt

## 1. Vorbemerkung

Politik und Gesellschaft verstehen zu lernen und Partizipationswege zu entwickeln erscheint in einer modernen, sich schnell verändernden Gesellschaft nur begrenzt möglich. Es entsteht die Schwierigkeit, die vielfältigen, komplexer werdenden Wissensfelder aus Politik und Gesellschaft mit dem Ziel einer verbesserten politischen Urteilsfähigkeit enträtseln zu lernen und politische Handlungsfähigkeit zu erwerben bzw. zu erweitern.

Der integrierte Abschlussbericht zum „Bildungs-Delphi" betont, dass „neue komplexe Problemfelder wie Arbeitslosigkeit, Globalisierung oder die ökologische Problematik (einen) Bedarf an vernetztem Wissen aus unterschiedlichen Gebieten" induzieren (Delphi in Siebert 2001, 94). Deshalb werden zur Aneignung von Wissen in einer Wissensgesellschaft der Zukunft Kompetenzen gefordert, die es ermöglichen, „Komplexität von Informationen zu reduzieren, zu vereinfachen und sich zu eigen zu machen" (Bundesministerium, 1998, 53).

Komplexität der Gesellschaft als Herausforderung für die politische Bildung

Zunehmende Komplexität in der Gesellschaft wird damit zu einer besonderen Schwierigkeit für politische Bildung. Andererseits wird Politik zu einem größer werdenden Feld voller Überraschung und politische Bildung kann, einer Entdeckungsreise gleich, Lernarrangements anbieten, um unbekanntes Terrain zu erschließen und um die komplexen Bezugssysteme stets neu zu verorten (vgl. Sander, 2001, 63).

Im Folgenden werden drei Lernarrangements vorgestellt, die Lernprozesse durch „Möglichkeiten des Handelns und Erlebens, also des Denkens, Fühlens und Wertens" (Aebli 2001, 277) auslösen. Hierbei bilden lebendig empfundene Probleme die Ausgangslage für die jeweilige Arbeitsweise der Methoden Projekt,

Zukunftswerkstatt und Sozialstudie. Den Lernenden werden mit Hilfe von methodenimmanenten Ordnungsprinzipien Möglichkeiten eröffnet, Wichtiges von Unwichtigem zu unterscheiden und sich das jeweils Bedeutsame zu Eigen machen zu können. Projekt, Zukunftswerkstatt und Sozialstudie sind Methoden, die es den Lernenden ermöglichen, *komplexe politische Zusammenhänge* an eigene Erfahrungen sowie eigenes Können und Wissen anzuschließen, ohne dabei in die Falle einer Stoffreproduktion hineinzugeraten.

## 2. Das Projekt

300-jährige Tradition

Die Entwicklung zum Begriff Projekt bzw. der Projektmethode kann auf eine lange Tradition zurückblicken, die „zwischen definitorischer Enge und universeller Weite" (Duncker 1993, 67) in einer kaum noch überschaubaren Literaturvielfalt rezipiert wird und somit die Gefahr einer verwässerten Betrachtung beinhaltet.

So lassen sich in einer Archäologie des Projektlernens erste Hinweise eines Zusammenhangs „unterschiedlicher Praxisbegriffe und den darin jeweils aufgehobenen Theorieverständnissen" (Duncker 1993, 67) in der Antike finden. Der Begriff Projekt hat in der Pädagogik eine etwa 300-jährige Geschichte (vgl. Frey 1998, 13).

Die Anfänge des Projektunterrichts gehen nach Knoll auf Aufgaben zurück, welche die Studenten der *Pariser Akademie Royale d'Architecteure* als *project* zu bearbeiten hatten. Sie erhielten die Aufgabe, möglichst kreative Bauten zu planen und dabei kooperativ miteinander zu arbeiten. Im Vordergrund standen werkpraktische Aspekte in Verbindung mit eigenverantwortlichem Handeln sowie die Orientierung an realen Alltagsproblemen und den Erfordernissen einer Produktorientierung (vgl. Knoll 1993, 58 ff.). Unberücksichtigt geblieben ist hier jedoch die Zusammenführung von Denken und Handeln in einer anthropologisch und ethisch begründeten Dimension als „verantwortliches Eingreifen in die soziale Lebenswelt" (Duncker 1993, 67).

## 2.1 Die Projektmethode nach John Dewey

Die moderne Projektmethode geht auf John Dewey zurück, der in den USA im Zuge der Pragmatismusbewegung seine philosophischen und pädagogischen Überlegungen entwickelte und die Projektmethode in seinem Hauptwerk „Demokratie und Erziehung" (Dewey/Hylla, 1930) als „Methode der denkenden Erfahrung" bezeichnete (ebd., 234). Für Dewey ist ein im Unterricht zergliedertes Wissen – wie der Erwerb von Fertigkeiten, Kenntnissen und Übungen des Denkens –, ohne dass dabei eine Beziehung zu verständigem Handeln hergestellt wird, toter Ballast, da es Erkenntnis nur vorspiegele (Dewey/Hylla 1930, 237). Sein Ziel ist es, Handeln als aktives Tun zu verstehen und den Akt des Denkens in einen Erfahrungsprozess einzubinden.

Projekt als „Methode der denkenden Erfahrung"

Dewey beschreibt den prozesshaften Charakter der *denkenden Erfahrung* in fünf Schritten: So soll erstens eine Sachlage vorhanden sein, die Befremdung, Verwirrung und Zweifel auslöst und in ihrem Wesen noch nicht abgeschlossen ist. Zweitens muss diese Sachlage ein echtes Problem beinhalten. Hierzu sollen Deutungen als „Vorausberechnungen" gegeben werden. Drittens wird die Sachlage zur Klärung des vorliegenden Problems sorgfältig erkundet. Viertens müssen für das Problem mögliche und ausgestaltete Lösungen entwickelt werden (vgl. Dewey/Hylla 1930, 234 f.). Fünftens schließlich erhält der Lernende die Möglichkeit, seine Ideen praktisch anzuwenden, „um so ihren persönlichen Sinn und ihre soziale Bedeutung herauszufinden" (Dewey, zit. nach Hänsel 1988, 25).

Die Generierung von Themen entwickele sich mit Hilfe des „Erziehers" aus den aktuell vorhandenen Erfahrungsfeldern der Lernenden und beschäftige sich mit deren gegenwärtigen Bedürfnissen und Fähigkeiten. Dewey verdeutlicht in seinen Erkenntnisschritten seine Vorstellung des Zusammenhangs der Elemente von Zielgerichtetheit, planvollem Vorgehen und Handlungsorientierung (vgl. Hänsel 1988, 27).

Deweys Erziehungsphilosophie

Diese grundlegenden Gedanken des Lernens sind bei Dewey zusammengeführt in einer Erziehungsphilosophie, die a) den Menschen mit seiner Welt interagierend betrachtet und b) den

Inhalt und die Methode zu seiner Bewältigung in engen Zusammenhang stellt. Im Gegensatz dazu beinhalte ein abfragender Unterricht keine prozess- und produktorientierte Methoden. Außerdem sollte die Methode c) den Lehrer zu einem – nach heutigem Verständnis – eher moderierenden, den Verlauf eines Projektes als gemeinsam handelnde Anstrengung betrachtenden und die Lernenden in ihren Fortkommen unterstützenden Lernbegleiter (vgl. Sander 2001, 101 ff.) machen.

Verwässerung des Projektbegriffs

Die Idee von Dewey und später Kilpatrick – einem Schüler Deweys – ist vielfältig wieder aufgenommen, oft aber auch durch einen inflationär verwendeten Begriff des Projekts „stark verwässert" (Gudjons 1989, 10) worden. So verfolgte der ursprüngliche Projektgedanke „eine klare gesellschaftlich-politische Grundintention" in dem Ziel, die Mitwirkungsmöglichkeiten für zukünftige Generationen in einer sich tief greifend verändernden Gesellschaft (vgl. Gudjons 1989, 54) als Erziehungsideal in die Konstruktion seiner Methode aufzunehmen. Dies geschah auch aus der Erkenntnis heraus, dass sich einfache, linear strukturierte und relativ voraussehbare Lebensverhältnisse nicht mehr beschreiben ließen und sich jeder Einzelne einer komplexer werdenden Zukunft gegenüber steht und diese letztlich selbstständig und selbsttätig bewältigen muss. Auch wenn die bei Dewey vorhandene Hoffnung, Schule und Gesellschaft durch praktisches pädagogisches Handeln zu verändern, kritisch betrachtet werden muss (vgl. Hänsel 1988, 35), enthalten seine auf das handelnde Lernen bezogenen Ausführungen wichtige Impulse für die „Pädagogik unseres Jahrhunderts" (Duncker 1996, 52).

## 2.2 Handlungsschritte zur Realisierung eines Projekts

Die Arbeit in einem Projekt basiert auf einem gemeinsam zu vereinbarenden Verlaufsplan, dessen Phasen der Steuerung des Vorhabens bis hin zur Erstellung eines Projektproduktes dienen. Deweys Projektschritte werden von Koopmann in seiner Arbeitsmappe „Projekt aktive Bürger" (Koopmann, 1996) für Unterricht und außerschulische Bildung aufgenommen und in die nachfolgenden zehn Handlungsschritte gegliedert:

Zehn Handlungsschritte

| Handlungsschritte | Inhalte |
|---|---|
| **1. Probleme sammeln:** Politische Probleme in der Stadt bzw. in der Gemeinde herausfinden | Soziale und/oder kulturelle Problemlagen im lokalen Umfeld werden wahrgenommen und identifiziert (policy). |
| **2. Probleme bestimmen:** Ein echtes Problem bestimmen, das untersucht werden soll | Herausfinden, welches soziale/kulturelle Problem für den Stadtteil oder für die Gemeinde besonders wichtig ist und einer Regelung bedarf und welche Institutionen, Personen, Behörden usw. daran beteiligt sind. |
| **3. Informationen sammeln** | Zusammentragen und Auswerten einschlägiger Informationen aus verschiedenen Quellen. |
| **4. Lösungsansätze prüfen** | Welche Lösungsansätze bieten die beteiligten Gruppen, Personen, Institutionen usw. zu dem Problem (polity)? |
| **5. Einen Lösungsweg entwickeln** | Entwickeln eigener, begründeter Vorstellungen zur politischen Lösung des Problems. |
| **6. Aktionsplan erstellen** | Wie können die Beteiligten (vgl. Punkt 4.) für die entwickelten Lösungsansätze interessiert werden und welche Büdnispartner können gefunden werden (politics)? |
| **7. + 8. Dokumentation** | Anfertigen und präsentieren einer Dokumentation (Ausstellung, Film, Fotos, Dokumentationen usw.) mit den Punkten 1-6. |

| | |
|---|---|
| **9. Das Problem anpacken** | Den Verlauf des politischen Prozesses verfolgen, dokumentieren und sich ggf. weiter beteiligen. |
| **10. Erfahrung reflektieren** | Zwischenergebnisse, Ergebnisse und Erfahrungen – auch die innerhalb der Gruppe – reflektieren. |

(Erweiterte Aufstellung nach Koopmann 2001, 9 ff.)

Schule und Unterricht als Ausgangspunkt von Projekten

Auf schulischen Unterricht bezogen erweitert Bönsch die didaktische Dimension von Projekten, indem er sie nicht ausschließlich auf Themen aus der Lebenswirklichkeit außerhalb von Schule und Unterricht bezieht. Schule und Unterricht sind für Schülerinnen und Schüler als Teil ihrer Lebenswirklichkeit zu verstehen und können somit ebenfalls zum Ausgangspunkt von Projekten werden. Hierbei unterscheidet Bönsch fünf didaktische Dimensionen von Projekten, die in ihren/m „Anliegen, Realisierungschancen, Vorrausetzungen, Arbeitsumfang, Kompetenzen, Zeitressourcen u.a." (Bönsch 2003, 203) unterschiedlich weit tragen. Er differenziert

1. nach gesellschaftlich-politischem Aspekt – außerhalb der Schule soll etwas bewirkt werden;
2. nach sozialem Aspekt – indem für Andere etwas unternommen wird;
3. nach innerschulischem Aspekt – um in der Schule etwas zu verändern;
4. nach innergruppalem Aspekt – um etwas zu tun, das Spaß macht;
5. nach lerndidaktischem Aspekt – um etwas zu tun, das den Unterricht interessanter macht wie z.B. ein Schulbuch produzieren (vgl. Bönsch 2000, 203).

*Das* Projekt oder auch *die* Projektmethode gibt es nicht. Abgrenzungen finden sich neben der definitorischen Betrachtung auch in der begrifflichen Zuordnung. Grundlage für ein Projekt ist jedoch immer die lebendige Auseinandersetzung mit der erlebten Wirklichkeit, bei der in gemeinsamer Anstrengung eine oder mehrere Lösungen zu einem Problem erarbeitet werden, welche letztlich in ein Produkt bzw. ein konkretes Ergebnis münden. Projekte überschreiten die übliche Gliederung in Fächer – auch wenn das Kernproblem ein politisches ist – und sollten über den üblichen Unterrichsstundentakt hinaus durchgeführt werden. Hilfreich zur Projektplanung können außerdem Gudjons zehn Merkmale als *einkreisende Umschreibung* zur Projektarbeit sein: Ein Projekt hat demnach

Projekte überschreiten Fächergrenzen

1. einen Situationsbezug und Lebensweltorientierung. Dabei orientiert es sich
2. an den Interessen der Beteiligten und ist
3. selbstorganisiert und selbstverwaltet;
4. besitzt es eine gesellschaftliche Praxisrelevanz und
5. eine zielgerichtete Projektplanung;
6. müssen Ergebnisse bzw. Produkte am Ende vorgelegt werden.

Ein Projekt soll

7. möglichst viele Sinne einbeziehen und
8. Aspekte sozialen Lernens in der Kommunikation und Interaktion fördern. Ein Projekt überschreitet
9. die Fächergrenzen in der Schule (Interdisziplinarität) und wird so zu einer komplexen inhaltlichen Lernaufgabe.
10. Außerdem sollen die Grenzen eines Projekts im Rahmen schulischen Lernen beachtet und das Projekt in eine Beziehung zur Systematik der Fächer gebracht werden (vgl. Gudjons 1989, 58 ff.).

## 3. Die Zukunftswerkstatt

Robert Jungk konzipierte die Methode *Zukunftswerkstatt* aus dem Wunsch heraus ein Instrument zu finden, das möglichst vielen Menschen erlaubt, über ihre Kritik an gesellschaftlichen Entwicklungen hinaus kreative Ideen zur Lösung von gesellschaftlichen Problemen zu entwickeln. Eine Zukunftswerkstatt besteht im Kern aus einer klar definierten Abfolge von Arbeitsphasen, für die jeweils unterschiedliche Arbeitsregeln gelten.

Entwicklung kreativer Ideen zur Lösung von Problemen

In sein Phasenmodell der Zukunftswerkstatt nahm Jungk insbesondere Anregungen aus der Kreativitätsforschung Osborns der 1960er-Jahre in den USA auf. Während es Osborns Intention war, die dialektische Form seiner Kreativitätslinie von einer kritischen Bestandsaufnahme über ein Brainstorming („Gehirnsturm") ohne Kritik und Bewertung in neue Produkte münden zu lassen, konzentrierte sich Jungk auf Fragen politischer Partizipation und auf die Gestaltung von Zukunft (vgl. Jungk 1995, 95 f.). Für Jungk war die „Veränderung der Gesellschaft immer ein Generalthema" (Jungk 1995, 103). Er wandte sich gegen die Tendenz einer einseitigen Vereinnahmung durch Wirtschaft, Parteien, Industrie und Militär und entwickelte das Modell einer Zukunftswerkstatt mit dem Ziel der aktiven und intensiven Einbeziehung möglichst vieler Menschen in gesellschaftliche Prozesse (vgl. Dauscher 1998, 100). Zukunftswerkstätten waren daher zunächst als eine Methode – basisdemokratischer – politischer Praxis gedacht. Erst später haben sie in anderen sozialen Handlungsfeldern Einzug gefunden, so in der betrieblichen Organisationsentwicklung, in der Erwachsenenbildung und in schulischen Lernvorhaben.

Veränderung der Gesellschaft als Generalthema

### 3.1 Merkmale und Verlauf von Zukunftswerkstätten

Für Neumann-Schönwetter liegt die „geniale Entdeckung der Zukunftswerkstatt im Wechsel der Sichtweise" (Neumann-Schönwetter 1995, 58). Nicht die problembehaftete Gegenwart, sondern der Wunsch nach Veränderung, die Suche nach der Utopie wirke wie eine handlungsleitende Energie. Eine Zukunftswerkstatt läuft in drei Hauptphasen ab: der Beschwerde- oder Kritikphase, der Phantasie- oder Utopiephase sowie der Verwirklichungs- oder Praxisphase (vgl. Kuhnt/Müllert 2000, 58). Gegenstand ist immer eine Problematik aus der sozialen Praxis, die zukunftsoffen in dem Sinn ist, dass über mögliche Lösungen noch keine Klarheit herrscht und unterschiedliche Lösungen möglich sind.

Suche nach der Utopie

Eine Vorbereitungsphase geht diesen Phasen voraus, eine Nachbereitungsphase kann sich an die Praxisphase anschließen. Innerhalb dieser Phasen wird nach bestimmten Regeln und mit verschiedenen – kleineren – Methoden gearbeitet (wie z.B. Brainstorming oder Kleingruppenarbeit), möglichst einfach verwendbarer Arbeitsmaterialien wie Stifte, Farben, großflächiges Papier oder auch Knete kommen zum Einsatz. In einer Zukunftswerkstatt wird versucht, den Unterschied zwischen „Experten und Laien" unter den Teilnehmenden aufzuheben. Die Folge der drei Phasen soll, im Bild einer Doppelhelix, rational-analytisches mit intuitiv-emotionalem Lernen verbinden. Nach Dauscher wird durch die Arbeit in einer Zukunftswerkstatt die Überschreitung von linear-kausalem Denken und von Denken in komplexen Zusammenhängen ermöglicht.

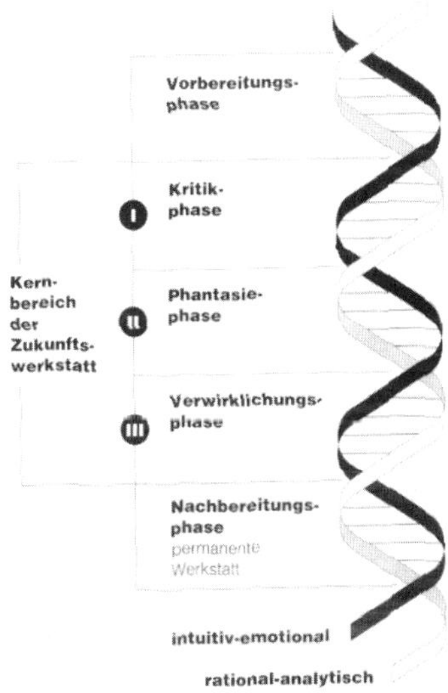


(Jungk/Müllert, 1989. In: Gugel, 1998)

## 3.2 Die Funktion der Hauptphasen einer Zukunftswerkstatt

### Die Beschwerde- oder Kritikphase

In diese Phase werden nur die negativen Aspekte, der angestaute Unmut, die schlechten Erfahrungen, die vorhandenen Befürchtungen zum Gegenstand der Zukunftswerkstatt gesammelt und in eine gemeinsame Sicht der Problemlage geführt. Weiterführende Ideen und Lösungsmöglichkeiten, Diskussionen im Plenum und lange Redebeiträge sind hierbei noch nicht erwünscht. In der

Negative Aspekte nennen

Gruppe soll „Dampf abgelassen", das Problem aber auch entpersonalisiert und genauer eingegrenzt werden. Die Gruppe soll die Erfahrung machen, dass die Problemlage alle Teilnehmenden, wenn auch aus unterschiedlichen Perspektiven, betrifft (vgl. Dauscher 1998, 122).

**Die Phantasie- und Utopiephase**

Utopien äußern

In der Utopie- und Phantasiephase soll versucht werden „sich auf das Unmögliche einzulassen" (Neumann-Schönwetter 1995, 59) und individuell entwickelte und dann gemeinsam gestaltete Utopien zur Lösung des Problems phantasievoll darzustellen. Grenzüberschreitendes Denken ist erwünscht. Einschränkendes „Das gibt es nicht" (Kuhnt/Müllert 2000, 79) ist verboten. Die Teilnehmenden erhalten die gedankliche Möglichkeit, mit aller „Macht, aller Technik und alle(m) Geld dieser Welt" (Jungk, zit. nach Weinbrenner/Häcker 1995, 35) ihre Kritik positiv zu wenden, um eine ideale Zukunft zu entwerfen. Auf die hier erarbeiteten Ziele bezieht sich dann wiederum aus einer anderen Perspektive die nachfolgende Phase.

**Die Verwirklichungs- und Praxisphase**

Utopien und Realität zusammenbringen

In der Verwirklichungs- und Praxisphase werden die neu entdeckten Veränderungsmöglichkeiten aus der „Weite des Träumens in die Enge der Realität" (Kuhnt/Müllert 2000, 95) geführt und mit realen Bedingungen zusammengebracht. Diese Phase entscheidet über Erfolg oder Misserfolg einer Zukunftswerkstatt. Hier geht es nun darum, in genauer Analyse zu prüfen, was von den Idealvorstellungen aus der zweiten Phase unter gegebenen Bedingungen und in welchen Schritten konkret realisiert werden kann. Soll die Zukunftswerkstatt nicht nur als methodisch variantenreiche Idee und gruppendynamisches Zerfallsprodukt betrachtet werden, entscheidet der Prozess dieser Beratung über unmittelbar anstehende konkrete Handlungsmöglichkeiten, die sich aus der Kritik des Bestehenden einerseits und utopischen Wünschen andererseits ergeben, über ihr Gelingen. Je nach Aufgabenstellung und Gruppe schlägt Dauscher drei Ergebnisformen vor: 1. Erkenntnisse und Folgen werden ohne direkten Handlungsbezug herausgearbeitet und dienen den Teilnehmenden als neue Perspektiven und Orientierung für ihr eigenes Verhalten. 2. Die Gruppe formuliert Forderungen an andere wie z.B. den Stadtrat, die Schulleitung u.Ä. 3. Die Ergebnisse münden in ein Handlungsprojekt. Die Gruppe setzt sich ein Ziel, welches sie durch ihre eigene Arbeit erreichen möchte, und plant einzelne Handlungsschritte (vgl. Dauscher 1998, 163).

Während einer späteren Nachbereitungsphase der gesamten Zukunftswerkstatt können die einzelnen Ergebnisse in ihrer praktischen Wirkung und eine möglichen Fortführung beraten werden. Neue Projekte oder auch Zukunftswerkstätten können sich daraus ergeben.

### 3.3 Die Moderation einer Zukunftswerkstatt

Die Moderatorin/der Moderator einer Zukunftswerkstatt nimmt gegenüber der Gruppe die Rolle eines Spielleiters ein, der das Geschehen lenkt und auf die Einhaltung der Regeln achtet. Er ist nicht wissender Experte, sondern übernimmt die Aufgabe, die Teilnehmenden so anzuleiten, dass sie sich Neues und Unvorhergesehenes erschließen können. Die Moderation strukturiert die einzelnen Phasen zeitlich und übernimmt die Aufgabe, durch unterschiedlichste Methoden mal Kritik der Teilnehmenden anzuheizen, mal utopische Phantasie zu beleben, oder sie sorgt dafür, dass die „phantastischen Ideen nicht im vorschnellen Realismus untergehen“ (Dauscher 1998, 114). Moderator ist kein Experte

Die Moderation wählt Methoden, die innerhalb der einzelnen Phasen nochmals strukturierend wirken und diese in einzelne Abschnitte gliedern. Es entsteht für jede Phase das Bild eines Trichters in folgenden Schritten:

| | |
|---|---|
| 1. Öffnen | Sammeln von Kritikpunkten |
| 2. Einengen | Strukturieren und Vertiefen |
| 3. Entscheiden | Gewichten und Auswählen |
| 4. Abschluss und Überleitung | In die nächste Phase überleiten |

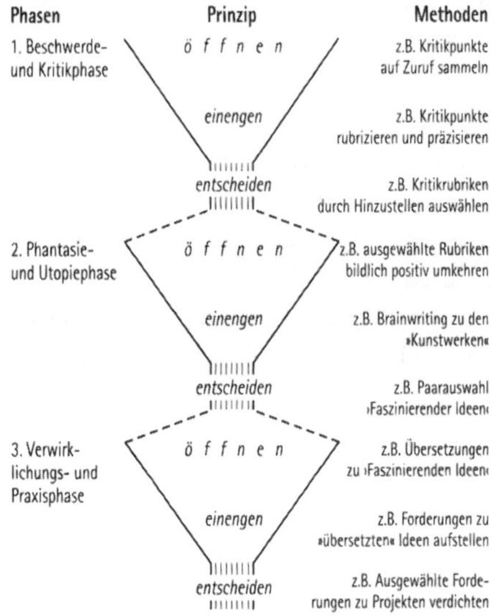


Zusammengeflirt nach dem Trichtermodell von Kuhnt/Mllert (Kuhnt/Mllert 2000, 60) und des Phasenverlaufs nach Dauscher (vgl. Dauscher 1998, 124)

## 4. Die Sozialstudie

Bezug zu Wissenschaftsorientierung

Die Methode der Sozialstudie ist besonderem Maße dem didaktischen Prinzip der *Wissenschaftsorientierung* verbunden (vgl. Kapitel II). Im wissenschaftsorientierten Unterricht werden Lernsituationen realisiert, die es den Lernenden erlauben, mit wissenschaftlich verantwortbaren Methoden forschend zu lernen und gezielt neues Wissen selbst zu erarbeiten (vgl. Sander 2001, 129): „Schüler sollen politische Probleme und Realitätsausschnitte möglichst authentisch erfahren, erforschen und intellektuell aufbereiten und dabei eigene Sicht- und Urteilsweisen entwickeln“ (Klippert 1988, 81).

Sozialwissenschaftliches Denken und Handeln im Politikunterricht dient dazu, einen problematisierten Sachverhalt zunächst beschreibend rekonstruieren zu können, zu fragen, warum etwas so ist und den Versuch zu unternehmen, Gründe zum Durchschauen des jeweiligen Problemfeldes zu erschließen (vgl. Herrmann 1999, 29). Dabei wird nicht in erster Linie nach bereits bekannten Lösungen und Forschungsergebnissen gefragt. Vielmehr werden ergebnisoffene Frage- und Problemstellungen mit Hilfe sozialwissenschaftlicher Methoden prozesshaft bearbeitet.

Ergebnisoffene Frage- und Problemstellung

Werden Methoden im Zusammenhang mit sozialwissenschaftlichen Problemlösungsprozessen angewendet, stellt sich für den Anwender – in diesem Fall den Lernenden – die Frage, „welche allgemeine Funktion – welchen Nutzen, Sinn" (Hermann 1999, 40) eine sozialwissenschaftliche Methode für das Verständnis einer sozialen Situation oder eines Problems hat. Dieses suchende, heuristische Moment fordert die aktive Mitarbeit des Lernenden im Sinne forschend-entdeckenden Lernens und bietet die Möglichkeit, soziale Phänomene „besser als bisher (zu) wissen, tiefer (zu) durchschauen, präziser (zu) begreifen" (Herrmann 1999, 25). Gleichzeitig erfährt der Lernende die „Bedingungen der Herstellung wissenschaftlichen Wissens" (Lißmann 2002, 171).

Der Begriff *Sozialstudie*, so wie er hier Verwendung findet, wird dann zu einem auf schulisches Lernen bezogenen didaktischen Konstrukt, welches Forschungsstrategien für den Politikunterricht nutzt. Nach wissenschaftlichen Kriterien produziertes Wissen – wenn auch in einer möglicherweise sehr elementarisierten Form – präsentiert sich für den Lernenden dann nicht als abgeschlossene Wahrheit, sondern als „methodisch gewonnenes, gut begründetes, aber auch jederzeit durch bessere Gründe überholbares Wissen" (Sander 2001, 129). Von den Lehrkräften verlangt die Integration empirischer Sozialforschung in den Politikunterricht die „Beachtung bzw. Berücksichtigung von Standards wissenschaftlichen Vorgehens" (Lißmann 2002, 172) sowie die Kenntnis der „wichtigsten Methoden, der Fehlerquellen und Fallstricke" (Diekmann 1995, 11).

Forschender Schüler im Mittelpunkt

Im Mittelpunkt der Sozialstudie als Lernmethode steht der forschende Schüler. Auf Unterricht bezogen bieten sich hier verschiedene erprobte Möglichkeiten an, die in der Schule und an außerschulischen Lernorten mit z.T. geringen Mitteln umgesetzt werden können. Gugel zeigt verschiedene Formen der Erkundung als „geplante und methodisch organisierte (problemorientierte) Wirklichkeitserkundung" (Gugel 1998, 144) auf und gliedert einzelne Schritte themenbezogen bereits vor. Als Arbeitstechniken werden u.a. Beobachtung, Umgang mit Fragebogen und Interviewtechniken genannt. Ein anderes Beispiel ist die CD-Rom *GrafStat.* Sie bietet eine Software für empirische Umfragen und liefert bereits beispielhafte Fragebögen, das Werkzeug für die eigene Entwicklung und Gestaltung von Fragebögen, für die Daten-Eingabe, für die Daten-Auswertung und für die grafische Präsentation der Ergebnisse. „Gleichzeitig werden die benötigten methodischen Kenntnisse und Fertigkeiten der empirischen Sozialforschung in elementarer Weise vermittelt. So wird in die Hypothesenbildung, in die Techniken der Erhebungsinstrumente, Datengewinnung, -auswertung und -interpretation eingeführt" (Sander (Münster) 2003, 7). Lernende arbeiten hier dann z.B. zu Themen wie Fremdenfeindlichkeit, Schulimage, Zeitungsanalyse, Medienkonsum und Freizeitverhalten.

GrafStat

Mögliche Schritte einer Sozialstudie:

- Konfrontation mit einem Problem und Problemstellung erarbeiten.
- Einzelne Arbeitsschritte festlegen.
- Sich verdeutlichen, was erfragt werden kann, Methoden festlegen und gezielte Fragen formulieren.
- Daten sammeln.
- Daten auswerten und interpretieren.
- (Be-) Werten und präsentieren der Daten und ihre Grundlage erforschen.
- Verallgemeinern der Ergebnisse.
- Neue Fragen aufwerfen oder die bisherigen Ergebnisse überprüfen.

(Erweiterte Aufstellung nach Ackermann 1997, 463 f.)

# Literatur

Ackermann, Paul 1997: Forschend lernen: Exkursion, Sozialstudie, Projekt. In: Sander, Wolfgang (Hrsg.): Handbuch politische Bildung. Schwalbach/Ts.

Aebli, Hans 2001: Zwölf Grundformen des Lehrens. 11. Aufl., Stuttgart

Bönsch, Manfred 2003: Variable Lernwege: Ein Lehrbuch der Unterrichtsmethoden. 3. Aufl., Paderborn; München; Wien; Zürich

Bundesministerium für Bildung und Forschung (Hrsg.) 1998: Delphi-Befragung 1996/1998. Abschlussbericht zum „Bildungs-Delphi". München

Dauscher, Ulrich 1998: Moderationsmethode und Zukunftswerkstatt. Neuwied, Kriftel, Berlin

Dewey, John/Hylla, Erich 1930: Demokratie und Erziehung. Breslau

Diekmann, Andreas 1995: Empirische Sozialforschung. Grundlagen, Methoden, Anwendungen. 4. Aufl., Reinbeck

Duncker, Ludwig 1993: Handeln im Dienste von Aufklärung und Demokratie. In: Pädagogik, H. 7-8, S. 67

Duncker, Ludwig 1996: Zeigen und Handeln: Studien zur Anthropologie in der Schule. Langenau, Ulm

Frey, Karl 1998: Die Projektmethode. 8. Aufl., Weinheim und Basel

Gudjons, Herbert 1989: Handlungsorientiert lehren und lernen. Projektunterricht und Schüleraktivität. Bad Heilbrunn

Gugel, Günther 1998: Methodenmanual II: Neues Lernen. Weinheim und Basel

Hänsel, Dagmar 1988: Was ist Projektunterricht und wie kann er gemacht werden? In: Hänsel, Dagmar/Müller, Hans (Hrsg.): Das Projektbuch Sekundarstufe. Weinheim/Basel

Herrmann, Theo 1999: Methoden als Problemlösemittel. In: Roth, Erwin/ Holling, Heinz (Hrsg.): Sozialwissenschaftliche Methoden. Oldenburg

Huschke-Rhein 2003: Einführung in die systemische und konstruktivistische Pädagogik. 2. Aufl., Weinheim, Basel, Berlin

Jungk, Robert 1995: „In jedem Menschen steckt viel mehr als er weiß" – Ein Interview. In: Burow, Olaf-Axel/Neumann-Schönwetter, Marina (Hrsg.): Zukunftswerkstatt in Schule und Unterricht. Hamburg

Klippert, Heinz 1988: Durch Erfahrung Lernen. Ein Prinzip (auch) für die politische Bildung. In: Bundeszentrale für politische Bildung (Hrsg.): Erfahrungsorientierte Methoden der politischen Bildung. Bonn

Knoll, Michael 1993: 300 Jahre lernen am Projekt. In: Pädagogik, H. 7-8, S. 58-63

Koopmann, F. Klaus 2001: Projekt: aktive Bürger. Sich demokratisch durchsetzen lernen – Eine Arbeitsmappe. Mühlheim an der Ruhr

Kuhnt, Beate/Müllert, Norbert R. 2000: Moderationsfibel Zukunftswerkstätten. Münster

Lißmann, Hans-Joachim 2002: Sozialstudie. In: Kuhn, Hans-Werner/Massing, Peter (Hrsg.): Lexikon der politischen Bildung. Schwalbach/Ts.

Neumann-Schönwetter, Marina 1995: Wie Zukunftswerkstätten wirken. In: Burow, Olaf-Axel/Neumann-Schönwetter (Hrsg.): Zukunftswerkstatt in Schule und Unterricht. Hamburg

Sander, Wolfgang 2001: Politik entdecken – Freiheit leben. Neue Lernkulturen in der politischen Bildung. Schwalbach/Ts.

Sander, Wolfgang (Münster)/Bundeszentrale für politische Bildung (Hrsg.) 2003: Forschen mit GrafStat CD-ROM

Siebert, Horst 2001: Selbstgesteuertes Lernen und Lernberatung. Neuwied

Weinbrenner, Peter/Häcker, Walter 1995: Theorie und Praxis von Zukunftswerkstätten. In: Burow, Olaf-Axel/Neumann-Schönwetter (Hrsg.): Zukunftswerkstatt in Schule und Unterricht. Hamburg

*Carl Deichmann*

# Politische Bildung bewerten: Methoden der Evaluation und Leistungsbewertung

## 1. Problemaufriss und Begriffsbestimmungen

Leistungsbewertung bzw. Leistungsbeurteilung als pädagogisches Handeln zeichnen sich durch ihren *situativen Charakter* aus. Die für konkrete soziale Situationen typischen Strukturen des gemeinsamen Zieles, der Vorstrukturiertheit durch die Organisation, der wechselseitigen Interpretation der Gesprächspartner, aber auch der subjektiven Gestaltungsmöglichkeiten (Berger/Luckmann 1974, 20 ff.) gelten deshalb auch für die Leistungsbewertung und Leistungsbeurteilung im Unterricht und bei Prüfungen in der Schule.

Leistungsbewertung und Evaluation

In Abgrenzung zu dem Begriff der *Leistungsbewertung* ist es sinnvoll, solche Interaktionsvorgänge mit dem Begriff der *Evaluation* zu erfassen, in denen die Bedingungen, der Verlauf und die Ergebnisse des politischen Lernprozesses nach „objektiven" Kriterien bewertet werden (Moser 1999, 207 zu weiteren Perspektiven des Evaluationsbegriffes).

Dies bedeutet zunächst einmal für die Selbstevaluation der an den Unterrichtsprozessen Beteiligten (Lehrer, Schüler, Prüfer), den Versuch zu unternehmen, von der subjektiven Betroffenheit und Eingebundenheit in den Interaktionsprozess möglichst stark zu abstrahieren und den Prozess als solchen – einschließlich der institutionellen Bedingungen und der Bedeutung der eigenen Rolle – zum Gegenstand der Analyse zu machen (Moser 1999, 206-210).

## 2. Entwicklung einer Evaluationskultur: Selbstevaluation von Schülern und Lehrern

Die *Selbstevaluation der Schüler* (Sander 2001, 153 ff. und 157 f.) stellt deshalb einen Beitrag zur Realisierung des allgemeinen

Lernzieles der aktiven Wahrnehmung der Bürgerrolle dar (Deichmann 2004, 28 ff.), weil den Schülern Partizipationsmöglichkeiten geschaffen werden (Moegling 2000, 293-503).

Selbstevaluation von Schülern schafft Partizipationsmöglichkeiten

Im Rahmen einer solchen Selbstevaluation untersuchen die Schüler zum Beispiel mit Hilfe eines Fragebogens (Moegling 2000, 494 ff.) das politische Interesse und die politische Aktivität der eigenen Lerngruppe bzw. Interesse und Aktivität ihrer Mitschüler in der Schule, die Akzeptanz der politischen Bildung, die Methodenhäufigkeit und Methodenbewertung, die Unterrichtswirklichkeit und die Kritik (einschließlich der Lehrerrolle) und machen Vorschläge hinsichtlich der Unterrichtsverhältnisse und der Unterrichtsmethoden. Unter pädagogischen Gesichtspunkten ist es allerdings notwendig, den Bezug der Fragen auf konkrete Unterrichtseinheiten und deren Phasen herzustellen.

Beurteilung der Lehrerrolle

Erst auf diesem selbstkritischen, die eigene Rolle und deren Ausgestaltung im Unterrichtsprozess gewichtenden Hintergrund lässt sich auch von Schülern sachbezogen die Lehrerrolle beurteilen und Verbesserungen fordern:

– Wo hätte der Lehrer Informationen geben sollen?
– Hätten Schüler mit Kurzreferaten, eigenen Beiträgen den Lehrervortrag ersetzen können?
– Hätten handlungsorientierte Methoden oder die Textlektüre z.B. verstärkt werden müssen?
– Wie kann der Lehrer dazu beitragen, die Zusammenarbeit in den verschiedenen Arbeitsgruppen zu fördern (Burkhard 1996, 16 ff.)?

Evaluationskultur in Schulen

Werden die Ergebnisse der Schülerselbstevaluation mit denjenigen der Selbstevaluation von Lehrern verbunden, besteht die Möglichkeit, an Schulen eine *Evaluationskultur* zu entwickeln, welche erhebliche Anstöße aus dem Sozialkundeunterricht erfahren könnte. Neben den Methoden der individuellen Unterrichtsbeobachtung, z.B. in Form von Unterrichtstagebüchern über den Verlauf des selbstgehaltenen Unterrichts und der Reflexion über entsprechende Verbesserungen sollten immer stärker Methoden der gegenseitigen, *kollegialen Unterrichtsbeobachtung* und gemeinsamen Analyse durchgeführt werden (Schratz 2001, 113 ff.).

Dabei gilt es jedoch, die Ergebnisse der Fremdevaluation der politischen Bildung, z.B. die Ergebnisse der Shell-Jugendstudien (Deutsche Shell 2002, 92 ff.) sowie diejenigen der qualitativen Unterrichtsforschung in der Politikdidaktik als Beobachtungskriterien für die kollegiale Evaluation des Politikunterrichts einzubinden (Schelle 1999, 249-252).

## 3. Prozessuale Leistungsbewertung als Beitrag zur politischen Bildung

### 3.1 Prozessuale Leistungsbewertung: Lösung des Konfliktes zwischen dem Ziel der politischen Bildung und der Leistungsbeurteilung

Diskrepanz zwischen schülerorientiertem Unterricht und Leistungsbeurteilung

Die Selbstevaluation von Schülern und Lehrern kann allerdings nicht die Diskrepanz aufheben, die zwischen einem schülerorientierten, die aktive Wahrnehmung der Bürgerrolle fördernden Politikunterricht, und der Leistungsbeurteilung existiert (Unger 1999, 292-297; Rothe 1981, 172-179).

Jedoch eröffnet sich in der *prozessualen Leistungsbewertung* im Politikunterricht noch eine zweite Möglichkeit, diese Diskrepanz zu reduzieren, indem das Ziel verfolgt wird, die Lernfortschritte der Schüler zu *beobachten*, zu *beschreiben* und zu *bewerten* (Deichmann 2001, 18 ff.).

Elemente prozessualer Leistungsbewertung

Dabei sind diese, im Folgenden an einem konkreten Unterrichtsbeispiel zu erläuternden Elemente des Konzeptes zu berücksichtigen:

- In der *prozessualen Leistungsbewertung* verwirklicht sich im Unterricht die Vorstellung von der aktiven Wahrnehmung der Bürgerrolle, wenn die Schüler auch an diesem Prozess aktiv teilnehmen.
- In der Beobachtung, Beschreibung und in der Bewertung der Leistungen dürfen *nicht* die *politischen Grundkenntnisse* (im Sinne des Faktenwissens) von der *Analysefähigkeit* (mit Hilfe der analytischen Kategorien) und von der *Beurteilungsfähigkeit* (mit Hilfe der normativen Kategorien) *abgekoppelt* werden, weil die Ausbildung der Identität als aktiver Bürger alle Dimensio-

nen des politischen Wissens und der politischen Fähigkeiten umschließt.
- Die *prozessuale Leistungsbewertung* bezieht sich somit auch auf das *Methodenwissen* (im Sinne der Fähigkeit zur Anwendung von Methoden) und auf die Handlungsfähigkeit der Schüler.

### 3.2 Beobachtungsgesichtspunkte: Aspekte des politischen Wissens

Aspekte politischen Deutungs- und Ordnungswissens

Die Beobachtung, Beschreibung und Bewertung der Schülerleistungen beziehen sich auf die folgenden Aspekte des politischen Wissens (Weißeno 1999, 265-269; 101-103; Deichmann 2004, 107 ff.):

Politisches Deutungs- und Ordnungswissen als
- Faktenwissen,
- Problemwissen,
- kategoriales Wissen,
- Handlungswissen/Handlungsfähigkeit,
- Methodenwissen,
- Zukunftswissen.

### 3.3 Beobachtung und Beurteilung mündlicher Leistungen im Verlauf des Unterrichtprozesses

Die Beobachtung und Beurteilung mündlicher Leistungen sollte sich im Politikunterricht in besonderer Weise an der Konzeption des kommunikativen Unterrichts und an der Struktur des politischen Lernprozesses, der als Problemlösungsprozess verstanden wird, ausrichten (Grammes 1998, 17 ff.).

Ein Unterrichtsbeispiel aus der 10. Klasse

Zur Verdeutlichung der prozessualen Leistungsbewertung wird von dem *Unterrichtsbeispiel einer aktuellen Stunde* in der Klasse 10 ausgegangen. Die *Problemfrage* der Unterrichtssunde lautet: „Hat die Oppositionspartei A auf dem letzten Bundesparteitag ihre Chance verbessert, bei den nächsten Bundestagswahlen die Regierung abzulösen?“

Das Unterrichtsgespräch bezieht sich auf die folgenden Impulse, welche schon als Arbeitsaufträge die vorbereitende Hausaufgabe strukturiert haben:

Impulse für das Unterrichtsgespräch

1. *Wiedergabe der Informationen:* Aussagen der führenden Politiker/Wahlen zum Vorstand: Wer hat welche Funktionen erhalten/wie wurde gewählt? Faktenwissen.
2. *Funktionszusammenhänge:* Welche politischen Tendenzen lassen sich aus den Aussagen/Wahlen erkennen (Positionen der Partei zu den anstehenden Fragen, die auf dem Parteitag behandelt werden sollten)/Wie ist die Machtverteilung in dem neuen Vorstand (mehr sozialpolitisch orientierte Politiker oder mehr Politiker, welche dem Wirtschaftsflügel angehören? u.a.)? Kategorien: „Interesse/Macht/Machtpotenzial, Funktionszusammenhang/politisches Ordnungswissen."
3. *Beurteilung/Zukunftsperspektiven:* Welche politische Bedeutung könnte dem Parteitag für die weitere Entwicklung des Parteiensystems/für das Verhältnis von Regierung und Opposition zugeschrieben werden?
   Wie könnte sich die politische Ordnung der Bundesrepublik weiterentwickeln, wenn die entsprechenden Lösungen, die von der Partei für die anstehenden grundsätzlichen und aktuellen Fragen beschlossen wurden, durchsetzen würden?
   Kategorien: „politisches System/politische Ordnung/soziale Gerechtigkeit".

**Einstiegsphase**

Der Kommunikationsablauf (somit Realisierung von Methodenwissen) richtet sich nach diesen Impulsen, weshalb die erbrachten Leistungen auf den entsprechenden Abstraktionsniveaus vom Lehrer, welcher das Unterrichtsgespräch moderiert, gut zu *beobachten* ist.

Spontane Meinungsäußerung

Nach einer *spontanen Meinungsäußerung* zu der bewusst allgemein gestellten Frage: „Welche politische Bedeutung hat der Bundesparteitag der Partei A?" müssten sich alle Schüler an dem Unterrichtsgespräch beteiligen. Die Beiträge der Schüler werden vom Lehrer nur kurz aufgerufen, ohne dass dieser in das Gespräch eingreift. Er gibt lediglich einige Impulse („Denkt auch an die Rede von X etc./Denkt an die sozialpolitische Diskussion" u.a.). Die Schülerantworten (Informationen und Meinungen) bleiben als Thesen im Raum stehen und bilden den Gegenstand des weiteren Unterrichtsgespräches. Bei erklärenden Erläuterungen zu den Aussagen der Politiker (z.B. Was ist das angesprochene „soziale Netz"?) wird auf Vorwissen zurückgegriffen oder der Lehrer hilft im „Notfall" mit einer kurzen Definition aus.

Beobachtungsaufgabe des Lehrers

Die *Beobachtungsaufgabe* des Lehrers bei aktuellen Themen besteht darin, zu überprüfen, ob bei den Schülern eine *Wissensstruktur über die aktuelle Politik aufgebaut wird.* In besonderer Weise beobachtet und unterstützt er auch schwächere Schüler, die bei regelmäßiger Übung der Wiedergabe von aktuellen Informationen auch in der Lage sind, ihren Beitrag zu leisten.

Beobachtung der Methodenkompetenz

Auf dieser, aber auch auf den folgenden Stufen der Kommunikation steht die Beobachtung der *Methodenkompetenz im Rahmen des Unterrichtsgesprächs* an:

- Sind die Schüler in der Lage, die Informationen aus aktuellen Berichten sachlich richtig und strukturiert wiederzugeben?
- Welches Deutungs- und Ordnungswissen schlägt sich in ihren Äußerungen nieder? Da das politische Deutungs- und Ordnungswissen in den Alltagsweltinteraktionen als Bewusstseinselement entstanden ist, formulieren die Schüler zunächst ihre politischen Alltagserfahrungen und Alltagsinterpretationen (Deichmann 2004, 101 ff.).
- Sind die Schüler in der Lage, bei der Wiedergabe der Informationen die entsprechenden Fachbegriffe zu verwenden und (auf Nachfrage) zu definieren?
- Sind sie in der Lage, die Aussagen (Informationen und Argumente) ihrer Vorredner bei ihren Aussagen zu berücksichtigen (auf ihnen aufzubauen/Bezug zu nehmen/zu kritisieren)?
- Fördern sie den Kommunikationsprozess, indem sie noch zu klärende Fragen aufzeigen oder ihre Mitschüler auch um weitergehende Informationen und Begründungen bitten?

**Analysephase**

Bei der Beobachtung der Kommunikation auf dieser zweiten Anspruchsebene geht es um die folgenden *Beobachtungsaufgaben bzw. die Analysefähigkeit der Schüler:*

- Besitzen die Schüler die Fähigkeit, die Informationen, die sie zusammengetragen haben, politisch einzuordnen und zu gewichten? In diesem Zusammenhang richtet sich die Beobachtung auf den Tatbestand, dass die in der Alltagswelt entstandenen und in der Einstiegsphase artikulierten *Deutungen* auf einem höheren Abstraktions- und Rationalitätsniveau *in die Struktur des politischen Systems einzuordnen* und zu den ideellen Aspekten der politischen Ordnung in Beziehung zu setzen sind.
- Sind sie in der Lage, politisches *Problemwissen* und *kategoriales Wissen* zu aktualisieren, indem sie einen Bezug zu den politischen Interessen und Bedürfnissen herstellen, welche die politischen Prozesse bedingen? In der Impulsgebung, in der Beobachtung und in der Korrektur der Schülerleistungen schlagen sich die politikdidaktischen und methodischen Fähigkeiten des Lehrers nieder, der das Spannungsverhältnis zwischen den verschiedenen Dimensionen der politischen Realität, den subjektiven Interessen/den Interaktionen und Institutionen/und den regulativen Ideen als politikdidaktisches „Suchinstrument" für den Politikunterricht wirksam machen kann (Deichmann 2004, 110 ff.).
- Neben den *analytischen Kategorien* „Bedürfnis/Interesse/Konflikt" sind für die Praxis der politischen Bildung die Kategorien „Konsens/Macht/Machtpotenzial/Herrschaft/politisches System/politische Ordnung" sowie die *normativen Kategorien* „Freiheit/Gleichheit/Gerechtigkeit/Gemeinwohl" u.a. von Bedeutung (Gagel 2000, 196 ff.).

Perspektiven zur Beobachtung der Analysefähigkeit der Schüler: Bedeutung analytischer und normativer Kategorien

So besteht im Rahmen eines aktuellen Unterrichts, welcher eine kategoriale Vertiefung anstrebt, die Möglichkeit, mit entsprechenden Impulsen auch *„schwächere" Schüler* in eine solche Diskussion einzubinden, ihre Lernfortschritte zu beobachten und auf dem Hintergrund des individuellen Lernfortschrittes zu beurteilen. (Mögliche Denkanstöße sind zum Beispiel: Überlegen Sie, warum der Vorsitzende der Landespartei von Nordrhein-Westfalen mit so hoher Stimmenzahl gewählt worden ist; denken Sie an die Größe des Landesverbandes; denken sie an die Bedeutung der

Einbeziehung schwächerer Schüler

Argumente, die der Landesvorsitzende bezüglich der Auseinandersetzung mit der Regierung u.a. vorgetragen hat.) Bei diesen Fragen geht es also um die Kategorien der Macht, des Machtpotentials, der Interessen, der Interaktion und des Funktionszusammenhangs.

**Beurteilung/Transfer**

Die *Beobachtung der Diskussion* auf der dritten Abstraktionsstufe der Kommunikation (einer freien Diskussion) bezieht sich besonders auf den Aspekt, ob die Schüler im Sinne der Transferleistung wieder zu der Eingangsfrage der politischen Bedeutung des Parteitages Bezug nehmen können. Da die wichtigsten Eingangsthesen durch Folie oder durch das Tafelbild visualisiert wurden, ist die Lerngruppe nun in der Lage, diese Thesen wieder aufzunehmen. Ist in dem Sinne ein *Lernfortschritt festzustellen*, so muss gefragt werden, ob die Schüler (wie viele und wer?) in der Lage sind, die eingangs gestellte Problemfrage („Hat die Opposition A ihre Chancen verbessert, bei den nächsten Bundestagswahlen die Regierung abzulösen?“) zu beantworten.

Können Schüler zur Eingangsfrage des Unterrichts Bezug nehmen?

Vertiefend kommt die Behandlung der Dimension des politischen Ordnungswissens hinzu, die ja mit der Frage nach der Weiterentwicklung der politischen Ordnung der Bundesrepublik bei Realisierung der entsprechenden Problemlösungsansätze (Zukunftswissen/Kategorie „soziale Gerechtigkeit/Freiheit, Gleichheit/Gemeinwohl“) zu erfassen ist.

In einem *allgemeinen*, die hier anstehende aktuelle Stunde überschreitenden Sinne, bezieht sich die Beobachtung und Beurteilung des *Zukunftswissens* auf die Fähigkeit zum *strategischen Denken*, welches unter anderem mit der Szenariotechnik entwickelt wird (Deichmann 1998, 223 ff.; Weinbrenner 2000, 180-183).

**Leistungsbewertung: Epochalnote**

Die Leistungsbeurteilung geschieht, dies sollte die Bezugnahme zu den Unterrichtsgegenständen aufzeigen, im Unterricht begleitend zum Unterrichtsgespräch, indem einzelne Schüler aufgefordert werden, sich in der entsprechenden Phase des Unterrichtsprozesses zu beteiligen, bzw. bei entsprechendem Engagement gelobt und in ihrer Arbeit bestärkt werden. Nach einigen Unterrichtstunden werden die Leistungen individuell qualifiziert (Epochalnote). Die Beurteilung hat die Form der Beratung, die sich auf die Frage bezieht, in welcher Weise die einzelnen Schüler ihre Unterrichtsbeiträge verbessern können.

Leistungsbeurteilung geschieht begleitend zum Unterrichtsgespräch

Zusammen mit den vielfältigen individuellen mündlichen Leistungen ergibt sich ein umfassendes Bild über den Leistungsstand des Schülers.

**Leistungsbewertung handlungsorientierter Methoden**

Gerade bei der Bewertung der Durchführung handlungsorientierter Methoden im Politikunterricht, also der Simulation von politischer Wirklichkeit im Unterricht, bieten sich *vielfältige Beobachtungs-, Beschreibungs- und Beratungsaspekte* an.

Diese beziehen sich nicht nur auf die, zum Beispiel im *Rollenspiel* von den Schülern aufgezeigten rhetorischen Fähigkeiten; die politikdidaktische Perspektive verlangt darüber hinaus die Problematisierung des Verhältnisses zwischen der im Unterricht hergestellten politischen Wirklichkeit zu der (wiederum ja nur interpretierbaren) „realen" politischen Situation/Interaktion/Diskussion.

Deshalb müssen folgende *Beurteilungsgesichtspunkte* herausgestellt werden, welche bei handlungsorientierten Phasen Grundlagen der Selbstevaluation der Rollenträger sein sollten:

Beurteilungsgesichtspunkte handlungsorientierter Methoden

- Haben die Schüler die Rollen „richtig" wahrgenommen: Wurden die wichtigsten Argumente des Bundestagsabgeordneten (oder des Parteivertreters, des Vertreters der entsprechenden gesellschaftlichen Gruppe u.a.) vorgetragen?
- Wurden die Argumente überzeugend vorgetragen (nicht abgelesen, kurze präzise, klar verständliche Darstellung, angemessene und sachliche Reaktion auf die Intervention der Kommunikationspartner u.a.)?
- Waren die Argumente sachlich richtig (stimmten die Informationen bzw. gab es Widersprüche in der Argumentation)?
- Welche Argumente müssten ergänzt werden?

Allgemein: Vergleich der Kommunikation und Interaktion im Rahmen der handlungsorientierten Methoden mit der Realität.

Arbeitsaufträge zur Beurteilung der Schülerleistungen

Die Leistungen der Schüler werden mit Hilfe der folgenden Arbeitsaufträge überprüft:

- Werden alle Argumente festgehalten und verstanden?
- Können die Argumente, die im Rollenspiel aufgeführt wurden, sachgerecht und im entsprechenden Kommunikationskontext wiedergegeben werden?
- Sind die Schüler in der Lage, die Argumente mit Hilfe ihrer Kenntnisse über den konkreten politischen Gegenstand zu ergänzen (Kritik/Verteidigung)? Sind sie in der Lage, die vorgetragenen Argumente und die Argumente, die von den Zuhörern ergänzt wurden, vorläufig zu beurteilen?
- Methodisches Handeln: Sind sie in der Lage, entsprechende Vorschläge zur weiteren Analyse des im Rollenspiel und Plenum behandelten politischen Gegenstandes zu machen (Materialsicht/unter Umständen Bezug auf das Schulbuch u.a.)?

## 3.4 Beurteilung schriftlicher Leistungen

Bei schriftlichen Leistungen sind die Prinzipien, welche für die Beobachtung, Beschreibung, Förderung und Bewertung der mündlichen Leistungen herausgearbeitet wurden, auch auf die schriftliche Leistungskontrolle zu übertragen.

Integration politikdidaktischer Überlegungen zur Leistungskontrolle in die prozessuale Leistungsbewertung

Dabei geht es darum, die politikdidaktischen Überlegungen zur schriftlichen Leistungskontrolle (Claußen 1981, 213-227) in die Konzeption der *prozessualen Leistungsbewertung* zu integrieren.

- *Lernzielorientierte* Tests können trotz ihres Schwerpunktes bei der Überprüfung von Kenntnissen auch Einstellungsveränderungen, also Veränderungen des Deutungs- und Ordnungswissens der Schüler im zeitlichen Panel messen. Es besteht die Möglichkeit, sie für die Planung nachfolgender Unterrichtseinheiten zu verwenden. Lernzielorientierte Tests sollten sich – wie alle mündlichen und schriftlichen Leistungsüberprüfungen – auf alle Lernzielebenen (Fischer 1973, 98 ff.) beziehen.
- *Informelle* Tests nehmen auf den Unterrichtsprozess und auf die behandelten Materialien Bezug. Allerdings sind Mischformen

aus lernzielorientiertem und informellem Test zu empfehlen, da sie sich inhaltlich durch Objektivierung und formal durch relativ einfache Auswertbarkeit auszeichnen.

- *Hausaufgaben* sollten als Unterrichtsbeiträge in vielfältigen Formen verstanden werden: in Form eines Besinnungsaufsatzes zur schriftlichen Beurteilung eines Konfliktes, Anfertigung einer Tabelle auf der Grundlage zuvor erarbeiteter statistischer Daten, Ausarbeitung eines Kurzvortrages am Abschluss einer Problemanalyse, Interpretation einer Tabelle u.Ä.
- *Berichte und Protokolle*, auch Berichtshefte dokumentieren das Ergebnis von Lernprozessen und geben ebenfalls die Möglichkeit, den Lernerfolg im Rahmen des Lernprozesses zu kontrollieren sowie Hilfen für die weitere Arbeit zu geben.

**Struktur der Klassenarbeit**

Klassenarbeiten erfüllen mehr als nur eine Kontrollfunktion

*Klassenarbeiten* sollten nicht nur unter der Perspektive der Kontrollfunktion gesehen werden. Sie stellen einerseits eine Lernkontrolle dar. Denn in der Praxis des Politikunterrichts bleibt es bei der Notwendigkeit der Benotung. Hinzu kommt, dass die schriftlichen Leistungen bis zu fünfzig Prozent der Gesamtnote im Politikunterricht ausmachen.

Sie sind aber andererseits als positives Element des Lernprozesses anzusehen, durch das neue Erkenntnisprozesse in Gang gesetzt werden. Besonders die vielfältigen Fehler, welche die Schüler im methodischen Bereich machen, müssen immer wieder in individuellen Gesprächen analysiert und korrigiert werden.

*Die Klassenarbeit* sollte deshalb, orientiert an den im Zusammenhang mit der mündlichen Leistungsbewertung entwickelten Beurteilungskriterien, den folgenden *Ansprüchen* der Leistungsbeurteilung *gerecht werden:* Die Bearbeitungsgrundlage bilden *Materialien* (Texte, Grafiken), in denen möglichst kontroverse Positionen, ein politischer Konflikt oder ein politischer Prozess enthalten sind. Die Aufgaben zu den aktuellen Problemen und Konflikten sollen so gestellt sein, dass die Fähigkeit, politische Probleme aus der Sicht grundsätzlicher *Erkenntnisse* und *Einsichten* heraus untersucht werden müssen.

Beurteilungskriterien

Die Beurteilung bezieht sich insbesondere auf das *Textverständnis* und auf die *Darstellung der Funktionszusammenhänge.* Hierbei geht es im Sinne der Überprüfung politischen Deutungs- und Ordnungswissens um die Untersuchung der Bedeutung der entsprechenden Probleme für die Weiterentwicklung der politischen Ordnung bzw. um die Bedeutung für die Weiterentwicklung der internationalen Beziehungen.

- Auch sollten Arbeitsaufträge zur Überprüfung der *methodischen Kompetenz* formuliert werden (z.B.: „Untersuchen Sie die Politik der USA, der NATO, der Bundesrepublik Deutschland im Irakkonflikt mit Hilfe des Interaktionsmodells, indem Sie von der Interessenlage sowie den politischen Zielen der Beteiligten ausgehen und diese jeweils einer kritischen Würdigung unterziehen.").
- Für die Berücksichtigung der verschiedenen Anforderungsbereiche (Kenntnisse/Erkenntnisse/Einsichten bzw. Transfer) (Fischer 1973, 98) ist es auch notwendig, die für die Analyse anzuwendenden *Kategorien* anzugeben (z.B.: „Untersuchen Sie die Stellung der Gewerkschaften bzw. der Unternehmer in diesem Konflikt mit Hilfe des Machtbegriffes. Definieren Sie den Machtbegriff bei seiner Verwendung.").
- Damit die Beurteilung der schriftlichen Leistung der Schüler durch den Lehrer transparent wird, sind auch die *Beurteilungsgesichtspunkte* im Sinne der Angabe *normativer Kategorien* anzugeben. (z.B.: „Beurteilen Sie die kontroversen Vorstellungen der Parteien unter dem Gesichtspunkt der Gerechtigkeit, indem Sie die von Ihnen gewählten Beurteilungskriterien der Freiheit, der Gleichheit, der Solidarität etc. erläutern und begründen.").

Fazit

*Zusammenfassend* ist also am Ende der Überlegungen zur Evaluation sowie zur schriftlichen und mündlichen Leistungsbewertung festzustellen:

Wenn die Selbstevaluation von Schülern und Lehrern, verbunden mit den von Schülern in mündlicher und schriftlicher Form erbrachten Leistungen wieder zum Gegenstand des Reflexionsprozesses im Politikunterricht gemacht werden, stellen sie konstitutive Elemente einer prozessualen Leistungsbewertung dar.

Es besteht sodann die Chance, im Politikunterricht eine Evaluationskultur zu entwickeln, und damit die *Spannung* zwischen dem Ziel der politischen Bildung – der aktiven Wahrnehmung der Bürgerrolle- und der Leistungsbewertung *produktiv zu gestalten.*

## Literatur

Berger, Peter L./Luckmann, Thomas 1974: Die gesellschaftliche Konstruktion der Wirklichkeit. Frankfurt/M.

Burkhard, Christoph 1996: Selbstevaluation – ein Beitrag zur Qualitätsentwicklung von Einzelschulen. Bönen

Claußen, Bernhard 1981: Methodik der politischen Bildung. Von der pragmatischen Vermittlungstechnologie zur praxisorientierten Theorie der Kultivierung emanzipatorischen politischen Lernens. Opladen

Deichmann, Carl 1998: Politisch-strategisches Denken durch Hypothesenprüfung – veranschaulicht an einer Unterrichtsskizze „Militarisierung der deutschen Außenpolitik?" In: Gegenwartskunde, H. 2, S. 223-233

Deichmann, Carl 2001: Leistungsbeurteilung im Politikunterricht. Schwalbach/Ts.

Deichmann, Carl 2004: Lehrbuch Politikdidaktik. München/Wien

Deutsche Shell: 2002: Jugend 2002. Zwischen pragmatischem Idealismus und robustem Materialismus. 14. Shell Jugendstudie. Frankfurt/M.

Fischer, Kurt Gerhard 1973: Einführung in die politische Bildung. Stuttgart

Gagel, Walter 2000: Einführung in die Didaktik des politischen Unterrichts. Opladen

Grammes, Tilman 1998: Kommunikative Fachdidaktik. Politik, Geschichte, Recht, Wirtschaft. Opladen

Moegling, Klaus 2000: Schüler und Schülerinnen evaluieren ihren Politikunterricht – ein Bericht. In: Gegenwartskunde, H. 4, S. 293-503

Moser, Heinz 1999: Selbstevaluation und Schulentwicklung. In: PÄD Forum, Juni, S. 206-210

Rothe, Klaus 1981: Didaktik der politischen Bildung. Berlin

Sander, Wolfgang 2001: Politik entdecken – Freiheit leben. Neue Lernkulturen in der politischen Bildung. Schwalbach/Ts.

Schelle, Carla 1999: Unterrichtsforschung. In: Weißeno, Georg (Hrsg.): Lexikon der politischen Bildung, Band 1, Didaktik und Schule. Schwalbach/Ts., S. 249-252

Schratz, Michael, 2001: Methodenkoffer. Erste Hilfe zur Selbstevaluation. In: Friedrich Jahresheft, S. 113-139

Unger, Andreas1999: Lernkontrolle und Leistungsmessung. In: Wolfgang Mickel, (Hrsg.): Handbuch zur politischen Bildung. Bonn, S. 292-297

Weinbrenner, Peter 2000: Szenariotechnik. In: Weißeno, Georg (Hrsg.): Lexikon der politischen Bildung, Band 3, Methoden und Arbeitstechniken. Schwalbach/Ts., S. 180-183

Weißeno, Georg 1999: Wissen. In: Ders. (Hrsg.): Lexikon der politischen Bildung, Band 1, Didaktik und Schule. Schwalbach/Ts., S. 265-269

*Wolfgang Beer*

# Politische Bildung kommunizieren: Marketing für außerschulische Bildung

## 1. Mitten aus dem Leben

Teilnehmerorientierung auf Themenfindung beziehen

Ein typischer Stoßseufzer eines zwar nicht vom Selbstzweifel, wohl aber vom Teilnehmerschwund geplagten Dozenten ist die Frage: Wie kann es gelingen, zu meiner siebten jährlichen Tagung über das Fortschreiten ökologischer Katastrophenszenarios, von deren exakter Analyse zweifelsohne die Erhaltung menschlicher Lebensgrundlagen abhängt, diesmal genügend Teilnehmer und Teilnehmerinnen zu bekommen, damit sie nicht, wie in den letzten beiden Jahren, ausfallen muss? Ein Verwandter, tätig als Verkaufsleiter eines mittelständischen Unternehmens für die Errichtung von Blockheizkraftwerken, gibt nun dem Tagungsleiter, als dieser ihm beim Familientreffen seine Sorgen mit der früher eher überfüllten Seminarreihe erzählt, einen Rat. Er schlägt vor, doch einmal mit einigen Teilnehmern dieser Seminare, deren Namen und Anschriften in der Bildungsstätte ja noch vorhanden sind, zu telefonieren und zu fragen, welches Thema eine Ökologietagung haben müsse, damit sie in drei Monaten als Teilnehmer zu begrüßen wären. Der Tagungsleiter folgt diesem Rat und macht eine Erfahrung, die ihn durchaus in Selbstzweifel stürzt: zehn von zwölf ehemaligen Teilnehmern aus unterschiedlichen Orten der Region und von verschiedenen Vereinen und Initiativen erklären, dass sie nicht zu einer Tagung über die aktuelle Vermessung des Ozonloches und die Analyse der Ursachen für das Scheitern der letzten Regierungskonferenz kommen würden; wohl aber jeweils noch mindestens zwei Leute mitbrächten zu einer Tagung, die sich mit dem Problem beschäftigt, wie ein regionaler Prozess zur Agenda 21 die spezifischen Probleme und Interessen der heimischen Holzwirtschaft aufnehmen könnte, damit sich auch die Waldbauern und Möbelfabriken der Region beteiligen. Das Team der

Bildungsstätte diskutiert den Fall mit dem Ergebnis, das pädagogische Prinzip der Teilnehmerorientierung in Erweiterung bisheriger Praxis auch – versuchsweise – auf die Themenfindung zu beziehen. Und der Erfolg: Die Teilnehmenden kamen dann auch ins Haus, allerdings nicht zum Ozonloch und zur Regierungskonferenz, dafür aber zur Agenda 21 zusammen mit dem Vorsitzenden der Waldbauernvereinigung.

## 2. Nachfrage- versus Angebotsorientierung

Von der angebots- zur zielgruppen- orientierten Planung

Das Beispiel zeigt die Einbeziehung von Marketingstrategien in den pädagogischen Planungsprozess: Aus einer rein angebotsorientierten Planung, ausgerichtet an den Einsichten, Erkenntnissen und Interessen eines Tagungsleiters bzw. einer Einrichtung, ist eine zielgruppenorientierte Planung geworden. Das heißt, als erster Schritt der Angebotsplanung wird nicht gefragt, was ist politisch-inhaltlich wichtig oder dran, sondern es wird das Gespräch mit der Zielgruppe, ihren Multiplikatoren oder Organisatoren gesucht. Das Ziel: gemeinsam herauszufinden, welche Bedürfnisse, Interessen, Probleme, Prioritäten die zukünftigen Teilnehmer haben. Sie werden zum Ausgangspunkt für die inhaltliche und didaktische Planung. Die ausschließliche Inhaltsorientierung wird – marketingsprachlich ausgedrückt – zur Kundenorientierung (vgl. Bastian 2002, 13 ff.). Kundenorientierung aber ist ein ständiger Prozess. Um in unserem Beispiel zu bleiben, müsste am Ende des Seminars mit den Teilnehmenden erörtert werden, welche nächsten Schritte, Probleme und Themen den regionalen Prozess der Erstellung einer Agenda 21 bestimmen werden und an welcher Stelle und zu welchem Zeitpunkt allen Beteiligten ein weiteres Seminarangebot sinnvoll erscheint. Auf diese Weise kann ein Diskussionsprozess eröffnet werden, der dann zur Kundenbindung führt, das heißt, eine neue Gruppe als Stammteilnehmerschaft für das Haus gewinnt. Der erste Schritt in die Entwicklung eines systematischen Marketings für die eigene politische Bildungsarbeit wäre getan.

## 3. Zielebenen von Marketingstrategien in der politischen Bildung

Zielebenen für Marketing in der politischen Bildung

Eine umfassende Marketingstrategie muss die unterschiedlichen Zielebenen der Einrichtung und weitergehend der Profession aufgreifen und Angebotsentwicklung und Vermarktungsstrategien an ihnen ausrichten. Zusammengefasst lassen sich für ein Marketing für die außerschulische politische Bildung die folgenden Zielebenen formulieren:

- eine höhere Zufriedenheit der Kunden, sprich der Teilnehmenden;
- eine optimale Konzeptionierung und Realisierung von Produkt- bzw. Programmentwicklung, Preisbildung, Kommunikation und Vertrieb und in der Folge eine erfolgreiche Bildungsarbeit;
- ein erfolgreiches internes „Binnenmarketing“, das Leitung, Pädagogen, Mitarbeiter in Verwaltung (und ggf. Hauswirtschaft) von der Sinnhaftigkeit und Qualität des eigenen Bildungsangebotes überzeugt (vgl. Beer/Cremer 1999, 348 f.);
- die Zusammenführung der internen Ziele der Einrichtung:
  - ideell (gesellschaftspolitische, inhaltliche Ziele, Bildungsauftrag, Trägeridentität),
  - angestrebter Marktanteil und Marktgeltung,
  - gesicherte Refinanzierung,
  - teilnehmerbezogene Ziele (Bekanntheit, Zufriedenheit, Kundenbindung),
  - mitarbeiterbezogene Ziele (soziale Absicherung, Zufriedenheit),
  - gesellschaftsbezogene Ziele (Akzeptanz in der regionalen Umgebung, konstruktiver Dialog mit den für die Arbeit relevanten gesellschaftlichen Gruppen).

## 4. Teilmärkte außerschulischer politischer Bildung

Die Entwicklung einer umfassenden Marketingstrategie setzt als ersten Schritt die Analyse des Marktes oder zutreffender der

Teilmärkte voraus, auf denen sich Einrichtungen politischer Bildung bewegen und behaupten müssen. Zusammengefasst sind dies den entsprechenden Handlungs- und Zielebenen von Einrichtungen außerschulischer Bildung entsprechend acht Teilmärkte:

Bildungsmarkt

- Auf dem allgemeinen *Bildungsmarkt* konkurrieren die verschiedenen Weiterbildungsbereiche: Einrichtungen politischer Bildung mit den auf unmittelbare Verwertbarkeit ausgerichteten Angeboten der beruflichen Bildung und beide gemeinsam mit den eher entspannenden, an Interessen und Vorlieben ansetzenden Veranstaltungen der allgemeinen und kulturellen Bildung.

Freizeitmarkt

- Auf dem übergreifenden *Freizeitmarkt* konkurriert Erwachsenenbildung insgesamt um die zwar gewachsene, aber immer noch subjektiv als knappes Gut wahrgenommene arbeitsfreie Zeit ihrer Zielgruppen, von den Ausnahmen des Bildungsurlaubes und seltener beruflicher Abordnungen abgesehen.

Förderungspolitischer Markt

- Außerschulische politische Bildung ist auf öffentliche, halböffentliche und private Förderung angewiesen (vgl. Beer 1998, 175 ff.). Sie befindet sich damit auf dem *förderungspolitischen Markt* in Konkurrenz einmal mit den anderen Einrichtungen ihrer Profession, aber zunehmend auch mit anderen Förderungsaufgaben und -begehren gegenüber den öffentlichen Händen. Eine zunehmende Bedeutung für die Förderung von Projekten politischer Bildung gewinnen aber auch private Stiftungen. Sie agieren entsprechend ihrer jeweiligen Zwecke und Ziele sehr unterschiedlich nach oft sehr spezifischen Regeln und Kriterien. Dabei verfügen sie häufig über beträchtliche finanzielle Mittel und sind dementsprechend umworben (vgl. Beer 2000, 74 ff.).

Spenden- und Sponsoringmarkt

- Da die Fördervolumina insgesamt ebenso tendenziell abnehmen wie die Zuweisungen für die öffentlichen Bildungsträger und gleichzeitig die Kosten, auch die Investitionskosten, steigen, sind Einrichtungen politischer Bildung bemüht, weitere Mittel und Sachleistungen auf dem *Spenden- und Sponsoringmarkt* zu akquirieren. Neben mit der Einrichtung verbundenen

Einzelpersonen, meist über Förderer- und Freundeskreise oder -vereine angesprochen, besteht die Zielgruppe auf diesem Markt im Wesentlichen aus dem meist lokal oder regional ansässigen Handel und Gewerbe, seltener aus großen Wirtschaftsunternehmen.

– Die für Angebote politischer Bildung zu interessierenden Menschen sind in ihrer Zahl begrenzt, trotz aller denkbaren Strategien der Zielgruppenansprache. Die einzelne Einrichtung konkurriert auf dem *Teilnehmer- und Teilnehmerinnenmarkt* sowohl hinsichtlich des Aufbaus und Erhaltes eines Stammpublikums als auch mit jedem einzelnen Angebot mit den anderen Anbietern der eigenen Profession wie auch mit den Freizeitmärkten darum, die eigene Veranstaltung „voll zu kriegen". Zugespitzt ist der Konkurrenzkampf um Teilnehmende dann, wenn die finanzielle Absicherung der Personalstellen abhängig ist von einem bestimmten Quantum an Unterrichtsstunden oder Teilnehmertagen, wie dies in den meisten Erwachsenenbildungs- und Weiterbildungsgesetzen festgelegt ist. Teilnehmer- und Teilnehmerinnenmarkt

– Aufgrund der immer stärkeren Konkurrenz auf einem tendenziell abnehmenden Teilnehmermarkt und entsprechend einer zunehmenden Zielgruppenorientierung in der Angebotsplanung als Marketingstrategie gewinnt die Zusammenarbeit mit Kooperationspartnern unterschiedlicher Art eine immer größere Bedeutung. Hier geht es nicht oder erst in zweiter Linie um eine finanzielle Beteiligung, sondern vorrangig um das „Mitbringen" von Teilnehmenden aus dem jeweiligen Organisationszusammenhang und Arbeitsbereiches des Partners, um dessen Adressenpool für die Veranstaltungswerbung und um das Einbringen seines Images in die Profilierung der Einrichtung. Die formelle, inhaltliche und organisatorische Kooperation mit Verbänden, öffentlichen Einrichtungen oder zivilgesellschaftlichen Initiativen gewinnt einen immer größeren Stellenwert in einer Marketingstrategie für politische Bildung, so dass hier von einem *Kooperationsmarkt* gesprochen werden kann. Kooperationsmarkt

– Das Bemühen um die Teilnehmer und Teilnehmerinnen führt unmittelbar auf den *Markt der Themen.* Hier geht es darum, zu Markt der Themen erkennen, wohin Trends des allgemeinen Interesses gehen, wo sich Lücken und Nischen in der Angebotspalette auftun und herauszufinden, welches Programm die schon vorhandenen Zielgruppen im nächsten Halbjahr erneut ins eigene Haus lockt und auch neue Teilnehmendengruppen anzusprechen vermag. Schließlich ist die thematisch-inhaltliche Schwerpunktsetzung und Profilierung einer Einrichtung auch ein wesentlicher Bestandteil von Konkurrenzanalyse und eigener Positionierung (vgl. Becker 2000, 40 ff.) auf fast allen beschriebene Teilmärkten.

Tagungsmarkt

– Viele Heimvolkshochschulen und Akademien verfügen über ein eigenes Tagungshaus, das eine betriebswirtschaftliche Einheit darstellt, die zumindest eine Kostendeckung erreichen muss. Diese muss auf dem *Tagungshausmarkt* gesichert werden, und zwar in doppelter Hinsicht: Zum einen wird die Entscheidung, ein bestimmtes Seminar in einem bestimmten Haus zu besuchen, zumal bei einem oft bestehenden Konkurrenzangebot bei aktuellen Themen immer häufiger von Ambiente, Komfort und Atmosphäre des Tagungsstätte (vgl. Beer/Cremer 1999, 347) abhängig gemacht. Diese Kriterien spielen auch bei Aufbau und Erhalt einer Stammteilnehmerschaft oder der Gewinnung von Kooperationspartnern eine nicht zu unterschätzende Rolle. Zum anderen wird es kaum einer Einrichtung gelingen, ausschließlich mit Eigentagungen ihr Haus zu füllen. Eine die Kostendeckung sichernde Belegungsquote ist in der Regel nur mit einem mehr oder minder starken Anteil an – möglichst gut zahlenden – Gasttagungen zu erreichen. Regional unterschiedlich bestehen hier oft erhebliche Konkurrenzsituationen nicht nur mit Häusern der eigenen Profession, sondern auch mit anderen Einrichtungen und Tagungshotels.

## 5. Schritte der Entwicklung eines Marketingkonzepte

Die Notwendigkeit, sich als Einrichtung auf den verschiedenen Teilmärkten zu behaupten und die oben beschriebenen Zielsetzungen zeigen, dass ein Marketing für außerschulische politische

Bildung sehr viel weiter greift als der eingangs dargestellte Schritt von der angebotsorientierten zur zielgruppenorientierten Veranstaltungsplanung. Marketing ist ein umfassendes Kommunikationskonzept, welches – ernst genommen – zum Bestandteil eines ständigen Organisationsentwicklungsprozesses wird. Die Entwicklung eines Marketingkonzeptes erfordert ein systematisches Vorgehen, um die Komplexität der verschiedenen Ziel- und Handlungsebenen zu erfassen:

Marketing als umfassendes Kommunikationskonzept

- die Klärung und Analyse der institutionellen Ziele und des Selbstverständnisses von Träger und Einrichtung – idealerweise auf der Basis einer Leitbildentwicklung (vgl. Beer, 2002, 44-57);
- die Klärung und Analyse von Kontexten und Rahmenbedingungen;
- der Bezug der Ziele auf Adressaten, Marktsituation und Konkurrenz sowie die inner-institutionellen Ressourcen;
- die Entwicklung eines konkreten Angebotes, seine Kommunikation nach innen und außen, Preisgestaltung und Werbung (Marketingmix);
- nach erfolgter Durchführung die Evaluation und gegebenenfalls die Überprüfung und Revision von Zielen und Marketing-Mix (vgl. Becker 2002, 143-154).

## 6. Marketing-Mix

Das konkrete Handlungsziel eines Marketingprozesses ist nach der Klärung von Zielen, Rahmenbedingungen, Zielgruppensegmentierung und -beschreibung, Konkurrenz- und Marktanalyse die Realisierung des Marketing-Mix, das aus vier Elementen besteht:

### 6.1 Produkt/Leistung

Produktgestaltung in der politischen Bildung

Im Fall der politischen Bildung ist das Produkt das angebotene Bildungsprogramm bzw. jede einzelne Veranstaltung. Zur *Produktgestaltung* gehören dann die Inhalte, die didaktisch-methodische Struktur, Qualifikation und Auftreten der Lehrenden sowie eventuelle Zusatzleistungen wie Materialien oder Publikationen. „Produkt ... ist also das, was sie (politische Bildung) schafft und bereit stellt, damit Lernen geschehen kann und in ein förderndes stützendes Umfeld eingebunden wird" (Knoll 2002, 92). Dazu gehören neben Kursen, Seminaren, Tagungen auch Ausstellungen, Kinderbetreuung, Kommunikationsmöglichkeiten außerhalb des offiziellen Programms usw.

### 6.2 Preise und Konditionen

Schwierigkeiten der Preisgestaltung

Die *Preisgestaltung* sowohl bei den Tagungs- oder Kursgebühren als auch ggf. für Übernachtung und Verpflegung wird zunehmend schwieriger: Rückläufige Zuschüsse führen zur Notwendigkeit steigender Einahmen – sinkende Teilnehmerzahlen erfordern möglichst niedrige Preise. Für viele Einrichtungen ist dieser Widerspruch nur schwer und oft konfliktreich lösbar, zumal dann, wenn eine soziale Komponente bei finanzschwachen Zielgruppen berücksichtigt werden muss. Hier gewinnt die Transparenz gegenüber Kooperationspartnern, partiell auch Teilnehmenden, eine hohe Bedeutung, um zu verdeutlichen, wie eng die Spielräume sind. Zu diesem Bereich gehören als weitere zu klärende Aspekte die *Zahlungsmodalitäten* und vor allem die – ökonomisch gesprochen – „*Zeitkosten*", denn die Zeit, die die Teilnehmenden in der Veranstaltung verbringen, ist aus ihrer Sicht ja auch eine Leistung, die er oder sie zusätzlich für die Teilnahme an der Veranstaltung erbringt.

### 6.3 Distribution

Erreichbarkeit und Zeiteinteilung

Dieser Bereich fasst die Aspekte zusammen, die über das inhaltlich pädagogische Angebot hinaus zentral für die Gewinnung von Teilnehmenden, aber auch Förderern und Sponsoren sind. Der erste Aspekt ist die *Erreichbarkeit* des Angebotes. Dies gilt sowohl räumlich, z.B. Anbindung an öffentliche Verkehrsmittel als auch auf die Information bezogen, z.B. telefonische Informationsmöglichkeit oder Internetpräsenz. Der nächste Punkt ist die *Zeiteinteilung*. Dazu gehört nicht nur die Dauer und Häufigkeit der Veranstaltung, sondern auch die Fragen der Planungsperspektive (wie lange vorher wird eingeladen, wie sind die Anmeldefristen) und der Platzierung innerhalb des Jahres (z.B Urlaubszeiten oder besondere zielgruppenspezifische Anspannungssituationen wie z.B. Jahresabschluss). Schließlich gilt auch zu prüfen, dass nicht zeitgleich die Zielgruppe bindende gesellschaftliche oder politische Ereignisse oder entsprechende Konkurrenzveranstaltungen stattfinden. Ein wesentliches Mittel der Distribution ist die Gestaltung, Form und *Streuung von Programmen und Einladungen.* Sie müssen auf die Zielgruppe bezogen ansprechend sein und möglichst zielgenau, d.h. mit wenig Streuverlusten verteilt werden. Generell gewinnt hier der Aufbau und die Pflege eines möglichst differenzierten Adressenpools eine zunehmend zentrale Bedeutung für die Marketingstrategie einer Einrichtung.

Gestaltung, Form und Streuung von Programmen

## 6.4 Kommunikation

Die inhaltlich-strategischen Elemente des Marketing-Mix werden abschließend ergänzt um die kommunikative Aufgabe, die eigene Einrichtung und ihre Arbeit/Angebot in den unterschiedlichen Zielgruppen auf den verschiedenen Teilmärkten mit positiver Aufnahme und möglichst aktivierender Wirkung bekannt zu machen. Zentral ist dafür die Entwicklung einer wirksamen und stimmigen *Öffentlichkeitsarbeit.* Sie zielt auf die öffentliche Präsenz, Einflussnahme und Wahrnehmung einer Einrichtung und ihrer Arbeit. Dies reicht von der allgemeinen Öffentlichkeit, z.B. Medien, über Teilnehmende und Kooperationspartner über die Referenten und das regional-lokale Umfeld bis zu den Zuwendungsgebern und Sponsoren. Öffentlichkeitsarbeit ist auf einer übergreifenden Ebene von Public Relation und Imagebildung angesiedelt und deshalb zu unterscheiden von der *Werbung,* die sehr speziell und apellativ auf einzelne Maßnahmen, Veranstaltungen oder Themenbereiche aufmerksam machen will. Beide werden ergänzt um die *interne Kommunikation,* die sich an die Mitarbeitenden – haupt- und nebenamtliche –, an Gremien und Kooperationspartner richtet und stark auf die interne Transparenz, Identifizierung und Motivation zielt. Für alle Maßnahmen und Strategien zur Kommunikationsgestaltung gilt, dass sie die

Öffentlichkeitsarbeit, Werbung und interne Kommunikation

Ziele der Einrichtung mit den Zielgruppen, den jeweils geeigneten Kommunikationsmitteln und den Kosten in Einklang bringen müssen. Die Entwicklung eines schlüssigen Kommunikationskonzeptes ist innerhalb des Marketing-Mixes der entscheidende Schritt auf die Umsetzungsebene, auf den entsprechende Aufmerksamkeit, Sorgfalt und Kreativität gelegt werden sollte (vgl. ausführlich und anregend Becker 2000, 111-129).

## 7. Abstimmung zwischen den Funktionsbereichen

Abstimmung und Austausch sind nötig

Die Umsetzung einer im Marketing-Mix angedeuteten Gesamtstrategie kann nur gelingen, wenn der Austausch und die Abstimmung zwischen den einzelnen Bereichen gewährleistet sind. Die Konzepte, Regelungen und Organisationsformen in den Bereichen Leitung, Pädagogik, Verwaltung, Hauswirtschaft und Küche müssen aufeinander abgestimmt werden:

- Sie müssen von einem gemeinsamen Leitbild (vgl. Beer 2002, 44 ff.) ausgehen und konzeptionell eine Einheit bilden, die von den Beteiligten wie vom Umfeld und den Abnehmern als solche wahrgenommen wird.
- Die unterschiedlichen Schnittstellen der Arbeit im täglichen konkreten Ablauf erfordern eine ständige Abstimmung und die Bereitschaft und Fähigkeit, auch bei sich widersprechenden fachlichen Notwendigkeiten oder Interessen – etwa zwischen Finanzverwaltung und Seminargestaltung oder zwischen Pädagogik und Küche – aufeinander zu- und einzugehen, um zu tragfähigen, dem Gesamtkonzept der Einrichtung adäquaten Lösungen zu gelangen.
- Für eine erfolgreiche Marketingstrategie ist eine gemeinsame Außendarstellung der verschiedenen Funktionsbereiche, die sich nicht nur auf das inhaltliche Programm begrenzt, sondern auch den Hausprospekt und das Erscheinungsbild der Einrichtung und ihrer Teile in den unterschiedlichsten Formen erfasst, unverzichtbar.
- Schließlich muss in der gemeinsamen Reflexion der einzelnen Funktionsbereichen (Leitung, pädagogisches Team, Verwal-

tung ggf. Tagungshaus) eine regelmäßige Evaluation der Gesamtmarketingstrategie und der Positionierung der Einrichtung erfolgen.

Für diesen ständigen Austauschprozess zwischen den verschiedenen Funktionsbereichen bietet sich die Einrichtung einer regelmäßig tagenden „Marketingkonferenz" an. In ihr sollten sowohl die Leitungen der verschiedenen Funktionsbereiche als auch die unterschiedlichen Hierarchieebenen und die von jeweils anstehenden Einzelfragen betroffenen Mitarbeitenden vertreten sein.

„Marketing-konferenz"

An dieser Stelle wird deutlich, dass nicht nur inhaltlich, sondern auch organisatorisch zwischen einem umfassenden Marketingprozess und einem Prozess zur Qualitätssicherung (vgl. Knoll 2002a, 72 ff.) enge Verbindungen bestehen, die letztlich zusammenfließen müssen. Marketing und Qualitätssicherung sind unverzichtbare Bestandteile eines permanenten Organisationsentwicklungsprozesses von Einrichtungen politischer Bildung, der nicht nur die inhaltliche und pädagogische Entwicklung und Programmatik erfasst, sondern ausgehend von diesen die anderen Funktionsbereiche gleichberechtigt einbezieht.

## 8. Output-Bewertung politischer Bildung

Ein spezifisches Problem des Marketings und der Evaluation der außerschulischen politischen Bildung ist die Output-Bewertung. Aspekte wie Teilnehmerzufriedenheit, Akzeptanz bei Förderern und ihren Entscheidungsgremien, Resonanz in der regionalen Öffentlichkeit sind noch verhältnismäßig einfach zu erfassen und zu bewerten, ebenso wie die pädagogische Qualität einer Veranstaltung anhand von Arbeitsmaterialien, inhaltlicher und methodischer Kompetenz, Medienausstattung und Rahmenbedingungen. Dies alles erfasst aber nur einen Teil des Leistungskataloges politischer Bildung. Sehr viel schwieriger ist die Erfassung der pädagogisch-politischen Leistungen, z.B. für den Erhalt und die Weiterentwicklung der politischen Kultur, die subjektive Partizipationskompetenz oder den innergesellschaftlichen Frieden. Gerade hier liegt aber eine zentrale Legitimationsfigur der Profession

Wie lassen sich pädagogisch-politische Leistungen erfassen?

und damit auch jeder einzelnen Einrichtung. Die thematische Darstellung der durchgeführten Veranstaltungen, der statistische Nachweis von Teilnehmerzahlen und dem Erreichen spezifischer Zielgruppensegmente oder die Befragung von Teilnehmenden könnten Hilfsmittel sein, ohne den Gesamtkontext zu erfassen. Da es sich um einen Bereich handelt, bei dem – marketingstrategisch gesprochen – Kundenzufriedenheit nicht mit Teilnehmerzufriedenheit allein gleichgesetzt werden kann, sondern hier auch „die Gesellschaft Kunde ist", wird eine Bewertung nur mittelbar, exemplarisch und interpretierend möglich sein. Marketing- und Qualitätskonzepte für die politische Bildung müssen diese Besonderheit adäquat berücksichtigen.

## 9. Ausblick

Spagat zwischen öffentlicher Förderung und marktwirtschaftlichem Denken

Der notwendige Spagat zwischen rückläufiger, zumindest stagnierender öffentlicher Förderung und dem Zwang, stärker betriebs- und marktwirtschaftliche Kategorien in die Arbeit einzubeziehen, stellt aktuell eine der zentralen Herausforderungen für Einrichtungen außerschulischer politischer Bildung dar. Diese ist allerdings nicht nur und nicht immer Belastung allein, sondern kann auch neue Spielräume für Einrichtungen und Mitarbeitende eröffnen und Kompetenzen stärken.

Es geht nicht darum, die pädagogisch-inhaltliche Perspektive durch ökonomisches Effektivitätsdenken zu ersetzen, sondern die inhaltlich-pädagogischen Angebote politischer Bildung müssen wirksamer gestaltet und in der Öffentlichkeit präsentiert werden, um mehr Menschen für die Teilnahme zu gewinnen und die Wahrnehmung für die Anliegen und Ziele der eigenen Einrichtung zu verstärken. Marketing in der politischen Bildung wird so zu einer Denkhaltung, die inhaltlich-pädagogische Ziele zusammenführt mit einer bedarfsorientierten Zielgruppenansprache, wobei als Zielgruppe nicht nur die potenziellen Teilnehmer, sondern auch das gesamte Umfeld einer Einrichtung von der lokalen Öffentlichkeit bis zu den Förderungsgebern verstanden wird. So unvermeidbar der Einzug marktwirtschaftlichen Denkens – als nachgeordnete Ergänzung der pädagogisch-politischen Perspektive – in die politische Bildung ist, so unverrückbar bleibt die Tatsache, dass die Einrichtungen politischer Bildung auf öffentliche Förderung angewiesen bleiben.

## Literatur

Bastian, Hannelore 2002: Der Teilnehmer als Kunde – der Bildungsauftrag als Dienstleistung. In: Bastian, Hannelore/Beer, Wolfgang/Knoll, Jörg: Pädagogisch denken – wirtschaftlich handeln. Bielefeld, S. 11 ff.

Becker, Helle 2000: Marketing für politische Bildung. Schwalbach/Ts.

Beer, Wolfgang 1998: Politische Bildung im Epochenwechsel. Weinheim und München

Beer, Wolfgang/Cremer, Will 1999: Marketing in der politischen Bildung. In: Beer, Wolfgang/Cremer, Will/Massing, Peter (Hrsg.): Handbuch politische Erwachsenenbildung. Schwalbach/Ts., S. 325 ff.

Beer, Wolfgang 2000: Die Stiftung als Organisationsform für Einrichtungen gemeinnütziger Bildung. In: Beer, Wolfgang/Hanusch, Rolf/Seidel, Thomas.A.: Stiftungen als bürgerschaftliches Engagement. Bad Boll, S. 71 ff.

Beer, Wolfgang 2002: Vision und roter Faden – Leitbildentwicklung. In: Bastian, Hannelore u.a.: a.a.O., S. 44 ff.

Knoll, Jörg 2002: „... was geschaffen wird und entsteht" – Vom Produkt zum Angebot ... In: Bastian, Hannelore u.a.: a.a.O., S. 91 ff.

Knoll, Jörg 2002a: „Wie hältst du's mit der Qualität"? – Neuer Umgang mit einem vertrauten Thema. In: Bastian, Hannelore u.a.: a.a.O., S. 72 ff.

# VI.
# Politische Bildung im internationalen Vergleich

*Wolfgang W. Mickel*

# Politische Bildung in der Europäischen Union

## 1. Zur Bedeutung der politischen Bildung für die Einigung Europas

Als ein zentraler europapolitischer Integrationsfokus wird in zunehmendem Maße der kulturalistische Ansatz jenseits der ökonomischen und machtpolitischen Fragen erkannt. Kultur umfasst die Gesamtheit der Werte, Einstellungen, Religionen, Philosophien und dgl., die geistigen Orientierungen der Menschen in einer Gesellschaft. Sie werden im Wesentlichen über die Bildungspolitik qua Schul- und Erwachsenenbildung weiter gegeben. In den westlichen Staaten der EU beruht das geistige Erbe auf der Antike, während einige neue EU-Mitglieder ihre Traditionen nicht auf griechisch-römische und jüdisch-christliche Wurzeln zurückführen können. Inwieweit daraus ein „clash of civilizations" (Huntington) entsteht und den Einigungsprozess beeinflussen wird, ist nicht absehbar.

EU als Referenzrahmen für eine europäische Staatengemeinschaft

Dabei stellt die EU den kontinentalen politischen, wirtschaftlichen, kulturellen, rechtlichen und sozialen Referenzrahmen für eine europäische Staatengemeinschaft dar. Sie ist ein (staats- und völkerrechtliches) Anliegen der Mitglieder, unabhängig davon, welche Position sie im Einzelnen einnehmen (z.B. die mehr föderalistische oder die mehr unionistische, d.h. die partielle, an rein wirtschaftlichen Interessen ausgerichtete oder die politische, an einer Gesamtintegration der Teilnahmeländer orientierte). Ihre rechtsverbindlichen Grundlagen bilden die Verträge von 1957 (Art. 118 und 128: Berufsausbildung) bis 1992 (Maastricht; Art. 126 und 127: Bildungs- und Kulturpolitik erstmals als Kompetenzbereich der EG ausgewiesen) bis zur EU-Verfassung von 2003 (in Kraft nach Ratifikation). Die Adressaten sollen zu einer (bisher undefinierten) „europäischen Identität" finden und sich als „Bürger in Europa" mit einem „europäischen Bewusstsein"

Bildungsfragen sind einzelstaatliche Angelegenheiten

verstehen. Jedoch hat die EU nur eine geringe Regelungskompetenz. Bildungsfragen gehören nach wie vor zur einzelstaatlichen Prärogative und haben keinen zentralen Stellenwert in internationalen Verträgen. Sie sind den andern Vertragszielen untergeordnet. So ergibt sich in praxi oft lediglich eine lockere bildungspolitische Zusammenarbeit auf der kulturellen Ebene, Korrespondenzen und (partielle) Koordinationen, aber keine Harmonisierungen und kaum Konkordanzen.

Wertefundament

Das didaktische Interesse richtet sich auf die Durchsetzung der Menschenrechte, wie sie vor allem in der Charta der Vereinten Nationen und in diversen Verlautbarungen der EU niedergelegt worden sind. Dadurch erfolgt zugleich die Einbindung in die Völker(rechts)gemeinschaft. Als grundlegende, normative Bildungsaspekte in Form von allgemeinen, einem liberalen Grundrechtskatalog entsprechenden Werte-Topoi gelten: das Bekenntnis zur Demokratie und den Menschenrechten, zu den Grundfreiheiten, zu Gerechtigkeit und Frieden, Toleranz, Solidarität, Kooperation, Wohlfahrt und dgl. Sie werden übergeordneten Konzepten zugeordnet, und zwar a) dem liberalen Konzept der Anerkennung und des Schutzes des Privaten, der Vernunft (rationaler Diskurs), des Konstitutionalismus (der auf der Verfassung gegründeten Rechtsstaatlichkeit; b) dem christlichen Konzept der personalen Autonomie in sozialer Einbindung, der Subsidiarität und der konservativen Grundwerte; c) dem sozialistischen Konzept von mehr Kollektivität und Egalität, von mehr Bürger- und Menschenrechten, Wohlfahrtsstaatlichkeit und dgl. Schließlich wird die europäische Vernetzung des Bildungswesens gefördert, z.B. durch Bildungs- und Aktionsprogramme, Partnerschaften, Lehrer-/Dozenten-, Schüler-, Jugend- und Studentenaustausch, durch die Bereitstellung von (Forschungs- u.a.)Stipendien, durch die Versorgung der östlichen Beitrittsländer mit Gastprofessoren, wissenschaftlichen Publikationen, Fachbüchern, sonstigem Unterrichtsmaterial usw. Alle Hilfeleistungen sind nach der Philosophie der EU dem Subsidiaritätsprinzip verpflichtet.

Politische Bildung (pB) in der EU ist weder allgemeine Bildung *über* die EU noch ist sie pB *der EU*. Im ersteren Falle würde es sich um die Fokussierung der (national[staatlichen]) Bildung auf die EU handeln (die es de facto in allen europäischen Staaten direkt oder indirekt gibt, aber ein spezielles Thema darstellen würde), im letzteren Falle würde die EU eine selbstständige, länderübergreifende Bildung betreiben. Dies würde a) eine detaillierte, von den Bildungspolitikern und Fachleuten kaum leistbare Übersicht über die Bildungssysteme der (ab 2004) 25 Mitgliedstaaten bedeuten (die letzten zehn Beitrittsstaaten konnten noch nicht berücksichtigt werden), b) die Aufgabe der bildungspolitischen Souveränität der Einzelstaaten voraussetzen und damit in die historischen und kulturellen Bestände der europäischen Staaten zugunsten einer falsch verstandenen Egalisierung eingreifen, somit dem Prinzip einer unitas multiplex innerhalb der EU widersprechen. Allerdings wird seitens der EU (vorher EG) mit Hilfe der Bildungsartikel (s.o.) und über Entscheidungen des EuGH versucht, den bildungspolitischen Hebel bei einigen Grundsatzfragen anzusetzen: z.B. beim Personenaustausch, Praktika bei europäischen Behörden und dgl. Eine institutionalisierte pB ist angesichts der unterschiedlichen Bedingungen und Traditionen der Mitgliedstaaten und deren von einander abweichenden (überstaatlichen) Zielvorstellungen von einer Union (Föderation, politische Einheit, Wirtschaftsgemeinschaft, Staatenverbund usw.) nicht erwünscht. Ebenso wenig wie eine Verallgemeinerung des Bildungsbegriffs (der in den europäischen Sprachen durchweg mit Erziehung = education, éducation, educazione, formation übersetzt wird) desiderat wäre. Andererseits wirkt die EU als internationale Großorganisation per se politisch im allgemeinen Wortsinn sowie durch ihr direktes Eingreifen in nationale Politikbereiche durch Beschlüsse, Richtlinien und Verordnungen ihrer Gremien und Organe, so dass inzwischen etwa 60 v. H. aller staatsrechtlichen Regelungen auf EU-Entscheidungen beruhen.

EU betreibt keine institutionalisierte politische Bildung

Neben der EU ist schließlich die intensive bildungspolitische, durch eine Fülle von international renommierten Publikationen und Konferenzen fundierte Arbeit des Europarats (45 Mitgliedsstaaten 2004; durch sein Conseil de la Coopération Culturelle) und der UNESCO sowie der zahlreichen NGOs zu nennen.

Bildung als nationalstaatliches Essential

Bildung schlechthin wird als nationalstaatliches Essential angesehen. Sie dient der geistigen und emotionalen Identität eines Volkes über Jahrhunderte hinweg, der territorialen Einheitlichkeit von Kultur, Sprache, Religion, Geschichte usw. Deshalb wird eine bildungspolitische Harmonisierung von allen EU-Teilnehmerstaaten zugunsten einer Koordination bzw. Konvergenz ihrer Systeme abgelehnt. An allgemeinen, koagierenden Tendenzen im europäischen Bildungswesen lassen sich festhalten: die Expansion des Bildungswesens insgesamt, der Trend zu höheren (Schul- und Ausbildungs-)Abschlüssen, zur Koordination von beruflicher und allgemeiner Bildung, das Kurssystem, ein verstärkter Zustrom zum Studium, der Ausbau der außerschulischen Jugend- und Erwachsenenbildung sowie der professionellen Fort- und Weiterbildung, die Durchsetzung von Benutzerrechten (Eltern, Schüler, Lehrer), die Einführung des Baukastensystems (Module, [abprüfbare]Sequenzen), die Einführung einer institutionalisierten Lehrlingsausbildung (Beispiel Deutschland) und dgl.

Eine zutreffende Kompatibilität ist auf einem allgemeinen Level vorhanden und müsste durch einen Vergleich monografischer Länderuntersuchungen ergänzt werden. Im Rahmen dieses Beitrags können lediglich einige charakteristische Trends betrachtet werden. Infolge der Vielfalt von Staaten, Problemen, Akteuren, Konzepten usw. steht eine politische (Einheits-)Bildung in der EU nicht auf der bildungspolitischen Agenda. Die EU wirkt in erster Linie durch ihre zahllosen interstaatlichen Verflechtungen, die ganze Politikbereiche umfassen und die nationale Souveränität in vielen Feldern zugunsten einer supranationalen Konzentration bei den Organen in Brüssel, Straßburg und Luxemburg ausgehebelt haben. So wirkt die EU durch Promotion, Förderung der eigenen wie der einzelstaatlichen Maßnahmen, aber auch durch Blockierungen und Sanktionen (z.B. temporärer Ausschluss Österreichs 2000) permanent auf die Meinungsbildung der Bürger und auf die aktuelle Politik ein. Die Forcierung einer internationalen pädagogischen Komparatistik mit Akzent auf der europäischen Dimension liegt im Bereich des Wünschbaren.

## 1.1 Der Politik- und Bildungsbegriff im internationalen Kontext

Der Begriff politische Bildung ist inhaltlich strittig

PB ist ein Begriff, der auf einen internationalen Verstehenshorizont trifft, obwohl er in den meisten Ländern aktiv nicht gebraucht wird. Er suggeriert die Präsenz von Politik im (schulischen und außerschulischen [Jugend- und Erwachsenen-]) Bildungswesen, ist jedoch selbst in den 16 deutschen Bundesländern inhaltlich strittig. Er reicht auf einer Skala von harmonisierenden gesellschaftspolitischen Fragen bis zu konfliktorischen Auseinandersetzungen, wie sich nicht zuletzt in den unterschiedlichen offiziellen Bezeichnungen des Unterrichtsfeldes (s.u.) ausweist. Über seine begriffliche Allgemeinheit hinaus erhält pB ihre semantische Konkretion und normative Kraft im Deutschen durch Fachbezeichnungen wie Gemeinschaftskunde, Sozialkunde, Weltkunde, politischer Unterricht, Politik usw.

Vorbehalte gibt es nach wie vor gegenüber dem konnotationsreichen (agonal-kontroversen oder irenisch-pazifistischen) Politikbegriff (ebenso auf seine [länderdifferenten] Ausprägungen wie Staat, Gesellschaft, Ideologie, politische Kultur, Partizipation, Freiheit, Solidarität, Gerechtigkeit usw.), verbunden mit einer Skepsis gegenüber der Möglichkeit einer sachlichen Darstellung unterschiedlicher Positionen.

Er wird in dieser allgemeinen Form von allen EU-Mitgliedstaaten als vorhanden unterstellt. Manche sprechen von éducation civique oder morale, political oder civic education, educazione politica, civics u.a. In Staaten wie Großbritannien, Dänemark, Frankreich ist man skeptisch gegenüber einer expliziten political education im Bildungswesen. Allein in den skandinavischen Ländern, Deutschland und Großbritannien hat politische Bildung als politische Erwachsenenbildung (Volksbildung; teilweise als sozialistische Arbeiterbildung [Abendkurse, VHSn, in der Trägerschaft von Gewerkschaften, Kirchen, Parteien]) eine gewisse Tradition seit der zweiten Hälfte des 19. Jahrhunderts im Gefolge der Aufklärung und der Französischen Revolution und als Voraussetzung der sozialpolitischen Umwälzungen in den frühindustriellen Staaten (im Gegensatz zu den südeuropäischen Ländern Griechenland, Italien, Spanien, Portugal). Sie leisten u.a. eine breite, auf Freiwilligkeit, Adressatenorientiertheit, thematische und methodische Offenheit und dgl. basierte (Aus-)Bildung als a) berufliche Fort- und Weiterbildung, b) als (vornehmlich von Frauen aus dem mittleren Angestelltenbereich in Anspruch genommene) politische, soziale und wirtschaftliche Bildung.

Politische Bildung steht in einigen Ländern unter Ideologieverdacht

„Politisch" steht hier dem deutschen „sozial" näher als dem (genuin) Politischen. Außerdem steht „pB" in einigen Ländern (Frankreich, Benelux) unter Ideologieverdacht. Danach „gehört Politik nicht in die Schule". Der progressive Charakter pB wurde etwa seit den letzten beiden Jahrzehnten auch in den meisten deutschen Bundesländern im Zusammenhang mit ihrer konfliktminimierenden, stagnierenden Politik zurückgenommen (z.B. Reduzierung der Stundendeputate und Curricula sowie der Ausstattungen an Schulen und Hochschulen). Dies liegt u.a. an den ideologischen Vorbehalten gegenüber dem (konservativen, liberalen, partizipativen, progressiven, autoritativen, formal- oder direktdemokratischen, unitarischen oder föderalistischen) Politik- und Demokratiebegriff und seiner je konkreten nationalen Interpretation mit Auswirkungen auf die internationale Kompatibilität der Bildungssysteme, ebenso an den theoretisch-konzeptionellen wie den datenmäßigen Schwierigkeiten, an dem unterschiedlichen inhaltlichen und formalen Verständnis des Lernprozesses. Die Erhebungsparameter können kaum kontrolliert werden, Zielsetzungen (Fragestellungen, Analyseraster) und methodische Durchführung (Definition, Konzepte, Klassifikationen), innere Schulorganisation, Bildungswege, Traditionen, Strukturen usw. variieren unter den Ländern infolge ihrer sozialen, ökonomischen, kulturellen, historischen usw. Besonderheiten. Die Analyse bleibt meist bei den länderspezifisch monografisch erfassten Fakten (Institutionen[kunde]), d.h. bei einer vordergründigen Betrachtung stecken, einfache numerische Indikatoren werden miteinander verglichen, valide Skalen mit definitorischer Äquivalenz fehlen. Immerhin wird Politik zunehmend überall als „Prinzip" einer (unverbindlichen) Allgemeinbildung und mit wenig überzeugenden Ergebnissen begriffen. Allgemeiner Konsens besteht jedoch darüber hinaus an der grundsätzlichen Befähigung der Bürger zur Teilhabe an den öffentlichen Angelegenheiten.

## 2. Bildungspolitische Trendanzeigen zu Ländergruppen

Beispiele können Einzelbetrachtung nicht ersetzen

Im Folgenden werden einige Ländergruppen in der gebotenen Kürze als Trendanzeigen (vornehmlich im Rahmen der sozialwissenschaftlichen Fächer) dargestellt. Sie können eine Einzelbetrachtung nicht ersetzen. Außerdem korrespondiert das (Nicht-) Vorhandensein pB im Unterricht nicht eo ipso mit einem höheren/niedrigeren politischen Bewusstsein als in vergleichbaren Ländern. Es sagt zunächst nur etwas über Inhalte aus, die ihrerseits von nationalen Überzeugungen, Traditionen und dgl. geprägt sind und deren intellektuelle Rezeption noch kein zuverlässiger Indikator darstellt. Es lässt nur tendenzielle Aussagen zu und bedarf einer genaueren Interpretation durch eine Fülle von Referenzdaten (z.B. Schulstruktur, Stundendeputate, Schulbücher, allgemeines Schulgeschehen, die Mitarbeit der Betroffenen, S[M]V, Schüleraustausch, Arbeitsgemeinschaften, Lehrplan[analyse] usw.; Politikverständnis und dgl.). Darüber hinaus ist die jeweilige didaktisch-methodische Fragestellung von äußerster Wichtigkeit (z.B. Welche politischen, wirtschaftlichen, sozialen usw. Positionen finden einen gewissen Konsens in der Gesellschaft?).

### 2.1 Die westeuropäischen Staaten (Belgien, Luxemburg, Niederlande)

Einbindung in supranationale Strukturen

Die drei westeuropäischen Staaten Belgien, Niederlande und Luxemburg (Benelux) sind infolge ihrer geringen Größe und Bevölkerungszahlen, ihres Mangels an natürlichen Ressourcen, ihres Angewiesenseins auf das Erbringen von internationalen Dienstleistungen (Seehäfen, Banken, Landwirtschaft und Industrie) in ein Geflecht untereinander sowie in die Abhängigkeit sie umgebender Mittelstaaten (BRD, Italien, Frankreich) eingebunden. Diese Situation setzt einige existenziell bedeutsame Faktoren voraus: intensive Fremdsprachenkenntnisse einschließlich der ihnen zugeordneten Kulturen und Politiken. Der demokratische Faktor wird in Belgien und Luxemburg durch eine Wahlpflicht zu verstärken versucht.

In Belgien ist das Zusammenleben u.a. gekennzeichnet durch die Rivalität von Wallonen und Flamen (weniger von Deutschen) und der daraus resultierenden Mehrsprachigkeit und Multikulturalität, durch Aufgeschlossenheit gegenüber fremden Einflüssen und Spannungen, durch Unterschiedlichkeit der Schulen in den einzelnen Sprachgebieten.

Belgien: Staatsbürgerliche Erziehung als Aufgabe des Geschichtsunterrichts

Die staatsbürgerliche Erziehung wird als Aufgabe des Geschichtsunterrichts („... unsere Schüler auf ihre Rolle als bewußte und verantwortliche Bürger in der Welt von morgen vorzubereiten“ [Lehrplan Sekundarschule 1985]), besonders die Darstellung und Kritik der sozioökonomischen Dimension der historischen Ereignisse, ebenso die Stellung des Menschen in der Welt, begriffen. Mit den Menschenrechten und dem Machtproblem in Belgien wird bereits in der Grundschule begonnen (Lehrplan 1985). Das letzte Jahr der Sekundarschule (= 6. Jahrgangsstufe) bietet eine ausführliche (deskriptive) Behandlung des Aufbaus Europas. Staatsbürgerkunde war anfangs ein Teil des von Geschichtslehrern erteilten, institutionenbezogenen Rhetorikunterrichts und umfasst im ersten Halbjahr drei mindestens einstündige Unterrichtsgespräche über die internationalen, im zweiten Halbjahr drei Stunden Unterrichtsgespräche über die nationalen Institutionen (Verfassung, Regierung, König, Legislative; Lehrplan 1960).

Luxemburg konzentriert sich in jeder Hinsicht auf die Hauptstadt. Sie konnte sich als eines der bedeutendsten europäischen Finanzzentren etablieren. Die ethnisch gemischte Bevölkerung von etwa einer halben Million Einwohnern (davon ein Drittel Portugiesen, viele Italiener, Franzosen, Deutsche, Spanier) lebt in einer Wohlstandsgesellschaft, die sich durch Toleranz gegenüber Einheimischen und Fremden auszeichnet. Zwar dominiert das Letzebuergesch als (Umgangs-)Sprache der eingesessenen Bevölkerung und wird in der Schule neben Deutsch und Französisch gelehrt, zugleich wird auf ein faires Nebeneinander der Kulturen geachtet. Gegenüber einer Staatsbürgerkunde besteht Skepsis. Die Schule soll auch der Integration der Volksgruppen dienen und vor einer Politisierung und Ideologisierung bewahrt werden. Infolgedessen gibt es keinen institutionalisierten politischen Unterricht; lediglich in der 8. Klasse (Themen: Familie, Gemeinde, Staat, Beruf) und in der 9. Klasse (15-jährige Schüler; 1 Stunde Instruction Civique; Themen: wirtschaftliche, soziale, politische Aspekte der luxemburgischen Gesellschaft, politische Einrichtungen, internationale Organisationen; vgl. Lehrplan für Primarschulen 1989).

Luxemburg: Furcht vor Politisierung und Ideologisierung

In den Niederlanden mit ihrem ausgeprägten Privatschulwesen herrschen Vorbehalte gegenüber jeder „Staatspädagogik". Auch wird der Begriff „politische Bildung" wenig gebraucht, nicht zuletzt wegen der konfessionellen Versäulung des Schulwesens. Die in den 1960er-Jahren gegründete Stichting Burgerschaftskunde, eine der deutschen Bundeszentrale für politische Bildung vergleichbare Institution, fördert auf institutionenkundlicher, auf „Verständnis" gerichteter Grundlage die Erziehung – die mit den Begriffen onderwijs und vorming keine Entsprechung in der modernen deutschen Terminologie hat – der Jugendlichen und Erwachsenen am politischen Prozess des öffentlichen Lebens. Seit 1968 wird das Fach „Maatschappijleer" (Gesellschaftslehre) in den beiden fünften Klassenstufen aller Schulen gelehrt. Es gibt dafür kein verbindliches Curriculum und fungiert auch nicht als Prüfungsfach. Ein Vorschlag für Maatschappijleer von 1980 beinhaltet vornehmlich soziale Themen wie Erziehung, Heim, Familienleben, Umwelt; Arbeitsleben und Freizeit; Technologie und Gesellschaft; Staat und Gesellschaft; Internationale Beziehungen. Starkes Gewicht wird auf die europäische Dimension im Unterricht gelegt, die sich aus den internationalen Verflechtungen des rohstoffarmen Landes erklärt und mit einer selbstverständlichen Mehrsprachigkeit der Bevölkerung verbunden ist. Die Akzentuierung der europäischen Integration erfolgt u.a. von dem 1961 gegründeten, gut ausgestatteten, einflussreichen Centrum voor Europese Vorming in het Nederlands Onderwijs in Alkmaar.

Niederlande: Vorbehalte gegenüber jeder „Staatspädagogik"

## 2.2 Die nordischen Staaten (Dänemark, Irland, England)

Die nordische Ländergruppe, vor allem die im Nordischen Rat als skandinavische Wirtschafts- und Wertegemeinschaft organisierten Staaten Dänemark, Schweden, Norwegen und Finnland, verfügt angesichts ihrer demokratischen Tradition über kaum einen expliziten didaktischen Begriff von der stark parteipolitisch und propagandistisch verstandenen pB.

Dänemark: Politische Bildung als marginales Thema der schulpolitischen Diskussion

In Dänemark ist die Bürgerbeteiligung vor Ort sehr ausgeprägt. Der Einfluss der lokalen Schulbehörden und der Elternschaft ist erheblich. Die pB ist nur ein marginales Thema in der schulpolitischen Diskussion. Für die Unterrichtsinhalte werden vor allem die Fächer Geschichte, Erdkunde und Gegenwartsstudien mit ihren je eigenen Schwerpunkten subsidiär bemüht. Für die Klassen 8 bis 10 werden drei Themenbereiche empfohlen: a) Ressourcen, Produktionsmittel, Arbeitskräfte, Einkommensverteilung, b) soziale und kulturelle Probleme (z.B. Erziehung, gesellschaftliche Schichten, soziale Verhältnisse usw. auch in anderen Ländern), c) Parteiensystem, Gewerkschaften, Unternehmerverbände; politische Systeme in andern Ländern; Struktur und Funktionsweise der EG usw.

Irland: Staatsbürgerkunde als Pflichtfach in der Unterstufe

Die politische Öffentlichkeit in der Republik Irland wird seit Jahrhunderten vom Verhältnis zu Großbritannien bestimmt. Entscheidende Zäsuren in der Neuzeit waren der Aufstand mitten im Ersten Weltkrieg (1916) und der Bürgerkrieg 1921/22 mit der Folge der Gründung des Freistaats im Süden (1922). Seit 1966 wurde Staatsbürgerkunde als Pflichtfach in die Unterstufe eingeführt. Irische Geschichte wird an den höheren Schulen erst seit 1967 gelehrt. Das ursprünglich arme Agrarland ist durch seinen Beitritt zur EG erstmalig in die internationale Politik eingetreten (1973) und hat daraufhin auf wirtschaftlichem und sozialem Gebiet erhebliche Erfolge erzielt. Bei den „Civics" handelt es sich um ein diffuses Agglomerat von Themen aus der allgemeinen Diskussion, z.B. Familie, Staat, Nation und deren Rechte und Pflichten; die Verfassung; Religion und Staat; Regierungssystem(e); irische Sprachbewegung (Gälisch ist zweite Amtssprache); das

Bildungssystem; persönliche Hygiene, Sozialfürsorge; Unternehmen usw. Aus diesem undefinierten Angebot resultiert das schwache Ansehen der Civics im Fächerkanon.

England: Political education als (Schul-)Veranstaltung für schwache Schüler

Das englische Erziehungssystem (mit regionalen Abweichungen in Schottland und Wales) ist stark dezentralisiert und von den Local School Boards und den überregionalen Prüfungsgremien abhängig. Es reagiert auf eine lange demokratische Tradition des social life. Political education wird in diesem Rahmen als eine (Schul-) Veranstaltung für die schwachen Schüler, die early leavers, verstanden, ein Bereich, der ohne Fremdsprachenkenntnisse auskommt und sich inhaltlich aus allgemeinen Problemen in Geschichte, Erdkunde, Social und World Studies zusammensetzt, z.B. auf Kenntnisse über die politischen Institutionen in Großbritannien, wichtige Konfliktfelder, die britische Gesellschaft, über Grundbegriffe wie Macht, Freiheit, Autorität, Gerechtigkeit und dgl.

Es handelt sich um die Vermittlung und den Erwerb politischen Allgemeinwissens, eines Gemeinschaftsgeistes sowie die Mitarbeit an Gemeinschaftsaufgaben. Die Lernformen sind affirmativ und deskriptiv (Informationsaufnahme), im anspruchsvolleren Teil analytisch und entscheidungs- sowie verantwortungsfördernd.

### 2.3 Die südeuropäischen Staaten (Italien, Griechenland, Portugal, Spanien)

Die südeuropäischen (wie die osteuropäischen) Staaten zeigen ein aus ihrer geschichtlichen, sozialen und sicherheitspolitischen Situation verständliches hohes politisches Bewusstsein. In den letzten Jahrzehnten hat eine Internationalisierung des Bildungswesens stattgefunden.

Italien: Staatsbürgerliche Erziehung, die in anderen Fächern vermittelt wird

Italien vertritt eine staatsbürgerliche Erziehung (educazione civica oder politica), die vor allem im Geschichtsunterricht (Zeitgeschichte) sowie in Geografie, Literatur, Moderne Fremdsprachen, Wirtschaft, Musik, Kunst und Naturwissenschaften vermittelt wird. Inhaltlich geht es um den Transfer von Werten, z.B. um den

Aufbau eines politischen Gewissens, um Solidarität, Verantwortung, kritische Meinungsbildung, Anerkennung des sozialen Pluralismus und dgl. Grundlage dieser staatsbürgerlichen Erziehung ist die Verfassung, ferner die Anerkennung des Nationalstaats, die (inter-)nationalen Institutionen, allgemeine nationale und internationale Fragestellungen wie Arbeit(er), Familie, Schule, Frieden, Frauen, Migranten, Menschenrechte, Umwelt usw.

Griechenland: Institutionalisierung der politischen Bildung als Unterrichtsfach

Das antike Griechenland war der nachhaltigste Ideengeber der politischen Theorie des so genannten Abendlandes durch Historiker und Philosophen wie Thukydides, Herodot, Plutarch, Platon, Aristoteles u.a. Ihre unterschiedliche Verwirklichung fand die politische Philosophie in den exklusiven Stadtstaaten Athen (Demokratie) und Sparta (Zentralstaat). Die Erziehung der Jugend wurde vom Staat aus organisiert, das Leben der Freien (Bürger) war eng mit dem Staat verbunden, dem sie sich voll zu widmen hatten. Politische Bildung wurde in Griechenland äußerst früh, seit dem Lehrplan für Sekundarschulen von 1931, in Verbindung mit Geschichte institutionalisiert. Von den vier Wochenstunden war eine der pB vorbehalten. Im Gymnasiallehrplan von 1934 erscheint sie als selbständiges Fach „Elemente einer Staatsbürgerkunde" mit einer Wochenstunde. Diese Staatsbürgerkunde war intensiv staatsfixiert mit Themen wie: Verfassungsgeschichte des modernen Griechenland, die drei Staatsgewalten, die Form des Staates heute, die Wirtschaft des Staates, Landesverteidigung, individuelle Freiheit. Später traten noch Themen wie Frauenwahlrecht, Kommunalverwaltung, Erziehung, Religion, Gewissensfreiheit und dgl. hinzu, ferner politische Inhalte seit 1961/63 in dem Fach „Geschichte – Staatsbürgererziehung", so dass das inhaltliche Spektrum des Politischen voll abgedeckt erscheint. Als Ziel sollen die Schüler das gesellschaftspolitische und ökonomische Geschehen der Zeit verstehen und aktiv mitgestalten. Der Name des Schulfachs wurde wiederholt geändert, zuletzt auf „Soziale und politische Erziehung" (flankiert von Geschichte und Geografie) festgelegt und durch soziale und lokale Fragestellungen besonders in der Primarschule angereichert.

Portugal: Diskussion um politische Bildung als Unterrichtsfach

Portugal hat durch seine Mitgliedschaft in der EG (1986) einen sozialen Aufschwung erlebt, sich innenpolitisch konsolidiert und sich außenpolitisch profiliert. Eine schulinstitutionelle Ansiedlung von pB gab es zunächst nicht. In einem Erlass von 1984 wurde auf die Notwendigkeit einer staatsbürgerlichen Erziehung sowie auf das Erfordernis eines Schulfachs hingewiesen. Als allgemeine Ziele wurden u.a. genannt: Ausübung der Rechte und Pflichten des Bürgers in der demokratischen Gesellschaft; Wissen über Staat und Gesellschaft; Herausarbeitung der menschlichen und staatsbürgerlichen Aspekte der Erziehung; Wahrnehmung der ethischen Verantwortung; grundlegende Hygiene- und Gesundheitsmaßnahmen. Das Erziehungssystem insgesamt sollte die nationale Identität des Staates, sein kulturelles Erbe und die Solidarität zwischen den Nationen bewahren helfen.

Ferner soll die staatsbürgerliche und moralische Erziehung der jungen Menschen und das Recht gewährleistet werden, sich zu einer eigenständigen Persönlichkeit zu entwickeln. Dazu soll „die Vermittlung von Werten, Einstellungen und Fertigkeiten erfolgen, die die jungen Leute kognitiv und affektiv vorbereiten auf die bewusste Handhabung ihrer Rolle in einer demokratischen Gesellschaft“. Allerdings gibt es nach wie vor kein Schulfach für staatsbürgerliche/politische Erziehung und infolgedessen keinen Lehrplan. Hinweise auf die politische Dimension liefern die Curricula von Geschichte, Geografie, Wirtschaftskunde, Soziologie, Rechtskunde sowie Modernen Fremdsprachen.

Spanien: Streichung von politischer Bildung als Unterrichtsfach nach Ende des Franco-Regimes

In Spanien wurde politische/staatsbürgerliche Erziehung nach der als pädagogisch fortschrittlich geltenden Verfassung von Cadiz (1812) als Erziehung der Bürger zur Loyalität gegenüber Staat und Kirche verstanden. Der Begriff hat sich im Zusammenhang mit den gesellschaftspolitischen Konstellationen in Spanien gewandelt, entscheidend in den 1930er-Jahren während der republikanischen und franquistischen Herrschaft, insbesondere seit dem Bürgerkrieg (1936-1938). Die als Hauptfach in spanischen Schulen firmierende „Formación del Espíritu Nacional“, seit 1977 als „Formación Política, Social y Económica“ bezeichnet, ließ die

Schüler in recht einseitiger, parteilicher Weise bis zum Ende des Franco-Regimes (1975) sich mit dem Bürgerkrieg beschäftigen und starke antikommunistische und antidemokratische Aversionen entwickeln. Die nach dem Führerprinzip organisierte so genannte „democracia orgánica" wurde als einzige Form der Demokratie toleriert, andere Parteien als die franquistische wurden nicht zugelassen.

1977 wurde das Fach aus den Lehrplänen gestrichen und durch eine Unterweisung in der neuen Verfassung in allen Sekundarstufenschulen ersetzt. Gegen eine Neueinführung der alten Staatsbürgerkunde bestehen erhebliche, politische Indoktrination befürchtende Vorbehalte.

In einer von den sozialwissenschaftlichen Fächern zu leistende educación cívica sollen den jungen Menschen nach der spanischen Verfassung (Art. 27, 2) „Respekt für die demokratischen Prinzipien des Zusammenlebens und für die grundlegenden Rechte und Freiheiten als ihre Hauptziele" vermittelt werden. Verpflichtende Richtlinien für die politische/staatsbürgerliche Erziehung gibt es nicht.

### 2.3 Die zentraleuropäische Staatengruppe (Österreich, Frankreich, BRD)

Österreich: Politische Bildung als Unterrichtsprinzip

Die Situation der pB ist in den zentraleuropäischen Staaten unterschiedlich. Österreich empfand nach dem Zweiten Weltkrieg keine Notwendigkeit zu einer politischen Resozialisation, die Zeit zwischen 1938 und 1945 (Annexion an das Deutsche Reich) lediglich als eine Unterbrechung der Kontinuität. Deshalb gab man sich offiziell seit 1978 mit pB als (historisierendes) Unterrichtsprinzip zufrieden. Als Unterrichtsfach erscheint sie an berufsbildenden Schulen. Seit dem Schuljahr 2001/02 besteht das Pflichtfach „Geschichte und Politische Bildung" in der 11. und 12. Schulstufe Allgemeinbildender Höherer Schulen. Eine Universitätsausbildung für das Fach ist nicht vorgesehen.

Frankreich ist das Land mit einer (volks-)revolutionären, großen Tradition. Das republikanische Bewusstsein der Grande Nation

Frankreich: Gesellschaftliche Vermittlung politischer Bildung

steht seit über zwei Jahrhunderten als beispielgebend für viele westliche Staaten. PB wird gesellschaftlich vermittelt, nicht als Schulfach betrieben. Früher spielte die Armee (nation en armes) wie in andern Ländern eine große Rolle. Die schulische Instruction civique oder moral ist nicht mit der deutschen Sozialkunde vergleichbar, insbesondere nicht unter der Zielprojektion politischer Beteiligung, Konfrontation mit kontroversen Positionen, Konfliktlösung und dgl. Es handelt sich eher um einen Moralunterricht, der auf staatsbürgerliches Bewusstsein (Staatsgesinnung; Überlegenheit des republikanischen Staates, ausgedrückt in den Prinzipien der Revolution) abzielt und mit der laizistischen Tradition des Landes zusammenhängt. Danach steht der moralisch fundierte Bürgersinn, d.h. die Beteiligung an den Problemen des (Zentral-)Staates (im Gegensatz zur antistaatlichen Freiheitsverwirklichung der Bürger in vielen andern Ländern) im Vordergrund staatsbürgerlicher Unterweisung zusammen mit der Beschreibung des französischen und fremder politischer Systeme in den Abschlussklassen. Die moralische Seite bezieht sich auf Freiheit und Selbstbestimmung, Verantwortungsbewusstsein, Solidarität, das Vaterland, die Nation und die internationalen Beziehungen, schließlich auf die Verfassung, auf Menschen- und Bürgerrechte. Die infrage kommenden Themen werden fächerübergreifend, vor allem unter Einbeziehung von Geschichte und Geographie, entsprechend den nationalen didaktischen Überzeugungen positivistisch, deskriptiv und kognitivistisch dargeboten.

„PB“ steht in Frankreich unter Ideologieverdacht sowie unter der Vermutung parteipolitischer Instrumentalisierung. Der Begriff kann nicht mit einer neutralen „formation/information politique“ oder mit „éducation politique“ gleichgesetzt werden.

Bundesrepublik Deutschland: Solide theoretische und praktische Fundierung

Auf die Beschreibung des von den Ländern der Bundesrepublik Deutschland geleisteten Anteils an Theorie und Praxis pB wird wegen ihres hohen Bekanntheitsgrads verzichtet. Es wird hier lediglich auf ihre solide theoretische und praktische Fundierung und ihre führende Rolle in der internationalen Didaktik und Methodik pB hingewiesen. Als Grundsatzpapier für die internationale Ausrichtung des deutschen Bildungswesens kann u.a. der KMK-Beschluss „Europa im Unterricht“ von 1978/90 gelten. (Für alle EG-Staaten ist die Resolution der Unterrichtsminister vom 24.5.1988 maßgebend.)

## 3. Abschließende Bemerkungen

Unterschiedliche Voraussetzungen in den Ländern

Abschließend ist schwer zu sagen, welche Voraussetzungen für die (international nicht definierbare) pB der Jugend und Erwachsenen am günstigsten sind. Das politische Handeln der Akteure in den einzelnen Ländern ist nicht von formaler pB abhängig, sicher mehr von ihren Erfahrungen in der Umwelt. Daraus ist jedoch nicht der Schluss zu ziehen, dann sei eine institutionalisierte pB qua Schule und/oder freien Organisationen überflüssig. Sie dient zumindest dem (unerlässlichen) Wissenserwerb, der Diskussion und Rationalisisierung von Problemen sowie der Aktivierung des Handelns und Verhaltens. In manchen Ländern ist die Akzentuierung pB die Folge von krisenhaften geschichtlichen Umwälzungsprozessen (z.B. BRD, Frankreich, Spanien, Griechenland). Neben dem pauschalen Verweis auf den Beitrag der korrespondierenden sozialwissenschaftlichen Fächer wären die jeweiligen didaktischen Grundpositionen und Ziele zu berücksichtigen. Die obigen Kurzdarstellungen lassen auf eine stark deskriptiv-historisierende, weniger kritische Orientierung pB in den meisten EU-Staaten schließen. PB ist tendenziell soziale und (inter-)kulturelle Bildung.

Eine Reihe von Ländern kompensiert die fehlende schulische pB durch freie Angebote im Jugend- und Erwachsenenbereich (z.B. Österreich [vgl. Österreichisches Institut für pB in Mattersburg/Burgenland]), vor allem institutionalisiert in den Volkshochschulen, Weiterbildungsveranstaltungen von Vereinen, Verbänden, Kirchen, politischen Parteien, Gewerkschaften usw. (life-long learning; current oder permanent education). Inhalte und Organisationsformen sind länder- und gruppenspezifisch (Akademien der Parteien und Kirchen [BRD]; konfessionelle und freie Erwachsenenbildungs- und Nachbarschaftszentren in den

Niederlanden; staatlich subventionierte Volkshochschulen in den skandinavischen Ländern, in der BRD, Frankreich, Irland). Andere Staaten halten sich zurück (z.B. Luxemburg). Die dezentralisierte Erwachsenenbildung verfügt über erhebliche inhaltliche und methodische Potenziale, über Freiräume im Rahmen ihrer jeweiligen institutionellen Zuordnung und nach den Wünschen ihrer Klientel. Das normative Monopol, die politische Orientierung liegt meist bei den Trägern. Tendenziell ist das Bemühen um bildungspolitische Abstimmung unter den EU-Staaten evident. Neben parlamentarischen Bemühungen um eine gewisse Einheitlichkeit der Systeme fördern die Annäherungsvorgänge an der Basis (z.B. Austausche, gegenseitige Anerkennung von Ausbildungszeiten und -inhalten, curriculare Rücksichtnahmen usw.) die Universalisierungstendenzen.

## Literatur

Bombardelli, Olga 1993: Educazione Civico-Politica nella Scuola di Una Societa' Democratica. Brescia

Harber, Clive (ed.) 1987: Political Education in Britain. London

Lemke, Dietrich (Hrsg.) 1992: Bildungspolitik in Europa. Perspektiven für das Jahr 2000. Eine Analyse europäischer Bildungssysteme. Hamburg

Mickel, Wolfgang W. 1998: Handlexikon der Europäischen Union. 2. Aufl., Köln

Ders. 2002: Europa in Unterricht und Bildung. Ausgewählte Schriften zur europäischen Bildungs- und Kulturpolitik. Grevenbroich

Sander, Wolfgang 1985: Politische Bildung als europäisches Problem – Europa als Problem der politischen Bildung. In: K. Franke (Hrsg.): Jugend, Politik und politische Bildung. Opladen, S. 115-122

Vis, Jan C. P. M. 1995: Politieke Kennis en politieke vorming. Groningen

*F. Klaus Koopmann*

# Politische Bildung in den U.S.A.

Einer unmittelbaren Übersetzung der Bezeichnung „politische Bildung" wird man in den U.S.A. kaum begegnen, es sei denn als vereinzeltem Diskurs- bzw. Konzeptelement (vgl. etwa Allen 1996, 52 f.). Das U.S.-amerikanische Begriffsäquivalent für „politische Bildung" sind die Begriffsvarianten „civic education", „civics", „civic learning", „citizenship education", „education for citizenship" oder auch „social studies". Für die Schulfächer, Lernbereiche und Kurse, in denen civic education unterrichtet wird, gibt es wiederum zahlreiche andere Bezeichnungen.

## 1. Zur Entwicklung der Civic Education – einige Stationen und Etappen

Hohe Bedeutung der Civic Education

Über die grundsätzliche Bedeutung von civic education quasi als Volksbildung besteht in den U.S.A. seit jeher kein Zweifel. „The importance of civic education has been remarked upon since the early days of American independence. In 1786, three years before the framing of the Constitution, Benjamin Rush wrote that youth should be educated to ‚watch for the state as if its liberties depend on (their) vigilance alone'" (CCE 1991, 3). Hinweise dieser Art auf die fundamentale Bedeutung und historische Verankerung der civic education fehlen in nahezu keiner der relevanten Publikationen zur politischen Bildung in den U.S.A. (vgl. Butts 1989, 47 ff.; Hahn 1998, 16; NCSS 1998, 7; Ross 1997, 4 f.)

Der hier zum Ausdruck kommende Grundkonsens bleibt allerdings auf diese allgemeine programmatische Ebene beschränkt und reicht keineswegs bis hin zu differenzierten intentionalen, inhaltlichen und curricularen Konkretisierungen: „Since social studies emerged as a school subject early in the twentieth century, its development has been characterized ( ... ) by a diversity of opinion regarding its nature, its purposes, and, as a result, its most appropriate curriculum organisation“ (Whelan 1997, 21).

### 1.1 Anfänge

Frühe koloniale Formen der eher religiösen und moralphilosophischen Unterweisung sowie der nationalen Geografie wurden mit Beginn der Industrialisierung und den damit einhergehenden Einwanderungsbewegungen in der zweiten Hälfte des 19. Jahrhunderts von einer Bürgererziehung abgelöst, deren Ziel es war, „to develop loyal patriots“ (Ross 1997, 5) und „to ensure that they were assimilated into the dominant Northern European culture“ (Quigley 1999, 2).

Bürgererziehung im 19. Jahrhundert

Der eigentliche Beginn der modernen civic education wird mit dem Jahr 1916 datiert, in dem das Committe on Social Studies der *National Education Association* (NEA) den Begriff „social studies“ prägte (vgl. Saxe 1991, 16 ff.; Hahn 1998, 177; Ross 1997, 5, 10). Nachdem dann 1921 der *National Council for the Social Studies* (NCSS), der auch heute noch bedeutendste Berufsverband der social-studies-Lehrer in den U.S.A., gegründet worden war, begannen jene bis in die Gegenwart andauernden kontroversen Debatten über die konkreten Zielrichtungen, inhaltlichen Ausfüllungen und curricularen Einbindungen der civic education bzw. social studies, und von Beginn an bildeten sich zwei Grundorientierungen heraus: der „disciplin focus“ (Hahn 1998, 177) insbesondere auf „academic history“ (Ross 1997, 5) einerseits und die Orientierung an „society's problems“ (Hahn 1998, 177), an „social improvement“ (Ross 1997, 5) andererseits (vgl. Evans 2004).

Beginn von „social studies“ 1916

Die civic-education-Debatten in den 1920er- und 1930er-Jahren waren im Wesentlichen bestimmt durch die Nachwirkungen des Ersten Weltkrieges sowie durch die Weltwirtschaftskrise und den New Deal. In jener post-patriotischen Transformationsphase zwischen „the age of individualism and laissez-faire in economics and government“ einerseits und „a new collectivism requiring social planning and governmental regulation“ (Butts 1989, 188) andererseits findet das jahrzehntelange Wirken John Deweys seine Anfänge. Dewey konzentrierte sich auf die Frage,

Civic-Education-Debatten in den 1920er- und 1930er-Jahren

John Dewey

wie Individualisierungstendenzen jener Zeit begegnet und im Sinne der sozialen Elemente der New-Deal-Entwicklung gemeinwohlorientiert beeinflusst werden könnten: „Dewey was especially concerned about the search for conditions under which the Great Society could become the Great Community“ (Butts 1989, 186). Dewey sah in dieser community keine private, sondern eine „public community“ (vgl. Dewey 1927), in der insbesondere die Lehrer im Kontext einer „education for democracy“ (vgl. Dewey 1916; Saxe 1991, 118 ff.) als „officer of the public“ (Butts 1989, 187) zu fungieren hätten.

### 1.2 Die 1950er- bis 1970er-Jahre

Der Zweite Weltkrieg, der McCarthyismus und der heraufziehende Kalte Krieg begünstigten ein Klima des Patriotismus und der Reaktion, mithin denkbar ungeeignete Bedingungen für eine im Deweyschen Sinne demokratische civic education. Doch es gab auch liberale und progressive Initiativen, wie etwa Beschlüsse des *Supreme Court* zum Verhältnis von Religion und Schule sowie zur Segregation, die von Präsident Truman eingesetzte *Commission on Civil Rights*, die Unterstützung liberaler Bildungsprojekte etwa durch die finanzstarke *Carnegie Foundation* (vgl. Butts 1989, 191 f.), welche für die Umorientierung der civic education in den 60er-Jahren wichtige Voraussetzungen schufen.

Eine Reihe von Ereignissen und Entwicklungen in den 60er- und 70er-Jahren führte zu einem erheblichen öffentlichen Bedeutungszuwachs der civic education, zu ausdrücklichen „calls for more and better civic education“ (Butts 1989, 195).

Sputnik-Schock 1958

Die bildungspolitische Beantwortung des so genannten Sputnik-Schocks, eine u.a. vom *National Defence (!) Education Act* (1958) ausgehende Bewegung der Verbesserung der naturwissenschaftlichen Ausbildung, erfasste schließlich auch die social studies, allerdings auf eine spezifische Weise: „The new social studies took on the patterns of the social science disciplines“ (Butts 1989, 195; vgl. Fleury 1997).

Vertreter der konkurrierenden civic-education-Reformbewegung bezogen sich vor allem auf den Vietnam-Krieg, die Watergate-Affäre, auf ethnische Auseinandersetzungen sowie auf die Bürgerrechtsbewegung und auf damit verbundene, das Heile-Welt-Gefühl und die patriotische Euphorie der Endfünfziger Jahre ablösende Tendenzen wie „rebellion, experimentation, a loss of faith in traditional institutions and traditional leaders, the break-up of consensus ( ... ), the advent of heterogeneity, multiculturalism, etc." (Quigley 1999, 2). Schulbücher wurden wegen mangelnder Berücksichtigung von „blacks, women, ethnic minorities, the disadvantaged, and the handicapped" (Butts 1989, 203) kritisiert. Angemahnt wurde die Einbeziehung von „diverse perspectives" (Hahn 1999, 598) und „controversial issues of society" (Hahn 1998, 177) in den Unterricht.

Einfluss von Verbänden

Dabei engagier(t)en sich nicht nur die großen Fachverbände, wie der *National Council for the Social Studies* (NCSS), die *National Education Association* (NEA), die *American Historical Association* (AHA) etc., sondern auch solche Organisationen, die nicht im engeren Sinne an Bildungs- und Erziehungsfragen orientiert sind, wie vor allem die *American Political Science Association* (APSA) und mehr noch die *American Bar Association* (ABA) (vgl. Butts 1989, 206 ff.), Bemühungen, die nicht ohne Wirkung blieben. So setzte sich die APSA für die verstärkte Berücksichtigung von „scholarly knowledge, concepts, and evidence from the disciplines of political and social sciences" (Butts 1989, 206) in Curricula und Schulbüchern ein, und die einflussreiche Juristenvereinigung ABA favorisierte eine „law-related-education" (LRE), ein Bemühen, das 1978 zu der *Law-Related Education Act* führte, einem Bundesgesetz, welches die Entwicklung von „law-related education programs" (Butts 1989, 209) erleichterte. In dessen Folge wurden vermehrt staats- und verfassungsrechtliche Inhalte sowie „case studies" und andere simulative Methoden der Juristenausbildung, wie „mock trials", „moot courts", „hearings" (Quigley 1999, 3), in social-studies-Curricula aufgenommen.

### 1.3 Die 1980er- und 1990er-Jahre

Auch die Reformbemühungen in den 80er- und 90er-Jahren haben eher die disziplinorientierten als die interdisziplinär-pro-

Klagen über Bildungszustand in den USA in den 1980er-Jahren

blemorientierten Varianten der civic education gestärkt (vgl. ECS 2000, 11 f.). Das wurde besonders deutlich in der Folge des berühmten Berichts „A Nation At Risk“, der 1983 von der *National Commission on Excellence in Education* (NCEE) im Auftrag des Erziehungsministers Th. Bell vorgelegt wurde. Darin wird mit dramatischen Worten der Bildungszustand in den U.S.A. im Vergleich mit Japan, Süd-Korea und Deutschland beklagt und die zentrale Bedeutung der Erziehung und Bildung für die Zukunft der U.S.A hervorgehoben (vgl. NCEE 1983, 5 f.).

In der Folge dieses Risiko-Berichts setzte – ähnlich wie nach dem Sputnik-Schock in den 1950er-/1960er-Jahren – eine bis heute anhaltende intensive Debatte über die Optimierung der naturwissenschaftlich-technischen Fächer ein. In dem von Präsident Bush 1991, zum Ende der *Bicentennial Celebration of the U.S. Constitution and Bill of Rights* verkündeten Programm „America 2000: An Education Strategy“ findet schließlich auch civic education – quasi als Standortfaktor – Erwähnung: „Every adult American will be literate and will possess the knowledge and skills necessary to compete in a global economy and exercise the rights and responsibilities of citizenship“ (zit. nach CCE 1991, XXI). Zunächst und überwiegend lehnten sich die öffentlichen Debatten über die Optimierung der civic education an jene Bewegung an, die disziplinorientierte „national standards“ und „national tests to assess student achievement toward such standards“ (CCE 1991, XXI) sowie die Konzipierung von „frameworks“ verfolgte. Doch unter dem Druck neuerer krisenhafter gesellschaftlicher Entwicklungen und deren sozialisatorischer Auswirkungen konnten sich auch die stärker didaktisch orientierten Reformkräfte immer mehr Gehör verschaffen.

## 2. Zur Lage der Civic Education – einige neuere Diskurse und Entwicklungen

Defizite

Bedingungen, Zustand und Effekte der schulischen civic education in den U.S.A. werden gegenwärtig als durchweg defizitär beschrieben. Diese Bewertungen entsprechen verbreiteten gesellschaftskritischen Wahrnehmungen und Beurteilungen sowie Befunden neuerer (jugend)soziologischer Studien.

### 2.1 „Civic Crisis“

Krise der Zivilgesellschaft

„( ... ) a vage sense of ‚dis-ease‘ continues to gnaw at the collective American soul. Something seems wrong“ (ECS 2000, 7). Nicht wenige – insbesondere kommunitarismusorientierte – Gesellschafts- und Bildungskritiker in den U.S.A teilen dieses Grundgefühl und wähnen ihr Land „in deep, deep trouble“ (Engle 1996, VI), in einer „civic crisis“ (Mattson 1999, 14), die vor allem durch Symptome gesellschaftlicher Desintegration, wie „bowling alone“ (Putnam 2000), „civic disconnection“, „fragmenting social structures“ sowie durch Phänomene politischer Entfremdung, wie etwa das Gefühl des „being overlooked and often betrayed by governments“, des „becoming alienated, angry or apathetic“ (ECS 2000, 7), gekennzeichnet sind, insgesamt Tendenzen, die zu einer „declining quantity and quality of citizen engagement“ (Patrick 1999, 41) und damit zu einer „erosion of democratic civic culture“ (Barber/Battistoni 1993, 235) führen.

Eine prominente jugendsoziologische Studie bestätigt derlei civic-crisis-Symptome: „The percentage of young people who vote continues to drop and youth participation in the community remains distinctly apolitical ( ... ) This generation has ( ... ) learned to be skeptical and distrustful of politics and politicians“ (NASS 1999, 15, 20).

Diese „civic crisis“ wird vor allem als „failure“ der „educational institutions“ (Battistoni 1992, 39) im Allgemeinen und der civic education im Besonderen sowie zugleich als Herausforderung für die Optimierung von Schule und (civic education) Unterricht bewertet (vgl. NASS 1999, 57).

### 2.2 Civic Education in der Kritik

Kritische Auseinandersetzungen mit dem Zustand und den Bedingungen der gegenwärtig praktizierten civic education (vgl. Koopmann 2001c, 128 ff.) beziehen sich vor allem auf

Kritik am Zustand der Civic-Education

- den mangelhaften Umfang des civic-education-Angebots in den Schulen: „( ... ) only a small percentage of the 14- to 15-year-old students in the United States are likely to have taken a specific course such as civics that is designed to teach them about political institutions and processes“ (Hahn 1999, 594; vgl. NAEP 1998, 8; Niemi/Junn 1998, 64; Quigley 1999, 3);
- das diffuse Profil des Faches bzw. Lernbereichs: „There is ( ... ) no consensus on what *citizenship* means nor on the implications of citizenship for curriculum and instruction“ (Ross 1997, 6; vgl. Butts 1989, 43, CCE 1991, XXI; Darling-Hammond/Ancess 1996, 154, 157; NCEE 1983, 1; Niemi/Junn 1998, 63; Hahn 1998, 17, 216);
- wenig überzeugende didaktische Konzepte und Inhalte: „What actually exists in many secondary schools is not the reform of social studies but the traditional citizenship education of the 1800s ( ... )“ (Barth 1991, 24; vgl. Avery u.a. 1996, 199; Engle 1996, VI; Hahn 1999, 593, 596; NAEP 1998, 8; Saxe 1997, 46). Stattdessen seien Unterricht und Schulbücher auf die Vermittlung von „formal disciplinary information and perspectives to students in learning settings where criticism is discouraged“ (Nelson 1996, 21; vgl. Butts 1989, 200 f.; Fleury 1997, 171; Hahn 1996, 26; Hahn 1998, 17; Ross 1997, 13, 15) fixiert;
- die unzureichende Qualifikation der civic-education-Lehrer: „ ( ... ) more than half of all students in history and world civilization classes are being taught by teachers with neither a major nor a minor in history ( ... ) 71 percent of social studies teachers have degrees in education and 65 percent have degrees that are not related to any academic disciplines“ (Quigley 1999, 4; vgl. Hahn 1999, 603).

Widerspruch zwischen programmatischen Verlautbarungen und Praxis

Insgesamt also entspricht der quantitative und qualitative Zustand der civic education in U.S.-amerikanischen Schulen, so das Urteil der „Nation's Report Card“, keineswegs einschlägigen programmatischen Verlautbarungen: „The goals of democratic civic education are proclaimed in mission statements and curriculum guides of school districts and state departments of education. Civic education practices, however, often do not measure up to these proclamations ( ... )" (NAEP 1998, 8; vgl. Branson 1999, 6).

## 3. Elemente einer innovativen „Civic" Education

Zustand der Civic-Education als Herausforderung

Der Zustand der öffentlichen civic education wird, wie in den Jahrzehnten zuvor, als Herausforderung verstanden, insbesondere die Entwicklung und Umsetzung jener civic-education-Ansätze voranzutreiben, die sich ausdrücklich als im Deweyschen Sinne *innovative* Antworten auf die hier beschriebenen Defizitlagen verstehen, die also „public issues" (Evans 1997, 201), d.h. „society's problems rather than a discipline focus" (Hahn 1998, 177) als zentralen Gegenstandsbereich von civic education favorisieren und die den Aspekt „learning" betonen, weil dieser „experiences" (Butts 1989, 40) umfasst, Erfahrungen im Zusammenhang von „democratic decisionmaking" in „schools as democratic institutions" (ECS 2000, 11) in einer demokratischen Gesellschaft. Diese „issues"– und „experience" – orientierten civic-education-Perspektiven reklamieren ausdrücklich den „civic purpose" (Butts 1989, 44) schulischer civic education.

### 3.1 „Issues-Centered Social Studies"

„public issues" im Mittelpunkt

Issues-centered Lernkonzepte stellen „public issues" (Hahn 1996, 25; Ochoa-Becker 1996, 6; Vontz/Nixon 1999, 142), also aktuelle Themen, Streitfragen, in den Mittelpunkt des Unterrichts. Issues werden vor allem folgende Merkmale zugeschrieben:

- „Issues ( ... ) pose real-life problems", insbesondere „cultural dilemmas and institutional obstacles to social improvement" (Evans 1997, 200).
- „Public Issues" weisen „both personal and public dimensions" (Evans 1997, 201) auf. „So the personal and the public are intertwined at the motivational and at the definition and solution levels of public issues" (Shaver 1992, 97).
- „Life in any society ( ... ) is complex" (Nelson 1996, 15). Insofern sind auch public issues „complex" bzw. „multidisciplinary" (NCSS 1998, VII).

– Gesellschaftliche Probleme sind durchweg „conflictual" (Hahn 1996, 27) bzw. „controversial" (Ochoa-Becker 1996, 6).

Mit der Bearbeitung von public issues werden vor allem die folgenden Lernpotenziale verbunden:

Lernpotenziale

– Die Orientierung an „real-life problems" (Evans 1997, 200) fördert die Einbeziehung der Schule als „a living social system" (Massialas 1989, 175) sowie die Integration von Schule und Gemeinde (vgl. Hursh 1997, 119) und ermöglicht authentisches Lernhandeln, „authentic application activities" (NCSS 1998, 170; vgl. Sewell/St George 1997, 139).
– Die Untersuchung komplexer, authentischer public issues „is naturally holistic", erfordert interdisziplinäre „multiple sources of relevant evidence from all useful sources" (Evans 1997, 199), fördert mithin „integrated learning" (Vontz/Nixon 1999, 142).
– Public issues lassen keine „conclusive, finally ‚right' answers" (Evans u.a. 1996, 2) zu, sondern stellen „open ended questions (probing questions)" dar, „which pose a problem for students to solve" (Evans 1997, 2).
– Konzepte des issues-centered Lernens fördern kritische „counter socialization" (Ochoa-Becker 1996, 9) und damit die Herausbildung von „competent civic participants" (Nelson 1996, 15).

### 3.2 „Problem-Solving"

Problemorientierung

Issues-centered-Lernen impliziert Problemorientierung. Häufig werden beide Lernstrategien synonym verstanden (vgl. Vontz/ Nixon 1999, 142). Da problem-solving-Konzepte jedoch auch als eigenständige Lernstrategien diskutiert werden, soll hier ein knapper Blick darauf geworfen werden. Ausdrücklicher als jene des issues-centered learnings werden problem-solving-Lernwege auf Annahmen von J. Dewey bezogen: „Thinking begins in ( ... ) a *forked-road* situation", schrieb Dewey, „a situation which is ambiguous, which presents a dilemma, which proposes alternatives ( ... ). Demand for the solution of a perplexity is the steadying and guiding factor in the entire process of reflection ( ... )" (Dewey zit. nach Benson/Harkavy 1997, 17; vgl. Harkavy 1996, 65; Shaver 1992, 95; Shea/Mattson 1998, 102 f.; Vontz/ Nixon 1999, 144).

Auf der Grundlage dieses Deweyschen Lernverständnisses wurden vielfältige problem-solving-Konzepte entwickelt. Als am weitesten – sowohl in der schulischen bzw. akademischen Bildung als auch auch im Unternehmensführungsbereich – verbreitetes Konzept gilt jenes der „Creative Problem Solving Group – Buffalo“ (Isaksen u.a. 1994).

Ein Beispiel der schulpraktischen Anwendung des problem-solving-Konzepts bietet schließlich das vom *Center for Civic Education* entwickelte Lernprogramm „We the People ... Project Citizen“ (CCE 1998) bzw. dessen deutsche Adaption „Projekt: aktive Bürger“ (CCE/Koopmann 2001; vgl. Koopmann 2002a).

### 3.3 „Experiential Learning“

Erfahrungsorientiertes Lernen

Auch Konzepte des „experiential learning“, des erfahrungsorientierten Lernens (vgl. Koopmann 1998, 2000a, b, 2002b, c, d), sind im Wesentlichen auf Überlegungen J. Deweys zurückzuführen. Dessen Kritik an der traditionellen Erziehung bezieht sich vor allem auf den Dualismus von „mind and body, mind and world“. Diesem „experience from learning“ trennenden Subjekt-Objekt-Dualismus setzt Dewey sein Konzept der „experiential education“ entgegen: „Experiential education replaces the dualisms of experience and knowledge, mind and body with an emphasis on a unifying process of communication ( ... )“. Dabei spielt Reflexion eine wichtige Rolle: „This cycle of experience and reflection grounds all forms of Experiential Education“ (NSEE 1997, 2 f.).

Auf der Basis seines Verständnisses vom Lernen als einem „continuous process grounded in experience“ (Kolb 1984, 27) entwickelte z.B. D. Kolb sein „experiential learning model“ (vgl. Chickering 1977, 17; Shea/Mattson 1998, 212 f.).

Eine in den USA verbreitete Form des auf die kooperative Aneignung von „participatory experiences“ konzentrierten Erfahrungslernens ist das „service-learning“.

### 3.4 „Service-learning“

Service-learning-Konzepte basieren auf dem historisch gewachsenen Kerngedanken der „( ... ) political experience of self-government in local town meetings and in colonial assemblies ( ... )" (Battistoni 1992, 46), einem Gedanken, den John Dewey seiner gesamten Erziehungsphilosophie zugrunde gelegt hat: „Democracy ( ... ) is the idea of community life itself" (Dewey zit. nach Reese-Schäfer 1993, 315). Diesem Grundgedanken folgend, basieren funktionierende demokratische Gesellschaften auf „face-to-face local communities" (Benson/Harkavy 1997, 19): „Democracy must begin at home, and its home is the neighborly community" (Dewey zit. nach Benson/Harkavy 1997, 19).

Schüler beteiligen sich an der Lösung von Problemen in der Gemeinde

Service-learning-Konzepte betrachten also die Gemeinde, den Stadtteil mit den in ihnen tätigen „community-based, voluntary organizations" als „public laboratories, in which citizens learn democracy by doing it" (Patrick 1999, 20). Am service-learning beteiligte Schüler fungieren als „civic actors" (Youniss u.a. 1997, 625), die im Zuge ihrer aktiven Beteiligung an der Lösung von „real problems" (ECS 2000, 19) in der Gemeinde erfahren, „that their actions have effect" (Youniss u.a. 1997, 625). Service-learning zielt auf „empowering students through meaningful service experiences" (Furco 2002, 43; vgl. Freese 1998, 151; NSEE 1997, 5), mithin auf die Förderung von „self-efficacy" (vgl. Sewell/St George 1997).

Aus der Sicht schulischer civic education wird service-learning dann attraktiv, wenn es curricular integriert ist, wenn es also um Lernaktivitäten geht, „that link classrooms and communites" (California 1999, 4; vgl. ECS 2000, 18 f.; Freese 1998, 157; Harkavy 1996, 58; Koopmann 2002e, 2003; Maryland 2000, 2; Prichard 2002).

## 4. Ausblick

Innovative Elemente haben die Schulpraxis noch nicht erreicht

Die skizzierten Elemente innovativer „civic" education bzw. „social" studies haben die alltägliche Schulpraxis noch keineswegs flächendeckend erreicht; „issues-centered civic education has never been fully accepted or implemented in American schools" (Vontz/Nixon 1999, 142). Die Gewichte in den langjährigen didaktischen Auseinandersetzungen zwischen den „advocats of a disciplines-based approach" einerseits und jenen eines auf „social criticism" abzielenden interdisziplinären „reflective approach" (Ross 1997, 198) andererseits haben sich offensichtlich noch nicht merklich zugunsten der letztgenannten Perspektive verschoben. Aber vielleicht sollte diese Bilanz nur als Zwischenbilanz eines kontinuierlichen Innovationsprozesses gewertet werden, der auf jene Auseinandersetzungen angewiesen ist; „it is the struggles over (...) contradictions that has shaped the nature of the social studies curriculum in the past and continues to define it today" (Ross 1997, 19; vgl. Evans 2004, 175 ff.).

## Literatur

Allen, Rodney F. 1996: The Engle-Ochoa Decision Making Model for Citizenship Education. In: Evans, Ronald W./Saxe, David W. (eds.): Handbook on Teaching Social Issues. National Council for the Social Studies Bulletin No. 93. Washington, DC, S. 51 ff.

Avery, Patricia G./Sullivan, John L./Smith, Elizabeth S./Sandell, Stephen 1996: Issues-Centered Approaches to Teaching Civics and Government. In: Evans, Ronald W./Saxe, David W. (eds.): Handbook on Teaching Social Issues. National Council for the Social Studies Bulletin No. 93. Washington, DC, S. 199 ff.

Barber, Benjamin R./Battistoni, Richard 1993: A Season of Service: Introducing Service Learning into the Liberal Arts Curriculum. In: Political Science and Politics, Vol. XXVI, S. 235 ff.

Barth, James L. 1991: Beliefs that Discipline the Social Studies. In: The International Journal of Social Education 6, S. 19 ff.

Battistoni, Richard 1992: The Civic Education of Future Generations. In: Public Leadership Education, Vol. 5. Dayton, S. 37 ff.

Benson, Lee/Harkavy Ira 1997: School and Community in the Global Society. A Neo-Deweyan Theory of Problem-Solving Schools, Cosmopolitan Neighborly Communities and a Neo-Deweyan ‚Manifesto' to Dynamically Connect School and Community. In: Universities and Community Schools, Vol. 5: 1-2, S. 16 ff.

Branson, Margaret S. 1999: Making the Case for Civic Education: Where We Stand At the End of the 20th Century. Calabasas, CA

Butts, R. Freeman 1989: The Civic Mission in Educational Reform. Stanford, CA

California Department of Education 1999: Service-Learning. Linking Classrooms and Communities. The Report of the Superintendent's Service-Learning Task Force. Sacramento, CA

CCE (Center for Civic Education) 1991: Civitas. A Framework for Civic Education. National Council for the Social Studies Bulletin No. 86. Calabasas, CA

CCE (Center for Civic Education) 1998: We the People ... Project Citizen. A Civic Education Project for Grades 6 Through 9. Calabasas, CA

CCE (Center for Civic Education)/Koopmann, F. Klaus 2001: Projekt: Aktive Bürger. Sich demokratisch durchsetzen lernen. Mülheim

Chickering, Arthur W. 1977: Experience and Learning. An Introduction to Experiential Learning. New Rochelle, NY

Darling-Hammond, Linda/Ancess, Jaqueline: Democracy and Access to Education 1996. In: Soder, Roger (ed.): Democracy, Education, and the Schools. San Francisco, CA, S. 151 ff.

Dewey, John 1916: Democracy and Education. New York, NY

Dewey, John 1927: The Public and It's Problems. New York, NY

ECS (Education Commission of the States) 2000: Every Student a Citizen: Creating the Democratic Self. Denver, CO

Engle, Shirley H. 1996: Foreword to: Evans, Ronald W./Saxe, David W. (eds.): Handbook on Teaching Social Issues. National Council for the Social Studies Bulletin No. 93. Washington, DC, S. V ff.

Evans, Ronald W./Newman, Fred. M./Saxe, David W. 1996: Difining Issues-Centered Education. In: Evans, Ronald W./Saxe, David W. (eds.) 1996: Handbook on Teaching Social Issues. National Council for the Social Studies Bulletin No. 93. Washington, DC, S. 2 ff.

Evans, Ronald W. 1997: Teaching Social Studies: Implementing an Issues-Centered Curriculum. In: Ross, E. Wayne (ed.): The Social Studies Curriculum. Purposes, Problems, and Possibilities. Albany, NY, S. 197 ff.

Evans, Ronald W. 2004: Social Studies Wars. What Should We Teach the Children? New York, NY

Fleury, Stephen C. 1997: Science in Social Studies: Reclaiming Science for Social Knowledge. In: Ross, E. Wayne (ed.): The Social Studies Curriculum. Purposes, Problems, and Possibilities. Albany, NY, S. 165 ff.

Freese, John R. 1998: Service-Learning as Social Education. In: Children's Social and Economic Education, Vol. 3: 3, S. 151 ff.

Furco, Andrew 2002: Is Service-Learning Really Better Than Community Service? A Study of High School Service Program Outcomes. In: Furco, Andrew/Billig, Shelley H. (eds.): Service-Learning. The Essence of the Pedagogy. Greenwich, CT, S. 23 ff.

Hahn, Carole L. 1996: Research on Issues-Centered Social Studies. In: Evans, Ronald W./Saxe, David W. (eds.) 1996: Handbook on Teaching Social Issues. National Council for the Social Studies Bulletin No. 93. Washington, DC, S. 25 ff.

Hahn, Carole L. 1998: Becoming Political. Comparative Perspectives on Citizen Education. Albany, NY

Hahn, Carole L. 1999: Challenges to Civic Education in the United States. In: Torney-Purta, Judith/Schwille, John/Amadeo, Jo-Ann (eds.): Civic Education Across Countries: Twenty-four National Case Studies from the IEA Civic Education Project. Amsterdam, S. 583 ff.

Harkavy, Ira 1996: Back to the Future: From Service-Learning to Strategic Academically-Based Community Service. In: Metropolitan Universities, Vol 7: 1, S. 57 ff.

Hursh, David 1997: Multicultural Social Studies: Schools as Places for Examining and Challenging Inequality. In: Ross, E. Wayne (ed.): The Social Studies Curriculum. Purposes, Problems, and Possibilities. Albany, NY, S. 107 ff.

Isaksen, Scott G./Dorval, K. Brian/Treffinger, Donald J. 1994: Creative Approaches to Problem Solving. Dubuque, IA

Kolb, David A. 1984: Experiential Learning. Experience as the Source of Learning and Development. Englewood Cliffs, NJ

Koopmann, F. Klaus (Hrsg.) 1998: Politik erfahren und lernen. Schülerinnen und Schüler als politisch handelnde Subjekte. Münster

Koopmann, F. Klaus 2001a: Politik handelnd erfahren und lernen. In: Butterwegge, Christop/Hentges, Gudrun (Hrsg.): Politische Bildung und Globalisierung. Opladen, S. 197 ff.

Koopmann, F. Klaus 2001b: Experiencing and Learning Politics by Acting. In: Children's Social and Economics Education, Vol. 4:3, S. 129 ff.

Koopmann, F. Klaus 2001c: Amerika, hast Du's besser? Einige (Innen-)Ansichten über schulische politische Bildung in den USA. In: Politische Bildung 2/01, S. 125 ff.

Koopmann, F. Klaus 2002a: „We the People ... Project Citizen" becomes „Projekt: Aktive Bürger". In: Politeia Newsletter, Twenty-Sixth Issue, July, S. 1 f.

Koopmann, F. Klaus 2002b: Experiential Learning in Civic Education, Vortrag und Manuskript, präsentiert bei der „CiCe Third European Conference Future Citizens in Europe", Budapest, May 16-18, 2002. In: Ross, Alistair (Ed.): Future Citizens in Europe. Procedings of the Fourth Conference of the

Children's Identity and Citizenship in Europe Thematic Network. London, S. 223 ff.

Koopmann, F. Klaus 2002c: Civic Education through Experiential Learning. In: Politeia Newsletter, Twenty-Seventh Issue, October, S. 3 f.

Koopmann, F. Klaus 2002d: Experiential Civic Learning by Using >Projekt: aktive Bürger<, in: sowi-onlinejournal 2 (http://www.sowi-online.de/nav_css_js/index-n.htm)

Koopmann, F. Klaus 2002e: Service-Programme. Versuch einer knappen begrifflichen Klärung (http://www.stiftung.koerber.de/wettbewerbe/usable/projektfoerderung/service_learning/literatur_und_medien/content1-4.html#serviceprogramme)

Koopmann, F. Klaus 2003: Service-Learning: An Innovative Contribution to Civic Education? In: Politeia Newsletter, Twenty-Eighth Issue, February, S. 3 f.

Maryland Student Service Alliance 2000: What Is Service-Learning? (http://www.mssa.sailorsite.net/define.html)

Massialas, Byron G. 1989: The Inevitability of Issue-Centered Discourse in the Classroom. In: The Social Studies (80) Oct./Sept., S. 173 ff.

Mattson, Kevin 1999: Higher Education and Civil Society. Paper for a Collection of Essays on Civil Society and America, Edited by Virginia Hodgkinson, o.O.

NAEP (National Assessment of Educational Progress) 1998: Civics Framework for the 1998 National Assessment of Educational Progress. NAEP Civics Consensus Project. Washington, DC

NASS (National Association of Secretaries of States) 1999: New Millennium Project – Part 1: American Youth Attitudes on Politics, Citizenship, Government and Voting. Lexington, KY

NCEE (National Commission on Excellence in Education) 1983: A Nation at Risk: The Imperative for Educational Reform (http://www.ed.gov/pubs/NatAtRisk/letter.html)

NCSS (National Council for the Social Studies) 1998: Curriculum Standards for Social Studies. Washington, DC

Nelson, Jack L. 1996: The Historical Imperative for Issues-Centered Education. In: Evans, Ronald W./Saxe, David W. (eds.): Handbook on Teaching Social Issues. National Council for the Social Studies Bulletin No. 93. Washington, DC, S. 14 ff.

Niemi, Richard G./Junn, Jane 1998: Civic Education. What makes Students learn. New Haven and London

NSEE (National Society for Experiential Education) 1997: Foundations of Experiential Education (http://www.nsee.org/found.html)

Ochoa-Becker, Anna S. 1996: Building a Rationale for Issues-Centered Education. In: Evans, Ronald W./Saxe, David W. (eds.): Handbook on Teaching

Social Issues. National Council for the Social Studies Bulletin No. 93. Washington, DC, S. 6 ff.

Patrick, John J. 1999: Concepts at the Core of Education for Democratic Citizenship. In: Bahmueller, Charles F./Patrick, John J. (eds.): Principles and Practices of Education for Democratic Citizenship. International Perspectives and Projects, published by Educational Resources Information Center (ERIC). Indiana University, Bloomington, IN, S. 1 ff.

Pritchard, Ivor 2002: Community Service and Service-Learning in America: The State of the Art. In: Furco, Andrew/Billig, Shelley H. (eds.): Service-Learning. The Essence of the Pedagogy. Greenwich, CT, S. 3 ff.

Putnam, Robert D. 2000: Bowling Alone: Collapse and Revival of American Community. New York, NY

Quigley, Charles N. 1999: Civic Education: Recent History, Current Status, and the Future. Paper presented at the American Bar Association Syposium „Public Perception and Understanding of the Justice System", February 25-26

Reese-Schäfer, Walter 1993: Kommunitäter Gemeinsinn und liberale Demokratie. In: Gegenwartskunde 3, S. 305 ff.

Ross, E. Wayne 1997: The Struggle for the Social Studies Curriculum. In: Ross, E. Wayne (ed.): The Social Studies Curriculum. Purposes, Problems, and Possibilities. Albany, NY, S. 3 ff.

Saxe, David W. 1991: Social Studies in Schools. A History of the Early Years. New York, NY

Saxe, David W. 1997: The Unique Mission of Social Studies. In: Ross, E. Wayne (ed.): The Social Studies Curriculum. Purposes, Problems, and Possibilities. Albany, NY, S. 39 ff.

Sewell, Alison M./St George, Alison M. 1997: Self-efficacy in the Classroom: Developing the Skills of Citizenship. In: Children's Social and Economic Education, Vol. 2: 3, S. 136 ff.

Shaver, James P. 1992: Rationales for Issues-Centered Social Studies Education. In: The Social Studies (83) May/June, S. 95 ff.

Shea, Margo/Mattson, Kevin 1998: Building Citizens. A Critical Reflection and Discussion Guide for Community Service Participants. A Project of The Walt Whitman Center for the Culture and Politics of Democracy. Rutgers University, New Brunswick, NJ

Vontz, Thomas, S./Nixon, William A. 1999: Reconsidering Issue-Centered Civic Education Among Early Adolescents: *Project Citizen* in the United States and Abroad. In: Bahmueller, Charles F./Patrick, John J. (eds.): Principles and Practices of Education for Democratic Citizenship. International Perspectives and Projects, published by Educational Resources Information Center (ERIC). Indiana University, Bloomington, IN, S. 141 ff.

Whelan, Michael 1997: History as the Core of Social Studies Education. In: Ross, E. Wayne (ed.): The Social Studies Curriculum. Purposes, Problems, and Possibilities. Albany, NY, S. 21 ff.

Youniss, James/McLellan, Jeffrey A./Yates, Miranda 1997: What We Know About Engendering Civic Identity. In: American Behavioral Scientist, Vol. 40: 5 March/April, S. 620 ff.

*Eiji Fujita*

# Politische Bildung in Japan

Japan erlebte kurz nach dem Zweiten Weltkrieg eine Reihe von Reformen unter dem Motto der Demokratisierung. Das Bildungssystem erhielt eine horizontale Struktur, an die sechsjährige Grundschule schließt die dreijährige Mittelschule an und daran die dreijährige Oberschule. Eine parteiliche, ideologische Politikerziehung ist gesetzlich verboten.

Demokratisierung nach 1945

In der Schule wird politische Bildung hauptsächlich von dem seit 1947 mit Richtlinien des Kultusministeriums neu eingeführten Schulfach Sozialkunde (Social Studies) getragen, das zunächst für alle Klassen aller Schulstufen vorgesehen war. Allerdings wurden seine inhaltliche Struktur und auch seine Stellung zu anderen Fächern mit bisher sieben Neubearbeitungen des Curriculums seit 1947 deutlich verändert. Mit der vorletzten Reform wurde es in den ersten zwei Klassen durch das neue Fach Lebenskunde ersetzt und in der Oberschule in zwei neue Fächer Erdkunde-Geschichte und Bürgerkunde aufgeteilt. Zudem besteht die Sozialkunde der Mittelschule aus den Lernfeldern Erdkunde, Geschichte und Bürgerkunde, was bei manchen Didaktikern die Frage aufwirft, ob diese inhaltlich differenzierte Organisation tatsächlich dem Ziel des Faches, der Bildung zum Bürger, entspricht.

Einführung eines Schulfaches Sozialkunde 1947

Im Folgenden soll ein Überblick über empirische Forschungen und verschiedene Konzeptionen der Sozialkunde gegeben werden. Ferner sollen auch Angebote außerschulischer politischer Bildung in Japan dargestellt werden.

## 1. Empirische Forschungen zur Sozialkunde

Theoretische und empirische Forschungen zur Sozialkunde werden seit der Gründung des Schulfaches in enger Beziehung zueinander durchgeführt. Allerdings konzentrieren sich die empirischen Forschungen im Fach auf die Gebiete der Entwicklung und Durchführung von Curricula und Unterrichtseinheiten sowie der Analyse von deren theoretischen Elementen und Konstruktionen. Untersuchungen über Wirkungen von Curricula und praktischem Unterricht auf die Lernenden sind dagegen kaum vorgenommen worden. Allgemeine und umfassende Untersuchungen über Schülerleistungen sind vom Kultusministerium durchgeführt worden; dies stieß in manchen Fällen auf den Widerstand von Lehrergewerkschaften, die gegen die aus ihrer Sicht damit verbundene inhaltliche Einflussnahme auf den Unterricht Einspruch erhoben.

Niedrigere Schülerleistungen als erwartet

Die letzte Untersuchung vom Jahre 2002 versucht, Wirkungen der 1989 neu bearbeiteten Richtlinien auf die Schüler der fünften bis neunten Klassen zu klären. Nach den Ergebnissen waren die Leistungen der Schüler der fünften und achten Klassen unter allen vier Gesichtspunkten – Interesse, Einstellungen zu gesellschaftlichen Vorgängen, soziales Denken und Urteil, Anwendung von Materialien und Kenntnissen auf Verstehen von gesellschaftlichen Vorgängen –, die vom Kultusministerium als Kriterien der Evaluation von Schülerleistungen für Sozialkunde bestimmt worden waren, niedriger als vom Ministerium erwartet. Die Schüler der fünften Klasse, in der Themen aus den Bereichen Industrie und Erwerbstätigkeit behandelt werden, zeigten geringere durchschnittliche Leistungen als erwartet, ebenso wie die Achtklässler, die die Geschichte Japans lernen. In dieser Untersuchung nahm das Ministerium auch einen Vergleich mit der vorletzten Untersuchung vor, die von 1994 bis 1996 durchgeführt wurde. Es zeigte sich, dass die jetzigen Schüler aus allen untersuchten Klassen signifikant schlechtere Leistungen bringen als die früher untersuchten Jahrgänge (National Institute for Educational Policy Research 2003, 1-8).

Wie diese Ergebnisse zu interpretieren sind und welche Konsequenzen für die nächste Neubearbeitung der Richtlinien daraus zu ziehen sind, ist noch eine offene Frage; sie zu beantworten, wäre eine der wichtigsten Aufgaben der Didaktik der Sozialkunde.

## 2. Drei Typen von Konzeptionen der Sozialkunde

Sozialkunde wird oft als ein Schulfach definiert, in dem sich die Schüler durch Erwerbung von Kenntnissen über die Gesellschaft als Bürger bilden. Konkrete Konzeptionen und Unterrichtsplanungen variieren jedoch in den Auslegungen und Schwerpunktlegungen. Nun lassen sich die vielfältige Konzeptionen der Sozialkunde auf verschiedene Weise darstellen. Im Folgenden werden die in Japan wichtigen Konzeptionen nach drei Typen dargestellt: schülerzentrierte, bürgerkundliche und sozialwissenschaftliche Konzeptionen.

### 2.1 Schülerzentrierte Konzeptionen

Die Konzeption von Sozialkunde, die in den ersten Richtlinien, ihrer Ergänzung und der ersten Neubearbeitung in den Jahren 1947 bis 1951 erscheint, wird „Shoki-shakaika", Sozialkunde für das Anfangsstadium, genannt. Sie unterscheidet sich von der, die die späteren Neubearbeitungen prägt. Shoki-shakaika war vom Pragmatismus John Deweys beeinflusst und wollte pragmatische Problemlösungen als Lernprinzip realisieren, während es sich bei der späteren Sozialkunde um stofforientierte, systematische Unterrichtseinheiten handelt. Ueda, ein Verfasser der ersten Neubearbeitung, strebte an, die Idee des Pragmatismus beizubehalten, und vertrat die Vorstellung, das Ziel der Sozialkunde – und ebenso des reformierten Schulsystems – solle „Wahrnehmung des Menschlichen", „Selbstständigkeit der Persönlichkeit" und „Achtung der Individualität" als Voraussetzungen für das Verstehen des Gesellschaftslebens und für die Entwicklung und Vertiefung der Demokratie sein. Das Wichtigste für dieses Lernprinzip der Problemlösung, das das Ziel der Sozialkunde erreichen helfen sollte, wurde in der Behandlung solcher Probleme gesehen, die im alltäglichen Leben des Lernenden wurzeln und ihm daher in konkreter Form erscheinen. Kenntnisse sollten so vermittelt werden, dass sie als etwas Notwendiges für die Problemlösung erlernt werden, denn sonst würden sie vom Lernenden nicht wirklich zu eigen gemacht. Aus diesem Gedanken entwickelte der Didaktiker einen dynami-

Einfluss des Pragmatismus John Deweys

Bezug zur Lebenswelt der Schüler

schen Relativismus, der zwei Dimensionen der Relativität von Kenntnissen für entscheidend hält: Relativität erstens in dem Sinne, dass Erwerb und Nutzung von Kenntnissen in jedem Fall individuell und daher je nach dem Individuum unterschiedlich geschehe, und zweitens in dem Sinne, dass sich die Kenntnisse in einem Selbstveränderungsprozess erneuerten. In diesem Zusammenhang wandte er sich gegen jede Position, die Vermittlung von Kenntnissen in systematischer Weise für wichtig hielt (Tanimoto 2001, 28-29).

Ein Beispiel aus der Unterrichtspraxis

Die Theorie von Ueda wurde von der privaten Bildungsorganisation Shoshi-no-kai, Organisation zur Durchsetzung des ersten Willens der Sozialkunde, übernommen und in einer vielfältigen Praxis verwirklicht. Eines der bekanntesten Beispiele ist der Unterricht einer dritten Klasse, der von Tsukiji geführt wurde. Aus dem Unterrichtsprotokoll (vgl. Fujioka 1990) lässt sich ablesen, wie die Schüler auf ihre eigene Weise lernen, indem sie Diskussionen selbst gestalten und nebenbei z.B. ein „Flüstergespräch" mit der Lehrerin führen, die gleichzeitig in relevanten Momenten den Diskussionsteilnehmern wichtige Fragen stellt. Als Nachfolger des theoretischen Ansatzes von Ueda wäre vor allem Fujii zu nennen. Der Didaktiker interpretiert erneut die Begriffe „Problem" und „Lösung" von J. Dewey und hebt die Wichtigkeit eines Lernens durch eigenes Untersuchen hervor, in dem die Lernenden ihre Gedanken anhand eigener Sinngebung zu einem Problem umkonstruieren (vgl. Fujii 1995).

### 2.2 Bürgerkundliche Konzeptionen

Mitwirkung an der Lösung gesellschaftlicher Probleme

Nisseiren, Bund für Lebenserziehung Japans (bis 1953 Koaren, Bund für core-curriculum) war zu Anfang von derselben Einstellung für eine alltagsorientierte, pragmatische Lebenserziehung geprägt wie das damalige Kultusministerium, änderte jedoch 1951 seine Sichtweise und nahm Abschied von Shoki-shakaika, indem er seine Grundpositionen neu formulierte. Nun stellte er die Bildung der Jugendlichen zu einem freien und vielfältigen Denken und zur Mitwirkung an der gesellschaftlichen Verbesserung in den Mittelpunkt. Um diese Ziele zu erreichen, solle die Sozialkunde gesellschaftliche Probleme behandeln, mit denen Japan konfrontiert ist und die auch das Leben der Jugendlichen bestimmen. Schüler sollten sich dann mit diesen Problemen auseinander setzen und durch Entwicklung von Lösungsversuchen intellektuelles Verstehen und praktische Handlungsfähigkeit gleichermaßen in sich ausbilden. Aufgrund dieses theoretischen Konzepts vertrat der Bund einen Drei-Schichten-Ansatz für das Fach Sozialkunde, nach dem es aus den drei Kursen Alltagsleben, Problemlösung und Grundlagen bestehen solle, und entwarf einen sozialkundlichen Lehrplan, dessen Kern „Fundamentale Probleme der japanischen Gesellschaft“ wie Naturkatastrophen, Gesundheit, ländliche Dörfer, kleine Betriebe, Industrie und Arbeiter, moderne Kultur, Gesellschaftsplanung, moderne Politik, und Volk und Frieden darstellten (Ueda 1949, 310-327).

Einfluss des Marxismus

Die Theorie von Nisseiren ließ sich jedoch immer mehr vom Marxismus beeinflussen und entwickelte sich in Richtung der unter 2.3 dargestellten Konzeptionen. Bürgerkundliche Konzeptionen werden nun von den Didaktikern repräsentiert, die Entscheidungstheorien aufnehmen. Imatani bezieht sich auf die social studies in den USA und vertritt beispielsweise eine neue Form eines auf Problemlösungen zielenden Lernens, das den Schülern Auseinandersetzungen mit gesellschaftlich umstrittenen Problemen anbieten und dabei Gelegenheit eröffnen soll, auf der Basis von Gesellschafts- und Wertenanalysen entscheiden zu lernen. Das Lernen soll dabei in sechs Stufen ablaufen, nämlich Entdeckung eines Problems, Mitgefühl mit den Betroffenen, Untersuchung der Ursachen, Erforschung der Wünsche und Werte der Beteiligten, rationale Entscheidung und eigene Mitwirkung in der Gesellschaft (Imatani u.a. 1991, 37).

## 2.3 Sozialwissenschaftliche Konzeptionen

Sozialwissenschaftliche Konzeptionen lassen sich weiter in zwei Gruppen gliedern, nämlich marxistische und moderne sozialwissenschaftliche Ansätze.

Marxistische Ansätze

Die marxistische Variante der Verwissenschaftlichung wurde vor allem von privaten Bildungsorganisationen gefördert. Neben

Nisseiren, der 1960 mit dem Schlagwort „Verbindung von Leben und Wissenschaft" sein Forschungsprinzip änderte, definierte Kyôkaken (Abteilung Sozialkunde der erziehungswissenschaftlichen Forschungsgemeinschaft) als Aufgabe des Schulfaches, dass die Jugendlichen durch das Lernen die Gesellschaft richtig erkennen und kritisieren sowie mittels eigener Praxis zur gesellschaftlichen Entwicklung beitragen können (Tanimoto 2001, 31). Kyôkaken schlug einen entsprechenden Lehrplan vor (Kyôkaken 1966, 137 ff.). Zur marxistischen Seite gehört außerdem die „Gruppe zur Entwicklung sozialkundlichen Unterrichts" (vgl. 1980-1983; 1983-1986), deren Konzept die Produktion sowohl als sozialwissenschaftliche Perspektive wie auch als praktisches Prinzip des Lernprozesses forderte, so dass die Schüler im Unterricht tatsächlich Gegenstände wie z.B. Metallprodukte produzierten.

Ansätze, die auf Erkenntnistheorien von Popper und Hempel basieren

Moriwake, der bekannteste der modernen sozialwissenschaftlichen Didaktiker, verzichtete auf Bildung zum Bürger als Ziel der Sozialkunde und forderte, dass das Fach Erkenntnis der Gesellschaft, die für jede Kritik offen ist, anstreben solle. In diesem Zusammenhang seien die marxistischen Konzeptionen wegen ihres Dogmatismus inakzeptabel. Sein Konzept dagegen basiert auf den Erkenntnistheorien von K. R. Popper und K. Hempel, so dass sich seine Theorie durch eine eigentümliche Gliederung und Hierarchie von Kenntnisarten, bei der allgemeine Kenntnisse wie Begriffe, Generalisationen, gesetzmäßige Erklärungen usw. höher gestellt wurden als besonderes Faktenwissen, und durch einen Ansatz eines schrittweisen Kenntniswachstums charakterisieren lässt. Der Didaktiker entwarf auch eine Reihe von Unterrichtseinheiten, in denen darauf gezielt wurde, dass sich die Schüler sozialwissenschaftliche Erkenntnisse durch nach wissenschaftlichen Regeln ablaufende Sozialstudien aneignen. Sozialkunde als wissenschaftliche Erkundung sei eine Untersuchung der Gesellschaft, in der die Lernenden aufgrund der Warum-Frage Erklärungen zu sozialen Phänomenen als Hypothese bilden, gesellschaftliche Vorgänge erforschen und auf diese Weise ihre subjektiven Kenntnisse und Theorien zu wissenschaftlichen umbilden (vgl. Moriwake 1978).

## 3. Neue theoretische und konzeptionelle Entwicklungen

Annäherung bürgerkundlicher und sozialwissenschaftlicher Konzeptionen

Bürgerkundliche und sozialwissenschaftliche Konzeptionen scheinen sich seit den 1990er-Jahren einander anzunähern. Wenn es der Fall sein sollte, so ließe sich das auf die öffentliche Forderung zur Rekonstruktion der Identität der Sozialkunde zurückführen, indirekt auch auf eine Reflexion auf die etwas einseitige Konzentration der Forschungen auf unterrichtsmethodische Fragen in den 1980er-Jahren. Wichtig für die didaktischen Überlegungen dürfte auf jeden Fall sein, dass beide Konzeptionen, die sich einmal als unvereinbar verstanden, jetzt um die besseren Mittel für das gemeinsame Ziel streiten.

Diskussion über Ziele der Sozialkunde

Nicht nur die Einführung von Lebenskunde in den ersten zwei Klassen und von Erdkunde-Geschichte und Bürgerkunde in der Oberschule im Jahre 1989, sondern auch die Einführung einer weiteren Lerngelegenheit mit der letzten Neubearbeitung des schulischen Lehrplans 1998, den „Stunden für integriertes Lernen", hat die Diskussion darüber angeheizt, welche spezifischen Ziele Sozialkunde eigentlich haben soll und wie sich Sozialkunde zu Lebenskunde, Erdkunde-Geschichte und Bürgerkunde und vor allem zu den „Stunden für integriertes Lernen" verhält – denn auch diese neue Lerngelegenheit soll ein Ort sein, wo die Schüler selbständiges Problemlösen lernen und dabei gegebenenfalls gesellschaftliche Themen und entsprechende Lernverfahren aufgreifen. Sie könnte also auch als eine Erscheinungsform einer schülerzentrierten Didaktik und daher eine als Ergänzung von Lebenskunde in den oberen Klassen angesehen werden.

Diskussion über motivierende Methoden und Lernmittel

In den 1980er-Jahren wurden Diskussionen darüber, welche Methoden und Lernmittel die Schüler motivieren können, heftig geführt und in unterrichtlicher Praxis untersucht. Dies entsprach freilich der aktuellen Forderung von Lehrern, die einer immer häufiger werdenden Abkehr der Jugendlichen vom schulischen Lernen gegenüberstanden. Aber dabei gerieten Fragen nach Zielen und Inhalt von Sozialkunde in den Hintergrund, schlechtestenfalls wurden sie auch vernachlässigt. Die Annäherung der bürgerkundlichen und sozialwissenschaftlichen Konzeptionen könnten eine Gegenreaktion auf diesen unterrichtsmethodischen Forschungstrend und die darauf folgende Curriculumreform sein.

Befähigung der Lernenden zu aktiven Gesellschaftsmitgliedern

Ikeno (vgl. 2003) vertritt in einer neuen Veröffentlichung den Ansatz, dass eine bürgerkundliche Sozialkunde ein auf S.E. Toulmin zurückgehendes Schema als Lernprinzip aufnehmen solle. Bei diesem Schema stellen die Logik der Debatte, die Gesellschaftsstruktur und deren (Re-)Konstruktion jeweils Lernmethode, -inhalte und Ziel dar. Das Schulfach solle dazu beitragen, dass die Lernenden sich zu aktiven Gesellschaftsmitgliedern bilden, die versuchen, die Gesellschaft weiterzuentwickeln und zu verbessern. Das Toulminsche Schema bedeutet hier eine wünschenswerte Urteilsstruktur, die aus conclusion, data, warrant, backing, qualify und rebuttal besteht. Das Bürgersein wird damit nicht mehr als etwas Emotionales angesehen, sondern gründet sich in einer Erkenntniskonstruktion aus bestimmten Elementen.

Moriwake (vgl. 2001), der einst Bürgerrolle und Erkenntnis der Gesellschaft gegenüberstellte, definiert die Fähigkeit zur bürgerlichen Aktivität, die einen Komplex aus Willen, Gefühl und Erkenntnissen über die Gesellschaft darstelle, als Kern eines bürgerschaftlichen Selbstverständnisses. Diesem Gedanken folgend vertritt Tanahashi die These (vgl. 2003), dass eine sozialwissenschaftliche Sozialkunde die Ergebnisse und Methoden der Sozialwissenschaften nicht als Selbstzweck vermitteln sollte, sondern dass diese der Förderung der Gesellschaftsanalyse als Grundlage für die Beurteilung von Lösungsvorschlägen für gesellschaftliche Probleme erworben werden sollten.

Offene Fragen sind etwa, welchen Stellenwert nun sozialwissenschaftliche Erkenntnisse beim Toulminschen Schema auf der einen Seite haben, und in welchem Verhältnis sie zur gesellschaftlichen Problemlösung auf der anderen Seite stehen. Solchen Fragen sollten anhand konkreter Unterrichtsthemen und -einheiten beantwortet werden.

## 4. Angebote außerschulischer politischer Bildung für Jugendliche und Erwachsene

Fragt man nach Gelegenheiten außerschulischer politischer Bildung in Japan, so sind in erster Linie die Massenmedien und „Kôminkan", das Bürgerhaus, zu nennen.

Rolle der Massenmedien

Massenmedien wie Zeitung und Fernsehen haben intentionale und unabsichtliche Wirkungen für die politischen Sozialisation. Intentionale Angebote, die man als Beiträge zur politischen Bildung sehen kann, sind z.B „NIE (newspaper in education) Seiten" in manchen Zeitungen, die für Kinder Nachrichten in einfacheren Worten darstellen. Einige Beiträge werden auch von den Kinder-Journalisten geschrieben. Ein entsprechendes Beispiel beim Fernsehen wäre das Nachrichtenprogramm für Kinder von NHK, dem nationalen Fernsehsender, das samstags auf den Bildschirm kommt. Was die Bedeutung der unabsichtlichen Wirkungen der Medien für die politische Bildung anbelangt, verbreitet sich die Anerkennung der Wichtigkeit und Notwendigkeit von media literacy (Shiraishi 2001b, 188 ff.).

„Kôminkan", das Bürgerhaus

Das Gesetz für außerschulische Bildung bestimmt, dass ein Kôminkan von der Gemeindeverwaltung errichtet wird und Folgendes leisten soll: Angebot regelmäßiger Kurse, Veranstaltung wie Vorträge, Symposien usw., schriftliche und anschauliche Materialien sammeln und zur Verfügung stellen, Angebote für Gymnastik und Erholung veranstalten, Verbände und Organisationen vermitteln und seine Einrichtungsräume zur Verfügung stellen. In den letzten Jahren diversifizieren sich die Einrichtungen für außerschulische Bildung entlang konkreter Themenbereiche wie Frauenprobleme, Umweltfragen, neue Technologien und Kooperation mit anderen Einrichtungen wie Museen, Bibliotheken oder Sportveranstaltern (Shiraishi 2001a, 30 ff.). Damit ist natürlich noch nicht gesagt, dass politische Bildung in solchen Einrichtungen überhaupt und wenn ja, mit welcher inhaltlichen Qualität stattfindet. Dies genauer zu untersuchen, wäre ebenfalls noch eine Aufgabe für die didaktische Forschung.

## Literatur

Fujii, Chiharu 1995: „Mondaikaiketsu-teki-na-gakushû" ni yoru „mondai" to sono „kaiketsu" ni tsuite no kôsatsu (Überlegung zu „Problem" und „Lösung" in einem „problemlösenden Lernen"). In: Shakaikei-kyôkakyôikugaku-kenkyû Nr. 7, S. 7-12

Fujioka, Nobukatsu (Hrsg.) 1990: Geheimnisse der individuenbildende Tsukiji Klasse. Gakujishuppan

Ikeno, Norio 2003: Shimin-shakai no kôsô (Konzeption der Bürgerkunde). In: Shakaininshikikyôiku-gakkai (Gesellschaft für Gesellschaftserkenntnisbildung) (Hrsg.): Shakaikakyôiku no nyû pâsupekutibu – Henkaku to teian (New Perspectives von Sozialkunde. Umgestaltungen und Vorschläge). Meijitosho, S. 44-53

Imatani, Nobushige 1991: Shôgakkô-shakaika. Atarashii mondaikaiketsugakushû no jugyô-tenkai (Sozialkunde in der Grundschule. Unterricht des neuen problemlösenden Lernens). Minerubashobô

Kyôiku-kagaku-kenkyûkai-shakaika-bukai (Kyôkaken) 1966: Shakaikakyôiku no riron (Theorie des sozialkundlichen Unterrichts). Kokudosha

Moriwake, Takaharu 1978: Shakaika-jugyô-kôsei no riron to hôhô (Theorie und Methode der Konstruktion von sozialkundlichem Unterricht). Meijitosho

Moriwake, Takaharu 2001: Shimin-teki-shishitsu-ikusei ni okeru shakaikakyôiku – Gôri-teki-ishikettei (Sozialkunde als Bildung zum Bürger. Rationale Entscheidung). In: Shakaikei-kyôkakyôikugaku-kenkyû Nr. 13, S. 43-50

National Institute for Educational Policy Research 2003: Heisei-13-nendo shôchû-gakkô kyôikukatei jisshi-jôkyô-chôsa (Bestandaufnahme der Durchführung von den Curricula in der Grund- und Mittelschule Finanzjahr 2001), http://www.nier.go.jp/homepage/kyoutsuu/index.html

Shakaika-no-jugyô-wo-tsukuru-kai (Gruppe zur Entwicklung sozialkundlichen Unterrichts) 1980-1983; 1983-1986: Jugyô wo tsukuru (Entwicklung des Unterrichts) Nr. 1-10, 2 (1-19)

Shiraishi, Katsuya u.a. 2001a: Kurieitibu-na-gakushû-kûkan wo tsukuru (Herstellung von kreativen Lernräumen). Gyôsei

Shiraishi, Katsuya u.a. 2001b: IT de hirogaru manabi no sekai (Ausdehnende Lernwelt durch Neue Technologien). Gyôsei

Tanahashi, Kenji 2003: Atarashii shakaikagaku-ka no kôsô (Konzeption einer neuen sozialwissenschaftsorientierten Sozialkunde). In: Shakaininshikikyôiku-gakkai (Hrsg.) 2003, S. 86-94

Tanimoto, Yoshihiko 2001: Shakaika-kyôiku no honshitsu to genri no kenkyû (Forschungen über das Wesen und Prinzip der Sozialkunde). In: Zenkoku shakaika-kyôiku-gakkai (Japanische Gesellschaft für Forschung von Sozialkunde) 2001: Shakaika-kyôiku-gaku-kenkyû handobukku (Handbuch Forschung von Sozialkunde). Meijitosho, S. 26-35

Ueda, Kaoru 1949: Shakaika-kyôiku-shi shiryô (Materialien für Geschichte der Sozialkunde), Bd.4. Tôkyôhôrei

# Anhang

# Personenregister

## A



## B

## C



## D



## E

## I



## J



## K

## L

## M



## N



## O



## P

## Q



## R



## S

## T

# Stichwortregister

E



F



G



H

## Q



## R



## S

# Autorinnen und Autoren

**Klaus Ahlheim**
Dr. theol., Dipl.-Päd., ist Professor für Erziehungswissenschaft, insbesondere Weiterbildung, an der Universität Duisburg-Essen, Campus Essen

**Barbara Asbrand**
Dr. phil., ist Habilitationsstipendiatin am Lehrstuhl für Allgemeine Pädagogik an der Erziehungswissenschaftlichen Fakultät der Universität Erlangen-Nürnberg

**Volkmar Baulig**
Dr. phil., ist Sonderschullehrer und Gestalttherapeut; Leitung des Instituts für Kindergestalttherapie IKG in Oberursel

**Wolfgang Beer**
Dr., ist Geschäftsführer für politische Bildung der Evangelischen Akademien in Deutschland e.V.

**Anja Besand**
Dr. rer. soc., ist Juniorprofessorin für Politikwissenschaft an der Pädagogischen Hochschule Ludwigsburg

**Gotthard Breit**
Dr. phil., ist Professor für Didaktik der Politik an der Otto-von-Guericke-Universität Magdeburg

**Christian Büttner**
Dr. phil., ist Projektleiter im Arbeitsbereich Friedenspädagogik/Konfliktpsychologie der Hessischen Stiftung Friedens- und Konfliktforschung und Honorarprofessor an der Evangelischen Fachhochschule Darmstadt

**Paul Ciupke**
Dr. phil., Diplom-Pädagoge, hauptberuflich tätig im Leitungsteam des Bildungswerks der Humanistischen Union/Essen

**Carl Deichmann**
Dr. phil., ist Professor für Didaktik der Politik an der Friedrich-Schiller-Universität Jena

**Joachim Detjen**
Dr. phil., ist Professor für Politikwissenschaft, insbesondere Politische Bildung, an der Katholischen Universität Eichstätt-Ingolstadt

**Eiji Fujita**
ist Assistenzprofessor für Didaktik der Sozialkunde an der Universität Kochi/Japan

**Walter Gagel**
Dr. phil., ist Professor a.D. für Politische Bildung an der Technischen Universität Braunschweig

**Tilmann Grammes**
Dr. phil., ist Professor für Erziehungswissenschaften unter besonderer Berücksichtigung der Didaktik sozialwissenschaftlicher Fächer/Politikdidaktik an der Universität Hamburg

**Johannes Greving**
ist Lehrer in Delmenhorst

**Benno Hafeneger**
Dr. phil., ist Professor für Außerschulische Bildung an der Philipps-Universität Marburg/Lahn

**Reinhold Hedtke**
Dr. rer. soc., ist Professor für Didaktik der Sozialwissenschaften und Wirtschaftssoziologie an der Universität Bielefeld

**Peter Henkenborg**
Dr. rer. soc., ist Professor für Didaktik der politischen Bildung/Gemeinschaftskunde an der Technischen Universität Dresden

**Peter Herdegen**
Dr. phil., ist Akademischer Oberrat für Didaktik der Sozialkunde und Didaktik der Arbeitslehre an der Universität Regensburg

**Alfred Holzbrecher**
Dr. phil., ist Professor für Schulpädagogik/Allgemeine Didaktik an der Pädagogischen Hochschule Freiburg

**Klaus-Peter Hufer**
Dr. rer. pol., ist Fachbereichsleiter für Geistes- und Sozialwissenschaften der VHS des Kreises Viersen/NRW und Privatdozent für Erwachsenenbildung an der Universität Duisburg-Essen, Campus Essen

**Eberhard Jung**
Dr. rer. soc., ist Professor für Ökonomische Bildung und das Lernfeld Arbeit und Beruf an der Pädagogischen Hochschule Karlsruhe

**Joachim Kahlert**
Dr. phil., ist Professor für Grundschulpädagogik und -didaktik an der Ludwig-Maximilians-Universität München

**Magdalena Kladzinski**
ist Gastforscherin an der Hessischen Stiftung für Friedens- und Konfliktforschung und promoviert im Fachbereich Erziehungswissenschaften an der Johann Wolfgang Goethe-Universität in Frankfurt am Main

**F. Klaus Koopmann**
Dr. rer. pol., war bis Mitte 2004 Hochschuldozent für Politikdidaktik am Institut für Politikwissenschaft der Universität Bremen

**Hans-Werner Kuhn**
Dr. phil., ist Professor für politische Bildung mit dem Schwerpunkt sozialwissenschaftlicher Sachunterricht an der Pädagogischen Hochschule Freiburg

**Dieter Maier**
ist Studienrat im Hochschuldienst am Institut für Schulpädagogik und Didaktik der Sozialwissenschaften der Justus-Liebig-Universität Gießen

**Peter Massing**
Dr. phil., ist Professor für Sozialkunde und Didaktik der Politik an der Freien Universität Berlin

**Wolfgang W. Mickel**
Dr. phil. habil., ist Professor (em.) für Wissenschaftliche Politik und ihre Didaktik am Institut für Sozialwissenschaften und Europäische Studien, Fakultät II, an der Pädagogischen Hochschule Karlsruhe

**Heinrich Oberreuter**
Dr. phil., Dr. phil. h.c., ist Direktor der Akademie für Politische Bildung Tutzing und Professor für Politikwissenschaft an der Universität Passau

**Liane Paradies**
ist Lehrerin in Delmenhorst

**Stefan Rappenglück**
Dr. phil., ist Leiter der Forschungsgruppe Jugend und Europa am Centrum für angewandte Politikforschung der Ludwig-Maximilians-Universität München

**Dietmar von Reeken**
Dr. phil., ist Professor für Didaktik der Geschichte an der Carl von Ossietzky Universität Oldenburg

**Sibylle Reinhardt**
Dr. phil. habil., ist Professorin für Didaktik der Sozialkunde an der Martin-Luther-Universität Halle-Wittenberg

**Dagmar Richter**
Dr. phil., ist Professorin für Sachunterricht und seine Didaktik an der Technischen Universität Braunschweig

**Wolfgang Sander**
Dr. phil. habil., ist Professor für Didaktik der Gesellschaftswissenschaften an der Justus-Liebig-Universität Gießen

**Carla Schelle**
Dr. rer. soc., ist Professorin für Schulpädagogik/Didaktik an der Johannes-Gutenberg-Universität Mainz

**Annette Scheunpflug**
Dr. phil., ist Professorin für Allgemeine Pädagogik an der Erziehungswissenschaftlichen Fakultät der Universität Erlangen-Nürnberg

**Lothar Scholz**
Dr. rer. soc., ist Studiendirektor am Hessischen Landesinstitut für Pädagogik (HeLP)

**Bernhard Sutor**
Dr. phil., ist Professor em. der Katholischen Universität Eichstätt-Ingolstadt (Politische Bildung und Sozialethik)

**Georg Weißeno**
Dr. phil. habil., ist Professor für Politikwissenschaft und ihre Didaktik an der Pädagogischen Hochschule Karlsruhe